辽宁省职业教育改革发展示范校建设成果
高职高专金融类创新型"十三五"规划系列教材

YINHANG ZONGHE GUIMIAN YEWU

银行综合柜面业务

主编◎赵丽梅　陶桂科
副主编◎辛　健

U0912658

中国金融出版社

责任编辑：张菊香
责任校对：孙　蕊
责任印制：陈晓川

图书在版编目（CIP）数据

银行综合柜面业务/赵丽梅，陶桂科主编．—北京：中国金融出版社，2018.2
高职高专金融类创新型“十三五”规划系列教材
ISBN 978－7－5049－9351－9

Ⅰ.①银…　Ⅱ.①赵…②陶…　Ⅲ.①商业银行—银行业务—高等职业教育—教材
Ⅳ.①F830.33

中国版本图书馆 CIP 数据核字（2017）第 309583 号

银行综合柜面业务
YINHANG ZONGHE GUIMIAN YEWU
出版
发行　中国金融出版社
社址　北京市丰台区益泽路 2 号
市场开发部　(010)66024766，63805472，63439533（传真）
网 上 书 店　http://www.chinafph.com
(010)66024766，63372837（传真）
读者服务部　(010)66070833，62568380
邮编　100071
经销　新华书店
印刷　保利达印务有限公司
尺寸　185 毫米×260 毫米
印张　31.25
字数　710 千
版次　2018 年 2 月第 1 版
印次　2020 年 5 月第 2 次印刷
定价　60.00 元
ISBN 978－7－5049－9351－9
如出现印装错误本社负责调换　联系电话（010）63263947

辽宁省职业教育改革发展
示范校建设成果系列教材编审委员会

主　任： 王　冠　白广申

副主任： 安　刚　孙迎春　商学来

委　员：（以姓氏笔画为序）

于　舒　白玉刚　孙德才　李晓红

杨古今　时武略　张红玲　张述平

张嘉惠　郑祎华　赵　杰

主编简介

赵丽梅（1964—），女，辽宁凌海人，现为辽宁金融职业学院金融系教授。主要研究方向：金融理论与实务。

于 1981 年 3 月开始从事商业银行的出纳、储蓄和会计等各岗位工作，时间长达 7 年。自 1988 年 7 月起，在辽宁金融职业学院从事金融教学工作。在 30 年的教学中，既为学院各层次学生讲授银行会计、金融审计、商业银行零售业务、金融技能等多门课程，还为辽宁省银行业高管人员、全省农村信用社主任、商业银行业务骨干和新员工进行会计、储蓄、出纳等多项业务培训。

编著的《商业银行会计实务》（中国金融出版社）一书荣获辽宁省高等职业教育教学成果三等奖，主编、参编《商业银行综合柜面业务》（经济科学出版社）、《财经工作基本技能》（辽宁大学出版社）、《银行柜员核算与操作》（辽宁大学出版社）和《商业银行审计》（中国金融出版社）等 11 本教材。在《会计研究》《中国经贸》等国家级、省级刊物上公开发表学术论文《项目教学模式的改革与探索——以银行柜员业务核算与操作课程为例》《行动导向教学法在银行柜面业务教学中的实践》《浅议我国商业银行的会计风险及其防范》等 20 余篇。

辽宁省金融系统劳动技能竞赛优秀指导教师、辽宁省金融系统劳动技能竞赛特约培训师、2017 年辽宁省职业院校技能大赛高职组银行业务综合技能赛项方案编写专家、沈阳市银行系统职工职业技能竞赛的评委兼培训教师，全国高职院校大学生银行业务综合技能竞赛优秀指导教师。荣获 2016 年辽宁省职业院校微课大赛（高职组）三等奖、2017 年第二十一届全国教育信息化大赛——微课制作大赛二等奖。

陶桂科（1968—），男，辽宁大连人，2018 年 2 月任中国农业银行沈阳市分行党委委员、副行长，中国农业银行股份有限公司辽宁省分行网络金融部总经理，金融理财管理师（EFP 持证人）。2012 年参与编著《金融企业会计》教材（武汉理工大学出版社）。

1990 年毕业于辽宁银行学校农村金融专业，先后进修沈阳广播电视大学金融专业和辽宁大学经济法专业。自 1990 年到农业银行辽宁省分行工作至今，先后从事省分行信息电脑处统计员、零售业务处储蓄核算及中间业务管理员、财务会计处会计监管员、清算中心主任等工作。2005 年，任农业银行鞍山市分行党委委员、行长助理、副行长。2008 年，任省分行运营管理部副总经理、信息技术管理部副总经理。2010 年，任辽阳市分行党委委员、副行长。2012 年以来，先后任信用卡中心总经理、网络金融部总经理。

工作 27 年来经历了 3 个单位，6 个部门，具有 22 年省行机关员工和科长及部门正副总经理的机关管理工作经验，5 年两个地市分行的高管经验。所领导的信用卡中心、网络金融部都先后被总行评为全国先进集体，个人也多次被总行、省行评为先进工作者、优秀党务工作者等。

前　　言

《银行综合柜面业务》，是贯彻落实《国家中长期教育改革和发展规划纲要（2010—2020)》的要求，在职业教育专家指导下，通过广泛的社会调研，行业专家与专业教师共同开发，按照工作任务引领项目内容，遵循高等职业教育金融专业教学规律，为适应应用型金融专业技能人才培养目标组织编写的教材。

本书具有以下特点：

1. 编写体例模块化

本书以职业能力形成为重点，打破以知识传授为主要特征的传统学科教材模式，转变为以项目与任务为中心组织教材内容。在选取内容时直接对应岗位需求，项目设计以其教学活动为载体。任务设计以其业务处理为依据，将商业银行综合柜员各部分理论知识与实际操作融于每一个具体的项目中，使学生在完成项目的基础上，真正领悟商业银行综合柜员知识的精髓，能够充分地体现高职教育理念，教学过程就是指导学生完成任务的过程。

2. 实践运用真实化

本教材在内容项目化设计和编排时，尽量多地加入现实经济生活中原汁原味的真实案例，使学生能够在学习理论知识的同时，对商业银行综合柜员业务进行理解和分析。这样，学生可以实现知识的学习和应用相互结合、相互促进。

3. 内容资料实用化

本书紧密结合商业银行综合柜员岗位的工作实际，围绕银行柜员的基本核算方法实训、存款业务实训、支付结算业务实训、贷款业务实训等10个实训项目展开训练，使学生通过实际操作来领会商业银行综合柜员工作的活动流程和步骤，尽可能地反映一个合格的商业银行柜员应具备的职业素质和职业能力。

全书共设一个专题十个项目，包括基本核算方法的处理、存款业务处理、贷款和票据贴现业务处理、支付结算业务处理、外汇业务处理、代理业务处理、电子银行业务处理、资金汇划与资金清算业务处理、金融机构往来业务处理、损益业务处理和年度决算业务处理。本教材专题、项目一、项目三中的任务一到任务七由赵丽梅组织编写，项目三中的任务八、项目五、项目六由陶桂科组织编写，项目二、项目四、项目七由辛健组织编写，项目十由尤婷婷组织编写，项目九由朱钰组织编写，赵丽梅、陶桂科担任主编，负责全书总纂。

本书适用于普通高等院校（高职高专、应用型本科）、成人高校、民办高校及本科院校举办的二级职业技术学院金融类专业及其他相关专业的教学，也可作为社会从业人士的参考读物。

在教材编写过程中，参考和借鉴了国内外同行的相关教材和资料，引用了有关的内容和研究成果，在此向有关作者致以诚挚的谢意。辽宁金融职业学院教务处的时武略主任、实训中心的李华等老师也提供了相关帮助，在此一并表示衷心的感谢！

在教材编写过程中虽然做出了自己的努力，但由于商业银行业务日新月异，职业教育教学永远处于探索与改革中，加之时间仓促，编者水平有限，不妥之处敬请读者批评指正。

编者

2017 年 12 月

目　录

专　题
基本核算方法的处理

【知识结构图】

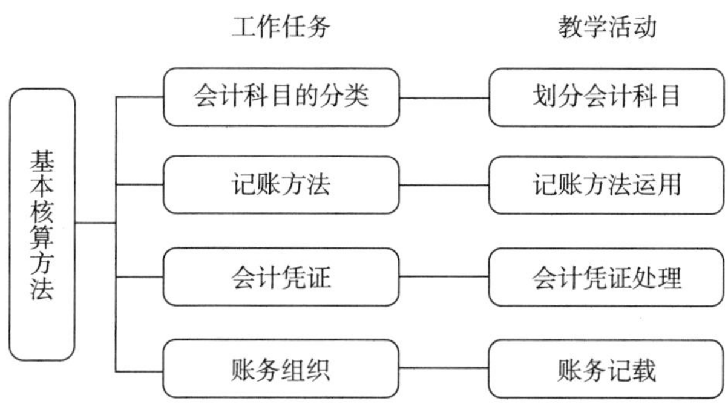

【能力目标】

能按银行制度规定准确划分银行会计科目；能根据不同业务需要熟练运用单式收付记账法和复式借贷记账法；能进行不同凭证的填制、审核、签章、传递，完成凭证的整理、装订保管；能根据业务要求规范完成银行柜员的日初操作、日终操作、日间银行业务记载以及日常账务记载差错的冲正处理。

【知识目标】

熟悉会计科目的分类标准；熟悉银行柜员的单式收付记账法和复式借贷记账法的主要内容；熟悉银行会计凭证的类型、填制要求、审核要点以及传递基本程序；熟悉银行账务组织、账簿设置和账务记载的流程和方法。

【素质目标】

具有良好的职业操守及道德品质；积极主动、踏实、认真细致，有韧性；具有良好的服务意识、富有责任感；具有执行能力、应变能力、团队协作与承压能力；具备一定语言表达和沟通能力；具有一定独立处理问题能力。

任务一 划分会计科目

【技能目标】

了解银行会计科目的意义、作用及会计科目的设置原则，能按照不同的分类标准对银行各会计要素进行准确的分类。

【知识准备】

银行会计科目是对银行会计要素的具体内容进行分类汇总的类别名称。会计科目是会计核算的基础，是分类反映会计要素、统一会计核算内容的工具。为全面系统地反映和监督商业银行各项会计要素的增减变化情况，需要按经济业务的内容和经营管理的需要对各个会计要素进行分类，也就是要设置会计科目。

一、会计科目是对会计要素的具体内容进行分类汇总的类别名称

会计科目指的是按照经济内容对各个会计要素进行分类所形成的项目。每一个项目都规定一个名称，每一个会计科目都明确地反映一定的经济内容。例如，为反映、监督各项资产的变化，设置“现金”“银行存款”“短期投资”“长期投资”等科目，而每个科目反映的具体内容又不同，即银行会计科目是对银行会计要素的具体内容进行分类汇总的类别名称，即对银行的资产、负债、所有者权益以及银行的财务收支所进行的分类。

二、会计科目在会计核算中的重要作用

银行在其经营活动过程中，每天都要发生成千上万各种各样的经济业务。而经济业务的发生又必然会引起银行各项资产、负债、所有者权益的增减变化。为了对各项经济业务的发生情况和由此引起的资金运动进行分门别类地核算和监督，就必须设置一定的会计科目。因此会计科目在会计核算中起着重要的作用。

（一）会计科目是连接核算方法的纽带

会计科目是涉及会计核算各个环节的基础工具，从填制记账凭证、设置和登记会计账簿到编制会计报表，自始至终都离不开会计科目。通过会计科目的纽带作用，把各种核算方法连接起来，形成一个有机的整体，保证核算工作有序地进行。

（二）会计科目是进行系统核算的前提

银行每天办理数量众多、种类繁杂的经济业务，通过会计科目将这些错综复杂的经济业务加以归类整理，不仅可以保证会计核算工作有条不紊地进行，而且还是取得系统化会计核算资料的保证。在日常会计核算中，通过将各种各样的经济业务分别登记到不同的会计科目中去，可以使会计核算资料条理化、系统化，以便为有关方面考核金融政策执行情况、分析研究指导金融工作提供方便。

（三）会计科目是统一核算口径的基础

会计科目是区分经济业务的标志，因此，根据不同经济特征的经济业务，给予一定的核算名称、代号，规定一定的核算内容。这样就便于银行各行处对众多业务，按照相同口径进行归类核算，以便各行处都能取得统一口径的核算资料，为有关方面进行宏

观、微观经济决策、预测服务。

子任务1 按与资产负债表的关系划分会计科目

一、活动目标

掌握银行会计科目按与资产负债表的关系进行划分及分类结果，能够按照会计科目与资产负债表的关系进行分类。

二、知识准备

（一）资产负债表的概念

资产负债表是总括反映商业银行某一特定日期（如月末、季末、年末等）财务状况的会计报表。该表包括资产、负债和所有者权益三个静态会计要素，故称静态报表。

（二）会计科目的分类

银行会计科目按与资产负债表的关系，可以分为表内科目和表外科目两类。

表内科目是用来核算和监督银行资金实际增减变化情况并反映在资产负债表和利润表中的科目。在按资金性质划分会计科目情况下所列的五类科目都是表内科目。

表外科目一般有三类，即或有事项类科目、代理业务类科目、备查登记类科目。

表外科目虽然不涉及银行资金实际增减变动，但对于银行来说是非常重要的核算内容。各商业银行根据各自的业务特点和核算及管理的需要来设置表外科目并规定其适用规则。一般而言商业银行主要设置的表外科目包括：有价单证、重要空白凭证、未发行债券、已兑付债券、代保管有价值品、银行承兑汇票、发出托收结算凭证、定期代收结算凭证、发出委托收款结算凭证、代收委托收款结算凭证、开出信用证等。

（三）科目体系

一级科目采用4位阿拉伯数字，满足对外公开披露会计信息及了解本行经营状况的需要；二级科目采用6位阿拉伯数字；三级科目采用8位阿拉伯数字，从不同角度对二级科目核算的信息进行进一步分类统计，以满足各业务部门的管理需要和有关部门的统计要求。科目代号的首位字母代表该科目所在的类别，如1010——现金。科目代号首位数字“1”表示“现金”科目在各类会计报表中归属于资产类。

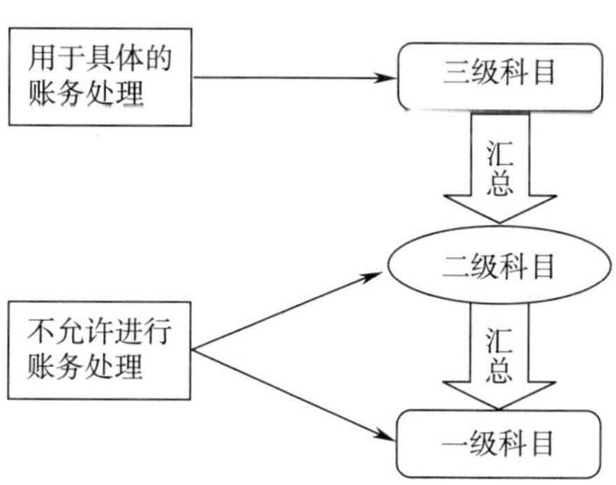

三、考核

判定下列会计科目中哪些是表内科目，哪些是表外科目，并说明理由：

外汇买卖、存放中央银行准备金、已兑付债券、固定资产、发出托收结算凭证、汇出汇款、银行承兑汇票、活期存款、重要空白凭证、短期贷款、存放同业、拆放同业、同业拆入、同业存放、代保管有价值品、应解汇款、开出信用证、营业费用、金融企业往来支出、有价单证、实收资本、向中央银行借款、利润分配、利息收入、资本公积、未发行债券、代收委托收款结算凭证。

四、分析思考题

简述表内科目和表外科目的实质性区别。

子任务 2　按资金性质划分会计科目

一、活动目标

掌握银行会计科目按资金性质进行划分及分类的结果，能够对会计科目按不同的资金性质进行分类。

二、知识准备

目前我国银行业统一的会计科目，按资金性质可分为资产类、负债类、所有者权益类和损益类。各商业银行系统根据自身业务特点和核算需要，基本上都增设了资产负债共同类科目，同时还增设了一些系统内使用的科目。

（一）资产类科目

该类科目用于核算过去的交易、事项形成并由银行所拥有或者控制的、预期能给银行带来经济利益的资源。反映银行资金的占用和分布，它包括现金、贵金属、存放中央银行准备金、应收款项、各种贷款、投资、固定资产、无形资产及其他资产等。其科目余额一般反映在借方。

（二）负债类科目

该类科目用于核算过去的交易、事项形成的、银行所承担的，预期履行时会导致银行经济利益流出的义务。它反映银行资金取得和形成的渠道，包括各项存款、借入款项、各项应付款、发行债券及应解汇款、汇出汇款等。其科目余额一般反映在贷方。

（三）所有者权益类科目

该类科目用于核算所有者在银行资产中享有的经济利益，其金额等于资产减去负债后的差额。它主要组成部分有实收资本、资本公积、盈余公积、本年利润和利润分配。资本部分余额反映在贷方，利润分配科目余额反映在贷方时，表示未分配的利润，反映在借方时，表示尚未弥补的亏损。

（四）损益类科目

该类科目用于核算银行各项收入、各项支出、营业费用、税金、汇兑损益等。收入类科目余额在贷方，支出类科目余额在借方。

（五）资产负债共同类科目

该类科目是指那些资金性质不确定、可依一定条件变化的科目。如清算资金往来、待清算辖内往来、系统内上存（借用）资金、外汇买卖等。其科目余额在借方时表示银行的资产，余额在贷方时表示银行的负债。

正确使用会计科目，是保证会计核算质量的关键。《会计科目使用说明》对每一个会计科目的核算内容都作了限定，因此，会计科目要按照《会计科目使用说明》使用，以保证正确提供核算信息。对发生的各项经济业务，首先要根据业务发生所涉及的资金性质、业务类别以及科目使用的规定来确定所涉及的会计科目，然后再进行账务处理。各家银行根据需要自行设计的会计科目，必须按财政部制定的银行业会计科目正确对口归并。

银行业统一会计科目表如表专题－1－1所示。

表专题－1－1　　银行业统一会计科目表

代号	科目名称	代号	科目名称
	一、资产类		二、负债类
101	现金	201	活期存款
102	银行存款	205	定期存款
103	贵金属	211	活期储蓄存款
111	存放中央银行准备金	215	定期储蓄存款
112	存放同业款项	221	财政性存款
113	存放联行款项	231	向中央银行借款
121	拆放同业	232	同业存放款项
122	拆放金融性公司	233	联行存放款项
123	短期贷款	241	同业拆入
124	中长期贷款	242	金融性公司拆入
125	抵押贷款	243	应解汇款
126	贴现	244	汇出汇款
127	逾期贷款	251	保证金
129	贷款损失准备	252	本票
131	进出口押汇	261	应付利息
132	应收利息	262	其他应付款
138	资产减值准备	263	应付工资
139	其他应收款	264	应付福利费
141	短期投资	265	应缴税金
142	长期投资	266	应付利润
151	固定资产	267	预提费用
152	累计折旧	271	长期借款
153	固定资产清理	272	发行债券
154	在建工程	273	长期应付款
161	无形资产	275	住房周转金
163	待处理财产损溢	281	外汇买卖

续表

代号	科目名称	代号	科目名称
	三、所有者权益类		
301	实收资本	515	营业外收入
302	资本公积	521	利息支出
303	盈余公积	522	金融企业往来支出
311	本年利润	531	手续费支出
312	利润分配	532	营业费用
	四、损益类	533	营业税金及附加
501	利息收入	534	其他营业支出
502	金融企业往来收入	535	汇兑损失
511	手续费收入	536	营业外支出
512	其他营业收入		资产损失
513	汇兑收益	550	所得税
514	投资收益	560	以前年度损益调整

工商银行部分会计科目如表专题－1－2所示。

表专题－1－2　　中国工商银行部分会计科目表

工行科目代号	科目名称	工行科目代号	科目名称
	一、表内科目	1230	国际贸易融资
	（一）资产类	1231	国内贸易融资
1010	现金	1240	短期房地产贷款
1030	贵金属	1241	短期土地储备贷款
1040	存放中央银行准备金	1250	短期保障性住房建设贷款
1050	缴存中央银行财政性存款	1251	中长期保障性住房建设贷款
1150	存放同业	1410	中长期贷款
1151	融资性存放同业	1420	中长期房地产贷款
1170	同业融资	1421	中长期土地储备贷款
1171	同业透支	1430	国际融资转贷款
1180	存放系统内款项	1440	银团贷款
1181	上存辖内款项	1445	系统内联合贷款
1182	上存省区分行款项	1447	系统内房地产联合贷款
1185	系统内信贷资产转入	1450	特定贷款
1190	系统内借出	1470	个人住房贷款
1191	辖内借出	1500	短期个人消费贷款
1192	省区分行借出	1501	中长期个人消费贷款
1200	拨付营运资金	1502	短期个人消费贷款
1210	短期贷款	1503	中长期个人经营性贷款
1220	单位短期透支	1560	个人助学贷款

续表

工行科目代号	科目名称	工行科目代号	科目名称
1580	银行卡透支	1890	待处理应收款
1590	垫款	1900	待清理接收资产
1600	网上保付提前兑付	1910	无形资产
1610	贴现及买入票据	1920	待摊费用
1611	再贴现	1930	长期待摊费用
1612	买入返售票据	1950	抵债资产
1620	其他债权性资产	1960	委托贷款
1630	买入返售间接银团	1970	证券化继续涉入资产
1640	应收经营租赁款	1980	融资租赁资产
1650	应收未收利息	1990	经营租赁固定资产
1651	应收利息		（二）负债类
1652	同业往来应收利息		活期存款
1653	债券投资应计利息	2010	单位活期存款
1660	贷款损失准备	2020	短期单位定期存款
1661	坏账准备	2021	单位通知存款
1670	其他应收款	2022	中长期单位定期存款
1700	短期债券投资	2031	定活两便储蓄存款
1702	商誉	2035	委托代销贵金属款项
1703	长期股权投资	2040	个人结算存款
1704	股权投资减值准备	2060	短期定期储蓄存款
1705	买入返售债券	2061	中长期定期储蓄存款
1706	自营债券买卖	2062	个人通知存款
1707	自营记账式债券	2110	银行卡存款
1710	国家债券投资	2170	其他活期存款
1720	中央银行债券投资	2190	特种活期存款
1730	政策性银行债券投资	2191	短期特种定期存款
1731	华融债券投资	2192	特种通知存款
1732	特别国债投资	2193	中长期特种定期存款
1740	其他债券投资	2194	中长期机关团体定期存款
1750	债券资产减值准备	2195	机关团体活期存款
1810	固定资产	2196	短期机关团体定期存款
1820	累计折旧	2197	机关团体通知存款
1830	固定资产清理	2198	财政预算外存款
1840	在建工程	2199	地方预算库款
1870	待处理财产损溢	2220	中央银行借款
1880	待查错账与代垫赔款罚金	2230	同业存款

续表

工行科目代号	科目名称	工行科目代号	科目名称
2231	短期同业定期存款	2700	待处理应付款
2232	同业通知存款	2800	待清理接收负债
2233	中长期同业定期存款	2900	国际融资转贷款资金
2240	保险机构活期存款	2910	开发银行委托贷款资金
2241	短期保险机构定期存款	2912	委托贷款资金
2242	中长期保险机构定期存款	2924	银团贷款资金
2243	保险机构通知存款	2925	系统内联合贷款资金
2270	同业拆入		（三）所有者权益
2280	系统内款项存放	3010	股本
2281	辖内款项存放	3020	资本公积
2285	系统内信贷资产转出	3030	盈余公积
2290	系统借入	3040	一般准备
2291	辖内借入	3045	监管准备
2300	拨入营运资金	3050	外币报表折算差额
2310	保证金存款	3060	少数股东权益
2320	待结算财政款项	3110	本年利润
2321	代理业务资金	3120	利润分配
2322	代理人行兑付业务资金		（四）资产负债共同类
2330	应解汇款及临时存款	4100	待清算辖内往来
2340	汇出汇款	4550	法定存款准备金
2350	应付利息	4560	二级存款准备金
2360	其他应付款	4570	银行财务往来
2380	期付外汇款项	4810	外汇买卖
2390	卖出回购票据	4811	贵金属买卖
2400	中央银行借入债券		（五）损益类
2410	卖出回购债券	5010	利息收入
2420	本票	5020	系统内往来收入
2430	预计负债	5030	金融企业往来收入
2440	待转资产价值	5031	中央银行往来收入
2450	应付职工薪酬	5032	存放同业利息收入
2470	应交税金	5033	拆放同业利息收入
2480	应付利润	5034	同业透支利息收入
2490	预提费用	5110	中间业务收入
2500	递延收益	5120	其他营业收入
2600	发行次级债	5130	汇兑损益
2680	长期应付款	5140	股权投资收益

续表

工行科目代号	科目名称	工行科目代号	科目名称
5150	营业外收入	……	……
5210	利息支出		（二）委托代理业务类
5220	系统内往来支出		借方类科目
5230	其他金融机构往来支出	7110	代理开发银行贷款
5231	中央银行往来支出	7120	代理开发银行逾期贷款
5232	同业存款利息支出	7130	代理开发银行贷款利息
5233	同业拆入利息支出	7140	个人住房公积金委托贷款应收利息
5310	手续费支出		贷方类科目
5320	营业费用	7999	代理业务余额
5330	营业税金及附加		（三）备查登记类
5340	贷款减值损失		借方类科目
5343	坏账损失	8000	备查登记业务余额
5344	固定资产减值损失		贷方类科目
5347	抵债资产减值损失	8100	有价单证
5350	未担保余值减值损失	8101	票样和假币
5360	营业外支出	8200	空白重要凭证
5400	所得税	8300	托管债券
5500	少数股东收益	8303	开出债券款单证
5600	以前年度损益调整	8310	未发行债券
	二、表外科目	……	……
	（一）或有事项类	8326	待处理抵押质押品
	借方类科目	8331	应收托收款
6110	银行承兑汇票应收款	8333	代收托收款
6120	开出保函应收款	8340	未收贷款利息
……	……	8342	呆账准备登记
	贷方类科目	8352	商业承兑汇票贴现
6210	银行承兑汇票应付款	……	……
6220	开出保函应收款		

三、考核

请将下列会计科目按资金性质进行分类。

外汇买卖、存放中央银行准备金、其他应收款、固定资产、无形资产、汇出汇款、汇兑损益、本年利润、活期存款、短期贷款、应解汇款、存放同业、拆放同业、同业拆入、同业存放、现金、盈余公积、营业费用、金融企业往来支出、实收资本、向中央银行借款、利润分配、利息收入、资本公积。

四、分析思考题

1. 简述银行会计科目在会计核算中具有的作用。
2. 简述会计科目按资金性质可以划分的类别。

子任务3　按使用范围划分会计科目

一、活动目标

掌握银行会计科目按使用范围进行划分及分类的结果，能够对会计科目按不同的使用范围进行分类。

二、知识准备

会计科目按使用范围可分为全国银行业统一会计科目（见表专题－1－1）和各商业银行系统内会计科目。

银行业统一会计科目是指金融企业会计制度中所规定的会计科目。

各商业银行系统内会计科目是指各商业银行总行根据《金融企业会计制度》的规定，结合本行的业务特点和经营管理要求而设置的会计科目。

三、考核

（一）单项选择题

1.（　　）制定银行业统一会计科目。

A 中央银行　　B 财政部　　C 工商银行　　D 财政部与中央银行联合制定

2.（　　）是商业银行的负债。

A 储蓄存款　　B 信用贷款　　C 抵押贷款　　D 贴现

3.（　　）是银行的权益。

A 短期贷款　　B 活期存款　　C 资本公积　　D 利息收入

4. 银行会计要素可划分为资产、负债、所有者权益及（　　）和利润六大要素。

A 收入、结算　B 费用、结算　C 收入和支出　D 支出和费用

（二）判断题

1. 银行的负债是银行承担的需以资产或劳务偿还的债务。（　　）
2. 银行的资产是指银行拥有或控制的资源，该资源预期会给银行带来经济利益。（　　）
3. 所有者权益是银行的债权人享有的经济利益。（　　）
4. 表外科目不纳入资产负债表，记账符号为“收入”和“付出”。（　　）
5. 表外科目反映的业务也会引起银行资金的实际增减变化。（　　）
6. 各商业银行可以自行设置专用会计科目。（　　）

（三）会计科目按使用范围进行划分可以分为哪两类？分别在什么范围使用？

四、分析思考题

（一）目的：掌握银行会计核算要素的具体内容。

（二）资料：

单位：元

经济内容	金额	经济内容	金额
东北木材公司存款	85 600	实收资本	3 000 000
盛京联营公司贷款	120 000	盛京酒厂贷款	2 500 000
辽河钢管厂存款	57 820	向中央银行借款	800 000
财贸学校定期存款	50 000	电子计算机设备	1 865 000
通用机器厂贷款	150 000	应付税金	37 800
存放中央银行准备金	356 200	固定资产改良支出	108 000
房屋及建筑物	1 678 000	应收利息	226 000
同业拆入	500 000	应付固定资产租赁费	74 800
计提贷款损失准备	181 000	存放同业款项	968 500
活期储蓄存款	286 540	股票溢价	2 898 140

（三）要求：将上列资料归类填入下表，并结出合计数。

资产		权益	
类别	金额	类别	金额
固定资产		存款	
现金资产		借款	
贷款		发行债券	
无形资产		其他负债	
其他资产		资本金	
		资本公积	
		公益金	
合计		合计	

五、拓展

1. 银行账户。银行账户是在银行会计科目下按照单位类别或资金性质划分的户头，它是银行明细核算的主要工具。

在银行会计的实际工作中，银行账户和会计科目之间具有严格界限。会计科目是账户的综合，是综合核算的主要工具，一般与总账相联系；账户是会计科目详细内容的反映，是明细核算的主要工具，一般与明细账相联系。

对于各账户一般都要按照一定的顺序编排序号，称为账号。账号通常由会计科目代号和编号等 15 至 22 位数字构成，账号组成内容一般为：地区号、机构号、币种码、业务种类科目号、顺序号、电脑校验位号。随着会计核算电算化程度的日益提高，会计科目的综合核算作用已经开始淡化，会计科目实际上逐渐成为一个统计项目。另外，为了避免因银行内部科目调整而影响到客户账号的使用，目前商业银行在设定对外的存贷款账号时，账号的编码中一般不含对应的会计科目代码。

2. 会计科目管理。各银行总行负责一级科目、二级科目的科目名称、代号、核算内容的管理。一级分行负责辖内三级科目名称、科目代号、核算内容的管理。

3. 会计科目的排列。会计科目的排列，就是指会计科目在会计科目表和会计报表中的顺序位置。由于银行业核算对象内容的不同，采用的排列方法也不尽相同。因此，很难就会计科目的排列有一个标准、规范的说明。但从财政部制定的《金融企业会计制度》中可以看出，会计科目基本上是按资产、负债、所有者权益、损益顺序排列。同时，为了便于核算和报表信息的传递，都对会计科目冠以科目代号，按科目代号从小到大顺序排列。各金融机构自行增设的系统内科目代号也在规定的范围内插入。比如银行业的会计科目，资产类从 101 ~ 163，负债类从 201 ~ 281，所有者权益类从 301 ~ 312，资产负债共同类从 411 ~ 742，损益类从 501 ~ 560 等。

4. 会计科目调整。在年度开始时调整会计科目、账户的，会计科目要按照上下年度科目结转办法，通过填制“会计科目结转对照表”调整。明细账户要按新科目隶属关系进行结转。

5. 会计科目变更。根据各银行总行文件或一级分行自身管理要求，在某一年度按规定办理会计科目的变更。

如遇会计科目变更，在年度中间通过会计分录结转，年度终了通过新旧科目对照表方式结转。

任务二　记账方法运用

【技能目标】

熟悉银行会计的记账方法，能根据不同业务需要熟练地运用单式记账法和复式借贷记账法。

【知识准备】

记账方法是指根据一定的记账原理，按照一定的记账规则，运用一定的记账符号，把经济业务进行分类整理并记入账簿的一种专门方法。记账方法按记录方式的不同，可分为单式记账法和复式记账法。

单式记账法是对发生的每笔经济业务，只在一个会计科目中进行登记，各科目之间的记录没有直接的联系，也没有内在的平衡关系。不能全面、系统地反映经济业务的来龙去脉，不便于检查账簿记录的完整性与正确性。

复式记账法是对每笔经济业务以相等的金额，同时在两个或两个以上相互关联的账户中进行登记的一种记账方法，复式记账法的优势体现在：

1. 相关科目之间的对应关系清楚明了。
2. 完整、系统地反映了资金的来龙去脉和业务活动的全过程和结果。
3. 对记录的结果可以进行试算平衡，以检查会计记录的正确性，防止差错，保证质量。

复式记账法按采用的记账符号和记账规则的不同可以分为借贷记账法、收付记账法和增减记账法。实践证明，增减记账法和收付记账法有其缺陷，因而最科学的是借贷记账法。我国《企业会计准则——基本准则》明确规定："企业应当采用借贷记账法记账。"

银行对表内科目采用复式的借贷记账法，对表外科目采用单式的收付记账法。

子任务1 复式借贷记账法的运用

一、活动目标

掌握商业银行各项经济业务发生后所涉及的表内科目采用的复式借贷记账法，能够根据借贷记账法的相关规则对不同经济业务进行记账。

二、知识准备

（一）借贷记账法的基本内容

借贷记账法是根据复式记账原理，以资产等于负债加所有者权益的平衡公式为基础，以"借"和"贷"为记账符号，按照"有借必有贷、借贷必相等"的记账规则在账户中进行登记的一种复式记账方法。其主要内容包括：记账主体、记账符号、记账规则和试算平衡四个方面。

1. 记账主体。借贷记账法以会计科目为记账主体，根据复式记账的平衡原理，将反映银行会计要素的会计科目划分为资产、负债、所有者权益和损益四类，经济业务发生后，根据其内容的经济联系，以科目的性质为依据，来确定其记账方向及其对应关系。

2. 记账符号。借贷记账法以"借""贷"为记账符号，反映资金增减变化情况。因此，每一个会计科目所属账户的账页，都区分为借方、贷方和余额三个基本栏次，通常是借方在左，贷方在右，其中一方用于记录经济业务数额的增加，而另一方则用于记录经济业务数额的减少。究竟哪方记增加，哪方记减少，这要根据其是什么性质的资金、应该记入什么性质的账户来确定。

资产类账户，从借方开始记账，资产增加记借方，资产减少记贷方，余额在借方，表示期末资产的数额。其期末余额的计算公式为

本期借方余额 = 上期借方余额 + 本期借方发生额 − 本期贷方发生额

负债类及所有者权益类账户，从贷方开始记账，负债、所有者权益增加记贷方，负债、所有者权益减少记借方，余额在贷方，表示期末负债、所有者权益的数额。其期末余额的计算公式为

本期贷方余额 = 上期贷方余额 + 本期贷方发生额 − 本期借方发生额

资产负债共同类科目余额借贷双方反映或轧差反映在借方（贷方）。

本期借方余额 − 本期贷方余额 = 上期借方余额 − 上期贷方余额 + 本期借方发生额 − 本期贷方发生额

损益类账户，其损失视同资产类账户处理，收益则视同负债类账户处理。

各类账户的记账方向如表专题 –2 –1 所示。

表外科目余额在收入方。

本期收入余额 = 上期收入余额 + 本期收入发生额 – 本期付出发生额

表专题 –2 –1　各类账户的记账方向

借方登记	贷方登记
资产增加	负债增加
负债减少	资产减少
所有者权益减少	所有者权益增加
损失增加	收益增加
收益减少	损失减少
余额表示资产或损失	余额表示负债和所有者权益或收益

3. 记账规则。借贷记账法以“有借必有贷、借贷必相等”为记账规则。即对每一笔经济业务都以相等的金额，借、贷相反的方向，在两个或两个以上相互联系的账户中进行登记。也就是说，记入一个账户借方的同时，必须记入另一个或几个账户的贷方；或者在记入一个账户贷方的同时，必须记入另一个或几个账户的借方。记入借方的金额与记入贷方的金额必须相等。

4. 试算平衡。借贷记账法以“资产 = 负债 + 所有者权益”会计平衡公式为依据。日常在采用借贷记账法处理每一笔经济业务时，都遵循了“有借必有贷、借贷必相等”的记账规则，会计软件记账做到表内科目一记双讫，表外科目账实一致。因此，表内科目每天或一定时期内，各科目所属账户的借、贷累计发生额及其余额都必须体现不同方向的数量平衡。其账务平衡的公式为

各科目借方发生额合计 = 各科目贷方发生额合计

各科目借方余额合计 = 各科目贷方余额合计

当日账务平衡可用试算平衡表表示，如表专题 –2 –2 所示。

表专题 –2 –2

试 算 平 衡 表

年　　月　　日　　　　单位：元

科目代号	科目名称	上日余额		本日发生额		本日余额	
		借方	贷方	借方	贷方	借方	贷方

（二）借贷记账法在银行的运用

银行在其经济活动和财务收支过程中，会发生各种各样的经济业务，但归纳起来不外乎有以下四种类型：

1. 资产增加，同时负债或所有者权益增加；
2. 资产减少，同时负债或所有者权益减少；
3. 一项资产增加，同时另一项资产减少；
4. 一项负债或所有者权益增加，同时另一项负债或所有者权益减少。

三、案例引入

假设辽金支行 2018 年 6 月 22 日发生下列业务：

1. 发放给阳光电器有限公司为期 3 个月的流动资金贷款 800 000 元。

该笔经济业务使银行短期贷款（资产）增加了 800 000 元，同时也使活期存款（负债）相应地增加了 800 000 元。其会计分录为

借：短期贷款——阳光电器有限公司　　800 000. 00
　贷：活期存款——阳光电器有限公司　　800 000. 00

2. 储户李明辉从其活期储蓄存款账户中支取现金 5 000 元。

该笔经济业务使银行现金（资产）减少了 5 000 元，同时也使活期储蓄存款（负债）相应减少了 5 000 元。其会计分录为

借：活期储蓄存款——李明辉　　5 000. 00
　贷：现金　　5 000. 00

3. 辽金支行从存放中央银行准备金存款户中提取现金 600 000 元。

该笔经济业务使银行现金（资产）增加了 600 000 元，同时也使存放中央银行准备金（资产）相应减少了 600 000 元。其会计分录为

借：现金　　600 000. 00
　贷：存放中央银行准备金　　600 000. 00

4. 北方机电公司从其基本存款账户中转出 300 000 元，办理为期 一年的单位定期存款。

该笔经济业务使定期存款（负债）增加了 300 000 元，同时也使活期存款（负债）相应地减少了 300 000 元。其会计分录为

借：活期存款——北方机电公司　　300 000. 00
　贷：定期存款——北方机电公司　　300 000. 00

在假设各科目上日余额的基础上 ，根据以上 4 笔经济业务的会计分录登记“丁字账”

根据“丁字账”的资料银行编制试算平衡表，如表专题 - 2 - 3 所示。

四、考核

模拟银行辽金支行 2018 年 6 月 22 日发生下列业务，请根据下列业务确定会计分录，并按科目归类填入表专题 - 2 - 4，结出借、贷方发生额合计数。

	借方	现金	贷方
昨日余额	200 000		
本日发生额	③ 600 000	5 000 ②	
本日余额	795 000		

	借方	存放中央银行准备金	贷方
昨日余额	1 000 000		
本日发生额		600 000 ③	
本日余额	400 000		

	借方	活期储蓄存款——李明辉	贷方
昨日余额		550 000	
本日发生额	② 5 000		
本日余额		545 000	

	借方	短期贷款——阳光电器有限公司	贷方
昨日余额	150 000		
本日发生额	① 800 000		
本日余额	950 000		

	借方	活期存款——北方机电公司	贷方
昨日余额		450 000	
本日发生额	④ 300 000		
本日余额		150 000	

	借方	定期存款——北方机电公司	贷方
昨日余额		150 000	
本日发生额		300 000 ④	
本日余额		450 000	

	借方	活期存款——阳光电器有限公司	贷方
昨日余额		200 000	
本日发生额		800 000 ①	
本日余额		1 000 000	

表专题 -2-3

试 算 平 衡 表

2018 年 6 月 22 日　　单位：元

科目代号	科目名称	上日余额		本日发生额		本日余额	
		借方	贷方	借方	贷方	借方	贷方
101	现金	200 000		600 000	5 000	795 000	
110	存放央行准备金	1 000 000			600 000	400 000	
123	短期贷款	150 000		800 000		950 000	
201	活期存款		650 000	300 000	800 000		1 150 000
205	定期存款		150 000		300 000		450 000
211	活期储蓄存款		550 000	5 000			545 000
	合计	1 350 000	1 350 000	1 705 000	1 705 000	2 145 000	2 145 000

1. 发放给光明化工厂短期贷款一笔，金额 50 000.00 元，转入该厂存款账户。
2. 黎明机械制造厂归还短期贷款 400 000.00 元，利息 5 100.00 元，由其存款账户支付。
3. 收兑黄金一份，价格为 5 000.00 元，以现金支付给客户。
4. 辽金支行向中央银行借款 600 000.00 元，转入到该行在中央银行的存款账户。
5. 开户单位中华纺织厂交存销货收入，现金 50 000.00 元。
6. 新华塑料厂签发现金支票，支取备用金 3 000.00 元。
7. 向电机厂发放 3 个月的流动资金贷款 150 000.00 元。
8. 服装厂归还银行短期贷款 20 000.00 元，银行经审核后，从其存款账户中支付。
9. 服装厂签发转账支票一张，金额 38 000.00 元，系支付机床厂购买设备款，银行经审核无误后办理转账。
10. 营业终了，出纳员孙鸣远出纳长款 200.00 元。

表专题－2－4

科目名称	发生额	
	借方	贷方
现金		
贵金属		
存放央行准备金		
短期贷款		
向央行借款		
活期存款		
其他应付款		
利息收入		
合计		

五、分析思考题

简述借贷记账法的主要内容。

子任务2　单式收付记账法的运用

一、活动目标

掌握商业银行各项业务发生后所涉及的表外科目采用的单式收付记账法，能够对银行表外的业务进行单式收付记账。

二、知识准备

单式记账法对发生的每一笔经济业务一般只在一个账户内登记，账户之间没有直接的关系，账户记录没有相互平衡的概念。

银行有一些业务事项不必经过表内科目核算，但又必须记载反映的或有事项和其他重要业务事项，则通过表外科目核算。表外科日核算的内容，是指某些业务事项已经发生，但它并不涉及（或影响）银行实际资金的增加、减少的变化，而只表明银行对外承担了一定的经济责任，这类业务事项无须表内核算，只进行表外登记。如未发行的国家债券、重要空白凭证、有关委托事项等。表外核算一般数量不多，增减变动发生的次数较少，核算方法相对比较简单。我国银行目前采用的单式收付记账方法，即以收入和付出作为记账符号，业务事项发生时，记收入；注销或冲减时，记付出，余额表示尚未结清的业务事项。各科目只单方面反映自身的增减变动，不涉及其他科目，也不存在平衡关系。有些商业银行表外科目采用借贷结构，也可用借贷符号表示。

三、案例引入

假设模拟银行辽金支行2018年6月22日发生下列业务：

1. 模拟银行辽金支行收到重要空白凭证现金支票50本，每本按1元计价，并入库保管，用单式收付记账法记账如下：

收入：重要空白凭证——现金支票　50.00

2. 模拟银行辽金支行为开户单位金粮仓面粉厂承兑面额为10 000 000.00元的银行承兑汇票，用单式收付记账法记账如下：

收入：银行承兑汇票　10 000 000.00

3. 开户单位来银行购买空白转账支票一本，每本按1元计价，用单式收付记账法记账如下：

付出：重要空白凭证——转账支票　1.00

四、考核

模拟银行辽金支行2018年6月22日发生如下表外业务：

1. 收到重要空白凭证转账支票150本，入库保管；
2. 为开户单位兑付三个月前的面额为20 000 000.00元的银行承兑汇票；
3. 开户单位来银行购买空白转账支票2本。

要求：请根据业务资料作出有关的会计分录。

五、分析思考题

1. 单式收付记账法是如何进行记账的？
2. 为什么表内科目采用复式借贷记账法，表外科目采用单式收付记账法？

六、拓展：我国银行记账方法的变革

1948年12月中国人民银行成立，采用复式收付记账法。1949年11月，第一次全国银行会计工作会议召开，规定采用复式借贷记账法。不到一年，1950年，改用以科目为主的复式收付记账法。1954年，又改用复式借贷记账法。1965年，改用不设现金科目的现金收付复式记账法。1979年，改用以资金为主的资金收付记账法。

改革开放后专业银行恢复成立，中国银行由收付记账法改用借贷记账法，中国农业银行、中国工商银行、中国建设银行仍然沿用收付记账法。1993年7月银行会计制度发生重大变化，全国银行系统开始采用统一的借贷记账法。

任务三　会计凭证的处理

【技能目标】

熟悉银行会计凭证的种类、填制要求、审核要点以及传递的基本程序，能进行不同凭证的填制、审核、签章、传递以及整理、装订、保管等环节的处理。

【知识准备】

一、会计凭证的概念

会计凭证是记录经济业务、明确经济责任、具有法律效力的书面证明，是登记账簿的依据，也是核对账务和事后查考的依据。

取得或填制会计凭证并对其进行审核，是银行会计核算的重要内容，也是银行会计核算工作的起点。银行每项经济业务从发生到完成，其业务处理手续都必须以会计凭证为依据，没有合法、完整的凭证就不能处理业务、记载账务和向计算机输入数据。会计凭证在银行会计工作中起着重要的作用。

二、会计凭证的分类

（一）银行会计凭证按填制程序和用途，分为原始凭证和记账凭证两大类

原始凭证，是指在经济业务发生时取得或填制的会计凭证，它是反映经济业务发生的原始书面证据。按照来源不同，原始凭证可分为外来原始凭证和自制原始凭证。外来原始凭证是指在经济业务发生时，从银行以外的其他单位、部门或个人取得的会计凭证。自制原始凭证是银行在办理业务过程中，根据经济业务的需要而自行填制的各种会计凭证。

记账凭证，是指由会计部门根据审核无误的原始凭证编制并作为记账依据的会计凭证。由电子信息输出后打印或根据原始凭证信息填制生成，具备记账凭证基本要素的原始凭证，可以作为记账凭证使用；根据原始凭证生成的记账凭证，原始凭证作附件。银行的记账凭证由于需要在银行内部的不同部门之间传递，所以俗称“传票”。

（二）记账凭证按其形式可分为单式凭证和复式凭证

单式凭证是指一笔业务的借方和贷方科目，分别填列在两张或两张以上的凭证上，即一张凭证只填列一个科目，作为该科目的记账依据。该种凭证便于分工记账和凭证传递，但不能反映经济业务的全貌，不利于事后查考和检查业务的对应关系。

复式凭证是指一笔业务的借方和贷方科目都填列在一张凭证上，同时作为借贷双方科目的记账依据。这种凭证便于事后查考某项业务的全貌和易于保持账务记载平衡，但不便于传递、分工记账。

目前，银行除现金业务外一般采用单式凭证；而使用计算机记账的，则采用复式凭证。

（三）会计凭证按其使用范围，可以分为基本凭证和特定凭证

1. 基本凭证是银行会计人员根据原始凭证或业务事项有关信息填制或生成的凭以记账的凭证。基本凭证主要可以分为以下八种：

（1）现金收入传票和现金付出传票，其格式如表专题－3－1 和表专题－3－2 所示。当银行发生内部现金收付业务时编制该类传票。

（2）转账借方传票和转账贷方传票，其格式如表专题－3－3 和表专题－3－4 所示。当银行发生内部转账业务时编制该类传票。

表专题－3－1

模拟银行辽金支行　　现金收入传票

（贷）

（借）现金　　　　年　　月　　日　　　　总字第　　号　字第　　号

户名或账号	摘要	十	亿	千	百	十	万	千	百	十	元	角	分
合计													

附件　　张

会计　　复核　　记账　　出纳

表专题－3－2

模拟银行辽金支行　　现金付出传票

（借）

（贷）现金　　　　年　　月　　日　　　　总字第　　号　字第　　号

户名或账号	摘要	十	亿	千	百	十	万	千	百	十	元	角	分
合计													

附件　　张

会计　　复核　　记账　　出纳

表专题－3－3

模拟银行辽金支行　　转账借方传票

总字第　　号　字第　　号

科目　　　　年　　月　　日

户名或账号	摘要	对方科目	十	亿	千	百	十	万	千	百	十	元	角	分
合计														

附件　　张

会计　　复核　　记账　　制票

表专题 –3 –4

模拟银行辽金支行　　转账贷方传票

总字第　　号
字第　　号

科目　　　　年　　月　　日

户名或账号	摘　要	对方科目	金额 十	亿	千	百	十	万	千	百	十	元	角	分
合　计														

附件　张

会计　　　　复核　　　　记账　　　　制票

（3）特种转账借方传票和特种转账贷方传票，其格式如表专题 –3 –5 和表专题 –3 –6 所示。当银行发生转账业务，主动代开户单位收款入账或从开户单位账户上扣款出账时编制该类传票。使用特种转账传票应经过会计主管审核。会计主管要加强对特种转账凭证使用的检查和监督。

表专题 –3 –5

模拟银行 辽金支行 特种转账借方传票

总字第　　号

年　　月　　日

付款单位	全　称		收款单位	全　称	
	账号或地址			账号或地址	
	开户银行	行号		开户银行	行号
金额	人民币（大写）		十 亿 千 百 十 万 千 百 十 元 角 分		
原凭证金额		赔偿金			
原凭证名称		号码			
转账原因			科目（借）……………… 对方科目（贷）…………… 复核　　记账　　制票		

附件　张

采用计算机记账后，有的银行不再使用以上固定大小、格式、颜色的六种凭证，而采用现金和转账两种机制凭证。

表专题 -3 -6

模拟银行 辽金支行 特种转账贷方传票

总字第 号

年 月 日

<table>
<tr><td rowspan="3">付款单位</td><td>全 称</td><td colspan="3"></td><td rowspan="3">收款单位</td><td>全 称</td><td colspan="3"></td><td rowspan="5">附件

张</td></tr>
<tr><td>账号或地址</td><td colspan="3"></td><td>账号或地址</td><td colspan="3"></td></tr>
<tr><td>开户银行</td><td></td><td>行号</td><td></td><td>开户银行</td><td></td><td>行号</td><td></td></tr>
<tr><td>金额</td><td>人民币（大写）</td><td colspan="7"></td><td>十 亿 千 百 十 万 千 百 十 元 角 分</td></tr>
<tr><td colspan="2">原凭证金额</td><td colspan="2"></td><td>赔偿金</td><td colspan="5"></td></tr>
<tr><td colspan="2">原凭证名称</td><td colspan="2"></td><td>号码</td><td colspan="5"></td><td></td></tr>
<tr><td>转账原因</td><td colspan="6">银行盖章</td><td colspan="3">科目（贷）……………………
对方科目（借）………………
会计 复核 记账 制票</td><td></td></tr>
</table>

（4）表外科目收入传票和表外科目付出传票，其格式如表专题 -3 -7 和表专题 -3 -8 所示。其中，当银行发生不涉及资金增减变化但又必须记录的重要经济业务，即表外科目要核算的经济业务时，编制该类传票。当表外经济业务发生或增加时，编制收入传票；当表外经济业务完成销记或减少时，编制付出传票。

表专题 -3 -7

模拟银行辽金支行 表外科目收入传票

总字第 号
字第 号

科目 年 月 日

户名或账号	摘 要	金额：十	亿	千	百	十	万	千	百	十	元	角	分
合 计													

附件 张

会计 复核 记账 制票

2. 特定凭证是指银行根据经济业务的特殊需要制定的。这类凭证一般由银行统一印制发行，由银行的客户领用并填写，也有某些特定凭证由银行填制。这类凭证一般采用一式多联套写方式填写，以满足传递凭证的各方处理业务的需要。特定凭证种类较多，因此，特定凭证的名称、格式及用途将在后面项目中介绍。

表专题 -3 -8

模拟银行辽金支行　　表外科目付出传票

总字第　　号
字第　　号

科目　　　　年　　月　　日

户名或账号	摘要	金额											
		十	亿	千	百	十	万	千	百	十	元	角	分
合计													

附件　张

会计　　复核　　记账　　制票

（四）会计凭证按其介质不同，可分为纸质凭证和电子凭证

（五）会计凭证按照编制方式的不同可分为机打凭证和手工填写凭证

1. 机打凭证是柜员上机操作交易后，系统提示打印的凭证。

2. 手工填写凭证是客户或柜员手工填写业务信息或提出业务申请时使用的凭证，如收费凭条、现金存款凭条等。

三、会计凭证的基本要素

凭证的基本要素是指各种凭证都必须具备的基本内容。银行各种凭证无论是本行自行编制的记账凭证，还是由单位提交的特定凭证，都应按照规定的内容做到要素齐全，内容真实，字迹清楚，数据正确，不得有任何涂改和污损；如有差错，应按规定的更正办法更正。

会计凭证的基本要素，在外来凭证中大部分由客户填写，部分要素由银行经办人员填写或打印，现在有一少部分凭证增加了银行打印区，增加打印区的主要目的就是防范银行内部人员利用会计凭证作案。银行会计凭证种类繁多，具体的格式和内容也不一样，但都必须具有以下一些基本要素：

1. 凭证的名称及编写的日期（以特定凭证作为记账凭证时，必须注明记账日期）；
2. 收、付款人的户名和账号；
3. 收、付款人开户行的名称和行号；
4. 货币符号和大小写金额；
5. 款项来源、用途、业务事实、摘要以及附件的张数；
6. 会计分录和凭证编号；
7. 客户按照有关规定应该加盖的印章或确认标识；
8. 银行及有关人员的印章。

通过计算机系统产生的会计凭证，也应具备规定的要素。

子任务1　会计凭证的填制

一、活动目标

了解商业银行会计凭证的种类，掌握商业银行各种会计凭证的填制要求，能够根据不同业务的需要选择并正确进行凭证的填制。

二、知识准备

编制会计凭证是银行会计核算的起点，它包括两个方面的含义：一是指外来客户提交特定凭证时，在特定凭证的有关栏目内填写会计分录、记账日期等内容并签章。二是外来客户提交的原始凭证不能代替记账凭证记账，则由银行根据原始凭证编制记账凭证，原始凭证作为记账凭证的附件；对于没有外来凭证的经济业务，则根据业务内容自行编制基本凭证。

编制的会计凭证正确与否，直接影响会计核算的质量。因此，编制会计凭证时应注意：

1. 凭证的种类要与业务和财务活动的内容相一致，对外业务要使用对外业务凭证，对内部资金和财务费用要使用内部凭证，不能相互串用和混淆。

2. 编制记账凭证用笔要规范。单联式凭证用蓝黑墨水书写；多联式凭证用蓝黑圆珠笔、双面复写纸套写；套写的传票，不准分单张写。

3. 编制记账凭证文字、数字书写要清晰，摘要的填写需简明扼要，既能概括经济业务的要点，又能便于登记账簿和账证核对，准确地使用会计科目，不得简化或用代号。

4. 编制凭证编号。记账凭证无论是全部作为一类统一序列编号，还是按收、付、转分别序列编号，均应按日从“1”开始顺序编号，不得跳号、重号。一组会计分录使用两张以上记账凭证时，应按顺序用“带分数”编号。如第5笔会计事项有3张凭证，编号分别为$5\frac{1}{3}$号、$5\frac{2}{3}$号、$5\frac{3}{3}$号。

5. 人民币或外币要有符号，大小写金额数字一定要清楚、准确、一致。

6. 现金收付业务的会计分录，一方是现金科目，另一方必然是与现金科目对应的会计科目，因此，为简化手续，对现金收付业务按照复式记账凭证的做法，只编制现金对方科目的传票，不再编制现金科目的传票，即每笔现金付出业务，只编制一张现金付出传票，每笔现金收入业务只编制一张现金收入传票。

7. 转账业务则必须按照单式凭证的做法，根据会计科目的对应关系同时编制转账借方传票和转账贷方传票，有几个科目就编制几张传票，且借贷凭证双方的金额应该相等。

8. 反映科目之间的对应关系，在同一转账业务的凭证中要相互填写对方科目，并按业务序号编列传票号码及分码，便于查考。

9. 票据的收款人、出票日期和金额不得更改，填写错误应作废重填；其他文字填写错误可以画线注销，将正确的内容填在错误内容的上方；大写金额书写应规范；电子网络下生成凭以记账的电子凭证，应符合规定的格式，并加编密押或密码。

10. 对于应由客户填写的会计凭证，银行工作人员不得代填。人民银行《银行会计基本规范指导意见》中规定：“会计凭证上由银行填写和由客户填写的内容应有明显区分，由客户填写的，未经客户授权，银行工作人员不得代办。”是否经客户授权，其真假很难识别，所以银行规定，应由客户填写的会计凭证，银行工作人员一律不得代填，不存在授权代理的问题。

三、案例引入

例 1：2018 年 6 月 22 日营业终了时，柜员张梁发现当日出纳长款 100．00 元，经主管审批同意列入其他应付款。

例 2：2018 年 6 月 22 日开户单位锦凌市启德公司（8310120107116）提交了一张面额为 10 000 000．00 元的号码为 3649 的商业汇票申请承兑，经信贷部门审核同意并到会计部门办理相关承兑手续，模拟银行辽金支行按规定从该单位账户上收取承兑手续费 5 000. 00元，由经办柜员刘娟编制特种转账传票进行收款手续。

四、学习步骤

（一）例 1 的步骤

步骤 1. 填写现金收入传票，如表专题 –3 –9 所示。

表专题 –3 –9

模拟银行辽金支行　　现金收入传票

（贷）其他应付款　　　　　　　　　　　　　　总字第　　号

（借）现金　　　　　　2018　年　6　月　22　日

户名或账号	摘要	十	亿	千	百	十	万	千	百	十	元	角	分	
待处理出纳长款户	待查出纳员张梁长款							¥	1	0	0	0	0	附件
														张
合　计								¥	1	0	0	0	0	

会计　　　　复核　　　　记账　　　　出纳

步骤 2. 审核。主管审核后列入“其他应付款”，如表专题 –3 –10 所示。

步骤 3. 后续处理。

（二）例 2 的步骤

步骤 1. 填写特种转账传票。由柜员刘娟填写特种转账传票，如表专题 –3 –11 所示。

表专题－3－10

模拟银行辽金支行　　现金收入传票

（贷）其他应付款

（借）现金

2018 年 6 月 22 日

总字第　　号

户名或账号	摘要	十	亿	千	百	十	万	千	百	十	元	角	分
待处理出纳长款户	待查出纳员张梁长款							¥	1	0	0	0	0
合计								¥	1	0	0	0	0

附件　张

（印章：(02) 收讫 2018.06.22 模拟银行辽金支行）

会计 于江玲　　复核 杨一明　　记账 马漫婷　　出纳 谷欣

表专题－3－11

模拟银行 辽金支行 特种转账借方传票

总字第　　号

2018 年 6 月 22 日

付款单位				收款单位			
全称	锦凌市启德公司			全称	模拟银行辽金支行		
账号或地址	8310120107116			账号或地址	承兑手续费收入		
开户银行	辽金支行	行号	83101	开户银行	辽金支行	行号	83101

金额	人民币（大写）	十	亿	千	百	十	万	千	百	十	元	角	分
	伍仟元整						¥	5	0	0	0	0	0

原凭证金额	10 000 000 00	赔偿金	
原凭证名称	银行承兑汇票	号码	3649

转账原因	科目
承兑手续费：10 000 000 00×0.5‰=5 000 00	科目（借）……201………… 对方科目（贷）……531………
	复核　记账　制票 谷欣

附件　张

步骤 2. 审核。由会计主管审核，审核无误后进行账务处理，如表专题－3－12所示。

步骤 3. 后续处理。

表专题 -3-12

模拟银行 辽金支行 特种转账借方传票

总字第　　号

2018 年 6 月 22 日

<table>
<tr><td rowspan="3">付款单位</td><td>全　称</td><td colspan="3">锦凌市启德公司</td><td rowspan="3">收款单位</td><td>全　称</td><td colspan="3">模拟银行辽金支行</td></tr>
<tr><td>账号或地址</td><td colspan="3">8310120107116</td><td>账号或地址</td><td colspan="3">承兑手续费收入</td></tr>
<tr><td>开户银行</td><td>辽金支行</td><td>行号</td><td>83101</td><td>开户银行</td><td>辽金支行</td><td>行号</td><td>83101</td></tr>
<tr><td>金额</td><td>人民币（大写）</td><td colspan="7">伍仟元整</td><td>十亿千百十万千百十元角分
¥500000</td></tr>
<tr><td colspan="2">原凭证金额</td><td>10 000 000 00</td><td>赔偿金</td><td colspan="6"></td></tr>
<tr><td colspan="2">原凭证名称</td><td>银行承兑汇票</td><td>号码</td><td colspan="6">3649</td></tr>
<tr><td>转账原因</td><td colspan="5">承兑手续费：10 000 000 00×0.5‰=5 000 00</td><td colspan="4">科目（借）……201…………
对方科目（贷）……531………
复核 杨一明 记账 马漫波 制票 谷欣</td></tr>
</table>

附件　张

（02）转讫 2018.06.22 模拟银行辽金支行

五、考核

1. 2018 年 6 月 22 日营业终了时，柜员钱进出现出纳短款 500.00 元，经主管审批同意暂列其他应收款项，要求编制现金付出传票（见表专题 -3-13）。

表专题 -3-13

模拟银行辽金支行　　现金付出传票

（借）

（贷）现金　　　　年　月　日

总字第　　号
字

户名或账号	摘　要	金额 亿	千	百	十	万	千	百	十	元	角	分
合　计												

附件　张

会计　　复核　　记账　　出纳

2. 2018 年 6 月 22 日模拟银行辽金支行为开户单位汇源电子有限公司（8310120101096）承兑面额为 500 000.00 元的号码为 3296 的未到期银行承兑汇票，要求编制收取承兑手续费的特种转账传票（见表专题－3－14）。

表专题－3－14

模拟银行 辽金支行 **特种转账借方传票**

总字第　　号

年　月　日

付款单位	全称				收款单位	全称		
	账号或地址					账号或地址		
	开户银行		行号			开户银行	行号	
金额	人民币（大写）						十亿千百十万千百十元角分	附件
原凭证金额		赔偿金						
原凭证名称		号码						张
转账原因						科目（借）……………… 对方科目（贷）…………… 复核　记账　制票		

六、分析思考题

1. 简述基本凭证与特定凭证的联系与区别。

2. 请根据考核及以上的实训体会思考，在什么情况下编制“现金收入传票”“现金付出传票”“特种转账借方传票”和“特种转账贷方传票”。

3. 请根据实训思考编制会计凭证的具体要求。

七、拓展：正确填写票据和结算凭证的基本规定

银行、单位和个人填写的各种票据和结算凭证是办理支付结算和现金收付的重要依据，直接关系到支付结算的准确、及时和安全。票据和结算凭证是银行、单位和个人凭以记载账务的会计凭证，是记载经济业务和明确经济责任的一种书面证明。因此，填写票据和结算凭证，必须做到标准化、规范化，应要素齐全、数字正确、字迹清晰、不错漏、不潦草，防止涂改。

1. 中文大写金额数字应用正楷或行书填写，如壹、贰、叁、肆、伍、陆、柒、捌、玖、拾、佰、仟、万（萬）、亿、元、角、分、零、整（正）等字样。不得用一、二（两）、三、四、五、六、七、八、九、十、念、毛、另（或0）填写，不得自造简化字。如果金额数字书写中使用繁体字，如貳、陸、億、萬、圓的，也应受理。

2. 中文大写金额数字到“元”为止的，在“元”之后，应写“整”（或“正”）字，在角之后可以不写“整”（或“正”）字。大写金额数字有“分”的，“分”后面不写“整”（或“正”）字。

3. 中文大写金额数字前应标明“人民币”字样，大写金额数字应紧接“人民币”

字样填写，不得留有空白。大写金额数字前未印“人民币”字样的，应加填“人民币”三字。在票据和结算凭证大写金额栏内不得预印固定的仟、佰、拾、万、仟、佰、拾、元、角、分字样。

4. 阿拉伯小写金额数字中有“0”时，中文大写应按照汉语语言规律、金额数字构成和防止涂改的要求进行书写。举例如下：

（1）阿拉伯数字中间有“0”时，中文大写金额要写“零”字。如￥1 409.50，应写成人民币壹仟肆佰零玖元伍角。

（2）阿拉伯数字中间连续有几个“0”时，中文大写金额中间可以只写一个“零”字。如￥6 007.14，应写成人民币陆仟零柒元壹角肆分。

（3）阿拉伯金额数字万位或元位是“0”，或者数字中间连续有几个“0”，万位、元位也是“0”，但千位、角位不是“0”时，中文大写金额中可以只写一个“零”字，也可以不写“零”字。如￥1 680.32，应写成人民币壹仟陆佰捌拾元零叁角贰分，或者写成人民币壹仟陆佰捌拾元叁角贰分；又如￥107 000.53，应写成人民币壹拾万柒仟元零伍角叁分，或者写成人民币壹拾万零柒仟元伍角叁分。

（4）阿拉伯金额数字角位是“0”，而分位不是“0”时，中文大写金额“元”后面应写“零”字。如205 000.90写成大写金额为：贰拾万伍仟零玖角；再如44 000.08写成大写金额为：肆万肆仟元零捌分。

5. 阿拉伯小写金额数字前面，均应填写人民币符号“￥”（或草写）。阿拉伯小写金额数字要认真填写，不得连写造成分辨不清。

6. 票据的出票日期必须用中文大写。为防止变造票据的出票日期，在填写月、日时，月为壹、贰以及壹拾的，日为壹至玖以及壹拾、贰拾和叁拾的，应在其前加“零”；日为拾壹至拾玖的，应在其前加“壹”。如11月20日大写日期应为：壹拾壹月零贰拾日；再如9月19日大写日期应为：零玖月壹拾玖日。

7. 票据出票日期使用小写填写的，银行不予受理。大写日期未按要求规范填写的，银行可予受理，但由此造成损失的，由出票人自行承担。

8. 各类会计凭证的日期应填写发生业务的当天日期。

9. 会计凭证（单联）必须用蓝、黑墨水钢笔书写；会计凭证需要套写的，必须用蓝、黑圆珠笔双面复写或无碳复写纸书写。

10. 会计凭证不得涂改、挖补、刀刮、皮擦，禁止使用涂改液销蚀。

子任务2　会计凭证的审核

为了使登记账簿记录准确，记账前必须对已经编制的记账凭证及其所附的原始凭证进行认真严格的审核。在审核记账凭证的过程中，如发现记账凭证填制有误，应退回重填；如果已将有误的记账凭证登记入账，则应当按照规定的方法及时加以更正。只有经过审核无误后，记账凭证才能作为登记账簿的依据。

一、活动目标

掌握商业银行会计凭证的审核要求，能对不同的业务凭证按照审核要点进行审核。

二、知识准备

会计凭证的审核就是根据业务事实以及核算的需要，对每笔业务的有关凭证，从形式上、内容上和数字上审查其真实性、正确性、合法性和完整性。只有经过审核合格的凭证才能作为记账凭证处理账务。

三、案例引入

2018 年 6 月 22 日（星期五）模拟银行辽金支行临柜工作人员李金羿受理号码为 8796 的转账支票一张（见表专题 -3-15），系开户单位锦凌市启德公司（8310120107116）支付给远征工贸公司的货款 43 000.00 元。要求根据上述背景资料审查所受理的转账支票。

通过对该支票（见表专题 -3-15）的审核可以发现有以下不当之处：（1）出票日期大写不规范；（2）收款人名称不正确；（3）人民币大小写有误；（4）用途栏漏填。因此按规定该支票应予以退票处理。

表专题 -3-15

辽金支行现金支票存根
支票号码
科目
对方科目
出票日期　年　月　日
收款人：
金　额：
用　途：
单位主管　会计

模拟银行转账支票（辽）　BS 02 008796
出票日期(大写)贰零壹捌年陆月贰拾贰日　付款行名称：辽金支行
收款人：锦凌市启德公司　出票人账号：8310120107116
支票付款期限十天
人民币(大写)叁万肆仟元整

千	百	十	万	千	百	十	元	角	分
		¥	4	3	0	0	0	0	0

用途
上列款项请从8310120107116
我账户内支付
出票人签章　锦凌市启德公司 财务专用章　静韩印玉
复核　记账

四、学习步骤

步骤 1. 审核是否属于本行受理的凭证；

步骤 2. 审核凭证种类是否正确，凭证内容、联数与附件是否完整齐全，是否超过期限；

步骤 3. 审核账号与户名是否相符，该账户是否为冻结户；

步骤 4. 审核大小写金额是否一致，字迹有无涂改；

步骤 5. 审核款项来源、用途是否填写清楚，是否符合有关规定要求；可以更改的部分若更改是否按规定盖章，不能更改的部分是否被更改；

步骤 6. 审核密押、印鉴是否真实、齐全；

步骤 7. 审核支付的款项是否超过存款余额或批准的贷款额度或拨款限额；

步骤 8. 审核有关计息、收费、赔偿金等计算是否正确；

步骤9. 审核内部科目、账户使用是否正确。

经过审核符合规定要求的凭证就可凭以处理账务和科学地进行传递。而对于不符合要求的凭证，应拒绝受理，如属内容不全或填写有误的凭证，要求更正、补充或重填；如属伪造凭证等违法乱纪行为，要认真追究，配合有关部门严肃查处。

五、考核

2018年6月22日（星期一）模拟银行辽金支行临柜工作人员刘娟受理号码为7632的现金支票一张（见表专题－3－16），系开户单位如意贸易公司（8310120105041）支付给该单位员工王征的差旅费25 000.00元。要求根据上述背景资料审查所受理的现金支票，指出该支票填制过程中的差错，并改正。

表专题－3－16

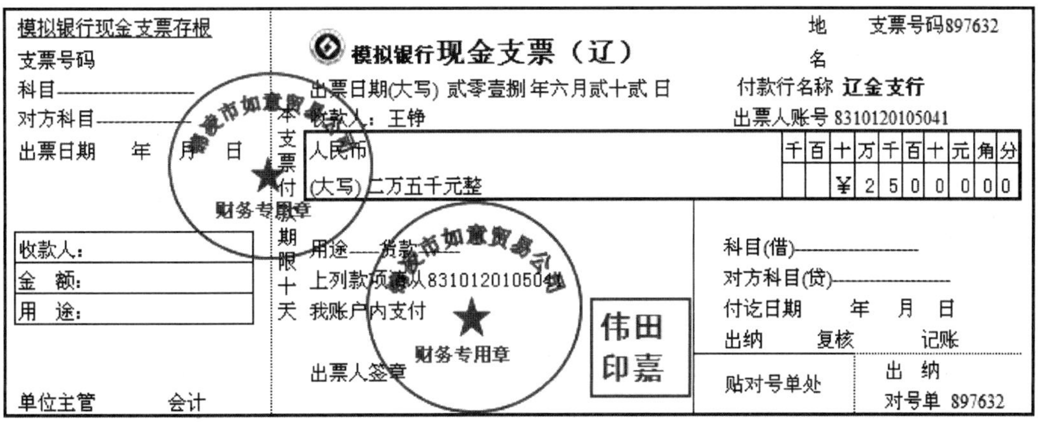
模拟银行现金支票存根
支票号码
科目
对方科目
出票日期　年　月　日
收款人：
金　额：
用　途：
单位主管　会计

模拟银行现金支票（辽）　地名　支票号码897632
出票日期(大写) 贰零壹捌年六月贰十贰日　付款行名称 辽金支行
收款人：王铮　出票人账号 8310120105041
本支票付款期限十天
人民币(大写) 二万五千元整

千	百	十	万	千	百	十	元	角	分
		¥	2	5	0	0	0	0	0

用途　货款
上列款项请从8310120105041
我账户内支付
出票人签章
伟田印嘉
科目(借)
对方科目(贷)
付讫日期　年　月　日
出纳　复核　记账
贴对号单处
出纳对号单 897632

六、分析思考题

会计凭证审核包括哪些内容?

子任务3　会计凭证的传递

一、活动目标

掌握商业银行会计不同业务类型所使用的会计凭证的传递程序，能够根据不同业务的特点正确进行会计凭证的传递。

二、知识准备

会计凭证的传递是指会计凭证按照规定程序在银行内部各专柜或所属分支机构之间进行传递流转。银行会计凭证传递的过程也是业务处理和会计核算的过程。科学组织会计凭证的传递，不仅是正确、迅速处理业务和账务的关键，而且对加速社会资金周转及会计工作的质量和效率具有重要意义。

银行业务量大，凭证种类多，各种业务凭证的性质和内容不同，因而凭证传递的程序也不尽相同。必须根据各项业务的特点，分别制定不同业务凭证的传递程序。一般来说，外来凭证首先要经接柜员审核，在业务系统录入相关信息并提交确认后，再交复核员复核；自制凭证经有关人员签章并记账后，也应交复核员复核。会计凭证必须按照准确及时、手续严密、安全可靠、先外后内、先急后缓的原则传递，并建立严格的签收制度。内部凭证不得通过客户传递。凭证传递时应遵守以下规定：

1. 现金收入业务必须“先收款、后记账”，以防止漏收或错收款项，保证账款一致；
2. 现金付出业务必须“先记账、后付款”，以防止透支、冒领事故的发生；
3. 转账业务必须“先记付款人账户、后记收款人账户”，以贯彻银行不垫款原则；
4. 代收他行票据必须坚持“收妥抵用”，以防止票据退票而造成银行垫款。

三、案例引入

开户单位盛雅集团股份有限公司（8310120101077）于2018年6月22日向模拟银行辽金支行提交现金缴款单（见表专题－3－17），交存营业收入现金75 000.00元。本行会计经办人员李金羿受理该业务，则有关会计凭证应按图专题－3－1所示程序传递。

表专题－3－17

券种明细

券种	金额
壹佰元	30 000
伍拾元	35 000
贰拾元	
拾元	
伍元	5 000
贰元	
壹元	5 000
伍角	
贰角	
壹角	
合计	75 000

模拟银行 辽金支行

现 金 缴 款 单

本次交款情况记录	
多款	已退回
少款	已补收

缴款日期 2018 年 6 月 22 日

缴款单位	全　称	盛雅集团股份有限公司	账号	8310120101077
	开户银行	辽金支行	款项来源	销货收入
人民币（大写）	柒万伍仟元整		百十万千百十元角分	¥7500000
现金收讫			出纳复核员	出纳收款员
			会计复核员	记账员

第二联 代现金收入传票

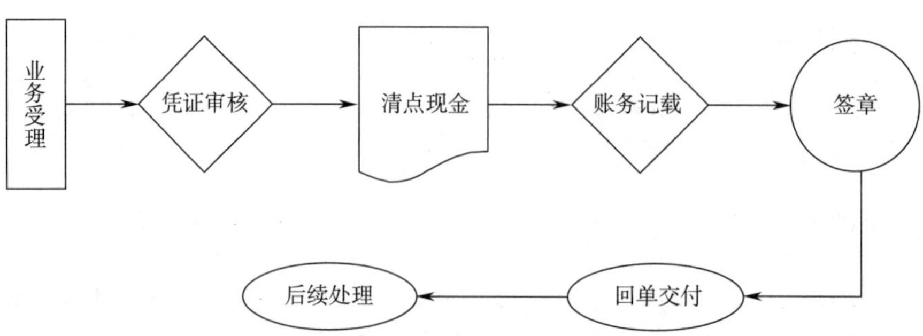

图专题－3－1　现金收入传票传递程序

四、学习步骤

步骤 1. 业务受理与凭证审核。柜员办理现金收款业务应将客户填制的现金缴款凭证连同现金一并收下，审核现金缴款凭证要素齐全、填写正确。详见本项目任务三的子任务 2。

步骤 2. 清点现金。柜员收款应先卡清大数，再按先整后零、面额由大到小的顺序清点现金，加总钞券实物各券别金额与现金缴款单金额核对无误，同时按中国人民银行有关规定做好现金的挑剔、反假工作。

步骤 3. 账务记载。现金清点完毕柜员记账，系统自动生成现金收入日记簿和分户账。详见本项目任务四的子任务 2。

步骤 4. 签章。无误后，在现金缴款单上分别加盖现金收讫章和经办人员的个人名章（见表专题 –3 –18）。

表专题 –3 –18

券种明细

券种	金额
壹佰元	30 000
伍拾元	35 000
贰拾元	
拾元	
伍元	5 000
贰元	
壹元	5 000
伍角	
贰角	
壹角	
合计	75 000

模拟银行 辽金支行

现　金　缴　款　单

本次交款情况记录	
多款	已退回
少款	已补收

缴款日期　2018 年 6 月22日

缴款单位	全　称	盛雅集团股份有限公司	账号	8310120101077
	开户银行	辽金支行	款项来源	销货收入
人民币（大写）	柒万伍仟元整		百 十 万 千 百 十 元 角 分	¥ 7 5 0 0 0 0 0
现金收讫	模拟银行 辽金支行 (02) 收讫 2018.06.22	出纳复核员 朱玥颖		出纳收款员 谷欣
		会计复核员 杨一明		记账员 马漫婷

第二联　代现金收入传票

步骤 5. 回单交付。现金缴款单的第三联（见表专题 –3 –19）交给缴款单位保管。

表专题 –3 –19

券种明细

券种	金额
壹佰元	30 000
伍拾元	35 000
贰拾元	
拾元	
伍元	5 000
贰元	
壹元	5 000
伍角	
贰角	
壹角	
合计	75 000

模拟银行 辽金支行

现　金　缴　款　单

本次交款情况记录	
多款	已退回
少款	已补收

缴款日期　2018 年 6 月22日

缴款单位	全　称	盛雅集团股份有限公司	账号	8310120101077
	开户银行	辽金支行	款项来源	销货收入
人民币（大写）	柒万伍仟元整		百 十 万 千 百 十 元 角 分	¥ 7 5 0 0 0 0 0
现金收讫	模拟银行 辽金支行 (02) 收讫 2018.06.22	出纳复核员		出纳收款员
		会计复核员		记账员

第三联　银行盖章后退回单位

步骤6. 后续处理。现金缴款单的第一联（见表专题－3－20）由出纳部门留存；现金缴款单的第二联（见表专题－3－18）由柜员暂时保管，待营业终了时进行综合核算。

表专题－3－20

模拟银行 辽金支行

现 金 缴 款 单

缴款日期 2018 年 6 月22日

券种明细	
券种	金额
壹佰元	30 000
伍拾元	35 000
贰拾元	
拾元	
伍元	5 000
贰元	
壹元	5 000
伍角	
贰角	
壹角	
合计	75 000

本次交款情况记录	
多款	已退回
少款	已补收

缴款单位	全称	盛雅集团股份有限公司	账号	8310120101077
	开户银行	辽金支行	款项来源	销货收入
人民币（大写）	柒万伍仟元整		百十万千百十元角分	¥7500000
现金收讫	模拟银行 辽金支行 2018.06.22 收讫	出纳复核员 朱玥婉	出纳收款员 谷欣	
		会计复核员 杨一明	记账员 马浸竣	

第一联 由出纳留存

五、考核

开户单位英华贸易有限公司（8310120101017）于2018年6月22日向模拟银行辽金支行提交号码为2568的现金支票（见表专题－3－21）要求提取现金27 645.00元，柜员李金羿受理该业务。

要求：作出该业务操作过程中有关会计凭证传递的流程图。

表专题－3－21

模拟银行现金支票（辽） BS 02 002568

出票日期(大写) 贰零壹捌年陆月贰拾贰日　　付款行名称 辽金支行

收款人：英华贸易有限公司　　出票人账号 8310120101017

人民币（大写）	千	百	十	万	千	百	十	元	角	分
贰万柒仟陆佰肆拾伍元整			¥	2	7	6	4	5	0	0

本支票付款期限十天

用途 货款

上列款项请从8310120101017

我账户内支付

（英华贸易有限公司 财务专用章）（达孟印凡）

出票人签章

科目(借)

对方科目(贷)

付讫日期　年　月　日

出纳　复核　记账

贴对号单处　　出纳 对号单 002568

六、分析思考题

简述银行会计凭证传递过程中应遵循的规定。

子任务4　会计凭证的签章

一、活动目标

掌握商业银行会计业务用章的种类，能够在业务处理的各个不同环节上进行不同业务印章的使用。

二、知识准备

会计凭证的签章是确认凭证有效、表示业务手续完成程度和明确经济责任的重要措施。凡是经过处理的会计凭证，均应由客户和银行会计部门加盖有关印章。其中，客户应当按银行会计以及有关部门的相关业务规定加盖印章；银行会计部门则在会计凭证的处理过程中，根据规定加盖有关人员名章和规定的公章。会计印章的种类和使用范围如下：

1. 业务公章（带日期）：凡对外签发的重要单证及柜台受理业务的回单，如存单、存折、凭证式国债或其他债券、开户申请书、挂失申请书、存款证明书、退票通知书、各种报单等应加盖业务公章。

2. 现金收、付讫章：用于确认已收讫或已付讫现金的业务凭证、票据和回单等。

3. 转讫章（带日期）：用于确认已记账或已处理完毕的转账业务凭证、票据或回单等。

4. 汇票专业章：用于办理银行汇票出票，商业汇票承兑、转贴现和再贴现业务。

5. 本票专用章：用于办理签发银行本票业务。

6. 结算专用章：银行办理银行承兑汇票等支付结算业务的查询查复时，应在查询书、查复书上加盖结算专用章；银行出具跨行提出的退票理由书和拒绝付款理由书上加盖结算专用章；银行在办理票据、网上支付结算、汇兑、委托收款、托收承付、银行卡等业务时应在跨行提出的支付结算凭证联次上加盖结算专用章。

7. 凭证受理专用章（带日期）：用于受理客户提交票据，尚未办理账务处理的各种凭证回单。

8. 票据交换章：用于同城票据交换业务，具体按当地人民银行的规定执行。

会计印章应有专人妥善保管使用，建立登记簿。在领用和收回时，使用人员必须在登记簿上签署个人名章；人员调换时要办理交接手续。个人名章由本人保管，不得随意交由他人使用。因特殊原因确需由他人使用的必须经过授权确认。

三、案例引入

2018年6月22日营业终了时，柜员李金羿出现出纳短款200.00元，经批准编制了现金付出传票（见表专题-3-22）。该传票经过了收款、记账、复核几个操作环节，加盖了相关的业务用章和有关人员名章（见表专题 -3-23）。

表专题 -3-22

模拟银行辽金支行　　现金付出传票

（借）其他应收款　　　　　　　　　　　　　　　　　总字第　　号

（贷）现金　　　　2018 年　6 月　22 日

户名或账号	摘要	十	亿	千	百	十	万	千	百	十	元	角	分
待处理出纳短款户	待查出纳员李金羿短款							¥	2	0	0	0	0
合计								¥	2	0	0	0	0

附件　张

会计　　　复核　　　记账　　　出纳

表专题 -3-23

模拟银行辽金支行　　现金付出传票

（借）其他应收款　　　　　　　　　　　　　　　　　总字第　　号

（贷）现金　　　　2018 年　6 月　22 日

户名或账号	摘要	十	亿	千	百	十	万	千	百	十	元	角	分
待处理出纳短款户	待查出纳员李金羿短款							¥	2	0	0	0	0
	（01）付讫 2018.06.22 模拟银行辽金支行												
合计								¥	2	0	0	0	0

附件　张

会计 于江玲　　复核 杨一明　　记账 马漫婷　　出纳 谷欣

四、考核

1. 2018 年 6 月 22 日营业终了时，柜员张华出现出纳短款 100.00 元，经批准编制现金付出凭证。若该凭证已经经过了李宏亮记账、刘巧玉复核几个操作环节，请根据业务编制现金付出凭证（见表专题 -3-24），并在凭证上加盖相关的业务用章。

2. 2018 年 6 月 22 日开户单位宝丽电子有限公司（8310120105036）向模拟银行辽金支行提交现金缴款单（见表专题 -3-25）和现金 50 000.00 元。若该凭证经过刘娟收款、李宏亮记账、刘巧玉复核等几个操作环节，要求在该现金缴款单上加盖相关的业务用章。

表专题－3－24

模拟银行辽金支行　　现金付出传票

（借）

（贷）现金　　　　　　　　年　　月　　日

总字第　　号
字第　　号

户名或账号	摘要	十	亿	千	百	十	万	千	百	十	元	角	分
合计													

（金额栏上方表头：金额）

附件　张

会计　　复核　　记账　　出纳

表专题－3－25

模拟银行 辽金支行

现　金　缴　款　单

缴款日期　　年　月　日

券种明细

券种	金额
壹佰元	
伍拾元	
贰拾元	
拾元	
伍元	
贰元	
壹元	
伍角	
贰角	
壹角	
合计	

本次交款情况记录	
多款	已退回
少款	已补收

缴款单位	全称		账号	
	开户银行		款项来源	
人民币（大写）			百 十 万 千 百 十 元 角 分	
现金收讫			出纳复核员　出纳收款员	
			会计复核员　记账员	

第二联　代现金收入传票

五、分析思考题

列举商业银行会计处理中所使用的业务印章。

子任务5　会计凭证的整理、装订和保管

会计凭证是会计档案的重要组成部分，为了保证其完整无缺和便于事后查考，核算完毕的会计凭证应每日按方便查阅的原则整理装订，妥善保管。

一、活动目标

掌握商业银行会计日终会计凭证装订保管的操作程序和方法，能够根据不同的整理

规定在每日营业终了进行会计凭证的整理、装订和保管。

二、知识准备

（一）会计凭证

1. 会计凭证的整理。当前，会计凭证的整理依各行会计核算系统、劳动组合方式和业务处理流程等方面的不同，大体分为按会计科目编号整理和按交易流水序号整理两种模式。

（1）按会计科目编号整理。按会计科目编号整理会计凭证，一般情况下于每日营业终了，将已办完会计核算的凭证按照会计科目顺序整理，对每一科目下的凭证按现金借方、现金贷方、转账借方、转账贷方顺序排列，科目日结单放在各科目凭证之前，按照会计科目代号的大小顺序，表内科目在前，表外科目在后。

（2）按交易流水序号整理。目前大多数银行采用计算机进行账务处理，因此很多银行采用按交易流水序号整理会计凭证的模式，一般同一营业机构所有柜员的会计凭证均按柜员号顺序整理，并可根据凭证数量的多少将一个或多个柜员凭证合并为一本进行装订。

2. 会计凭证的装订。凭证经整理后，外加传票封面（见表专题－3－26）和封底（见表专题－3－27）装订成册，由装订人员在骑缝处加盖名章。业务量大、凭证多的可分册装订。已装订的传票，应编列传票总号，以防散失。在装订成册的传票封面上注明日期、传票顺序号、注明共几册及第几册，由装订人员和会计主管人员签章。

表专题－3－26

模拟银行辽金支行会计凭证封面

第　　号

行名：　　　　年　月　日至　年　月　日　　　第　册共　册

凭证种类	张数	凭证种类	张数
现金收入凭证		表外收入凭证	
现金付出凭证		表外付出凭证	
转账借方凭证		核算主体表外凭证整理单	
转账贷方凭证		附件	
核算主体表内凭证整理单		其他	
小计		合计	

会计主管　　　　复核　　　　装订

3. 会计凭证的保管。凭证装订成册后，登记“已用传票账表登记簿”，交有关部门保管。

表专题－3－27

传　票　封　底

调　阅　记　录

调阅日期			调阅人	归还日期				调阅日期			调阅人	归还日期		
年	月	日		年	月	日		年	月	日		年	月	日

已装订的传票，不得随意拆封，任何人不得抽换、涂改。如需调阅已入库的凭证，必须按有关规定办理，履行必要的手续。对拆封的传票，要按规定重新装订和加封。

会计凭证需按规定定期保管，对保管期限届满的凭证可编制销毁清单，经批准后予以销毁。

（二）会计档案

1. 会计档案是银行各项业务活动的会计记录和重要史料，包括会计凭证、会计账簿、会计报告和其他应当保存的会计资料。

2. 会计档案在形式上可分为纸质档案和电子档案。

纸质档案是以纸为介质保存的会计档案，电子档案是以磁盘、光盘、缩微胶片等电子信息载体为介质保存的会计档案。

原始凭证、票据、合同等具有法律效力的资料应保存纸质档案。

银行应建立会计档案保管库（柜）。对会计档案应严格执行安全和保密制度，做到妥善保管，存放有序，查找方便。切实防止火烧、水浸、虫蛀、鼠咬、霉烂等。如以电子档案形式保存，必须注意环境，免受强磁干扰破坏，保证其完整无损。

3. 凡经业务处理后形成的会计凭证、会计报表等会计档案，均应纳入会计档案缩微管理。

实行会计档案缩微管理的行处，在档案缩微后其纸质会计档案可采用塑封、打捆、装封等形式进行保管。

各营业机构的会计凭证应于会计监督完成当日最迟三日内进行档案缩微。缩微档案要按规定的凭证排列顺序进行缩微处理，并做到图像清晰完整。

4. 电子档案实行备份制度，应制作两份，一份为A盘，作为日常调阅使用盘；另一份为B盘，作为A盘的备份盘。

5. 银行年终决算各类报表应单独增刻三张光盘，分为A盘、B盘和C盘。其中，C盘送交本级行办公室综合档案部门保管。

6. 对电子档案的追加、删除、替换、修改、复制等操作，必须严格按事权划分的原则进行办理。

7. 电子档案与纸质档案、电子档案及其备份档案、电子备份档案应分开保管。

8. 会计档案的保管期限分为永久保管和定期保管两类。会计资料保管期限规定见表专题－3－28。

表专题－3－28　　会计资料保管期限规定（纸质存放的会计资料）

永久保管的会计资料	1. 年度财务会计报告
	2. 资本金、股本、投资、贷款、损益、固定资产类、重要物品（重空、印章等）的总账、明细账或登记簿
	3. 各种挂失申请书、会计资料交接清单
	4. 各种会计资料的保管目录以及销毁清册
	5. 开销户资料
	6. 有权机关查询、冻结、解冻及扣划书
	7. 约定事故变更表
	8. 会计档案保管登记簿
	9. 票样
	10. 认为应永久保管的其他会计资料
保管15年的会计资料	1. 会计凭证及附件
	2. 认为应保管15年的其他会计资料
保管5年的会计资料	除上述永久保管、保管15年以外的其他会计资料

9. 会计档案的查询、调阅、保管要严格执行安全和保密制度，会计档案一律不准外借。

（1）内部调阅会计档案需填写“查阅会计档案申请表”，经所在部门的负责人或授权人签字批准或加盖公章后方可查阅，查阅完毕，登记“会计档案查阅登记簿”。

（2）开户单位申请查阅时，对私客户凭本人身份证和存折、存单；对公客户凭对账单和盖有预留印鉴的公函以及查阅人的身份证。开户行核对申请资料和证件无误后，经所在部门的负责人或授权人签字批准，并应有专人负责陪同查阅、复印或打印相关资料，不得将档案交给查阅人放任不管。

（3）公安、纪检、司法、审计、财税、人民银行等单位需要查阅会计档案的，必须持有县级（含县级）以上正式公文或介绍信以及查阅人的工作证、身份证和相关资料等，经核实资料无误并报行内相关部门批准后方可查阅。查阅时，应有档案保管的部门指派专人在场陪同，查阅人所需要的证据和有关资料，可抄录、照相、复印，但不得拆封或将原件借走。

查阅人员应严格遵守保密制度，不准擅自公布档案资料，使用者不得私自复制、拷贝、修改或转送他人。查阅过程中要保护好档案，不准撕毁、拆封、画线、打圈和涂改档案。

10. 移交会计档案，应严格按移交手续办理，涉及变更会计档案管理部门的，还应由有权人签署意见，移交双方都应签字盖章。

11. 会计档案保管期满，应由支行（含）以上机构负责销毁，严防散失、泄密或发生流弊，支行销毁会计档案须经二级分行批准，二级分行（含）以上机构销毁会计档案须向上级行报备。

12. 已满保管期的会计档案，如尚有未了债权、债务、案件或账务未查清，应待债权债务明确、案件终结或账务查清后，再按规定销毁。

13. 银行对会计档案的管理情况每年至少进行一次全面检查，重点检查会计档案的保管、调阅、销毁等手续及保管情况。

三、案例引入

赵老师对学生张欢说："你今天把这些凭证装订成册。"张欢接过凭证高兴地回答："没问题。"于是她拿来凭证封面、装订机（打孔机）、胶棒、小线绳、缝针、铁夹子等物件就干了起来，不一会儿，便拿着订好的凭证册给赵老师检验。

赵老师笑着对张欢说："张欢，你只是把凭证订上了，你再检查一下，看看有什么不妥?"张欢拿起凭证册翻来翻去看到，有些小张的会计凭证订在凭证册里，散落下来，有些大张的会计凭证折叠后订在里面，要想展开看其内容，就得撕开原始凭证。

赵老师耐心地讲解道，首先把要订的会计凭证舒展平整。个别规格参差不齐的凭证，可先裁边整理，但必须保证会计凭证内容的完整性。

然后将传票按排序墩齐。由于各种凭证格式不同，大小、外形也不尽相同，因此墩齐传票是关键。规格较大，纸质较硬的会计凭证，比照记账凭证规格大小进行折角折叠，如图专题 -3 -2 所示。

图专题 -3 -2　整理折叠较大张会计凭证

在墩齐的传票上下各放置封面、封底。

在装订的时候，穿孔是个学问。按传统，打孔的时候人们习惯一字排开，笔直地穿几个孔，以为这样会更整齐。其实不然，如果在传票夹允许的范围内，把孔打成三角形，会更有利于传票的整齐和紧凑。根据三角形不易变形的原理，只要把不在同一直线上的三点连起来，就能固定物体。所以，这样订出的传票不易扭曲变形。装订时还须注意不要在侧面绕线，否则会影响传票侧面的盖章效果。

最后按规定填好各要素，签章保存。

四、考核

根据教材内容将前述案例引入中所使用的凭证按科目进行整理、清分，并编制科目日结单，加以装订保管。

五、分析思考题

1. 简述会计凭证按会计科目编号整理的要求。
2. 简述会计凭证按交易流水序号整理的要求。

任务四　账务记载

【技能目标】

熟悉银行账务组织、账簿设置和账务记载的流程和方法，能根据业务要求规范完成银行柜员日初操作、日终操作，日常对公业务记账的处理以及日常账务记载差错的冲正处理。

【知识准备】

一、账务组织

账务组织是指账簿的设置、核算程序和核对方法的有机结合。账务组织是银行会计基本核算方法的重要组成部分，也是银行会计核算的最基本的组织形式。

会计账簿是由许多具有一定格式的账页组成，以会计凭证为依据，全面、连续、系统地记载各种资金增减变动的记录簿册。会计账簿是会计核算的重要工具。按照一定程序，在账簿中登记各项经济业务所引起的资金增减变化就叫记账，也称登记账簿。

银行会计核算的账务组织包括明细核算和综合核算两个系统。明细核算是对银行的业务活动和财务收支进行详细、具体和系统的核算，是在会计科目下按户进行的核算，由分户账、登记簿、流水账、现金收入日记簿、现金付出日记簿、余额表组成，它具体反映各单位、各种资金增减变动的详细情况；综合核算是对银行业务活动和财务收支进行全面的、概括的核算，是按会计科目进行的核算，是由科目日结单、总账、日计表组成，反映各系统、各类资金增减变化的总括情况。明细核算是综合核算的具体化，对综合核算起补充作用；综合核算是明细核算的概括，对明细核算起统驭作用。由于两个系统都是根据同一会计凭证进行核算，因而它们在反映情况方面相互配合、相互补充，在数字方面相互核对、相互制约，即构成了会计核算完整的账务组织体系。计算机处理的账务核算，是根据记账凭证按账户登记明细账，再由明细账按会计科目生成总账。

二、明细核算

明细核算是对每个科目的详细记录，是在每个科目下分户的详细记录，它由分户账、登记簿、流水账、现金收入日记簿、现金付出日记簿、余额表组成。

（一）分户账

分户账是银行业会计账簿中详细、具体地反映经济业务的明细分类账簿。是明细核算的主要形式，它是在每个会计科目之下，按货币种类、单位、个人或资金性质开立账户，根据传票逐笔、连续记载，具体核算和监督各个账户的资金活动的详细情况。分户账的格式除按业务需要规定的格式外，一般设有通用的甲、乙、丙、丁四种。

1. 甲种账（如表专题 -4 -1 所示）设有借方发生额、贷方发生额和余额三栏，适用于不计息的账户或用余额表计息账户以及银行内部科目的账户。

2. 乙种账（如表专题 -4 -2 所示），设有借、贷方发生额、余额、日数、积数五栏，适用于在账页上计算利息的账户。

3. 丙种账（如表专题 -4 -3 所示），设有借、贷方发生额和借、贷方余额四栏，适用于借贷双方反映余额的账户。

4. 丁种账（如表专题 -4 -4 所示），设有借、贷方发生额、余额和销账四栏，适用于逐笔记账，逐笔销账的一次性业务的账户，并兼有分户核算的作用。

（二）登记簿

登记簿是明细核算中的一种辅助性账簿，是为了适应某些业务需要，起备忘、控制和管理作用，是分户账的补充。凡分户账上不能记载而又需查考的业务，均使用登记簿核算，主要是反映表外科目的明细情况，可用来控制重要空白凭证、有价单证或实物。分户设置的辅助性的账簿和账卡，其账页格式无统一规定，一般视业务需要而定，如表专题 -4 -5 所示的“有价单证、重要空白凭证保管登记簿”。

（三）流水账

流水账是每日按会计事项发生时间的先后顺序逐笔登记的明细记录。

系统中非查询类交易均产生流水记录。按流水状态不同分为三种，即前台流水、交易流水和分录流水。

1. 前台流水是记录前台输入的每一笔业务，包括账务性交易和非账务性交易，存放于营业前端（包括作废，但分录记账除外）。前台流水的交易序号是以一个营业网点为基本单位，按交易顺序编排，流水账按营业网点设置。

2. 交易流水是记录当日所发生的每一笔业务的详细信息，按交易发生的时间顺序排列，系统对每一笔业务自动编号，存放于主机。

3. 分录流水是记录每一笔账务性交易所产生的每一笔分录的情况，一笔交易可能产生多笔分录，每一笔分录流水相当于一张记账凭证。

表专题 -4-1

模拟银行辽金支行　　　　　　分户账

（甲种账）

本账总页数	
本户页数	

户　名 ________　　领用现金支票号码：________

账　号 ________　　领用转账支票号码：________　　利率：____%　　记账员

年		摘要	凭证号码	对方科目代号	借方										贷方										借或贷	余额										复核员签章
月	日				千	百	十	万	千	百	十	元	角	分	千	百	十	万	千	百	十	元	角	分		千	百	十	万	千	百	十	元	角	分	
		承前页																																		

表专题－4－2

模拟银行辽金支行　　　　　　　分户账

（乙种账）

本账总页数	
本户页数	

户　名 ________　　　领用现金支票号码：________

账　号 ________　　　领用转账支票号码：________　　　利率 ____ %　　　记账员

年		摘要	凭证号码	对方科目代号	借方										贷方										借或贷	余额										日数	积数										复核员签章
月	日				千	百	十	万	千	百	十	元	角	分	千	百	十	万	千	百	十	元	角	分		千	百	十	万	千	百	十	元	角	分		千	百	十	万	千	百	十	元	角	分	
		承前页																																													

表专题－4－3

模拟银行辽金支行＿＿＿＿＿＿＿分户账

（丙种账）

本账总页数	
本户页数	

户　名＿＿＿＿＿＿　　领用现金支票号码：＿＿＿＿＿＿

账　号＿＿＿＿＿＿　　领用转账支票号码：＿＿＿＿＿＿　　利率　　%　　记账员

年		摘　要	凭证号码	对方科目代号	借方发生额										贷方发生额										借方余额										贷方余额										复核员签章
月	日				千	百	十	万	千	百	十	元	角	分	千	百	十	万	千	百	十	元	角	分	千	百	十	万	千	百	十	元	角	分	千	百	十	万	千	百	十	元	角	分	
		承前页																																											

表专题－4－4

模拟银行辽金支行（　　　　　）分户账

（丁种账）

本账总页数	
本户页数	

账号：＿＿＿＿＿　户名：＿＿＿＿＿　利率　　%　记账员

年		摘要	凭证号码	对方科目代号	借方发生额										销账			贷方发生额										借或贷	余额										复核员签章
月	日				千	百	十	万	千	百	十	元	角	分	年	月	日	千	百	十	万	千	百	十	元	角	分		千	百	十	万	千	百	十	元	角	分	
		承前页																																					

表专题－4－5

模拟银行辽金支行（　　　　　）

有价单证/重要空白凭证保管登记簿

总第　　页

第　　页

科目代号：＿＿＿＿＿＿　科目名称：＿＿＿＿＿＿　账户名称：＿＿＿＿＿＿

年		摘要	编号	数量	号码		收入										付出										结存										复核员签章
月	日				起	止	千	百	十	万	千	百	十	元	角	分	千	百	十	万	千	百	十	元	角	分	千	百	十	万	千	百	十	元	角	分	

会计：　　　　复核员：　　　　登记人：

（四）现金收入日记簿与现金付出日记簿

现金收入日记簿与现金付出日记簿（如表专题－4－6、表专题－4－7所示）是逐笔记载和控制现金收入、现金付出数额及现金传票张数的序时账簿，也是现金收付的明细记录。一般按照现金收付款项的先后顺序，并根据现金收入和付出传票逐笔登记，于每日营业终了加计现金收入、付出的合计数以控制当日现金收付总数，并与当日现金科目日结单和总账的现金收付发生额核对相符。

表专题－4－6

模拟银行 辽金支行　现金收入日记簿　　　总第　　页

组（柜）　　　　年　　月　　日　　　　第　　页

凭证号数	户名或账号	计划项目代号	金额										凭证号数	户名或账号	计划项目代号	金额									
			千	百	十	万	千	百	十	元	角	分				千	百	十	万	千	百	十	元	角	分

会计　　　　复核　　　　出纳

表专题－4－7

模拟银行 辽金支行　现金付出日记簿　　　总第　　页

组（柜）　　　　年　　月　　日　　　　第　　页

凭证号数	户名或账号	计划项目代号	金额										凭证号数	户名或账号	计划项目代号	金额									
			千	百	十	万	千	百	十	元	角	分				千	百	十	万	千	百	十	元	角	分

会计　　　　复核　　　　出纳

（五）余额表

余额表是用来填制各分户账余额的一种明细表，是用于连接总账和分户账并进行两者核对的工具，更是计算利息的重要工具。余额表分为计息余额表（如表专题－4－8所示）和一般余额表两种。

表专题－4－8

年　　月份　余额表

利率																																																								复核员签章
账号																																																								
户名																																																								
日期\余额	亿	千	百	十	万	千	百	十	元	角	分	亿	千	百	十	万	千	百	十	元	角	分	亿	千	百	十	万	千	百	十	元	角	分	亿	千	百	十	万	千	百	十	元	角	分	亿	千	百	十	万	千	百	十	元	角	分	
1																																																								
2																																																								
3																																																								
4																																																								
5																																																								
6																																																								
7																																																								
8																																																								
9																																																								
10																																																								
10天小计																																																								
11																																																								
12																																																								
13																																																								
14																																																								
15																																																								
16																																																								
17																																																								
18																																																								
19																																																								
20																																																								
20天小计																																																								
21																																																								
22																																																								
23																																																								
24																																																								
25																																																								
26																																																								
27																																																								
28																																																								
29																																																								
30																																																								
31																																																								
合计																																																								
应加积数																																																								
应减积数																																																								
本月合计计息积数																																																								
上月结转积数																																																								
累计计息积数																																																								
利息金额																																																								

三、综合核算

综合核算是各科目的总括记录，按科目进行核算。其作用是综合反映各部门、各类资金增减变化情况和控制各科目明细账的数额。综合核算由科目日结单、总账和日计表组成。

1. 科目日结单（如表专题－4－9 所示）。科目日结单是每一会计科目当日借、贷发生额和传票张数的汇总记录，是登记总账的依据，并凭以控制明细账户发生额，轧平当日账务的重要工具。

表专题－4－9

辽金支行（　　　　　　）科目日结单

年　　月　　日

<table>
<tr><td rowspan="3">凭证种类</td><td colspan="14">借方</td><td colspan="14">贷方</td></tr>
<tr><td rowspan="2">传票张数</td><td colspan="13">金额</td><td rowspan="2">传票张数</td><td colspan="13">金额</td></tr>
<tr><td>百</td><td>十</td><td>亿</td><td>千</td><td>百</td><td>十</td><td>万</td><td>千</td><td>百</td><td>十</td><td>元</td><td>角</td><td>分</td><td>百</td><td>十</td><td>亿</td><td>千</td><td>百</td><td>十</td><td>万</td><td>千</td><td>百</td><td>十</td><td>元</td><td>角</td><td>分</td></tr>
<tr><td>现　金</td><td></td><td></td><td></td><td></td><td></td><td></td><td></td><td></td><td></td><td></td><td></td><td></td><td></td><td></td><td></td><td></td><td></td><td></td><td></td><td></td><td></td><td></td><td></td><td></td><td></td><td></td><td></td><td></td></tr>
<tr><td>转　账</td><td></td><td></td><td></td><td></td><td></td><td></td><td></td><td></td><td></td><td></td><td></td><td></td><td></td><td></td><td></td><td></td><td></td><td></td><td></td><td></td><td></td><td></td><td></td><td></td><td></td><td></td><td></td><td></td></tr>
<tr><td>合　计</td><td></td><td></td><td></td><td></td><td></td><td></td><td></td><td></td><td></td><td></td><td></td><td></td><td></td><td></td><td></td><td></td><td></td><td></td><td></td><td></td><td></td><td></td><td></td><td></td><td></td><td></td><td></td><td></td></tr>
</table>

附件　　张

事后监督　　　　复核　　　　记账　　　　制单

2. 总账（如表专题－4－10 所示）。总账是综合核算的主要形式，既是各科目的总括记录，又是综合核算与明细核算相互核对和统驭分户账的主要工具，还是编制各种会计报表和核对计息积数的依据。总账按科目设置、按月更换。

表专题－4－10

模拟银行辽金支行　　　　总账

<table>
<tr><td rowspan="2">上　年　底　余　额</td><td colspan="13">借　方</td><td colspan="13">贷　方</td></tr>
<tr><td>百</td><td>十</td><td>亿</td><td>千</td><td>百</td><td>十</td><td>万</td><td>千</td><td>百</td><td>十</td><td>元</td><td>角</td><td>分</td><td>百</td><td>十</td><td>亿</td><td>千</td><td>百</td><td>十</td><td>万</td><td>千</td><td>百</td><td>十</td><td>元</td><td>角</td><td>分</td></tr>
<tr><td>本　年　累　计　发　生　额</td><td></td><td></td><td></td><td></td><td></td><td></td><td></td><td></td><td></td><td></td><td></td><td></td><td></td><td></td><td></td><td></td><td></td><td></td><td></td><td></td><td></td><td></td><td></td><td></td><td></td><td></td></tr>
<tr><td>上　月　底　余　额</td><td></td><td></td><td></td><td></td><td></td><td></td><td></td><td></td><td></td><td></td><td></td><td></td><td></td><td></td><td></td><td></td><td></td><td></td><td></td><td></td><td></td><td></td><td></td><td></td><td></td><td></td></tr>
</table>

科目代号

科目名称

年　　月份

<table>
<tr><td rowspan="3">日期</td><td colspan="26">发　生　额</td><td colspan="26">余　　额</td><td colspan="3">核对签章</td></tr>
<tr><td colspan="13">借　方</td><td colspan="13">贷　方</td><td colspan="13">借　方</td><td colspan="13">贷　方</td><td rowspan="2">轧账员</td><td rowspan="2">复核员</td><td rowspan="2">会计</td></tr>
<tr><td>百</td><td>十</td><td>亿</td><td>千</td><td>百</td><td>十</td><td>万</td><td>千</td><td>百</td><td>十</td><td>元</td><td>角</td><td>分</td><td>百</td><td>十</td><td>亿</td><td>千</td><td>百</td><td>十</td><td>万</td><td>千</td><td>百</td><td>十</td><td>元</td><td>角</td><td>分</td><td>百</td><td>十</td><td>亿</td><td>千</td><td>百</td><td>十</td><td>万</td><td>千</td><td>百</td><td>十</td><td>元</td><td>角</td><td>分</td><td>百</td><td>十</td><td>亿</td><td>千</td><td>百</td><td>十</td><td>万</td><td>千</td><td>百</td><td>十</td><td>元</td><td>角</td><td>分</td></tr>
<tr><td>1</td><td></td><td></td><td></td><td></td><td></td><td></td><td></td><td></td><td></td><td></td><td></td><td></td><td></td><td></td><td></td><td></td><td></td><td></td><td></td><td></td><td></td><td></td><td></td><td></td><td></td><td></td><td></td><td></td><td></td><td></td><td></td><td></td><td></td><td></td><td></td><td></td><td></td><td></td><td></td><td></td><td></td><td></td><td></td><td></td><td></td><td></td><td></td><td></td><td></td><td></td><td></td><td></td><td></td><td></td><td></td></tr>
<tr><td>2</td><td></td><td></td><td></td><td></td><td></td><td></td><td></td><td></td><td></td><td></td><td></td><td></td><td></td><td></td><td></td><td></td><td></td><td></td><td></td><td></td><td></td><td></td><td></td><td></td><td></td><td></td><td></td><td></td><td></td><td></td><td></td><td></td><td></td><td></td><td></td><td></td><td></td><td></td><td></td><td></td><td></td><td></td><td></td><td></td><td></td><td></td><td></td><td></td><td></td><td></td><td></td><td></td><td></td><td></td><td></td></tr>
<tr><td>3</td><td></td><td></td><td></td><td></td><td></td><td></td><td></td><td></td><td></td><td></td><td></td><td></td><td></td><td></td><td></td><td></td><td></td><td></td><td></td><td></td><td></td><td></td><td></td><td></td><td></td><td></td><td></td><td></td><td></td><td></td><td></td><td></td><td></td><td></td><td></td><td></td><td></td><td></td><td></td><td></td><td></td><td></td><td></td><td></td><td></td><td></td><td></td><td></td><td></td><td></td><td></td><td></td><td></td><td></td><td></td></tr>
<tr><td>4</td><td></td><td></td><td></td><td></td><td></td><td></td><td></td><td></td><td></td><td></td><td></td><td></td><td></td><td></td><td></td><td></td><td></td><td></td><td></td><td></td><td></td><td></td><td></td><td></td><td></td><td></td><td></td><td></td><td></td><td></td><td></td><td></td><td></td><td></td><td></td><td></td><td></td><td></td><td></td><td></td><td></td><td></td><td></td><td></td><td></td><td></td><td></td><td></td><td></td><td></td><td></td><td></td><td></td><td></td><td></td></tr>
<tr><td>5</td><td></td><td></td><td></td><td></td><td></td><td></td><td></td><td></td><td></td><td></td><td></td><td></td><td></td><td></td><td></td><td></td><td></td><td></td><td></td><td></td><td></td><td></td><td></td><td></td><td></td><td></td><td></td><td></td><td></td><td></td><td></td><td></td><td></td><td></td><td></td><td></td><td></td><td></td><td></td><td></td><td></td><td></td><td></td><td></td><td></td><td></td><td></td><td></td><td></td><td></td><td></td><td></td><td></td><td></td><td></td></tr>
<tr><td>6</td><td></td><td></td><td></td><td></td><td></td><td></td><td></td><td></td><td></td><td></td><td></td><td></td><td></td><td></td><td></td><td></td><td></td><td></td><td></td><td></td><td></td><td></td><td></td><td></td><td></td><td></td><td></td><td></td><td></td><td></td><td></td><td></td><td></td><td></td><td></td><td></td><td></td><td></td><td></td><td></td><td></td><td></td><td></td><td></td><td></td><td></td><td></td><td></td><td></td><td></td><td></td><td></td><td></td><td></td><td></td></tr>
<tr><td>7</td><td></td><td></td><td></td><td></td><td></td><td></td><td></td><td></td><td></td><td></td><td></td><td></td><td></td><td></td><td></td><td></td><td></td><td></td><td></td><td></td><td></td><td></td><td></td><td></td><td></td><td></td><td></td><td></td><td></td><td></td><td></td><td></td><td></td><td></td><td></td><td></td><td></td><td></td><td></td><td></td><td></td><td></td><td></td><td></td><td></td><td></td><td></td><td></td><td></td><td></td><td></td><td></td><td></td><td></td><td></td></tr>
<tr><td>8</td><td></td><td></td><td></td><td></td><td></td><td></td><td></td><td></td><td></td><td></td><td></td><td></td><td></td><td></td><td></td><td></td><td></td><td></td><td></td><td></td><td></td><td></td><td></td><td></td><td></td><td></td><td></td><td></td><td></td><td></td><td></td><td></td><td></td><td></td><td></td><td></td><td></td><td></td><td></td><td></td><td></td><td></td><td></td><td></td><td></td><td></td><td></td><td></td><td></td><td></td><td></td><td></td><td></td><td></td><td></td></tr>
<tr><td>9</td><td></td><td></td><td></td><td></td><td></td><td></td><td></td><td></td><td></td><td></td><td></td><td></td><td></td><td></td><td></td><td></td><td></td><td></td><td></td><td></td><td></td><td></td><td></td><td></td><td></td><td></td><td></td><td></td><td></td><td></td><td></td><td></td><td></td><td></td><td></td><td></td><td></td><td></td><td></td><td></td><td></td><td></td><td></td><td></td><td></td><td></td><td></td><td></td><td></td><td></td><td></td><td></td><td></td><td></td><td></td></tr>
<tr><td>10</td><td></td><td></td><td></td><td></td><td></td><td></td><td></td><td></td><td></td><td></td><td></td><td></td><td></td><td></td><td></td><td></td><td></td><td></td><td></td><td></td><td></td><td></td><td></td><td></td><td></td><td></td><td></td><td></td><td></td><td></td><td></td><td></td><td></td><td></td><td></td><td></td><td></td><td></td><td></td><td></td><td></td><td></td><td></td><td></td><td></td><td></td><td></td><td></td><td></td><td></td><td></td><td></td><td></td><td></td><td></td></tr>
<tr><td>10天小计</td><td></td><td></td><td></td><td></td><td></td><td></td><td></td><td></td><td></td><td></td><td></td><td></td><td></td><td></td><td></td><td></td><td></td><td></td><td></td><td></td><td></td><td></td><td></td><td></td><td></td><td></td><td></td><td></td><td></td><td></td><td></td><td></td><td></td><td></td><td></td><td></td><td></td><td></td><td></td><td></td><td></td><td></td><td></td><td></td><td></td><td></td><td></td><td></td><td></td><td></td><td></td><td></td><td></td><td></td><td></td></tr>
<tr><td>11</td><td></td><td></td><td></td><td></td><td></td><td></td><td></td><td></td><td></td><td></td><td></td><td></td><td></td><td></td><td></td><td></td><td></td><td></td><td></td><td></td><td></td><td></td><td></td><td></td><td></td><td></td><td></td><td></td><td></td><td></td><td></td><td></td><td></td><td></td><td></td><td></td><td></td><td></td><td></td><td></td><td></td><td></td><td></td><td></td><td></td><td></td><td></td><td></td><td></td><td></td><td></td><td></td><td></td><td></td><td></td></tr>
<tr><td>12</td><td></td><td></td><td></td><td></td><td></td><td></td><td></td><td></td><td></td><td></td><td></td><td></td><td></td><td></td><td></td><td></td><td></td><td></td><td></td><td></td><td></td><td></td><td></td><td></td><td></td><td></td><td></td><td></td><td></td><td></td><td></td><td></td><td></td><td></td><td></td><td></td><td></td><td></td><td></td><td></td><td></td><td></td><td></td><td></td><td></td><td></td><td></td><td></td><td></td><td></td><td></td><td></td><td></td><td></td><td></td></tr>
<tr><td>13</td><td></td><td></td><td></td><td></td><td></td><td></td><td></td><td></td><td></td><td></td><td></td><td></td><td></td><td></td><td></td><td></td><td></td><td></td><td></td><td></td><td></td><td></td><td></td><td></td><td></td><td></td><td></td><td></td><td></td><td></td><td></td><td></td><td></td><td></td><td></td><td></td><td></td><td></td><td></td><td></td><td></td><td></td><td></td><td></td><td></td><td></td><td></td><td></td><td></td><td></td><td></td><td></td><td></td><td></td><td></td></tr>
<tr><td>14</td><td></td><td></td><td></td><td></td><td></td><td></td><td></td><td></td><td></td><td></td><td></td><td></td><td></td><td></td><td></td><td></td><td></td><td></td><td></td><td></td><td></td><td></td><td></td><td></td><td></td><td></td><td></td><td></td><td></td><td></td><td></td><td></td><td></td><td></td><td></td><td></td><td></td><td></td><td></td><td></td><td></td><td></td><td></td><td></td><td></td><td></td><td></td><td></td><td></td><td></td><td></td><td></td><td></td><td></td><td></td></tr>
<tr><td>15</td><td></td><td></td><td></td><td></td><td></td><td></td><td></td><td></td><td></td><td></td><td></td><td></td><td></td><td></td><td></td><td></td><td></td><td></td><td></td><td></td><td></td><td></td><td></td><td></td><td></td><td></td><td></td><td></td><td></td><td></td><td></td><td></td><td></td><td></td><td></td><td></td><td></td><td></td><td></td><td></td><td></td><td></td><td></td><td></td><td></td><td></td><td></td><td></td><td></td><td></td><td></td><td></td><td></td><td></td><td></td></tr>
</table>

续表

模拟银行辽金支行　　　　总账

科目代号＿＿＿＿＿＿

科目名称＿＿＿＿＿＿　　　　　　　　　　　　年　　　月份

日期	发生额 借方	发生额 贷方	余额 借方	余额 贷方	核对签章 轧账员	核对签章 复核员	核对签章 会计
	百十亿千百十万千百十元角分	百十亿千百十万千百十元角分	百十亿千百十万千百十元角分	百十亿千百十万千百十元角分			
16							
17							
18							
19							
20							
20天小计							
21							
22							
23							
24							
25							
26							
27							
28							
29							
30							
31							
月计							
自年初累计							
本月计息积数							

3. 日计表（如表专题－4－11所示）。日计表是总括反映当日银行全部业务活动和轧平当日全部账务的重要工具。

表专题－4－11

模拟银行辽金支行

日　计　表　　　　　　　　共　　页第　　页

年　　月　　日　　　　　　　　单位：元

科目代号	科目名称	发生额 借方	发生额 贷方	余额 借方	余额 贷方	科目名称	科目代号
		百十亿千百十万千百十元角分	百十亿千百十万千百十元角分	百十亿千百十万千百十元角分	百十亿千百十万千百十元角分		
	合计						

行长　　　　　会计　　　　　复核　　　　　制表

四、账务处理程序

账务处理程序是指银行业务发生时，从填制凭证开始到编制报表为止的整个核算过程的步骤和方法。银行账务处理程序包括明细核算和综合核算两个账务系统的全部处理过程。具体程序如下。

1. 明细核算的账务处理程序：（1）根据经济业务编制或审核传票；（2）根据传票逐笔登记分户账（或登记簿），涉及现金收付的，同时还要登记现金收入日记簿或现金付出日记簿；（3）根据分户账编制余额表。

2. 综合核算的账务处理程序：（1）根据传票按科目编制科目日结单，轧平当天所有科目的借方和贷方发生额；（2）根据科目日结单登记总账；（3）根据总账当日借、贷方发生额和余额编制日计表。

手工操作条件下，其账务处理程序如图专题－4－1所示。

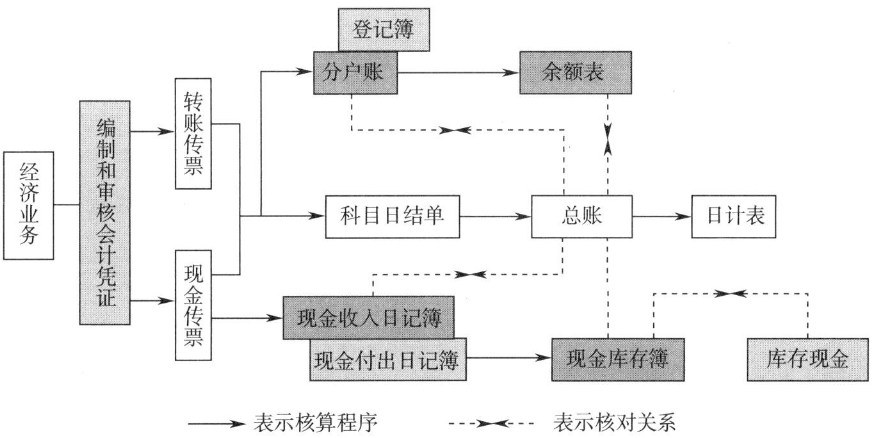

图专题－4－1　手工操作条件下的账务处理程序

银行会计在电脑操作条件下，仍然分为综合核算与明细核算两个系统，坚持总分核对，相互制约，保证账务处理正确运行，其账务处理程序如图专题－4－2所示。

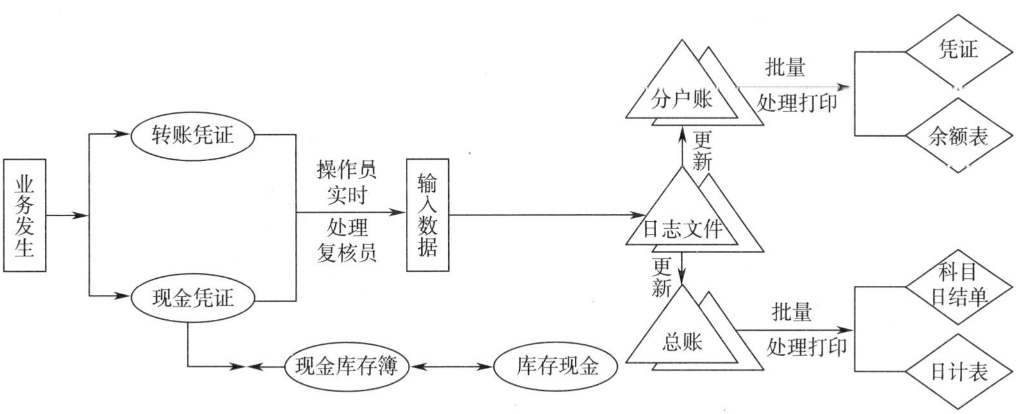

图专题－4－2　电脑操作条件下的账务处理程序

五、账务核对

为保证业务处理及会计核算的真实、准确性，必须由各级会计人员通过一定方法对各类账务进行核查、证实，即进行账务核对。账务核对是防止内外账务发生差错，确保账务准确、真实的重要措施，是保证“账账、账款、账据、账实、账表、账卡、账折、内外账和表表”相符的重要手段。账务核对方法分内部核对和内外核对两种。

（一）内部核对

内部核对包括每日核对和定期核对。

1. 每日核对。每日营业终了结账后，必须核对下列账务：（1）核对账务平衡。每日营业终了，柜员必须分类轧打凭证，将笔数、金额分别与柜员轧账表核对一致后，打印柜员轧账表并加盖个人名章。全部柜员轧账平衡后，由有权人员进行机构轧账，平衡后打印机构轧账单，核对营业网点轧账表，轧平标志均为已轧平，临时存欠借、贷发生额平衡，主管应在轧账单上签章确认。（2）账款核对。现金经办柜员清点核对现金实物后，应与柜员现金轧库单进行核对，并确保一致。现金经办柜员日终核对时，检查是否超过尾箱库存限额，超过的应上交给主出纳。现金经办柜员的尾箱现金应换人复点，复点人员在登记簿上签章确认。复点后柜员当复点人员面立即加锁交主出纳入库保管。主出纳集中收妥柜员尾箱后，应清点尾箱个数，无误后库箱实行双人双锁及定向交接管理。与代理行办理网点现金库箱交接时，应严密库箱交接和身份确认手续。（3）检查核对其他事项。柜员检查核对往来报文、查询查复等是否存在需处理而未处理业务或事项；对未处理的应及时处理。主管或指定柜员检查核对挂账户、临时存欠、应解汇款等内部账户的核算是否正确。或有事项类和备忘登记类账务，应与其有勾稽关系的表内账户进行核对。跨行支付、系统内汇划往来报文与清单核对一致。（4）表外科目余额应与有关登记簿核对相符。每日营业终了，各柜员应清点保管的重要空白凭证，将实物与系统输出的柜员库存量核对，确保数量和起讫编号相符。柜员对当日领用、使用或作废的重要空白凭证应建立登记簿，进行表外核算，并对重要票据类空白凭证进行换人复点、签章确认，确保账、实、簿核对一致。（5）对存折户，应坚持账折见面，当时核对。

2. 定期核对。对于不能纳入每日核对的账务，应建立定期核对的制度。定期核对的内容主要包括以下各项：（1）按旬轧打销账式账页分户账中未销账的各笔总数，与该科目总账余额核对相符。（2）各种卡片账的核对。如定期储蓄账卡、联行账卡、贷款借据等，按月与各该科目总账核对相符。（3）计息积数的核对。将余额表上的计息积数，按旬、按月、按结息期与同科目总账上的同期余额累计积数核对相符。对应加、应减积数，应审查数字是否正确。（4）账实核对。包括固定资产、金银、物品、有价单证、重要空白凭证、低值易耗品等，每月账实核对相符，房屋、器具定期和在年终决算前账实核对相符。

（二）内外账务核对

内外账务核对包括银行与各单位之间、人民银行与商业银行以及其他金融机构之间的往来款项按月或按季采用一定的对账方法进行定期或不定期的核对。

子任务1　日初准备工作

一、活动目标

熟悉银行营业前准备工作的各项内容，能够规范完成银行营业前准备工作的操作处理。

二、知识准备

各银行网点营业机构柜台人员每日营业前应提前到达网点，做好各项营业前的准备工作，并遵循以下准备工作规范：（1）网点营业前应由网点主管进行主机开机；（2）柜员签到在柜员终端进行，应对其进行操作权限认定；（3）操作柜员密码必须定期更换；（4）严格遵守现金出库和重要空白凭证管理规定。

日初工作准备步骤如图专题－4－3所示。

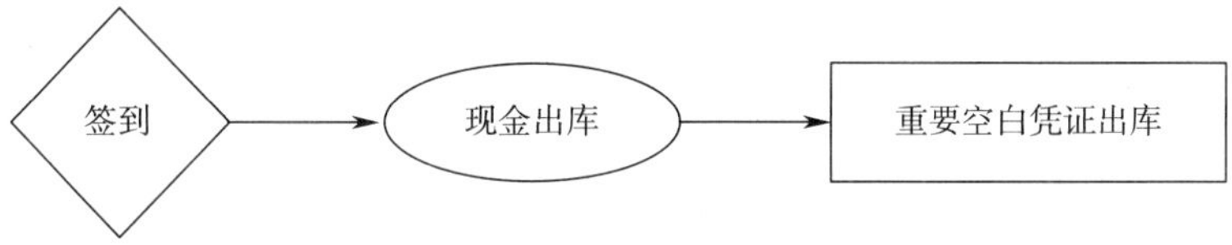

图专题－4－3　日初工作准备步骤

三、案例引入

2018年6月22日，银行综合柜员马漫婷在营业开始前进行日初业务操作，需要完成现金及重要空白凭证出库。

四、学习步骤

步骤1. 签到。网点主管开启主机后，柜员打开终端，在系统界面上录入事先设定的柜员号和密码进行注册并进入相关操作系统。

步骤2. 现金出库。现金出库步骤如图专题－4－4所示。

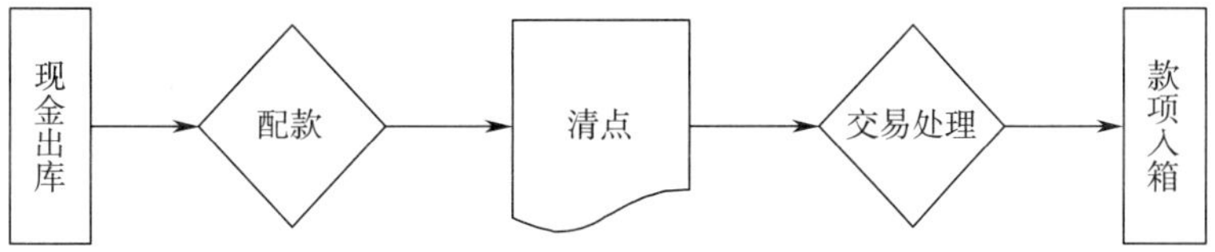

图专题－4－4　现金出库步骤

临柜柜员在办理日常业务前，首先要根据前日匡算所需现金数填写“现金出库单”，从库管处领取备用金。在领取的过程中应该注意柜员钱箱的出库手续必须由两名柜员一起办理，并且应在监控录像之下进行。出库时双人检查尾箱封箱情况，使用封锁锁孔的，检查锁孔封签是否原封完整，是否损坏；使用铅封方式的，检查铅封是否完好。钱箱与登记簿记录是否一致。从库管处领取的现金要当面点清大数，并与出库单逐项核对无误后进行“柜员领用现金”交易，确认后将款项归类放入钱箱保管。

步骤3. 重要空白凭证出库。重要空白凭证出库步骤如图专题－4－5所示。

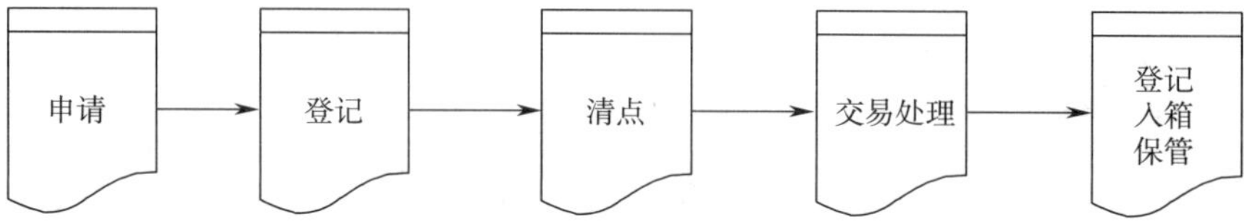

图专题－4－5　重要空白凭证出库步骤

柜员首先要向库管员发出领用重要空白凭证、有价单证申请，确定领用的种类、数量。库管员根据申请登记账簿，并将单证交付给柜员，柜员接受并会同库管员在监控录像下清点无误后进行“柜员领用凭证、有价单证”交易并确认。柜员根据领用重要空白凭证、有价单证的品种、数量登记账簿，入箱入库妥善保管。

步骤4. 检查并调整各种印章的使用日期，确保为当天实际日期。

五、考核

1. 以银行柜员刘娟的身份签到，进入业务处理系统。
2. 以银行柜员刘娟的身份办理现金出库业务，领取10 000.00元备用金。
3. 以银行柜员刘娟的身份办理重要空白凭证出库业务，领取空白现金支票1本，号码是0025601～0025625号。

六、分析思考题

简述商业银行日初现金出库和重要空白凭证出库的步骤。

子任务2　登记分户账

一、活动目标

熟悉银行分户账账页的格式、填写规范，能够根据登记账的相关规则规范完成分户账页的登记。

二、案例引入

【例1】　模拟银行辽金支行开户单位宝丽电子有限公司（8310120105036）发生以下业务，请根据业务内容登记宝丽电子有限公司活期存款分户账并计算利息（见表专题－4－12）。

表专题 -4 -12

模拟银行辽金支行 活期存款 分户账

（乙种账）

本账总页数	
	4

户　名　宝丽电子有限公司　　领用现金支票号码：

账　号　8310120105036　　领用转账支票号码：8101—8125　　利率：0.5％　　记账员 马瑞娟

2018年 月	日	摘要	凭证号码	对方科目代号	借方（千百十万千百十元角分）	贷方（千百十万千百十元角分）	借或贷	余额（千百十万千百十元角分）	日数	积数（千百十万千百十元角分）	复核员签章
4	1	承前页					贷	10000.00	# 2	100000.00 20000.00	暴一甄
4	3	现收		101		30000.00	贷	40000.00	#	1080000.00	暴一甄
4	30	汇入		402		60000.00	贷	100000.00	#	1100000.00	暴一甄
5	11	转借	8121	201	20000.00		贷	80000.00	#	2800000.00	暴一甄
6	15	汇出		401	50000.00		贷	30000.00	6	180000.00	暴一甄
6	21	利息		521		73.33	贷	30073.33			暴一甄

（1）该单位分户式账页记满，于2018年4月1日更换新的账页，4月1日该单位存款账户余额为10 000.00元，至4月1日，未计息日数为11天，未计息积数为100 000.00元；

（2）2018年4月3日该单位存入现金，金额为30 000.00元；

（3）2018年4月30日该单位收到异地汇入款项60 000.00元；

（4）2018年5月11日该单位签发8121号转账支票转出20 000.00元；

（5）2018年6月15日该单位汇出款项50 000.00元；

（6）2018年6月20日银行结息，支付该单位利息73.33元，于6月21日转入账户。

利息 = 累计积数 × 日利率 = 5 280 000.00 × 0.5% ÷ 360 ≈ 73.33（元）

【例2】 模拟银行辽金支行开户单位虹桥机电设备公司（8310120101047）发生以下业务，请根据业务内容登记虹桥机电设备公司活期存款分户账（见表专题-4-13）。

（1）该单位分户式账页记满，于2018年6月1日更换新的账页，6月1日该单位存款账户余额为236 000.00元；

（2）2018年6月4日该单位收到一笔转账款项，金额为37000.00元；

（3）2018年6月4日该单位签发3726号转账支票转出41 000.00元；

（4）2018年6月7日该单位签发3728号转账支票转出12 000.00元。

【例3】 模拟银行辽金支行其他应付款分户账（见表专题-4-14）发生以下业务：

（1）该分户式账页记满，于2018年5月11日更换新账页，5月11日该账户余额为590.00元；

（2）5月29日出纳员辛颖发生出纳长款260.00元；

（3）6月7日柜员王益发生出纳长款100.00元；

（4）6月8日柜员李明发生出纳长款20.00元；

（5）6月12日退回客户李小5月29日多交给银行的现金260.00元；

（6）6月15日退回客户王兰6月7日多交给银行的现金100.00元。

三、学习步骤

分户账是各单位资金增减变动的详细记录。因此，在记载分户账时，除有关业务核算手续另有规定外，应注意下列步骤。

步骤1. 填明账页上首，不得省略（如科目、户名、账号、币别、支票起讫号码、利率、页数等）。

步骤2. 记账时先核对好户名、账号、币别、印鉴、业务内容，防止串户、冒领、冒支等现象发生。

步骤3. 摘要栏内简明扼要说明业务事实，并分别情况记载现收、现付、转借、转贷、汇出、汇入、贷款、还款等业务事实。使用电子计算机记账的，可用数码代号；根据重要凭证记账时应填记凭证号码的后四位数。

步骤4. 要根据凭证逐笔准确记录借贷方发生额，并随时结记余额。为了简化手续，对同一收付单位的多笔借方或贷方凭证，可编制汇总传票记账，将原来的记账凭证作汇总传票附件。

表专题 -4 -13

模拟银行辽金支行　活期存款　分户账

（丙种账）

本账总页数	
本户页数	83

户　名　虹桥机电设备公司

账　号　8310120101047

领用现金支票号码：

领用转账支票号码：3726～3750

利率 0.5%

记账员 马逸姣

2018年		摘要	凭证	对方科	借方发生额										贷方发生额										借方余额										贷方余额										复核员签章
月	日		号码	目代号	千	百	十	万	千	百	十	元	角	分	千	百	十	万	千	百	十	元	角	分	千	百	十	万	千	百	十	元	角	分	千	百	十	万	千	百	十	元	角	分	
6	1	承前页																																			2	3	6	0	0	0	0	0	杨一明
6	4	转贷		201														3	7	0	0	0	0	0													2	7	3	0	0	0	0	0	杨一明
6	4	转借	3726	201				4	1	0	0	0	0	0																							2	3	2	0	0	0	0	0	杨一明
6	7	转借	3728	201				1	2	0	0	0	0	0																							2	2	0	0	0	0	0	0	杨一明

表专题－4－14

模拟银行辽金支行（ 83101 ）

其他应付款　　分户账

（丁种账）

本账总页数	
本户页数	5

账号：　　户名：待处理出纳长款　　利率　　%　　记账员 马漫婷

2018年		账号	户名	摘要	凭证	对方科	借方发生额										销账			贷方发生额										借或贷	余额										复核员签章
月	日				号码	目代号	千	百	十	万	千	百	十	元	角	分	年	月	日	千	百	十	万	千	百	十	元	角	分		千	百	十	万	千	百	十	元	角	分	
5	11			承前页																										贷						5	9	0	0	0	朱玥颖
5	29		辛颖	营业长款		101											18	6	12						2	6	0	0	0	贷						8	5	0	0	0	朱玥颖
6	7		王益	营业长款		101											18	6	15						1	0	0	0	0	贷						9	5	0	0	0	朱玥颖
6	8		李明	营业长款		101																				2	0	0	0	贷						9	7	0	0	0	朱玥颖
6	12		李小	退给客户		101						2	6	0	0	0														贷						7	1	0	0	0	朱玥颖
6	15		王兰	退给客户		101						1	0	0	0	0														贷						6	1	0	0	0	朱玥颖

步骤5. 为了便于计算利息，使用乙种账页，应于每次记账时以上次余额乘以间隔天数结记积数，使用丁种账页，在销记某笔款项时，在原发生业务的销账栏填明销账日期。如遇一次不能销账而需分次销账时，可另设甲种账页记载。

步骤6. 账页记满结转下页时，应当结出本页合计数及余额，写在本页最后一行和新账页第一行有关栏内，并在摘要栏内注明“结转下页”和“承前页”字样。更换乙种账页时，还应将未计息累计积数过入新账页首行积数栏的上半格内。

步骤7. 要及时或定期与单位对账，发现不符，及时查明。

四、考核

1. 模拟银行辽金支行开户单位英华贸易有限公司（8310120101017）发生以下业务，请根据业务内容登记英华贸易有限公司活期存款分户账（格式如表专题 -4 -3 所示）。

（1）该单位分户式账页记满，于2018年5月31日更换新的账页，5月31日该单位存款账户余额为560 000.00元。

（2）2018年6月1日该单位收到一笔转账款项，金额为450 000.00元；

（3）2018年6月4日该单位签发5689号转账支票转出32 000.00元；

（4）2018年6月4日该单位签发5690号转账支票转出48 000.00元。

2. 模拟银行辽金支行其他应收款——待处理出纳短款分户账发生以下业务，请根据业务内容登记该分户账（格式如表专题 -4 -4 所示）。

（1）该分户账账页记满，于2018年5月31日更换新的账页，5月31日该账户余额为1 200 .00元；

（2）2018年6月1日柜员王晓曼发生出纳短款100.00元；

（3）2018年6月5日柜员王欢发生出纳短款50.00元；

（4）2018年6月7日客户李丽退回6月1日银行多付给他的现金100.00元。

子任务3　编制计息余额表

一、活动目标

熟悉银行计息余额表的格式、编制方法，能够根据计息余额表的填制规则规范完成计息余额表的编制。

二、知识准备

余额表是核对总账、分户账余额和计算利息的重要工具，分为一般余额表和计息余额表两种。

计息余额表适用于计息的各项存款、贷款科目，按月、按科目分别设立。每日营业终了，根据各分户账当天的最后余额填列，当日未发生业务或遇节假日，则根据上日余额填列。该表每日余额的累计数，为各账户在一定时期内的计息积数，是计算利息的依据。每日营业终了，该表中各分户账余额的合计数，应与当日该科目总账的余额核对相等。月末要结出合计，并与同科目总账余额核对相符。

如遇应加应减积数要分别填入应加、应减积数栏，以保证利息计算的准确。

三、案例引入

模拟银行辽金支行开户单位凯立德电子有限公司（8310120105126）截至上月底（2018 年 5 月 31 日）累计未计息积数为 856 024 170. 00 元，其活期存款账户余额变动情况如下：6 月 1 日 80 000. 00 元、6 月 4 日 70 000. 00 元、6 月 5 日 90 000. 00 元、6 月 6 日 50 000. 00 元、6 月 7 日 120 000. 00 元、6 月 8 日 270 000. 00 元、6 月 11 日 352 800. 00 元、6 月 13 日 237 600. 00 元、6 月 15 日 154 500. 00 元、6 月 19 日 58 600. 00 元。根据资料填制计息余额表并于 6 月 20 日营业终了计算利息。如表专题 -4 -15 所示。

表专题 -4 -15

2018 年 6 月份 余额表

利率	0.50%																																																						复核员签章
账号	8310120105126																																																						
户名	凯立德电子有限公司																																																						
日期\余额	亿	千	百	十	万	千	百	十	元	角	分	亿	千	百	十	万	千	百	十	元	角	分	亿	千	百	十	万	千	百	十	元	角	分	亿	千	百	十	万	千	百	十	元	角	分	亿	千	百	十	万	千	百	十	元	角	分	
1					8	0	0	0	0	0	0																																												[illegible]
2					8	0	0	0	0	0	0																																												[illegible]
3					8	0	0	0	0	0	0																																												[illegible]
4					7	0	0	0	0	0	0																																												[illegible]
5					9	0	0	0	0	0	0																																												[illegible]
6					5	0	0	0	0	0	0																																												[illegible]
7				1	2	0	0	0	0	0	0																																												[illegible]
8				2	7	0	0	0	0	0	0																																												[illegible]
9				2	7	0	0	0	0	0	0																																												[illegible]
10				2	7	0	0	0	0	0	0																																												[illegible]
10天小计			1	3	8	0	0	0	0	0	0																																												[illegible]
11				3	5	2	8	0	0	0	0																																												[illegible]
12				3	5	2	8	0	0	0	0																																												[illegible]
13				2	3	7	6	0	0	0	0																																												[illegible]
14				2	3	7	6	0	0	0	0																																												[illegible]
15				1	5	4	5	0	0	0	0																																												[illegible]
16				1	5	4	5	0	0	0	0																																												[illegible]
17				1	5	4	5	0	0	0	0																																												[illegible]
18				1	5	4	5	0	0	0	0																																												[illegible]
19					5	8	6	0	0	0	0																																												[illegible]
20					5	8	6	0	0	0	0																																												[illegible]
20天小计			3	2	9	6	0	0	0	0	0																																												[illegible]
21																																																							
22																																																							
23																																																							
24																																																							
25																																																							
26																																																							
27																																																							
28																																																							
29																																																							
30																																																							
31																																																							
合计																																																							
应加积数																																																							
应减积数																																																							
本月份应计息积数			3	2	9	6	0	0	0	0	0																																												[illegible]
上月接转积数	8	5	6	0	2	4	1	7	0	0	0																																												[illegible]
累计计息积数	8	5	9	3	2	0	1	7	0	0	0																																												[illegible]
利息余额					1	1	9	3	5	0	0																																												[illegible]

四、学习步骤

步骤 1. 将上月底（2018 年 5 月 31 日）累计未计息积数 856 024 170 .00 元填入 6 月份余额表的“上月接转积数”栏；

步骤 2. 将凯立德电子有限公司（8310120105126）活期存款账户 6 月 1 日至 6 月 20 日的余额填入到余额表，同时随时计算出 10 天小计和 20 天小计；

10 天小计：1 380 000. 00 元

20 天小计：3 296 000. 00 元

步骤 3. 6 月 20 日营业终了，计算凯立德电子有限公司的本月应计息积数并填入余额表；

本月应计息积数：3 296 000. 00 元

步骤 4. 计算第二季度累计应计息积数以及利息金额。

$$\begin{aligned}\text{累计应计息积数} &= \text{上月接转积数} + \text{本月应计息积数}\\ &= 856\ 024\ 170.00 + 3\ 296\ 000.00 = 859\ 320\ 170.00\end{aligned}$$

$$\text{利息金额} = 859\ 320\ 170.00 \times 0.5\% \div 360 \approx 11\ 935.00\ (\text{元})$$

五、考核

模拟银行辽金支行开户单位东盛贸易有限公司（8310120105017）截至上月底（2018 年 5 月 31 日）累计未计息积数为 734 082 870. 00 元，其活期存款账户余额变动情况如下：6 月 1 日 50 000. 00 元、6 月 4 日 220 000. 00 元、6 月 5 日 310 000. 00 元、6 月 6 日 430 000. 00 元、6 月 7 日 560 000. 00 元、6 月 8 日 630 000. 00 元、6 月 12 日 243 600. 00元、6 月 14 日 87 654. 00 元、6 月 18 日 163 241 . 00 元。要求根据上述资料填制计息余额表（格式如表专题 -4 -8 所示）。

子任务 4　编制科目日结单

一、活动目标

熟悉银行科目日结单的格式、编制方法，能够根据科目日结单的编制方法规范完成不同科目日结单的编制。

二、学习步骤

当日发生业务的科目均要编制科目日结单，且每个科目编制一张科目日结单。编制步骤是：

步骤 1. 编制其他科目日结单。

1. 每天营业终了，将当天已经办理完收付手续的各种传票按科目分开，即将同一科目的传票放在一起；

2. 将同一科目的所有传票，分别按现金收入（贷方）、现金付出（借方）、转账借方、转账贷方的传票张数和金额各自相加；

3. 将传票这四个方面的张数和金额填入科目日结单的各有关栏内，然后结出借方、贷方合计数及传票总张数。

步骤 2. 编制现金科目日结单。由于现金科目没有传票，因此现金科目日结单的编制是根据其他各科目日结单的现金收、付数各自相加，反向填记（即将其他科目日结单中的现金借方数加总，填在现金科目日结单的现金贷方；将其他科目日结单中的现金贷方数加总，填在现金科目日结单的现金借方），不填传票张数，并与现金库存簿核对。

步骤 3. 编制总轧日结单。将其他科目日结单和现金科目日结单的现金收入、现金付出、转账借方、转账贷方的传票张数和金额各自相加，填入总轧日结单的各有关栏内，然后结出借方、贷方合计数及传票总张数。

随着银行会计处理电子化程度越来越高，许多银行操作系统采用机制科目日结单，每日营业终了根据系统内的信息由计算机自动编制各科目日结单后再与实际会计凭证进行核对。另外，根据银行日终轧账方式的变化，目前有一些银行已经不在营业终了时编制各科目的日结单，而是按照柜员的流水号来整理当天的传票。

三、案例引入

模拟银行辽金支行 2018 年 6 月 1 日营业终了时，经清分，存放中央银行准备金科目当天传票张数金额情况是：转账借方传票 3 张，合计金额 1 340 000. 00 元；转账贷方传票 1 张，合计金额 800 000. 00 元；附件 4 张。短期贷款科目当天传票张数金额情况是：转账借方传票 2 张，合计金额 550 000. 00 元；转账贷方传票 4 张，合计金额 1 250 000. 00元。活期存款科目当天传票张数金额情况是：现金付出传票 3 张，合计金额 100 000. 00 元；现金收入传票 2 张，合计金额 150 000. 00 元；转账借方传票 3 张，合计金额 1 150 000. 00 元；转账贷方传票 4 张，合计金额 800 000. 00 元。定期存款科目当天传票张数金额情况是：转账借方传票 2 张，合计金额 150 000. 00 元；转账贷方传票 1 张，合计金额 50 000. 00 元。活期储蓄存款科目当天传票张数金额情况是：现金付出传票 3 张，合计金额 20 500. 00 元；现金收入传票 12 张，合计金额 298 500. 00 元；转账贷方传票 5 张，合计金额 290 000. 00 元。根据资料编制当日存放中央银行准备金科目、短期贷款科目、活期存款科目、定期存款科目、活期储蓄存款科目、现金科目的科目日结单及总轧日结单（如表专题 -4 -16 至表专题 -4 -22 所示）。

表专题 -4 -16

辽金支行（存放中央银行准备金）科目日结单

2018 年 6 月 1 日

凭证种类	借方														贷方														
	传票张数	金额													传票张数	金额													
		百	十	亿	千	百	十	万	千	百	十	元	角	分		百	十	亿	千	百	十	万	千	百	十	元	角	分	附件
现金																													
转账	3					1	3	4	0	0	0	0	0	0	1						8	0	0	0	0	0	0	0	4
合计	3					1	3	4	0	0	0	0	0	0	1						8	0	0	0	0	0	0	0	张

事后监督　　复核 杨一明　　记账 马逸竣　　制单 谷欣

表专题－4－17

辽金支行（　短期贷款　）科目日结单

2018 年　6 月　1 日

凭证种类	借方														贷方														附件6张
	传票张数	金额													传票张数	金额													
		百	十	亿	千	百	十	万	千	百	十	元	角	分		百	十	亿	千	百	十	万	千	百	十	元	角	分	
现金																													
转账	2						5	5	0	0	0	0	0	0	4					1	2	5	0	0	0	0	0	0	
合计	2						5	5	0	0	0	0	0	0	4					1	2	5	0	0	0	0	0	0	

事后监督　　复核 杨一明　　记账 马漫婷　　制单 谷欣

表专题－4－18

辽金支行（　活期存款　）科目日结单

2018 年　6 月　1 日

凭证种类	借方														贷方														附件12张
	传票张数	金额													传票张数	金额													
		百	十	亿	千	百	十	万	千	百	十	元	角	分		百	十	亿	千	百	十	万	千	百	十	元	角	分	
现金	3						1	0	0	0	0	0	0	0	2						1	5	0	0	0	0	0	0	
转账	3					1	1	5	0	0	0	0	0	0	4						8	0	0	0	0	0	0	0	
合计	6					1	2	5	0	0	0	0	0	0	6						9	5	0	0	0	0	0	0	

事后监督　　复核 杨一明　　记账 马漫婷　　制单 谷欣

表专题－4－19

辽金支行（　定期存款　）科目日结单

2018 年　6 月　1 日

凭证种类	借方														贷方														附件3张
	传票张数	金额													传票张数	金额													
		百	十	亿	千	百	十	万	千	百	十	元	角	分		百	十	亿	千	百	十	万	千	百	十	元	角	分	
现金																													
转账	2						1	5	0	0	0	0	0	0	1							5	0	0	0	0	0	0	
合计	2						1	5	0	0	0	0	0	0	1							5	0	0	0	0	0	0	

事后监督　　复核 杨一明　　记账 马漫婷　　制单 谷欣

表专题－4－20

辽金支行（ 活期储蓄存款 ）科目日结单

2018 年 6 月 1 日

凭证种类	借方														贷方														
	传票张数	金额													传票张数	金额													
		百	十	亿	千	百	十	万	千	百	十	元	角	分		百	十	亿	千	百	十	万	千	百	十	元	角	分	附件
现金	3						2	0	5	0	0	0	0	0	12						2	9	8	5	0	0	0	0	20
转账															5						2	9	0	0	0	0	0	0	张
合计	3						2	0	5	0	0	0	0	0	17						5	8	8	5	0	0	0	0	

事后监督　　复核 杨一明　　记账 马浸婷　　制单 谷欣

表专题－4－21

辽金支行（ 现金 ）科目日结单

2018 年 6 月 1 日

凭证种类	借方														贷方														
	传票张数	金额													传票张数	金额													
		百	十	亿	千	百	十	万	千	百	十	元	角	分		百	十	亿	千	百	十	万	千	百	十	元	角	分	附件
现金							4	4	8	5	0	0	0	0							1	2	0	5	0	0	0	0	
转账																													张
合计							4	4	8	5	0	0	0	0							1	2	0	5	0	0	0	0	

事后监督　　复核 杨一明　　记账 马浸婷　　制单 谷欣

表专题－4－22

辽金支行（ 总轧 ）科目日结单

2018 年 6 月 1 日

凭证种类	借方														贷方														
	传票张数	金额													传票张数	金额													
		百	十	亿	千	百	十	万	千	百	十	元	角	分		百	十	亿	千	百	十	万	千	百	十	元	角	分	附件
现金	6						5	6	9	0	0	0	0	0	14						5	6	9	0	0	0	0	0	
转账	10					3	1	9	0	0	0	0	0	0	15					3	1	9	0	0	0	0	0	0	4
合计	16					3	7	5	9	0	0	0	0	0	29					3	7	5	9	0	0	0	0	0	张

事后监督　　复核 杨一明　　记账 马浸婷　　制单 谷欣

四、考核

模拟银行辽金支行2018年6月2日营业终了时，经清分，活期存款科目当日传票张数及金额情况是：现金收入传票2张，合计金额50 000. 00元；转账借方传票28张，合计金额7 806 997. 00元；转账贷方传票14张，合计金额8 897 990. 00元。根据资料编制当日活期存款科目日结单（如表专题－4－23所示）。

表专题－4－23

辽金支行（　　）科目日结单

年　　月　　日

凭证种类	借方														贷方													
	传票张数	金额													传票张数	金额												
		百	十	亿	千	百	十	万	千	百	十	元	角	分		百	十	亿	千	百	十	万	千	百	十	元	角	分
现 金																												
转 账																												
合计																												

附件　张

事后监督　　复核　　记账　　制单

五、分析思考题

简述现金科目日结单的编制方法。

子任务5　登记总账

一、活动目标

熟悉银行总账账页的格式、登记方法，能够根据总账账页的登记规则规范完成各科目总账的登记。

二、知识准备

总账按会计科目采用活页形式设置，设有借方发生额、贷方发生额、借方余额和贷方余额四栏，账页每月更换一次，按年装订保管。

三、案例引入

根据子任务4科目日结单所填制的数据，登记模拟银行辽金支行2018年6月1日活期存款科目总账如表专题－4－24所示。假设2018年5月31日该科目贷方余额为8 851 000. 00元。

表专题－4－24

模拟银行辽金支行　　总账

	借方（百十亿千百十万千百十元角分）	贷方（百十亿千百十万千百十元角分）	
上年底余额		85000000	科目代号 201
本年累计发生额	2255900000	2256000000	科目名称 活期存款
上月底余额		885100000	2018年 6 月份

日期	发生额 借方（百十亿千百十万千百十元角分）	发生额 贷方（百十亿千百十万千百十元角分）	余额 借方（百十亿千百十万千百十元角分）	余额 贷方（百十亿千百十万千百十元角分）	核对签章 记账员	核对签章 复核员	核对签章 会计
1	125000000	95000000		855100000	马淑婷	张一君	于红英
2							
3							
4							
5							
6							
7							
8							
9							
10							
10天小计							
11							
12							
13							
14							
15							

四、学习步骤

总账的登记方法是：

步骤 1. 单方反映余额的科目。每日营业终了，根据各科目日结单的借方金额合计和贷方金额合计填列相应总账科目的借方发生额栏和贷方发生额栏，并结出余额。其余额应与该科目分户账或余额表各户余额合计数核对相符。

步骤 2. 双方反映余额的科目。每日营业终了，根据分户账或余额表的借、贷方余额合计数分别填列，不得轧差，并就总账本身有关数字进行轧差核对。

步骤 3. 随时结出总账上 10 天小计、20 天小计的借贷发生额和余额，每月终了，应加计本月的月计以及自年初累计发生额和余额。

注意：对当天未发生业务的科目，也须将上日余额填入当日余额栏内。

五、考核

根据子任务 4 考核的科目日结单所填制的数据，登记模拟银行辽金支行 2018 年 6 月 1 日短期贷款科目总账。假设 2018 年 5 月 31 日该科目借方余额为 8 500 000. 00 元。

子任务 6　编制日计表

一、活动目标

熟悉银行日计表的格式、编制方法，能够根据相关数据资料规范完成日计表的编制。

二、知识准备

日计表按日编制，于营业终了，根据各科目总账当日的借、贷方发生额和借、贷方余额，分别填记。如果当天日计表上借、贷方发生额和借、贷方余额的合计数各自相等，则日计表全部平衡，也就表明银行当日账务全部平衡。

三、案例引入

假设模拟银行辽金支行 2018 年 5 月 31 日各科目总账余额情况如下：

单位：元

科目名称	余额	
	借方	贷方
现金	229 950. 00	
短期贷款	8 500 000. 00	
存放中央银行准备金	960 000. 00	
活期存款		8 851 000. 00
定期存款		340 500. 00
活期储蓄存款		498 450. 00

2018 年 6 月 1 日发生业务后，根据各科目日结单显示当日的发生额如下：

单位：元

科目名称	发生额	
	借方	贷方
现金	448 500.00	120 500.00
短期贷款	550 000.00	1 250 000.00
存放中央银行准备金	1 340 000.00	800 000.00
活期存款	1 250 000.00	950 000.00
定期存款	150 000.00	50 000.00
活期储蓄存款	20 500.00	588 500.00

根据以上资料编制 2018 年 6 月 1 日的日计表（见表专题 -4 -25）。

表专题 -4 -25

模拟银行辽金支行

日　　计　　表

共 1 页第 1 页

2018 年 6 月 1 日

单位：元

科目代号	科目名称	发生额		余额	
		借方（百十亿千百十万千百十元角分）	贷方（百十亿千百十万千百十元角分）	借方（百十亿千百十万千百十元角分）	贷方（百十亿千百十万千百十元角分）
101	现金	44850000	12050000	55795000	
111	存放央行准备金	134000000	80000000	150000000	
123	短期贷款	55000000	125000000	780000000	
201	活期存款	125000000	95000000		855100000
205	定期存款	15000000	5000000		24050000
211	活期储蓄存款	2050000	58850000		106645000
	合计	3759000000	3759000000	0　9857950000	9857950000

行长 张佳敏　　会计 于江玲　　复核 杨一明　　制表 马海婷

四、考核

假设模拟银行辽金支行 2018 年 5 月 31 日各科目总账余额情况如下：

单位：元

科目名称	余额	
	借方	贷方
现金	250 000.00	
短期贷款	850 000.00	
存放中央银行准备金	270 000.00	
活期存款		823 000.00
定期存款		521 500.00
利息收入		25 500.00

2018 年 6 月 1 日发生业务后，根据各科目日结单显示当日的发生额如下：

单位：元

科目名称	发生额	
	借方	贷方
现金	75 000.00	12 000.00
短期贷款	120 000.00	8 000.00
活期存款	64 000.00	185 000.00
定期存款	0	54 000.00

根据以上资料编制2018年6月1日的日计表（见表专题-4-26）。

表专题-4-26

模拟银行辽金支行

共　页第　页

日　计　表

年　月　日

单位：元

科目代号	科目名称	发生额																										余额																									
		借方													贷方													借方													贷方												
		百	十	亿	千	百	十	万	千	百	十	元	角	分	百	十	亿	千	百	十	万	千	百	十	元	角	分	百	十	亿	千	百	十	万	千	百	十	元	角	分	百	十	亿	千	百	十	万	千	百	十	元	角	分
	合计																																																				

行长　　会计　　复核　　制表

子任务7　错账冲正的处理

一、活动目标

掌握银行错账冲正的不同种类和方法，能够根据不同的方法规范完成不同错账的冲正。

二、知识准备

错账冲正办法一般有以下几种。

（一）当日发生的差错

1. 手工处理账务出现日期和金额写错时，应以一道红线把全行数字划销，将正确数字写在正确的位置，并由经办柜员在红线左端盖章证明。如果划错红线，可在红线两端用红色墨水划“×”销去，并由经办柜员在右端盖章证明。文字写错或签章错误，只需将错字或签章用红线划销，将正确文字或签章写在正确位置，并由经办柜员在更正处盖章。账页记载无法更改时，不得撕毁，须经会计主管同意另换账页记载，经过业务主办复核并在错误账页上画交叉红线注销，由经办柜员、业务主办、主管盖章证明。注销的账页另行保管，待装订账页时附于该户账页之后备查。

2. 凭证填错科目、账户或金额而发生的错账，应先由制票人改正凭证，并按照上述办法更正账簿。

3. 计算机系统输入的数据或要素有误，由原录入人员进行删除、修改；复核员发现录入员录入的数据或要素有误，应通知录入员纠正。同一账户当日冲正应序时办理，严禁隔笔冲正。现金业务冲正需同时清点钱箱。

（二）次日或以后发现的差错

1. 记账串户，应填制同方向红蓝字冲正传票办理冲正。红字凭证的摘要中注明“冲销×月×日错账”字样（文字、数字均为红字），蓝字凭证的摘要中注明“补记冲正×月×日账”字样，经办柜员将红、蓝字传票分别录入，经复核人员确认并复核后按红字凭证记入错账串户账户，按蓝字凭证记入正确的账户。原错账凭证上用红字注明“已于×月×日冲正”字样。

2. 传票填错金额、科目或账户，导致账簿随之记错，经办柜员应先填制红字错账冲正传票，将错账全数冲销（不得差额冲账），再按正确的内容填制蓝字传票补记入账，并在摘要栏说明情况。同时在原错误传票上用红字批注“已于×年×月×日冲正”字样。

3. 发现上年度及以前年度错账，填制蓝字反方向传票冲正。即先用蓝字填制一张与错账反方向的传票，用于冲销错账；再用蓝字填制一张正确传票补记入账。在传票的摘要栏注明“冲正×年×月×日错账”字样。

4. 更正错账影响利息的，应及时调整计息积数。所谓计息积数就是每日存贷款余额的累计数。它是计算利息的依据。办理错账冲正和调整积数，应经过会计主管人员的批准。

所有错账冲正业务必须经主管审批。冲正传票，必须经会计主管人员审查盖章后才能办理冲账，并对错账的日期、情况、金额以及冲正的日期等进行登记以便考核、分析原因进而改进工作。由于系统运行造成的错账以及由于柜员操作失误造成的自身无法处理的错账，按照总行的有关规定办理。

三、案例引入

模拟银行辽金支行临柜会计人员 2018 年 6 月 3 日在办理开户单位棉纺厂（8310120101076）向开户单位宏大副食品公司（8310120102045）支付购货款 4 700.00 元时，记账串户至开户单位远大副食品加工厂（8310120102054）。

四、学习步骤

步骤 1. 6 月 3 日银行转账时：

借：活期存款——棉纺厂　　4 700.00

　贷：活期存款——远大副食品加工厂　　4 700.00

步骤 2. 6 月 12 日发现错账，填制同方向红蓝字转账贷方冲正传票（见表专题 -4 -27）进行冲正。红字传票冲销原来的错账，蓝字传票补记正确的账户。

表专题 -4 -27

总字第　　号

字第 6 号

模拟银行 辽金支行 特种转账贷方传票

2018 年 6 月 12 日

付款单位	全　称	远大副食品加工厂	收款单位	全　称	宏大副食品公司	
	账号或地址	8310120102054		账号或地址	8310120102045	
	开户银行	辽金支行　行号 83101		开户银行	辽金支行　行号 83101	
金额	人民币（大写）	肆仟柒佰元整（红字）			十 亿 千 百 十 万 千 百 十 元 角 分 ¥ 4 7 0 0 0 0	附件　张
原凭证金额			赔偿金			
原凭证名称			号码			
转账原因	冲销2018年6月3日串户错账。6月3日本应将此款记入宏大副食品公司（8310120102045）账户，结果由于记账员刘娟记账错误，将款项误记入到远大副食品加工厂（8310120102054）账户，现予以冲正调整积数：宏大副食品公司应加积数：4 700 00×9=42 300 00 远大副食品加工厂应减积数：4 700 00×9=42 300 00 银行盖章			科目（贷）…201……… 对方科目（借）…201… 会计 于江玲 复核 杨一明 记账 马漫婷		

（红字）

（印章：(02) 转讫 2018.06.12 模拟银行 辽金支行）

错账冲正的会计分录为

　贷：活期存款——远大副食品加工厂　　4 700.00　（红）

　贷：活期存款——宏大副食品公司　　4 700.00

步骤 3. 积数调整：4 700.00 × 9 = 42 300.00（元）

远大副食品加工厂调减积数 42 300.00 元。

宏大副食品公司调增积数 42 300.00 元。

五、考核

模拟银行辽金支行临柜会计人员 2018 年 6 月 25 日发现 6 月 4 日的一笔错账，将机床厂（83101201001078）签发的一份转账支票，误记入机电厂（83101201001087）账户，金额 45 000.00 元，立即冲正。填制冲正的会计凭证（见表专题 -4 -28），作出冲账的分录，并计算和调整计息积数 。

表专题 -4-28

模拟银行 辽金支行 特种转账贷方传票

总字第	号

年　月　日

<table>
<tr><td rowspan="3">付款单位</td><td>全　称</td><td colspan="3"></td><td rowspan="3">收款单位</td><td>全　称</td><td colspan="3"></td></tr>
<tr><td>账号或地址</td><td colspan="3"></td><td>账号或地址</td><td colspan="3"></td></tr>
<tr><td>开户银行</td><td></td><td>行号</td><td></td><td>开户银行</td><td></td><td>行号</td><td></td></tr>
<tr><td>金额</td><td>人民币（大写）</td><td colspan="7"></td><td>十 亿 千 百 十 万 千 百 十 元 角 分</td></tr>
<tr><td colspan="2">原凭证金额</td><td colspan="2"></td><td>赔偿金</td><td colspan="5"></td></tr>
<tr><td colspan="2">原凭证名称</td><td colspan="2"></td><td>号码</td><td colspan="5"></td></tr>
<tr><td>转账原因</td><td colspan="5">银行盖章</td><td colspan="4">科目（贷）……………………
对方科目（借）…………………
会计　复核　记账　制票</td></tr>
</table>

附件　张

六、分析思考题

银行会计有哪几种错账更正方法？各在什么情况下使用？

子任务8　日终工作处理

一、活动目标

掌握银行柜员日终业务处理的流程和内容，能够规范完成日终各项业务操作。

二、知识准备

各银行网点每日营业终了，普通柜员应对日间业务进行轧账处理，使用碰库交易核对现金、有价单证和重要空白凭证，做到账实、账款、账证相符。业务主管负责本网点轧账，检测本网点各柜员当日业务处理是否完整、账务处理是否平衡并在本网点平账后结束当日工作。若本网点不能正常签退时，必须及时通知上级账务机构。

三、学习步骤

普通柜员与业务主管的工作步骤如下。

（一）普通柜员

柜员营业结束时，以柜员为单位，清点保管的现金和重要单证，打印柜员账务交易流水清单、柜员科目日结清单、尾箱库存现金登记簿、重要单证登记簿，具体如下。

步骤1. 缴现金。普通柜员向业务主管尾箱缴款，普通柜员操作，业务主管输入密码（说明：当尾箱中的现金余额超过尾箱限额时，先作上缴现金，再作上缴尾箱，交尾箱前应作最后一次轧账）。

步骤2. 缴凭证。普通柜员向业务主管上缴凭证，普通柜员操作，业务主管授权（说明：上交尾箱时，允许留有凭证）。

步骤3. 轧账。普通柜员轧账包括现金日结、单证日结、日结打印等内容。现金轧账的方法是输入钱箱中的实物现金数额并提交轧账；单证轧账则是逐一输入尾箱中单证对应的实际数量并提交轧账。

步骤4. 打印轧账单。轧账交易随时都可以进行，但做完所有交易、上交尾箱前则应打印最后一次轧账单。

步骤5. 上缴尾箱。轧账正确后向业务主管上缴尾箱。

步骤6. 签退。上缴尾箱完成后必须从操作系统中正常签退。

（二）业务主管

待所有柜员上缴尾箱并签退后，保管主尾箱的业务主管，对自己的尾箱做完轧账后，作“网点轧账”并直接作“网点签退”，将本网点签退。

四、拓展

日终处理的注意事项

（一）普通柜员交易的复核员重点查核事项

1. 凭证流水号是否连续，不连续的原因，确保凭证没有遗漏、重复。

2. 凭证格式、要素、签章是否齐全、合法；重要事项的凭证审批手续是否符合要求。

3. 凭证打印内容是否有涂改，是否与会计事项相符。

4. 检查柜员是否有违反规定进入禁止交易界面处理业务。

5. 重要单证及中间业务代保管重要单证付出与使用、作废、回收数量是否形成等量关系。对非总行定义的重要单证（如作废卡等）应将各保管柜员汇总并与内部账核对，检查有无漏入账情况。

6. 逐笔勾对凭证和“柜员账务性交易流水清单”，确保凭证、流水内容记载一致。

7. 检查最后一张凭证的流水号与“柜员账务性交易流水清单”的最后流水号是否一致。检查完毕后，在“柜员账务性交易流水清单”右上角注明“已核”，并加盖个人名章；如有问题，应将“问题交易”和凭证一并交会计主管。

（二）业务主管重点检核事项

1. 检查“柜员结账清单”上各柜员最后账务性流水号、结账时间与相应柜员“柜员账务性交易流水清单”最后一笔流水号和结账时间是否一致。

2. 检查应收应付账户、过渡账户科目账户是否存在未及时清理或不该挂账而挂账的现象，对非正常挂账必须查清原因，及时处理。

3. 抽查未经复核、授权交易业务的凭证，特别要关注自制凭证的手续是否符合审批要求。

4. 对当天发生的长短款挂账以及其他账务问题要及时纠正，并视情节轻重采取相应措施。

5. 关注营业机构当天提现、返纳业务是否已经办结，提款是否已入账，现金是否已到营业机构。

6. 审查大额转账业务的合规性，是否存在账户异常交易，检查柜员间现金调拨的真实性和及时性；检查在用尾箱和备用尾箱的实际数量，对空的备用尾箱及时交接上缴处理。

7. 检查中间业务本所轧账单汇总数据与各经办中间业务柜员轧账单数据是否相符。

8. 检查当日“应销未销记录”是否正常。

9. 检查电子汇兑的退汇解付手续是否正确。

项目一
存款业务处理

【知识结构图】

工作任务 / 教学活动

- 储蓄存款业务处理
  - 单位活期存款业务处理
    - 单位活期存款账户的开立
    - 单位活期存款的存入
    - 单位活期存款的支取
    - 单位活期存款的利息计算
  - 单位定期存款业务处理
    - 单位定期存款账户的开立
    - 单位定期存款账户的销户
    - 单位定期存款的利息计算
  - 活期储蓄存款业务处理
    - 活期储蓄存款开户
    - 活期储蓄存款支取
    - 活期储蓄存款续存
    - 活期储蓄存款销户
    - 活期储蓄存款利息计算
  - 定期储蓄存款业务处理
    - 整存整取定期储蓄存款开户
    - 整存整取定期储蓄存款部分提前支取
    - 整存整取定期储蓄存款销户
    - 整存整取定期储蓄存款利息计算
    - 零存整取定期储蓄存款利息计算
    - 整存零取定期储蓄存款利息计算
    - 存本取息定期储蓄存款利息计算
  - 定活两便储蓄存款业务处理
    - 定活两便储蓄存款开户
    - 定活两便储蓄存款销户
    - 定活两便储蓄存款利息计算
  - 通知储蓄存款业务处理
    - 个人通知储蓄存款开户
    - 个人通知储蓄存款支取
    - 个人通知储蓄存款销户
    - 个人通知储蓄存款利息计算
  - 储蓄特殊业务处理
    - 储蓄存款挂失
    - 储蓄存款解除挂失
    - 储蓄存款的查询、冻结、扣划
    - 储蓄存款的异地托收

【能力目标】

能按单位存款业务规定准确进行单位活期、定期存款账户开立、现金存入、现金支取、结息等各环节的具体操作处理；能按储蓄业务操作流程规范办理各种储蓄存款的开户、支取、续存和销户等业务操作；能准确计算各种储蓄存款的利息；能按业务操作流程规范办理各种储蓄存款的挂失与解除挂失等业务操作，能规范办理储蓄存款的查询、冻结与扣划等业务操作。

【知识目标】

熟悉单位活期存款业务存入与支取的结算规定，熟悉单位活期存款业务的凭证格式，掌握具体的填写要求；了解储蓄概念、储蓄种类，熟悉储蓄政策与原则，掌握银行办理储蓄业务的基本规定，掌握活期储蓄利息计算的基本规定；熟悉定期储蓄概念、种类，熟悉定期储蓄业务的基本规定和操作规范，掌握定期储蓄中整存整取、零存整取、存本取息等基本规定；熟悉银行储蓄存款挂失与解除挂失的相关规定和操作处理，熟悉储蓄存款查询、冻结与扣划的相关规定与处理。

【素质目标】

具有良好的职业操守及道德品质；积极主动、踏实、认真细致，有韧性；具有良好的服务意识、富有责任感；具有执行能力、应变能力、团队协作与承压能力；具备一定的语言表达和沟通能力；具有一定的独立处理问题能力；具有一定的营销能力。

任务一　单位活期存款业务处理

【技能目标】

熟悉单位活期存款业务的凭证格式，掌握具体的填写要求；熟悉开立单位活期存款账户的基本规定，能按单位活期存款业务规定规范完成账户开立的操作处理；能按业务流程规范完成单位活期存款、单位定期存款业务的操作处理以及准确计算利息。

【知识准备】

一、人民币结算账户管理制度

（一）概念

人民币银行结算账户，是指银行为机关、团体、部队、企事业单位、其他组织（以下统称单位）、个体工商户和自然人等存款人开立的办理资金收付结算的人民币活期存款账户。

（二）人民币银行结算账户的分类

银行结算账户按照存款人不同，分为单位银行结算账户和个人银行结算账户。

1. 单位银行结算账户是指存款人以单位名称开立的银行结算账户。个体工商户凭营业执照以字号或经营者姓名开立的银行结算账户纳入单位银行结算账户管理。

2. 个人账户。存款人凭个人身份证件以自然人名称开立的银行结算账户为个人银行结算账户。商业银行办理银行卡业务开立的账户纳入个人银行结算账户管理。

（三）单位银行结算账户的设置与开户条件

按照国家《支付结算办法》的规定，企业应在银行开立账户，办理存款、取款和转账结算等。

按照现金管理制度的规定，各单位暂时的闲置资金，除可按照核定的库存限额部分保留现金以外，其余均要全部存入银行。库存现金不足限额的部分，各单位将款项存入银行后，可以通过银行办理款项收付、同其他单位进行结算，并由银行主动转存或转付。

单位银行结算账户按照用途不同，分为基本存款账户、一般存款账户、专用存款账户和临时存款账户。

1. 基本存款账户的设置与开户条件

（1）基本存款账户是存款人因办理日常转账结算和现金收付需要开立的银行结算账户。该账户是存款人的主办账户。

（2）存款人日常经营活动的资金收付及其工资、奖金和现金的支取，只能通过本账户办理。

（3）存款人只能在银行开立一个基本存款账户。

（4）基本存款账户的设置与开户条件是：①企业法人；②企业法人内部单独核算的单位；③管理财政预算资金和预算外资金的财政部门；④实行财政预算管理的行政机关、事业单位；⑤县级（含）以上军队、武警单位；⑥外国驻华机构；⑦社会团体；⑧单位附设的食堂、招待所、幼儿园；⑨外地常设机构；⑩私营企业、个体经济户、承包户和个人。

（5）开立基本存款账户所需的证明文件有：①当地工商行政管理机关核发的“企业法人营业执照”或“营业执照”；②中央或地方编制委员会、人事、民政等部门的批文；③军队军以上、武警总队财务部门的开户证明；④单位对附设机构同意开户的证明；⑤驻地有权部门对外地常设机构的批文；⑥社会团体应出具社会团体登记证书，宗教组织还应出具宗教事务管理部门的批文或证明；⑦居民委员会、村民委员会、社区委员会应出具其主管部门的批文或证明；⑧承包双方签订的承包协议；⑨其他组织应出具政府主管部门的批文或证明等；⑩“中华人民共和国法人代码证（副本）”或代码卡、税务登记证、个人居民身份证和户口簿。

（6）开立基本存款账户的程序：①填制“开户申请书”，如实填明单位名称、所有制性质、主管单位和领导系统、资金情况等，经主管部门审查盖章后，连同单位公章及有权签章人名章的印鉴卡一并送交银行。②提供规定的证明文件。③填制并提交印鉴卡片。开户单位在提交开户申请书和有关单位证明的同时，应填写开户银行的印鉴卡片。印鉴卡片上填写的户名，必须与单位名称一致，在卡片上要加盖单位公章、单位负责人或财务机构负责人及出纳人员三枚印章。印鉴卡片是开户单位与银行事先约定的一种具有法律效力的付款依据。银行在为开户单位办理结算业务时，凭开户单位预留的印鉴审核支付凭证的真假。若支付凭证上的印章与预留印鉴不符，银行有权拒绝办理付款业务。④凭中国人民银行当地分支机构核发的开户许可证，经银行审核同意，即可开立该账户。由开户行会计部门办理开户手续，登记“开户登记簿”。确定使用的会计科目，编制账号，开立存款分户账。对于使用支票的账户，开户后可向单位售给银行统一印制的各种专用凭证；对于使用存折的账户，在第一次存入款项开立账户时，发给单位存折。

2. 一般存款账户的设置与开户条件

（1）一般存款账户是指存款人因借款或其他结算需要，在基本存款账户开户银行以外的银行营业机构开立的银行结算账户。该账户可以办理现金缴存，但不能办理现金支取。

（2）开立基本存款账户的存款人都可以开立一般存款账户，一般存款账户的数量没有限制。

（3）开立一般存款账户实行备案制，无须经中国人民银行核准。

（4）一般存款账户设置的程序为：填制开户申请书，提供相应的证明文件，送交盖有存款人印章的印鉴卡片，经银行审核同意后可开立该账户。

3. 专用存款账户的设置与开户条件

（1）专用存款账户是指存款人按国家法律、法规和行政规章，对其特定用途的资金进行专项管理和使用而开立的银行结算账户。

（2）该账户用于办理基本建设资金、更新改造资金、财政预算外资金、粮棉油收购资金、证券交易结算资金、期货交易保证金、信托基金、金融机构存放同业资金、政策性房地产开发资金、单位银行卡备用金、住房基金、社会保障基金、收入汇缴资金和业务支出资金等各项需要专项管理和使用的资金收付。

（3）专用存款账户开立的程序为：填制开户申请书，提供相应的证明文件，送交盖有存款人印章的印鉴卡片，经银行审核同意后开立该账户。

4. 临时存款账户的设置与开户条件

（1）临时存款账户是存款人因临时需要并在规定期限内使用而开立的银行结算账户。

（2）可以开立临时存款账户的情况：设立临时机构；异地临时经营活动；注册验资。

（3）注册验资的临时存款账户在验资期间只收不付，注册验资资金的汇缴人应与出资人的名称一致。

（4）临时存款账户的有效期最长不得超过两年。

（5）开立临时存款账户的程序为：填制开户申请书，提供相应的证明文件，送交盖有存款人印章的印鉴卡片，经银行审核同意后可开立该账户。

此外，金融企业为各单位开立的账户，按其存款的形式分为支票户和存折户。支票户适用于财务制度比较健全、存款额大、存取款频繁的单位，并凭缴款单和支票办理存取款；存折户适用于业务规模小、存款额少、存取款业务不多的单位，并凭存折和存取款凭条办理存、取款。

二、单位存款业务核算的要求

1. 切实维护存款单位的合法权益。
2. 正确使用账户，加强柜面监督。
3. 准确及时地进行核算，提高服务质量。

子任务1　开立单位活期存款账户

一、活动目标

了解银行结算账户的种类，熟悉开立银行账户所需证件，掌握单位存款账户开立的程序，能按业务流程办理存款账户的开立业务。

二、活动流程

单位活期存款基本存款账户开立活动流程如图1－1－1所示。

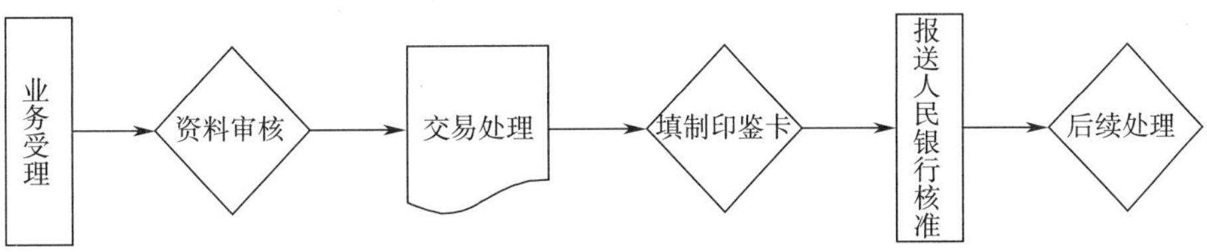

图1－1－1　基本存款账户开户的活动流程图

三、案例引入

2018年5月22日，盛雅集团股份有限公司来行开立基本存款账户。模拟银行辽金支行为其办理开户手续。

四、学习步骤

步骤1. 业务受理。客户申请开立基本存款账户时，应按《人民币银行结算账户管理办法》的有关规定，提供相应的开户资料，具体包括：

1. 由当地工商行政机关核发的“企业法人营业执照”或“企业营业执照”正本[1]，其格式如图1－1－2所示。

2. 相关的证明文件（中央或地方编制委员会、人事、民政等部门的开户证明批文；军队军以上、武警总队的开户证明；单位对附设机构同意开户并承担附设机构经济责任

---

[1] 2015年10月1日以后，营业执照、组织机构代码证和税务登记证“三证合一”。新设立的企业、农民专业合作社，只要向工商部门提出申请，获得一个加载统一社会信用代码的营业执照（即“一照一码”），就算注册成功。统一代码和登记证对新注册的法人和组织免费发放；对于已经办齐了证照的企业，有两年的过渡期。在2017年12月31日以前，企业都可以使用原发证照办理各项业务。

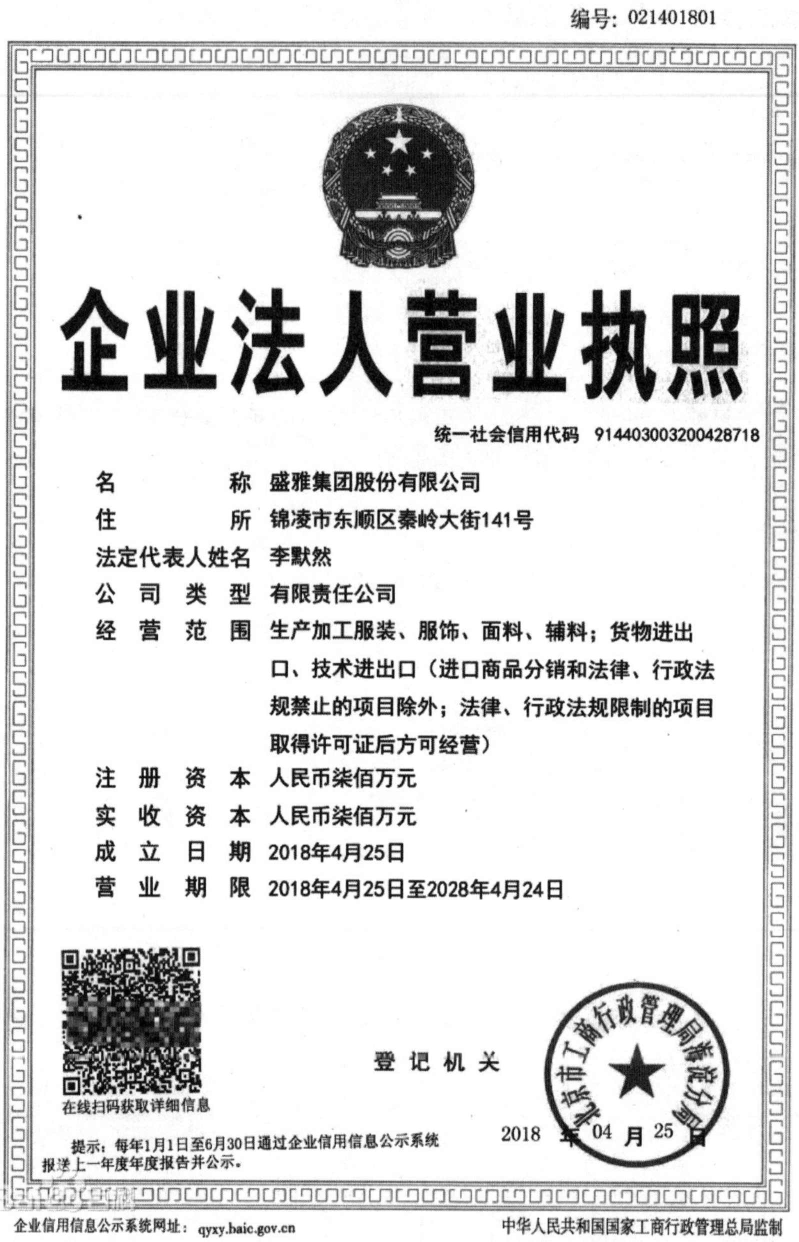

编号：021401801

企业法人营业执照

统一社会信用代码 914403003200428718

名　　称	盛雅集团股份有限公司
住　　所	锦凌市东顺区秦岭大街141号
法定代表人姓名	李默然
公司类型	有限责任公司
经营范围	生产加工服装、服饰、面料、辅料；货物进出口、技术进出口（进口商品分销和法律、行政法规禁止的项目除外；法律、行政法规限制的项目取得许可证后方可经营）
注册资本	人民币柒佰万元
实收资本	人民币柒佰万元
成立日期	2018年4月25日
营业期限	2018年4月25日至2028年4月24日

在线扫码获取详细信息

登记机关

北京市工商行政管理局海淀分局

2018 年 04 月 25 日

提示：每年1月1日至6月30日通过企业信用信息公示系统报送上一年度年度报告并公示。

企业信用信息公示系统网址：qyxy.baic.gov.cn　　中华人民共和国国家工商行政管理总局监制

图 1－1－2　营业执照

的证明；驻地有权部门对外地常设机构的批文；社会团体应出具社会团体登记证书，宗教组织还应出具宗教事务管理部门的批文或证明；居民委员会、村民委员会、社区委员会应出具其主管部门的批文或证明；承包双方签订的承包协议；其他组织应出具政府主管部门的批文或证明等）。

3. 开户许可证，其格式如图 1－1－3 所示。

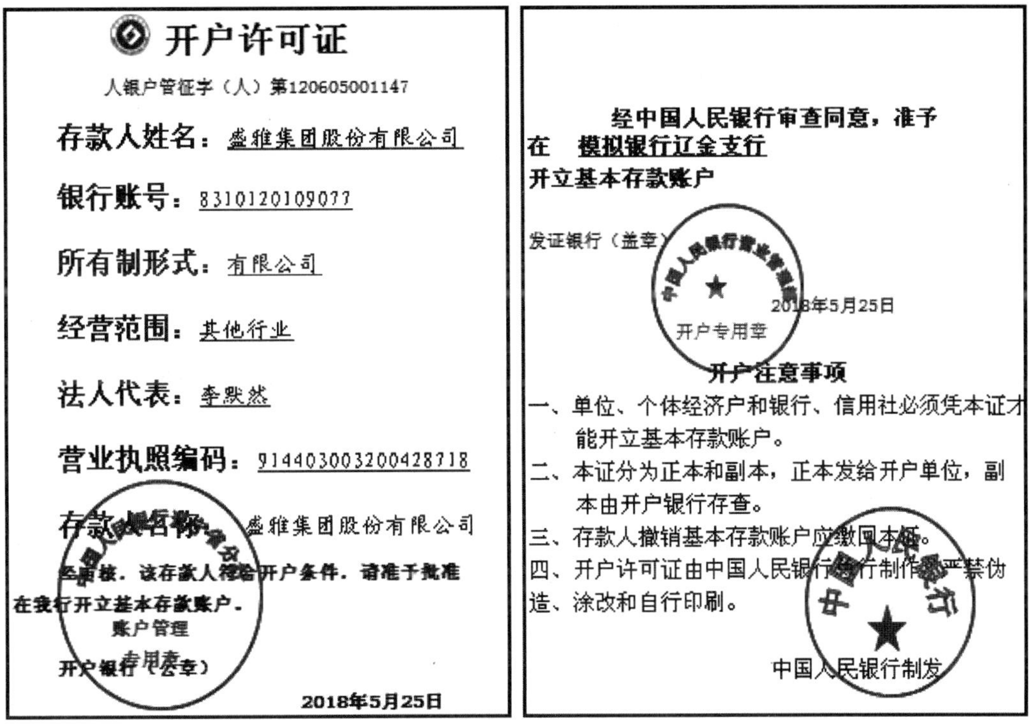

开户许可证

人银户管征字（人）第120605001147

存款人姓名：盛雅集团股份有限公司

银行账号：8310120109077

所有制形式：有限公司

经营范围：其他行业

法人代表：李默然

营业执照编码：914403003200428718

存款人名称：盛雅集团股份有限公司

经审核，该存款人符合开户条件，请准予批准在我行开立基本存款账户。

开户银行（公章）

2018年5月25日

经中国人民银行审查同意，准予

在　模拟银行辽金支行

开立基本存款账户

发证银行（盖章）

2018年5月25日

开户注意事项

一、单位、个体经济户和银行、信用社必须凭本证才能开立基本存款账户。

二、本证分为正本和副本，正本发给开户单位，副本由开户银行存查。

三、存款人撤销基本存款账户应缴回本证。

四、开户许可证由中国人民银行统一制作，严禁伪造、涂改和自行印刷。

中国人民银行制发

图 1－1－3　开户许可证

4. 法人身份证。以上材料均需提供原件及复印件两份。经开户行审核符合开户条件的单位客户填写“开立单位银行结算账户申请书”一式三联，并加盖单位公章，连同有关证明文件原件及复印件两份提交给开户银行，开户申请书的格式如图 1－1－4 所示。

步骤 2. 凭证、资料审核。会计经办人员接收开户单位提交的开户申请书和有关证明文件后，认真审核证明文件及复印件。无误后在复印件上注明“与原件核对相符”，并加盖个人名章。指导客户填写并加盖公章的“开立单位银行结算账户申请书”、加盖银行预留的印鉴卡、签订“单位银行结算账户管理协议”（如图 1－1－5 所示）。经办人员还应认真审查开户申请书填写事项的真实性、完整性、合规性，并在开户申请书银行意见栏加盖经办人员个人名章，然后将所有材料一并交给业务主管。业务主管审核后在开户申请书银行意见栏签署相关意见，加盖业务公章、主管个人名章，并注明业务代号。会计经办人员将法人身份证原件退还给客户。

步骤 3. 交易处理、填制印鉴卡。主管签署意见后，柜员使用“××单位客户信息建立”交易生成客户信息，生成单位基本存款账号，系统自动记录开销户登记簿。账号生成后，开户单位填制印鉴卡。印鉴卡分为正卡和副卡，正卡一张，由经办人员保管；副卡两张，其中一张交事后监督，另一张由银行加盖业务公章后退给开户单位，印鉴卡填制样式如图 1－1－6 所示。

步骤 4. 报送人民银行核准。基本存款账户属于人民银行核准类账户。经办人员在人民银行结算账户管理系统录入待核准开户信息，并在信息录入的当日、最迟次日将开

开立单位银行结算账户申请书

存款人名称	盛雅集团股份有限公司		电话	02462299942
地址	锦凌市东顺区秦岭大街141号		邮编	110122
存款人类别	企业法人	组织机构代码	756851127	
法定代表人（√） 单位负责人（ ）	姓名	李默然		
	证件种类	个人身份证	证件号码	210104196203090215
行业分类	A（ ）B（ ）C（ ）D（ ）E（ ）F（ ）G（ ）H（ ）I（ ）J（ ） K（ ）L（ ）M（ ）N（ ）O（ ）P（ ）Q（ ）R（ ）S（ ）T（√）			
注册资金	7 000 000	地区代码	210100	
经营范围	生产加工服装、服饰、面料、辅料；货物进出口、技术进出口（进口商品分销和法律、行政法规禁止的项目除外；法律、行政法规限制的项目取得许可证后方可经营）			
证明文件种类	营业执照	证明文件编号	8310134620587	
税务登记证（国税或地税）编号	8310156			
关联企业	关联企业信息填列在“关联企业登记表”上。			
账户性质	基本（ √ ） 一般（ ） 专用（ ） 临时（ ）			
资金性质		有效日期至	年 月 日	

第二联 人民银行留存

以下为存款人上级法人或主管单位信息：

上级法人或主管单位名称			组织机构代码	
基本存款账户开户许可证核准号				
法定代表人（ ） 单位负责人（ ）	姓名			
	证件种类			
	证件号码			

以下栏目由开户银行审核后填写：

开户银行名称		开户银行代码			
账户名称		账号		同城交换号	
基本存款账户开户许可证核准号			开户日期		

本存款…位银行结算账户，…诺所提供的开户资料真实、… 存款人（公章） 2018年05月22日	开户银行审核意见： 经办人（签章） 银行（签章） 年 月 日	人民银行审核意见： （非核准类账户除外） 经办人（签章） 人民银行（签章） 年 月 日

填写说明：

1. 申请开立临时存款账户，必须填列有效日期；申请开立专用存款账户，必须填列资金性质。

2. 该行业标准由银行在营业场所公告，“行业分类”中各字母代表的行业种类如下：A：农、林渔业；B：采矿业；C：制造业；D：电力、燃气及水的生产供应业；E：建筑业；F：交通运输、仓储和邮政业；G：信息传输、计算机服务及软件业；H：批发和零售业；I：住宿和餐饮业；J：金融业；K：房地产业；L：租赁和商务服务业；M：科学研究、技术服务和地质勘查业；N：水利、环境和公共设施管理；O：居民服务和其他服务业；P：教育业；Q：卫生、社会保障和社会福利业；R：文化、教育和娱乐业公共管理和社会组织；T：其他行业。

3. 本申请书一式三联，一联开户单位留存，一联开户银行留存，一联中国人民银行当地分支行留存。

图 1－1－4　开立银行结算账户申请书

单位银行结算账户管理协议

甲方(存款人)：盛雅集团股份有限公司

乙方(开户银行)：模拟银行辽金支行

根据《人民币银行结算账户管理办法》和甲方提出的申请，乙方同意为甲方开立 基本 存款账户，户名为：盛雅集团股份有限公司 ，账号为：8310120109077 ，为明确双方的责任，现签订协议如下：

一、甲乙双方承诺遵守《支付结算办法》、《人民币银行结算账户管理办法》、《现金管理暂行条例》等有关法律法规、规章制度办理所有支付结算业务。

二、甲方的义务

1. 按照《人民币银行结算账户管理办法》的要求提供相关开户资料，并保证开户资料的真实、完整、合法；
2. 按规定使用银行结算账户；
3. 开户资料变更时在规定的期限内及时通知银行；
4. 按规定使用支付结算工具；
5. 按规定支付服务费用；
6. 及时与乙方核对账务；
7. 销户时应交回开户登记证、各种重要空白票据和结算凭证；
8. 按照《人民币银行结算账户管理办法》的规定及时办理开户资料的变更手续或者账户的撤销；
9. 甲方自行承担因违反人民银行的有关规定和未正确履行上述义务造成的资金损失。

三、乙方的义务

1. 及时准确办理支付结算业务；
2. 依法保障甲方的资金安全；
3. 依法为甲方的银行结算账户信息保密；
4. 及时与甲方核对账务；
5. 因违反上述义务给甲方造成损失的，按照人民银行有关规定及有关法律法规承担责任。

四、乙方在为甲方办理销户手续后，双方的权利义务关系解除。

五、在合同履行过程中发生争议，可以通过协商解决；协商不成的，按以下第 （一） 种方式解决：(一)向乙方所在地人民法院起诉；(二)提交　　　　仲裁委员会(仲裁地点为　　　　)，按照申请仲裁时该会现行有效的仲裁规则进行仲裁。仲裁裁决是终局的，对双方均有约束力。在诉讼或仲裁期间，本协议不涉及争议部分的条款仍须履行。

六、本协议经甲方法定代表人(负责人)或授权代理人签字并加盖公章及乙方负责人或授权代理人签字并加盖公章后生效。按照有关规定账户开立需要人民银行核准的，本协议经甲方法定代表人(负责人)或授权代理人签字并加盖公章及乙方负责人或授权代理人签字并加盖公章且经人民银行核准后生效。

甲方(公章)　　　　　　　　　　　　　　　　乙方(公章)

法定代表人(负责人)　　　　　　　　　　　　负责人

或授权代理人(签字)　　　　　　　　　　　　或授权代理人(签字)

2018年05月22日　　　　　　　　　　　　　　2018 年 05 月22 日

图 1－1－5　单位银行结算账户管理协议

户资料（开户申请书三联、证明文件原件及复印件一份）报送至中国人民银行当地分支行。人民银行在两个工作日之内对银行报送的相关资料予以审核，符合开户条件的，予以核准，并颁发开户许可证，开户单位证明文件复印件及第三联开户申请书由人民银行留存归档，开户许可证连同证明文件原件及第一、第二联开户申请书返还给开户银行；不符合开户条件的，人民银行应在开户申请书上签署意见，连同有关证明文件一并退回给开户行。

步骤 5. 后续处理。开户行登录人民银行结算账户管理系统查询人民银行审核情况，人民银行核准后允许开立基本存款账户的，开户行从人民银行取回相关材料，开户申请书第一联由开户行留存归档，开户申请书第二联、开户许可证以及证明文件原件一并交

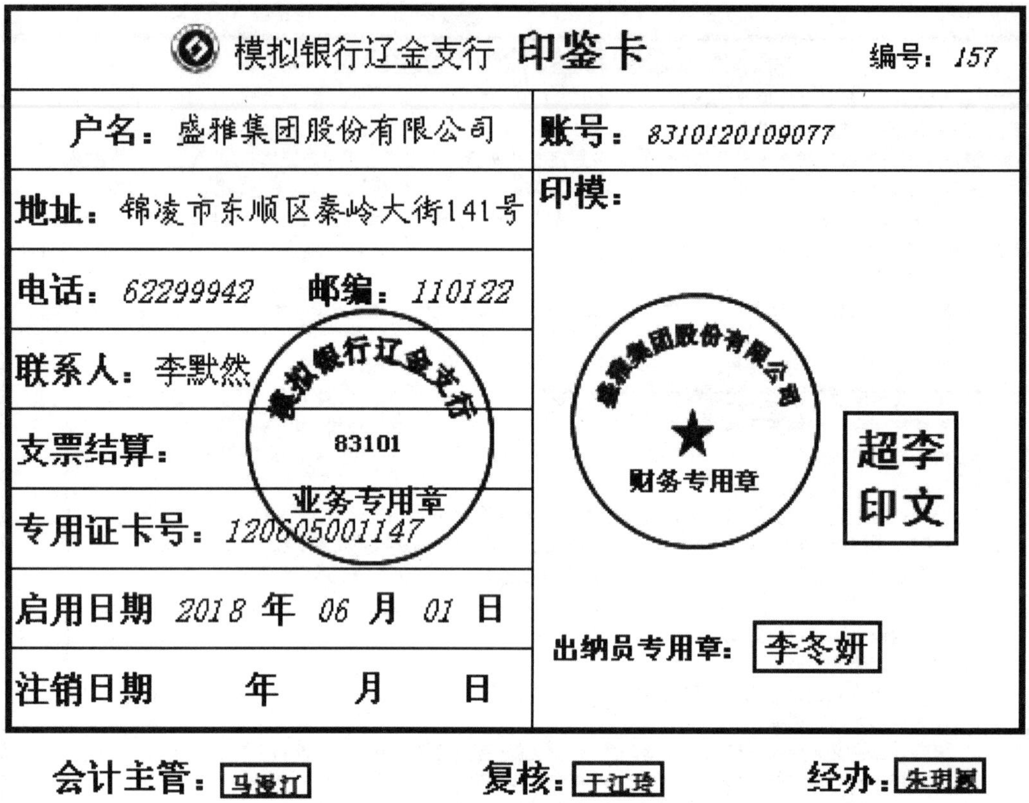

模拟银行辽金支行 印鉴卡 编号：157

户名：盛雅集团股份有限公司	账号：8310120109077
地址：锦凌市东顺区秦岭大街141号	印模：
电话：62299942 邮编：110122	
联系人：李默然	
支票结算：	
专用证卡号：120605001147	
启用日期 2018 年 06 月 01 日	
注销日期 年 月 日	出纳员专用章：李冬妍

会计主管：马凌江 复核：于江玲 经办：朱玥凰

图1-1-6 模拟银行辽金支行印鉴卡

还给客户。该基本存款账户自人民银行核准之日次日起生效，三个工作日内不能办理付款业务。若人民银行未批准开户的，由开户行向客户说明情况后对该账户办理销户处理。

处理上述业务时应注意以下事项：

1. 印鉴卡片上填写的户名必须与单位名称一致，同时要加盖开户单位公章或单位财务专用章、单位负责人或财务机构负责人名章、出纳人员名章三枚图章。根据中国人民银行规定，单位预留印鉴，原则上为单位财务专用章和单位财务负责人名章。留存印鉴非法定代表人的，需要签署相应的授权书。

2. 开户许可证是先在中国人民银行办理的。开户许可证一般银行会代办，这种情形下需要携带所有工作指导中注明的资料前往开户银行办理。

3. 开立一般存款账户、专用存款账户和临时存款账户的程序和所需文件与开立基本存款账户略有区别。

4. 一个企业只能选择一家银行的一个营业机构开立一个基本存款账户，不得在多家银行开立基本存款账户。

五、考核

2018年6月18日，盛雅集团股份有限公司新成立的锦里商店（独立核算）需要开立基本存款账户。请根据资料做以下工作：

1. 签署“单位银行结算账户管理协议”（如图 1－1－7 所示），并加盖模拟公章。
2. 填制“开立单位银行结算账户申请书”（如图 1－1－8 所示），并加盖模拟公章。

六、分析思考题

1. 简述客户到银行开立基本存款账户应准备的资料。
2. 简述银行开立基本存款账户的程序。

单位银行结算账户管理协议

甲方（存款人）：
乙方（开户银行）：

根据《人民币银行结算账户管理办法》和甲方提出的申请，乙方同意为甲方开立　　　　存款账户，户名为：　　　　，账号为：　　　　。为明确双方的责任，现签订协议如下：

一、甲乙双方承诺遵守《支付结算办法》《人民币银行结算账户管理办法》《现金管理暂行条例》等有关法律法规、规章制度办理所有支付结算业务。

二、甲方的义务

1. 按照《人民币银行结算账户管理办法》的要求提供相关开户资料，并保证开户资料的真实、完整、合法；
2. 按规定使用银行结算账户；
3. 开户资料变更时在规定的期限内及时通知银行；
4. 按规定使用支付结算工具；
5. 按规定支付服务费用；
6. 及时与乙方核对账务；
7. 销户时应交回开户登记证、各种重要空白票据和结算凭证；
8. 按照《人民币银行结算账户管理办法》的规定及时办理开户资料的变更手续或者账户的撤销；
9. 甲方自行承担因违反人民银行的有关规定和未正确履行上述义务造成的资金损失。

三、乙方的义务

1. 及时准确办理支付结算业务；
2. 依法保障甲方的资金安全；
3. 依法为甲方的银行结算账户信息保密；
4. 及时与甲方核对账务；
5. 因违反上述义务给甲方造成损失的，按照人民银行有关规定及有关法律法规承担责任。

四、乙方在为甲方办理销户手续后，双方的权利义务关系解除。

五、在合同履行过程中发生争议，可以通过协商解决；协商不成的，按以下第　　种方式解决：

（一）向乙方所在地人民法院起诉；（二）提交　　　　仲裁委员会（仲裁地点为　　　　），按照申请仲裁时该会现行有效的仲裁规则进行仲裁。仲裁裁决是终局的，对双方均有约束力。在诉讼或仲裁期间，本协议不涉及争议部分的条款仍须履行。

六、本协议经甲方法定代表人（负责人）或授权代理人签字并加盖公章及乙方负责人或授权代理人签字并加盖公章后生效。按照有关规定账户开立需要人民银行核准的，本协议经甲方法定代表人（负责人）或授权代理人签字并加盖公章及乙方负责人或授权代理人签字并加盖公章且经人民银行核准后生效。

甲方（公章）	乙方（公章）
法定代表人（负责人）	负责人
或授权代理人（签字）	或授权代理人（签字）
年　月　日	年　月　日

图 1－1－7　单位银行结算账户管理协议

开立单位银行结算账户申请书

存款人名称			电话	
地　　址			邮编	
存款人类别		组织机构代码		
法定代表人（ ） 单位负责人（ ）	姓　　名			
	证件种类		证件号码	
行业分类	A（ ）B（ ）C（ ）D（ ）E（ ）F（ ）G（ ）H（ ）I（ ）J（ ） K（ ）L（ ）M（ ）N（ ）O（ ）P（ ）Q（ ）R（ ）S（ ）T（ ）			
注册资金		地区代码		
经营范围				
证明文件种类		证明文件编号		
税务登记证（国税或地税）编号				
关联企业	关联企业信息填列在"关联企业登记表"上。			
账户性质	基本（　　）　一般（　　）　专用（　　）　临时（　　）			
资金性质		有效日期至	年　月　日	

第二联　人民银行留存

以下为存款人上级法人或主管单位信息：

上级法人或主管单位名称			组织机构代码	
基本存款账户开户许可证核准号				
法定代表人（ ） 单位负责人（ ）	姓　　名			
	证件种类			
	证件号码			

以下栏目由开户银行审核后填写：

开户银行名称		开户银行代码			
账户名称		账号		同城交换号	
基本存款账户开户许可证核准号			开户日期		

本存款予留事业单位银行结算账户，并承诺所提供的开户资料真实、有效 存款人（公章） 年　月　日	开户银行审核意见： 经办人(签章) 银行(签章) 年　月　日	人民银行审核意见： (非核准类账户除外) 经办人(签章) 人民银行(签章) 年　月　日

填写说明：

1. 申请开立临时存款账户，必须填列有效日期；申请开立专用存款账户，必须填列资金性质。

2. 该行业标准由银行在营业场所公告，"行业分类"中各字母代表的行业种类如下：A：农、林渔业；B：采矿业；C：制造业；D：电力、燃气及水的生产供应业；E：建筑业；F：交通运输、仓储和邮政业；G：信息传输、计算机服务及软件业；H：批发和零售业；I：住宿和餐饮业；J：金融业；K：房地产业；L：租赁和商务服务业；M：科学研究、技术服务和地质勘查业；N：水利、环境和公共设施管理；O：居民服务和其他服务业；P：教育业；Q：卫生、社会保障和社会福利业；R：文化、教育和娱乐业公共管理和社会组织；T：其他行业。

3. 本申请书一式三联，一联开户单位留存，一联开户银行留存，一联中国人民银行当地分支行留存。

图 1-1-8　开立单位银行结算账户申请书

七、拓展

（一）单位银行结算账户开户手续分类

一是核准类：包括基本存款账户、临时存款账户（存款人因注册验资和增资验资需要开立的临时存款账户除外）、预算单位专用存款账户。核准类账户开户时，开户行应将有关开户资料送中国人民银行当地分支机构，经其核准后颁发开户许可证（其式样如图 1－1－3 所示）。

二是备案类：包括一般存款账户、非预算单位专用存款账户、存款人因注册验资和增资验资需要开立的临时存款账户。备案类存款账户开户时，开户行在完成行内处理后，于 5 个工作日之内登录人民银行结算账户管理系统，完成向人民银行的备案工作。

银行为存款人开立一般存款账户、专用存款账户和临时存款账户的，应在其基本存款账户开户许可证上登记账户名称、账号、账户性质、开户银行、开户日期并签章，并自开户之日起 3 个工作日内书面通知基本存款账户开户银行。

基本存款账户、一般存款账户、专用存款账户、临时存款账户四类银行结算账户开户时单位均需填写“开立单位银行结算账户申请书”，其式样如图 1－1－4 所示。

（二）单位银行结算账户管理

1. 存款人开立基本存款账户、临时存款账户和预算单位开立专用存款账户实行核准制度，经中国人民银行核准后，由开户银行核发开户许可证。开户许可证是中国人民银行依法准予申请人在银行开立核准类银行结算账户的行政许可证件，是核准类银行结算账户合法性的有效证明。人民银行负责监督、稽核开户银行对各种账户的设置与开立，协调和仲裁银行账户开立和使用方面的争议，核发和管理基本账户开户许可证，纠正、处罚违反《人民币银行结算账户管理办法》规定的行为。

2. 存款人可以自主选择银行开立银行结算账户。除国家法律、行政法规和国务院规定外，任何单位和个人不得强令存款人到指定银行开立银行结算账户。

3. 开户单位和存款人必须遵照《人民币银行结算账户管理办法》的规定使用账户，各单位在银行开立的账户，只供办理本单位业务经营范围内的资金收付，不得出租、出借或转让给其他单位或个人使用；单位签发的各种收、付凭证，必须如实填明款项来源和用途，不得弄虚作假、套取现金、套购物资；各单位不准签发空头支款凭证和远期支款凭证，套取银行信用，严禁利用账户进行非法活动；不得违规将单位款项转入个人银行结算账户；不得违规支取现金；不得利用开立银行结算账户逃废银行债务；不得从基本存款账户之外的银行结算账户转账存入、将销货收入存入或现金存入单位信用卡账户；法定代表人或主要负责人、存款人地址以及其他开户资料的变更事项应在规定期限内通知银行。对违反账户管理办法规定的，应根据情节和性质处以罚款或给予处分，情节严重，构成犯罪的，由司法机关依法追究刑事责任。

4. 银行应依法为存款人的银行结算账户信息保密，维护其资金的自主支配权。对单位银行结算账户的存款和有关资料，除国家法律、行政法规另有规定外，银行有权拒绝任何单位或个人查询。

5. 按照开户条件与手续，把好开户关；建立健全开销户制度，建立账户管理档案；定期与客户对账，不得对未持开户许可证的单位开立基本存款账户。

6. 银行开立银行结算账户时不得违规为存款人多头开立银行结算账户，不得明知或应知是单位资金，而允许以自然人名称开立账户。

子任务2　单位存入现金的处理

一、活动目标

掌握单位活期存款业务现金存入的活动流程与基本要领，能按业务流程进行现金存入业务各环节的操作处理。

二、活动流程

单位活期存款现金存入业务活动流程如图1－1－9所示。

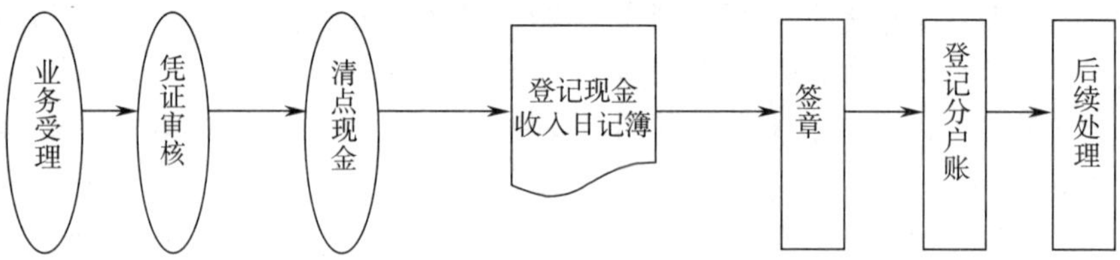

图1－1－9　单位活期存款现金存入业务活动流程图

三、案例引入

2018年6月22日，盛雅集团股份有限公司（8310120101077）缴存货款收入现金75 000.00元。模拟银行辽金支行为其办理存款手续。

四、学习步骤

步骤1. 业务受理。开户单位存入现金时，应填制一式两联现金缴款单，连同现金一并提交给银行柜员。柜员将客户提交的“现金缴款单”一式两联和现金一次性接入，定位放置。现金缴款单填制式样如表1－1－1所示。

表1－1－1

券种明细

券种	金额
壹佰元	30 000
伍拾元	35 000
贰拾元	
拾元	
伍元	5 000
贰元	
壹元	5 000
伍角	
贰角	
壹角	
合计	75 000

模拟银行 辽金支行

现　金　缴　款　单

本次交款情况记录	
多款	已退回
少款	已补收

缴款日期　2018　年　6　月22日

缴款单位	全　称	盛雅集团股份有限公司	账号	8310120101077
	开户银行	辽金支行	款项来源	销货收入
人民币（大写）	柒万伍仟元整		百十万千百十元角分	¥7500000
现金收讫		出纳复核员		出纳收款员
		会计复核员		记账员

第二联　代现金收入传票

步骤 2. 审核凭证。审查缴款单日期是否正确、单位名称、账号、开户行名称、款项来源、券别登记是否填写完全清楚；大小写金额填写是否准确相符；凭证联次有无缺少、是否套写。

步骤 3. 清点现金。根据券别明细先卡大数，无误后再清点细数，先点主币，后点辅币，先点整把，后点尾零。将清点后的现金总额与缴款单所填现金总额核对相符。

步骤 4. 逐笔登记“现金收入日记簿”（见表 1－1－2）。将凭证编号后，序时记入“现金收入日记簿”。

表 1－1－2

模拟银行 辽金支行　现金收入日记簿　　　　总第　　页

组（柜）收款1柜　　　　2018年　6 月　22 日　　　　第 1 页

凭证号数	户名或账号	计划项目代号	金额 千	百	十	万	千	百	十	元	角	分	凭证号数	户名或账号	计划项目代号	金额 千	百	十	万	千	百	十	元	角	分
1	盛雅集团	销货收入			¥	7	5	0	0	0	0	0													

步骤 5. 缴款单各联上加盖名章及“现金收讫”章（如表 1－1－3 所示）。

表 1－1－3

模拟银行 辽金支行

现　金　缴　款　单

缴款日期　2018 年 6 月 22 日

券种明细

券种	金额
壹佰元	30 000
伍拾元	35 000
贰拾元	
拾元	
伍元	5 000
贰元	
壹元	5 000
伍角	
贰角	
壹角	
合计	75 000

本次交款情况记录	
多款	已退回
少款	已补收

缴款单位	全　称	盛雅集团股份有限公司	账　号	8310120101077
	开户银行	辽金支行	款项来源	销货收入
人民币（大写）	柒万伍仟元整		百 十 万 千 百 十 元 角 分	¥ 7 5 0 0 0 0 0
现金收讫	模拟银行 辽金支行 (02) 收讫 2018.06.22	出纳复核员 朱玥颖	出纳收款员 谷欣	
		会计复核员 杨一明	记账员 马漫婷	

第二联 代现金收入传票

步骤 6. 登记分户账。以现金缴款单作现金收入传票，贷记收款人账户，结计余额。编制会计分录如下：

借：现金　　75 000.00

　贷：活期存款——盛雅集团股份有限公司　　75 000.00

实行柜员制操作的，在现金清点无误后，柜员进行业务数据录入，现金缴款单第二联作为现金收入传票，贷记收款人账户，系统自动结计余额，现金收入日记簿自动生成相关记载。

步骤 7. 后续处理。将第一联现金缴款单由银行盖章后退回缴款单位。

表 1－1－4

模拟银行 辽金支行

现 金 缴 款 单

缴款日期 2018 年 6 月 22 日

券种明细

券种	金额
壹佰元	30 000
伍拾元	35 000
贰拾元	
拾元	
伍元	5 000
贰元	
壹元	5 000
伍角	
贰角	
壹角	
合计	75 000

本次交款情况记录	
多款	已退回
少款	已补收

缴款单位	全称	盛雅集团股份有限公司	账号	8310120101077
	开户银行	辽金支行	款项来源	销货收入
人民币（大写）	柒万伍仟元整		百十万千百十元角分	¥7500000
现金收讫	模拟银行 辽金支行 (02) 收讫 2018.06.22		出纳复核员	出纳收款员
			会计复核员	记账员

第二联 回单联

五、考核

模拟银行辽金支行当日发生下列业务：

1. 2018 年 6 月 22 日，开户单位三明电子有限公司（8310120101055）缴存营业收入现金 45 000.00 元，缴款人为张林（如表 1－1－5 所示）。

表 1－1－5

模拟银行 辽金支行

现 金 缴 款 单

缴款日期 年 月 日

券种明细

券种	金额
壹佰元	
伍拾元	
贰拾元	
拾元	
伍元	
贰元	
壹元	
伍角	
贰角	
壹角	
合计	

本次交款情况记录	
多款	已退回
少款	已补收

缴款单位	全称		账号	
	开户银行		款项来源	
人民币（大写）			百十万千百十元角分	
现金收讫			出纳复核员	出纳收款员
			会计复核员	记账员

第二联 代现金收入传票

2. 2018年6月22日，开户单位阳光电器有限公司（8310120105066）缴存营业收入现金67 200.00元，缴存人为李莉（如表1－1－6所示）。

要求：以模拟银行辽金支行柜员的身份完成凭证填制、审核、业务数据录入、凭证签章与凭证处理。

表1－1－6

模拟银行 辽金支行

现　金　缴　款　单

本次交款情况记录	
多款	已退回
少款	已补收

券种明细

券种	金额
壹佰元	
伍拾元	
贰拾元	
拾元	
伍元	
贰元	
壹元	
伍角	
贰角	
壹角	
合计	

缴款日期　　年　月　日

缴款单位	全　称		账号	
	开户银行		款项来源	
人民币（大写）			百 十 万 千 百 十 元 角 分	
现金收讫		出纳复核员　出纳收款员		
		会计复核员　记账员		

第二联　代现金收入传票

六、分析思考题

1. 简述银行存款账户的种类以及每类账户的特点。

2. 简述单位基本存款账户开立活动流程以及该账户开户过程中应向银行提交的证明文件。

3. 简述单位活期存款现金存入业务的步骤。

子任务3　单位支取现金的处理

一、活动目标

掌握单位活期存款现金支取业务的处理，能按业务活动流程完成现金支取业务各环节的操作处理。

二、活动流程

单位活期存款现金支取业务活动流程如图1－1－10所示。

三、案例引入

2018年6月22日，蒙牛实业有限责任公司（8310120106007）签发4252号现金支票，支取差旅费3 600.00元。模拟银行辽金支行为其办理支取手续。

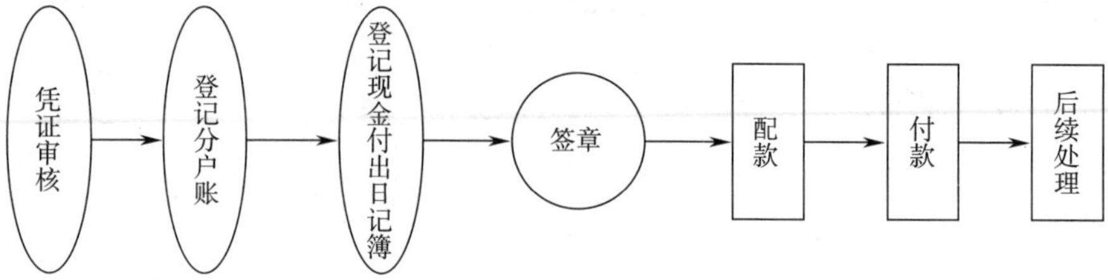

图 1－1－10　单位活期存款现金支取业务活动流程图

四、学习步骤

步骤 1. 凭证审核。接到客户交来的现金支票（如表 1－1－7 所示），应认真审查以下要点：

1. 支票是否统一印制的凭证，支票是否真实，提示付款期限是否超过；

2. 支票填明的收款人名称是否为该收款人，收款人是否在支票背面“收款人签章”处签章，其签章是否与收款人名称一致，收款人为个人的，还应审查其身份证，及是否在支票背面收款人签章处注明身份证件名称、号码及发证机关；

3. 出票人的签章是否符合规定，并折角核对其签章与预留银行签章是否相符，使用支付密码的，核对其密码是否正确；

4. 支票的大小写金额是否一致；

5. 支票必须记载的事项是否齐全，出票金额、出票日期、收款人名称是否更改，其他记载事项的更改是否由原记载人签章证明；

6. 出票人账户是否有足够支付的款项；

7. 支取的现金是否符合国家现金管理的规定。

表 1－1－7

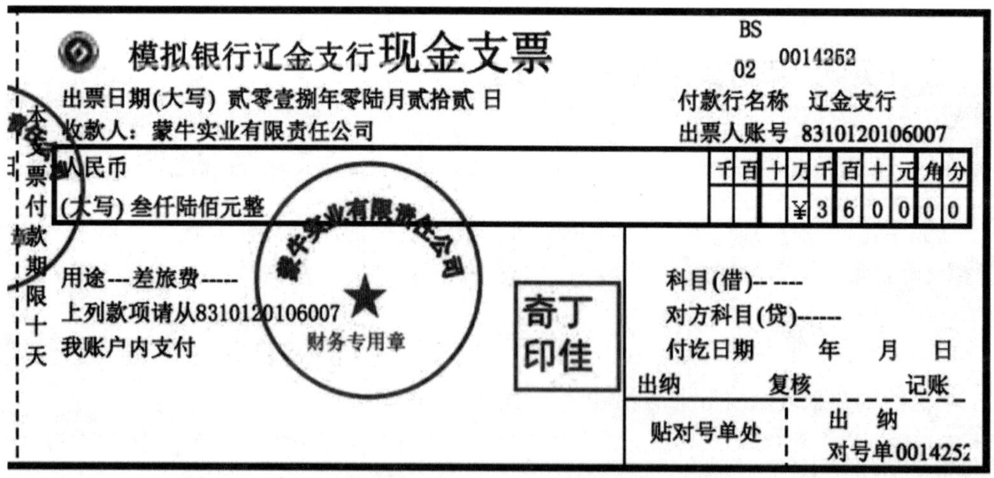
模拟银行辽金支行现金支票

BS
02　0014262

出票日期(大写) 贰零壹捌年零陆月贰拾贰 日　　付款行名称　辽金支行

收款人：蒙牛实业有限责任公司　　出票人账号　8310120106007

本支票付款期限十天

人民币 (大写) 叁仟陆佰元整	千	百	十	万	千	百	十	元	角	分
				¥	3	6	0	0	0	0

用途---差旅费-----
上列款项请从8310120106007
我账户内支付

蒙牛实业有限责任公司 财务专用章

奇丁印佳

科目(借)-- ----
对方科目(贷)------
付讫日期　　年　　月　　日
出纳　　复核　　记账

贴对号单处　　出　纳　对号单0014252

步骤 2. 登记分户账。现金支票审核无误后，记载分户账。以支票作现金付出传票，借记出票人账户，结计余额。作会计分录如下：

借：活期存款——蒙牛实业有限责任公司　　3 600.00

　贷：现金　　3 600.00

步骤 3. 登记“现金付出日记簿”（如表 1－1－8 所示）。

表 1－1－8

模拟银行 辽金支行　现金付出日记簿　　　总第　　页

组（柜） 付款1柜　　　2018 年　6 月　22 日　　　第　　页

凭证号数	户名或账号	计划项目代号	金额 千	百	十	万	千	百	十	元	角	分	凭证号数	户名或账号	计划项目代号	金额 千	百	十	万	千	百	十	元	角	分
1	蒙牛实业	差旅费				¥	3	6	0	0	0	0													

步骤 4. 在支票上加盖“现金付讫”章和经办柜员名章（如表 1－1－9 所示）。

表 1－1－9

模拟银行辽金支行现金支票　　BS 02　0014252

本支票付款期限十天

出票日期(大写) 贰零壹捌年零陆月贰拾贰 日　　付款行名称　辽金支行

收款人：蒙牛实业有限责任公司　　出票人账号　8310120106007

人民币（大写）	千	百	十	万	千	百	十	元	角	分
叁仟陆佰元整				¥	3	6	0	0	0	0

（01）付讫 2018. 06. 22 模拟银行辽金支行

用途---差旅费-----　　科目(借)-- ----

上列款项请从8310120106007　　对方科目(贷)------

我账户内支付　　付讫日期　　年　月　日

蒙牛实业有限责任公司 财务专用章　　奇丁印佳　　出纳 谷欣　复核 一明　记账 婷

贴对号单处　　出　纳　对号单0014252

步骤 5. 配款并复核。以支票为依据凭以配款，搭配主辅币。

步骤 6. 付款。将配好的款项再次复点无误后，将复点无误的款项向客户付款，付出的款项与客户当面点清。已办理付款手续的支票放入记账凭证保管箱内。

提示：存折户存取现金核算时，除填制存款凭条或取款凭条连同存折一并交银行审查核对外，其余核算手续与支票户的处理相同。

实行柜员制操作的，在现金支票审核无误后，以支票作现金付出传票完成业务数据录入，借记出票人账户，系统自动结计余额，并自动生成现金付出日记簿相关账务记载。

五、考核

模拟银行辽金支行当日发生下列业务：

1. 2018 年 6 月 22 日，开户单位光陆经贸电子有限公司（8310120108056）签发 6576 号现金支票（见表 1－1－10），支付差旅费 2 300.00 元。

表 1－1－10

模拟银行现金支票存根	本支票付款期限十天	模拟银行辽金支行现金支票
支票号码 0016576 科目 对方科目 出票日期 年 月 日 收款人： 金 额： 用 途： 单位主管 会计		BS 02 0016576 出票日期(大写) 贰零 年 月 日 付款行名称 收款人： 出票人账号 人民币(大写) 千 百 十 万 千 百 十 元 角 分 用途---差旅费----- 上列款项请从我账户内支付 科目(借) 对方科目(贷) 付讫日期 年 月 日 出纳 复核 记账 贴对号单处 出 纳 对号单0016576

2. 2018 年 6 月 22 日，开户单位阳光电器有限公司（8310120107087）签发 3186 号现金支票（见表 1－1－11），支取备用金 1 500.00 元。

表 1－1－11

模拟银行现金支票存根	本支票付款期限十天	模拟银行辽金支行现金支票
支票号码 0013186 科目 对方科目 出票日期 年 月 日 收款人： 金 额： 用 途： 单位主管 会计		BS 02 0013186 出票日期(大写) 贰零 年 月 日 付款行名称 收款人： 出票人账号 人民币(大写) 千 百 十 万 千 百 十 元 角 分 用途--- 备用金 ----- 上列款项请从我账户内支付 科目(借) 对方科目(贷) 付讫日期 年 月 日 出纳 复核 记账 贴对号单处 出 纳 对号单0013186

要求：以模拟银行辽金支行柜员的身份完成凭证填制、审核、业务数据录入、凭证签章与凭证处理。

六、分析思考题

1. 简述单位活期存款现金支取业务步骤。
2. 简述现金支票填写过程中应注意的要点。
3. 比较单位活期存款现金存入和支取业务步骤，并说明有何不同。

子任务 4　单位活期存款利息计算与处理

一、活动目标

掌握单位活期存款计息余额表计息方法，能按业务流程完成活期存款结息业务的操作处理。

二、活动流程

单位活期存款结息业务活动流程如图 1－1－11 所示。

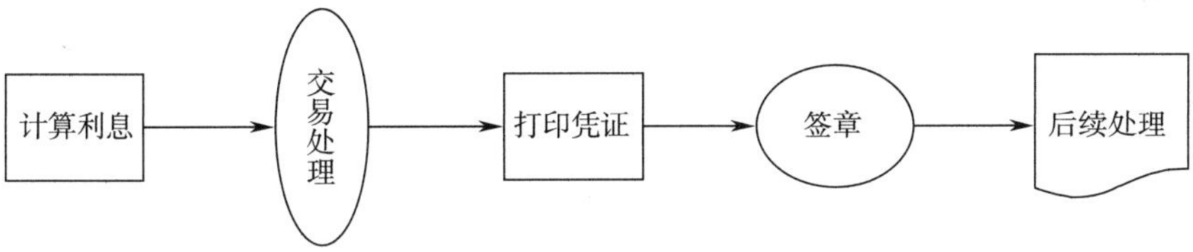

图 1－1－11　单位活期存款结息业务活动流程图

三、案例引入

开户单位蒙牛实业有限责任公司（8310120106007）2018 年 3 月 21 日至 6 月 17 日账户余额累计数为 9 700 000.00 元，6 月 18 日、19 日、20 日账户余额分别为 8 000.00 元、34 000.00 元、65 000.00 元，年利率为 0.5%。6 月 20 日为银行结息日，模拟银行辽金支行为其办理结息。

四、学习步骤

步骤 1. 计算利息。6 月 20 日营业终了，系统自动结息，其结息方法为余额表计息。利息的计算公式为

应付利息＝累计日积数×日利率

＝（9 700 000.00＋8 000.00＋34 000.00＋65 000.00）×（0.5%÷360）

＝136.21（元）

步骤 2. 交易处理。6 月 20 日结息后，6 月 21 日，系统自动将结计的利息入账。会计分录为

借：利息支出　　136.21

　　贷：活期存款——蒙牛实业有限责任公司　　136.21

步骤3. 凭证打印签章、后续处理。会计经办人员打印利息清单一式两联，第一联作为借方凭证，加盖转讫章、经办及复核人员名章。第二联作为给客户的收账通知，加盖转讫章后放入客户回单箱内。利息清单样式如表1－1－12所示。

表1－1－12

模拟银行存(贷)款利息传票

币种：人民币　　2018 **年**　6 **月**　21 **日**

<table>
<tr><td rowspan="2">借方</td><td>户　名</td><td colspan="2">利息支出</td><td rowspan="2">贷方</td><td>户　名</td><td colspan="2">蒙牛实业有限责任公司</td></tr>
<tr><td>账　号</td><td colspan="2"></td><td>账　号</td><td colspan="2">8310120106007</td></tr>
<tr><td colspan="2">实收(付)金额</td><td colspan="2">136.21</td><td colspan="2">计息户账号</td><td colspan="2">8310120106007</td></tr>
<tr><td colspan="2">借据编号</td><td colspan="2"></td><td colspan="2">借据序号</td><td colspan="2"></td></tr>
<tr><td rowspan="3">备注</td><td>起息日期</td><td>止息日期</td><td colspan="2">积　数</td><td colspan="2">利　率</td><td>利　息</td></tr>
<tr><td>2018.3.21</td><td>2018.6.20</td><td colspan="2">9 807 000.00</td><td colspan="2">0.50%</td><td>136.21</td></tr>
<tr><td colspan="4">调整利息：</td><td colspan="3">冲正利息：</td></tr>
<tr><td colspan="8">应收(付)利息合计：136.21</td></tr>
</table>

事后监督　　会计主管 王江玲　授权 杨一明　复核 马漫婷　经办 朱玥颖

第一联　借方凭证

(02) 2018.06.22 模拟银行 辽金支行

五、考核

2018年3月21日至6月20日，模拟银行辽金支行开户单位宏大集团有限公司（8310120107008）和星海电器有限公司（8310120101102）的活期存款账户余额如表1－1－13所示。

表1－1－13　　年利率：0.5%

账号	户名	3/21－6/17 余额累计	6月18日	6月19日	6月20日
8310120107008	宏大集团有限公司	7 890 000 00	8 000 00	6 000 00	9 000 00
8310120101102	星海电器有限公司	6 523 000 00	3 500 00	8 300 00	7 900 00

要求：以模拟银行辽金支行柜员的身份完成利息计算、账务处理、凭证签章与凭证处理。

六、分析思考题

1. 简述单位活期存款结息业务步骤。
2. 简述单位活期存款利息计算的有关规定、计算的方法以及计息积数的概念。

七、拓展

（一）单位存款计息的一般规定

银行柜员应按结息期和计算方法，准确地计算利息。对于应付而未付的存款利息按权责发生制进行核算。利息计算公式为

利息 = 本金（存款金额）× 存期 × 利率

其中：

1. 存款本金以元为单位，元以下不计息。

2. 存期是从款项存入之日起，算至支付的前一日止，即“算头不算尾”。

3. 存款利率一般分为年利率（%）、月利率（‰）、日利率（‱）三种。它们之间的换算是：年利率 ÷ 12 = 月利率；月利率 ÷ 30 = 日利率；年利率 ÷ 360 = 日利率。

4. 计息结果保留到分位，分位以下四舍五入。

（二）单位活期存款利息的计算规定

1. 单位活期存款计息的一般规定。

（1）银行对单位活期存款的计息采取按季结息的办法，结息日为每季度末月的 20 日，季度末月的 21 日办理利息的入账手续。结息期是从上季度末月 21 日开始，至本季度末月 20 日止。

（2）采用积数计息法。积数是存款账户余额与存款日数相乘之积，用计息积数乘以日利率，计算出存款利息。

（3）存期内如遇利率调整不分段计息，按结息日挂牌公布的活期存款利率计息。

（4）未到结息日清户的，按清户日挂牌公布的活期存款利率计息。

（5）存期均按实际天数计算。

2. 计息方法。单位活期存款有账页计息和余额表计息两种计息方法。

（1）账页计息法。该方法适用于存取款次数不多的存款户。采用这种方法，一般使用乙种账页（如表专题 - 4 - 12 所示）。当发生资金收付时，按上次存款余额乘以该余额的实存日数即为积数，并直接填入账页上的“日数”和“积数”栏内。如更换账页，应将累计积数过入新账页第一行的上半栏内，待结息日营业终了，再计算出本季的累计天数和累计积数，乘以日利率即得出应付利息。其计算步骤如下：

①计算上一次存款余额和实存日数；

②计算计息积数：计息积数 = 上一次余额 × 该余额日数；

③累计计息积数：计息积数相加；

④计算利息：利息 = 累计计息积数 × 年利率 ÷ 360。

（2）余额表计息法。该方法适用于存款余额变动频繁的存款账户。采用该方法计息时，每日营业终了，将各计息分户账的最后余额按户抄列在余额表内。当日未发生收付业务，根据上一日的最后余额填列。按季结息时，在结息日当天，将余额表上的各户余额，从上季度末月的 21 日起，加总至本季度末月 20 日止，得出累计计息积数，再乘以日利率，即可得出各户本季应付利息数。如遇记账日期与起息日期不同，或错账冲正涉及利息时，应根据其发生额和天数，计算出应加或应减积数，填入余额表相关栏内进行调整（如表 1 - 1 - 14 所示）。

表 1 -1 -14

2018 年 6 月份 余额表

利率	0.50%															复核员签章
账号	8310120105126															
户名	凯立德电子有限公司															
日期＼余额	亿	千	百	十	万	千	百	十	元	角	分	亿千百十万千百十元角分	亿千百十万千百十元角分	亿千百十万千百十元角分	亿千百十万千百十元角分	
1					8	0	0	0	0	0	0					[illegible]
2					8	0	0	0	0	0	0					[illegible]
3					8	0	0	0	0	0	0					[illegible]
4					7	0	0	0	0	0	0					[illegible]
5					9	0	0	0	0	0	0					[illegible]
6					5	0	0	0	0	0	0					[illegible]
7				1	2	0	0	0	0	0	0					[illegible]
8				2	7	0	0	0	0	0	0					[illegible]
9				2	7	0	0	0	0	0	0					[illegible]
10				2	7	0	0	0	0	0	0					[illegible]
10天小计			1	3	8	0	0	0	0	0	0					[illegible]
11				3	5	2	8	0	0	0	0					[illegible]
12				3	5	2	8	0	0	0	0					[illegible]
13				2	3	7	6	0	0	0	0					[illegible]
14				2	3	7	6	0	0	0	0					[illegible]
15				1	5	4	5	0	0	0	0					[illegible]
16				1	5	4	5	0	0	0	0					[illegible]
17				1	5	4	5	0	0	0	0					[illegible]
18				1	5	4	5	0	0	0	0					[illegible]
19					5	8	6	0	0	0	0					[illegible]
20					5	8	6	0	0	0	0					[illegible]
20天小计			3	2	9	6	0	0	0	0	0					[illegible]
21																
22																
23																
24																
25																
26																
27																
28																
29																
30																
31																
合计																
应加积数																
应减积数																
本月份应计息积数			3	2	9	6	0	0	0	0	0					[illegible]
上月接转积数	8	5	6	0	2	4	1	7	0	0	0					[illegible]
累计计息积数	8	5	9	3	2	0	1	7	0	0	0					[illegible]
利息金额					1	1	9	3	5	0	0					[illegible]

任务二　单位定期存款业务处理

【技能目标】

熟悉单位定期存款存入和支取的业务规定，熟悉相关凭证的格式，掌握相关业务凭证具体的填写要求，能按单位定期存款业务的具体规定正确完成单位定期存款业务开户、销户以及结计利息业务各环节的操作处理。

【知识准备】

1. 单位定期存款是指存款单位约定期限，存款一次存入，到期支取本息的一种存款。单位定期只能以转账方式转入单位的结算账户，到期办理支取时，存款单位不能从定期存款账户中直接支取现金，也不能用于结算。

2. 单位定期存款 10 000 元起存，多存不限。期限有 3 个月、半年、1 年、2 年、3 年、5 年六个档次。

3. 单位定期存款可以全部或部分提前支取，但只能提前支取一次。全部提前支取的，按支取日挂牌公告的活期存款利率计息。部分提前支取的，提前支取的部分按支取日挂牌公告的活期存款利率计息，其余部分如不低于起存金额起点的，由银行按原存期开具新的证实书，按原存款开户日挂牌公告的同档次定期存款利率计息；不足起存金额的则予以清户。逾期支取的逾期部分按支取日挂牌公告的活期存款利率计息。

4. 定期存单不能流通转让。

5. 单位定期存款开户证实书遗失、密码泄密或印鉴遗失，应持单位正式公函向原存款行办理挂失止付。

子任务 1　单位存入定期存款的处理

一、活动目标

掌握单位定期存款开户业务的活动流程与基本要领，能按单位定期存款开户业务规定正确完成单位定期存款开户业务的操作处理。

二、活动流程

单位定期存款存入的业务活动流程如图 1－2－1 所示。

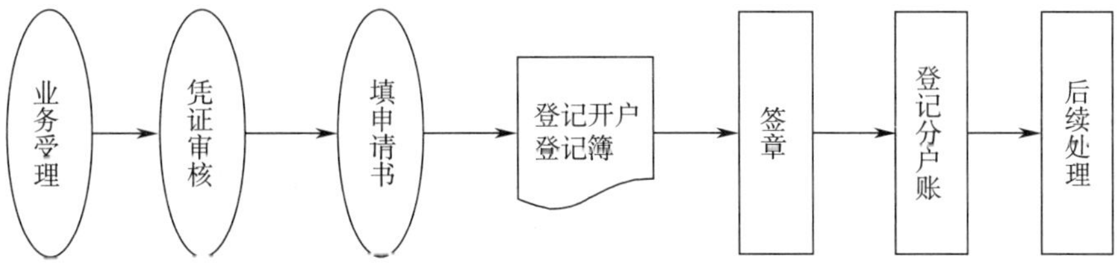

图 1－2－1　单位定期存款存入业务活动流程图

三、案例引入

锦凌市启德公司（8310120107116）2018 年 6 月 22 日存入 1 年期单位定期存款 700 000.00元，年利率为 4.14％。模拟银行辽金支行为其办理开户存入手续。

四、学习步骤

步骤1. 业务受理。单位存入定期存款时，应签发转账支票（如表1-2-1所示）、填写一式三联进账单（如表1-2-2、表1-2-3、表1-2-4所示）提交银行，并在开户申请书及转账支票上加盖单位预留印鉴。

表1-2-1

模拟银行辽金支行转账支票（辽）　　BS 02　4621960

本支票付款期限十天

出票日期(大写) 贰零壹捌年 陆月贰拾贰日											付款行名称 辽金支行
收款人：锦凌市启德公司											出票人账号 8310120107116
人民币	千	百	十	万	千	百	十	元	角	分	
(大写) 柒拾万元整		¥	7	0	0	0	0	0	0	0	
用途 转定期存款 上列款项请从8310120107116 我账户内支付 （印章：锦凌市启德公司 财务专用章）（印章：静韩印玉）											复核　　记账

表1-2-2

模拟银行辽金支行进账单（回　单）　1

2018 年 6 月 22 日　　　　第　　号

出票人	全　称	锦凌市启德公司	收款人	全　称	锦凌市启德公司
	账　号	8310120107116		账　号	8310120501007
	开户银行	辽金支行		开户银行	辽金支行
人民币(大写)	柒拾万元整			千百十万千百十元角分	¥70000000
票据种类	转账支票				
票据张数	1				
					收款人开户行盖章

此联是出票人开户银行交给出票人的回单

表 1-2-3

模拟银行辽金支行进账单（贷方凭证）　　**2**

2018 年　6 月　22 日　　　　第　　号

出票人	全　称	锦凌市启德公司	收款人	全　称	锦凌市启德公司
	账　号	8310120107116		账　号	8310120501007
	开户银行	辽金支行		开户银行	辽金支行
人民币（大写）	柒拾万元整		千百十万千百十元角分	¥70000000	
票据种类	转账支票		科目（贷）		
票据张数	1		对方科目（借）		
备注：	（锦凌市启德公司财务专用章）（静韩印玉）		转账日期　年　月　日		
			复核　记账		

此联由收款人开户银行作贷方凭证

表 1-2-4

模拟银行辽金支行进账单（收账通知）　　**3**

2018 年　6 月　22 日　　　　第　　号

出票人	全　称	锦凌市启德公司	收款人	全　称	锦凌市启德公司
	账　号	8310120107116		账　号	8310120501007
	开户银行	辽金支行		开户银行	辽金支行
人民币（大写）	柒拾万元整		千百十万千百十元角分	¥70000000	
票据种类	转账支票				
票据张数	1				
单位主管　会计　复核　记账			收款人开户行盖章		

此联是收款人开户行交给收款人的收账通知

步骤 2. 凭证审核。经办人员受理单位提交的定期存款开户申请书、转账支票及三联进账单时应认真审查：开户申请书、支票内容是否正确、完整，进账单填写的内容是否与支票相符，支票是否超过提示付款期限，支票印鉴是否与预留印鉴相符，大小写金额是否一致，付款人账户是否有足够支付的余额，进账单第二联是否有收款单位的预留印鉴等。

步骤 3. 填制"存款开户申请书"。银行经审核无误并收妥后，客户填制"存款账户开户申请书"，连同营业执照正本及预留印鉴一并送交开户行。印鉴应包括单位财务专用章、单位法定代表人章（或主要负责人印章）和财会人员章。存款人在同一经办行有多笔定期存款的，经与经办行签订协议，多个存款账户可共用一套预留印鉴。

经办行待款项收妥后，打印一式两联单位定期存款开户证实书，经办人员审核无误后在第一联加盖业务公章（如表 1-2-5 所示）。证实书第一联交存款人，第二联留存开户机构专夹保管。进账单第一联加盖业务受理章（如表 1-2-6 所示）、第三联（如

表 1－2－7 所示）加盖转讫章退还给客户。

表 1－2－5

模拟银行辽金支行单位（定期存款）开户证实书

户名：锦凌市启德公司　　账号 8310120107116

币种：人民币　　金额 700 000.00

开户行名称：模拟银行辽金支行

（印章：模拟银行辽金支行 83101 业务公章）

第一联 客户联

存入日期	存期	利率%	起息日	到期日	转存标志	支取方式	操　作
20180622	1年	4.14	20180622	20190622	是	印鉴	00132

事后监督　　会计主管 于江玲　　授权/复核 朱玥[illegible]　　经办 马漫婷

表 1－2－6

模拟银行辽金支行进账单（回　单）　1

2018 年 6 月 22 日　　第　号

出票人			收款人		
出票人	全　称	锦凌市启德公司	收款人	全　称	锦凌市启德公司
	账　号	8310120107116		账　号	8310120501007
	开户银行	辽金支行		开户银行	辽金支行
人民币（大写）	柒拾万元整		千百十万千百十元角分	¥70000000	
票据种类	转账支票		（印章：模拟银行辽金支行 20180622 业务受理章 83101）		
票据张数	1		收款人开户行盖章		

此联是出票人开户银行交给出票人的回单

表 1－2－7

模拟银行辽金支行进账单（收账通知）　3

2018 年 6 月 22 日　　第　号

出票人			收款人		
出票人	全　称	锦凌市启德公司	收款人	全　称	锦凌市启德公司
	账　号	8310120107116		账　号	8310120501007
	开户银行	辽金支行		开户银行	辽金支行
人民币（大写）	柒拾万元整		千百十万千百十元角分	¥70000000	
票据种类	转账支票				
票据张数	1				
单位主管　会计　复核　记账			收款人开户行盖章		

（转讫章：(02) 转讫 2018.06.22 模拟银行辽金支行）

此联是收款人开户行交给收款人的收账通知

步骤4. 登记“开户登记簿”。

步骤5. 签章。“单位定期存款开户证实书”第一联加盖业务公章和经办人员名章后交存款单位作存款凭据。

步骤6. 登记分户账，办理转账。以转账支票代转账借方传票，以“进账单”第二联作定期存款转账贷方传票。编制会计分录如下：

借：活期存款——启德公司　　　　700 000.00

　贷：定期存款——启德公司　　　　700 000.00

步骤7. 后续处理。将“单位定期存款开户证实书”第二联作卡片账按顺序专夹保管，作日后支取时核对印鉴用。转账支票（如表1-2-8所示）和进账单第二联（如表1-2-9所示）加盖转讫章、经办及复核人员名章后与其他记账凭证一并保管。

表1-2-8

模拟银行辽金支行转账支票（辽）　BS 02　4621960

出票日期(大写) 贰零壹捌年 陆月贰拾贰日　付款行名称 辽金支行

收款人：锦凌市启德公司　出票人账号 8310120107116

本支票付款期限十天

人民币（大写）	千	百	十	万	千	百	十	元	角	分
柒拾万元整		¥	7	0	0	0	0	0	0	0

用途 转定期存款

上列款项请从8310120107116

我账户内支付

（印章：锦凌市启德公司 财务专用章；静韩印玉；模拟银行辽金支行 (02) 转讫 2018.06.22）

复核 杨一明　记账 马漫婷

表1-2-9

模拟银行辽金支行进账单（贷方凭证）　2

2018年 6月 22日　第　号

出票人	全称	锦凌市启德公司	收款人	全称	锦凌市启德公司
	账号	8310120107116		账号	8310120501007
	开户银行	辽金支行		开户银行	辽金支行

人民币（大写）	千	百	十	万	千	百	十	元	角	分
柒拾万元整		¥	7	0	0	0	0	0	0	0

票据种类 转账支票

票据张数 1

备注：

科目（贷）201

对方科目（借）205

转账日期 2012年 6月 22日

（印章：锦凌市启德公司 财务专用章；静韩印玉；模拟银行辽金支行 (02) 转讫 2018.06.22）

复核 杨一明　记账 马漫婷

此联由收款人开户银行作贷方凭证

提示：银行签发的开户证实书不能作为质押权证，若存款人因办理质押贷款的需要，可以向银行办理开户证实书换开定期存款存单。

五、考核

模拟银行辽金支行当日发生下列业务：

1. 2018 年 6 月 22 日，开户单位五金商店（8310120105123）提交 7547 号转账支票（如表 1－2－10 所示）及三联进账单（如表 1－2－11 所示）存入定期存款 300 000.00 元，存期 1 年，年利率 4.14%。

表 1－2－10

模拟银行现金支票存根	模拟银行辽金支行**转账支票**（辽） BS 02 0007547
支票号码0007547 科目------------------------ 对方科目---------------- 出票日期　年　月　日	出票日期(大写) 贰零　年　月　日　　付款行名称 辽金支行 收款人：　　出票人账号
	本支票付款期限十天 人民币（大写）　千 百 十 万 千 百 十 元 角 分
收款人： 金　额： 用　途：	用途-------- 上列款项请从 我账户内支付
单位主管　会计	复核　记账

表 1－2－11

模拟银行辽金支行**进账单**（贷方凭证）　2

年　月　日　　第　号

出票人	全　称		收款人	全　称	
	账　号			账　号	
	开户银行			开户银行	
人民币（大写）				千 百 十 万 千 百 十 元 角 分	
票据种类			科目（贷）		
票据张数					
备注：			对方科目（借） 转账日期　年　月　日		
			复核　记账		

此联由收款人开户银行作贷方凭证

2. 2018 年 6 月 22 日，开户单位华光机械厂（8310120101134）提交 3896 号转账支票（如表 1－2－12 所示）及三联进账单（如表 1－2－13 所示）存入定期存款 1 000 000.00元，存期 3 年，年利率 5.40%。

表 1 - 2 - 12

模拟银行现金支票存根	模拟银行辽金支行转账支票（辽）	BS 02　0003896
支票号码0003896	出票日期(大写) 贰零　年　月　日	付款行名称　辽金支行
科目----------------------	收款人:	出票人账号
对方科目---------------	人民币（大写）	千 百 十 万 千 百 十 元 角 分
出票日期　年　月　日	本支票付款期限十天	
收款人:	用途--------	
金　额:	上列款项请从	
用　途:	我账户内支付	
单位主管　　会计		复核　　记账

表 1 - 2 - 13

模拟银行辽金支行**进账单**（贷方凭证）　**2**

年　月　日　　第　号

出票人	全　称		收款人	全　称	
	账　号			账　号	
	开户银行			开户银行	
人民币（大写）					千 百 十 万 千 百 十 元 角 分
票据种类			科目（贷）		
票据张数			对方科目（借）		
备注:			转账日期　年　月　日		
			复核　　记账		

此联由收款人开户银行作贷方凭证

要求：以模拟银行辽金支行柜员的身份完成凭证审核、业务数据录入、凭证签章与凭证处理。

六、分析思考题

1. 简述单位定期存款开户业务活动流程。
2. 简述单位定期存款的有关规定。

子任务 2　单位定期存款销户的处理

一、活动目标

掌握单位定期存款销户的活动流程与基本要领，能按照业务流程完成单位定期存款销户业务的操作处理。

二、活动流程

单位定期存款支取业务的活动流程如图 1－2－2 所示。

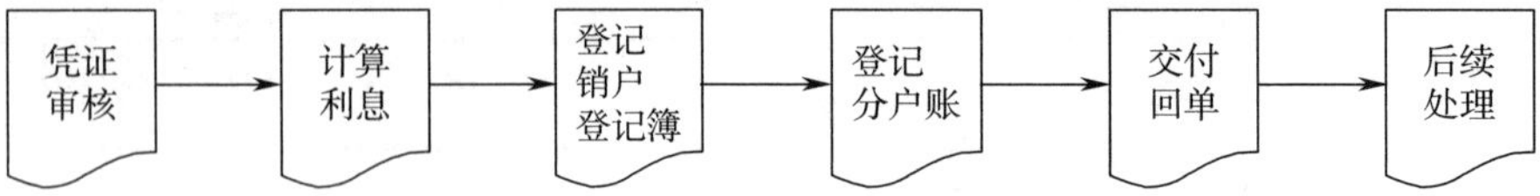

图 1－2－2　单位定期存款支取业务活动流程图

三、案例引入

锦凌市中广公司（8310120101016）在 2018 年 3 月 2 日存入的 1 年期定期存款 800 000.00元（年利率为4.14%），于2018 年6 月22 日来行支取。模拟银行辽金支行为其办理销户手续。支取日挂牌公告的活期存款年利率为 0.5%。

四、学习步骤

步骤 1. 凭证审核。单位定期存款到期，存款人应填写一式三联单位定期存款支取凭证（如表 1－2－14 所示），加盖预留印鉴，并在定期存款开户证实书背面加盖预留印鉴，一并提交给开户银行。

表 1－2－14

模拟银行辽金支行　单位定期存款支取凭证

存款人姓名	锦凌市中广公司	活期存款账号	8310120101016
定期存款账号	8310120501056	活期存款账户开户行名称	模拟银行辽金支行
存款本金	800 000 00	利息	34 364.44
本息合计	人民币（大写）捌拾叁万肆仟叁佰陆拾肆元肆角肆分		亿 千 百 十 万 千 百 十 元 角 分 ¥ 8 3 4 3 6 4 4 4
上列款项请从我账户内支付 支款人预留印鉴（锦凌市中广公司 财务专用章；李大明印）	会计主管 于江珍	复核 杨一明（模拟银行辽金支行 2018.06.22 转讫 (02)）	记账 马漫婷

第一联　借方凭证

经办人员收到存款人提交的支取凭证，应将专夹保管的证实书第二联与存款人提交的加盖预留印鉴的证实书通知联逐项核对，同时审核存款人提交的两联进账单。核对的主要内容是：（1）“证实书”是否银行签发；（2）内容是否全、有无涂改；（3）存款是否已到期；（4）凭证填写是否正确，金额是否相符；（5）加盖印鉴是否与预留印鉴相符。

步骤 2. 计付利息。审核无误后，在三联开户证实书上加盖“结清”戳记，计付利息，填制利息清单。

步骤3. 登记“销户登记簿”。

步骤4. 登记分户账，办理转账。进账单第二联作贷方传票，另编两联特种转账借方传票，“证实书”作单位“定期存款”科目借方传票附件，办理转账。编制会计分录如下：

借：定期存款——中广公司　　800 000.00
　　应付利息——应付定期存款利息户　　34 364.44
　贷：活期存款——中广公司　　834 364.44

步骤5. 回单交付、后续处理。“进账单”第一联加盖业务公章和经办人员名章后，与“利息清单”一并退存款单位。

特殊情况处理：

1. 提前支取的处理。存款人急需资金时，可以向开户银行办理定期存款的提前支取。全部提前支取的，银行除按提前支取的规定计付利息外，其核算手续与到期支取相同；部分提前支取的，银行按规定计算提前支取部分的利息，未取部分仍以原存期、原利率开具新的开户证实书，其余核算手续与到期支取相同。

2. 逾期支取的处理。定期存款逾期支取，银行按规定计算到期利息和逾期利息，其余核算手续与到期支取相同。

五、考核

模拟银行辽金支行发生下列业务：

开户单位华光电子管厂（8310120101135）于2011年9月13日存入1年期定期存款300 000.00元，年利率4.14%。该单位于2018年6月22日来开户行支取，支取日挂牌公告的活期存款年利率为0.5%。

要求：以模拟银行辽金支行柜员的身份进行凭证填制（如表1－2－15所示）、审核、计息、业务数据录入、凭证签章与凭证处理。

表1－2－15

模拟银行辽金支行　单位定期存款支取凭证

<table>
<tr><td>存款人姓名</td><td></td><td colspan="11">活期存款账号</td><td colspan="11"></td></tr>
<tr><td>定期存款账号</td><td></td><td colspan="11">活期存款账户
开户行名称</td><td colspan="11"></td></tr>
<tr><td>存款本金</td><td></td><td colspan="11">利息</td><td colspan="11"></td></tr>
<tr><td rowspan="2">本息
合计</td><td rowspan="2" colspan="2">人民币（大写）</td><td>亿</td><td>千</td><td>百</td><td>十</td><td>万</td><td>千</td><td>百</td><td>十</td><td>元</td><td>角</td><td>分</td></tr>
<tr><td></td><td></td><td></td><td></td><td></td><td></td><td></td><td></td><td></td><td></td><td></td></tr>
<tr><td colspan="14">上列款项请从我账户内支付

支款人预留印鉴　　会计主管　　复核　　记账</td></tr>
</table>

第一联　借方凭证

六、分析思考题

1. 简述单位定期存款销户业务活动流程。
2. 简述单位定期存款销户业务过程中所涉及的凭证及其处理。

子任务3　单位定期存款利息的计算与处理

一、活动目标

掌握单位定期存款利息的计算方法，能按业务流程完成单位定期存款结息业务的操作处理。

二、活动流程

单位定期存款结息业务活动流程如图1－2－3所示。

图1－2－3　单位定期存款结息业务活动流程图

三、案例引入

锦凌市中广公司（8310120101036）在2018年3月2日存入的1年期定期存款800 000.00元（年利率为4.14%），于2018年6月22日来行支取。模拟银行辽金支行为其办理销户手续。支取日挂牌公告的活期存款年利率为0.5%。

四、学习步骤

步骤1. 计算利息。

到期利息＝800 000×1×4.14%＝33 120.00（元）

逾期利息＝800 000.00×112×（0.5%÷360）＝1 244.44（元）

利息总额＝33 120.00＋1 244.44＝34 364.44（元）

步骤2. 账务处理。单位定期存款利息的支付采取利随本清的方式，操作处理见子任务2“单位定期存款销户的处理”中的销户处理。利息支付的会计分录为

借：应付利息——应付定期存款利息户　　34 364.44

　贷：活期存款——中广公司　　34 364.44

步骤3. 回单交付、后续处理。支款凭证第三联加盖转讫章后作为业务回单交给客户。

支款凭证第一、第二联加盖转讫章、经办及复核人员名章，证实书第一联加盖附件章后，与其他传票一起保管。

提示：单位定期存款采取利随本清的方式计算利息。计息时按照对年对月对日方法计算存期，对年一律按360天，对月则按30天，零头天数按实际天数计算。单位定期存款在存期内按存入日挂牌公告的利率计息，遇利率调整不分段计息；全部提前支取的，按支取日挂牌公告的活期存款利率计息；部分提前支取的，支取部分按支取日挂牌公告的活期存款利率计息；单位定期存款逾期支取，其逾期部分按支取日挂牌公告的活期存款利率计息。

为了准确反映各期的成本和利润水平，按照权责发生制原则，每季度结息日，银行按单位定期存款总额计提应付利息，计提时会计分录为

借：利息支出——定期存款利息支出户

　贷：应付利息——应付定期存款利息户

支取时，银行按实际支付的利息冲减应付利息，会计分录为

借：应付利息——应付定期存款利息户

　贷：活期存款——××存款人户

五、考核

模拟银行辽金支行发生下列业务：开户单位锦凌市中兴商店（8310120105023）2017年5月10日存入1年期定期存款200 000.00元，年利率4.14%。该单位于2018年6月22日来开户行支取，支取日挂牌公告的活期存款年利率为0.5%。

要求：以模拟银行辽金支行柜员的身份完成凭证填制、审核、计息、业务数据录入、凭证签章与凭证处理。

六、拓展

（一）单位通知存款业务

单位通知存款是指单位在银行办理的不约定存期，支取时需提前通知银行，约定支取存款日期和金额方能支取的存款。存款人需一次性存入，可以一次或分次支取。单位通知存款有一天通知存款和七天通知存款两种。单位通知存款人民币起存金额为50万元，最低支取金额为10万元。外币最低起存金额为50万美元或等值外币，最低支取金额为50万美元或等值外币。通知存款部分支取留存部分高于最低起存金额的，按留存金额、原起存日期、原约定通知存款品种出具新的存款证实书，原证实书收回。留存部分低于起存金额的，予以清户，按清户日挂牌公告的活期存款利率计息或根据存款人意愿为其转为其他存款。存款的实际取款网点与通知时约定的取款网点须一致。

通知存款存入时，存单或存款凭证上不注明存期和利率的，金融机构按支取日挂牌公告的相应利率和实际存期计息，利随本清。

（二）单位协定存款业务

单位协定存款是指开户单位与银行签订《协定存款合同》，约定期限、商定其结算账户需保留的基本存款额度，由银行对基本存款额度内的存款按结息日或支取日活期存款利率计息，超过基本存款额度部分的存款按结息日或支取日人民银行公布的高于活期存款、低于6个月定期存款利率的协定存款利率给付利息的一种存款。

1. 基本存款额度，即结算部分应保留的余额，由合同双方在签订《协定存款合同》时自行约定，但不得低于人民币1万元。

2. 办理协定存款账户须双方签订《协定存款合同》，约定合同期限，规定基本存款额度。合同期限最长为1年（含1年），到期任何一方若未提出终止或修改，则自动延期。

3. 银行对协定存款按“一个账户、一个余额、两个结息积数、两种利率”的方式管理，协定存款账户下设结算户与协定户，但不分户核算，会计核算都比照单位活期存款处理。开户单位在办理协定存款账户支取业务时，若协定存款账户的余额（大于零）低于基本存款额度不属于透支；若协定存款账户的余额不足以支付票款时，开户行不予办理业务。

4. 协定存款账户中包括结算部分（即基本额度，称为A户）和协定部分（即超过基本存款额度部分的存款，称为B户）两项。

5. 保证金存款业务。保证金账户是指单位或个人与银行发生信用往来时，银行为其开立的专门存放信用保证资金的结算账户，单位通过银行办理贷款、银行承兑汇票、贴现、保函、信用证等信用担保业务需要提供某种形式的担保。在所担保的事项没有完结之前，保证金不得提前支取或挪用。

任务三　活期储蓄存款业务处理

【知识准备】

一、储蓄的概念及种类

1. 储蓄的概念。储蓄是指城乡居民个人将其拥有的人民币或外币存入储蓄机构，储蓄机构开具存折（银行卡）或存单作为凭证，个人凭存折（银行卡）或存单可以支取本金和利息，储蓄机构依照规定支付存款本金和利息的活动。储蓄机构是指经银行业监管机构批准的银行、信用社及邮政储蓄机构。

2. 储蓄的种类。《储蓄管理条例》规定，储蓄机构经办的储蓄存款按期限分为活期储蓄存款、定期储蓄存款、定活两便储蓄存款、通知储蓄存款等。定期储蓄存款又可分为整存整取定期储蓄存款、零存整取定期储蓄存款、存本取息定期储蓄存款、整存零取定期储蓄存款、教育储蓄存款。

二、我国的储蓄政策和原则

1. 储蓄政策。我国政府对储蓄采取保护和鼓励的政策。《中华人民共和国宪法》第十三条规定，国家保护公民的私有财产权。

2. 储蓄原则。“存款自愿、取款自由、存款有息、为储户保密”是储蓄的基本原则。

（1）存款自愿。存款自愿是指储户对参加储蓄有充分的自主权，参加不参加储蓄、参加哪种储蓄、存多少钱、存多长时间、存在哪一个储蓄机构，均由储户自主决定，任何机构和个人都无权干涉。

（2）取款自由。在符合《储蓄管理条例》和有关规章制度的前提下，取款自由是指储户什么时候取款、取多少、作什么用，由储户自行决定，银行必须照章支付，不得刁难或限制，不得过问存款来源以及取款用途。

（3）存款有息。存款有息是指储蓄机构对任何储蓄存款应按照国家规定的利率计息办法，为储户准确计付一定的利息。它体现了储蓄存款利息收入的合法性和储户依法获取利息的基本权利。

（4）为储户保密。为储户保密是银行承担对储户及其存款的一切情况保守秘密的职责和义务，对储户的姓名、性别、年龄、身份、地址、签章式样、存款金额、支取时间、笔数、过户、继承等情况保守秘密，不得向任何人和机构透露（有权机关查询个人存款的情形除外）。

三、办理储蓄业务的基本规定

柜员在办理储蓄日常业务时，应注意遵守以下基本规定：

1. 要严格按照储蓄业务管理制度及有关规定办理储蓄业务。

2. 营业中柜员必须在自己签到的终端上办理客户的储蓄业务。严禁柜员在自己签到的终端上办理本人储蓄业务，严禁其他柜员代为签章，严禁柜员在储蓄存取款凭证客户签字确认处代客户签名。

3. 柜员办理储蓄业务必须认真审核凭证要素，保证存单（折）与凭证上的账号、户名、金额三相符。柜员必须认真审核储户的存折、卡，辨别其真伪，并注意审核以下事项：是否为本行账户，是否必须到开户行办理，存单/折有无公章，存单/折内容有无涂改，定期存单/折是否到期。

4. 办理储蓄开户及存取款业务必须严格执行有关制度规定，在客户的视线范围内和监控下完成；坚持收款当面点清、付款金额当面问清、钞券当面交清。存取款凭证由客户填写金额，柜员据此核对。现金存款应当面核准大数（整把以上的把数），点清细数（零散现钞），使用点（验）钞机全数清点无误后，确认实收金额与客户填写的金额一致，再录入终端，打印凭证，交客户签字后收回。取款业务与此类似。办理业务时应坚持一笔一清、一份一清，一笔业务未办理完毕，不得擅自离岗。

5. 各类储蓄业务开户、大额取款［5 万元（含）以上或等值 1 万美元］及定期类储蓄存款的提前支取等，均应出示存款人身份证件，代理支取的应同时出示代理人身份证件。认真审核客户及代理人身份证件的真实性、有效性，无误后方可办理。5 万元（含）以上的大额取现应登记备案。

6. 柜员不得以任何理由删改存取款凭证上储户填写及银行打印的各项内容。

7. 在储户的存折/单及储蓄凭证上加盖的储蓄业务公章、转讫章、收讫章，必须为当天日期。

8. 客户存款时要先收款后记账，取款时要先记账后付款，转账业务必须先记付款账户，再记收款账户。

9. 一般业务当日复核，提前支取、挂失、解挂等特殊业务必须坚持当场复核。

10. 当出现现金错款时，要执行长款归公、短款自赔的规定，要及时告知主管柜员，严禁柜员私自处理。

11. 凡以手工计息的储蓄品种，柜员计算应付利息并经复核无误后，方可支付。发生计息差错需进行冲销或手工计息调整的，需经复核并经主管柜员审核批准后，方可办理。

子任务1　开立活期储蓄存款账户的处理

一、活动目标

掌握活期储蓄存款现金开户业务的活动流程与操作方法，能按照业务规程规范完成活期储蓄存款开户的操作处理。

二、知识准备

1. 活期储蓄的概念：活期储蓄存款是指储户存款时不约定存期，本金随时存入、随时支取的一种储蓄存款。开户时由银行发给储户存折或银行卡，凭折（卡）支取，每年结算四次利息。

2. 活期储蓄的特点：人民币活期储蓄存款1元起存，多存不限，随时存取，灵活方便，适应性强。

三、活动流程

活期储蓄存款开户业务活动流程如图1－3－1所示。

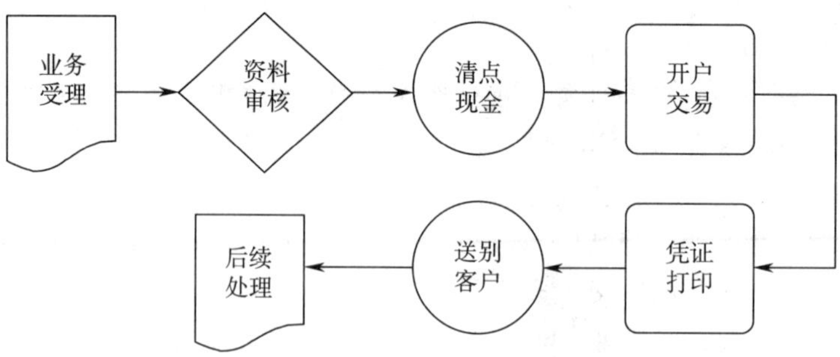

图1－3－1　活期储蓄存款开户业务活动流程

四、案例引入

2018年4月7日，储户高鑫（公民身份证件号码：210102198705061132；住址：沈阳市皇姑区珠江街128号，通讯地址：沈阳市沈北新区虎石台南大街38号；邮编：110122；联系电话：86224673）到模拟银行辽金支行开立了一个活期储蓄存款账户，存入人民币现金50 130.00元。

五、学习步骤

步骤1. 业务受理。柜员聆听客户的开户要求（即开立何种存款账户和存入现金的数量）。若客户要求开立个人活期储蓄存款结算账户（现实中，客户开立结算账户为多），应先让客户填写开立个人银行结算账户申请书（见表1－3－1），然后接收客户的

表 1－3－1

模拟银行开立个人银行结算账户申请书

编号：　　　　申请日期　2018年 4 月 7 日　　　　交易代码：

银行填写	存款种类：个人银行结算账户开户 姓名：高鑫 账号：00101000836177 开户日期：2018年4月7日 网点号：007　柜员号：07001　流水号：31036				
客户填写	姓名	高鑫		姓名（英文或拼音）	GaoXin
	身份证件名称	居民身份证	证件号码	2 1 0 1 0 2 1 9 8 7 0 5 0 6 1 1 3 2	
	代理人证件名称		证件号码		
	通讯地址	沈阳市沈北新区虎石台南大街38号		邮政编码	110112
	联系人		联系电话	62299932	支取方式：证件□密码□其它□√
	是否办卡	是□　否□√	是否通兑	是□√　否□	备注

个人银行结算账户管理协议

为保证合法、规范使用个人银行结算账户，用户申请人（甲方）、银行（乙方）在平等自愿的基础上，根据中国人民银行《人民币银行结算账户管理办法》及相关法律、法规签订本协议并共同遵守。

第一条　甲方自愿选择在乙方开立人民币个人银行结算账户。乙方同意为甲方开立人民币个人银行结算账户，并为甲方提供个人银行结算账户服务。

第二条　甲方在乙方开立、使用和撤销个人银行结算账户应遵守《人民币个人银行结算账户管理办法》及相关法律、法规的规定，甲方使用在乙方开立的个人银行结算账户办理各项业务时，应遵守乙方的相关制度规定。

第三条　甲方在乙方开立个人银行结算账户，需向乙方提交相应的证明文件，并接受乙方的审核，甲方承诺提供的开户资料真实、有效，如有伪造、欺诈，承担法律责任。

第四条　甲方不得利用乙方开立个人银行结算账户进行偷逃税款、逃废债务、套取现金、洗钱及其它犯罪活动。

第五条　甲方不得出租、出售在乙方开立的个人银行结算账户，不得利用在乙方开立的个人银行结算账户套取银行信用。

第六条甲方申请在乙方开立的个人银行结算账户时应填写开户申请书。符合乙方受理开办个人票据业务的客户，在申请办理票据业务时还需要预留签章。乙方受理后，甲方应确认开立个人银行结算账户申请书中乙方填写的内容。

第七条　甲方须按支付结算法律法规使用支付结算工具，并按乙方有关规定支付服务费用。

第八条　甲方使用在乙方开立的个人银行结算账户办理个人转账收付和大额现金存取时要遵守《人民币银行结算账户管理办法》的有关规定。甲方开立的个人银行结算账户配套使用乙方理财卡的，还应遵守《模拟银行理财卡章程》

第九条　甲方撤销在乙方开立的个人银行结算账户，必须与乙方核对该账户的存款余额并交回各种重要空白凭证乙方核对无误后可办理销户手续。甲方因故未交回各种重要空白凭证，须出具相关方面证明，自此造成损失由甲方承担。担。

第十条　甲方遗失或更换预留个人印章的，应按《人民币银行结算账户管理办法》及乙方的相关制度规定，向乙方提供签名确认的书面申请及相关证明文件。

第十一条　甲方须定期与乙方核对账务。

第十二条　如甲方违规使用个人银行结算账户，乙方有权停止甲方使用个人银行结算账户。

第十三条　乙方应依法为甲方在乙方开立的个人银行结算账户的存款和有关资料保密，应乙方过失导致资料泄露的按照国家法律法规有关规定执行。

第十四条　双方若有争议，由乙方所在地的仲裁机构管理。

第十五条　本协议自双方签字或盖章之日起生效。如甲方撤销在乙方开立的个人银行结算账户，自正式销户之日起，本协议自动终止。

第十六条　本协议一式三份，甲方持一份，一份持两份，且有同等法律效力。

甲方（开户申请人）签章　高鑫　　　　乙方（开户银行）签章　83101　业务公章

事后监督：　　　　业务主管：　　　　复核：　　　　经办：

有效身份证件和现金。若他人代理开户，还应接收代理人的身份证件。

步骤 2. 资料审核。柜员审核客户身份证件是否有效，并确定是否为本人（对身份证、户口簿等可以通过身份证联网系统进行核查的，必须核查）；若为代理他人开户的，还需审核代理人证件；审核其填写的开立个人结算账户申请书内容的完整性和正确性。

步骤 3. 点收现金。柜员收到客户递交的现金后，应先询问客户存款金额，然后在监控下和客户视线内的柜台上清点。清点时柜员一般需在点钞机上正反清点两次，金额较小时，也可手工清点，但要注意假币的识别，并再次与客户唱对金额。

步骤 4. 开户交易。柜员输入开户交易代码，进入个人活期储蓄存款现金开户界面，刷存折、系统自动读取磁条信息，输入储户姓名、证件类型、证件号码、电话号码、邮政编码及地址。需凭密码支取的，请客户设置密码（一般要求输入两遍），确认无误后提交，发送主机记账。活期储蓄存款开户时的会计分录为

借：现金　　　　50 130.00

　贷：活期储蓄存款——高鑫户　　　　50 130.00

步骤 5. 打印、签章。若为个人结算账户开户，柜员取出新折，进行划折操作，然后根据系统提示打印存折（见表 1-3-2）和开立个人银行结算账户申请书。若为个人储蓄账户开户，柜员根据系统提示打印存折（打印前需划折）以及存款凭证（见表 1-3-3），并请客户在存款凭证上签名确认。然后柜员在存折上加盖储蓄专用章或业务专用章，在申请书留存联和客户联加盖业务公章，在存款凭证上加盖现金收讫章或业务清讫章，最后在上述所有凭证上加盖柜员名章。

表 1-3-2　　活期储蓄存折

账号：00101000836177　　户名：高鑫

币种：人民币　　钞汇标志：钞

开户网点名称：模拟银行辽金支行

（印章：模拟银行辽金支行 储蓄专用章 05）

银行签章

开户日期 2018-01-07　属性 单币账户　通存通兑 通　印密 密

日期	摘要	币种	借方（支出）	贷方（收入）	余额	网点号	操作
20180107	开户	人民币		50 130.00	50 130.00	007	耿彦惠

步骤 6. 送别客户。柜员将身份证件、存折（单）、开立个人银行结算账户申请书客户联交给客户后，与之道别。

步骤 7. 后续处理。银行柜员将现金放入钱箱，并将开立个人银行结算账户申请书银行留存联用专夹保管，申请书记账联（或存款凭证）作贷方凭证整理存放。

表 1－3－3　　储蓄存款凭条

模拟银行辽金支行

存款凭条（Deposit Slip）（银行打印）

流水号：0536

银行记录	册号　　账户序号 存入日 20180407　　利率 0.35% 余额　　凭证号　　支取方式　密 利息积数
交易记录	账号/卡号 00101000836177　　户名 高鑫 Customer Code/Account　　Name of ACCOUNT 种类 活期　　存期　　钞（汇）钞 Category　　Term　　Foreign Exchange 存入金额 50 130　　手续费　　起息日 20180407 Account　　Handing Charge　　Value Date

会计主管：　　授权复核：　　录入：

（04）收讫 2018.04.07 模拟银行辽金支行

客户签名确认 高鑫

Customer's signature for confirmation

模拟银行辽金支行

存款凭条（Deposit Slip）

户名	高鑫
账户/卡号	101000836177
种类	活期
币别	人民币　钞（汇）钞
存期	起息日 180107
存款金额	50 130.00 元
手续费	元
流水号	0536
银行签章	

客户回单

（04）收讫 2018.04.07 模拟银行辽金支行

六、拓展

1. 我国于 2000 年 4 月 1 日起，实行个人存款账户实名制。个人存款账户实名制是指要求存款人到金融机构办理各种本外币存款开户时需出示个人有效身份证件（代理他人开户的应同时出示代理人有效身份证件）。金融机构需要按规定进行核对，并登记身份证件上的姓名和号码。

2. 个人存款账户实名制所指的有效证件的种类一般有居民身份证、有效期内的临时居民身份证、户口簿、军官证、士兵证，外籍储户凭护照、居住证，港、澳、台同胞凭回乡证。

3. 根据中国人民银行《人民币银行结算账户管理办法》规定，活期存款账户分为结算账户和储蓄账户两种，又包括普通存折和一本通两种形式。其中，一本通是集人民币、外币等不同币种于一卡的活期存款账户。所以，个人活期储蓄存款开户既可开成结算账户，也可开成储蓄账户，其形式既可采用普通存折，也可采用一本通。

4. 个人结算账户与储蓄账户的异同点。

（1）个人结算账户与储蓄账户的相同点：①均可以存取现金；②存款均可获得利息收入；③存款人本人名下的个人结算账户和活期储蓄账户可以相互转账。

（2）个人结算账户与储蓄账户的区别：①《人民币银行结算账户管理办法》实施后，在办理对外资金转出或接收外部资金转入时（包括本人异地账户汇款），只能通过结算账户办理；②储蓄账户只能办理本人名下的存、取款业务和转账，而不能对他人或其他单位转账，也不能接收他人或其他单位资金的转入；③一般情况下，银行对小额储蓄账户收取账户管理费，而对结算账户不收取账户管理费。

七、考核

请以模拟银行辽金支行柜员的身份完成以下业务处理：

1. 储户李超（身份证号：210724198305120223；住址：沈阳市宁山路 56 号；通讯地址：沈阳市沈北新区虎石台南大街 38 号；邮编：110122；联系电话：89872423）于 2018 年 1 月 9 日来办理活期储蓄存款（储蓄账户）开户，存入人民币 8 000. 00 元（账号：007000428120305）。

2. 储户李思琪（身份证号：210565198407053177；住址：沈阳市皇姑区泰山路 7 号；通讯地址：沈阳市沈北新区虎石台南大街 38 号；邮编：110122；联系电话：86224527）于 2018 年 4 月 21 日来办理活期存款（结算账户）开户，存入人民币 13 000. 00元（账号：007000428120309）。

子任务 2　活期储蓄存款支取的处理

一、活动目标

掌握活期储蓄存款取款业务的处理流程与操作方法，能按照业务规程规范完成活期储蓄存款取款的业务操作。

二、活动流程

活期储蓄存款取款业务活动流程如图 1 –3 –2 所示。

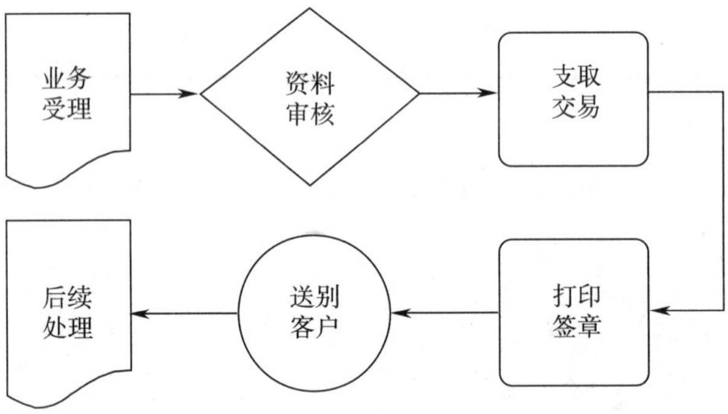

图 1 –3 –2　活期储蓄存款取款业务活动流程

三、案例引入

2018 年 5 月 14 日，储户高鑫到模拟银行辽金支行支取活期储蓄存款 4 000. 00 元。

四、学习步骤

步骤 1. 业务受理。柜员聆听客户取款要求，接收客户的储蓄存折等。若客户取款金额超过人民币 5 万元（含）的，还应接收客户的身份证件，他人代理的还应接收代理人的身份证件。

步骤2. 资料审核。柜员与客户确认取款数额。审核客户存折的真实性和有效性；取款金额超过人民币5万元（含）的还应审核客户身份证件，并在待打印的个人业务取款凭证（见表1－3－4）上摘录证件名称、号码、发证机关等信息。

表1－3－4　　个人业务取款凭证

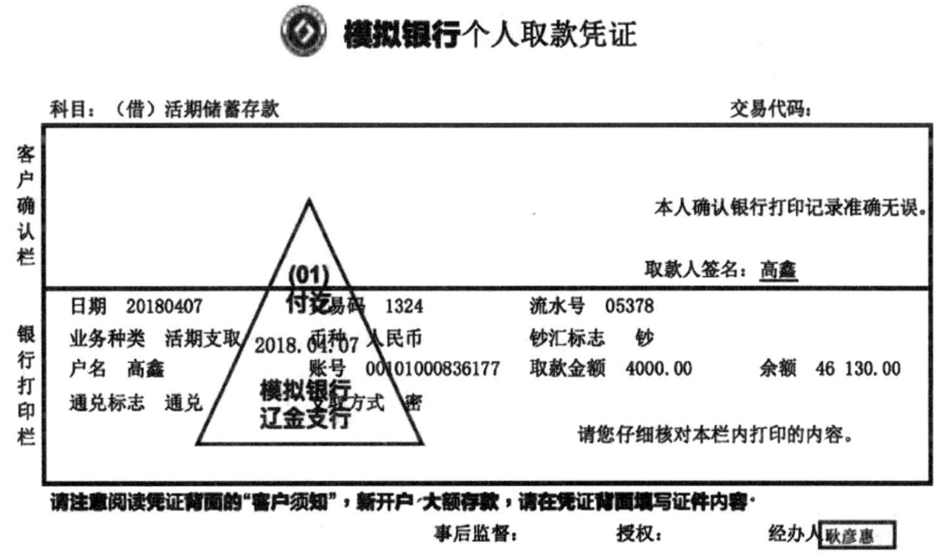
模拟银行个人取款凭证

科目：（借）活期储蓄存款　　　　交易代码：

客户确认栏

本人确认银行打印记录准确无误。

取款人签名：高鑫

银行打印栏

日期　20180407　交易码　1324　流水号　05378

业务种类　活期支取　币种　人民币　钞汇标志　钞

户名　高鑫　账号　00101000836177　取款金额　4000.00　余额　46 130.00

通兑标志　通兑　支取方式　密

请您仔细核对本栏内打印的内容。

(01) 付讫 2018.04.07 模拟银行辽金支行

请注意阅读凭证背面的"客户须知"，新开户、大额存款，请在凭证背面填写证件内容·

事后监督：　　授权：　　经办人：耿彦惠

步骤3. 支取交易。柜员输入交易码，进入个人活期储蓄存款取款交易界面。根据系统提示划折后，系统自动反显账号、户名、凭证号等信息，然后录入取款金额。待客户输入正确密码后，系统要求配款操作，然后进行电子配款和实物配款。大额（超柜员权限）或外币取款的，需经有权人卡把复点，授权办理。配款结束后柜员确认提交。活期储蓄存款支取时的会计分录为

（1）本行开户支取

借：活期储蓄存款——高鑫户　　　　4 000.00

　　贷：现金　　　　4 000.00

（2）他行通存支取

借：辖内往来　　　　4 000.00

　　贷：现金　　　　4 000.00

步骤4. 打印、签章。交易成功后，柜员根据系统提示打印存折和取款凭证，核对后请客户在取款凭证上签名确认，并加盖现金付讫章或业务清讫章和柜员名章。

步骤5. 送别客户。柜员与客户核对金额，无误，将现金和存折交客户，送别客户。

步骤6. 后续处理。柜员整理、归档凭证。取款凭证作现金付出凭证或作当日机制凭证附件。

五、拓展

《中国人民银行关于加强金融机构个人存取款业务管理的通知》（1997年第363号）中规定：5万元（不含）以上的大额取现应登记备案。

六、考核

请以模拟银行辽金支行柜员的身份完成以下业务处理：

1. 储户李超于2018年2月3日来支取2 000.00元活期储蓄存款。
2. 储户李思琪于2018年5月15日来支取1 000.00元活期储蓄存款。

子任务3　活期储蓄存款续存的处理

一、活动目标

掌握活期储蓄存款现金续存业务的处理流程和操作方法，能按照业务规程规范完成活期储蓄存款续存操作。

二、活动流程

活期储蓄存款续存业务活动流程如图1－3－3所示。

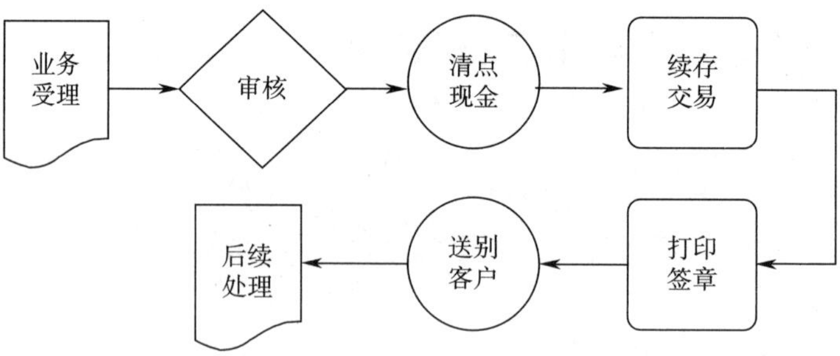

图1－3－3　活期储蓄存款续存业务活动流程

三、案例引入

2018年5月26日，储户高鑫到模拟银行辽金支行续存活期储蓄存款6 000.00元。

四、学习步骤

步骤1. 业务受理。柜员聆听客户口述的存款要求，接收客户的储蓄存折和现金：客户在申请办理续存时，如果为有折续存，客户可免填单，只需提供存折和现金。若续存金额大于20万元（含），应提供存款人身份证件，他人代理的，还应提供代理人身份证件。如果为无折续存，则客户需填写个人业务（卡/无折）存款凭证，按汇款业务处理。

步骤2. 审核。需提供身份证件的，柜员应审核身份证件的真实性和有效性。无折续存的，柜员应审核其填写的个人业务（卡/无折）存款凭证的内容是否完整、正确。

步骤3. 点收现金。柜员仍需先询问客户存款金额，然后在监控和客户视线内的柜台上，按照现金清点的“三先三后”程序点收现金。

步骤4. 续存交易。

有折续存：柜员输入交易码，进入活期储蓄存款续存交易界面，划折后系统自动反显账号、户名、凭证号等信息，柜员根据系统提示录入存款金额等。

无折续存：柜员输入交易码，进入无折续存界面：柜员根据客户提交的个人业务（卡/无折）存款凭证上的信息录入相关内容，经营业经理授权确认后按系统提示操作。

活期储蓄存款续存时的会计分录如下：

（1）本行开户续存

借：现金 6 000.00

贷：活期储蓄存款——高鑫户 6 000.00

（2）他行通存续存

借：现金 6 000.00

贷：辖内往来 6 000.00

步骤5. 打印、签章。续存交易成功后，若为有折续存，打印存折和存款凭证；若为无折续存，打印个人无折存款凭证。完成后，柜员进行核对，无误后请客户签名确认。

步骤6. 送别客户。柜员在存款凭证上加盖现金收讫章或业务清讫章和柜员名章，将存折或无折存款凭证客户联交给客户，并与其道别。

步骤7. 后续处理。柜员将现金放入钱箱，并将存款凭证记账联按规定整理存放。

五、拓展

活期储蓄存折记满页时，应更换新存折。换新存折时应将旧存折的存款余额过入新存折的第一行余额栏。并在摘要栏加盖“承前折”戳记，在旧存折的最后一栏加盖“过新折”戳记；旧存折还必须加盖换折业务章。凭印鉴支取的要在新折上加盖“凭印鉴支取”的戳记。旧存折收回作为当日存款或取款凭证的附件。

六、考核

模拟银行辽金支行当日发生下列业务：

1. 储户李超于2018年4月11日来续存10 000.00元活期储蓄存款。

2. 储户李思琪于2018年5月29日来续存3 000.00元活期存款。

要求：以模拟银行辽金支行柜员的身份完成相应业务的处理。

子任务4 活期储蓄存款销户的处理

一、活动目标

掌握活期储蓄存款销户业务的活动流程与操作方法，能按照业务规程规范完成活期储蓄存款销户操作。

二、活动流程

活期储蓄存款销户业务活动流程如图 1－3－4 所示。

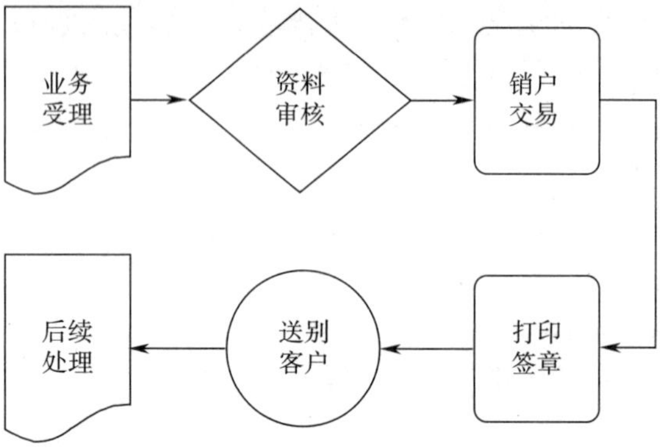

图 1－3－4　活期储蓄存款销户业务活动流程

三、案例引入

2018 年 6 月 23 日，储户高鑫到模拟银行辽金支行要求银行柜员为其办理活期储蓄存款销户业务。

四、学习步骤

步骤 1. 业务受理。柜员聆听客户口述取款要求，接收客户的储蓄存折等。若为个人结算账户销户，要请客户填交变更、撤销个人银行结算账户申请书；若客户销户本息超过人民币 5 万元（含）的，还应接收客户的身份证件，他人代理的还应接收代理人的身份证件。

步骤 2. 资料审核。柜员应审核客户是否符合销户条件，核查客户的有效身份证件，并批注在取款凭证上；凭印鉴支取的，客户需回开户行办理。若为个人结算账户销户，审核申请书填写是否完整，核对存折和申请书上的账号是否一致。若需提供身份证件的，应审核身份证件是否真实、有效，在待打印的取款凭证上摘录其身份证件名称、号码、发证机关等信息。

步骤 3. 销户交易。柜员输入交易码，进入个人活期储蓄存款销户交易界面。柜员根据系统提示划折后，界面反显账号、户名和凭证号等信息，柜员录入取款金额进行配款操作。完成后，经营业经理授权确认提交。活期储蓄存款销户时的会计分录（本行开户）为

借：活期储蓄存款——高鑫户　　52 166. 59
　　利息支出——活期储蓄存款利息支出　　1. 01
　贷：现金　　52 167. 60

步骤 4. 打印、签章。根据系统提示依次打印存折（见表 1－3－5），变更、撤销个人银行结算账户申请书，取款凭证（见表 1－3－6），储蓄存款利息清单（见表 1－3－7）。核对无误后，非结算账户客户需在取款凭证上签名确认；结算账户客户需在取款凭

证和申请书上签名确认。柜员在申请书记账联或取款凭证、利息清单上加盖业务付讫章或业务清讫章及柜员名章，在申请书客户和银行留存联上加盖业务公章。将已销户的存折加盖销户戳记后剪角或加盖附件章，申请书记账联或取款凭证和利息清单作银行记账凭证，存折作上述凭证的附件。

步骤5. 送别客户。柜员与客户核对金额后，将现金（本息）、利息清单客户联和申请书客户联交给客户，送别客户。

步骤6. 后续处理。柜员将有关凭证按规定存放，结束该笔交易。

表1-3-5　　活期储蓄存折

账号：00101000836177　　户名：高鑫

币种：人民币　　钞汇标志：钞

开户网点名称：模拟银行辽金支行

银行签章　（模拟银行辽金支行 储蓄专用章 05）

开户日期 2018-01-07　属性 单币账户　通存通兑 通　印密 密

日期	摘要	币种	借方（支出）	贷方（收入）	余额	网点号	操作
20180107	开户	人民币		50 130.00	50 130.00	007	耿彦喜
20180514	支取	人民币	4 000.00		46 130.00	007	耿彦喜
20180526	续存	人民币		6 000.00	52 130.00	007	耿彦喜
2018621	收息	人民币		36.59	52 166.59	007	耿彦喜
20180623	销户	人民币	52 166.59		0	007	耿彦喜

表1-3-6　　个人取款凭证

模拟银行个人取款凭证

科目：（借）活期储蓄存款　　交易代码：

客户确认栏

本人确认银行打印记录准确无误。

取款人签名：高鑫

银行打印栏

日期 20180623　付款码 1324　流水号 02585

业务种类 活期支取　币种 人民币　钞汇标志 钞

户名 高鑫　账号 00101000836177　取款金额 52 167.60　余额 0.00

通兑标志 通兑　支取方式 密

（模拟银行辽金支行 (01) 2018.06.23）

请您仔细核对本栏内打印的内容。

请注意阅读凭证背面的“客户须知”，新开户、大额存款，请在凭证背面填写证件内容。

事后监督：　　授权：　　经办人：耿彦喜

表 1-3-7　　储蓄存款利息清单

模拟银行 个人存款利息清单

2018年6月23日　　流水号

姓名	业务种类		币种	本金	账号
高鑫	活期储蓄		人民币	52 166.59	101000836177
计息金额	应税利息	税率	利息税	税后利息	实付金额
52 166.59	1.01	0%	0.00	1.01	52 167.60

(01) 付讫 2018.06.23 模拟银行 辽金支行

授权：李芯宇　复核：姚雪莲　经办：耿彦惠

五、拓展

活期存折销户后，若客户要求留存已销户的活期存折，柜员需要破坏活期存折磁条的完整性，在最后一笔交易记录的下一行批注“某年某月某日销户，以下空白”字样（或加盖印章，画线注销），并在存折封面上加盖“销户”戳记后交客户。

六、考核

模拟银行辽金支行当日发生下列业务：

1. 储户李超于 2018 年 5 月 10 日来办理活期储蓄存款（非结算账户）销户。
2. 储户李思琪于 2018 年 9 月 15 日来办理活期存款（结算账户）销户。

要求：以模拟银行辽金支行柜员的身份完成相应业务的处理。

子任务 5　活期储蓄存款利息计算与处理

一、活动目标

了解活期储蓄存款计息的基本规定，掌握活期储蓄存款利息计算方法，能按照业务规程规范完成活期储蓄存款利息计算。

二、知识准备

（一）计息的基本公式

$$利息 = 本金 \times 存期 \times 利率$$

1. 本金：储蓄存款本金以元为起息点，元以下角、分不计息。利息金额算至厘位，实际支付或入账时四舍五入至分位。

2. 存期：活期储蓄存款存期按实际天数计算。算头不算尾，存入日起息，支取的前一日止息，支取日不计息。

3. 利率：利率单位有年利率、月利率、日利率三种；计算利息要注意利率单位与存期单位的一致性。三者之间的换算为

年利率÷12＝月利率　年利率÷360＝日利率　月利率÷30＝日利率

（二）利息所得税的计算规定

我国规定，自1999年11月1日起孳生的储蓄存款利息，由银行代扣代缴储蓄存款个人利息所得税；按照国务院修订后的对储蓄存款所得征收利息税的实施办法，储蓄利息所得应该按照政策调整前和调整后分时段计算，要按照不同的税率计征个人所得税，即自1999生11月1日起至2007年8月14日止孳生的利息所得按照20%的税率计征个人所得税，自2007年8月15日起至2008年10月8日止孳生的利息所得应按照5%的利息税税率计征个人所得税，自2008年10月9日起孳生的利息所得暂免征个人所得税。利息税的计算公式如下：代扣利息所得税＝应纳税利息额×税率。

（三）结息日与结息期

活期储蓄存款按季结息，每季末月的20日为结息日，每季末月的21日为利息的入账日。活期储蓄存款在存入期间如遇利率调整，均以结息日挂牌公告的活期储蓄存款利率计付利息。对未到结息日办理销户的，其利息应随本金一同结清，利息算至销户的前一天止。

储蓄存款积数的计算。活期储蓄存款由计算机自动累加存款积数，结息或结清时将存款的累计未计积数乘以结息日或结清日挂牌公告的活期储蓄存款利率，结计出储户的利息。

应付利息＝累计日积数×结息日或销户日挂牌公告的活期储蓄存款日利率

实付利息＝应付利息－应付利息×利息所得税税率

三、案例引入

2018年6月23日，模拟银行辽金支行柜员耿彦惠计算储户高鑫活期储蓄存款利息。

储户高鑫于2018年4月7日开立活期储蓄存款存折户，其活期储蓄存款账如表1－3－8所示。

2018年6月20日营业终了银行应付利息：3 763750.00×0.35%÷360＝36.59（元）

2018年6月23日销户日银行应付利息：104.333.18×0.35%÷360＝1.01（元）

应该支付给储户的利息＝3.41－0.17≈3.24（元）

四、考核

模拟银行辽金支行发生下列业务：

表 1－3－8　　　　高鑫活期储蓄存款账

账号：00101000836177　　户名：高鑫

币种：人民币　　钞汇标志：钞

开户网点名称：模拟银行辽金支行

开户日期　2018-04-04　属性　单币账户　通存通兑　通　印密　密

日期	摘要	币种	借方（支出）	贷方（收入）	余额	日数	积数
20180407	开户	人民币		50 130.00	50 130.00	37	1 854 810.00
20180514	支取	人民币	4 000.00		46 130.00	12	553 560.00
20180526	续存	人民币		6 000.00	52 130.00	26	1 355 380.00
20180621	收息	人民币		36.59	52 166.59	2	104 333.18
20180623	销户	人民币	52 166.59		0		

1. 储户杨一明于 2018 年 1 月 2 日开立活期储蓄存款存折户，其活期储蓄存款账如表 1－3－9 所示，计算结息日和销户日的利息。

表 1－3－9　　　　杨一明活期储蓄存款账

（利率 0.35%）

日期	摘要	币种	借方（支出）	贷方（收入）	余额	日数	积数
2018.5.6	开户	人民币		10 000.00			
2018.5.25	支取	人民币	3 000.00				
2018.6.11	续存	人民币		5 000.00			
2018.6.21	计息	人民币					
2018.6.25	续存	人民币		6 000.00			
2018.7.28	销户	人民币					

2. 储户李思琪于 2018 年 4 月 21 日开立活期储蓄存款存折户，其活期储蓄存款账如表 1－3－10 所示，计算结息日和销户日的利息。

表 1－3－10　　　　李思琪活期储蓄存款账

（利率 0.35%）

日期	摘要	币种	借方（支出）	贷方（收入）	余额	日数	积数
2018.4.21	开户	人民币		8 000.00			
2018.5.17	支取	人民币	1 500.00				
2018.6.21	续存	人民币		1 300.00			
2018.6.29	计息	人民币					
2018.7.3	续存	人民币		7 000.00			
2018.7.16	销户	人民币					

任务四　定期储蓄存款业务处理

【技能目标】

能按定期储蓄存款业务活动流程办理开户、续存（零存整取定期储蓄存款有续存）、部分提前支取（整存整取定期储蓄存款有部分提前支取）和销户。

【知识准备】

1. 定期储蓄存款是储户在存款时约定存期，本金一次或按期分次存入，本金或利息整笔或分期、分次支取的一类储蓄。它包括整存整取定期储蓄存款、零存整取定期储蓄存款、存本取息定期储蓄存款、整存零取定期储蓄存款、教育储蓄存款。

2. 整存整取定期储蓄存款是储户开户时一次性存入本金，约定存期，到期一次支取本息的一种储蓄形式。开户时 50 元起存，多存不限。存款期限分为 3 个月、6 个月、1 年、2 年、3 年和 5 年六个档次，存期越长，利率越高。存入时由储蓄机构发给存单，到期储户凭存单一次支取本息。开户时为了保证存款安全，可预留印鉴或密码，凭印鉴或密码支取。存款未到期，如果储户急需用款，可凭存单和储户身份证件办理提前支取。

3. 储蓄存款约定转存是指客户开户时约定在存款到期日由银行自动将客户未支取的整存整取定期储蓄存款本金或者定期储蓄存款本金加上税后利息，按到期日当日利率自动转存为下一存款周期。它包括约定转存（部分银行也可按约定金额和约定期限转存为另一指定的存款种类）和自动转存。

4. 零存整取定期储蓄存款是储户开户时约定存期，在存期内分次存入本金，到期一次支取本息的一种定期储蓄存款。该储蓄存款一般 5 元起存，多存不限。存入时由储蓄机构发给存折。存期分 1 年、3 年和 5 年。每月存入一次，中途如有漏存，应在次月补存，未补存者，视同违约，对违约后存入的部分，支取时按活期储蓄存款利息计算。零存整取定期储蓄存款可以办理全部提前支取，但不办理部分提前支取。客户到银行办理零存整取定期储蓄存款业务，办理范围包括开户、续存、销户等常见业务。

5. 存本取息定期储蓄存款是指储户一次存入本金，在约定存期内分次支取利息，到期一次性支取本金和最后一次利息的一种定期储蓄存款。一般 5 000 元起存，多存不限；存期分为 1 年、3 年和 5 年三个档次。支取利息的时间可以 1 个月一次、1 个季度一次或半年一次，由储户与储蓄机构协商确定。分期支取利息时，必须在约定的取息日支取，不得提前预支利息。如到期未取息，以后可以随时支取，但不计复利。存本取息定期储蓄存款可以全部提前支取，但不办理部分提前支取。提前支取全部本金时，已分期支付给储户的利息应从计算的应付利息中扣回，如应付利息不足，不足部分从本金中扣回。客户到银行办理存本取息定期储蓄存款业务，办理范围包括开户、销户等常见业务。

子任务1　整存整取定期存款业务处理

子任务1.1　整存整取定期储蓄存款开户

一、活动目标

掌握整存整取定期储蓄存款现金开户业务的活动流程与操作方法，能按照业务规程规范完成整存整取定期储蓄存款开户操作处理。

二、活动流程

整存整取定期储蓄存款开户业务的活动流程如图1－4－1所示。

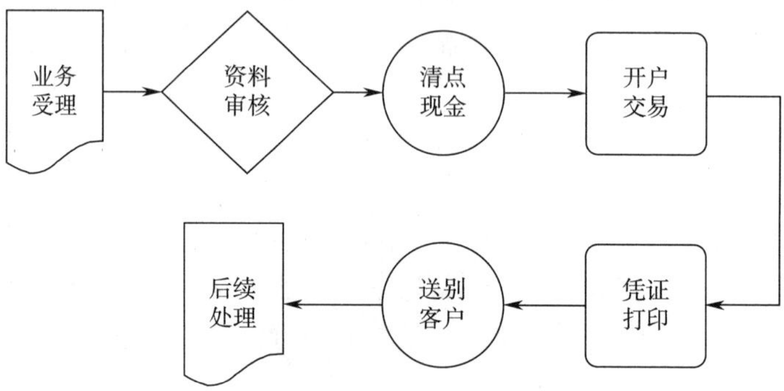

图1－4－1　整存整取定期储蓄存款开户业务活动流程

三、案例引入

2018年6月26日，储户高鑫到模拟银行辽金支行开立一笔整存整取定期储蓄存单，存入人民币现金22 000.00元，约定存期1年，利率1.5%　。

四、学习步骤

步骤1. 业务受理。柜员仔细聆听客户的开户要求（即开立何种存款账户和存入现金的数量），请客户填写储蓄存款凭条（见表1－4－1），接收客户的储蓄存款凭条、有效身份证件和现金。若他人代理开户，还应接收代理人的身份证件。

步骤2. 资料审核。柜员审核客户身份证件是否有效，并确定是否为本人。若为代理他人开户的，还需审核代理人证件。

步骤3. 点收现金。柜员收到客户递交的现金后，先询问客户存款金额，然后应在监控下和客户视线内的柜台上清点。清点时柜员一般需在点钞机上正反清点两次，金额较小时，也可手工清点，但要注意假币的识别，并再次与客户唱对金额。完成后应将现金放置于桌面上，待开户业务办理结束后再予以收存。

表 1－4－1　　　　　　　　储蓄存款凭条

模拟银行辽金支行

存款凭条（Deposit Slip）（银行打印）

流水号：0536

银行记录	册号　　　账户序号 存入日　20180626　　　利率　1.5% 余额　　　凭证号　　　支取方式　密 利息积数
交易记录	账号/卡号　00101000783679　　户名　高鑫 Customer Code/Account　　Name of ACCOUNT 种类　整存整取　　存期　1年　　钞（汇）　钞 Category　　Term　　Foreign Exchange 存入金额　22 000.00　　手续费　　起息日　20180626 Account　　Handing Charge　　Value Date

会计主管：　　授权复核：　　录入：

客户签名确认　高鑫

Customer's signature for confirmation

（04）收讫　2018.06.26　模拟银行辽金支行

模拟银行辽金支行

存款凭条（Deposit Slip）

户名	高鑫		
账户/卡号	00101000783679		
种类	整存整取		
币别	人民币	钞（汇）	钞
存期		起息日	180626
存款金额	22 000.00 元		
手续费	元		
流水号	0592		
银行签章			

客户回单

（04）收讫　2018.06.26　模拟银行辽金支行

步骤 4. 开户交易。柜员输入开户交易代码，进入整存整取定期储蓄存款开户交易界面，根据系统提示输入储户姓名、证件类型、证件号码、电话号码、邮政编码及地址。需凭密码支取的，请客户设置密码（一般要求输入两遍），确认无误后提交，发送主机记账。整存整取定期储蓄存款开户时的会计分录为

借：现金　　　　　　　　　　　　　　　　22 000.00

　贷：整存整取定期储蓄存款——高鑫户　　　　　　　22 000.00

步骤 5. 打印、签章。柜员根据系统提示打印存单（见表 1－4－2）以及存款凭证，并请客户在存款凭证上签名确认。然后柜员在存单上加盖储蓄专用章或业务专用章和柜员名章，在存款凭证上加盖现金收讫章和柜员名章。

表 1－4－2　　　　　　存单（整存整取定期储蓄存款）

模拟银行（整存整取）储蓄存单

户名　高鑫　　　　账号　001203672034576

银行盖章（模拟银行辽金支行　储蓄专用章　05）

币种　人民币　　　　金额　贰万元整　¥20 000.00

存入日期	存期	利率	起息日	到期日	到期利息	通兑标志	转存标志	支取方式	操作
20180626	1年	1.50%	20180626	20190626	330.00	通兑	自动转存	凭密	7005

支取日期	账号	支取金额	利息	流水号	操作
20190626	001203672034576	22 000.00	330.00	3527	

事后监督：　　支取授权/复核：　　经办：　　存入授权/复核：　　经办：耿彦惠

步骤 6. 送别客户。柜员将身份证件、存单交给客户后，与之道别。

步骤 7. 后续处理。柜员将现金放入钱箱，并将存款凭证作贷方凭证整理存放。

五、考核

模拟银行辽金支行当日发生下列业务：储户李超于 2018 年 5 月 3 日存入一笔整存整取定期储蓄存款 30 000.00 元，约定存期 1 年。

要求：以模拟银行辽金支行柜员的身份完成凭证审核、业务数据录入、凭证签章与凭证处理。

子任务 1.2　整存整取定期储蓄存款部分提前支取

一、活动目标

掌握整存整取定期储蓄存款部分提前支取业务的活动流程与操作方法，能按照业务规程规范完成整存整取定期储蓄存款部分提前支取操作。

二、活动流程

整存整取定期储蓄存款部分提前支取业务活动流程如图 1－4－2 所示。

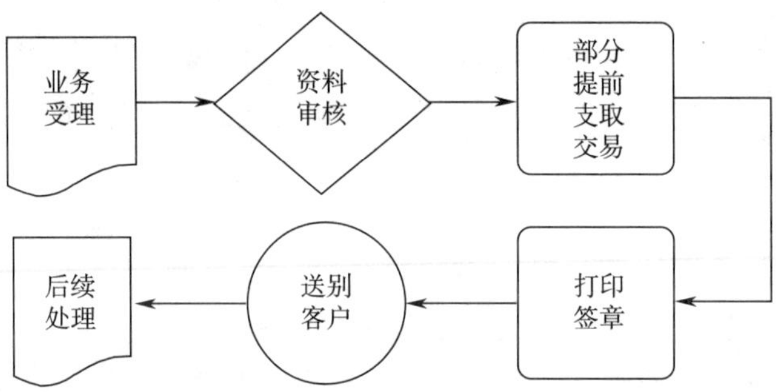

图 1－4－2　整存整取定期储蓄存款部分提前支取业务活动流程

三、案例引入

2018 年 9 月 26 日，储户高鑫到模拟银行辽金支行部分提前支取整存整取定期储蓄存款 7 000.00 元。

四、学习步骤

步骤 1. 业务受理。柜员聆听客户口述取款要求，接收客户的储蓄存单和客户的身份证件，他人代理的还应接收代理人的身份证件。

步骤 2. 资料审核。柜员审核客户存折（单）是否为本行签发，是否挂失，身份证件是否合法、有效，审核无误后确认客户部分提前支取金额。然后在待打印的取款凭证或存单背面上摘录证件名称、号码、发证机关等信息。

步骤 3. 部分提前支取交易。柜员输入交易码，进入整存整取定期储蓄存款部分提前支取交易界面。手工录入账户、原凭证号、本金、部分提前支取金额、证件类型、证件号码和新凭证号，超限额取款需经营业经理授权。待客户输入密码无误后，系统要求配款操作，配款结束后柜员确认提交。

步骤4. 打印、签章。柜员根据系统提示依次打印旧存单、储蓄存款利息清单、存款凭证和新存单，核对后请客户在存款凭证上签名确认，然后柜员在旧存单上加盖现金付讫章或业务清讫章和结清章，在储蓄存款利息清单上加盖现金付讫章，在存款凭证上加盖业务清讫章，在新存单上加盖储蓄专用章或业务专用章，并在上述所有凭证上加盖柜员名章。

步骤5. 送别客户。柜员与客户唱对金额后，将现金、身份证件、新存单和利息清单客户联交给客户，与客户道别。

步骤6. 后续处理。柜员将旧存单、利息清单记账联和存款凭证按规定整理存放。

五、拓展

如果客户急需资金，可办理部分或全部提前支取，提前支取时必须提供身份证件，代他人支取的不仅要提供存款人的身份证件，还要提供代支取人的身份证件，该储种仅限一次部分提前支取。全部提前支取的，按支取日挂牌公告的活期储蓄存款利率计付利息；部分提前支取的，提前支取的部分按支取日挂牌公告的活期储蓄存款利率计付利息，剩余部分到期时按原存入日挂牌公告的定期储蓄存款利率计付利息。

子任务1.3　整存整取定期储蓄存款销户

一、活动目标

掌握整存整取定期储蓄存款销户业务（包括现金全额提前、到期、逾期支取）的活动流程与操作方法，能按照业务规程规范完成整存整取定期储蓄存款销户操作。

二、活动流程

整存整取定期储蓄存款销户业务活动流程如图1－4－3所示。

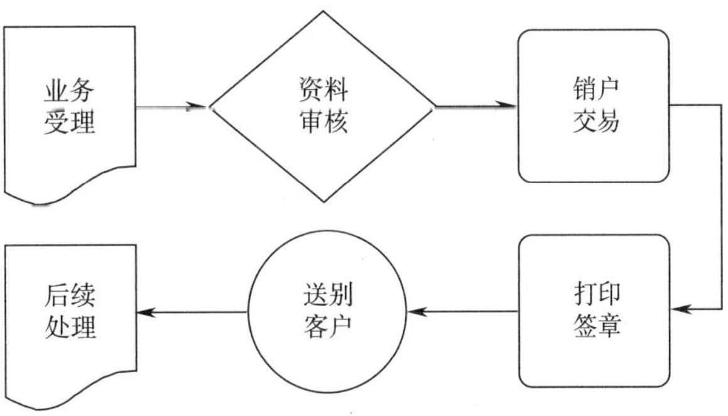

图1－4－3　整存整取定期储蓄存款销户业务活动流程

三、案例引入

2019年6月26日，储户高鑫到模拟银行辽金支行要求银行柜员为其办理整存整取定期储蓄存款账户销户业务。

四、学习步骤

步骤1. 业务受理。柜员聆听客户口述取款要求，接收客户的储蓄存单等。

若客户提前支取或销户，本息超过人民币5万元（含）的，还应接收客户的身份证件，他人代理的还应接收代理人的身份证件。

步骤2. 资料审核。柜员审核客户存单是否为本行签发并已到期（若未到期，还需审核身份证件），审核该账户是否挂失、止付等。若需提供身份证件的，应审核身份证件是否真实、有效，在待打印的取款凭证或存单上摘录其身份证件名称、号码、发证机关等信息。

步骤3. 销户交易。柜员输入交易码，进入整存整取定期储蓄存款销户交易界面，手工录入账号、凭证号、证件类型、证件号码和取款金额，系统要求配款操作，完成后授权提交。整存整取定期储蓄存款销户时的会计分录为

借：整存整取定期储蓄存款——高鑫户　　22 000.00

　　利息支出——定期储蓄存款利息支出　　330.00

　贷：现金　　22 330.00

步骤4. 打印、签章。柜员根据系统提示依次打印存单（见表1-4-3）和储蓄存款利息清单（见表1-4-4），并加盖现金付讫章或业务清讫章，在存单上加盖结清章，在上述所有凭证上加盖柜员名章。

表1-4-3

模拟银行（整存整取）储蓄存单

户名 高鑫　　账号 001203672034576　　银行盖章

币种 人民币　　金额 贰万元整 ¥20 000.00

存入日期	存期	利率	起息日	到期日	到期利息	通兑标志	转存标志	支取方式	操作
20180626	1年	1.50%	20180626	20190626	330.00	通兑	自动转存	凭密	7005
支取日期	账号			支取金额		利息		流水号	操作
20190626	001203672034576			22 000.00		330.00		3527	

事后监督：　　支取授权/复核：　　经办：于江玲　　存入授权/复核：　　经办：耿彦惠

表1-4-4

模拟银行 个人存款利息清单

2019年6月26日　　流水号

姓名	业务种类		币种	本金	账号	
高鑫	整存整取		人民币	22 000.00	001203672034576	
计息金额	应税利息	税率	利息税		税后利息	实付金额
22 000.00	330.00	0%	0.00		330.00	22 330.00

授权：李芯宇　　复核：姚雪莲　　经办：耿彦惠

步骤5. 送别客户。柜员与客户核对金额后，将现金（本息）、利息清单客户联交给客户，与客户道别。

步骤6. 后续处理：柜员将有关凭证按规定存放，结束该笔交易。

五、考核

模拟银行辽金支行发生下列业务：储户李超于2018年7月3日存入的20 000元1年期整存整取定期储蓄存款，于2019年5月3日支取5 000.00元后，于2019年7月3日销户。

要求：以模拟银行辽金支行柜员的身份完成凭证审核、计息、业务数据录入、凭证签章与凭证处理。

子任务1.4　整存整取定期储蓄存款利息计算与处理

一、活动目标

掌握整存整取定期储蓄存款的利息计算方法，能按照业务规程规范完成整存整取定期储蓄存款利息计算。

二、知识准备

（一）整存整取定期储蓄存款利息计算相关规定

1. 存期的规定。计算整存整取定期储蓄存款的存期时，整年或整月可按对年对月对日计，也可按实际天数计，不满整月的零头天数按实际天数计；算头不算尾，存入日起息，支取的前一日止息，支取日不计息。

2. 利率的规定。根据不同的取款方式，按下列规定的利率办理计息。

（1）整存整取定期储蓄存款到期支取，在存期内按开户日挂牌公告的相应档次的整存整取定期储蓄存款利率计付利息，利随本清。

（2）整存整取定期储蓄存款全部提前支取，均按支取日挂牌公告的活期储蓄存款利率计付利息。部分提前支取的，支取部分按支取日挂牌公告的活期储蓄存款利率计付利息。

（3）整存整取定期储蓄存款逾期支取，其逾期部分的利息按支取日挂牌公告的活期储蓄存款利率计算。

3. 整存整取定期储蓄存款约定或自动转存的，区分不同的取款方式，按上述规定的利率计息，利息计入本金生息。

（二）运用公式计算利息

整存整取定期储蓄存款利息的计算公式是

$$应付利息 = 本金 \times 存期 \times 利率$$

三、案例引入

1. 2018年9月26日，模拟银行辽金支行柜员田鑫赫计算储户高鑫提前支取的7 000.00元整存整取定期储蓄存款利息。

2. 2019 年 6 月 26 日，模拟银行辽金支行柜员田鑫赫计算储户高鑫到期支取的15 000元整存整取定期储蓄存款利息。

【例 1】 储户高鑫于 2018 年 6 月 26 日存入 22 000 元一年期整存整取定期储蓄存款，于 2018 年 9 月 26 日提前支取 7 000 元，其余存至到期日，请分别计算 7 000 元和15 000元本金的实付利息。

解：（1）提前支取。

提前支取 7 000 元本金的利息按实际天数计算为

$$7\,000 \times 92 \times 0.35\% \div 360 = 6.26\text{（元）}$$

提前支取 7 000 元本金的利息按对年对月计算为

$$7\,000 \times 3 \times 0.35\% \div 12 = 6.12\text{（元）}$$

（2）到期支取。

到期支取 15 000 元本金的利息按实际天数计算为

$$15\,000 \times 365 \times 1.5\% \div 360 = 228.125 \approx 228.13\text{（元）}$$

到期支取 15 000 元本金的利息按对年对月计算为

$$15\,000 \times 1 \times 1.5\% = 225.00\text{（元）}$$

【例 2】 储户高鑫于 2018 年 6 月 26 日存入 22 000 元一年期整存整取定期储蓄存款，于 2019 年 9 月 26 日过期支取，计算实付利息。

解：其利息计算为

（1）2018 年 6 月 26 日至 2019 年 6 月 26 日的到期利息（按实际天数计算）：

$$22\,000 \times 365 \times 1.5\% \div 360 = 334.583\text{（元）}$$

（2）2019 年 6 月 26 日至 2019 年 9 月 26 日的过期利息（按实际天数计算）：

$$22\,000 \times 92 \times 0.35\% \div 360 = 19.677\text{（元）}$$

合计利息为 354.26 元。

四、考核

模拟银行辽金支行发生下列业务：储户李超于 2018 年 5 月 3 日存入的 30 000 元一年期整存整取定期储蓄存款，于 2018 年 8 月 30 日部分提前支取 5 000 元后，于 2019 年 5 月 3 日销户。

要求：分别计算 2018 年 8 月 30 日部分提前支取 5 000 元本金和 2019 年 5 月 3 日销户时的实付利息。

子任务 2　零存整取定期存款处理

子任务 2.1　零存整取定期储蓄存款开户

一、活动目标

掌握零存整取定期储蓄存款现金开户业务的活动流程与操作方法，能按照业务规程规范完成零存整取定期储蓄存款开户操作。

二、活动流程

零存整取定期储蓄存款开户业务活动流程如图 1 –4 –1 所示。

三、案例引入

2018 年 7 月 28 日，储户高鑫到模拟银行辽金支行开立一个零存整取定期储蓄存款账户，存入人民币现金 1 000 元，约定存期 1 年。

四、学习步骤

步骤 1. 业务受理。柜员仔细聆听客户的开户要求（即开立何种存款账户和存入现金的数量），请客户填写储蓄存款凭条，接收客户的储蓄存款凭条、有效身份证件和现金。若他人代理开户，还应接收代理人的身份证件。

步骤 2. 资料审核。柜员审核客户身份证件是否有效，并确定是否为本人。若为代理他人开户的，还需审核代理人的身份证件。

步骤 3. 点收现金。柜员收到客户递交的现金后，先询问客户存款金额，然后应在监控下和客户视线内的柜台上清点。清点时柜员一般需在点钞机上正反清点两次，金额较小时，也可手工清点，但要注意假币的识别，并再次与客户核对金额，完成后应将现金放置于桌面上，待开户业务办理结束后再予以收存。

步骤 4. 开户交易。柜员输入开户交易代码，进入零存整取定期储蓄存款开户交易界面，根据系统提示输入储户姓名、证件类型、证件号码、电话号码、邮政编码及地址。需凭密码支取的，请客户设置密码（一般要求输入两遍），确认无误后提交，发送主机记账。零存整取定期储蓄存款开户时的会计分录为

借：现金　　1 000. 00

　贷：零存整取定期储蓄存款——高鑫户　　1 000. 00

步骤 5. 打印、签章。柜员根据系统提示打印存折以及存款凭证，并请客户在存款凭证上签名确认。然后柜员在存折上加盖储蓄专用章或业务专用章和柜员名章，在存款凭证上加盖现金收讫章和柜员名章。

步骤 6. 送别客户。柜员将身份证件、存单交给客户后，与之道别。

步骤 7. 后续处理。将现金放入钱箱，并将存款凭证作贷方凭证整理存放。

五、考核

模拟银行辽金支行当日发生下列业务：储户李超于 2018 年 8 月 13 日开户存入一笔零存整取定期储蓄存款，约定月存 100 元，存期 1 年。

要求：以模拟银行辽金支行柜员的身份完成凭证审核、业务数据录入、凭证签章与凭证处理。

子任务 2.2　零存整取定期储蓄存款续存

一、活动目标

掌握零存整取定期储蓄存款续存业务的活动流程与操作方法，能按照业务规程规范完成零存整取定期储蓄存款续存操作。

二、活动流程

零存整取定期储蓄存款续存业务活动流程如图 1－4－2 所示。

三、案例引入

2018 年 8 月至 2019 年 6 月期间，储户高鑫每月到模拟银行辽金支行续存零存整取定期储蓄存款 1 000 元。

四、学习步骤

步骤 1. 业务受理。柜员聆听客户口述的存款要求，接收客户的储蓄存折和现金。他人代理的，还应接收代理人身份证件。

步骤 2. 资料审核。柜员审核客户存折是否本行签发，是否漏存。需提供身份证件的，柜员应审核身份证件的真实有效性。

步骤 3. 点收现金。仍需按照现金清点的“三先三后”程序点收现金。

步骤 4. 续存交易。柜员输入交易码，进入零存整取定期储蓄存款续存交易界面，划折后系统自动反显账号、户名、凭证号等信息，柜员录入存款金额，经确认后系统进入配款界面。零存整取定期储蓄存款续存时的会计分录为：

借：现金	1 000. 00	
贷：零存整取定期储蓄存款——高鑫户		1 000. 00

步骤 5. 打印、签章。电子配款完成后，打印存折和存款凭证后，柜员进行核对，无误后请客户在存款凭证上签名确认。

步骤 6. 送别客户。柜员在存款凭证上加盖现金收讫章和柜员名章，将存折交给客户，并与其道别。

步骤 7. 后续处理。柜员将现金放入钱箱，并将存款凭证记账联按规定整理存放。

五、考核

请以模拟银行辽金支行柜员的身份完成以下业务处理：储户李超于 2018 年 8 月 13 日开户存入 1 笔零存整取定期储蓄存款，约定月存 100 元，存期 1 年。李超于 2018 年 8 月至 2019 年 6 月期间按约定来续存。

子任务 2.3　零存整取定期储蓄存款销户

一、活动目标

掌握零存整取定期储蓄存款销户业务的活动流程与操作方法，能按照业务规程规范完成零存整取定期储蓄存款销户操作。

二、活动流程

零存整取定期储蓄存款销户业务活动流程如图 1-4-3 所示。

三、案例引入

2019 年 7 月 28 日，储户高鑫到模拟银行辽金支行要求银行柜员为其办理零存整取定期储蓄存款账户销户业务。

四、学习步骤

步骤 1. 业务受理。柜员聆听客户口述的取款要求，接收客户的储蓄存折。若提前支取或销户本息超过人民币 5 万元（含）的零存整取定期储蓄存款账户，需接收存款人身份证件，他人代理的，还应接收代理人身份证件。

步骤 2. 资料审核。柜员审核客户存折是否为本行签发并已到期（若未到期，还需审核身份证件），审核该账户是否挂失、止付等。若需接收身份证件的，应审核身份证件是否真实、有效，在待打印的取款凭证或存折上摘录其身份证件名称、号码、发证机关等信息。

步骤 3. 销户交易。柜员输入交易码，进入零存整取定期储蓄存款销户交易界面，柜员根据系统提示划折后，界面反显账号、户名和凭证号等信息，柜员录入取款金额进行配款操作，完成后，经确认后提交。零存整取定期储蓄存款销户时的会计分录为

借：零存整取定期储蓄存款——高鑫户（每月存额 × 存期）　12 000.00
　　利息支出——定期储蓄利息支出　111.15
　贷：现金　12 111.15

步骤 4. 打印、签章。柜员根据系统提示依次打印存折、取款凭证、储蓄存款利息清单，核对无误后，请客户在取款凭证上签名确认。柜员在取款凭证、利息清单上加盖现金付讫章及柜员名章，在已销户的存折上加盖业务清讫章后剪角或加盖附件章，取款凭证和利息清单作银行记账凭证，存折作上述凭证的附件。

步骤 5. 送别客户。柜员与客户核对金额后，将现金（本息）、利息清单客户联交给客户，与客户道别。

步骤 6. 后续处理。柜员将有关凭证按规定存放，结束该笔交易。

五、考核

模拟银行辽金支行发生下列业务：储户李超于 2018 年 8 月 13 日开户存入 100 元，并按约定每月存入 100 元的一年期零存整取定期储蓄存款，于 2019 年 8 月 13 日到期支取。

要求：以模拟银行辽金支行柜员的身份完成凭证审核、计息、业务数据录入、凭证签章与凭证处理。

子任务 2.4　零存整取定期储蓄存款利息计算与处理

一、活动目标

掌握零存整取定期储蓄存款利息的计算方法，能按照业务规程规范完成零存整取定期储蓄存款利息计算。

二、知识准备

1. 零存整取定期储蓄存款利息计算相关规定：

（1）存期内按存入日（开户日）利率计息。

（2）存期内遇利率调整不分段计算。

（3）提前支取应按支取日挂牌公告的活期储蓄存款利率计息。

（4）逾期支取的逾期部分按支取日公告的活期储蓄存款利率计息。

2. 采用固定基数计息法或日积数计息法计息。零存整取定期储蓄存款本金是分次等额存入的，存款余额逐次递增，因而利息计算方法与整存整取定期储蓄存款利息计算不同。

零存整取定期储蓄存款利息计算一般采用日积数计息法，该方法适用于每月固定或不固定存款金额，中途有漏存的零存整取定期储蓄存款的到期或提前支取的利息计息。其计算公式为

（1）应付利息＝累计日积数×利率（日）

（2）利息税＝应付利息×税率

（3）实付利息＝应付利息－利息税

另一种计算利息的方法是固定基数计息法，该方法适用于储户每月存入固定存款金额的零存整取定期储蓄存款到期支取的利息计算，其计算公式为

（1）应付利息＝每月固定存款额×固定基数×利率（月）

1 年期固定基数＝12×（12＋1）÷2＝78

3 年期固定基数＝36×（36＋1）÷2＝666

5 年期固定基数＝60×（60＋1）÷2＝1 830

（2）利息税＝应付利息×税率

（3）实付利息＝应付利息－利息税

零存整取定期储蓄存款逾期支取应付利息计算公式为

应付利息＝存款余额（月存金额×存入次数）×逾期天数×支取日活期储蓄存款利率（日）

三、案例引入

【例 1】　储户高鑫于 2018 年 7 月 28 日开立 1 年期零存整取定期储蓄存款账户，每月定期存入 1 000 元，于 2019 年 7 月 28 日到期支取，请计算实付利息。

解：其利息计算（可直接使用固定基数计息法）为：

$$1\,000 \times 78 \times 1.71\% \div 12 = 111.15\ （元）$$

【例 2】　储户高鑫的零存整取定期储蓄存款账户如下表所示。

零存整取定期储蓄存款分户账

账号：001030000000701　　户名：高鑫

期限：1 年　　利率：1.5%

日期	摘要	存入	余额	天数	日积数	累计日积数
2018.07.28	开户	1 000	1 000	8	8 000	8 000
2018.08.05	续存	1 000	2 000	43	86 000	94 000
2018.09.17	续存	1 000	3 000	23	69 000	163 000
2018.10.10	续存	1 000	4 000	28	112 000	175 000
2018.11.07	续存	1 000	5 000	40	200 000	375 000
2018.12.17	续存	1 000	6 000	51	306 000	681 000
2019.02.06	续存	2 000	8 000	29	232 000	913 000
2019.03.07	续存	1 000	9 000	34	306 000	1 219 000
2019.04.10	续存	1 000	10 000	28	280 000	1 499 000
2019.05.08	续存	1 000	11 000	40	440 000	1 939 000
2019.06.17	续存	1 000	12 000	41	492 000	2 431 000

若该储户于 2019 年 7 月 28 日到期支取，请计算支付给储户的利息。

解：利息计算为

$$2\ 431\ 000.00 \times 1.5\% \div 360 = 101.291 \approx 101.29 \text{（元）}$$

四、考核

模拟银行辽金支行发生下列业务：

1. 储户李思琪于 2018 年 8 月 10 日开立 1 年期零存整取定期储蓄账户，1 年内每月定期存入 700 元，于 2019 年 8 月 10 日支取，请计算实付利息。

2. 储户李超于 2018 年 4 月 25 日存入一笔 1 年期零存整取定期储蓄存款，开户时利率为 1.5%，约定月存 2 000 元，其存款账户如下表所示。

李超零存整取定期储蓄存款账

日期	摘要	存入	余额	天数	日积数	累计日积数
2018.04.25	开户	2 000				
2018.05.05	续存	2 000				
2018.06.17	续存	2 000				
2018.07.10	续存	2 000				
2018.08.07	续存	2 000				
2018.10.17	续存	4 000				
2018.11.06	续存	2 000				
2018.12.07	续存	2 000				
2019.01.10	续存	2 000				
2019.02.08	续存	2 000				
2019.03.17	续存	2 000				

李超于2019年4月28日来银行支取本息，请计算银行应支付给李超的本息合计。

子任务3　整存零取定期存款处理

子任务3.1　整存零取定期储蓄存款开户

一、活动目标

掌握整存零取定期储蓄存款现金开户业务的活动流程与操作方法，能按照业务规程规范完成整存零取定期储蓄存款开户操作。

二、知识准备

1. 整存零取是指储户在存款开户时约定存款期限，本金一次存入，按固定期限分次支取本金，到期时一次支取利息的一种储蓄种类。

2. 存款起点：1 000.00元起存。利息按存款开户日挂牌利率计算，存款到期未支取部分或提前支取按支取日挂牌的活期利率计算利息。

3. 存期档次：1年、3年、5年。

4. 分次支取本金的时间可以1个月一次、1个季度一次或半年一次，由储户与储蓄机构协商确定。分期支取本金时，必须在约定的支取日，不得提前预支本金。如到期未支取本金，以后可以随时支取，但不计复利。

三、活动流程

整存零取定期储蓄存款开户业务活动流程如图1－4－1所示。

四、案例引入

2017年11月8日，储户高鑫到模拟银行辽金支行开立一个3年期整存零取定期储蓄存款账户，存入人民币现金36 000.00元，商定每两个月支取一次本金。该储户于2020年11月8日最后一次支取，并连同利息一并支取。存入时整存零取3年期的利率为2.9%。

五、学习步骤

步骤1. 业务受理。柜员仔细聆听客户的开户要求（即开立何种存款账户和存入现金的数量），请客户填写储蓄存款凭条，接收客户的储蓄存款凭条、有效身份证件和现金。若他人代理开户，还应接收代理人的身份证件。

步骤2. 资料审核。柜员审核客户身份证件是否有效，并确定是否为本人。若为代理他人开户的，还需审核代理人的身份证件。

步骤3. 点收现金。柜员收到客户递交的现金后，先询问客户存款金额，然后应在监控下和客户视线内的柜台上清点。清点时柜员一般需在点钞机上正反清点两次，金额较小时，也可手工清点，但要注意假币的识别，并再次与客户核对金额。完成后应将现金放置于桌面上，待开户业务办理结束后再予以收存。

步骤4. 开户交易。柜员输入开户交易代码，进入整存零取定期储蓄存款开户交易界面，根据系统提示输入储户姓名、证件类型、证件号码、电话号码、邮政编码及地址。需凭密码支取的，请客户设置密码（一般要求输入两遍），确认无误后提交，发送主机记账。整存零取定期储蓄存款开户时的会计分录为

借：现金　　36 000.00

　贷：整存零取定期储蓄存款——高鑫户　　36 000.00

步骤5. 打印、签章。柜员根据系统提示打印存折以及存款凭证，并请客户在存款凭证上签名确认。然后柜员在存折上加盖储蓄专用章或业务专用章和柜员名章，在存款凭证上加盖现金收讫章和柜员名章。

步骤6. 送别客户。柜员将身份证件、存单交给客户后，与之道别。

步骤7. 后续处理。将现金放入钱箱，并将存款凭证作贷方凭证整理存放。

六、考核

模拟银行辽金支行当日发生下列业务：储户李超于2017年8月13日开户存入一笔1年期整存零取定期储蓄存款50 000.00元，约定每3个月支取一次本金。该储户于2018年8月13日最后一次支取，并连同利息一并支取。存入时整存零取1年期的利率为1.1%。

要求：以模拟银行辽金支行柜员的身份完成凭证审核、业务数据录入、凭证签章与凭证处理。

子任务3.2　整存零取定期储蓄存款支取

一、活动目标

掌握整存零取定期储蓄存款支取业务的活动流程与操作方法，能按照业务规程规范完成整存零取定期储蓄存款续存操作。

二、活动流程

整存零取定期储蓄存款取款业务活动流程如图1-4-2所示。

三、案例引入

2018年1月至2020年9月，储户高鑫每月到模拟银行辽金支行支取整存零取定期储蓄存款2 000.00元。

四、学习步骤

步骤1. 业务受理。柜员聆听客户口述的取款要求，接收客户的储蓄存折。他人代理的，还应接收代理人身份证件。

步骤2. 资料审核。柜员审核客户存折是否本行签发。需提供身份证件的，柜员应审核身份证件的真实有效性。

步骤3. 支取交易。柜员输入交易码，进入整存零取定期储蓄存款支取交易界面，

划折后系统自动反显账号、户名、凭证号等信息，柜员录入支取金额，经确认后系统进入配款界面。整存零取定期储蓄存款支取时的会计分录为

借：整存零取定期储蓄存款——高鑫户　　2 000.00

　贷：现金　　2 000.00

步骤4. 打印、签章。电子配款完成后，打印存折和取款凭证后，柜员进行核对，无误后请客户在取款凭证上签名确认。

步骤5. 送别客户。柜员在取款凭证上加盖现金付讫章和柜员名章，将存折和现金交给客户，并与其道别。

步骤6. 后续处理。将取款凭证记账联按规定整理存放。

五、考核

模拟银行辽金支行当日发生下列业务：储户李超于2017年11月13日支取整存零取定期储蓄存款12 500.00元。

要求：以模拟银行辽金支行柜员的身份完成凭证审核、业务数据录入、凭证签章与凭证处理。

子任务3.3　整存零取定期储蓄存款销户

一、活动目标

掌握整存零取定期储蓄存款销户业务的活动流程与操作方法，能按照业务规程规范完成整存零取定期储蓄存款销户操作。

二、活动流程

整存零取定期储蓄存款销户业务活动流程如图1－4－3所示。

三、案例引入

2020年11月8日，储户高鑫到模拟银行辽金支行要求银行柜员为其办理整存零取定期储蓄存款账户销户业务。

四、学习步骤

步骤1. 业务受理。柜员聆听客户口述的取款要求，接收客户的储蓄存折。若提前支取或销户本息超过人民币5万元（含）的整存零取定期储蓄存款账户，需接收存款人身份证件，他人代理的，还应接收代理人身份证件。

步骤2. 资料审核。柜员审核客户存折是否为本行签发并已到期（若未到期，还需审核身份证件），审核该账户是否挂失、止付等。若需接收身份证件的，应审核身份证件是否真实、有效，在待打印的取款凭证或存折上摘录其身份证件名称、号码、发证机关等信息。

步骤3. 销户交易。柜员输入交易码，进入整存零取定期储蓄存款销户交易界面，柜员根据系统提示划折后，界面反显账号、户名和凭证号等信息，柜员录入取款金额进

行配款操作。完成后，经确认后提交。整存零取定期储蓄存款销户时的会计分录为

借：整存零取定期储蓄存款——高鑫户（每月存额×存期）　2 000.00

　　利息支出——定期储蓄利息支出　1677.49

　贷：现金　3 677.49

步骤4. 打印、签章。柜员根据系统提示依次打印存折、取款凭证、储蓄存款利息清单，核对无误后，请客户在取款凭证上签名确认。柜员在取款凭证、利息清单上加盖现金付讫章及柜员名章，在已销户的存折上加盖业务清讫章后剪角或加盖附件章，取款凭证和利息清单作银行记账凭证，存折作上述凭证的附件。

步骤5. 送别客户。柜员与客户核对金额后，将现金（本息）、利息清单客户联交给客户，与客户道别。

步骤6. 后续处理。柜员将有关凭证按规定存放，结束该笔交易。

五、考核

模拟银行辽金支行发生下列业务：储户李超于2018年8月13日最后一次支取。

要求：以模拟银行辽金支行柜员的身份完成凭证审核、计息、业务数据录入、凭证签章与凭证处理。

子任务3.4　整存零取定期储蓄存款利息计算与处理

一、活动目标

掌握整存零取定期储蓄存款利息的计算方法，能按照业务规程规范完成整存零取定期储蓄存款利息计算。

二、知识准备

1. 整存零取定期储蓄存款利息计算相关规定：

（1）存期内按存入日（开户日）利率计息。

（2）存期内遇利率调整不分段计算。

（3）提前支取应按支取日挂牌公告的活期储蓄存款利率计息。

（4）逾期支取的逾期部分按支取日公告的活期储蓄存款利率计息。

2. 整存零取定期储蓄存款利息是分次等额支取的，存款余额逐次递增，因而利息计算方法与零存整取定期储蓄存款利息计算道理相同。

（1）每次应付本金＝本金总数÷取款次数

（2）本金的平均值＝（本金总数＋每次支取的本金数）÷2

（3）应付利息＝本金平均值×存期×利率

三、案例引入

2017年11月8日，储户高鑫到模拟银行辽金支行开立一个3年期整存零取定期储蓄存款账户，存入人民币现金36 000.00元，商定每两个月支取一次本金。该储户于2020年11月8日最后一次支取，并连同利息一并支取。存入时整存零取3年期的利率

为 2.9%（按实际天数算）。

1. 每次应支付的本金：36 000.00 ÷ 18 = 2 000.00（元）
2. 本金的平均值：（36 000.00 + 2 000.00）÷ 2 = 19 000.00（元）
3. 应付利息：19 000.00 × 1 096 天 × 2.9% ÷ 360 ≈ 1 677.49（元）
4. 本利和：2 000.00 + 1 677.49 = 3 677.49（元）

四、考核

模拟银行辽金支行发生下列业务：储户李超于 2017 年 8 月 13 日开户存入一笔 1 年期整存零取定期储蓄存款 50 000.00 元，约定每 3 个月支取一次本金。该储户于 2018 年 8 月 13 日最后一次支取，并连同利息一并支取。存入时整存零取 1 年期的利率为 1.1%。

要求：以模拟银行辽金支行柜员的身份完成凭证审核、业务数据录入、凭证签章与凭证处理。

子任务 4　存本取息定期存款处理

子任务 4.1　存本取息定期储蓄存款开户

一、活动目标

掌握存本取息定期储蓄存款现金开户业务的活动流程与操作方法，能按照业务规程规范完成存本取息定期储蓄存款开户操作。

二、知识准备

存本取息定期储蓄存款是指客户在存款开户时约定存款期限，本金一次存入，按固定期限分次支取利息，到期时一次支取本金的一种储蓄种类。

存款起点：5 000.00 元起存。利息按存款开户日挂牌利率计算，到期未支取部分或提前支取按支取日挂牌的活期利率计算利息。

存期档次：1 年、3 年和 5 年。

取息日由储户在开户时与银行约定，可以一个月或者几个月取息一次；如果没有约定，一般默认为于开户的次月起每月凭存折取息一次，以开户日为每月取息日。取息日未取的，以后可以随时取息，但不计复息。

三、活动流程

存本取息定期储蓄存款开户业务活动流程如图 1－4－1 所示。

四、案例引入

2018 年 11 月 6 日储户高鑫到模拟银行辽金支行开立一个 5 年期存本取息定期储蓄存款账户，存入 200 000.00 元，商定每 3 个月取息一次，存入时利率为 3.0%。

五、学习步骤

步骤1. 业务受理。柜员仔细聆听客户的开户要求（即开立何种存款账户和存入现金的数量），请客户填写储蓄存款凭条，接收客户的储蓄存款凭条、有效身份证件和现金。若他人代理开户，还应接收代理人的身份证件。

步骤2. 资料审核。柜员审核客户身份证件是否有效，并确定是否为本人。若为代理他人开户的，还需审核代理人的身份证件。

步骤3. 点收现金。柜员收到客户递交的现金后，先询问客户存款金额，然后应在监控下和客户视线内的柜台上清点。清点时柜员一般需在点钞机上正反清点两次，金额较小时，也可手工清点，但要注意假币的识别，并再次与客户唱对金额。完成后应将现金放置于桌面上，待开户业务办理结束后再予以收存。

步骤4. 开户交易。柜员输入开户交易代码，进入存本取息定期储蓄存款开户交易界面，根据系统提示输入储户姓名、证件类型、证件号码、电话号码、邮政编码及地址。需凭密码支取的，请客户设置密码（一般要求输入两遍），确认无误后提交，发送主机记账。存本取息定期储蓄存款开户时的会计分录为

借：现金　　200 000. 00

　　贷：存本取息定期储蓄存款——高鑫户　　200 000. 00

步骤5. 打印、签章。柜员根据系统提示打印存折以及存款凭证，并请客户在存款凭证上签名确认。然后柜员在存折上加盖储蓄专用章或业务专用章和柜员名章，在存款凭证上加盖现金收讫章和柜员名章。

步骤6. 送别客户。柜员将身份证件、存单交给客户后，与之道别。

步骤7. 后续处理。将现金放入钱箱，并将存款凭证作贷方凭证整理存放。

六、考核

模拟银行辽金支行当日发生下列业务：储户李超于2018年8月13日开户存入一笔3年期存本取息定期储蓄存款300 000. 00元，商定每2个月取息一次，存入时利率为2. 7%。

要求：以模拟银行辽金支行柜员的身份完成凭证审核、业务数据录入、凭证签章与凭证处理。

子任务4. 2　存本取息定期储蓄存款的利息支取

一、活动目标

掌握存本取息定期储蓄存款利息支取业务的活动流程与操作方法，能按照业务规程规范完成存本取息定期储蓄存款利息支取操作。

二、活动流程

存本取息定期储蓄存款利息支取业务活动流程如图1－4－2所示。

三、案例引入

2019 年 2 月至 2023 年 8 月期间，储户高鑫每月到模拟银行辽金支行支取存本取息定期储蓄存款利息 1 521. 67 元。

四、学习步骤

步骤 1. 业务受理。柜员聆听客户口述的支取要求，接收客户的储蓄存折。他人代理的，还应接收代理人身份证件。

步骤 2. 资料审核。柜员审核客户存折是否本行签发。需提供身份证件的，柜员应审核身份证件的真实有效性。

步骤 3. 支取交易。柜员输入交易码，进入存本取息定期储蓄存款支取利息交易界面，划折后系统自动反显账号、户名、凭证号等信息，柜员录入支取金额，经确认后系统进入配款界面。存本取息定期储蓄存款续存时的会计分录为

借：利息支出——存本取息定期储蓄存款高鑫户　　1 521. 67

　贷：现金　　1 521. 67

步骤 4. 打印、签章。电子配款完成后，打印存折和取款凭证后，柜员进行核对，无误后请客户在取款凭证上签名确认。

步骤 5. 送别客户。柜员在取款凭证上加盖现金付讫章和柜员名章，将存折和现金交给客户，并与其道别。

步骤 6. 后续处理。将取款凭证记账联按规定整理存放。

五、考核

模拟银行辽金支行发生下列业务：储户李超于 2018 年 8 月 13 日开户存入一笔 3 年期存本取息定期储蓄存款 300 000. 00 元，商定每 2 个月取息一次，存入时利率为 2. 7%。李超于 2018 年 10 月至 2021 年 6 月期间按规定来行支取利息。

要求：以模拟银行辽金支行柜员的身份完成凭证审核、业务数据录入、凭证签章与凭证处理。

子任务 4. 3　存本取息定期储蓄存款销户

一、活动目标

掌握存本取息定期储蓄存款销户业务的活动流程与操作方法，能按照业务规程规范完成存本取息定期储蓄存款销户操作。

二、活动流程

存本取息定期储蓄存款销户业务活动流程如图 1 – 4 – 3 所示。

三、案例引入

2023 年 11 月 6 日，储户高鑫到模拟银行辽金支行要求银行柜员为其存本取息定期

储蓄存款账户销户。

四、学习步骤

步骤 1. 业务受理。柜员聆听客户口述的取款要求，接收客户的储蓄存折。若提前支取或销户本息超过人民币 5 万元（含）的存本取息定期储蓄存款账户，需接收存款人身份证件，他人代理的，还应接收代理人身份证件。

步骤 2. 资料审核。柜员审核客户存折是否为本行签发并已到期（若未到期，还需审核身份证件），审核该账户是否挂失、止付等。若需接收身份证件的，应审核身份证件是否真实、有效，在待打印的取款凭证或存折上摘录其身份证件名称、号码、发证机关等信息。

步骤 3. 销户交易。柜员输入交易码，进入存本取息定期储蓄存款销户交易界面，柜员根据系统提示划折后，界面反显账号、户名和凭证号等信息，柜员录入取款金额进行配款操作。完成后，经确认后提交。存本取息定期储蓄存款销户时的会计分录为

借：存本取息定期储蓄存款——高鑫户（每月存额 × 存期）　　200 000.00
　　利息支出——定期储蓄利息支出　　1 521.67
　贷：现金　　201 521.67

步骤 4. 打印、签章。柜员根据系统提示依次打印存折、取款凭证、储蓄存款利息清单，核对无误后，请客户在取款凭证上签名确认。柜员在取款凭证、利息清单上加盖现金付讫章及柜员名章，在已销户的存折上加盖业务清讫章后剪角或加盖附件章，取款凭证和利息清单作银行记账凭证，存折作上述凭证的附件。

步骤 5. 送别客户。柜员与客户核对金额后，将现金（本息）、利息清单客户联交给客户，与客户道别。

步骤 6. 后续处理。柜员将有关凭证按规定存放，结束该笔交易。

五、考核

模拟银行辽金支行发生下列业务：储户李超于 2018 年 8 月 13 日开户存入 100 元，并按约定每月存入 100 元的 1 年期存本取息定期储蓄存款，于 2019 年 8 月 13 日到期支取。

要求：以模拟银行辽金支行柜员的身份完成凭证审核、计息、业务数据录入、凭证签章与凭证处理。

子任务 4.4　存本取息定期储蓄存款利息计算与处理

一、活动目标

掌握存本取息定期储蓄存款利息的计算方法，能按照业务规程规范完成存本取息定期储蓄存款利息的计算。

二、知识准备

存本取息定期储蓄存款利息计算相关规定：

每次支取利息数 =（本金 × 存期 × 利率）÷ 取息次数

储户取息日期：按存入日对月对日支付。未到取息日，不得提前支取，若到取息日不来取息，以后可随时来取，但不计复息。

到期支取的，存期内无论利率是否调整，均按原存入日利率计算利息。

逾期支取、提前支取的利息计算与整存整取相同；如果提前支取，应扣除已分次付给储户的利息，不足时应从本金中扣回。

三、案例引入

2018 年 11 月 6 日储户高鑫到模拟银行辽金支行开立一个 5 年期存本取息定期储蓄存款账户，存入 200 000 元，商定每 3 个月取息一次，存入时利率为 3.0%。

按实际天数计算：

每次取息金额 =（200 000 ×（5 × 365 + 1）× 3% ÷ 360）÷ 20 ≈ 1 521.67（元）

最后一次支付给储户的本息合计 = 200 000 + 1 521.67 = 201 521.67（元）

四、考核

储户李超于 2018 年 8 月 13 日开户存入一笔 3 年期存本取息定期储蓄存款 300 000.00 元，商定每 2 个月取息一次，存入时利率为 2.7%。李超于 2023 年 8 月 13 日到期支取本息。

要求：计算银行应支付给李超的本息合计。

任务五　定活两便储蓄存款业务处理

【技能目标】

掌握定活两便储蓄存款开户业务的活动流程与操作方法，能按照业务规程规范完成定活两便储蓄存款开户操作。

【知识准备】

定活两便储蓄存款是指本金整笔一次存入，不确定存期，随时可以支取的一种储蓄形式。它适用于存款金额大、存期不定的储户存储。

定活两便储蓄存款 50 元起存、多存不限，一次性整笔支取。

子任务 1　定活两便储蓄存款开户

一、活动目标

掌握定活两便储蓄存款开户业务的活动流程与操作方法，能按照业务规程规范完成定活两便储蓄存款开户操作。

二、活动流程

定活两便储蓄存款开户业务活动流程如图 1－4－1 所示。

三、案例引入

2018 年 9 月 22 日，储户高鑫到模拟银行辽金支行开立一张定活两便储蓄存款存单，存入人民币 5 000. 00 元。

四、学习步骤

步骤 1. 业务受理：柜员仔细聆听客户的开户要求（即开立何种存款账户和存入现金的数量），请客户填写储蓄存款凭条，接收客户的储蓄存款凭条、有效身份证件和现金。若他人代理开户，还应接收代理人的身份证件。

步骤 2. 资料审核。柜员审核客户身份证件是否有效，并确定是否为本人。若为代理他人开户的，还需审核代理人证件。

步骤 3. 点收现金。柜员收到客户递交的现金后，先询问客户存款金额，然后应在监控下和客户视线内的柜台上清点。清点时柜员一般需在点钞机上正反清点两次，金额较小时，也可手工清点，但要注意假币的识别，并再次与客户核对金额。完成后应将现金放置于桌面上，待开户业务办理结束后再予以收存。

步骤 4. 开户交易。柜员输入开户交易代码，进入定活两便储蓄存款开户交易界面，根据系统提示输入储户姓名、证件类型、证件号码、电话号码、邮政编码及地址。需凭密码支取的，请客户设置密码（一般要求输入两遍），确认无误后提交，发送主机记账。定活两便储蓄存款开户时的会计分录为

借：现金　　5 000. 00

　贷：定活两便储蓄存款——高鑫户　　5 000. 00

步骤 5. 打印、签章。柜员根据系统提示打印存单以及存款凭证，并请客户在存款凭证上签名确认。然后柜员在存单上加盖储蓄专用章或业务专用章和柜员名章，在存款凭证上加盖现金收讫章和柜员名章。

步骤 6. 送别客户。柜员将身份证件、存单交给客户后与之道别。

步骤 7. 后续处理。柜员将现金放入钱箱，并将存款凭证作贷方凭证整理存放。

五、考核

请以模拟银行辽金支行柜员身份完成以下业务处理：

1. 储户李超于 2018 年 10 月 20 日存入 5 万元定活两便储蓄存款。
2. 储户李思琪于 2018 年 12 月 18 日存入 8 000. 00 元定活两便储蓄存款。

子任务 2　定活两便储蓄存款销户

一、活动目标

掌握定活两便储蓄存款销户业务的活动流程与操作方法，能按照业务规程规范完成定活两便储蓄存款销户操作。

二、活动流程

定活两便储蓄存款销户业务活动流程如图 1 –4 –3 所示。

三、案例引入

2019 年 2 月 12 日，储户高鑫到模拟银行辽金支行要求银行柜员为其定活两便储蓄存款销户。

四、学习步骤

步骤 1. 业务受理。柜员聆听客户口述取款要求，接收客户的储蓄存单等。若销户本息超过人民币 5 万元（含）的，还应接收客户的身份证件，他人代理的还应接收代理人的身份证件。

步骤 2. 资料审核。柜员审核客户存单是否为本行签发，审核该账户是否挂失、止付等。若需提供身份证件的，应审核身份证件是否真实、有效，在待打印的取款凭证或存单上摘录其身份证件名称、号码、发证机关等信息。

步骤 3. 销户交易。柜员输入交易码，进入定活两便储蓄存款销户交易界面，手工录入账号、凭证号、证件类型、证件号码和取款金额，系统要求配款操作，完成后授权提交。定活两便储蓄存款销户时的会计分录为

借：定活两便储蓄存款——高鑫户	5 000. 00	
利息支出——定期储蓄利息支出	13. 11	
贷：现金		5 013. 11

步骤 4. 打印、签章。柜员根据系统提示依次打印存单和储蓄存款利息清单，并加盖现金付讫章或业务清讫章，在存单上加盖结清章，在上述所有凭证上加盖柜员名章。

步骤 5. 送别客户。柜员与客户核对金额后，将现金（本息）、利息清单客户联交给客户，与客户道别。

步骤 6. 后续处理。柜员将有关凭证按规定存放，结束该笔交易。

五、考核

请以模拟银行辽金支行柜员的身份完成以下业务处理：

1. 储户李超于 2019 年 8 月 2 日支取 20 000. 00 元定活两便储蓄存款。
2. 储户李思琪于 2019 年 3 月 15 日支取 8 000. 00 元定活两便储蓄存款。

子任务 3　定活两便储蓄存款利息计算与处理

一、活动目标

掌握定活两便储蓄存款的利息计算方法，能按照业务规程规范完成定活两便储蓄存款利息计算。

二、知识准备

定活两便储蓄存款存期不满3个月的，按支取日挂牌公告的活期储蓄存款利率计付利息；存期满3个月而不满6个月的，按支取日挂牌公告的3个月整存整取定期储蓄存款利率打6折计算；存期满6个月而不满1年的，按支取日挂牌公告的6个月整存整取定期储蓄存款利率打6折计算利息；存期在1年以上（含1年）的，无论存期有多长，一律按支取日挂牌公告的1年期整存整取定期储蓄存款利率打6折计算利息；当支取日挂牌公告的相应档次整存整取定期储蓄存款利率打6折后的利率小于支取日挂牌公告的活期储蓄存款利率时按支取日挂牌公告的活期储蓄存款利率计付利息。

三、案例引入

储户高鑫于2018年9月20日存入一笔定活两便储蓄存款5 000元，于2019年2月12日支取，请计算其实得利息。

解：2018年9月22日至2019年2月12日，存期为143天。

该笔存款实际存期为143天，超过3个月但不到6个月，故应按支取日整存整取定期储蓄存款3个月利率（年利率1.1%）打6折计算利息。

其利息计算为

$$5\ 000\times143\times1.1\%\div360\times60\%=13.108\approx13.11\text{（元）}$$

四、考核

请以模拟银行辽金支行柜员的身份完成以下业务处理。

储户李超于2018年10月20日存入一笔定活两便储蓄存款7万元，若储户于：

(1) 2018年12月15日支取；

(2) 2019年3月10日支取；

(3) 2019年5月2日支取。

分别计算上述三种情况下的实付利息。

任务六　通知储蓄存款业务处理

一、活动目标

掌握通知储蓄存款开户业务的活动流程与操作方法，能按照业务规程规范完成通知储蓄存款开户操作。

二、知识准备

通知储蓄存款是指储户在存入款项时不约定存期，支取时需提前通知银行，约定支取存款日期和金额方能支取存款的一种储蓄形式。

从1999年2月1日起开户的通知存款，最低起存金额为5万元，最低支取金额也为5万元。通知存款不论实际存期多长，按存款人提前通知的期限划分为1天通知存款和7天通知存款两个品种。一次性存入，可以一次或分次支取，银行按支取日挂牌公告的相应利率水平和实际存期计息，利随本清。

子任务1　通知储蓄存款开户

一、活动目标

掌握通知储蓄存款开户业务的活动流程与操作方法，能按照业务规程规范完成通知储蓄存款开户的操作。

二、活动流程

通知储蓄存款开户业务活动流程如图1－4－1所示。

三、案例引入

2018年6月10日，储户高鑫到模拟银行辽金支行开立通知储蓄存款账户，存入人民币20万元，约定办理7天通知存款。

四、学习步骤

步骤1. 业务受理。柜员仔细聆听客户的开户要求（即开立何种存款账户和存入现金的数量），请客户填写储蓄存款凭条，接收客户的储蓄存款凭条、有效身份证件和现金。若他人代理开户，还应接收代理人的身份证件。

步骤2. 资料审核。柜员审核客户身份证件是否有效，并确定是否为本人。若为代理他人开户的，还需审核代理人的身份证件。

步骤3. 点收现金。柜员收到客户递交的现金后，先询问客户存款金额，然后应在监控下和客户视线内的柜台上清点。清点时柜员一般需在点钞机上正反清点两次，金额较小时，也可手工清点，但要注意假币的识别，并再次与客户唱对金额。完成后应将现金放置于桌面上，待开户业务办理结束后再予以收存。

步骤4. 开户交易。柜员输入开户交易代码，进入通知储蓄存款现金开户界面，根据系统提示输入储户姓名、证件类型、证件号码、电话号码、邮政编码及地址。需凭密码支取的，请客户设置密码（一般要求输入两遍），确认无误后提交，发送主机记账。通知储蓄存款开户时的会计分录为

借：现金　　200 000.00

　贷：通知储蓄存款——高鑫户　　200 000.00

步骤5. 打印、签章。柜员根据系统提示打印存折（或存单）和存款凭证，并请客户在存款凭证上签名确认。然后柜员在存折（或存单）上加盖储蓄专用章或业务专用章和柜员名章，在存款凭证上加盖现金收讫章或业务清讫章和柜员名章。

步骤6. 送别客户。柜员将身份证件、存折（单）交给客户后与之道别。

步骤7. 后续处理。柜员将现金放入钱箱，并将存款凭证作贷方凭证整理存放。

五、考核

请以模拟银行辽金支行柜员的身份完成以下业务处理：

1. 储户李超于 2018 年 9 月 20 日存入通知储蓄存款 17 万元，约定办理 7 天通知存款。

2. 储户李思琪于 2018 年 12 月 18 日存入通知储蓄存款 23 万元，约定办理 1 天通知存款。

子任务 2　通知储蓄存款支取

一、活动目标

掌握通知储蓄存款取款业务的活动流程与操作方法，能按照业务规程规范完成通知储蓄存款取款操作。

二、活动流程

通知储蓄存款取款业务活动流程如图 1－4－2 所示。

三、案例引入

2018 年 6 月 15 日，储户高鑫到模拟银行辽金支行办理通知手续，将于 6 月 22 日支取通知存款 5 万元。

四、学习步骤

步骤 1. 取款预约。通知储蓄存款取款前 1 天或前 7 天，柜员根据客户的申请进行取款预约登记。

步骤 2. 业务受理。客户办理取款手续时，柜员聆听客户口述取款要求，接收客户的储蓄存折（或存单）和客户的身份证件，他人代理的还应接收代理人的身份证件。

步骤 3. 资料审核。柜员确认客户取款数额。审核客户存折（或存单）的真实性和有效性，审核是否按约定取款；审核客户身份证件，并在待打印的个人业务取款凭证上摘录证件名称、号码、发证机关等信息。

步骤 4. 支取交易。柜员输入交易码，进入通知储蓄存款取款交易界面后根据系统提示操作。

步骤 5. 打印、签章。交易成功后，柜员根据系统提示打印旧存单、支取部分的储蓄存款利息清单、存款凭证和新存单，核对后请客户在存款凭证上签名确认，然后柜员在旧存单上加盖现金付讫章或业务清讫章与结清章，在储蓄存款利息清单上加盖现金付讫章，在存款凭证上加盖业务清讫章，在新存单上加盖储蓄专用章或业务专用章，并在上述所有凭证上加盖柜员名章。通知储蓄存款支取时的会计分录为

借：通知储蓄存款——高鑫户　　　　50 000.00

　　利息支出——个人通知存款利息支出　　　　18.33

贷：现金 50 018.33

步骤6. 送别客户。柜员将现金和存折交给客户，并请客户核对，无误后送别客户。

步骤7. 后续处理。柜员整理归档凭证：取款凭证、利息清单作现金付出传票或当日机制凭证附件。

五、考核

请以模拟银行辽金支行柜员的身份完成以下业务处理：

1. 储户李超于2018年9月20日存入7天通知储蓄存款17万元，并于21日约定9月28日来支取5万元，李超于9月28日来取款5万元。

2. 储户李思琪于2018年12月18日存入1天通知储蓄存款23万元，于12月28日来约定取款9万元，李思琪于12月29日来取款9万元。

子任务3 通知储蓄存款销户

一、活动目标

掌握通知储蓄存款销户业务的活动流程与操作方法，能按照业务规程规范完成通知储蓄存款销户操作。

二、活动流程

通知储蓄存款销户业务活动流程如图1－4－3所示。

三、案例引入

2018年9月25日，储户高鑫到模拟银行辽金支行办理通知手续，将于10月2日支取通知存款15万元；2018年10月2日，储户高鑫到模拟银行辽金支行支取15万元通知存款。

四、学习步骤

步骤1. 业务受理。柜员聆听客户口述取款要求，接收客户的储蓄存折（或存单）和客户的身份证件，他人代理的还应接收代理人的身份证件。

步骤2. 资料审核。柜员审核客户存折（或存单）的真实性和有效性，审核是否按约定取款；审核客户身份证件，并在待打印的个人业务取款凭证上摘录证件名称、号码、发证机关等信息。

步骤3. 销户交易。柜员输入交易码，进入通知储蓄存款销户交易界面。柜员根据系统提示操作。通知储蓄存款销户时的会计分录为

借：通知储蓄存款——高鑫户现金 70 000.00

　　存款利息支出——通知储蓄存款利息支出 522.50

　贷：现金 70 522.50

步骤4. 打印、签章。柜员根据系统提示依次打印存单、储蓄存款利息清单，核对

无误后，请客户在利息清单记账联上签名确认。柜员在利息清单上加盖现金付讫章或业务清讫章及柜员名章，将已销户的存单加盖现金付讫章或业务清讫章、结清章和柜员名章。

步骤 5. 送别客户。柜员与客户核对金额后，将现金（本息）、利息清单客户联、身份证件等交给客户，送别客户。

步骤 6. 后续处理。柜员将取款凭证和利息清单作银行记账凭证，存折（或存单）作取款凭证的附件，并按规定存放，结束该笔交易。

五、考核

请以模拟银行辽金支行柜员的身份完成以下业务处理：

1. 储户李超于 2018 年 9 月 20 日存入 10 万元 7 天通知储蓄存款，继 9 月 28 日按通知约定来取款 5 万元后，于 10 月 5 日来通知将支取剩下的 12 万元，李超于 10 月 12 日来销户。

2. 储户李思琪于 2018 年 12 月 18 日存入 23 万元 1 天通知储蓄存款，继 12 月 29 日按通知约定来取款 9 万元后，于 2019 年 1 月 6 日来通知将支取剩下的 14 万元，李思琪于 2019 年 1 月 7 日来销户。

子任务 4　通知储蓄存款利息计算与处理

一、活动目标

掌握通知储蓄存款的利息计算方法，能按照业务规程规范完成通知储蓄存款利息计算。

二、知识准备

1. 通知储蓄存款的利息按支取日挂牌公告的相应档次利率、支取金额、实存期限计算，利随本清。

2. 对已办理通知手续而不支取或在通知期限内取消通知的，通知期限内不计息，即实际存期需剔除通知期限，7 天通知存款存期剔除 7 天，1 天通知存款存期剔除 1 天。

3. 下列情况，按活期储蓄存款利率计息：

（1）实际存期不足通知期限的，按活期储蓄存款利率计息；

（2）未提前通知而支取存款的，支取部分按活期储蓄存款利率计息；

（3）已办理通知手续而提前支取或逾期支取的，支取部分按活期储蓄存款利率计息；

（4）支取金额不足或超过约定金额的，不足或超过部分按活期储蓄存款利率计息；

（5）支取金额不足最低支取金额的，按活期储蓄存款利率计息。

三、案例引入

储户高鑫于 2018 年 6 月 10 日存入通知储蓄存款 20 万元，约定办理 7 天通知存款。

（1）该储户于 2018 年 6 月 15 日约定取款 5 万元，并于 2018 年 6 月 22 日支取 5 万元，求储户实得利息。

（2）该储户于2018年9月25日约定取款15万元，并于2018年10月2日支取15万元，求储户实得利息。

解：（1）2018年6月10日至2018年6月22日，12天。

储户5万元本金的应得利息 = 50 000 × 12 × 1.1% ÷ 360 = 18.33（元）

（2）2018年6月10日至2018年10月2日，114天。

储户15万元本金的应得利息 = 150 000 × 114 × 1.1% ÷ 360 = 522.50（元）

四、拓展

1. 活期储蓄存款是居民储蓄存款中最基本和最重要的一种形式，适用于居民小额的随存随取的生活零用节余存款。

2. 整存整取定期储蓄存款适用于居民手中长期不用的节余款项的存储，存期越长，利率越高。

3. 整存零取储蓄存款适用于每月有固定收入的居民生活节余款项存储，是积累财富的阶梯，家庭理财的好帮手。

4. 定活两便储蓄存款适用于居民整笔待用款项的存储，利率根据实际存期而定，如果实际存期高于3个月，利率比活期储蓄存款高，可以根据储户需要随时支取，存期灵活，用款方便。

5. 教育储蓄具有储户特定、存期灵活、总额控制、利率优惠、利息免税的特点，适用于城乡居民为其子女接受非义务教育（指九年义务教育之外的全日制高中、大中专、大学本科、硕士和博士研究生）而积蓄资金的存储。

6. 通知储蓄存款的起存金额为5万元，存期很短也可得较高利率，适合短期大额流动资金的存储。

五、考核

请以模拟银行辽金支行柜员的身份完成以下业务处理。

储户李超于2018年4月16日存入通知储蓄存款9万元，约定办理7天通知存款，若该储户于：

（1）2018年5月2日通知储蓄机构将支取全部本金，并于2018年5月9日支取全部本金。

（2）2018年5月2日通知储蓄机构将支取全部本金，但于2018年5月5日取消通知，后于2018年5月10日通知储蓄机构将支取全部本金，并于2018年5月17日支取全部本金。

分别求储户的实得利息。

任务七　储蓄存款特殊业务处理

一、活动目标

能根据人民银行和商业银行关于办理挂失、查询、冻结、扣划、假币收缴、残币兑换等业务的有关规定规范办理相关业务。

二、知识准备

（一）存单（折）挂失

1. 储户遗失存单、存折、预留印鉴的印章、账户的密码、个人支票等均可到原储蓄机构书面申请挂失。不记名式的存单、存折，银行不受理挂失。正式挂失必须到原开户网点办理。

2. 储户办理挂失时，必须持本人身份证件，并提供姓名、存款时间、种类、金额、账号及住址等有关情况。如储户本人不能前往办理挂失，可委托他人代为办理。

3. 银行根据储户提供的资料，确认存款未被支取和未被冻结止付后，方可受理申请。银行在受理挂失申请（包括临时挂失和正式挂失）前账户内的储蓄存款已被他人支取的，储蓄机构不负赔偿责任。

4. 对挂失金额较大的（按地区经济发展程度的不同，由各省行自定金额限度），要影印其身份证件作附件备查。

5. 储户在特殊情况下，以口头、电话、电报、信函等方式申请的挂失，均视为口头挂失，储户必须在办理口头挂失后的 5 天之内，到原开户行办理正式挂失手续，否则挂失将失效，口头挂失不收手续费。

（二）补发存折或取现

1. 储户 7 天后持挂失申请书的第三联来银行办理补领新存单（折）或支取存款等手续，必须由原存款人办理，他人不得代办。代办挂失的，应由原存款人和代办人一同来银行办理。

2. 储户办理储蓄存款挂失后，在挂失 7 天之内找到了原存单（折）的，可以要求撤销挂失，撤销挂失需要由储户本人或原代办人持有效身份证件用原挂失申请书的回单联，到原挂失的开户网点办理。

3. 挂失人致函要求撤销挂失申请的，银行不予办理。撤销挂失后，已收的挂失手续费不退还储户。

（三）假币收缴

1. 由发现假币的金融机构两名（含）以上持有反假货币上岗资格证书的业务人员当面予以收缴。

2. 对假人民币纸币，应当面加盖“假币”字样的戳记。

3. 对假纸币及各种假硬币，应当面以统一格式的专用袋加封，封口处加盖“假币”字样戳记，并在专用袋上标明币种、券别、面额、张（枚）数、冠字号码、收缴人、复核人名章等细项。

4. 告知持有人如对收缴的货币真伪有异议，可向中国人民银行当地分支机构或中国人民银行授权的当地鉴定机构申请鉴定。

5. 收缴的假币，不得再交与持有人。

6.《中华人民共和国人民币管理条例》规定，单位、个人持有伪造、变造的人民币的，应当及时上缴中国人民银行、公安机关或者办理人民币存取款业务的金融机构；发现他人持有伪造、变造的人民币的，应当立即向公安机关报告。

7. 中国人民银行及中国人民银行授权的国有商业银行的业务机构应当无偿提供鉴定人民币真伪的服务。

子任务1　储蓄存款挂失

一、活动目标

掌握储蓄存款挂失业务的活动流程与操作方法，能按照业务规程规范完成储蓄存款业务挂失的处理。

二、活动流程

储蓄存款挂失业务活动流程如图1－7－1所示。

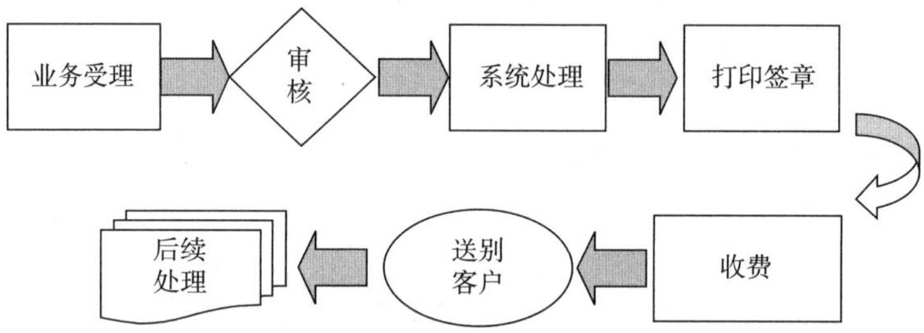

图1－7－1　储蓄存款挂失业务活动流程

三、案例引入

2018年6月20日，储户高鑫到模拟银行辽金支行申请其活期存折（账号为00101000836177，开户日期为2018年4月7日）挂失。

四、学习步骤

步骤1. 业务受理。柜员受理客户正式挂失申请或口头挂失申请时，若为正式挂失，柜员接收客户的身份证件，并请客户填写一式三联的挂失申请书（见表1－7－1），他人代理挂失的，还应接收代理人的身份证件；若为口头挂失（客户可通过电话、网上银行或到营业网点来办理），柜员填写挂失止付单。

步骤2. 审核。柜员根据储户提供的有关资料，认真核对储户的身份证件及账户的各项内容，审核储蓄挂失申请书上的内容填写是否完整、准确；在确认存款确未被支取的情况下，先冻结账户，再办理其他挂失手续。

步骤3. 系统处理。柜员输入交易码，进入存折（单）、密码挂失界面，录入挂失账户信息，经主管柜员审核并授权后确认提交。

步骤4. 打印、签章。柜员完成系统操作后，打印挂失申请书。若为口头挂失，打印特殊业务凭证后请客户签名，并加盖授权人和柜员名章。

表 1－7－1

模拟银行辽金支行个人业务挂失申请书

兹有下列[□账户（卡）　□密码　□　　]申请挂失支付，办理[□临
□头挂失　□ 永久□头挂失　□书面挂失手续。申请人同意按照模拟银行辽金
支行个人挂失业务规则办理，并对因此引发的相关后果负责。申请人同意模拟银行辽金
支行不承担挂失生效前或挂失失效后发生的经济损失。

户主姓名：　　申请挂失账（卡）号

户主联系电话或地址：

代理人姓名：　　代理人身份证件号码：

代理人联系电话或地址：　　代理理由及关系：

申请人签字：

银行记录

交易时间：　　（银行盖章）

经办人：

挂失后续处理申请及银行记录

申请人现申请办理以下所选业务：
□挂失撤销
□补发新存折（存单、银行卡）
□挂失结清　□挂失销户
□密码重置　□

申请人签字

交易时间　　（银行盖章）

授权人：　　经办人：

一、银行留存联

步骤 5. 收费。若为正式挂失，柜员需向客户收取手续费，并打印一式三联业务收费凭证，由客户签收后收回。同时登记挂失登记簿。挂失业务的会计分录为

借：现金　　10.00

　贷：其他营业收入——挂失手续费收入　　10.00

步骤 6. 送别客户。柜员将加盖了业务公章和柜员名章的储蓄挂失申请书客户联、收费凭证回单联及客户身份证交客户，与客户道别。若为口头挂失，应明确告知客户必须在 5 日（异地为 15 天）内持本人身份证件到原开户网点办理正式挂失手续。

步骤 7. 后续处理。柜员将客户身份证件复印件和储蓄挂失申请书银行留存联专夹保管，业务收费凭证记账联按规定整理存放。

五、考核

请以模拟银行辽金支行柜员的身份受理以下业务：2018 年 4 月 8 日，客户李超持本

人身份证（身份证号为 330104198606062122）来申请其活期存折（账号为 001000538120301，开户日期为 2018 年 1 月 2 日）挂失。

子任务 2　储蓄存款解挂

一、活动目标

掌握储蓄存款解挂业务的活动流程与操作方法，能按照业务规程规范完成储蓄存款业务解挂操作。

二、活动流程

储蓄存款解挂业务活动流程如图 1－7－2 所示。

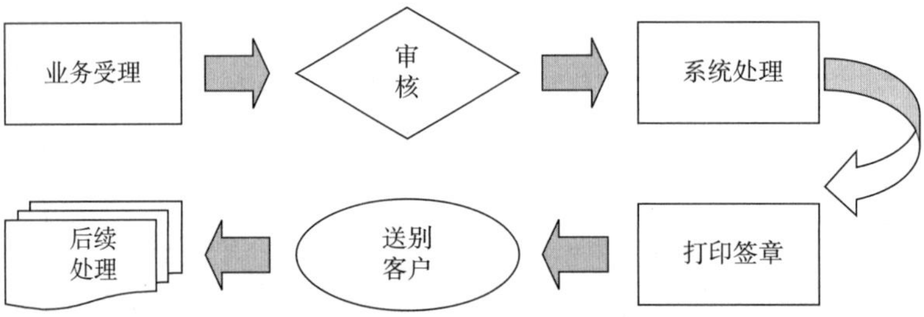

图 1－7－2　储蓄存款解挂业务活动流程

三、学习步骤

步骤 1. 业务受理。柜员接收客户的身份证件、储蓄挂失申请书客户联。若客户已找回挂失的存折（单），则还需接收存折（单）。

步骤 2. 审核。柜员根据储户提供的有关资料，确认挂失时限已过，储户为客户本人后，按储蓄挂失申请书编号从专夹中抽出申请书银行留存联，会同主管柜员进行核对。

步骤 3. 系统处理。柜员输入解挂交易码，进入储蓄存折（单）解挂界面，录入账户信息、证件类型、证件号码等，经主管柜员审核并授权后确认提交。

步骤 4. 打印、签章。若为挂换、挂开业务，柜员根据系统提示打印新存折（单）和特殊业务凭证（若为存折，应先划新存折写磁后再打印）；若为挂撤、挂销和密码重置业务，则系统直接打印特殊业务凭证，挂销还需打印储蓄存款利息清单。

打印后，柜员审核各类存折（单）、特殊业务凭证和储蓄存款利息清单，确认无误后，在储蓄挂失申请书的“处理结果”栏注明处理结果，并请客户在储蓄挂失申请书和特殊业务凭证上签名确认。然后柜员在新存折（单）上加盖储蓄专用章或业务专用章和柜员名章。

步骤 5. 送别客户。若为挂撤和密码重置业务，柜员将旧存折（单）交给客户；若为挂换、挂开业务，柜员将新开的存折（单）交给客户；若为挂销业务，柜员将现金

（本息合计数）、储蓄存款利息清单请客户签名确认后交给客户，与客户道别。

步骤6. 后续处理。柜员在挂失登记簿上写明处理结果，并与主管柜员分别签章确认，将特殊业务凭证（挂失申请书银行留存联作附件）和储蓄存款利息清单记账联整理存放。

四、考核

请以模拟银行辽金支行柜员的身份受理以下业务：

1. 2018 年 4 月 12 日，客户李超持本人身份证（身份证号为 330104198606062122）、活期存折（账号为 001000538120301，开户日期为 2018 年 1 月 2 日）、挂失申请书客户联来撤销挂失。

2. 2018 年 4 月 16 日，客户李超持本人身份证（身份证号为 330104198606062122）、挂失申请书客户联等来申请活期存折（账号为 001000538120301，开户日期为 2018 年 1 月 2 日）销户。

子任务3　储蓄存款查询、冻结与扣划

一、活动目标

了解金融机构协助有权机关查询、冻结和扣划业务处理的基本规定，能正确处理相关业务。

二、知识准备

1. 协助查询是指金融机构依照有关法律或行政法规的规定以及有权机关查询的要求，将单位或个人存款的金额、币种以及其他存款信息告知有权机关的行为。

办理协助查询业务时，经办人员应当核实执法人员的工作证件，以及有权机关县团级以上（含，下同）机构签发的协助查询存款通知书。司法机构处理案件、纠纷，行使司法权时，如有必要了解储户存款的有关情况，必须按照司法程序正式行文，由银行提供有关情况，司法部门在结案前，也必须承担保密义务。

2. 协助冻结是指金融机构依照法律的规定以及有权机关冻结的要求，在一定时期内禁止单位或个人提取其存款账户内的全部或部分存款的行为。

办理协助冻结业务时，金融机构经办人员应当核实以下证件和法律文书。

（1）有权机关执法人员的工作证件；

（2）有权机关县团级以上机构签发的协助冻结存款通知书，法律、行政法规规定应当由有权机关主要负责人签字的，应当由主要负责人签字；

（3）人民法院出具的冻结存款裁定书、其他有权机关出具的冻结存款决定书。

冻结的期限最长不超过 6 个月，有特殊原因需要延长，应在冻结期满前重新办理冻结手续。逾期未重新办理冻结手续的，视为自动撤销冻结。解除冻结时应由原通知单位提出正式的解除冻结存款通知书。

3. 协助扣划是指金融机构依照法律的规定以及有权机关扣划的要求，将单位或个人存款账户内的全部或部分存款资金划拨到指定账户上的行为。

办理协助扣划业务时，金融机构经办人员应当核实以下证件和法律文书：

（1）有权机关执法人员的工作证件；

（2）有权机关县团级以上机构签发的协助扣划存款通知书，法律、行政法规规定应当由有权机关主要负责人签字的，应当由主要负责人签字；

（3）有关生效法律文书或行政机关的有关决定书。

4. 金融机构协助查询、冻结和扣划存款，应当在存款人开户的营业分支机构具体办理。

5. 有权机关是指依照法律、行政法规的明确规定，有权查询、冻结、扣划单位或个人在金融机构存款的司法机关、行政机关、军事机关及行使行政职能的事业单位。

金融机构经办人员在协助有权机关查询、冻结、扣划时应当注意的方面。

（1）协助查询方面：有权机关对个人进行查询时，只提供个人姓名，而不能提供身份证号码或者其他足以确定该个人存款账户的资料（比如户口簿、地址、单位、联系电话等）的，根据银发〔2002〕1号文第11条第2款、银办函〔2001〕421号文规定，由于可能造成查询串户，侵犯其他存款人的合法权益。因此。银行不予协助查询。

（2）协助冻结方面：经办人员在受理协助冻结前，应当首先查询账户状态，对已办理冻结手续的，则不再受理新的冻结。但原有权机关仅冻结账户内的部分资金，另一有权机关要求对账户内的剩余的未被冻结资金冻结的，可以办理，但应书面将已冻结情况告知该有权机关。

（3）协助扣划方面：①若有权机关要求对个人定期存单进行部分扣划，应按要求金额进行扣划，将剩余金额重开一张新的定期存单。新开存单作代保管处理。经办人应联系客户，请其取回新开存单，并将原存单交还银行。交回的原存单作当日科目日结单附件上缴。②原则上当将款项直接划入有权机关指定的账户，但如果指定账户不是以有权机关名义开立的专用账户，而是其他非有权机关的账户，经办人员应当通过电话对有权机关执法人员的身份及扣划要求进行核实。有权机关要求提取现金的，一律不予协助。

三、案例分析

2003年年初，某法院受理一市民遗产诉讼后，要求某银行对该市民养母的生前存款情况进行查询。因经办人员不熟悉有关规定，仅凭法院提供的存款人姓名即办理了查询，误将一名同名同姓客户的存款情况提供给了法院。法院据此将该笔存款判定由该市民继承。随后该市民持判决书来银行申请存单挂失，经办人员在没有认真核对存款人的身份与账户信息的情况下即为其办理了挂失，后存款被提前支取。银行发现错划后请求该市民退还存款未果后产生纠纷。

本案例是因经办人员不熟悉有关规定，在有权机关手续不全且未认真核对客户资料的情况下进行处理而导致的串户错划纠纷。

子任务4　假币收缴

一、活动目标

掌握假币收缴业务的活动流程与处理方法，能按照业务规程规范完成假币收缴业务操作。

二、活动流程

假币收缴活动流程如图1－7－3所示。

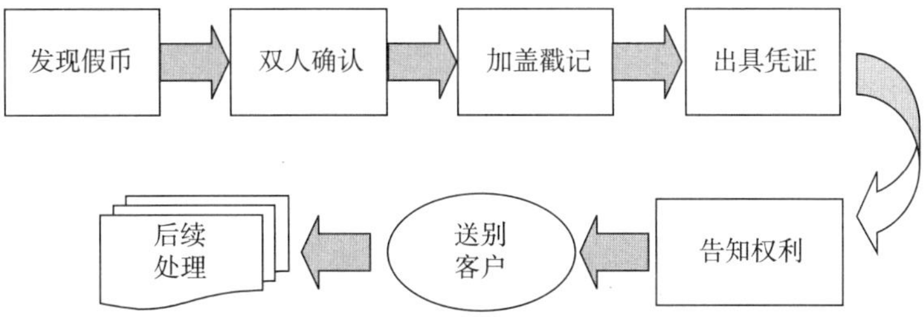

图1－7－3　假币收缴活动流程

三、案例引入

2018年4月10日，模拟银行辽金支行柜员田鑫赫办理储户高鑫存款业务时，发现一张2018年版100元纸币假币，田鑫赫当即与主管柜员吕丽办理了假币收缴手续。

四、学习步骤

步骤1. 发现假币。柜员在办理业务时发现假币应立即向客户声明，并马上报告主管柜员。

步骤2. 双人确认。两名（含）以上持有反假货币上岗资格证书的柜员在客户的视线范围内采用人、机结合的方式进一步鉴定和确认。

步骤3. 加盖戳记。确认为假币后，两名（含）以上持有反假货币上岗资格证书的柜员在客户视线范围内办理假币收缴手续，对假人民币纸币，应当面加盖“假币”字样戳记；对假外币纸币及各种假硬币，应当面以统一格式的专用袋加封，封口处加盖“假币”字样戳记，并在专用袋上标明币种、券别、面额、张（枚）数、冠字号码、收缴人、复核人名章等细项。

步骤4. 出具凭证。柜员输入交易码，进入假币收缴操作界面，完整录入中国人民银行统一设计的假币收缴凭证上的所有内容后，打印假币收缴凭证，并请客户在银行留存联上签字确认；若客户拒绝签字，应在客户签字栏注明“客户拒签”，然后在假币收缴凭证上加盖经办柜员和复核柜员名章及业务公章。将假币收缴凭证客户联交给客户。收缴的假币，柜员不得再交与持有人（客户），也不得自行将假币销毁。

步骤5. 告知权利。柜员应告知客户，如对被收缴的货币真伪有异议，可自收缴之日起3个工作日内，持假币收缴凭证直接或通过收缴单位向中国人民银行当地分支机构或中国人民银行授权的当地鉴定机构申请鉴定。

步骤6. 送别客户。柜员将假币收缴凭证客户联交给客户并告知权利后，与客户道别。

步骤7. 后续处理。柜员使用“假币出入库”交易，选择“收缴入库”，查询“登记”状态下柜员假币收缴记录，与实物核对无误后，作入库处理。

五、拓展

1. 金融机构在收缴假币过程中有下列情形之一的。应当立即报告当地公安机关，提供有关线索：

（1）一次性发现假人民币20张（枚）（含20张、枚）以上、假外币10张（枚）（含10张、枚）以上的；

（2）属于利用新的造假手段制造假币的；

（3）有制造贩卖假币线索的；

（4）持有人不配合金融机构收缴行为的。

2. 持有人对被收缴货币的真伪有异议，可以自收缴之日起3个工作日内，持假币收缴凭证直接或通过收缴单位向中国人民银行当地分支机构或中国人民银行授权的当地鉴定机构提出书面鉴定申请。

中国人民银行分支机构和中国人民银行授权的鉴定机构应当无偿提供鉴定货币真伪的服务，鉴定后应出具中国人民银行统一印制的货币真伪鉴定书，并加盖货币鉴定专用章和鉴定人名章。

3. 对盖有“假币”字样戳记的人民币纸币，经鉴定为真币的，由鉴定单位交收缴单位按照面额兑换完整券退还持有人，收回持有人的假币收缴凭证，盖有“假币”戳记的人民币按损伤人民币处理；经鉴定为假币的，由鉴定单位予以没收，并向收缴单位和持有人开具货币真伪鉴定书和假币没收收据。

对收缴的外币纸币和各种硬币，经鉴定为真币的，由鉴定单位交收缴单位退还持有人，并收回假币收缴凭证；经鉴定为假币的，由鉴定单位将假币退回收缴单位依法收缴，并向收缴单位和持有人出具货币真伪鉴定书。

六、假币收缴业务中常见情况的处理

1. 假币持有人（客户）拒绝在收缴凭证上签字怎么办？

答：若假币持有人（客户）拒绝在收缴凭证上签字，柜员应在客户签字栏注明“客户拒签”，并请主管柜员签字证明。

2. 假币持有人（客户）坚持要看被收缴的假币怎么办？

答：如果假币持有人（客户）向银行柜员索要假币，银行柜员根据《中国人民银行假币收缴、鉴定管理办法》中“收缴的假币，不得再交与持有人”的规定。不得将假币交与该持有人。不过，这时候银行柜员可隔着柜台玻璃供持有人辨认，并耐心解释假币特征。以防假币重新流入社会。同时告知持有人如对被收缴的货币真伪有异议，可自收缴之日起3个工作日内，持假币收缴凭证直接或通过收缴单位向中国人民银行当地分支机构或中国人民银行授权的当地鉴定机构提出书面鉴定申请。

3. 柜员发现自己误收假币怎么办?

答：柜员误收假币只能自己承担损失。但不能擅自处理，否则就不单是经济问题了。

七、考核

请以模拟银行辽金支行柜员的身份处理以下业务：李超到模拟银行辽金支行存款10 000元，其中有2张50元纸币、15张20元纸币、5张100元纸币为假币。

子任务5　票币兑换

一、活动目标

掌握票币兑换业务活动流程与处理方法，能按照业务规程规范完成票币兑换业务操作。

二、活动流程

票币兑换业务活动流程如图1－7－4所示。

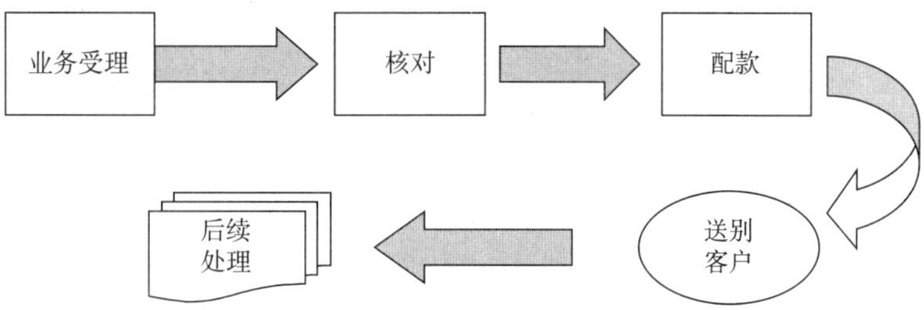

图1－7－4　票币兑换业务活动流程

三、学习步骤

步骤1. 业务受理。银行柜员仔细聆听客户口述主、辅币兑换或残缺币兑换的要求，接收需兑换的票币。

步骤2. 核对。主、辅币兑换，柜员要确认客户兑换金额或请客户填写兑换清单，进行清点与核对；特殊残缺、污损人民币兑换由柜员按照《中国人民银行残缺污损人民币兑换办法》有关规定确定兑换标准，经复核、业务主管确认无误后，当着兑换人的面在损伤票币上加盖“全额”或“半额”戳记，分类别按全额、半额使用专用袋密封，填制金融机构特殊残缺污损人民币兑换单，加盖有关人员名章；专用袋及封签应具有不可恢复性。如遇特殊原因的损伤票币需放宽标准的，兑换时需经有关领导批准。

步骤3. 配款。柜员清点与核对无误后，按客户要求（主、辅币兑换）或按鉴定（残缺票币兑换）配款。

步骤4. 送别客户。柜员将配好的款交与客户，客户确认无误后与客户道别。

步骤5. 后续处理。柜员将主、辅币兑换的现金放入钱箱；残缺币兑换的，将有关证明与被兑换、鉴定票币一起装封入袋，以备查考，由鉴别人签章封口，交当地人民银行发行库销毁。

四、拓展

1. 人民币的票币兑换是银行出纳工作的一项重要任务。票币兑换包括主、辅币的兑换，也包括残缺票币的兑换。

2. 不宜流通人民币挑剔标准。在流通过程中因长期使用磨损或由于自然灾害等特殊原因以致不能再继续流通的人民币即为损伤票币，应将其剔除。挑剔损伤票币，既要考虑市场票币的整洁，又要贯彻节约的原则。挑剔时，根据中国人民银行 2003 年 12 月 1 日公布的《不宜流通人民币挑剔标准》，按以下标准掌握：

（1）纸币票面缺少面积在 20 平方毫米以上的。

（2）纸币票面裂口 2 处以上、长度每处超过 5 毫米，裂口 1 处、长度超过 10 毫米的。

（3）纸币票面存在纸质较绵软，起皱较明显，脱色、变色、变形，不能保持票面防伪功能等情形之一的。

（4）纸币票面污渍、涂写字迹面积超过 2 平方厘米；不超过 2 平方厘米，但遮盖了防伪特征之一的。

（5）硬币有穿孔，裂口，变形，磨损，氧化，文字、面额数字、图案模糊不清等情形之一的。

3. 损伤票币的兑换标准。

《中国人民银行残缺污损人民币兑换办法》规定：

（1）能辨别面额，票面剩余 3/4（含 3/4），其图案、文字能按原样连接的残缺、污损人民币，可按原票面额给予全额兑换。

（2）能辨别面额，票面剩余 1/2（含 1/2）至 3/4 以下，其图案、文字能按原样连接的残缺、污损人民币，按原面额的一半兑换。

纸币呈正十字形缺少 1/4 的，按原面额的一半兑换。

4. 持有人如对残缺、污损的人民币兑换结果有异议，经持有人要求，金融机构应出具认定证明并退回该残缺、污损人民币。

持有人可凭认定证明到中国人民银行分支机构申请鉴定，中国人民银行应自申请日起 5 个工作日内作出鉴定并出具鉴定书。持有人可持中国人民银行的鉴定书及可兑换的残缺、污损人民币到金融机构进行兑换。

项目二
贷款和票据贴现业务处理

【知识结构图】

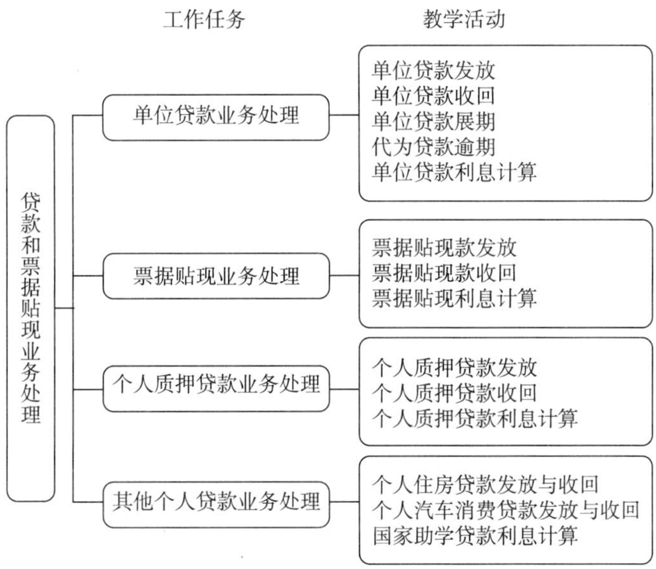

【能力目标】

能按贷款业务操作流程规范办理单位贷款业务的发放和收回，会根据不同的还贷期限计算单位贷款利息；能按票据贴现业务操作流程规范办理贴现业务，能准确计算票据贴现利息；能按贷款业务操作流程规范办理个人质押贷款业务的发放和收回，会根据不同的还贷期限计算个人质押贷款利息；能按贷款业务操作流程规范办理个人住房贷款、汽车贷款和助学贷款业务的发放和收回，会根据不同的还贷期限计算个人其他贷款利息。

【知识目标】

熟悉单位贷款业务基本规定，掌握单位贷款业务发放、收回的凭证格式，掌握具体填写要求；熟悉票据贴现业务相关规定、凭证格式，掌握贴现凭证填写方式；了解个人质押贷款业务基本规定和贷款的发放、收回的凭证格式，掌握具体的填写要求，熟悉个人质押贷款利息计算方法；了解个人其他贷款中个人住房贷款、汽车贷款和助学贷款业务基本规定和贷款的发放、收回的凭证格式，掌握具体的填写要求，了解个人其他贷款利息计算方法。

【素质目标】

具有良好的职业操守及道德品质；积极主动、踏实、认真细致，有韧性；具有良好的服务意识、富有责任感；具有执行能力、应变能力、团队协作与承压能力；具备一定语言表达和沟通能力；具有一定独立处理问题能力。

任务一　单位贷款业务处理

【技能目标】

熟悉单位贷款的概念、贷款的种类、核算要求等基本规定，熟悉单位贷款发放、收回的凭证格式，掌握具体的填写要求，能按单位贷款业务流程规范办理单位贷款的发放、收回和贷款展期等业务。

【知识准备】

一、概念

贷款是指银行和其他金融机构依据有借有还的原则，按照约定的期限和利率，将货币资金借给借款人的一种信用活动。贷款是银行一项主要的资产业务。

二、贷款的种类

商业银行的贷款，可以按不同的标准分类。

1. 按贷款发放的期限划分

（1）短期贷款，是指贷款期限在一年以内（含一年）的贷款。目前主要有六个月、一年等期限档次的短期贷款。这种贷款也称为“流动资金贷款”，在整个贷款业务中所占比重很大，是商业银行最主要的业务之一。

（2）中期贷款，是指贷款期限在一年以上五年以下（含五年）的贷款。

（3）长期贷款，是指贷款期限在五年（不含五年）以上的贷款。

在我国，中长期贷款主要是固定资产贷款，包括基本建设贷款和技术改造贷款，还包括房地产贷款、车船飞机购置贷款等。

2. 按贷款发放的条件划分

（1）信用贷款，是指以借款人的信誉为保证发放的贷款。

（2）担保贷款，按担保方式又分为保证贷款、抵押贷款和质押贷款。

（3）保证贷款，是指按《担保法》规定的保证方式以第三人承诺在借款人不能偿还贷款时，按约定承担一般保证责任或者连带责任为前提而发放的贷款。

（4）抵押贷款，是指按《担保法》规定的抵押方式以借款人或第三人的财产作为抵押物发放的贷款。

（5）质押贷款，是指按《担保法》规定的质押方式以借款人或第三人的动产或权利作为抵押物而发放的贷款。

（6）票据贴现，是指贷款人以购买借款人未到期商业汇票的方式发放的贷款。

3. 贷款按风险程度划分

（1）正常类贷款，是指借款人能够履行合同，有充分把握按时足额偿还本息的贷款。

（2）关注类贷款，是指尽管借款人目前有能力偿还贷款的本息，但是存在一些可能对还贷产生不利影响因素的贷款。

（3）次级类贷款，是指借款人的还款能力出现了明显的问题，依靠其正常经营收入已无法保证足额偿还本息的贷款。

（4）可疑类贷款，是指借款人无法足额偿还本息，即使执行抵押或担保，也肯定要给银行造成一部分损失的贷款。

（5）损失类贷款，是指在采取所有可能的措施和一切必要的法律程序之后，本息仍无法收回，或只能收回极少一部分的贷款。

4. 按贷款资金来源及贷款风险承担人不同划分

（1）自营贷款，指贷款人以合法方式筹集的资金自主发放的贷款，其风险由贷款人承担，并由贷款人收回本金和利息。

（2）委托贷款，指由政府部门、企事业单位及个人等委托人提供资金，由贷款人（即受托人）根据委托人确定的贷款对象、用途、金额、期限、利率等代为发放、监督使用并协助收回的贷款。贷款人（受托人）只收取手续费，不承担贷款风险。

（3）特定贷款，指经国务院批准并对贷款可能造成的损失采取相应补救措施后责成国有独资商业银行发放的贷款。

目前的贷款核算，包括贷款发放、贷款展期、贷款收回、贷款逾期的核算等环节。贷款按五级分类管理后，其核算主要包括贷款的发放和收回等核算环节。

三、信贷业务的基本原则

信贷业务的基本原则是三性原则，即安全性、效益性和流动性。

1. 安全性：指商业银行在经营信贷业务过程中，要保证信贷资金保值，避免遭受风险和造成损失。

2. 效益性：指商业银行在经营活动中应追求最大效益，包括经济效益和社会效益。

3. 流动性：指商业银行在经营信贷业务中能按预定期限收回信贷资金，或在没有损失的状态下迅速变为现金资产的能力。

四、贷款业务核算要求

1. 准确及时地办理各项贷款的核算手续。银行柜员对贷款业务必须做好以下核算工作：发放贷款及时、计算利息准确、按权责发生制原则将本期应收利息计入当期损益、按期收回贷款本金和利息、按规定计算和收取逾期贷款的罚息、做好呆账贷款和坏账的核销手续等。

2. 加强对贷款业务核算过程的会计监督。根据国家有关法规，会计部门在具体办理贷款发放、使用及收回的整个核算过程中，应实行会计监督，以保证贷款按规定用途使用和贷款按期收回本息。

3. 做好不良贷款指标的计算和分析工作。各银行的逾期贷款率、呆滞贷款率、呆账贷款率均不得超过人民银行规定的比例。因此，会计部门应该做好不良贷款指标计算和分析工作，及时向领导和有关部门提供数据，以加强对不良贷款的管理，做好不良贷款的催收工作。

五、商业银行贷款设置的会计科目

为了加强贷款业务的核算，金融企业会计制度设置了“短期贷款”“中长期贷款”“贴现”“抵押贷款”“逾期贷款”“贷款呆账准备”等科目。其中，“短期贷款”科目用于核算期限在一年以内的各种短期贷款；“中长期贷款”科目核算对象为期限在一年（含一年）以上的贷款；“抵押贷款”科目用于核算抵押贷款业务。各贷款科目均为资产类科目，发放贷款时记借方，收回贷款时记贷方。需要说明的是，商业银行在运作过程中，为了确保资产的安全，一般发放抵押贷款，在条件特别充分的条件下，才少量发放信用贷款。

同时，为了反映贷款利息核算情况，还设置了“利息收入”和“应收利息”科目。

子任务1　信用贷款业务的处理

子任务1.1　信用贷款发放的处理

一、活动目标

掌握信用贷款发放的活动流程与基本要领，能按照信贷业务的基本原则、核算要求和活动流程规范完成信用贷款发放的操作处理。

二、活动流程

信用贷款发放活动流程如图2－1－1所示。

图2－1－1　信用贷款发放活动流程图

借款单位向银行申请信用贷款，必须填写包含借款用途、偿还能力、还款方式等主要内容的“借款申请书”，并向银行信贷部门提供有关资料。信贷部门按照审贷分离、分级审批的要求进行贷款的审批。所有贷款应由信贷部门与借款人签订借款合同。借款合同应当约定贷款用途、金额、利率、还款期限、还款方式、违约责任和双方认为需要约定的其他事项。信贷部门要按借款合同规定按期发放贷款。

三、案例引入

宝丽电子有限公司（8310120165036）于2018年6月22日提交本行信贷部门审批同意的借款借据，向本行申请流动资金贷款3 000 000.00元，贷款期限3个月，利率为6.57%，模拟银行辽金支行审核无误后予以办理，贷款账号为8310112306201。该笔贷款于2018年9月22日归还。

四、学习步骤

步骤1. 业务受理。按借款合同规定发放贷款，借款人应填写一式五联的借款凭证（如表2－1－1所示）。第一联为备查联，由银行信贷部门留存；第二联为贷款正本；第三联为贷方传票，代存款科目转账贷方传票；第四联为到期检查卡，银行作放款到期检查卡；第五联为回单，给借款单位的收账通知。在第一、第二联上加盖借款人预留银行印鉴后送交信贷部门审查。信贷部门审查签章后，在信贷操作系统中录入贷款发放的相关信息，第一联借据留存，其余四联送会计部门。

步骤2. 审核凭证。银行柜员接到借款单位凭证后，应认真审核以下内容：借款凭证有无信贷部门审批意见；各项内容填写是否正确完整；大小写金额是否一致；借款凭证中借款的用途、金额、签章和归还日期是否填写正确；借款凭证上加盖的印鉴与预留银行印鉴是否一致。

步骤3. 贷款发放交易处理。审核凭证无误后，经办人员以借款凭证第二联代转账借方传票，第三联代转账贷方传票，将相关业务信息录入操作系统办理转账。会计分录为

借：短期贷款——宝丽电子有限公司　　3 000 000.00

　贷：活期存款——宝丽电子有限公司　　3 000 000.00

表2－1－1

贷　款　申　请　书（第一联）

申请日期 2018 年 6 月 22 日

贷出日期 2018 年 6 月 22日　　　　字　　号

贷款单位名称	宝丽电子有限公司		贷款户账号	8310112306201
贷款金额(大写)	叁佰万元整			千百十万千百十元角分 ¥3000000000
贷款种类	流动资金贷款	利率 6.57 %	约定还款日期 2018年9月22日	
兹向你行借支上列款项用于 宝丽电子有限公司 财务专用章 崔昆嘉印 贷款单位签章 （预留印鉴）	银行审核意见 同意贷款 模拟银行辽金支行 83101 合同专用章		借方：短期贷款 (08) 转讫 2018.06.22 模拟银行 辽金支行 复核 杨一明 记账 马漫舒	

行长(主任)　　会计科长 于江玲　　信贷科长 张泽　　客户经理 朱玥媛

银行代借方传票

步骤4. 交付回单。第五联借款凭证上加盖转讫章交由借款人，通知贷款入账。

步骤5. 后续处理。会计经办人员在借款凭证第二联和第三联上分别加盖转讫章和经办人员名章后作为办理业务的凭证与其他凭证一并装订保管。借款凭证第四联按贷款到期日与其他贷款业务凭证先后顺序排列，专门保管。会计部门对保管的凭证，应每月与各科目分户账进行核对，查看到期日期，并保证账据相符。

五、考核

1. 德盛实业有限公司（8310120167046）提交2018年3月22日本行信贷部门审批同意的借款借据，向本行申请流动资金贷款300 000 .00元，贷款期限3个月，利率为6.57%，予以办理，贷款账号为8310112306058。

2. 银山电子有限公司（8310120168026）于2018年1月23日提交本行信贷部门审批同意的借款借据，向本行申请流动资金贷款400 000 .00元，贷款期限6个月，利率为6.57%，予以办理，贷款账号为8310112307034。

要求：以模拟银行辽金支行柜员的身份完成相应业务的处理，包括凭证审核、业务数据录入、凭证盖章与凭证处理。

六、分析思考题

1. 简述信用贷款和抵押贷款的区别。
2. 简述贷款按风险程度划分可以划分的类别。

子任务1.2　信用贷款收回的处理

一、活动目标

掌握信用贷款收回的活动流程与基本要领，能根据信贷业务的基本规则和信用贷款收回活动流程规范完成信用贷款收回业务的操作处理。

二、活动流程

信用贷款收回活动流程如图2－1－2所示。

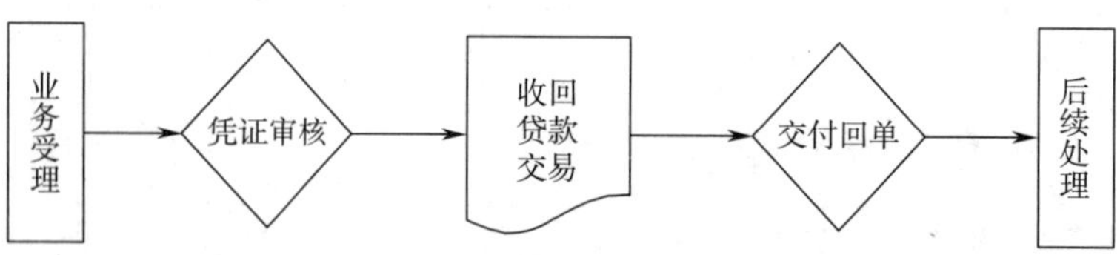

图2－1－2　信用贷款收回活动流程图

三、案例引入

2018年9月22日宝丽电子有限公司（8310120165036）归还于2018年6月22日向本行借入的流动资金贷款3 000 000.00元，贷款账号为8310112306201。模拟银行辽金支行为其办理还款手续。

（一）借款人主动归还借款

步骤1. 业务受理。借款人归还贷款时应填写支票和进账单（或填写一式四联还贷凭证，还款凭证第一联是回单，第二联是借方传票，第三联是贷方传票，第四联是卡片。借款单位应在第二联还贷凭证上加盖预留银行印鉴），并在转账支票上加盖预留印鉴后，与进账单一起提交银行（如表2－1－2、表2－1－3所示）。

表2－1－2

模拟银行转账支票（辽）　　BS 02　1613893

本支票付款期限十天

出票日期(大写)：武零壹捌年零玖月 武拾武日　　付款行名称：辽金支行

收款人：宝丽电子有限公司贷款户　　出票人账号:8310120165036

人民币 (大写)：叁佰万元整	千	百	十	万	千	百	十	元	角	分
	¥	3	0	0	0	0	0	0	0	0

用途：贷款

我账户内支付:8310120165036

出票人签章　宝丽电子有限公司 财务专用章　昆崔 印嘉

(06) 转讫 2018.09.22 模拟银行辽金支行

复核 杨一明　　记账 马漫妮

表2－1－3

模拟银行辽金支行进账单（贷方凭证）　2

2018年　9月　22日　　第　号

出票人	全称	宝丽电子有限公司存款户	收款人	全称	宝丽电子有限公司贷款户
	账号	8310120165036		账号	8310112306201
	开户银行	辽金支行		开户银行	辽金支行

人民币 (大写) 叁佰万元整	千	百	十	万	千	百	十	元	角	分
	¥	3	0	0	0	0	0	0	0	0

票据种类	转账支票
票据张数	1

备注：　宝丽电子有限公司 财务专用章　昆崔 印嘉

(06) 转讫 2018.09.22 模拟银行辽金支行

科目（贷）短期贷款

对方科目（借）活期存款

转账日期　2018年　9月　22日

复核 杨一明　　记账 马漫妮

此联由收款人开户银行作贷方凭证

步骤2. 凭证审核。银行会计经办人员收到转账支票和进账单后，应抽出原专夹保管的贷款借据第四联到期卡进行核对，核对无误后还应认真审核：贷款归还是否经信贷部门审查同意；还贷凭证各项内容填写是否完整、正确；凭证上加盖的印鉴与预留银行印鉴是否一致；存款账户款项是否足够支付等。

步骤3. 收回贷款交易处理。经审核无误，如借款人全额归还贷款，会计经办人员以转账支票作借方传票，进账单作贷方传票，原专夹保管的第四联借据到期卡作贷方传票附件，将相关信息录入操作系统办理转账。会计分录为

借：活期存款——宝丽电子有限公司　　3 000 000.00

　贷：短期贷款——宝丽电子有限公司　　3 000 000.00

若是分次归还，除按上述处理手续办理外，还应在原第四联借款凭证的“分次偿还记录”栏登记本次偿还金额，结出尚欠贷款余额，并继续留存保管，俟最后贷款还清时，再作贷方传票的附件。

步骤4. 回单交付。上述处理完成后，经办人员在进账单第一联上加盖转讫章，作为回单交给还贷人。

步骤5. 后续处理。进账单第二联加盖转讫章和经办人员名章后作为办理业务的凭证与其他凭证一并装订保管。

（二）银行主动扣收

如果贷款到期，借款人未能主动归还贷款，而其存款账户的余额又足够还款时，会计部门征得信贷部门同意，并由信贷部门出具“贷款收回通知单”，会计部门即可凭此填制一式四联“还贷凭证”扣还贷款。手续同上处理。

（三）特殊情况处理

1. 贷款展期的处理。如果贷款到期时，由于某些客观条件的限制，借款人无法及时归还贷款，则该借款人应在贷款到期日前，向银行提出贷款展期的申请。对同意展期的贷款，信贷部门应在展期申请书上签注意见，然后将展期申请书交给会计部门。会计部门抽出原借据的第四联，在借据上批注展期日期，申请书则附在借据后一并保管。展期不必另行办理转账手续。

2. 逾期贷款的处理。因借款人原因到期（含展期后到期）不能归还的贷款，于到期日即转为逾期贷款，逾期贷款满半年即转为呆滞贷款。银行对逾期贷款应当及时查明原因，并积极组织催收。

对于逾期贷款，会计部门应在贷款到期的次日，由电脑系统自动转入“逾期贷款”科目，或由会计部门制作特种转账传票用红字转入“逾期贷款”科目。编制会计分录如下：

借：逾期贷款——××单位逾期贷款户

借：短（中长期）贷款——××单位贷款户（红字）

到期贷款转入逾期贷款户后，应在原借据上批注“俟借款单位账户有款支付时，一次或分次扣收”字样，并且从逾期之日起到款项还清的前一日止，按规定比例，加收过期利息或罚息。自2004年1月1日起，执行逾期贷款在原贷款合同载明的利率基础上加收30%～50%过期利息或罚息的规定，属于挪用贷款资金的加收50%～100%的过期利息或罚息。

3. 核算非应计贷款业务。贷款本金或利息逾期（或本金和利息均逾期），且逾期超过90天没有收回的贷款称为非应计贷款。应计贷款是指非应计贷款以外的贷款。当贷款的本金或利息逾期90天时，应转入“非应计贷款”科目单独核算。其会计分录为

借：非应计贷款——××单位逾期贷款户
　贷：短期贷款——××单位贷款户（红字）
　［或：中长期贷款——××单位贷款户（红字）］
　［或：逾期贷款——××单位逾期贷款户（红字）］

四、考核

模拟银行辽金支行发生下列业务：

1. 2018年6月22日德盛实业有限公司（8310120167046）提交还贷凭证，归还2018年3月22日申请的3个月流动资金贷款300 000.00元，贷款账号为8310112306058。审核无误办理还贷手续。

2. 2018年7月22日银山电子有限公司（8310120168026）提交还贷凭证，归还2018年1月23日申请的6个月流动资金贷款400 000.00元，贷款账号为8310112307034。审核无误办理还贷手续。

五、分析思考题

1. 简述银行收回信用贷款的活动流程。
2. 简述银行收回信用贷款时对凭证审核的要点。

子任务2　抵押贷款业务处理

一、活动目标

熟悉银行抵押物的种类，抵押贷款额度，熟悉抵押贷款业务发放、收回的凭证格式，掌握具体的填写要求，能按抵押贷款的业务规定和活动流程规范完成抵押贷款的发放和收回业务。

二、知识准备

1. 抵押财产的种类。借款人提供的抵押物必须是借款人所有的、易于确定价值的、可保存的、易变现的物资或有价证券，主要包括：(1) 抵押人所有的房屋和其他地上定着物；(2) 抵押人所有的机器、交通运输工具和其他财产；(3) 抵押人依法有权处分的国有的土地使用权、房屋和其他地上定着物；(4) 抵押人依法有权处分的国有的机器、交通运输工具和其他财产；(5) 抵押人依法承包并经发包人同意抵押的荒山、荒沟、荒丘、荒滩等荒地的土地使用权；(6) 依法可以抵押的其他财产。

2. 不能用作抵押财产种类：(1) 土地所有权；(2) 集体所有的土地使用权；(3) 学校、幼儿园、医院等以公益为目的的事业单位、社会团体的教育设施、医疗卫生设施和其他社会公益设施；(4) 所有权、使用权不明或者有争议的财产；(5) 依法被查封、扣押、监管的财产不能作抵押。

注意：抵押品的估算要充分考虑到被拍卖价位。

3. 抵押贷款额度。抵押贷款额度一般最高不得超过抵押物现值的70%。

4. 抵押财产的保险。抵押的财产均应进行保险，受益人为银行，并将保险单交给银行，一旦抵押品遭受意外损失，银行可以从保险赔款中收回贷款本息。

子任务2.1　发放抵押贷款的处理

一、活动目标

掌握抵押贷款发放的活动流程与基本要领，能按照抵押贷款的业务规定和活动流程规范完成抵押贷款发放业务的操作处理。

二、活动流程

抵押贷款发放活动流程如图2－1－3所示。

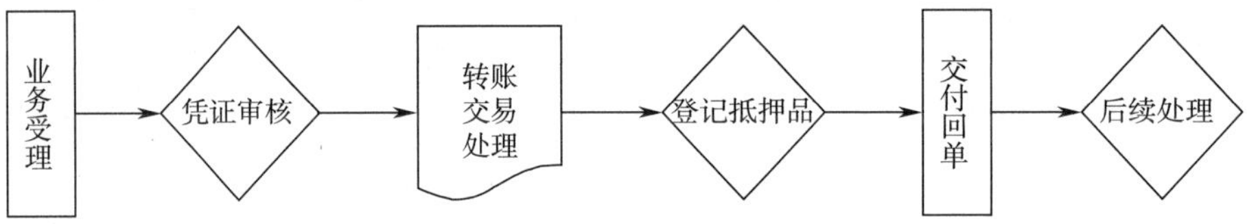

图2－1－3　抵押贷款发放活动流程图

三、案例引入

虹桥机电设备公司（8310120161047）于2018年6月22日提交本行信贷部门审批同意的借款借据，以房屋做抵押，向本行申请流动资金贷款700 000.00元，贷款期限3个月，利率为8.57%，模拟银行辽金支行审核无误后予以办理，贷款账号为8310112401051。该笔贷款于2018年9月22日归还。

步骤1. 通知客户填写借款凭证（同信用贷款）。

步骤2. 凭证审核（同信用贷款）。

步骤3. 办理转账。编制会计分录如下：

借：抵押贷款——虹桥机电设备公司贷款户　　700 000.00

　贷：活期存款——虹桥机电设备公司存款户　　700 000.00

步骤4. 对抵押品进行表外登记。对于有关抵押品，银行应签发“抵（质）押品代保管凭证”一式两联，一联交借款人，另一联由银行留存。然后登记表外科目：

收入：贷款抵押品——虹桥机电设备公司户　700 000.00

步骤5. 交收账通知（同信用贷款）。

步骤6. 后续处理。

子任务2.2　收回抵押贷款的处理

一、活动目标

掌握抵押贷款收回的活动流程与基本要领，能按照抵押贷款收回的活动流程和业务规定规范完成抵押贷款收回业务的操作处理。

二、案例引入

2018 年 9 月 22 日虹桥机电设备公司（8310120161047）到期归还于 2018 年 6 月 22 日以房屋做抵押，向本行申请的流动资金贷款 700 000.00 元，贷款账号为 8310112401051。模拟银行辽金支行审核无误后予以办理。

1. 贷款到期，借款人应主动提交贷款偿还凭证或转账支票到银行（提交凭证同信用贷款），并办理还款手续。

借：活期存款——虹桥机电设备公司存款户　　700 000.00

　贷：抵押贷款——虹桥机电设备公司贷款户　　700 000.00

销记抵押品表外登记，办理抵押品出库，收回借款人收执的抵押品代保管凭证。

付出：贷款抵押品——虹桥机电设备公司户　700 000.00

转账完毕，退回单（同信用贷款）。

2. 抵押贷款展期业务处理（同信用贷款）。

3. 抵押贷款逾期业务处理。抵押贷款到期，借款人如不能按期偿还贷款本息，银行应将其转入逾期贷款。会计分录为

借：逾期贷款——××单位逾期贷款户

　贷：抵押贷款——××单位户

4. 核算抵押品处置业务。当借款人逾期确实不能归还贷款时，银行有权将抵押品处理，用于抵偿所欠贷款。按有关法律规定，商业银行处理抵押品有两种方法：一是将抵押品拍卖，拍卖后所得净收入高于抵押贷款本息和罚息的部分，返还企业；拍卖所得低于抵押贷款本金的部分，银行仍保留追偿权，确实无法收回的，按规定程序报批后，从提取的呆账准备金中核销，应收利息与实收利息的差额从坏账准备金中核销。二是将抵押品转入账内，按抵押贷款及应收利息之和作价入账。处理后取得的收入，扣除银行在处理抵押品过程中发生的保管、维护、清理、法律诉讼等费用后，应优先归还贷款的本金，再归还利息。如果扣除相关费用后余额大于应偿还的贷款本息，应将多余款退还抵押人。如扣除相关费用后的余额不足贷款本息的，不足部分银行对借款人仍保留追索权。

（1）按抵押贷款和应收利息之和作价入账，会计分录为

借：活期存款（或有关科目）

　贷：逾期贷款——××单位逾期贷款户

应收利息：

利息收入——××利息收入户

（2）出售。有关资金收款凭证作借方凭证，填制三联（或四联）特种转账贷方传票，注明“变卖抵押品”字样，三联分别作收回抵押贷款、利息或应收利息的传票，另一联待收回借款人收执的抵押品代保管凭证后退给借款人。会计分录同上。

销记抵押品表外登记，收回借款人保管的抵押品代保管凭证。

付出：贷款抵押品——××单位户

子任务3 贷款利息计算的处理

一、活动目标

熟悉银行贷款计息的基本规定，掌握贷款利息计算的方法，能根据不同要求准确计算利息。

二、知识准备

贷款利息是银行主要的财务收入，因此在贷款收回过程中正确计算贷款利息十分重要。贷款利息计算的方法分为定期结息和利随本清两种。在实际工作中，大多采用定期结息方式。

定期结息一般每季度或每月结息一次。按季结息的，每季度末月的20日为结息日；按月结息的，每月的20日为结息日。具体结息方式由借贷双方协商确定，采用计息余额表计算累计计息积数，乘以贷款日利率，即为应收利息。对贷款期内不能按期支付的利息，根据贷款合同利率按季或按月计收复利，贷款逾期后改按罚息利率计收复利。最后一笔贷款清偿时，利随本清。定期结息一般采用计息余额表或在乙种账页上按实际天数，先累计出计息积数，再乘以日利率即可得出利息数。除贷款利率不同外，其计算公式和计息方法与活期存款的计息方法相同。

利随本清是指按规定的贷款期限，在收回贷款的同时逐笔计收利息。贷款的起讫时间，算头不算尾，采用对年对月对日的方法计算，对年按360天计算，对月按30天计算，不满整月的零头天数按实际天数计算。其计算公式为

贷款利息 = 本金 × 存期 × 利率

当贷款发生逾期时，还需要考虑罚息因素，正常贷款与逾期贷款应分段计息。

贷款利息计算活动流程如图2-1-4所示。

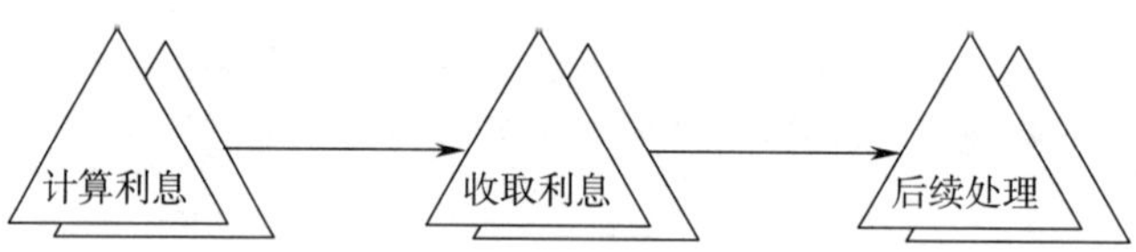

图2-1-4 贷款利息计算活动流程图

三、案例引入

模拟银行辽金支行于2018年5月12日向开户单位汇源电子有限公司（8310112301052）的存款户账号8310120161096发放了一笔短期借款，金额为500 000.00元，期限为3个月，年利率为6.57%，借据编号为借款20181287，借款于2018年8月12日到期。模拟银行辽金支行办理利息结算。

（一）定期结息

步骤1. 计算利息。

1. 6 月 21 日应计利息（5 月 12 日 ~6 月 20 日）为

$$500\ 000 \times 40 \times (6.57\% \div 360) = 3\ 650.00（元）$$

2. 8 月 12 日还款时应计利息（6 月 21 日 ~8 月 11 日）为

$$500\ 000 \times 52 \times (6.57\% \div 360) = 4\ 745.00（元）$$

$$该笔贷款总计利息 = 3\ 650.0 + 4\ 745.00 = 8\ 395.00（元）$$

步骤 2. 收取利息。6 月 20 日结息，经办人员应编制特种转账借、贷方传票或贷款利息清单（如表 2 – 1 – 4 所示），于 6 月 21 日将相关信息录入操作系统办理转账。会计分录为

借：活期存款——汇源电子有限公司　　3 650 .00

　贷：利息收入——贷款利息收入户　　3 650 .00

8 月 12 日到期还贷收息时会计分录为

借：活期存款——汇源电子有限公司　　4 745 .00

　贷：利息收入——贷款利息收入户　　4 745 .00

一联特种转账借方传票加盖转讫章后作为支款通知交借款人。

步骤 3. 后续处理。银行经办人员在相关凭证上分别加盖转讫章和经办人员名章后作为办理业务的凭证与其他凭证一并装订保管。

表 2 – 1 – 4

模拟银行存(贷)款利息传票

币种： 人民币　　2018 年　6 月　20 日

借方	户名	汇源电子有限公司	贷方	户名	利息收入
	账号	83101201101096		账号	
实收(付)金额		3650. 00	计息户账号		83101112301052
借据编号		20181287	借据序号		158
备注	起息日期	止息日期	积数	利率	利息
	2018. 5. 12	2018. 6. 20	20 000 000 00	6. 57%	3650. 00
	调整利息：		冲正利息：		
应收(付)利息合计：3650. 00					

事后监督　　会计主管 于江玲　　授权 李志许　　复核 杨一明　　经办 马漫婷

第二联 借方凭证

（二）利随本清

步骤 1. 计算利息。

贷款利息 = 本金 × 存期 × 利率

$$= 500\ 000.00 \times 92 \times 6.57\% \div 360 = 8\ 395.00（元）$$

步骤 2. 账务处理。如前所述。

步骤 3. 凭证打印、后续处理。

四、考核

模拟银行辽金支行2018年3月12日向黎明电器厂（20161125）发放一笔短期贷款，金额为500 000.00元，期限为3个月，年利率为6.57%，该企业于7月2日归还。逾期利率为0.5‰。

要求：以模拟银行辽金支行柜员的身份规范完成定期结息和利随本清两种相应业务的处理，包括凭证审核、业务数据录入、凭证盖章与凭证处理。

五、分析思考题

1. 简述贷款业务发放和收回的主要风险与防范。
2. 简述定期结息和利随本清的不同点。
3. 简述贷款利息处理过程中的风险点与防范。
4. 简述贷款利息核算的活动流程。

六、拓展

（一）不良贷款的分类与认定

1. “一逾两呆”分类法对不良贷款的分类与认定。根据《贷款通则》的规定，逾期贷款、呆滞贷款和呆账贷款（简称“一逾两呆”）为不良贷款。该种分类方法主要依据借款人的还款状况，以贷款期限作为其主要划分标准。

（1）逾期贷款是指到期应收回而未能收回的贷款。逾期（含展期后逾期）90天以内的不良贷款列为催收贷款。银行对逾期贷款应及时查明原因，积极组织催收。

（2）贷款虽未逾期，或逾期未满规定年限，但有下列情况之一，应列入呆滞贷款：①借款人被依法撤销、关闭、解散，并终止法人资格；②借款人虽未依法终止法人资格，但生产经营活动已停止，借款人已名存实亡；③借款人的经营活动虽未停止，但产品无市场，企业资不抵债，亏损严重并濒临倒闭。

（3）列入呆滞贷款后，经确认已无法收回的贷款，列入呆账贷款。

2. 五级分类对不良贷款的分类与认定。2001年底，中国人民银行发布了《关于全面推行贷款质量五级分类管理的通知》（银发〔2001〕416号），通知中公布了《贷款风险分类指导原则》，决定自2002年1月1日起，在所有银行全面推行贷款质量五级分类管理。按照《贷款风险分类指导原则》的规定评估银行贷款质量，采用以风险为基础的分类方法（简称贷款风险分类法），即把贷款分为正常、关注、次级、可疑和损失五类，后三类合称为不良贷款。该种方法主要依据借款人的还款能力，确定贷款遭受损失的风险程度。

（1）正常类贷款，是指借款人能够严格履行合同，没有足够理由怀疑贷款本息不能按时足额偿还，即有充分把握按时足额偿还贷款本息的贷款。一般情况下，这部分贷款应占银行贷款的绝大部分。具体判断时可以考虑以下几个特征：借款人进行正常经营活动的外部环境良好；抵押、担保等手续完备，符合法律规定，但在目前情况下尚不需要考虑这方面的问题。

（2）关注类贷款，是指尽管借款人目前有能力偿还贷款本息，但存在一些可能对偿还产生不利影响的因素。有关因素包括借款人的正常经营活动受到一些不利影响、借款人的财务状况有恶化的迹象、贷款项目出现重大的不利于贷款归还的调整等。这些因素需要引起银行的密切关注，如果得不到有效的控制或继续恶化，贷款将会出现问题。

（3）次级类贷款，是指借款人的还款能力出现明显问题，其正常经营收入已无法保证足额偿还贷款本息，即使执行担保，也可能会造成一定损失。具体可根据以下特征来判断：借款人未能按时归还贷款本息；借款人的财务状况恶化或有明显的恶化趋势，比如借款人的盈利水平、现金流量明显下降，主营业务收入明显低于预期水平，还款能力明显降低，负债总额大幅度增加等。

（4）可疑类贷款，是指借款人无法足额偿还贷款本息，即使执行担保，也肯定要造成较大损失。相对而言，可疑贷款具有次级贷款的所有特征并且程度更加严重。

（5）损失类贷款，是指在采取所有可能的措施或一切必要的法律程序之后，本息仍然无法收回或只能收回极少部分。比如，借款人长期拖欠贷款本息；借款人已停业或已宣告破产，以其停业或破产财产不足以抵偿贷款本息；抵押物、质押物等已被银行依法进行了处置，或已对担保人行使了追索权，但所得款项仍不能抵偿借款人拖欠的贷款本息等。

（二）贷款损失准备的提取范围

《金融企业会计制度》规定贷款损失准备的计提范围为承担风险和损失的资产，具体包括：贷款（含抵押、质押、保证等贷款）、银行卡透支、贴现、银行承兑汇票垫款、信用证垫款、担保垫款、进出口押汇、拆出资金等。银行不承担风险和还款责任的委托贷款和代理贷款不计提。《金融企业会计制度》还规定，贷款损失准备金计提不足的金融企业不得进行利润分配。

（三）贷款损失准备金的种类及提取方法

银行应当按照谨慎会计原则，合理估计贷款可能发生的损失，及时计提贷款损失准备。贷款损失准备应根据借款人的还款能力、贷款本息的偿还情况、抵押品的市价、担保人的支持力度和商业银行内部信贷管理情况，分析贷款的风险和回收的可能性，合理提取。

1. 贷款损失准备种类。贷款损失准备包括一般准备、专项准备和特种准备。一般准备是根据全部贷款余额的一定比例计提的，用于弥补尚未识别的可能性损失的准备。专项准备是指根据《贷款风险分类指导原则》，对贷款进行风险分类后，按每笔贷款损失的程度计提的用于弥补专项损失的准备。特种准备指针对某一国家、地区、行业或某一类贷款风险计提的准备。

2. 贷款损失准备金提取。大多数国家要求商业银行同时计提普通呆账准备金和专项呆账准备金。贷款损失准备由银行总行统一计提。我国《金融企业会计制度》要求提取三种准备金，目前大部分上市银行只提取一般准备金和专项准备金。专项准备金按照贷款五级分类的结果提取，每类贷款的提取比率由商业银行自主决定，人民银行《贷款损失准备金计提指引》提出了一个参考比例如下：

一般准备，按季计提，纳入银行附属资本，一般准备年末余额应不低于年末贷款余额的1%，计提时通过利润分配核算，用于弥补尚未识别的可能性损失的准备。

专项准备，按季计提，纳入当期损益。参照比例为：对于关注类贷款，计提比例为

2%；对于次级类贷款，计提比例为25%；对于可疑类贷款，计提比例为50%；对于损失类贷款，计提比例为100%。其中，次级和可疑类贷款的损失准备，计提比例可以上下浮动20%，纳入当期损益。

特种准备由银行根据不同类别（如国别、行业）贷款的特殊风险情况、风险损失概率及历史经验，自行确定按季计提比例。

（四）呆账的认定

1. 符合下列条件之一的债权或者股权可认定为呆账：

（1）借款人和担保人依法宣告破产、关闭、解散或撤销，并终止法人资格，金融企业对借款人和担保人进行追偿后，未能收回的债权。

（2）借款人死亡，或者依照《民法通则》的规定宣告失踪或者死亡，金融企业依法对其财产或者遗产进行清偿，并对担保人进行追偿后，未能收回的债权。

（3）借款人遭受重大自然灾害或者意外事故，损失巨大且不能获得保险补偿，或者以保险赔偿后，确实无力偿还部分或者全部债务，金融企业对其财产进行清偿和对担保人进行追偿后，未能收回的债权。

（4）借款人和担保人虽未依法宣告破产、关闭、解散、撤销，但已完全停止经营活动，被县级及县级以上工商行政管理部门依法注销、吊销营业执照，金融企业对借款人和担保人进行追偿后，未能收回的债权。

（5）借款人和担保人虽未依法宣告破产、关闭、解散、撤销，但已完全停止经营活动或下落不明，未进行工商登记或连续两年以上未参加工商年检，金融企业对借款人和担保人进行追偿后，未能收回的债权。

2. 经采取所有可能的措施和实施必要的程序之后，符合下列条件之一的银行卡透支款项可认定为呆账：

（1）持卡人和担保人经依法宣告破产，财产经法定清偿后，未能还清的透支款项。

（2）持卡人和担保人死亡或经依法宣告失踪、死亡，以其财产或遗产清偿后，未能还清的款项。

（3）经诉讼或仲裁并经强制执行程序后，仍无法收回的透支款项。

（4）持卡人和担保人因经营管理不善、资不抵债，经有关部门批准关闭，被县级及县级以上工商行政管理部门依法注销、吊销营业执照，金融企业对持卡人和担保人进行追偿后，未能还清的透支款项。

（5）涉嫌信用卡诈骗（不包括商户诈骗），经公安机关正式立案侦查一年以上，仍无法收回的透支款项。

（6）余额在2万元（含2万元）以下，经追索两年以上，仍无法收回的透支款项。

3. 经采取一切可能的措施和实施必要的程序之后，符合下列条件之一的助学贷款（含无担保国家助学贷款）可认定为呆账：

（1）借款人死亡，或按照《民法通则》的规定宣告失踪或宣告死亡，或丧失完全民事行为能力或劳动能力，无继承人或受遗赠人，在依法处置其助学贷款抵押物（质押物）及借款人的私有财产，并向担保人追索连带责任后，仍未能归还的贷款。

（2）借款人经诉讼并经强制执行程序后，在依法处置其助学贷款抵押物（质押物），并向担保人追索连带责任后，仍无法收回的贷款。

(3) 贷款逾期后，在金融企业确定的有效追索期限内，对于有抵押物（质押物）以及担保人的贷款，金融企业依法处置助学贷款抵押物（质押物）和向担保人追索连带责任后，仍无法收回的贷款；对于无抵押物（质押物）以及担保人的贷款，金融企业依法追索后，仍无法收回的贷款。金融企业应本着实事求是的原则，自主确定有效追索期限，并报主管财政部门备案。

（五）呆账的核销

呆账核销必须遵循严格认定条件；提供确凿证据；严肃追究责任；逐户、逐级上报、审核和审批；对外保密；账销案存的原则。

1. 金融企业申报核销呆账，必须提供以下材料：

(1) 借款人或者被投资企业资料，包括“呆账核销申报表”（金融企业制作填报）及审核审批资料，债权、股权发生明细材料，借款人（持卡人）、担保人和担保方式、被投资企业的基本情况和现状，财产清算情况等。

(2) 经办行（公司）的调查报告，包括呆账形成的原因，采取的补救措施及其结果，对借款人（持卡人）和担保人具体追收过程及其证明，抵押物（质押物）处置情况，核销的理由，债权和股权经办人、部门负责人和单位负责人情况，对责任人进行处理的有关文件等。

(3) 以下第 2 至 4 条要求的其他相关材料。不能提供确凿证据证明的呆账，不得核销。

2. 金融企业核销一般债权和股权呆账，必须提供以下材料：

(1) 符合呆账认定“1.”中 (1) 项的，提交破产、关闭、解散证明，撤销决定文件，县级及县级以上工商行政管理部门的注销证明和财产清偿证明。

(2) 符合呆账认定“1.”中 (2) 项的，提交死亡或者失踪证明、财产或者遗产清偿证明。

(3) 符合呆账认定“1.”中 (3) 项的，提交重大自然灾害或者意外事故证明、保险赔偿证明和财产清偿证明。

(4) 符合呆账认定“1.”中 (4) 项的，提交县级及县级以上工商行政管理部门的注销、吊销证明和财产清偿证明。

3. 金融企业核销银行卡透支款项呆账，必须提供以下材料：

(1) 符合呆账认定“2.”中 (1) 项的，提交法院的破产证明和财产清偿证明。

(2) 符合呆账认定“2.”中 (2) 项的，提交死亡或失踪证明和财产或遗产清偿证明。

(3) 符合呆账认定“2.”中 (3) 项的，提交诉讼判决书或仲裁书和强制执行书证明。

4. 金融企业核销助学贷款呆账，必须提供以下材料：

(1) 符合呆账认定“3.”中 (1) 项的，提供法院关于借款人死亡或失踪的宣告；或公安部门、医院出具的借款人死亡证明；或司法部门出具的借款人丧失完全民事行为能力的证明；或县级以上医院出具的借款人丧失劳动能力的证明；对助学贷款抵押物（质押物）处置和对担保人的追索的情况。

(2) 符合呆账认定“3.”中 (2) 项的，提供法院判决书或法院在案件无法继续执行时作出的法院终结裁定书；对助学贷款抵押物（质押物）处置和对担保人追索的情况。

（3）符合呆账认定“3.”中（3）项的，提供金融企业确定有效追索期限报主管财政部门备案的文件；对抵押物（质押物）处置情况和对担保人的追索记录。

5. 金融企业发生的呆账，提供确凿证据，经审查符合规定条件的，应随时上报，随时审核审批，及时从计提的呆账准备中核销。金融企业不得隐瞒不报、长期挂账和掩盖不良资产。

6. 金融企业发生的呆账，经逐户、逐级上报，由金融企业总行（总公司）审批核销。对于小额呆账，可授权一级分行（分公司）审批，并上报总行（总公司）备案。总行（总公司）对一级分行（分公司）的具体授权额度根据内部管理水平确定，并报主管财政机关备案。一级分行不得再向分支机构转授权。

7. 金融企业核销呆账，必须严格履行审核、审批手续，并填报“呆账核销申报表”，上级行（公司）接到下级行（公司）的申报表，应当组织有关部门进行严格审查和签署意见。

8. 下列债权或者股权不得作为呆账核销：

（1）借款人或者担保人有经济偿还能力，未按期偿还的金融企业债权。

（2）违反法律、法规的规定，以各种形式逃废或者悬空的金融企业债权。

（3）行政干预逃废或者悬空的金融企业债权。

（4）金融企业未向借款人和担保人追偿的债权。

（5）其他不应当核销的金融企业债权或者股权。

9. 财政部驻各省、自治区、直辖市、计划单列市财政监察专员办事处负责对当地中央直属国有金融机构分支机构呆账核销的监督管理。每年累计检查覆盖面原则上应不低于金融企业每年核销呆账金额的20%。

（六）核销贷款呆账的会计处理

1. 提取贷款损失准备金。

（1）提取一般准备金。商业银行根据应提取贷款损失准备金的贷款期末余额和规定的比例，计算一般准备金的期末余额，与现有的一般准备金的余额进行比较，如果现有余额不足时，应按照差额从净利润中补提一般准备金。会计分录为

借：利润分配——一般准备金

　　贷：贷款损失准备——一般风险准备

如果原有余额高于本期末应有余额，则应按照差额冲减，会计分录与补提时相反。

（2）提取专项准备金。商业银行在会计期期末按照贷款五级分类的结果和本行制定的提取比例计算本期专项准备金的应有余额，与期末已有余额比较，如果现有余额不足时，应按照差额补提专项准备金，计提的专项准备和特种准备作为当期成本。会计分录为

借：资产减值损失

　　贷：贷款损失准备——专项准备（或特种准备）

如果原有余额高于本期末应有余额，则应按照差额冲减，会计分录与补提时相反。特种准备金的提取方法相同。

2. 核销呆账贷款。金融企业应建立贷款损失核销制度，及时对损失类贷款或贷款的损失部分进行核销。由于《金融企业会计制度》规定不再针对应收利息提取坏账准备，核销时应包括该笔贷款的本金和应收利息，同时报财政部门备案。会计分录为

借：贷款损失准备——专项准备

　贷：呆账贷款——××单位

对于已经核销的呆账，贷款商业银行应贯彻“账销实存”的原则，保留对贷款的追索权。

3. 核算收回已核销的贷款。已经核销的贷款以后又收回的话，商业银行应通过“贷款损失准备——专项准备金”科目进行核算，会计分录为

借：呆账贷款——××单位

　贷：贷款损失准备——专项准备

然后再转销呆账贷款，根据收回的形式借记相关科目，会计分录为

借：相关科目

　贷：呆账贷款——××单位

（七）考核

模拟银行上年底已提取的贷款呆账准备金为 880 000. 00 元。本年 3 月份报经批准，从呆账准备中核销兴华商场因火灾巨大，且获保险补偿后，仍不能归还的逾期贷款 250 000. 00元核销。本年初该行应提呆账准备贷款余额为 96 000 000. 00 元，年末按 1% 的差额提取呆账准备。请做出核销兴华商场逾期贷款的会计分录及计算本年应提取的贷款呆账准备金的数额。

任务二　票据贴现业务处理

【技能目标】

熟悉票据贴现业务的凭证格式，掌握贴现凭证的填写方式，能正确计算贴现利息，按照贴现业务的活动流程规范完成贴现业务操作。

【知识准备】

一、票据贴现概念

票据贴现是指商业汇票的持票人在汇票到期前，为了取得资金而将票据转让给银行。银行按照票面金额扣除从贴现日至汇票到期日的利息后，以其差额支付给收款人或持票人的一种信用活动。汇票贴现对贴现申请人来说，就是以支付利息来换取提前使用未到期票据资金的一种方式；对银行来说，是银行向持票人融通资金的一项放款业务。

贴现申请人申请贴现时，必须在贴现银行开立存款账户。

二、贴现利息的计算

贴现利息按票面金额、贴现期限和贴现率计算，具体计算公式为

$$贴现利息 = 汇票金额 \times 贴现天数 \times 年贴现率 \div 360$$

$$贴现利息 = 汇票金额 \times 贴现天数 \times 月贴现率 \div 30$$

贴现天数从贴现之日起到汇票到期日前一日止，按实际天数计算。承兑人在异地的，贴现、转贴现和再贴现的期限的计算应另加3天的划款日期。

实付贴现金额是贴现银行在汇票金额中扣除贴现利息后实际支付给贴现申请人的金额，计算公式为

$$实付贴现金额 = 汇票金额 - 贴现利息$$

子任务1　发放贴现款的处理

一、活动目标

掌握票据贴现款发放的活动流程与基本要领，能根据贴现业务规定和活动流程规范完成贴现款发放业务的操作处理。

二、活动流程

贴现款发放活动流程如图2－2－1所示。

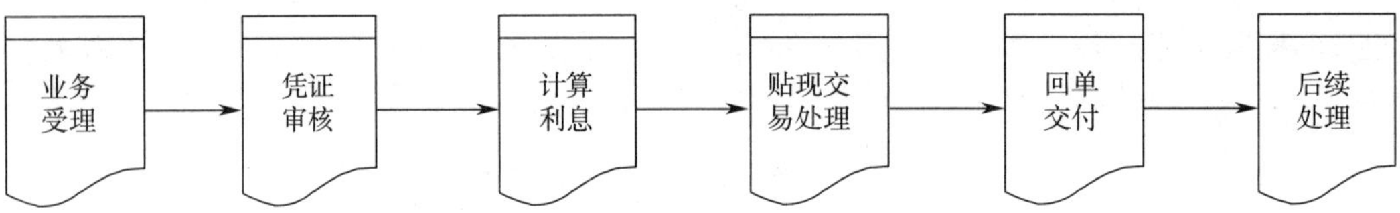

图2－2－1　贴现款发放活动流程图

三、案例引入

2018年6月22日模拟银行辽金支行为在本行开户的盛雅集团股份有限公司（8310120109077）办理一笔012474号银行承兑汇票贴现，该票据出票日是2018年5月22日，到期日是9月22日，贴现率为6.57%，金额为5 000 000.00元，出票人是美达电器有限公司（8320720161086），承兑人是泰州市新华路支行（83207）。

持票人持未到期的商业汇票向银行申请贴现时，应根据承兑汇票填制一式五联的贴现凭证（如表2－2－1所示）。第一联为申请书，银行作贴现借方传票；第二联作贴现申请人账户贷方传票；第三联作贴现利息贷方传票；第四联银行给贴现申请人作收账通知；第五联为到期卡。

四、学习步骤

步骤1. 业务受理与凭证审核。贴现申请人在贴现凭证第一联上加盖预留银行印鉴，连同汇票一并送交银行。银行信贷部门按照信贷管理办法和支付结算办法的有关规定进行审核，符合条件的，在贴现凭证上加盖专用印章后送交会计部门。

表 2-2-1

贴现凭证（代申请书）　　1

申请日期　2018 年　6 月 22 日　　　　第　　号

贴现汇票	种类	银行承兑汇票	号码	2474	持票人	名称	盛雅集团股份有限公司
	出票日	20180522				账号	8310120109077
	到票日	20180922				开户银行	辽金支行
汇票承兑人	名称	美达电器有限公司			账号	8320720161086	开户银行　泰州市新华路支行
汇票金额	人民币（大写）	伍佰万元整					¥500000000
贴现率	6.57%	贴现利息	¥8668750		实付贴现金额		¥491331250
附送承兑汇票申请贴现，请审核。 申请人签章		银行审批 负责人　客户经理 朱瑞斌			科目（借）——贴现 对方科目（贷）——活期存款 （贷）——利息收入 复核 杨一明　记账 马漫婷		

此联银行作贴现借方凭证

会计部门收到贴现凭证和汇票后，应认真审核：贴现凭证上是否有信贷部门的签章，各项内容是否填写正确、无误；贴现凭证第一联上的印鉴是否与预留银行印鉴一致；汇票是否真实；汇票有否背书；贴现凭证的填写与汇票是否相符等。

步骤 2. 计算贴现利息。经审核凭证无误后，计算贴现利息和实付贴现金额。

盛雅集团股份有限公司（账号：8310120162069）银行承兑汇票的贴现利息计算为

贴现利息 =5 000 000.00 ×（92 +3）×（6.57% ÷360）=86 687.50（元）

实付贴现金额 =5 000 000.00 −86 687.50 =4 913 312.50（元）

计算好后，在贴现凭证有关栏填上贴现率、贴现利息和实付贴现金额。

步骤 3. 贴现交易处理。经办人员以贴现凭证第一联作贴现科目借方传票，第二、第三联分别作贴现申请人账户贷方传票和利息收入贷方传票，将相关信息录入操作系统办理转账。会计分录为

借：贴现——银行承兑汇票户　　5 000 000.00

　贷：活期存款——盛雅集团股份有限公司　　4 913 312.50

　贷：利息收入——贴现利息收入户　　86 687.50

步骤 4. 回单交付。第四联贴现凭证加盖转讫章交给贴现申请人作收账通知。

步骤 5. 后续处理。银行经办人员在贴现凭证第一、第二、第三联上分别加盖转讫章和经办人员名章后作为办理业务的凭证与其他凭证一并装订保管。第五联贴现凭证和汇票按到期日顺序排列，专夹保管。等汇票快到期时，办理汇票托收。

五、考核

1. 2018 年 6 月 22 日宝丽电子有限公司（8310120165036）持由厦门站前支行（83601）承兑的 6351 号银行承兑汇票申请贴现，该汇票金额 800 000.00 元，出票日为 2018 年 4 月 22 日，到期日是 2018 年 10 月 22 日，出票人为新阳纺织机械厂

(8360120161046)，贴现率为6.57%，本行审查后予以办理贴现。

2. 2018年6月22日会友电器有限公司（账号：8310120167013）持由上海宝地支行（83575）承兑的4587号银行承兑汇票申请贴现，该汇票金额2 000 000.00元，出票日为2018年3月1日，到期日是2018年8月1日，出票人为上海衣荣公司(8357520165047)，贴现率为6.57%，本行审查后予以办理贴现。

要求：以模拟银行辽金支行柜员的身份规范完成相应业务的处理，包括凭证审核、业务数据录入、凭证盖章与凭证处理。

六、分析思考题

1. 相对于商业承兑汇票，为什么办理银行承兑汇票贴现的风险更小？
2. 贴现利息是如何计算的？

子任务2　到期收回贴现款的处理

一、活动目标

掌握票据贴现款到期收回的活动流程与基本要领，能根据业务流程规范完成贴现款到期收回业务的操作。

二、活动流程

到期收回贴现款的活动流程如图2－2－2所示。

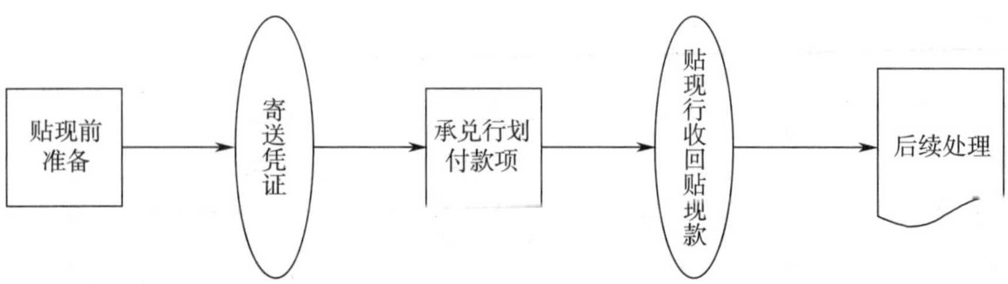

图2－2－2　到期收回贴现款的活动流程图

三、案例引入

2018年9月19日，模拟银行辽金支行根据盛雅集团股份有限公司(8310120169077)2018年6月22日办理的贴现业务和012474号银行承兑汇票，填写委托收款凭证向泰州市新华路支行收款，并收回贴现款。该票据出票日是2018年5月22日，到期日是9月22日，贴现率为6.57%，金额为5 000 000.00元，出票人为美达电器有限公司（8320720161086），承兑人为泰州市新华路支行（83207）。

四、学习步骤

步骤1. 贴现银行贴现收回准备。贴现银行对贴现到期的商业汇票，作为持票人应于汇票到期前，匡算邮程，提前填写托收凭证，托收凭证凭据名称栏分别注明“商业承兑”或“银行承兑”字样。

步骤2. 贴现银行寄送凭证。托收凭证第三、第四、第五联连同汇票一起寄交付款人开户行，向付款人收取票款。第五联贴现凭证作第二联托收凭证的附件存放。其余手续参照汇票到期持票人委托开户行收款的办法处理。

步骤3. 付款人开户行或承兑行划付款项。付款人开户行或承兑行收到贴现银行寄来的托收凭证和汇票，经审查无误后，参照委托收款付款人开户行或承兑行的相关手续处理。

步骤4. 贴现银行收回贴现款项。贴现银行收到付款行划回的款项时，按照委托收款的款项划回手续处理，贴现凭证第五联作附件。会计分录为：

借：清算资金往来　　5 000 000. 00

　贷：贴现——银行承兑汇票户　　5 000 000. 00

步骤5. 后续处理。银行经办人员在相关凭证上加盖转讫章和经办人员名章后与其他凭证一并装订保管。

五、拓展

特殊情况：贴现款到期未能收回的处理

如遇贴现银行收到付款行寄来的付款人未付款通知书或付款人拒绝付款证明、汇票及托收凭证时，对已贴现的汇票金额，即从贴现申请人的账户收回。收取时，填制两联特种转账借方凭证，在“转账原因”栏注明“未收到××号汇票款，贴现款已从你账户收取”，一联作借方凭证，另一联加盖转讫章作支款通知随同汇票交给申请贴现的持票人，第五联贴现凭证作贴现科目贷方凭证。收妥款项并记账。会计分录为

借：活期存款——贴现申请人户

　贷：贴现——×汇票户

若申请人账户存款余额不足时，其不足部分转入该申请人逾期贷款账户。其会计分录为

借：活期存款——贴现申请人户

　　逾期贷款——贴现申请人户

　贷：贴现——×汇票户

若贴现申请人存款账户无款，则将贴现款全部转入贴现申请人的逾期贷款账户。其会计分录为

借：逾期贷款——贴现申请人户

　贷：贴现——×汇票户

六、考核

模拟银行辽金支行发生下列业务：

1. 根据承兑协议，向承兑申请人雪花集团收取到期的银行承兑汇票56 000. 00元，由于该单位账户资金不足，只能支付50 000. 00 元。

2. 开户单位纺织厂贴现汇票金额 20 万元，因时间已过仍未收回票款，特向贴现申请人收取票款。

要求：以模拟银行辽金支行柜员的身份规范完成相应业务的处理，包括凭证审核、计息、业务数据录入、凭证签章与凭证处理。

七、分析思考题

1. 办理贴现业务的基本规定是什么？
2. 贴现业务操作活动流程是什么？

任务三　个人贷款业务处理

子任务 1　个人质押贷款业务处理

一、活动目标

了解个人质押贷款业务的基本规定和贷款发放、收回的凭证格式，掌握具体的填写要求，能按贷款业务操作流程规范办理个人质押贷款业务的发放和收回，会根据不同的还贷期限计算贷款利息。

二、知识准备

（一）个人质押贷款含义

个人质押贷款是借款人以合法有效、符合银行规定条件的质物出质，向经中国银行业监督管理委员会批准开办个人信贷业务的银行业金融机构申请取得的人民币贷款。

按照《中华人民共和国物权法》第二百二十三条规定，可作为个人质押贷款的质物主要有：（1）汇票、支票、本票。（2）债券、存款单；（3）仓单、提单；（4）可以转让的基金份额、股权；（5）可以转让的注册商标专用权、专利权、著作权等知识产权中的财产权；（6）应收账款；（7）法律、行政法规规定可以出质的其他财产权利。

日常业务中应用最多的是个人存单质押贷款，它是指储户以未到期的定期储蓄存款作质押，向银行申请一定金额的贷款业务。开展个人抵质押贷款主要是为解决储户短期资金周转困难，通过向银行贷款周转，避免因提取未到期的定期存款而蒙受利息损失。

（二）个人质押贷款特点

1. 质物广泛多样。按照《中华人民共和国物权法》规定，个人有权处分的很多权利都可以出质，包括存单、国债、理财产品、黄金、人寿保险单、个人外汇买卖资金等均可作为质押物。

2. 办理手续简便。个人质押贷款通常是用于解决客户临时急用资金需求，因此办理手续简便，效率高，用款周期也短。个人质押贷款一般在柜台办理，部分质押物可通过个人网上银行办理个人质押贷款，办理时间短，手续简便。

3. 贷款门槛低。中华人民共和国境内居民，凡是具有完全民事行为能力、年龄在 18 周岁以上的自然人，均可以凭手中银行认可的有效质物作质押担保向银行申请办理个人质押贷款。

4. 贷款风险较低，担保方式相对安全。由于借款人需将具有充足价值和变现性的权利凭证质押给银行，例如将未到期的定期存单等作为质押品，且可获得的贷款额度不超过质押品面额的90%，因此担保方式可靠，变现能力强，风险较低，担保方式相对安全。

（三）个人质押贷款的基本规定

1. 贷款对象。个人质押贷款的对象主要满足以下两个条件：

（1）在中国境内居住，具有完全民事行为能力的自然人。

（2）提供银行认可的有效质物作质押担保。

2. 贷款额度。各家银行对个人质押贷款额度的规定不尽相同，对于质物不同的个人抵押贷款，其贷款额度也有所区别，按照《中华人民共和国物权法》规定，一般为质押物的90%。

3. 贷款期限。一般规定个人质押贷款的贷款期限不超过质物的到期日。用多项质物作质押的，贷款到期日不能超过所质押质物的最早到期的日期。

4. 贷款利率。个人质押贷款利率按中国人民银行规定的同期同档次期限贷款利率执行，各银行可在人民银行规定的范围内上下浮动。

个人质押贷款发生逾期时，凡逾期在1个月以内（含1个月）的，按罚息利率计收罚息。逾期超过1个月时，贷款行处理质押存单或凭证，用于抵偿贷款本息。

5. 还款方式。个人质押贷款还款方式包括等额本息还款法，任意还本、利随本清法，按月还息、分次任意还本法，到期一次还本付息法等还款方式，各银行规定略有差别，具体还款方式由经办行与借款人协商并在借款合同中约定。

（四）个人质押贷款计息规定

1. 个人质押贷款利率按中国人民银行规定的同期同档次期限贷款利率执行，各银行可在中国人民银行规定的范围内上下浮动。

2. 提前还款按原定利率和实际借款天数计算。在贷款期限内如遇利率调整，按原定的利率计算。

3. 若贷款展期，展期期限加上原期限达到新的利率期限档次时，从展期之日起，贷款利息按新的期限档次利率计收。

4. 若贷款逾期，自逾期之日起，贷款机构按法定罚息利率向借款人计收罚息。

个人质押贷款发放业务活动流程如图2－3－1所示。

图2－3－1　个人质押贷款发放业务操作流程

个人质押贷款收回业务操作流程如图2－3－2所示。

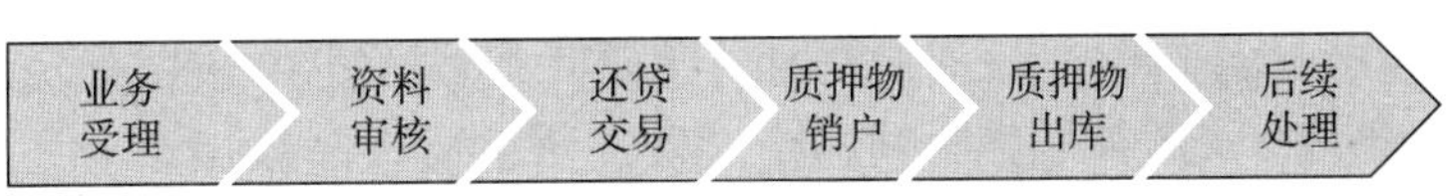

图2－3－2　个人质押贷款收回业务操作流程

三、案例引入

客户小李工作稳定，月收入 5 000 元，因突发特殊情况急需使用资金 6 万元，可是目前小李手中的现金及活期存款不足 1 万元，另有一张 10 万元 3 年期定期整存整取存单，还差 4 个月到期。请运用所学知识为小李提出解决方案。

四、学习步骤

（一）贷款的发放

步骤 1. 贷款申请。借款人申请贷款时，填写个人质押贷款申请表。借款人、出质人须同时到场，并提供本人有效身份证件，填写质押凭证清单。

步骤 2. 贷款调查。贷款调查责任人对借款申请人的资格及权利质物的真实性、合法性进行调查。调查的主要内容有：

（1）借款人提供的有价权利凭证是否真实有效，有无到期，有无挂失、冻结、止付，有无争议或法律纠纷。

（2）借款人填写的个人情况是否属实，贷款金额是否符合规定，贷款用途是否正当合法。

（3）借款人是否以他人的权利凭证办理质押贷款，借款人、出质人是否提供了有效身份证件，是否具有完全民事行为能力。

调查责任人认定调查内容属实后，在申请审批表上签注明确意见，连同有关证明材料交贷款审查责任人审查。

步骤 3. 审查、审批。贷款审批责任人要认真审核借款人的有关材料和内容，给借款人尽快作出“贷”与“不贷”的明确答复。同意贷款的，要在审批表中签署审批意见，通知贷款调查责任人办理质押凭证的止付手续。

步骤 4. 签订合同。贷款审批责任人（或授权代理人）同借款人、出质人共同签订个人质押贷款合同，由贷款行、借款人、出质人各执一份。

步骤 5. 开户放款。银行经办柜员使用个人贷款账户开户交易，开立个人质押贷款账户；使用贷款发放交易系统发放贷款，打印个人质押贷款借款凭证、盖章。贷款发放的会计分录为

借：个人质押贷款——××借款人户

　贷：活期储蓄存款——××存款人户

步骤 6. 质押物处理。填制表外科目收入凭证，进行质押物的账务处理。

收入：质押物——人民币整存整取定期存单

步骤 7. 后续处理。表外科目记账后，经办人员将质押权利凭证交管库员入库保管，同时出具个人质押贷款质押品收据交与客户。

（二）贷款的收回和利息计算

步骤 1. 业务受理。借款人归还贷款时，必须凭借款人身份证（如代理还款的，还须出示代理人身份证）、质押借款合同、个人质押贷款质押品收据和个人质押贷款借款凭证到网点办理还贷事宜。

步骤 2. 资料审核。银行经办柜员收到借款人提交的资料后，调阅借款凭证和贷款

管理卡进行审核：审核有无质押品收据回单联；核对借款人姓名、贷款账号和借据编号；核对借款人有无逾期贷款，一般应先归还逾期贷款，再办理到期或提前还款。

步骤3. 还贷交易。银行经办柜员使用还贷交易，收回贷款本息，并打印还贷凭证和利息凭证。贷款收回会计分录为

借：活期储蓄存款——××存款人户（或借：现金）

　贷：个人质押贷款——××借款人户

　　　利息收入——××账户

步骤4. 质押物销户。银行经办柜员填制表外科目付出凭证，进行质押物的销户处理。

付出：质押物——人民币整存整取定期存单

步骤5. 质押物出库。经办柜员凭质押品收据回单联向管库员领取质押物。管库员使用质押品出库交易办理质押物的出库，并将质押物交经办柜员。

步骤6. 后续处理。经办柜员在还贷凭证上签章后，将质押物、还贷凭证回单联交借款人，由借款人在个人质押权证出/入库单上签章后，收回质押的存单（折）。经办柜员填制质押凭证处理通知书办理质押物的解除止付手续。同时将相关凭证资料整理归档。

五、知识链接

表2-3-1　　常见抵质押品评估方法举例

常见押品	优先选择的估值方法
现金及其等价物、票据、保本型理财产品	账面价值
贵金属	市场价格
债券	市场价格。当公司客户以上海或深圳证券交易所记账式国债质押时，采用“发行价、市价、面值孰低法”评估，即质押证券价值＝min（质押债券发行价；质押债券市价；质押债券面值）×质押债券数量
保单	现金价值法
交易类应收账款	已实际发生的应收账款，评估价值按照下列金额（须扣除相应的预付款、佣金、质保金、其他已付款和坏账准备等）中孰低原则予以确定：（一）商品交易合同约定的信贷业务申请人应收账款金额；（二）发票金额；（三）验货单注明金额；（四）付款人回复的应收账款质押书面确认金额
公路收费权、应收租金、学校收费权等	收益现值法
居住用房地产	市场比较法
商用房地产	市场比较法和收益法孰低原则
居住用建设用地使用权	市场比较法
商用建设用地使用权	市场比较法和收益法孰低原则
房产类在建工程	工程进度法或成本法
出口退税账户	账面价值
机器设备	成本法
交通运输设备	成本法、市场比较法
设施类在建工程	成本法

六、考核

1. 2018 年 2 月 20 日，客户钱慧持一张存期为 2 年的 50 000 元面额的整存整取定期储蓄存单（开户日期为 2015 年 7 月 25 日的本行存单）来行申请办理个人质押贷款，贷款金额为 35 000 元，贷款期限 2 个月。

2. 2018 年 2 月 22 日，客户张琳持一张存期为 3 年的 50 000 元面额的整存整取定期储蓄存单（开户日期为 2015 年 7 月 25 日的本行存单）来行申请办理个人质押贷款，贷款金额为 45 000 元，贷款期限 3 个月。

3. 2018 年 8 月 20 日，客户刘明以 1 张存期 3 年，面额 50 000. 00 元，开户日期为 2015 年 1 月 5 日的整存整取定期储蓄存单从本行获得 3 个月个人质押贷款 35 000. 00 元，请计算该笔质押贷款的到期日是什么时候，并计算该笔个人质押贷款的利息（个人质押贷款年利率为 5. 6%）。

4. 2018 年 9 月 6 日，客户赵娜来行归还个人质押贷款 30 000. 00 元。经查该笔贷款为赵娜于 2016 年 4 月 6 日以面额 60 000. 00 元的整存整取定期储蓄存单从模拟银行申请获得的 6 个月个人质押贷款（贷款年利率为 5. 6%）。请计算该笔质押贷款的到期日是什么时候，并计算该笔个人质押贷款的利息。

七、拓展

（一）贷款的展期

贷款展期：不能按期归还贷款的，借款人应当在贷款到期日之前，向贷款人申请贷款展期。是否展期由贷款人决定。申请保证贷款、抵押贷款、质押贷款展期的，还应当由保证人、抵押人、出质人出具同意的书面证明。已有约定的，按照约定执行。

短期贷款展期期限累计不得超过原贷款期限；中期贷款展期期限累计不得超过原贷款期限的一半；长期贷款展期期限累计不得超过 3 年。国家另有规定的除外。借款人未申请展期或申请展期未得到批准，其贷款从到期日次日起，转入逾期贷款账户。

个人质押贷款展期业务操作流程如图 2－3－3 所示。

图 2－3－3　个人质押贷款展期业务操作流程

步骤 1. 业务受理。借款人不能按期归还贷款的，应当在贷款到期日之前，向贷款人申请贷款展期，填写个人质押贷款展期申请书。

步骤 2. 资料审核。银行经办柜员收到借款人提交的资料后，调阅借款凭证和贷款管理卡进行审核，贷款展期须具备以下前提条件：贷款未到期、无欠息、无拖欠本金、本期本金已归还。

步骤 3. 签订协议。贷款审批责任人（或授权代理人）同借款人、出质人共同签订个人质押贷款展期协议，由贷款行、借款人、出质人各执一份。

步骤 4. 后续处理。经办柜员重新为借款人计算分期还款额，同时将相关凭证资料整理归档。

个人贷款展期协议（样本）

协议编号：

鉴于借款人、担保人与贷款人签订的《××××银行________________合同》（合同编号：______________________）（以下简称原合同）项下借款由于________________________，借款人申请展期，担保人同意继续提供担保，贷款人同意对原合同项下的借款展期。经各方平等协商，达成如下协议：

第一条　原合同贷款到期日为20____年____月____日（原合同与借据不符的，以借据为准）；现将贷款到期日延长至20____年____月____日。

第二条　借款人和担保人自愿承担以下义务：

（一）原借款有抵押和（或）质押担保的，抵押人和（或）出质人自愿继续承担担保责任，并承诺及时配合贷款人办理抵押登记手续或质押财产交付/登记手续。如展期后借款到期日超过原抵押或质押财产保险到期日的，借款人、抵押人和（或）出质人应办理抵押、质押财产的续保手续，延长保险期间至足以覆盖借款到期日。

（二）原合同有保证担保的，保证人自愿继续承担连带保证责任，保证期间为借款展期到期后2年；若发生法律规定或原合同约定的事项，导致债务提前到期的，保证期间为提前到期之日起2年。

（三）贷款展期产生的相关费用，由借款人承担。

第三条　本协议是原合同的补充和变更，除涉及上述内容的条款外，原合同继续有效。

第四条　本协议自各方签字（签章）并（或）加盖公章（合同专用章）之日起生效。

第五条　本协议一式______份，各方当事人各持一份。

贷款人（盖章）：　　　　法定代表人或授权代理人（签字或名章）：

借款人（签字）：____________　证件名称及号码：________________

共同借款人（签字）：________　证件名称及号码：________________

自然人作为抵押人的，

抵押人（签字）：____________　证件名称及号码：________________

法人作为抵押人的，

抵押人（公章）：　　　　法定代表人或授权代理人（签字或盖章）：

自然人作为出质人的，

出质人（签字）：____________　证件名称及号码：________________

法人作为出质人的，

出质人（公章）：　　　　法定代表人或授权代理人（签字或盖章）：

自然人作为保证人的，

保证人（签字）：__________ 证件名称及号码：______________

法人作为保证人的，

保证人（公章）： 法定代表人或授权代理人（签字或盖章）：

协议签署日期：20 年 月 日

（二）贷款的逾期

逾期贷款，是指借款合同约定到期（含展期后到期）未归还的贷款（不含呆滞贷款和呆账贷款）。

若贷款逾期，逾期1个月以内（含1个月）的，自逾期之日起，贷款机构按法定罚息利率（一般逾期贷款罚息利率按借款合同载明的贷款利率水平上加收30%～50%）向借款人计收罚息，直至清偿本息为止。

若贷款逾期超过1个月，贷款机构有权处理质押的凭证，抵偿贷款本息。贷款机构在处理逾期的凭证质押贷款时，如凭证尚未到期，贷款机构可按提前兑付的正常程序办理兑付，在抵偿了贷款本息及罚息后，应将剩余款项退还借款人。

个人贷款业务逾期催收通知书（样本）

______先生/女士（借款人）：

您于______年____月____日向我行申请__________贷款，贷款金额为________元，并与我行签订编号为：__________的合同。截至______年____月____日，您尚有本金（大写）____________元，利息（大写）____________元未按合同约定还款。您的行为已经严重违反了贷款合同的约定，我行有权采取法律措施向您追偿，您有可能被列为金融机构不良信用客户，影响您在我行和其他银行再次得到贷款服务，并承担发生的银行费用及法律费用，导致您时间、精力和经济损失进一步扩大。

请您在收到本通知书之日起五日内清偿全部欠款（具体金额以我行会计部门计算为准）。否则，我行将通过法律途径予以解决。

××××银行________

联系人：______联系电话：________

联系地址__________

（盖章）

年 月 日

回 执

××××银行________

我收到本催收通知书，经认真阅读，已知悉通知书内容。

借款人（或其配偶、子女、父母）（签字）： 年 月 日

子任务2　个人其他贷款业务的处理

子任务2.1　个人住房贷款

一、知识准备

（一）个人住房贷款的概念和分类

个人住房贷款是指银行向自然人发放的用于购买、建造和大修理各类型住房的贷款。个人住房贷款的分类如表2－3－2所示。

表2－3－2　　个人住房贷款的分类

按照资金来源划分	①自营性个人住房贷款（商业性个人住房贷款） ②公积金个人住房贷款（委托性住房公积金贷款） ③个人住房组合贷款
按照住房交易形态划分	①新建房个人住房贷款（一手房贷款） ②个人二手房住房贷款
按照贷款利率的确定方式划分	①固定利率贷款 ②浮动利率贷款

（二）个人住房贷款的特点

个人住房贷款与其他个人贷款相比，具有以下特点。

1. 贷款金额大、期限长。个人住房贷款相对其他个人贷款而言金额较大，期限也较长，通常为10～20年，最长可达30年，绝大多数采取分期还本付息的方式。

2. 大多以抵押为前提建立的借贷关系。个人住房贷款是以抵押物的抵押为前提而建立起来的一种借贷关系，借款人或第三人不转移对抵押财产的占有。

3. 具有系统性风险。由于个人住房贷款大多数为房产抵押担保贷款，因此风险相对较低。但由于大多数个人住房贷款具有类似的贷款模式，系统性风险也相对集中。除了客户还款能力和还款意愿等方面的因素外，房地产交易市场的稳定性和规范性对个人住房贷款风险的影响也较大。

（三）个人住房贷款的基本规定

1. 贷款对象。对个人住房贷款对象的有关规定见表2－3－3。

表2－3－3　　个人住房贷款对象的有关规定

基本要求	具有完全民事行为能力的中华人民共和国公民或符合国家有关规定的境外自然人
其他要求	①合法有效的身份或居留证明； ②有稳定的经济收入，信用状况良好，有偿还贷款本息的能力； ③有合法有效的购买（建造、大修）住房的合同、协议、符合规定的首付款证明材料及贷款银行要求提供的其他证明文件； ④有贷款银行认可的资产进行抵押或质押，或有足够代偿能力的法人、其他经济组织或自然人作为保证人； ⑤贷款银行规定的其他条件

2. 贷款利率。个人住房贷款的利率按商业性贷款利率执行，上限放开，实行下限管理。

根据现行规定，个人住房贷款利率浮动区间的下限为基准利率的 0.7 倍。对个人贷款购买第二套住房的家庭，贷款利率不得低于基准利率的 1.1 倍。

个人住房贷款的计息、结息方式，由借贷双方协商确定。一般来说，个人住房贷款的期限在 1 年以内（含 1 年）的贷款，实行合同利率，遇法定利率调整不分段计息；贷款期限在 1 年以上的，合同期内遇法定利率调整时，可由借贷双方按商业原则确定，可在合同期间按月、按季、按年调整，也可采用固定利率的确定方式。但实践中，银行多于次年 1 月 1 日起按相应的利率档次执行新的利率规定。

3. 贷款期限。个人一手房贷款和二手房贷款的期限由银行根据实际情况合理确定，最长期限都为 30 年。

个人二手房贷款的期限不能超过所购住房的剩余使用年限。对于借款人已离退休或即将离退休的（目前法定退休年龄为男 60 岁，女 55 岁），贷款期限不宜过长，一般男性自然人的还款期限不超过 65 岁，女性自然人的还款年限不超过 60 岁。符合相关条件的，男性可放宽至 70 岁，女性可放宽至 65 岁。

4. 还款方式。个人住房贷款可采取多种还款方式进行还款。例如，一次还本付息法、等额本息还款法、等额本金还款法、等比累进还款法、等额累进还款法及组合还款法等多种方法。其中，以等额本息还款法和等额本金还款法最为常用。

一般来说，贷款期限在 1 年以内（含 1 年）的，借款人可采取一次还本付息法，即在贷款到期日前一次性还清贷款本息。贷款期限在 1 年以上的，可采用等额本息还款法和等额本金还款法等。

借款人可以根据需要选择还款方法，一笔借款合同只能选择一种还款方法，贷款合同签订后，未经贷款银行同意，不得更改还款方式。

5. 担保方式。个人住房贷款可实行抵押、质押和保证三种担保方式。贷款银行可根据借款人的具体情况，采用一种或同时采用几种贷款担保方式。

在个人住房贷款业务中，采取的担保方式以抵押担保为主，在未实现抵押登记前，普遍采取抵押加阶段性保证的方式。抵押加阶段性保证人通常是借款人所购住房的开发商或售房单位，且与银行签订了《商品房销售贷款合作协议书》。在一手房贷款中，在房屋办妥抵押登记前，一般由开发商承担阶段性保证责任；而在二手房贷款中，一般由中介机构或担保机构承担阶段性保证的责任。借款人、抵押人、保证人应同时与贷款银行签订抵押加阶段性保证借款合同。在所抵押的住房取得房屋所有权证并办妥抵押登记后，根据合同约定，抵押加阶段性保证人不再履行保证责任。

6. 贷款额度。根据现行规定，个人住房贷款最低首付款比例为20%，具体规定见表 2-3-4。

表 2-3-4　个人住房贷款首付比例的有关规定

住房类型	首付比例（不低于）
购买首套自住房且套型建筑面积在 90 平方米以下	20%
购买首套自住房且套型建筑面积在 90 平方米以上	30%
贷款购买第二套住房	60%
贷款购买第三套及以上住房	暂停发放

（四）公积金个人住房贷款

1. 公积金个人住房贷款的概念。公积金个人住房贷款也称委托性住房公积金贷款，是指由各地住房公积金管理中心运用个人及其所在单位所缴纳的住房公积金，委托商业银行向购买、建造、翻建、大修自住住房的住房公积金缴存人以及在职期间缴存住房公积金的离退休职工发放的专项住房消费贷款。公积金个人住房贷款是住房公积金使用的中心内容。公积金个人住房贷款实行“存贷结合、先存后贷、整借零还和贷款担保”的原则。

2. 公积金个人住房贷款的特点

（1）互助性。公积金个人住房贷款资金来源为单位和个人共同缴存的住房公积金。

（2）普遍性。只要是具有完全民事行为能力、正常缴存住房公积金的职工，都可申请公积金个人住房贷款。

（3）利率低。相对商业贷款，公积金个人住房贷款的利率相对较低。

（4）期限长。目前，公积金个人住房贷款最长期限为 30 年（贷款期限不得超过法定离退休年龄后 5 年）。

3. 公积金个人住房贷款的要素

（1）贷款对象。公积金个人住房贷款是缴存公积金的职工才享有的一种贷款权利，只要是公积金缴存的职工，均可申请公积金个人住房贷款。申请公积金个人住房贷款必须符合住房公积金管理部门有关公积金个人住房贷款的规定。应具备的基本条件为：

①具有城镇常住户口或有效居留身份；

②按时足额缴存住房公积金并具有个人住房公积金存款账户；

③有稳定的经济收入，信用良好，有偿还贷款本息的能力；

④有合法有效的购买、大修住房的合同、协议以及贷款银行要求提供的其他证明文件；

⑤有当地住房公积金管理部门规定的最低额度以上的自筹资金，并保证用于支付所购（大修）住房的首付款；

⑥有符合要求的资产进行抵押或质押，或有足够代偿能力的法人、其他经济组织或自然人作为保证人；

⑦符合当地住房公积金管理部门规定的其他借款条件。

（2）贷款利率。公积金个人住房贷款的利率按中国人民银行规定的公积金个人住房贷款利率执行。现行的公积金个人住房贷款利率为：5 年期以下（含）为 3.33%，5 年期以上为 3.87%。

（3）贷款期限。公积金个人住房贷款的期限最长为 30 年，如当地公积金管理中心有特殊规定，按当地住房公积金信贷政策执行。

（4）还款方式。公积金个人住房贷款的还款方式包括等额本息还款法、等额本金还款法和一次还本付息法。一般而言，贷款期限在 1 年以内（含 1 年）的实行到期一次还本付息；贷款期限在 1 年以上的，借款人从发放贷款的次月起偿还贷款本息，一般采取等额本息还款法或等额本金还款法。

（5）担保方式。目前，公积金个人住房贷款担保方式一般有抵押、质押和保证三种。实践中，住房置业担保公司所提供的连带责任担保是常见的保证方式。

各地住房公积金管理中心对公积金个人住房贷款的担保方式有不同的规定。承办银行应按当地公积金管理中心的委托要求和具体管理规定执行，并在《住房公积金借款合同》中与借款人进行具体约定。

（6）贷款额度。目前，个人住房公积金贷款最低首付款比例为20%，具体可按照《中国人民银行、住房和城乡建设部、中国银行业监督管理委员会关于个人住房贷款政策有关问题的通知》（银发〔2015〕98号）执行。

4. 公积金个人住房贷款业务的职责分工和操作模式

（1）职责分工

①公积金管理中心基本职责：制定公积金信贷政策、负责信贷审批和承担公积金信贷风险。

②承办银行职责。

基本职责：公积金借款合同签约、发放、职工贷款账户设立和计结息以及金融手续操作。

可委托代理职责：贷前咨询受理、调查审核、信息录入，贷后审核、催收、查询对账。

（2）操作模式

第一种模式是"银行受理，公积金管理中心审核审批，银行操作"模式：银行受托受理职工公积金借款申请，公积金管理中心负责审批，银行负责审核审批、办理合同签约和贷款发放等具体金融手续。

第二种模式是"公积金管理中心受理、审核和审批，银行操作"模式：公积金管理中心受理职工公积金借款申请，审核审批后，由银行办理合同签约、贷款发放等具体金融手续。

第三种模式是"公积金管理中心和承办银行联动"模式：银行受理职工公积金借款申请，通过网络实时将资料、审查结果和审查信息传达给公积金管理中心，公积金管理中心进行联机审核审批后，将审批意见通过网络发送给银行，银行根据审批意见办理具体金融手续，将相关账务信息通过网络传送给公积金管理中心，与公积金管理中心联机记账和对账。

二、活动流程

个人住房贷款发放与收回操作流程如图2-3-4所示。

图2-3-4　个人住房贷款发放与收回操作流程

三、案例引入

小徐是刚毕业的大学生，应聘到沈阳一家物流公司工作，他想申请办理住房贷款，购置一套80平方米左右的住房，但他不知道自己符不符合条件。同时，还担心目前公积金缴纳时间短，工资收入不高，还款压力大，所以有些举棋不定。请运用所学知识为小徐提出解决方案。

四、学习步骤

步骤1. 受理贷款申请。银行受理借款申请人提交的申请及有关资料后，初审借款人填写的贷款申请表以及身份证、户口本、婚姻证明、购房合同、收入证明、购房首付款凭证及其他贷款银行所需的资料。（银行要先和公积金管理中心签订《住房公积金贷款业务委托协议书》，取得公积金个人住房贷款业务的承办权之后才能接受委托办理公积金个人住房贷款业务。）

步骤2. 贷前调查。贷前调查是对住房楼盘项目和借款人提供的全部文件材料的真实性、合法性、完整性、可行性以及对借款人的品行、信誉、偿债能力、担保手段落实情况等进行的调查和评估。通过贷前调查，认为符合贷款条件，准备报批。

步骤3. 贷款审批。贷款银行审查审批人员按照规定对贷款申请进行审查、审批。（公积金个人住房贷款的申请由各地方公积金管理中心负责审批。）

步骤4. 签订合同。银行审批同意的，与借款申请人签订个人住房贷款借款合同、担保合同及其他法律文件。同时与借款申请人协商购买房屋保险，借款人同意购买的，应一次性交齐房屋保险费用。

步骤5. 抵押登记。借款申请人与贷款银行按照规定到房屋管理部门进行房屋抵押登记，领取他项权证。

步骤6. 发放贷款。借款及担保合同生效后，银行按规定发放贷款，将贷款资金划入开发商售房账户。会计分录为

借：个人住房贷款——××借款人户

　贷：活期存款——××开发商存款人户

步骤7. 贷后管理。贷款发放后，经办行要加强贷后管理，定期进行贷款检查。对影响个人住房贷款资产质量的因素进行持续跟踪调查、分析，并采取相应的补救措施，判断借款人的风险状况，提出相应的预防或补救措施。

步骤8. 贷款收回。银行采取委托扣款方式或柜台收取现款方式按期收回贷款本息。

（1）委托扣款方式：借款人应与贷款行签订委托扣款协议，贷款行按期收回贷款本息。会计分录为

借：活期储蓄存款——××存款人户

　贷：个人住房贷款——××借款人户

　　　利息收入——××账户

（2）柜台还款方式：借款人将现金或信用卡、储蓄卡交柜台经办人办理贷款本息按期收回手续。会计分录为

借：活期储蓄存款——××存款人户（或：现金）

　贷：个人住房贷款——××借款人户

　　　利息收入——××账户

步骤9. 清户撤押。当借款人按期还清全部借款本息后，信贷部门应销记抵（质）押物及权证登记簿，同时填制抵押物、质押物转出通知书通知会计部门和抵（质）押物

保管部门。会计部门、保管部门审核无误后据此办理清户撤押手续。

步骤 10. 后续处理。信贷经办人员办妥每笔贷款后，定期将收集齐全的有关资料整理，将合同正本交档案专管员，并办理有关移交手续。合同副本留信贷部门专人保管以备日常管理。贷款本息结清后信贷部门应通知档案专管员将档案正式归档。

五、考核

1. 2018 年 3 月 4 日，客户张军来行咨询贷款事宜，他想要购买一套售价 70 万元的自住商品房，张先生 32 岁，工作收入稳定，本人手中已有房款 35 万元，其余 35 万元想申请个人商业住房贷款。请分析张先生是否符合贷款的基本条件？符合的话请模拟银行柜员按照业务规程为张先生办理业务。

2. 温思思，月家庭综合收入 2 万余元，2018 年 11 月 3 日向银行申请 10 年期个人住房贷款 40 万元。与银行签订了借款合同，合同约定执行利率为人民银行同期同档基准利率 5.15%，还款日为每月 20 日，并以其房产（价值 60 万元）作抵押，还款方式为等额本息还款。

六、拓展

（一）还款额的计算方法

贷款期限在一年以上的房屋贷款还款方式一般有等额本金还款和等额本息还款两种，月还款额计算方法也有所不同。

1. 等额本息还款法。等额本息还款法是指在贷款期内每月以相等的额度平均偿还贷款本息。

每月还款额计算公式为

$$每月还款额=\frac{月利率\times(1+月利率)^{还款期数}}{(1+月利率)^{还款期数}-1}\times贷款本金$$

遇到利率调整及提前还款时，应根据未偿还贷款余额和剩余还款期数对公式进行调整，并计算每期还款额。

等额本息还款法是每月以相等的额度偿还贷款本息，其中归还的本金和利息的配给比例是逐月变化的，利息逐月递减，本金逐月递增。适用于收入稳定的家庭，如公务员、教师等。

2. 等额本金还款法。等额本金还款法是指在贷款期内每月等额偿还贷款本金，贷款利息随本金逐月递减。

每月还款额计算公式如下：

$$每月还款额=\frac{贷款本金}{还款期数}+(贷款本金-已归还贷款本金累计额)\times月利率$$

$$每月还款额=每月应还本金+每月应还利息$$

$$每月应还本金=贷款本金\div贷款期数$$

$$每月应还利息=(贷款本金-已归还贷款本金累计额)\times月利率$$

$$总利息=\{[(1+期数)\times期数]\div2\}\times月还本金\times月利率$$

等额本金还款法的特点是定期、定额还本，也就是在贷款后，每期借款人除了缴纳贷款利息外，还需要定额摊还本金。由于等额本金还款法每月还本额固定，所以其贷款余额以定额逐渐减少，每月付款及每月贷款余额也定额减少。适用于目前收入较高但将来收入会减少的人群。如面临退休的人员等。

借款人每月支付的本金是均等的，每月偿还利息越来越少，每月还款也越来越少。这种还款方式的缺陷是：每月还款额先大后小，不符合居民收入水平不断增长的实际情况，给借款人归还贷款造成了较大困难。尤其是对经济尚未稳定而且是初次贷款购房的人来说是不利的，这也就是为什么大多数借款人采用等额本息还款法还款的原因。

（二）贷款期限

常识告诉我们，借款期限越长，每月还款就越少，但总还款额必然上升。例如，根据 2012 年 7 月 6 日基准利率并采用等额本息还款法计算，10 万元商业贷款借 10 年，每月约需还 1 138. 03 元，还款总额为 136 563. 05 元；贷款借 20 年，每月约需还 748. 52 元，还款总额约为 179 644. 73 元。延长还款期限主要是为了降低每月还款额，但是否期限越长越好呢？分析这个例子：假如借款 10 000 元，如果 2 年还清，每月还款 437. 68 元，利息负担 504. 32 元；如果 4 年还清，每月只需还款 229. 25 元，每月还款额减少 208. 43 元，负担减轻 50% 左右。但是，利息负担也从 504. 32 元增加到了 1 004. 12 元，同样增加了约 50% 。而如果比较第 29 年和第 30 年，第 29 年的贷款为每月还款 54. 73 元，第 30 年的贷款为每月还款 53. 93 元，同样是延长一年，每月负担只减少不到 1 元，1% 左右。可见期限过长不能使每月还款额大幅度减少，而且白白增加了利息负担。30 年的利息负担是 9 413. 68 元，第 29 年的利息负担是 9 045. 53 元，利息负担增加将近 400 元，4% 左右。因此，合理的贷款期限应该是 15 ~20 年。

七、分析思考题

1. 小王准备购买一套价值 50 万元的商品房，银行为其办理了 20 年 7 成按揭贷款，给定年利率 6. 55% ，下浮 15% ，假设利率不调整，请问：

（1）如果采取等额本息还款法，试计算小王每个月偿还银行贷款本息数额为多少？

（2）如果采取等额本金还款法，试计算小王第一个月、第二个月和最后一个月的还款金额为多少？

参考答案：

贷款本金 $-500\ 000 \times 0.7 - 350\ 000$（元）

月利率 $=6.55\% \times (1-15\%) \div 12 = 4.64‰$

（1）采取等额本息还款法。

$$每月还款额 = \frac{月利率 \times (1+月利率)^{还款期数}}{(1+月利率)^{还款期数}-1} \times 贷款本金$$

$$每月还款额 = \frac{0.464\% \times (1+0.464\%)^{240}}{(1+0.464\%)^{240}-1} \times 350000 = 2\ 420.97（元）$$

总还款额 $=2\ 420.97 \times 240 = 581\ 032.8$（元）

（2）采取等额本金还款法。

$$每月还款额 = \frac{贷款本金}{还款期数} + （贷款本金 - 已归还贷款本金累计额）\times 月利率$$

第一个月还款额 $=350\ 000\div240+(350\ 000-0)\times4.64‰=3\ 082.33$（元）

第二个月还款额 $=350\ 000\div240+(350\ 000-350\ 000\div240)\times4.64‰=3\ 075.56$（元）

最后一个月还款额 $=350\ 000\div240+[350\ 000-(350\ 000\div240)\times239]\times4.64‰=1\ 464.3$（元）

总利息 $=\{[(1+\text{期数})\times\text{期数}]\div2\}\times\text{月还本金}\times\text{月利率}$

$=\{[(1+240)\times240]\div2\}\times1\ 458.33\times4.64‰=195\ 691.55$（元）

总还本金和利息 $=350\ 000+195\ 691.55=545\ 691.55$（元）

2. 小李准备购买一套价值100万元的商品房，银行为其办理了10年6成按揭贷款，给定年利率5.15%，下浮10%，假设利率不调整，请问：

（1）如果采取等额本息还款法，试计算小李每个月偿还银行贷款本息数额为多少？

（2）如果采取等额本金还款法，试计算小李还款总额为多少？

参考答案：

贷款本金 $=1\ 000\ 000\times0.6=600\ 000$（元）

月利率 $=5.15\%\times(1-10\%)\div12=3.86‰$

（1）采取等额本息还款法。

总还款额 $=6\ 258.88\times120=751\ 065.6$（元）

（2）采取等额本金还款法。

每月应还本金 $=600\ 000\div120=5\ 000$（元）

总利息 $=\{[(1+\text{期数})\times\text{期数}]\div2\}\times\text{月还本金}\times\text{月利率}$

$=\{[(1+120)\times120]\div2\}\times5\ 000\times3.86‰=140\ 118$（元）

总还本金和利息 $=600\ 000+140\ 118=740\ 118$（元）

子任务2.2　汽车贷款

一、知识准备

（一）个人汽车贷款的含义和分类

个人汽车贷款是指银行向自然人发放的用于购买汽车的贷款。

个人汽车贷款所购车辆按用途可以划分为自用车和商用车。自用车是指借款人申请汽车贷款购买的、不以营利为目的的汽车；商用车是指借款人申请汽车贷款购买的、以营利为目的的汽车。

个人汽车贷款所购车辆按注册登记情况可以划分为新车和二手车。二手车是指从办理完机动车注册登记手续到规定报废年限一年之前进行所有权变更并依法办理过户手续的汽车。

（二）个人汽车贷款的特征

（1）作为汽车金融服务领域的主要内容之一，在汽车产业和汽车市场发展中占有一席之地。

（2）与汽车市场的多种行业机构具有密切关系。

（3）风险管理难度相对较大。

（三）个人汽车贷款的原则和运行模式

个人汽车贷款的原则和运行模式见表 2－3－5。

表 2－3－5　　个人汽车贷款的原则和运行模式

<table>
<tr><td>原则</td><td colspan="3">设定担保，分类管理，特定用途：
“设定担保”指借款人申请个人汽车贷款需提供所购汽车抵押或其他有效担保；
“分类管理”指按照贷款所购车辆种类和用途的不同，对个人汽车贷款设定不同的贷款条件；
“特定用途”指个人汽车贷款专项用于借款人购买汽车，不允许挪作他用</td></tr>
<tr><td rowspan="2">运行模式</td><td>间客式</td><td>“间客式”运行模式在目前个人汽车贷款市场中占主导地位
“间客式”运行模式就是“先买车，后贷款”，其贷款流程为：选车—准备所需资料—与经销商签订购买合同—银行在经销商或第三方的协助下做资信情况调查—银行审批、放款—客户提车</td><td rowspan="2">二者实质区别是：在“间客式”模式中银行将审贷责任交给经销商或者第三方，而在“直客式”模式中则是由银行负责客户的资信调查和信贷审批</td></tr>
<tr><td>直客式</td><td>“直客式”运行模式是“先贷款，后买车”
“直客式”运行模式的贷款流程为：到银行网点填写个人汽车贷款借款申请书—银行对客户进行资信调查—银行审批贷款—客户与银行签订借款合同—客户到经销商处选定车辆并向银行交纳购车首付款—银行代理提车、上户和办理抵押登记手续—银行放款—客户提车</td></tr>
</table>

（四）贷款的基本规定

个人住房贷款的基本规定见表 2－3－6。

表 2－3－6　　个人住房贷款的基本规定

<table>
<tr><td rowspan="2">贷款对象</td><td>基本条件</td><td>具有完全民事行为能力的中华人民共和国公民或符合国家有关规定的境外自然人</td></tr>
<tr><td>具体条件</td><td>①中华人民共和国公民，或在中华人民共和国境内连续居住 1 年以上（含 1 年）的港、澳、台居民及外国人
②具有有效身份证明、固定和详细住址且具有完全民事行为能力
③具有稳定的合法收入或足够偿还贷款本息的个人合法资产
④个人信用良好
⑤能够支付贷款银行规定的首期付款
⑥贷款银行要求的其他条件</td></tr>
<tr><td>贷款利率</td><td colspan="2">根据客户风险差异化定价，个人汽车贷款利率按照中国人民银行规定的同期贷款利率规定执行，并允许贷款银行按照中国人民银行利率规定实行上下浮动</td></tr>
<tr><td>贷款期限</td><td colspan="2">☆ 个人汽车贷款的贷款期限（含展期）不得超过5 年，其中，二手车贷款的贷款期限（含展期）不得超过 3 年
☆ 借款人须在贷款全部到期前 30 天提出展期申请
☆ 每笔贷款只可以展期一次，展期期限不得超过 1 年，展期之后全部贷款期限不得超过贷款银行规定的最长期限，同时对展期的贷款应重新落实担保</td></tr>
</table>

续表

还款方式	包括等额本息还款法、等额本金还款法、一次还本付息法、按月还息任意还本法等多种还款方式，具体方式根据各商业银行的规定执行
担保方式	包括质押、以贷款所购车辆作抵押、房地产抵押和第三方保证等，还可采取购买个人汽车贷款履约保证保险的方式
贷款额度	自用车：贷款额度不得超过所购汽车价格的80%
	商用车：贷款额度不得超过所购汽车价格的70%
	二手车：贷款额度不得超过所购汽车价格的50%
	汽车价格，对于新车是指汽车实际成交价格与汽车生产商公布价格中的低者；对于二手车是指汽车实际成交价格与贷款银行认可的评估价格中的低者

二、活动流程

个人汽车消费贷款发放与收回操作流程如图2－3－5所示。

图2－3－5　个人汽车消费贷款发放与收回操作流程

三、学习步骤

步骤1. 业务受理。银行经办人员受理借款申请人提交的贷款申请书，借款合同，信用卡协议，支付凭证，身份证、户口本和结婚证的复印件，收入证明，汽车销售合同，缴纳购车首付款凭证。

步骤2. 贷前调查。主要由调查经办人审核申请材料是否真实、完整、合法、有效，调查借款申请人的偿还能力、还款意愿、购车行为的真实性以及贷款担保等情况。

步骤3. 资料审批。银行经办人员对借款申请人提交的各项资料的真实性、资信情况、偿还能力、还款方式进行审核。

步骤4. 签订合同。审批通过的，贷款银行与借款申请人签订借款合同并通知办理贷款担保及保险手续。

步骤5. 抵押登记。借款申请人与贷款银行按照规定到车辆管理部门进行抵押登记，领取他项权证。

步骤6. 开户放款。银行审批同意后，会计部门收到信贷部门审批同意并签章的借款凭证、借款合同、客户扣款授权书、首期付款收据等，经审查无误后为借款人开立贷款户，按照借款凭证上的要素进行贷款发放交易处理。会计分录为

借：个人汽车消费贷款——借款申请人户

　贷：活期存款——××汽车经销商户

步骤7. 贷后管理。在贷款发放以后，银行为了保证贷款的及时偿还，通常要对贷款进行贷后跟踪检查，加强对还款的管理，以确保这些贷款本息如期全额收回。

步骤8. 贷款收回。贷款发放后，按合同规定方式向借款人收取贷款本息。会计分

录为

借：活期储蓄存款——××存款人户

贷：个人汽车消费贷款——借款申请人户

利息收入——××账户

四、知识链接

汽车贷款管理办法

（中国人民银行令　中国银行业监督管理委员会〔2004〕第2号）

第一章　总　　则

第一条　为规范汽车贷款业务管理，防范汽车贷款风险，促进汽车贷款业务健康发展，根据《中华人民共和国中国人民银行法》《中华人民共和国商业银行法》《中华人民共和国银行业监督管理法》等法律规定，制定本办法。

第二条　本办法所称汽车贷款是指贷款人向借款人发放的用于购买汽车（含二手车）的贷款，包括个人汽车贷款、经销商汽车贷款和机构汽车贷款。

第三条　本办法所称贷款人是指在中华人民共和国境内依法设立的、经中国银行业监督管理委员会及其派出机构批准经营人民币贷款业务的商业银行、城乡信用社及获准经营汽车贷款业务的非银行金融机构。

第四条　本办法所称自用车是指借款人通过汽车贷款购买的、不以营利为目的的汽车；商用车是指借款人通过汽车贷款购买的、以营利为目的的汽车；二手车是指从办理完机动车注册登记手续到规定报废年限一年之前进行所有权变更并依法办理过户手续的汽车。

第五条　汽车贷款利率按照中国人民银行公布的贷款利率规定执行，计、结息办法由借款人和贷款人协商确定。

第六条　汽车贷款的贷款期限（含展期）不得超过5年，其中，二手车贷款的贷款期限（含展期）不得超过3年，经销商汽车贷款的贷款期限不得超过1年。

第七条　借贷双方应当遵循平等、自愿、诚实、守信的原则。

第二章　个人汽车贷款

第八条　本办法所称个人汽车贷款，是指贷款人向个人借款人发放的用于购买汽车的贷款。

第九条　借款人申请个人汽车贷款，应当同时符合以下条件：

（一）是中华人民共和国公民，或在中华人民共和国境内连续居住一年以上（含一年）的港、澳、台居民及外国人；

（二）具有有效身份证明、固定和详细住址且具有完全民事行为能力；

（三）具有稳定的合法收入或足够偿还贷款本息的个人合法资产；

（四）个人信用良好；

（五）能够支付本办法规定的首期付款；

（六）贷款人要求的其他条件。

第十条　贷款人发放个人汽车贷款，应综合考虑以下因素，确定贷款金额、期限、利率和还本付息方式等贷款条件：

（一）贷款人对借款人的资信评级情况；

（二）贷款担保情况；

（三）所购汽车的性能及用途；

（四）汽车行业发展和汽车市场供求情况。

第十一条　贷款人应当建立借款人信贷档案。借款人信贷档案应载明以下内容：

（一）借款人姓名、住址、有效身份证明及有效联系方式；

（二）借款人的收入水平及资信状况证明；

（三）所购汽车的购车协议、汽车型号、发动机号、车架号、价格与购车用途；

（四）贷款的金额、期限、利率、还款方式和担保情况；

（五）贷款催收记录；

（六）防范贷款风险所需的其他资料。

第十二条　贷款人发放个人商用车贷款，除本办法第十一条规定的内容外，应在借款人信贷档案中增加商用车运营资格证年检情况、商用车折旧、保险情况等内容。

第三章　经销商汽车贷款

第十三条　本办法所称经销商汽车贷款，是指贷款人向汽车经销商发放的用于采购车辆和（或）零配件的贷款。

第十四条　借款人申请经销商汽车贷款，应当同时符合以下条件：

（一）具有工商行政主管部门核发的企业法人营业执照及年检证明；

（二）具有汽车生产商出具的代理销售汽车证明；

（三）资产负债率不超过80%；

（四）具有稳定的合法收入或足够偿还贷款本息的合法资产；

（五）经销商、经销商高级管理人员及经销商代为受理贷款申请的客户无重大违约行为或信用不良记录；

（六）贷款人要求的其他条件。

第十五条　贷款人应为每个经销商借款人建立独立的信贷档案，并及时更新。经销商信贷档案应载明以下内容：

（一）经销商的名称、法定代表人及营业地址；

（二）各类营业证照复印件；

（三）经销商购买保险、商业信用及财务状况；

（四）中国人民银行核发的贷款卡（号）；

（五）所购汽车及零部件的型号、价格及用途；

（六）贷款担保状况；

（七）防范贷款风险所需的其他资料。

第十六条　贷款人对经销商采购车辆和（或）零配件贷款的贷款金额应以经销商一段期间的平均存货为依据，具体期间应视经销商存货周转情况而定。

第十七条　贷款人应通过定期清点经销商汽车和（或）零配件存货、分析经销商财务报表等方式，定期对经销商进行信用审查，并视审查结果调整经销商资信级别和清点存货的频率。

第四章　机构汽车贷款

第十八条　本办法所称机构汽车贷款，是指贷款人对除经销商以外的法人、其他经济组织（以下简称机构借款人）发放的用于购买汽车的贷款。

第十九条　借款人申请机构汽车贷款，必须同时符合以下条件：

（一）具有企业或事业单位登记管理机关核发的企业法人营业执照或事业单位法人证书等证明借款人具有法人资格的法定文件；

（二）具有合法、稳定的收入或足够偿还贷款本息的合法资产；

（三）能够支付本办法规定的首期付款；

（四）无重大违约行为或信用不良记录；

（五）贷款人要求的其他条件。

第二十条　贷款人应参照本办法第十五条之规定为每个机构借款人建立独立的信贷档案，加强信贷风险跟踪监测。

第二十一条　贷款人对从事汽车租赁业务的机构发放机构商用车贷款，应监测借款人对残值的估算方式，防范残值估计过高给贷款人带来的风险。

第五章　风险管理

第二十二条　贷款人发放自用车贷款的金额不得超过借款人所购汽车价格的80%；发放商用车贷款的金额不得超过借款人所购汽车价格的70%；发放二手车贷款的金额不得超过借款人所购汽车价格的50%。

前款所称汽车价格，对新车是指汽车实际成交价格（不含各类附加税、费及保费等）与汽车生产商公布的价格的较低者，对二手车是指汽车实际成交价格（不含各类附加税、费及保费等）与贷款人评估价格的较低者。

第二十三条　贷款人应建立借款人资信评级系统，审慎确定借款人的资信级别。对个人借款人，应根据其职业、收入状况、还款能力、信用记录等因素确定资信级别；对经销商及机构借款人，应根据其信贷档案所反映的情况、高级管理人员的资信情况、财务状况、信用记录等因素确定资信级别。

第二十四条　贷款人发放汽车贷款，应要求借款人提供所购汽车抵押或其他有效担保。

第二十五条　贷款人应直接或委托指定经销商受理汽车贷款申请，完善审贷分离制度，加强贷前审查和贷后跟踪催收工作。

第二十六条　贷款人应建立二手车市场信息数据库和二手车残值估算体系。

第二十七条　贷款人应根据贷款金额、贷款地区分布、借款人财务状况、汽车品牌、抵押担保等因素建立汽车贷款分类监控系统，对不同类别的汽车贷款风险进行定期检查、评估。根据检查评估结果，及时调整各类汽车贷款的风险级别。

第二十八条　贷款人应建立汽车贷款预警监测分析系统，制定预警标准；超过预警标准后应采取重新评价贷款审批制度等措施。

第二十九条　贷款人应建立不良贷款分类处理制度和审慎的贷款损失准备制度，计提相应的风险准备。

第三十条　贷款人发放抵押贷款，应审慎评估抵押物价值，充分考虑抵押物减值风险，设定抵押率上限。

第三十一条　贷款人应将汽车贷款的有关信息及时录入信贷登记咨询系统，并建立与其他贷款人的信息交流制度。

第六章　附　　则

第三十二条　贷款人在从事汽车贷款业务时有违反本办法规定之行为的，中国银行业监督管理委员会及其派出机构有权依据《中华人民共和国银行业监督管理法》等法律规定对该贷款人及其相关人员进行处罚。中国人民银行及其分支机构可以建议中国银行业监督管理委员会及其派出机构对从事汽车贷款业务的贷款人违规行为进行监督检查。

第三十三条　贷款人对借款人发放的用于购买推土机、挖掘机、搅拌机、泵机等工程车辆的贷款，比照本办法执行。

第三十四条　本办法由中国人民银行和中国银行业监督管理委员会共同负责解释。

第三十五条　本办法自2004年10月1日起施行，中国人民银行1998年颁布的《汽车消费贷款管理办法》自本办法施行之日起废止。

五、考核

1. 客户王强想在本行申请一笔10万元的个人汽车消费贷款，利率为5.75%，期限为1年，还款日为每月20日，并以其所购车辆（价值20万元）作抵押，还款方式为等额本息还款。请按照规定程序为王强办理业务。

2. 客户张斯奇来本行申请一笔15万元的个人汽车消费贷款，并签订抵押贷款合同。合同约定借款利率为月利率6.15‰，借款期限自2017年3月25日起，至2019年3月25日止，还款日为每月20日，并以其所购车辆（价值25万元）作抵押，还款方式为等额本息还款。请按照规定程序为张斯奇办理业务。

子任务2.3　助学贷款

一、知识准备

（一）个人教育贷款的含义和分类

个人教育贷款是银行向借款人本人或其直系亲属、法定监护人发放的用于满足其就学资金需求的贷款。根据贷款性质的不同，个人教育贷款可以分为国家助学贷款和商业助学贷款。

国家助学贷款是由政府主导、财政贴息、财政和高校共同给予银行一定风险补偿金，银行、教育行政部门与高校共同操作的，帮助高校家庭经济困难学生支付在校学习期间所需的学费、住宿费及生活费的银行贷款。国家助学贷款是信用贷款，学生不需要办理贷款担保或抵押，但需要承诺按期还款，并承担相关法律责任。学生接到录取通知书后，可向学校咨询具体办理国家助学贷款的相关事宜。学生到校报到后，可通过学校向金融机构申请办理国家助学贷款。国家助学贷款采取“借款人一次申请、贷款银行一次审批、单户核算、分次发放”的方式。

商业助学贷款是指银行按商业原则自主向借款人或其直系亲属、法定监护人发放的用于满足其就学资金需求的商业贷款。

国家助学贷款和商业助学贷款的原则和经办银行见表2－3－7。

表2－3－7　　国家助学贷款和商业助学贷款的原则和经办银行

国家助学贷款	☆原则：财政贴息、风险补偿、信用发放、专款专用和按期偿还 ☆经办银行：中国工商银行、中国农业银行、中国银行和中国建设银行
商业助学贷款	☆原则：部分自筹、有效担保、专款专用和按期偿还 ☆经办银行：各商业银行、城市信用社和农村信用社等金融机构

（二）个人教育贷款的特征

1. 具有社会公益性，政策参与程度高。个人教育贷款是作为支持教育事业发展的政策性举措推出的，对促进教育事业发展、提高国民素质具有重要作用，因此，个人教育贷款业务的发展会得到国家政策的支持，如国家以承担部分利息的方式对国家助学贷款进行补贴。

2. 多为信用类贷款，风险度相对较高。个人教育贷款的借款人多为在校学生，而学生属于暂时无收入的群体，没有现成的资产作为申请贷款的担保，因而个人教育贷款多为信用贷款，如国家助学贷款。同时，个人教育贷款的偿还主要依靠学生毕业后的工作收入，加之学生信用水平的不确定性，其风险度相对较高。

（三）个人教育贷款的基本规定

1. 国家助学贷款的基本规定。国家助学贷款的基本规定见表2－3－8。

表2－3－8　　国家助学贷款的基本规定

贷款对象	国家助学贷款的贷款对象是中华人民共和国境内的（不含港、澳、台）普通高等学校中经济确实困难的全日制本科生（含高职生）、研究生和第二学士学位学生。 ☆ 具有中华人民共和国国籍，并持有合法、有效的身份证件 ☆ 家庭经济确实困难，无法支付正常完成学业所需的基本费用（学费、住宿费和基本生活费） ☆ 具有完全民事行为能力（未成年人申请，应由其法定监护人书面同意） ☆ 学习刻苦，能够正常完成学业 ☆ 诚实守信，遵纪守法，无违法违纪行为 ☆ 其他条件
贷款利率	执行中国人民银行规定的同期贷款基准利率，不上浮。如遇中国人民银行调整贷款利率，执行中国人民银行的有关规定
贷款期限	学制加13年，最长不超过20年
还款方式	国家助学贷款还款方法包括等额本金还款法、等额本息还款法两种，但借款人需在借款合同中约定一种还款方法 学生在校期间的贷款利息全部由财政补贴，在校期间的贷款本金由学生本人在毕业后自行偿还。学生毕业后与经办银行确认还款计划时，可以选择使用还本宽限期。还本宽限期内学生只偿还贷款利息，不偿还贷款本金。还本宽限期最长3年
担保方式	个人信用担保
贷款额度	全日制本专科生（含第二学位学生、高职学生）每人每年申请贷款额度不超过8 000元；全日制研究生每人每年申请贷款额度不超过12 000元

2. 商业助学贷款的基本规定。商业助学贷款的基本规定见表2－3－9。

表2－3－9　　商业助学贷款的基本规定

贷款对象	商业助学贷款的贷款对象是在境内高等院校就读的全日制本专科生、研究生和第二学士学位学生 ☆ 具有中华人民共和国国籍，具有完全民事行为能力，并持有合法身份证件 ☆ 无重大不良信用记录，不良信用等行为评价标准由贷款银行制定 ☆ 必要时需提供有效的担保 ☆ 必要时需提供其法定代理人同意申请贷款的书面意见 ☆ 贷款银行要求的其他条件
贷款利率	按中国人民银行规定的利率政策执行，原则上不上浮。借款人可申请利息本金化，即在校年限内的贷款利息按年计入次年度借款本金。如遇中国人民银行调整贷款利率，执行中国人民银行的有关规定
贷款期限	商业助学贷款的期限原则上为借款人在校学制年限加6年，借款人在校学制年限指从贷款发放至借款人毕业或终止学业的期间。对借款人毕业后继续攻读学位的，借款人在校年限和贷款期限可相应延长，贷款期限延长须经贷款银行许可
还款方式	借款人离校后次月开始还款，可以按月、按季或按年分次偿还，也可到期一次性偿还
担保方式	☆ 抵押、质押、保证或其组合，投保相关保险 ☆ 借款人和自然人保证人的工作单位及通讯方式发生变更或法人保证人的法律关系、性质、名称、地址等发生变更时，借款人应提前30天通知贷款银行，借款双方应签订借款合同修正文本和保证合同修正文本
贷款额度	商业助学贷款的额度不超过借款人在校年限内所在学校的学费、住宿费和基本生活费。贷款银行可参照学校出具的基本生活费或当地生活费标准确定有关生活费用贷款额度 学费应按照学校的学费支付期逐笔发放，住宿费、生活费可按学费支付期发放，也可分别发放

二、活动流程

国家助学贷款发放与收回操作流程如图2－3－6所示。

图2－3－6　国家助学贷款发放与收回操作流程

三、学习步骤

（一）国家助学贷款的发放

步骤1. 贷款受理。国家助学贷款的业务受理是指从借款人向学校提出申请、学校初审、银行受理到上报审核的全过程。借款人申请国家助学贷款须向贷款人提交下列资料：（1）国家助学贷款申请表。（2）本人学生证和居民身份证复印件（未成年人须提供法定监护人的有效身份证明和书面同意申请贷款的证明）。（3）本人对家庭经济困难情况的说明。（4）乡、镇、街道民政部门和县级教育行政部门关于其家庭经济困难的证明。（5）贷款人要求提供的其他证明文件和资料。

步骤 2. 审查、审批。贷款人在收到学校提交的申请材料后，按要求完成审查。如有差错或遗漏，应立即要求学校进行更正或补充。贷款经银行有权批准人审批通过后，发放贷款通知书并通知签订借款合同。

步骤 3. 签订合同。贷款申请被批准后，学校根据经办银行提供的借款学生名册，组织学生填写、签署借款合同及借据的工作，并提交经办银行。

步骤 4. 发放贷款。贷款行按借款合同约定，将贷款转入指定账户。学费和住宿费贷款按学年发放，直接划入借款人所在学校在贷款银行开立的账户上；生活费贷款，根据合同约定定期划入借款人在贷款银行开立的活期储蓄账户。会计分录为

借：国家助学贷款——× ×账户

　贷：活期储蓄存款——× ×账户

步骤 5. 贷后管理。

（1）国家助学贷款贴息：国家助学贷款贴息实行借款学生在校期间 100% 由财政补贴。借款学生毕业后的贷款利息及罚息由其本人全额支付。经办行要按季度将经合作高校确认后填制的《中央部门所属高校国家助学贷款实际发放汇总表》上报至总行，由总行统一提供给全国学生贷款管理中心。

（2）国家助学贷款风险补偿金：贷款人于每年 9 月底前，将上一年度（上年 9 月 1 日至当年 8 月 31 日）实际发放的国家助学贷款金额和违约率按高校进行统计汇总，将汇总结果编制《国家助学贷款风险补偿金确认书》以书面文档形式送交学校。书面文档须加盖贷款人公章。经学校确认后，填写《国家助学贷款实际发放汇总表》上报至总行，由总行统一提供给全国学生贷款管理中心。

（二）国家助学贷款的收回

1. 每年借款学生毕业离校前，学校应组织借款学生与经办银行办理还款确认手续，制订还款计划，签订还款协议。借款学生可以选择在毕业后的 24 个月内的任何一个月开始偿还贷款本金，但原则上不得延长贷款期限。贷款行按借款合同约定的还款时间，于到期日主动从借款人指定账户中进行扣款。会计分录为

借：活期储蓄存款——× ×账户

　贷：国家助学贷款——× ×账户

　　　利息收入——× ×账户

2. 如借款学生在学校期间发生休学、退学、转学、出国、被开除学籍等中止学业的事件，学校应在为借款学生办理相关手续之前及时通知银行并要求学生到银行办理还清贷款手续。经办银行在得到学校通知后应停止发放尚未发放的贷款，并采取提前收回贷款本息等措施，主动为学生办理相关手续。

3. 借款学生毕业后继续攻读学位的可申请办理贷款展期。借款人要在毕业前 30 日向原所在学校提出展期申请，并提供继续攻读学位的相关证明。原所在学校审核通过后，由经办银行为其办理展期手续。继续攻读学位的借款学生贷款展期期间的贴息，按借款学生原所在学校的隶属关系，由财政部门继续按在校生实施贴息。

4. 借款学生毕业后 1 年内，可以向经办银行提出一次调整还款计划的申请，包括调整还款方式，经办银行应予受理并根据实际情况和有关规定进行合理调整。

5. 借款人毕业后申请出国留学的，借款人应主动通知原经办银行并一次性还清借

款，原经办银行应及时为其办理还款手续。

6. 档案管理。银行需严格按零售贷款档案管理办法管理国家助学贷款相关档案。经办银行在与借款学生毕业前与其签订还款计划和还款协议后，需将相关信息补录入零售信贷系统。在收到借款人毕业后发回的《国家助学贷款联系方式确认函》后，应及时在系统上进行资料更新。

四、考核

1. 北方大学大一在读学生李雪在本行申请国家助学贷款，请模拟银行柜员按照业务规定程序办理国家助学贷款的发放业务。

2. 客户张民同学今年参加高考，刚收到南方大学的录取通知书，由于家庭经济困难无法负担大学费用，张民同学来到本行申请商业性助学贷款。请模拟银行柜员按照商业性助学贷款的规定流程为其办理业务。

3. 杜苑同学于长沙市第一中学毕业，并顺利接到了武汉大学的录取通知书，学制四年，学费5 000元/年。由于家庭经济困难，向本行申请个人助学贷款，杜苑同学与本行签订借款合同，合同约定借款期限为4年，即2016年9月1日至2020年9月1日止，在校期间免收利息，毕业后基准利率为5.35%，不上浮，还款方式为一次性还款。李冰向银行承诺为杜苑提供担保。请模拟银行柜员按照国家助学贷款规定为其办理业务。

五、知识链接

商业助学贷款的发放和收回

【活动流程】

商业助学贷款发放与收回活动流程如图2－3－7所示。

图2－3－7　商业助学贷款发放与收回操作流程

【操作步骤】

1. 贷款受理。借款人申请商业助学贷款时，应提交书面借款申请，填写有关申请表格，并提交下列文件、证明和资料：

（1）借款人的合法身份证件（包括身份证、户口簿或其他有效居留证件原件），并提供以上证件的复印件。

（2）借款人与其法定代理人的关系证明。

（3）借款人或其家庭成员经济收入证明。

（4）借款人为入学新生的，应提供就读学校的录取通知书或接收函；借款人已在校学习的，应提供学生证或其他学籍证明。

（5）借款人就读学校开出的学生学习期内所需学费、住宿费和生活费总额的有关材料。

（6）以财产作抵（质）押的，应提供抵（质）押物权证和所有权人（包括财产共有人）签署的同意抵（质）押的承诺，对抵押物须提交贷款人认可的机构出具的价值评估报告，对质押物须提供权利凭证，由第三方担保的应出具保证人同意承担不可撤销连带责任担保的书面文件及有关资信证明材料。

（7）借款人和担保人出具并签署书面授权，同意银行查询其个人征信信息。

（8）贷款人要求提供的其他证明文件和材料。

2. 贷前调查。贷款受理后，经办人员着手对借款人及受教育人身份、还款能力和信誉、借款人资信等级、贷款的担保情况和借款人提供的资料进行调查核实。将有关材料送交信贷经营部门主管复核，报信贷审批部门审批。

3. 贷款审批。贷款人根据借款人的资信、贷款用途、担保等情况进行贷款审批。贷款经审批同意后，贷款人应及时通知借款人与担保人签署助学贷款相关借款合同和担保合同，并按有关要求办理抵（质）押登记等相关手续。

4. 签订合同。经办人员根据贷款最终审批意见，与借款人协商贷款条件，经借款人同意后签订《一般商业性助学贷款借款合同》，落实担保手续。

5. 贷款发放。贷款人应根据合同约定，将贷款划入借款人在银行开立的个人结算等账户或借款人就读学校指定账户，并由贷款人监督使用。会计分录为

借：商业助学贷款——××账户

　　贷：活期储蓄存款——××账户

6. 贷后管理。合同的有效期内，贷款行应按照贷款管理的有关规定对借款人及保证人的收入状况、贷款的使用情况、抵（质）押物价值变化及性能状况等进行监督检查，检查结果要有书面记录，并归档保存。贷款发放后，贷款行应当与受教育人所在学校和毕业后的工作单位加强联系，掌握受教育人的动态，有效防范风险。

7. 贷款收回

（1）借贷双方应对还款方式和还款计划在借款合同中明确约定。贷款可按月、按季或按年分次偿还，利随本清，也可在贷款到期时一次性清还。借款人可以与贷款行约定还款账户定期扣款或到贷款行营业网点、通过电话银行、网上银行、异地转账等形式偿还贷款。会计分录为

借：活期储蓄存款——××账户

　　贷：商业性助学贷款——××账户

　　　　利息收入——××账户

（2）对于提前偿还贷款的，借款人应按照银行的规定办理有关手续。借款人偿还贷款本息后贷款行应及时为客户办理抵押或质押登记注销手续。

（3）借款人如不能在合同规定期限内按期偿还贷款本金，应提前向贷款人申请展期，贷款展期仅限一次。申请经贷款人审查批准后，借贷双方应签订展期协议。贷款有担保人的，展期协议需经担保人书面确认。

（4）对借款人、担保人在贷款期间发生的违约行为，贷款人可根据借款合同约定，要求限期纠正违约行为；要求增加所减少的相应价值的抵（质）押物，或更换保证人；

停止发放尚未使用的贷款；在原贷款利率基础上加收罚息；提前收回部分或全部贷款本息；向保证人追偿；依据有关法律及规定处分抵（质）押物；向仲裁机关申请仲裁或向人民法院起诉。

六、拓展

个人征信系统在教育贷款中的重要作用

某校有两名 2003 届毕业生（一男一女），在毕业后第三年有意购买某市某住宅商品房，于 2006 年 5 月向某银行提出个人住房贷款申请。银行通过中国人民银行贷款信用记录查询后，发现男方在学校就读期间曾获得国家助学贷款 8 000 元，根据学生本人与银行签订的《国家助学贷款借款合同》规定：毕业生应在毕业后两年开始每年归还全部贷款的 1/4，分 4 年还清。而这名学生已毕业 3 年，却未按时归还贷款，信用记录显示已有 2 笔贷款逾期，金额合计达 4 000 元。因此，银行拒绝为其办理个人住房贷款。面对该市商品房价格的快速增长，为尽快获得银行的个人住房贷款，两人立即到银行将国家助学贷款全额还清。可为时已晚，银行以他的信用记录有污点为由拒绝为其办理个人住房贷款，同时声明由于他们已领取结婚证书，信用污点将影响整个家庭，也就是说即使女方申请贷款也将会被拒绝，而且银行两年内都不会再给两人办理任何贷款。此时，两人欲购买的那套商品房价格已从原来的 3 700 元/平方米提升至 6 000 元/平方米，中间差价为 2 300 元/平方米，价格相差 27 万元之多。面对这样的结局，借款人当场流下了悔恨的泪水。

分析：在这一案例中，有力地说明了中国人民银行的个人征信系统已和各家银行联网，各类贷款记录均自动记录在案。这样一来，银行可以随时查询借款人的信用记录，使那些恶意拖欠国家助学贷款的学生受到惩罚并有所收敛。

项目三 支付结算业务处理

【知识结构图】

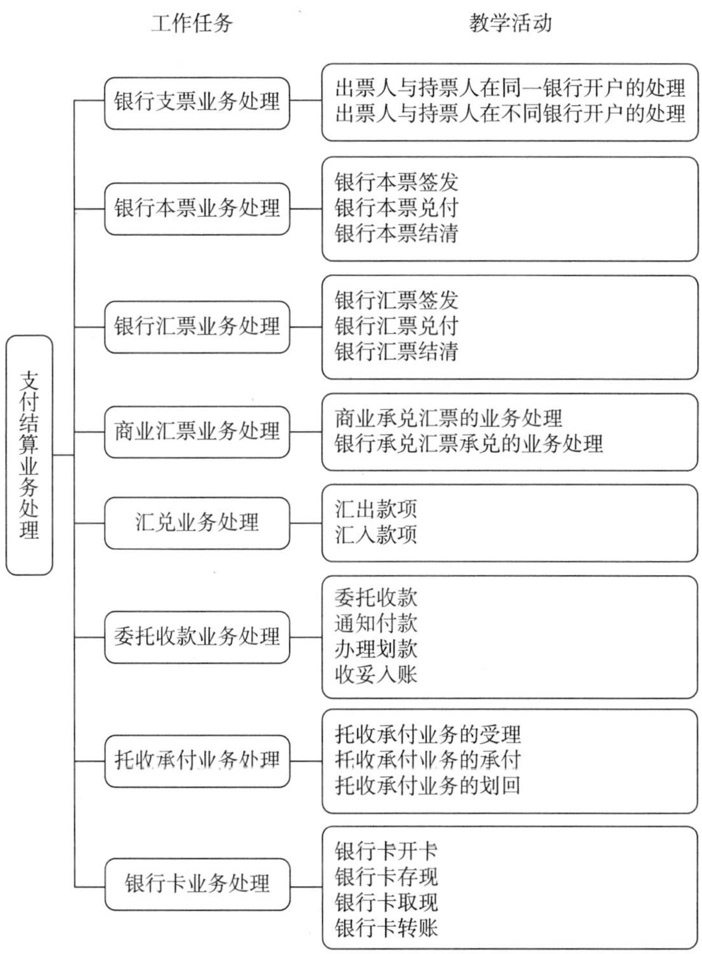

【能力目标】

能按支票业务的具体规定正确进行转账支票业务收付款等业务环节的操作处理；能按银行本票业务的具体规定正确完成银行本票签发、兑付、结清等业务环节的操作处理；能按银行汇票业务的具体规定正确完成银行汇票签发、兑付、结清等业务环节的操作处理；能按商业汇票业务的具体规定正确完成商业承兑汇票、银行承兑汇票付款、收款等业务环节的操作处理；能按汇款业务规定正确完成汇兑汇出业务与汇入业务各环节的操作处理；能按照委托收款、托收承付业务规定正确完成各环节的操作处理；能按银行卡业务规定正确完成银行卡业务中开卡、存现、取现、转账等各环节的操作处理。

【知识目标】

熟悉银行支票业务的基本规定及操作流程，熟悉现金支票、转账支票、进账单等业务凭证格式，掌握相关业务凭证具体的填写、审核要求；熟悉银行本票业务的基本规定及操作流程，熟悉银行本票的凭证格式，掌握相关业务凭证具体的填写要求；熟悉银行汇票业务的基本规定及操作流程，熟悉银行汇票委托书、银行汇票的凭证格式，掌握相关具体的填写与审核要求；了解商业汇票业务的基本规定及操作流程，熟悉商业汇票相关业务凭证格式，掌握其具体的填写与审核要求；熟悉汇兑业务汇款汇出与汇款汇入的基本规定及操作流程，熟悉汇兑业务的凭证格式，掌握填写方法；熟悉委托收款、托收承付业务的基本规定及操作流程，熟悉委托收款、托收承付业务的凭证格式，掌握具体的填写要求；熟悉银行卡业务的基本规定，熟悉银行卡业务中开卡、存现、取现、转账等各环节的操作流程。

【素质目标】

具有良好的职业操守及道德品质；积极主动、踏实、认真细致，有韧性；具有良好的服务意识、富有责任感；具有执行能力、应变能力、团队协作与承压能力；具备一定语言表达和沟通能力；具有一定独立处理问题能力。

任务一　银行支票业务处理

【技能目标】

熟悉支票业务的基本规定，熟悉现金支票、转账支票、进账单等业务凭证的格式，掌握相关业务凭证的填写、审核要求，能按支票业务的基本规定和活动流程规范完成转账支票业务各环节的操作处理。

【知识准备】

支票是出票人签发的，委托办理支票存款业务的银行或者其他金融机构在见票时无条件支付确定的金额给收款人或者持票人的票据。

支票有以下基本规定。

1. 支票分为现金支票、转账支票和普通支票。现金支票只能用于支取现金；转账支票只能用于转账；普通支票可以用于支取现金，也可以用于转账。在普通支票左上角划两条平行线的称为划线支票，它只能用于转账，不能支取现金。

2. 单位和个人的各种款项结算，均可以使用支票。

3. 支票的出票人为在经中国人民银行当地分支行批准办理支票业务的银行机构开立可以使用支票的存款账户的单位和个人。

4. 单位和个人在同一票据交换区域的各种款项结算均可使用支票。

5. 支票一律记名。

6. 签发支票必须记载下列事项：表明“支票”的字样；无条件支付的委托；确定的金额；付款人名称；出票日期；出票人签章。

7. 签发支票应使用碳素墨水或墨汁填写，支票的金额、日期、收款人不得更改，其他内容更改，须由出票人加盖预留银行印鉴证明。

8. 支票的金额、收款人名称，可以由出票人授权补记，未补记前不得背书转让和提示付款。

9. 出票人签发支票的金额不得超过付款时在付款人处实有的存款金额，禁止签发空头支票。出票人签发空头支票、签章与预留签章不符的支票、支付密码不符的支票，银行应予以退票，并按票面金额处以5%但不低于1 000元的罚款，持票人有权要求出票人赔偿支票金额2%的赔偿金，对屡次签发的，银行应停止其签发支票。

10. 支票的提示付款期限自出票日起10天（到期日遇节假日顺延）。持票人可以委托开户银行收款或直接向付款人提示付款。用于支取现金的支票仅限于收款人向付款人提示付款。持票人委托银行收款时，应作委托收款背书。

11. 支票丧失，失票人可以向付款人申请挂失，并向法院申请公示催告或提起诉讼。

12. 支票可以背书转让，但用于支取现金的支票不能背书转让。

13. 支票出票人与持票人不在同一银行开户情况下，持票人委托其开户银行向出票人提示付款的支票业务称为借记支票业务，反之称为贷记支票业务。

子任务1　出票人与持票人在同一银行开户的处理

一、活动目标

掌握出票人与持票人在同一行处开户情况下转账支票付款与收款业务的活动流程与基本要领，能按照支票业务活动流程规范完成支票业务的操作处理。

二、活动流程

转账支票出票人与持票人在同一银行开户的业务活动流程如图3－1－1所示。

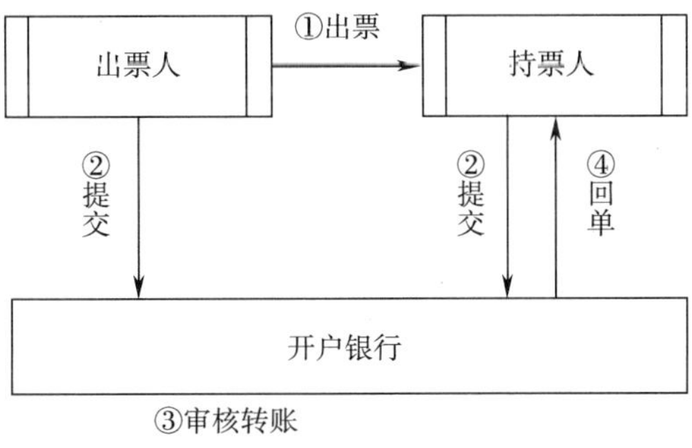

图3－1－1　转账支票出票人与持票人在同一银行开户的业务活动流程图

三、案例引入

模拟银行辽金支行开户单位盛雅集团股份有限公司（8310120109077）2018 年 6 月 22 日签发 3215 号转账支票，金额 38 400. 00 元，系支付给在同一银行开户单位虹桥机电设备公司（8310120101047）的货款。经办人员按规定办理转账手续。

四、学习步骤

步骤 1. 受理业务并审查支票。转账支票出票人签发票据之前，应在开户银行备有足额存款，按规定签发支票，并交与持票人，持票人应在规定时间填写转账支票和三联进账单（如表 3－1－1、表 3－1－2 所示）提交银行。

表 3－1－1

模拟银行转账支票（辽） BS 02 1613215

支票付款期限十天

出票日期(大写)：贰零壹捌年零陆月贰拾贰日　　付款行名称：辽金支行

收款人：虹桥机电设备公司　　出票人账号:8310120109077

人民币（大写）叁万捌仟肆佰元整	千	百	十	万	千	百	十	元	角	分
			¥	3	8	4	0	0	0	0

用途：货款

我账户内支付:8310120109077

出票人签章（盛雅集团股份有限公司 财务专用章；超李印文）

复核　　记账

表 3－1－2

模拟银行辽金支行进账单（贷方凭证）　2

2018 年 6 月 22 日　　第　号

出票人		收款人	
全　称	盛雅集团股份有限公司	全　称	虹桥机电设备公司
账　号	8310120109077	账　号	8310120101047
开户银行	辽金支行	开户银行	辽金支行

人民币（大写）叁万捌仟肆佰元整	千	百	十	万	千	百	十	元	角	分
			¥	3	8	4	0	0	0	0

票据种类	转账支票	科目（贷）
票据张数		对方科目（借）
备注：（虹桥机电设备公司 财务专用章；文刘印佳）		转账日期　年　月　日
		复核　　记账

此联由收款人开户银行作贷方凭证

开户银行经办人员受理持票人提交的支票时应审查以下内容。

1. 转账支票是否是统一规定印制的凭证，支票是否真实。

2. 支票填明的持票人是否在本行开户，持票人的名称是否为该持票人，与进账单上的名称是否一致。

3. 提示付款期为自出票日起 10 天，到期日为节假日顺延，是否在有效期内，是否属于远期支票。

4. 核对其签章与预留银行签章是否相符。使用支付密码的支票还应审查密码是否正确。

5. 转账支票必须记载的事项是否齐全，是否用墨汁或碳素墨水填写，出票日期、出票金额、收款人有无涂改，其他内容涂改是否由原记载人签章证明。

6. 转账支票大小写金额是否一致，与对账单上相关要素是否相符，出票人账户余额是否足够支付。

7. 持票人是否在支票的背面作委托收款背书。

8. 背书转让的支票是否按规定的范围转让，背书转让是否连续有效，签章是否符合规定，使用粘单的是否在粘接处签章。

9. 是否是挂失票据。

步骤 2. 交付回单。审核无误后，将进账单第一联加盖业务受理章（如表 3 – 1 – 3 所示）作为回单交给出票人。

表 3 – 1 – 3

模拟银行辽金支行**进账单**（回　单）　1

2018 年　6　月　22　日　　　　第　　号

出票人	全　称	盛雅集团股份有限公司	收款人	全　称	虹桥机电设备公司
	账　号	8310120109077		账　号	8310120101047
	开户银行	辽金支行		开户银行	辽金支行
人民币（大写）叁万捌仟肆佰元整				千百十万千百十元角分	¥3840000
票据种类	转账支票				
票据张数	1				
			模拟银行辽金支行 20180622 业务受理章 83101 收款人开户行盖章		

此联是出票人开户银行交给出票人的回单

步骤 3. 账务处理。银行柜员将支票作转账借方传票，进账单第二联（如表3 – 1 – 4 所示）作转账贷方传票，将相关信息录入业务处理系统办理转账。会计分录为

借：活期存款——盛雅集团股份有限公司　　　　38 400. 00

　贷：活期存款——虹桥机电设备公司　　　　38 400. 00

表 3－1－4

模拟银行辽金支行**进账单**（贷方凭证）　2

2018 年　6 月　22 日　　　　第　　号

出票人	全称	盛雅集团股份有限公司	收款人	全称	虹桥机电设备公司
	账号	8310120109077		账号	8310120101047
	开户银行	辽金支行		开户银行	辽金支行
人民币（大写）	叁万捌仟肆佰元整			千百十万千百十元角分	¥3840000
票据种类	转账支票		科目（贷）	201	
票据张数			对方科目（借）	201	
备注：			转账日期	2018 年 6 月 22 日	
			复核	杨一明	记账 马漫婷

此联由收款人开户银行作贷方凭证

步骤 4. 退回单。经审查无误后，进账单第三联加盖业务转讫章作收账通知交持票人（如表 3－1－5 所示），同时送别客户。

步骤 5. 后续处理。银行经办人员在相关记账凭证上加盖转讫章及经办人员名章，作为办理业务的凭证与其他凭证一起装订保管。

表 3－1－5

模拟银行辽金支行**进账单**（收账通知）　3

2018 年　6 月　22 日　　　　第　　号

出票人	全称	盛雅集团股份有限公司	收款人	全称	虹桥机电设备公司
	账号	8310120109077		账号	8310120101047
	开户银行	辽金支行		开户银行	辽金支行
人民币（大写）	叁万捌仟肆佰元整			千百十万千百十元角分	¥3840000
票据种类	转账支票				
票据张数	1				
单位主管　会计　复核　记账			收款人开户行盖章		

此联是收款人开户行交给收款人的收账通知

五、拓展

支票挂失的处理

支票丢失，失票人到付款行挂失时，应提交两联挂失止付通知书。付款行按规定审核无误并确未付款的，方可受理。第一联挂失止付通知书加盖业务公章作为受理回单交给失票人，第二联挂失止付通知书登记支票挂失登记簿后专夹保管，并在业务处理系统中录入相关信息控制付款。

六、考核

模拟银行辽金支行当日发生下列业务：

1. 海德集团有限公司（8310120105006）签发 6936 号转账支票，金额 26 700.00 元，系支付给在同一行处开户的汇源电子有限公司（8310120101096）的货款。

2. 美达电器有限公司（8310120101086）签发 3212 号转账支票，金额 40 000.00 元，系支付给在同一行处开户的海德集团有限公司（8310120105006）货款。

要求：以模拟银行辽金支行柜员的身份完成凭证填制（如表 3－1－6 至表 3－1－9 所示）、审核、业务数据录入、凭证盖章与凭证处理。

表 3－1－6

模拟银行转账支票存根	本支票付款期限十天	模拟银行转账支票（辽）　BS 02 0006936
支票号码		出票日期(大写)：　年　月　日　付款行名称：
科目----------------------		收款人：　出票人账号：
对方科目---------------		人民币(大写)：　千 百 十 万 千 百 十 元 角 分
出票日期　年　月　日		用途:-- 货款----
收款人：		我账户内支付：
金　额：		出票人签章
用　途：		复核　记账
单位主管　会计		

表 3－1－7

模拟银行辽金支行**进账单**（贷方凭证）　**2**

年　月　日　　第　号

出票人	全　称		收款人	全　称	
	账　号			账　号	
	开户银行			开户银行	
人民币（大写）					千 百 十 万 千 百 十 元 角 分
票据种类			科目（贷）		
票据张数					
备注：			对方科目（借）		
			转账日期　年　月　日		
			复核　记账		

此联由收款人开户银行作贷方凭证

表 3－1－8

模拟银行转账支票存根		模拟银行转账支票（辽） BS 02 0003212
支票号码	本支票付款期限十天	出票日期(大写)：　　年　月　日　　付款行名称：
科目----------------------		收款人：　　出票人账号：
对方科目---------------		人民币(大写)：　　千百十万千百十元角分
出票日期　年　月　日		用途:-- 货款----
收款人：		我账户内支付：
金　额：		出票人签章　　复核　　记账
用　途：		
单位主管　　会计		

表 3－1－9

模拟银行辽金支行进账单（贷方凭证）　**2**

年　月　日　　第　号

出票人	全　称		收款人	全　称	
	账　号			账　号	
	开户银行			开户银行	
人民币（大写）					千 百 十 万 千 百 十 元 角 分
票据种类			科目（贷）		
票据张数			对方科目（借）		
备注：			转账日期　年　月　日		
			复核　　记账		

此联由收款人开户银行作贷方凭证

子任务 2　出票人开户行受理支票的处理

一、活动目标

掌握出票人与持票人在不同系统银行开户情况下转账支票业务的活动流程与基本要领，能按照业务流程完成业务的操作处理。

二、活动流程

出票人与持票人在不同系统银行开户情况下，出票人开户行受理支票的活动流程如图 3－1－2 所示。

三、案例引入

模拟银行辽金支行开户单位汇源电子有限公司（8310120101096）2018 年 6 月 22 日签发 7296 号转账支票，金额 17 900.00元，系支付给在模拟银行南市支行开户的田晴纺织机械厂（8310620101053）的货款。经办人员按规定为其办理转账手续。

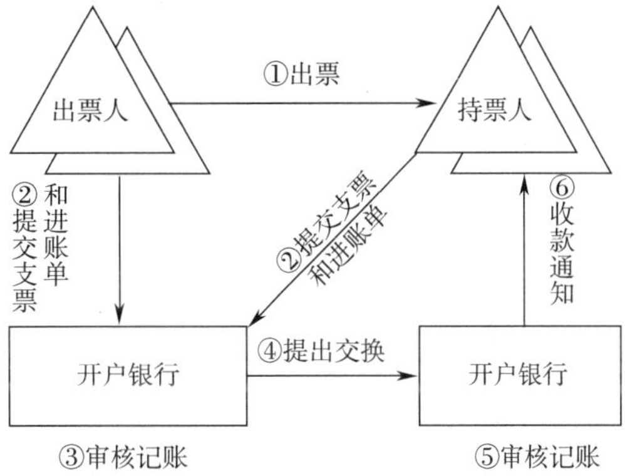

图 3－1－2　出票人与持票人在不同系统银行开户——出票人开户行受理支票的活动流程图

出票人按照前述规定签发转账支票（如表 3－1－10 所示），并交与持票人，持票人可以在规定时间填写三联进账单连同转账支票一并提交出票人开户行；出票人也可以代持票人填写三联进账单连同转账支票一并提交出票人开户行。

表 3－1－10

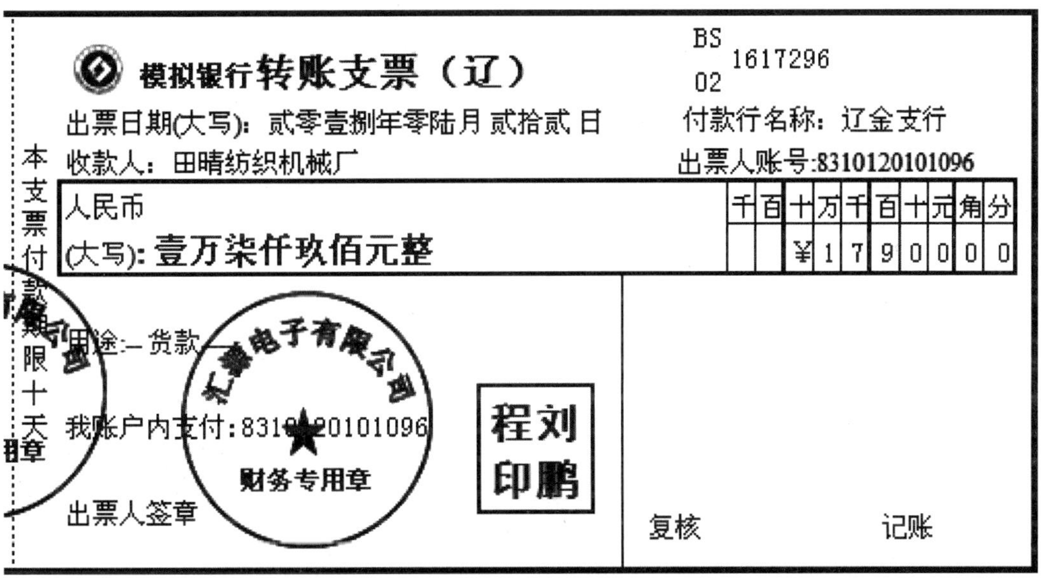

模拟银行转账支票（辽）　BS 02 1617296

出票日期(大写)：贰零壹捌年零陆月贰拾贰日　付款行名称：辽金支行

收款人：田晴纺织机械厂　出票人账号:8310120101096

人民币（大写）：壹万柒仟玖佰元整　¥17900.00

本支票付款期限十天

用途：货款

上列款项请从我账户内支付:8310120101096

汇源电子有限公司财务专用章　程刘印鹏

出票人签章　复核　记账

四、学习步骤

（一）签发人开户行收到签发人送交支票进行处理

步骤 1. 审查凭证。出票人开户银行经办人员受理持票人提交的支票与进账单时应审查，审查要点同前述。

步骤 2. 退回单。经审查无误后，进账单第一联加盖业务受理章（如表 3－1－11 所示）作为业务受理证明交持票人，如为出票人提交支票和进账单的，则将进账单第一联加盖业务受理章作业务受理证明交出票人，送别客户。

表 3－1－11

模拟银行辽金支行进账单（回　单）　1

2018 年 6 月 22 日　　　　　　　　第　　号

出票人	全　称	汇源电子有限公司	收款人	全　称	田晴纺织机械厂
	账　号	8310120101096		账　号	8310620101053
	开户银行	辽金支行		开户银行	辽金支行
人民币（大写）壹万柒仟玖佰元整				千百十万千百十元角分	¥1790000
票据种类	转账支票				
票据张数	1				

模拟银行辽金支行 20180622 业务受理章 83101

收款人开户行盖章

此联是出票人开户银行交给出票人的回单

步骤 3. 账务处理。审查无误后，出票人开户行经办人员将支票作转账借方传票（如表 3－1－12 所示），将相关信息录入业务处理系统办理转账。会计分录为：

借：活期存款——汇源电子有限公司　　17 900.00

　贷：存放中央银行准备金　　17 900.00

表 3－1－12

模拟银行转账支票（辽）　BS 02 1617296

出票日期(大写)：贰零壹捌年零陆月贰拾贰日　　付款行名称：辽金支行

收款人：田晴纺织机械厂　　出票人账号:8310120101096

人民币（大写）：壹万柒仟玖佰元整	千	百	十	万	千	百	十	元	角	分
			¥	1	7	9	0	0	0	0

(02) 转讫 2018.06.22 模拟银行辽金支行

本支票付款期限十天

用途：货款

上列款项请从我账户内支付:8310120101096

汇源电子有限公司 财务专用章　　刘鹏印　程

出票人签章　　　　复核 杨一明　　记账 马漫婷

步骤 4. 提出交换。进账单第二联加盖票据交换专用章（如表 3－1－13 所示）连同第三联按票据交换规定及时提出交换。

表 3－1－13

模拟银行辽金支行**进账单**（贷方凭证）　2

2018 年　6 月　22 日　一交　　第　号

出票人	全　称	汇源电子有限公司	收款人	全　称	田晴纺织机械厂
	账　号	8310120101096		账　号	8310620101053
	开户银行	辽金支行		开户银行	南市支行
人民币（大写）	壹万柒仟玖佰元整		千百十万千百十元角分	¥1790000	
票据种类	转账支票		科目（贷）		
票据张数	1		对方科目（借）		
备注：			转账日期	年　月　日	
			复核	记账	

此联由收款人开户银行作贷方凭证

步骤 5. 后续处理。经办人员在转账支票上加盖转讫章及经办人员名章，作为办理业务的凭证，待营业终了与其他凭证一起装订保管。

（二）持票人开户行（南市支行）对接到交换提入的进账单进行账务处理

步骤 1. 审核凭证。持票人开户行收到交换提入两联进账单后进行审核。

步骤 2. 账务处理。审查无误，进账单第二联作转账贷方传票（如表 3－1－14 所示），将相关信息录入业务处理系统办理转账。会计分录为

借：存放中央银行准备金　　17 900. 00

　贷：活期存款——田晴纺织机械厂　　17 900. 00

表 3－1－14

模拟银行辽金支行**进账单**（贷方凭证）　2

2018 年　6 月　22 日　一交　　第　号

出票人	全　称	汇源电子有限公司	收款人	全　称	田晴纺织机械厂
	账　号	8310120101096		账　号	8310620101053
	开户银行	辽金支行		开户银行	南市支行
人民币（大写）	壹万柒仟玖佰元整		千百十万千百十元角分	¥1790000	
票据种类	转账支票		科目（贷）		
票据张数	1		对方科目（借）		
备注：			转账日期	2018 年　6 月　22 日	
			复核　杨一明	记账　马漫婷	

（01）转讫 2018.06.22 模拟银行南市支行

此联由收款人开户银行作贷方凭证

步骤 3. 退回单。进账单第三联加盖转讫章（如表 3－1－15 所示）作收账通知交收款人。

表 3-1-15

模拟银行辽金支行进账单（收账通知） 3

2018 年 6 月 22 日　　第　号

出票人	全称	汇源电子有限公司	收款人	全称	田晴纺织机械厂
	账号	8310120101096		账号	8310620101053
	开户银行	辽金支行		开户银行	南市支行
人民币（大写）壹万柒仟玖佰元整				千百十万千百十元角分	¥1790000
票据种类	转账支票		（01）转讫 2018.06.22 模拟银行 南市支行		
票据张数	1				
单位主管　会计　复核　记账			收款人开户行盖章		

此联是收款人开户行交给收款人的收账通知

五、考核

模拟银行辽金支行当日发生下列业务：

1. 顺飞贸易有限公司（8310120105078）签发 9375 号转账支票（如表 3-1-16 所示），金额 21 600.00 元，支付在同城模拟银行第二支行开户的毕圣广告公司（8310220108067）广告费。

表 3-1-16

模拟银行转账支票存根	本支票付款期限十天	模拟银行转账支票（辽）　BS 02 0009375	
支票号码		出票日期（大写）：　年　月　日	付款行名称：
科目		收款人：	出票人账号：
对方科目		人民币（大写）：	千百十万千百十元角分
出票日期　年　月　日		用途：货款	
收款人：		我账户内支付：	
金　额：		出票人签章	复核　记账
用　途：			
单位主管　会计			

2. 汇源电子有限公司（8310120101096）签发 3461 号转账支票（如表 3-1-17 所示），金额 3 200.00 元，支付在同城建行城北支行开户的顺风物流公司（4356220108067）运输费。

3. 票据交换提入进账单（如表 3-1-18 所示）一份，系本市农行开户的福德家电批发市场（3185620108052）签发的 5682 号转账支票向在本行开户的美达电器有限公司（8310120101086）支付货款，支票出票日期为 3 天前，金额 69 730.00 元，审核无误，予以记账。

表 3－1－17

模拟银行转账支票存根	本支票付款期限十天	模拟银行转账支票（辽）		BS 02 0003461
支票号码		出票日期(大写):　　年　　月　　日		付款行名称:
科目----------------------		收款人:		出票人账号:
对方科目---------------		人民币(大写):		千 百 十 万 千 百 十 元 角 分
出票日期　　年　　月　　日		用途:-- 货款----		
收款人:		我账户内支付:		
金　额:		出票人签章	复核	记账
用　途:				
单位主管　　　　会计				

表 3－1－18

模拟银行辽金支行进账单（贷方凭证）　　2

年　　月　　日　　　　　　　　第　　号

出票人	全　称		收款人	全　称	
	账　号			账　号	
	开户银行			开户银行	
人民币(大写)				千 百 十 万 千 百 十 元 角 分	
票据种类			科目（贷）		
票据张数			对方科目（借）		
备注:			转账日期　　年　　月　　日		
			复核　　　　记账		

此联由收款人开户银行作贷方凭证

要求：以模拟银行辽金支行柜员的身份完成凭证填制、审核、业务数据录入、凭证盖章与凭证处理。

子任务 3　持票人受理支票的处理

一、活动目标

掌握出票人与持票人在不同系统银行开户情况下借记转账支票业务的活动流程与基本要领，能按照活动流程规范完成支票业务的操作处理。

二、活动流程

出票人与持票人在不同系统银行开户情况下，持票人开户行受理转账支票业务活动流程如图3－1－3所示。

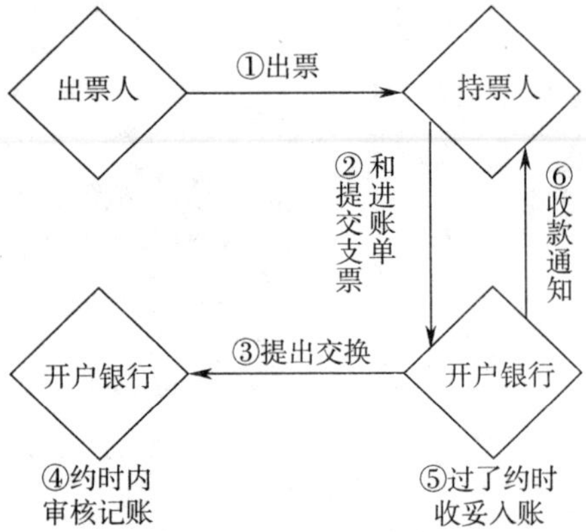

图3－1－3　出票人与持票人在不同系统银行开户——持票人开户行受理支票的业务活动流程图

三、案例引入

开户单位汇源电子有限公司（8310120101096）2018年6月22日提交4537号转账支票与进账单，金额58 000.00元，支票系建行南市支行开户的田晴纺织机械厂（8310620101053）6月18日签发，支付货款。模拟银行辽金支行经办人员按规定办理相关业务处理手续。

四、学习步骤

（一）持票人开户行对持票人送交支票进行处理

出票人签发票据之前，应在开户银行备有足额存款，按规定签发支票，并交与持票人。持票人应在规定时间填写三联进账单连同转账支票一并提交开户行。

步骤1. 审查凭证。持票人开户银行经办人员受理持票人提交的支票与进账单时应审查，审查要点同前述。

步骤2. 退回单。经审查无误后，进账单第一联加盖“收妥入账”章作为业务受理证明交持票人，送别客户。

步骤3. 账务处理。持票人开户行经办人员根据跨行借记支票业务的处理规定将相关信息录入业务处理系统办理转账。会计分录为

借：存放中央银行准备金　　58 000.00

　贷：其他应付款——同城交换暂收款项　　58 000.00

步骤4. 提出交换。支票加盖票据交换专用章（如表3－1－19所示），按票据交换规定及时提出交换。

表3－1－19

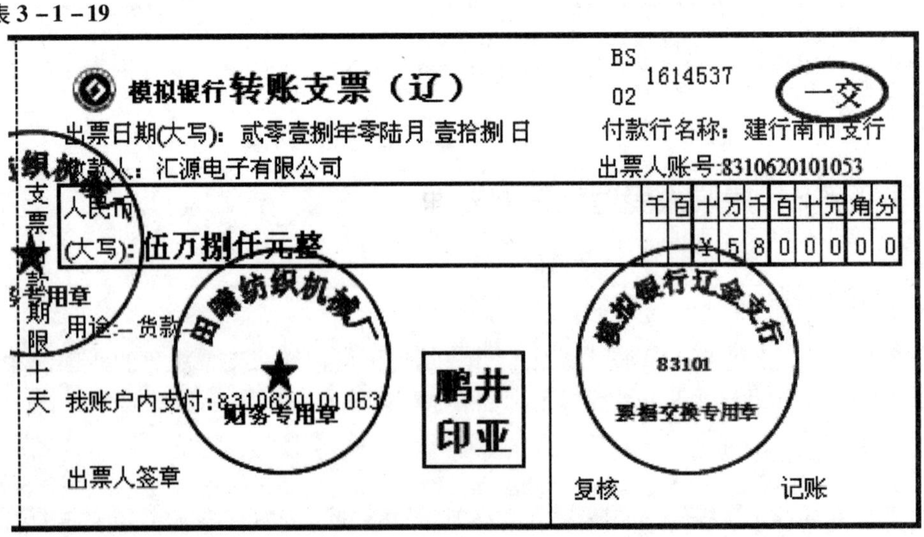
模拟银行转账支票（辽）　BS 02 1614537　一交

出票日期(大写)：贰零壹捌年零陆月 壹拾捌日　付款行名称：建行南市支行

收款人：汇源电子有限公司　出票人账号:8310620101053

人民币（大写）：伍万捌仟元整

千	百	十	万	千	百	十	元	角	分
		¥	5	8	0	0	0	0	0

用途：货款

我账户内支付:8310620101053

出票人签章　田晴纺织机械厂 财务专用章　鹏井印亚

模拟银行辽金支行 83101 票据交换专用章

复核　记账

支票付款期限十天

步骤 5. 持票人开户行经办人员在第二联进账单（如表 3－1－20 所示）上按票据交换场次加盖“收妥入账”戳记与第三联进账单暂存，待退票时间过后，若无退票，则进行转账。

表 3－1－20

模拟银行辽金支行**进账单**（贷方凭证）　2　一交

2018 年　6 月　22 日　　　　第　　号

出票人	全　称	田晴纺织机械厂	收款人	全　称	汇源电子有限公司
	账　号	8310620101053		账　号	8310120101096
	开户银行	建行南市支行		开户银行	辽金支行
人民币（大写）伍万捌仟元整			千百十万千百十元角分		¥5800000
票据种类	转账支票		科目（贷）		
票据张数	1		对方科目（借）		收妥入账
备注：	汇源电子有限公司财务专用章　程刘印鹏		转账日期　年　月　日		
			复核　　记账		

此联由收款人开户银行作贷方凭证

（二）出票人开户行（南市支行）对交换提入票据的处理

步骤 1. 审核凭证。在约定的时间之内对凭证进行审核。如果不能付款，要在约定时间之内通知对方退票。

步骤 2. 账务处理。审查无误后，支票作转账借方传票（如表 3－1－21 所示），将相关信息录入业务处理系统办理转账。会计分录为

借：活期存款——田晴纺织机械厂　　58 000. 00

　贷：存放中央银行准备金　　58 000. 00

表 3－1－21

模拟银行**转账支票（辽）**　BS 02　1614537　一交

出票日期(大写)：贰零壹捌年零陆月壹拾捌日	付款行名称：建行南市支行
收款人：汇源电子有限公司	出票人账号:8310620101053
人民币（大写）：伍万捌仟元整	千百十万千百十元角分　¥5800000
用途：货款	(01) 转讫 2018.06.22 模拟银行南市支行
我账户内支付：8310620101053	模拟银行辽金支行 83101 票据交换专用章
田晴纺织机械厂财务专用章　鹏井印亚	
出票人签章	复核 杨一明　记账 马漫婷

本支票付款期限十天

步骤3. 后续处理。银行经办人员在相关记账凭证上加盖转讫章及经办人员名章，作为办理业务的凭证与其他凭证一起装订保管。

（三）持票人开户行收账入户的账务处理

持票人开户行俟退票时间过后，以进账单第二联作转账贷方传票（如表3-1-22所示）为持票人办理收账入户手续，将相关信息录入业务处理系统办理转账。会计分录为

借：其他应付款——同城交换暂收款项　　58 000.00

　贷：活期存款——汇源电子有限公司　　58 000.00

表3-1-22

模拟银行辽金支行**进账单**（贷方凭证）　2　一交　第　号

2018年　6　月　22　日

出票人	全称	田晴纺织机械厂	收款人	全称	汇源电子有限公司
	账号	8310620101053		账号	8310120101096
	开户银行	建行南市支行		开户银行	辽金支行

人民币（大写）伍万捌仟元整	千	百	十	万	千	百	十	元	角	分
			¥	5	8	0	0	0	0	0

票据种类	转账支票	科目（贷）
票据张数	1	对方科目（借）
备注：		转账日期　年　月　日
		复核 杨一明　记账 马[illegible]

（02）转讫 2018.06.22 模拟银行辽金支行

收妥入账

汇源电子有限公司 财务专用章

程刘印鹏

此联由收款人开户银行作贷方凭证

经办人员在相关记账凭证上加盖转讫章及经办人员名章，作为办理业务的凭证与其他凭证一起装订保管。

进账单第三联加盖转讫章（如表3-1-23所示）作收账通知交持票人。

表3-1-23

模拟银行辽金支行**进账单**（收账通知）　3　一交　第　号

2018年　6　月　22　日

出票人	全称	田晴纺织机械厂	收款人	全称	汇源电子有限公司
	账号	8310620101053		账号	8310120101096
	开户银行	建行南市支行		开户银行	辽金支行

人民币（大写）伍万捌仟元整	千	百	十	万	千	百	十	元	角	分
			¥	5	8	0	0	0	0	0

票据种类	转账支票	
票据张数	1	
单位主管　会计　复核　记账		收款人开户行盖章

（02）转讫 2018.06.22 模拟银行辽金支行

收妥入账

此联是收款人开户行交给收款人的收账通知

五、考核

模拟银行辽金支行当日发生下列业务：

1. 顺飞贸易有限公司（8310120105078）提交进账单和转账支票一张，金额为62 100.00元，支票系在同城建行城北支行开户的虎跃物流公司（4032620108067）1天前签发，支票号码为2714，支付购货款。

2. 票据交换提入转账支票一张，系本行开户单位汇源电子有限公司（8310120101096）3天前签发，支付在本市农行开户的福德家电批发市场（3184720108052）货款，金额4 328.00元，支票号码为9462。

要求：以模拟银行辽金支行柜员的身份完成凭证填制、审核、业务数据录入、凭证盖章与凭证处理。

六、拓展

支票的影像传输

全国支票影像交换系统是指运用影像技术将实物支票转换为支票影像信息，通过计算机及网络将支票影像信息传递至出票人开户银行提示付款，实现支票全国通用的业务处理系统，它是中国人民银行继大额小额支付系统之后建设的又一重要金融基础设施。

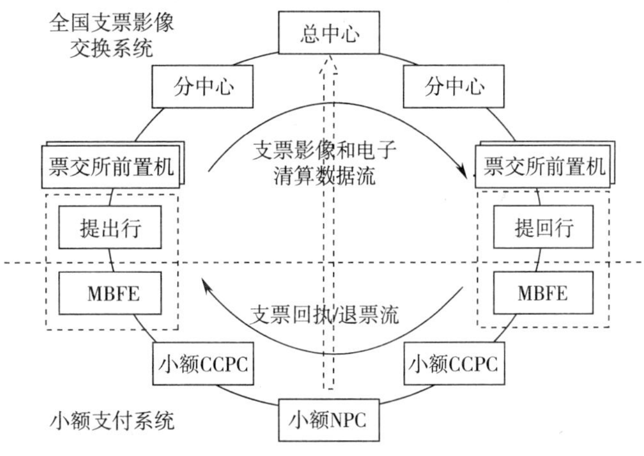

注：图中，MBFE指前置机系统；NPC指国家处理中心；CCPC指城市处理中心。

图3－1－4　支票影像交换传输系统架构图

影像交换系统可以处理银行机构跨行和行内的支票影像信息交换，其资金清算通过中国人民银行覆盖全国的小额支付系统处理。支票影像业务的处理分为影像信息交换和业务回执处理两个阶段，即支票收款人开户银行通过影像交换系统将支票影像信息发送至出票人开户银行提示付款；出票人开户银行审核无误后将款项通过小额支付系统支付给收款人开户银行。支票影像交换传输系统架构如图3－1－4所示。

子任务4　支票退票

一、活动目标

掌握支票退票业务的活动流程与基本要领，能按照支票退票业务的活动流程和基本规定规范完成退票业务的操作处理。

二、活动流程

支票退票业务活动流程如图 3－1－5 所示。

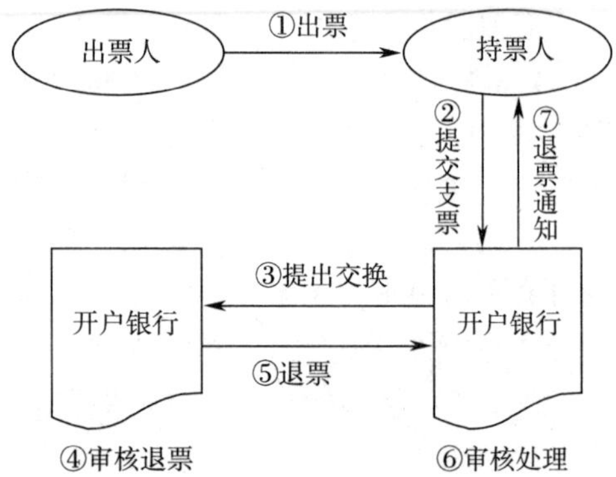

图 3－1－5　支票退票的业务活动流程图

三、案例引入

开户单位金龙集团（8310120102069）2018 年 6 月 22 日提交 3303 号转账支票与进账单，金额 58 000.00 元，支票系在南市支行开户的田晴纺织机械厂（8310620101053）6 月 17 日签发，支付货款。模拟银行辽金支行经办人员按规定为其办理相关业务手续。后该支票因存款不足被退票。

出票人签发票据之前，应在开户银行备有足额存款，按规定签发支票，并交与持票人，持票人应在规定时间填写三联进账单连同转账支票一并提交开户行。

四、学习步骤

（一）出票人开户行办理退票

步骤 1. 审查凭证。出票人开户行收到交换提入的支票，经审查如发现问题需退票的，应填制一式三联退票理由书，如表 3－1－24 所示。

表 3－1－24　　退票理由书

退 票 理 由 书

出票单位：田晴纺织机械厂　　账号：8310620101053

票据号码：3303　　2018 年 6 月 22日

项　目	内　容	退票理由
账户款项不足	1. 存款不足	✓
	2. 超过放款批准额或经费限额	
内容填写不全	3. 非用墨汁或碳素墨水书写	
	4. 金额大小写不全、不清楚	
	5. 未填写款项用途或用途填写不明	
	6. 未填写收款单位或收款人	
	7. 按照国家政策规定不能支付的款项	
日　期	8. 出票日期已过有效期限	
	9. 非即期支票	
背书签字	10. 背书人签章不清、不全、空白	
涂　改	11. 日期、账号等涂改处未盖预留银行印鉴证明	
	12. 支票大小写金额或收款人名称涂改	
其　他	13. 此户已结清，无此账户	
	14. 出票人已经申请止付	
	15. 非该户领用此支票	
	16. 非本行承付支票	

步骤2. 在约定时间通知持票人开户行。

步骤3. 账务处理。以退票通知书第一联作借方凭证，通过“其他应收款”科目，将相关信息录入业务处理系统办理转账。会计分录为

借：其他应收款——同城票据交换暂付款项 58 000.00

贷：存放中央银行准备金 58 000.00

步骤4. 退票。在两联退票通知书上加盖业务公章后附支票及在下次交换时划退持票人开户行。

步骤5. 销记“其他应收款”。退票时，填制转账借贷方凭证并销记“其他应收款”科目。会计分录为

借：存放中央银行准备金 58 000.00

贷：其他应收款——同城票据交换暂付款项 58 000.00

（二）持票人开户行处理退票

步骤1. 收到退票通知。持票人开户行收到退票通知后，冲销“其他应付款”科目。会计分录为

借：其他应付款——同城交换暂收款项 58 000.00

贷：存放中央银行准备金 58 000.00

步骤2. 收到退回支票。收到退回支票时，再冲减“其他应付款”账户，并将支票退交收款人。会计分录为

借：其他应付款——××行户 58 000.00

贷：存放中央银行准备金（或清算资金往来） 58 000.00

步骤3. 通知退票。持票人开户行将一联退票通知书连同支票退还持票人。

步骤4. 后续处理。银行经办人员在相关记账凭证上加盖转讫章及经办人员名章，作为办理业务的凭证与其他凭证一起装订保管。

五、考核

模拟银行辽金支行当日发生下列业务：

1. 美达电器有限公司（8310120101086）提交进账单和转账支票1张，金额为189 100.00元，支票系在同城模拟银行第二支行开户的毕圣广告公司（8310220108067）1天前签发，支票号码为0895号，支付购货款。审核无误予以处理。后该支票因印鉴不符被退票。

2. 票据交换提入转账支票一张，系本行开户单位顺飞贸易有限公司（8310120105078）2天前签发，支付在本市农行开户的福德家电批发市场（3185620108052）货款，金额94 320.00元，支票号码为9376号，经查该单位存款只有21 000.00元，立即办理退票手续。

要求：以模拟银行辽金支行柜员身份完成凭证填制、审核、业务数据录入、凭证盖章与凭证处理。

六、分析思考题

哪种情况会引起支票的退票？支票退票对持票人而言有何影响？

七、拓展

（一）空头支票的行政处罚规定

依据《中华人民共和国行政处罚法》《票据管理实施办法》的有关规定，由中国人民银行及其分支机构实施对签发空头支票出票人的行政处罚。

商业银行发现出票人有签发空头支票行为的，应立即填制“空头支票报告书”，将支票和其他足以证明出票人违规签发空头支票的资料复印并签章后作报告书附件，于当日至迟次日（节假日顺延）报送当地人民银行分支行支付结算管理部门（以下简称人民银行）。

人民银行收到“空头支票报告书”之日起3个工作日内进行核实，并作出是否进行行政处罚的决定。

（1）签发空头支票事实清楚、证据确凿的，应作出行政处罚。拟作出行政处罚决定的，应编制《中国人民银行行政处罚意见告知书》（以下简称《告知书》），送达被处罚人。

（2）签发空头支票事实不清、证据不足的，应提出纠正意见，将材料退回举报行。

人民银行在送达《告知书》之日起5个工作日内，未收到出票人陈述或申辩的书面材料的，或在对当事人提出的陈述或申辩意见复核后不予采纳的，应编制《中国人民银行行政处罚决定书》（以下简称《决定书》），送达被处罚对象。对于拟作出重大行政处罚决定的，出票人在收到《告知书》3日内，要求听证的，人民银行应组织听证。

罚款代收机构应根据《决定书》决定的罚款金额收取罚款。对逾期缴纳罚款的出票人，人民银行可每日按罚款数额的3%加处罚款，或填写《中国人民银行强制执行申请书》，向人民法院申请强制执行。罚款代收机构应将所收罚款就地全额缴入中央国库。

代收机构应于每季终了后3日内，将上季代收并缴入中央国库的各项罚款汇总，填制《空头支票罚款收入汇总表》，分送财政部驻各地财政监察专员办事机构和作出行政处罚决定的中国人民银行分支行。人民银行分支行应按月与委托的代收机构就罚款收入的代收情况进行对账，对未到指定代收机构缴纳罚款的，应责成被处罚单位和个人缴纳并加处罚款。

（二）保付支票

保付支票是指出票人事先在商业银行获得付款承诺授信或存入保证金，在票面保付限额内签发并委托其开户银行于见票时无条件保证支付确定的金额给收款人的票据。

目前，全国尚无统一的保付支票结算办法。个别省份（如浙江省）自行制定了保付支票结算办法，其主要规定包括以下内容。

同一票据交换区域的各种款项结算均可使用保付支票，保付支票仅限于转账，不得背书转让，不得支取现金。保付支票的提示付款期限自出票日起10日，保付支票的出票截止日期为自出售日起6个月内。

保付支票的出票人为在经中国人民银行当地分支行批准办理支票业务的银行机构开立存款账户，并经开户行审查同意的信誉优良的存款人。保付支票每笔的保付限额起点为 1 000 元，每笔的保付上限额为 20 万元，银行可根据需要设定不同的保付限额。银行经审查同意存款人签发保付支票的，应与存款人签订协议，明确双方的权利和义务，并根据存款人的资信情况确定其是否需要缴存保证金及其比例。对于不缴和部分缴存保证金的，银行应事先对存款人按保付限额贷款的有关规定作相应的等额付款承诺授信。对出票人提供承诺授信的银行，如见票时出票人存款账户不足支付票款，应分别情况对其差额部分提供贷款转入出票人存款账户并予以支付。

任务二　银行本票业务处理

【技能目标】

熟悉银行本票业务的基本规定，熟悉银行本票委托书、银行本票的凭证格式，掌握其具体的填写要求和审核要求，能按银行本票业务的基本规定和活动流程规范完成银行本票的签发、兑付、结清等环节的操作处理。

【知识准备】

银行本票是银行签发的，承诺自己在见票时无条件支付确定的金额给收款人或持票人的票据。

一、银行本票的基本规定

1. 单位和个人在同一票据交换区域需要支付的各种款项，均可以使用银行本票。

2. 银行本票分为转账银行本票和现金银行本票。转账银行本票只能用于转账，注明“现金”字样的可以用于支取现金。

3. 申请人与收款人均为个人，并且交存现金办理的，可以申请签发现金银行本票。注明“现金”字样的银行本票可以用于支取现金。申请人或收款人一方为个人的，不得签发现金银行本票。

4. 银行本票的出票人为经中国人民银行当地分支行批准允许办理银行本票业务的银行。

5. 银行本票一律记名，允许背书转让；但填明“现金”字样的银行本票不能背书转让。

6. 银行本票的提示付款期限自出票日起最长不得超过两个月，到期日遇节假日顺延。超过提示付款期限的银行本票，代理付款银行不予受理。

7. 银行本票没有金额起点和最高限额。

8. 银行本票小写金额必须为压数机压印金额。

9. 银行本票的签发行在票据上签章，应为该行的本票专用章加其法定代表人或其授权经办人的名章。

10. 在银行开立存款账户的持票人向开户银行提示付款时，应在银行本票背面“持票人向银行提示付款签章”处签章，签章须与预留银行签章相同。未在银行开立存款账户的个人持票人，持注明“现金”字样的银行本票向出票银行支取现金时，应在银行本票背面签章，记载本人身份证件名称、号码及发证机关。

11. 银行本票丧失，失票人可以凭人民法院出具的享有票据权利的证明，向出票银行请求付款或退款。

12. 银行本票的金额、日期、收款人名称不得更改，更改的票据无效。

13. 签发银行本票必须记载下列事项：表明“银行本票”的字样；无条件支付的承诺；确定的金额；收款人名称；出票日期；出票人签章。

14. 银行本票见票即付。

二、银行本票核算流程

银行本票的核算流程包括出票、兑付和结清三个阶段，如图 3－2－1 所示。

图 3－2－1　银行本票核算流程图

子任务 1　签发银行本票

一、活动目标

掌握单位银行本票签发业务的活动流程与基本规定，能按照本票业务的活动流程规范完成签发银行本票操作处理。

二、活动流程

银行本票出票活动流程如图 3－2－2 所示。

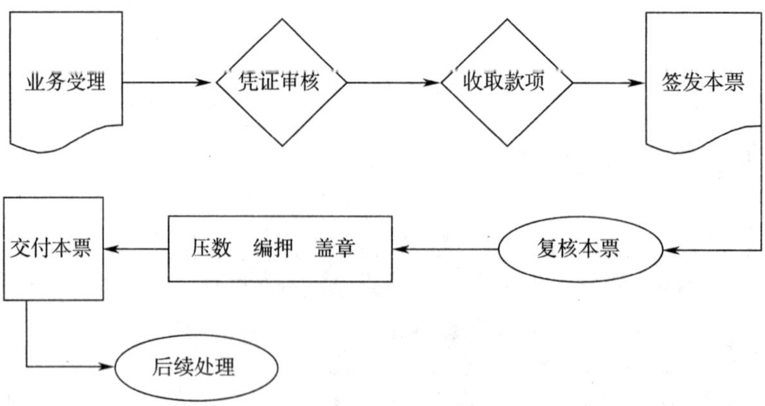

图 3－2－2　出票银行签发银行本票活动流程图

三、案例引入

模拟银行辽金支行开户单位金龙集团（8310120102069）2018 年 6 月 22 日提交银行

本票委托书，申请签发银行本票，金额273 600.00元，系支付给在本市农行虹桥支行开户的昌盛集团有限公司（31863120109063）的货款。经办人员按规定为其办理银行本票签发手续。

申请人提交“银行本票委托书”。申请人填写一式三联的“银行本票委托书”（如表3－2－1至表3－2－3所示），第一联为申请人回单，第二联为银行借方凭证，第三联为银行贷方凭证。填明收款人名称、申请人名称、支付金额、申请日期等事项并签章。申请人和收款人均为个人，需要支取现金的，应在“支付金额”栏先填写“现金”字样，之后填写支付金额。

表3－2－1

模拟银行银行本票委托书（存根）1　　第　号

申请日期　2018年　6月　22日

申请人	金龙集团	收款人	昌盛集团有限公司
账号或住址	8310120102069	账号或住址	31863120109063
用途	货款	兑付银行	农行虹桥支行
本票金额	人民币（大写）贰拾柒万叁仟陆佰元整	千百十万千百十元角分	¥27360000

此联申请人留存

备注　　　科目
　　　　　对方科目

（06）转讫 2018.06.22 模拟银行辽金支行

财务主管　　复核　　经办

表3－2－2

模拟银行银行本票委托书（借方凭证）2　　第　号

委托日期　2018年　6月　22日

申请人	金龙集团	收款人	昌盛集团有限公司
账号或住址	8310120102069	账号或住址	31863120109063
用途	货款	兑付银行	农行虹桥支行
本票金额	人民币（大写）贰拾柒万叁仟陆佰元整	千百十万千百十元角分	¥27360000

此联出票行作借方凭证

上列款项请从我账户内支付　　金龙集团 财务专用章　　双孟 印庆

申请人盖章

（06）转讫 2018.06.22 模拟银行辽金支行

科目（借方）---活期存款---------

对方科目（贷方）--开出本票---

转账日期 2018年　6月　22日

复核 杨一明　　记账 马漫婷

表 3-2-3

模拟银行银行本票委托书（贷方凭证） 3　　第　号

此联出票行作开出本票贷方凭证

委托日期 2018 年 6 月 22 日

申请人	金龙集团	收款人	昌盛集团有限公司
账号或住址	8310120102069	账号或住址	31863120109063
用途	货款	兑付银行	农行虹桥支行
本票金额	人民币（大写）贰拾柒万叁仟陆佰元整		¥27360000

备注

（06）转讫 2018.06.22 模拟银行辽金支行

科目（贷）——开出本票——

对方科目（借）——活期存款——

转账日期 2018 年 6 月 22 日

复核 朱玥巍　　记账 吝欣

四、学习步骤

步骤 1. 业务受理与凭证审核。出票银行经办人员收到三联银行本票委托书。应认真审核：

1. 委托书填写的各项内容是否符合要求；
2. 委托书要素填写是否齐备；
3. 委托日期、收款人账号户名及出票金额等重要事项是否涂改；
4. 金额填写是否规范，大小写是否一致；
5. 加盖的印鉴章与该单位预留印鉴是否一致等；
6. 该账户是否有足够的余额用于支付；
7. 委托书注明“现金”字样的，申请人和收款人是否均为个人；
8. 申请人声明本票不得转让的，是否在“备注”栏内注明“不得转让”字样。

步骤 2. 收取款项交易处理。

1. 转账交付款项。审查委托书无误后转账交付的，以委托书第二联作借方传票，第三联作贷方传票，将相关信息录入业务处理系统办理转账。会计分录为

借：活期存款——金龙集团　　273 600.00

　贷：开出本票　　273 600.00

付出：银行本票

2. 现金交付款项。用现金签发本票的，点收现金后，委托书第二联注销，以第三联作贷方传票。会计分录为

借：现金　　273 600.00

　贷：开出本票　　273 600.00

付出：银行本票

步骤 3. 签发银行本票。收取款项后，出票银行签发一式两联银行本票（如表 3-2-4所示），第一联卡片，第二联本票。

表 3－2－4

付款期限 贰个月	模拟银行 本票 2	GS/01 003705

出票日期（大写）贰零壹捌 年 零陆 月 贰拾贰日　　　　第　　号

收款人：昌盛集团有限公司		申请人：金龙集团	
凭票即付	人民币（大写）贰拾柒万叁仟陆佰元整	千百十万千百十元角分	¥27360000
转账	现金		
备注：货款	兑付日期：	出纳　复核 朱玥凰　经办 谷欣	

模拟银行 83101 本票专用章　　于江印玲

此联出票行结清本票时作借方传票

签发银行本票时要注意：

1. 出票日期和金额必须大写；

2. 申请人申请签发转账本票的，应将本票上现金字样划去；

3. 银行本票委托书上注明“不得转让”字样的，应在银行本票备注栏内注明。

步骤 4. 银行本票复核、压数、编押、盖章并交付。签发的银行本票经复核无误后，经办人员在银行本票第二联上用压数机压印、计算机打印或手写方式将小写金额记载在“人民币（大写）”栏右端，按规定程序加编本票密押，密押记载在“出纳复核经办”栏内。

银行本票加盖银行本票专用章并由授权的经办人签名或盖章后交申请人，送别客户。

步骤 5. 后续处理。银行经办人员在相关记账凭证上加盖转讫章及经办人员名章（如表 3－2－2、表 3－2－3 所示），作为办理业务的凭证与其他凭证一起装订保管。将第一联卡片加盖经办、复核人员名章后专夹保管。销记重要空白凭证登记簿。

根据中国人民银行依托小额支付系统办理银行本票业务的相关规定，出票银行出票后应将银行本票出票信息实时录入本行业务处理系统。代理出票的，出票银行应于当日内将银行本票出票信息传递至代理清算行。

五、考核

模拟银行辽金支行当日发生下列业务：

1. 开户单位美达电器有限公司（8310120101086）提交银行本票委托书一份申请签发银行本票，金额 36 700.00 元，收款人为在本市农行虹桥支行开户的福德家电批发市场（3186320108052），经办人员审核后予以签发。

2. 开户单位海德集团有限公司（8310120105006）提交银行本票委托书一份申请签发银行本票，金额 58 200 .00 元，系支付给在同一银行开户的汇源电子有限公司（8310120101096）的货款，经办人员审核后予以签发。

要求：以模拟银行辽金支行柜员的身份完成凭证审核、业务数据录入、凭证盖章与凭证处理。

子任务2　兑付银行本票

一、活动目标

掌握单位银行本票代理付款行兑付业务的活动流程与基本要领，能按照银行本票兑付阶段的活动流程规范完成兑付银行本票业务的操作处理。

二、活动流程

银行本票代理付款行兑付业务活动流程如图3－2－3所示。

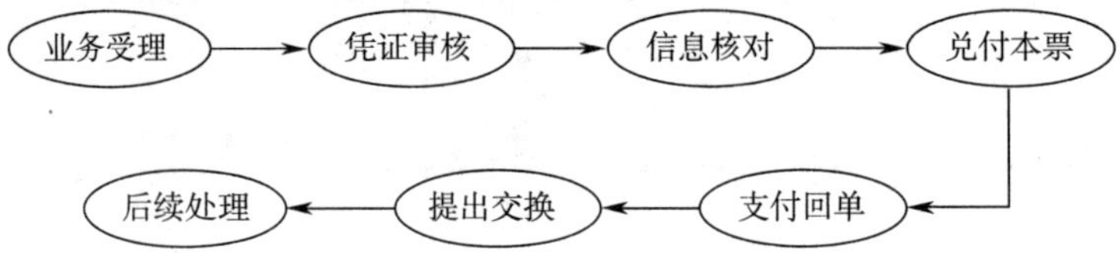

图3－2－3　银行本票代理付款行兑付业务活动流程图

三、案例引入

开户单位虹桥机电设备公司（8310120101047）2018年6月22日提交进账单和3612号银行本票，金额为75 000.00元，本票系在盛京银行中山支行开户的诚达信息咨询有限公司（5035220109017）6月5日申请签发，用于支付货款。模拟银行辽金支行经办人员按规定为其办理兑付手续。

四、学习步骤

（一）转账银行本票

持票人应填写三联进账单（如表3－2－5所示）连同银行本票（如表3－2－6所示）一并送交代理付款行。

表3－2－5

模拟银行辽金支行**进账单**（贷方凭证）　　2

2018年　6　月　22　日　　　　第　　号

出票人	全　称	诚达信息咨询有限公司	收款人	全　称	虹桥机电设备公司
	账　号	5035220109017		账　号	8310120101047
	开户银行	盛京银行中山支行		开户银行	模拟银行辽金支行

人民币（大写）	千	百	十	万	千	百	十	元	角	分
柒万伍仟元整			¥	7	5	0	0	0	0	0

票据种类	银行本票	科目（贷）活期存款
票据张数	1	对方科目（借）存放中央银行准备金
备注：		转账日期　2018年　6　月　22　日
		复核 杨一明　　记账 杨一明

（印章：虹桥机电设备公司财务专用章；刘文佳印；模拟银行辽金支行（01）转讫 2018.06.22）

此联由收款人开户银行作贷方凭证

表 3－2－6

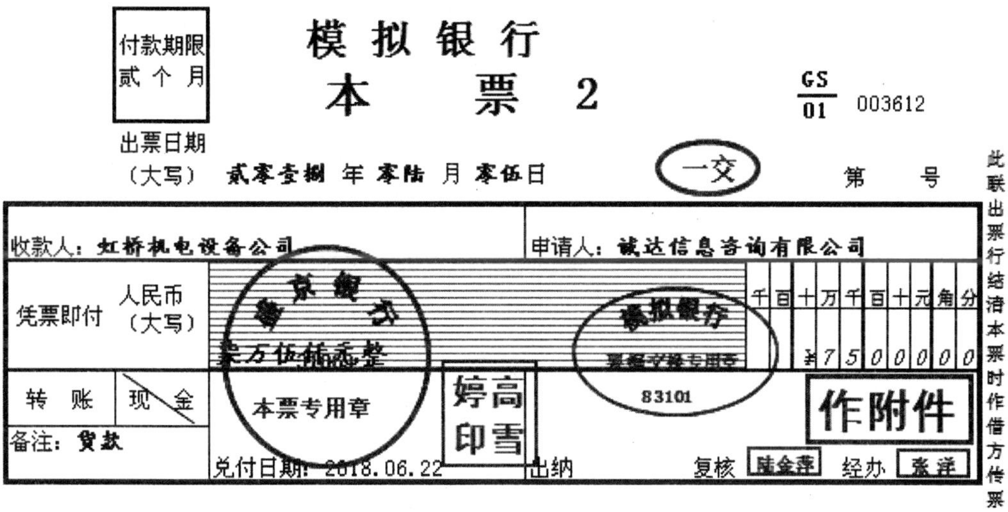

付款期限 贰个月

模拟银行

本　　票　2

GS/01　003612

出票日期（大写）　贰零壹捌 年 零陆 月 零伍日　　一交　　第　　号

收款人：虹桥机电设备公司		申请人：诚达信息咨询有限公司
凭票即付	人民币（大写）柒万伍仟元整	千百十万千百十元角分 ¥7500000
转账	现金	
备注：货款	兑付日期：2018.06.22	出纳　复核 陆金萍　经办 张泽

本票专用章　婷高印雪　模拟银行 票据交换专用章 83101　作附件

此联出票行结清本票时作借方传票

步骤 1. 审核凭证。代理付款行的经办人员收到银行本票与进账单后应认真审核以下有关内容：

1. 银行本票是否真实，是否超过提示付款期限。

2. 本票填明的持票人是否在本行开户，与进账单上的名称是否一致。

3. 本票必须记载的事项是否齐全，出票金额、出票日期、收款人名称等是否更改，其他记载事项的更改是否由原记载人签章证明。

4. 出票行的签章是否符合规定，加盖的票据专用章是否与印模相符。

5. 压数机压印的小写金额是否由统一制作的压数机压印，与大写的金额是否一致；若采用计算机打印或手工填写小写出票金额的，也应审核大小写出票金额是否一致。

6. 银行本票是否填写密押，密押是否正确。

7. 持票人是否在本票背面“持票人向银行提示付款签章”处签章，背书转让的本票是否按规定的范围转让，其背书是否连续，签章是否符合规定，背书使用粘单的是否按规定在粘接处签章。

步骤 2. 信息核对。审核无误后，代理付款行的经办人员应将本票信息录入计算机系统，电子信息通过小额支付系统发送出票行进行确认，收到确认成功信息并打印业务回执后方可办理本票解付手续，进行账务处理。

步骤 3. 兑付本票。本票由记账员、复核员签章并记载兑付日期（如表 3－2－6 所示）后，与打印的业务回执一起作为解付银行本票科目凭证附件，第二联进账单作贷方凭证（如表 3－2－5 所示）。将相关信息录入业务处理系统办理转账。会计分录为

借：存放中央银行准备金（或待清算支付款项）　　75 000.00

　　贷：活期存款——虹桥机电设备公司　　75 000.00

步骤 4. 回单交付。银行经办人员将进账单第一联加盖业务受理章（如表 3－2－7 所示）、第三联进账单加盖转讫章（如表 3－2－8 所示）作收账通知一并交给持票人，送别客户。

表 3－2－7

模拟银行辽金支行进账单（回　单）　1

2018 年　6　月　22　日　　　　第　　号

出票人	全　称	诚达信息咨询有限公司	收款人	全　称	虹桥机电设备公司
	账　号	5035220109017		账　号	8310120101047
	开户银行	盛京银行中山支行		开户银行	模拟银行辽金支行

人民币（大写）	千	百	十	万	千	百	十	元	角	分
柒万伍仟元整			¥	7	5	0	0	0	0	0

票据种类	银行本票
票据张数	1

备注：

模拟银行辽金支行 20180622 业务受理章 83101

收款人开户行盖章

此联是出票人开户银行交出票人回单

表 3－2－8

模拟银行辽金支行进账单（收账通知）　3

2018 年　6　月　22　日　　　　第　　号

出票人	全　称	诚达信息咨询有限公司	收款人	全　称	虹桥机电设备公司
	账　号	5035220109017		账　号	8310120101047
	开户银行	盛京银行中山支行		开户银行	模拟银行辽金支行

人民币（大写）	千	百	十	万	千	百	十	元	角	分
柒万伍仟元整			¥	7	5	0	0	0	0	0

票据种类	银行本票
票据张数	1

（04）转讫 2018.06.22 模拟银行辽金支行

单位主管　　会计　　复核　　记账　　　收款人开户行盖章

此联由收款人开户银行作贷方凭证

步骤 5. 提出交换。在本票上加盖“票据交换”章，通过票据交换向签发行提出清算。兑付行和签发行如为同一银行系统内不同行处，通过分行辖内往来清算差额；兑付行和签发行如为不同银行系统的行处，则由人民银行负责票据交换，由人民银行清算差额。

步骤 6. 后续处理。小额支付系统银行本票资金清算时，代理付款行行内系统收到小额支付系统发来的已清算通知后进行账务处理。其会计分录为

借：存放中央银行准备金　　　　75 000.00

　贷：待清算支付款项　　　　75 000.00

银行经办人员在相关记账凭证上加盖转讫章及经办人员名章，作为办理业务的凭证与其他凭证一起装订保管。

（二）现金银行本票

步骤1. 凭证审核。代理付款行接到持票人交来的注明“现金”字样的本票时，抽出专夹保管的本票卡片或存根，经核对相符并确属本行签发，同时，还必须认真审查本票上填写的申请人和收款人是否均为个人，收款人在本票背面“持票人向银行提示付款签章”处是否签章并注明身份证件名称、号码及发证机关等。

步骤2. 支付现金。审查无误后，办理付款手续，以本票作借方传票，卡片联作附件。先将款项转入“应解汇款”科目，再与“现金”科目对转。会计分录为

借：存放中央银行准备金（或清算资金往来）

　贷：应解汇款

借：应解汇款

　贷：现金

五、考核

模拟银行辽金支行当日发生下列业务：开户单位美达电器有限公司（8310120101086）提交进账单和银行本票，进账单及本票金额为39 000.00元，本票系在市建行东四支行开户的福特电器商贸公司（4021820105028）3天前申请签发，用于支付购货款，审核无误予以处理。

要求：以模拟银行辽金支行柜员的身份完成凭证审核、业务数据录入、凭证盖章与凭证处理。

子任务3　结清银行本票

一、活动目标

掌握单位银行本票出票行结清业务的活动流程与基本要领，能按照业务流程规范完成结清银行本票业务的操作处理。

二、活动流程

出票行结清银行本票业务活动流程如图3－2－4所示。

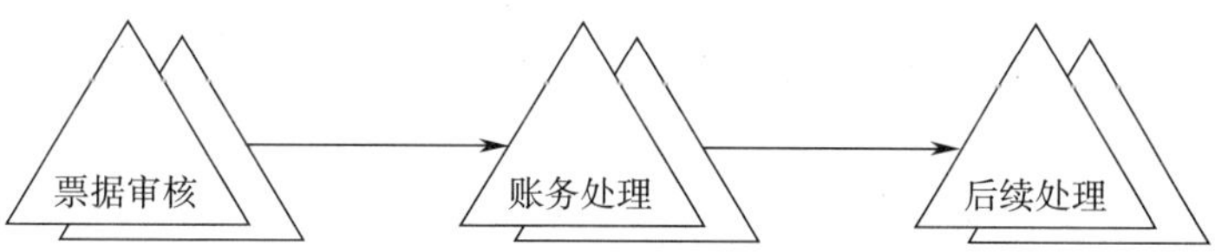

图3－2－4　出票银行结清银行本票活动流程图

三、案例引入

2018年6月28日模拟银行辽金支行经办人员收到本市农行虹桥支行发来的已兑付银行本票信息，金额273 600.00元，原申请人为本行开户单位金龙集团

（8310120102069）2018 年 6 月 22 日申请签发，系支付给在本市农行虹桥支行开户的昌盛集团有限公司（31863120109063）的货款。经办人员按规定办理本票结清手续。

四、学习步骤

步骤 1. 票据审核。出票银行接到本票（或收到发来的已兑付银行本票信息）时，应抽出专夹保管的本票卡片进行核对。

步骤 2. 账务处理。

1. 接到同城票据交换的本票的处理。经核对无误并确属本行签发，则以本票作借方传票，卡片作为附件，办理转账。会计分录为

借：开出本票　　273 600. 00

　　贷：存放中央银行准备金（或清算资金往来）　　273 600. 00

2. 如签发行和兑付行为同一行处，则在兑付时直接结清“本票”科目，不需通过票据交换。会计分录为

借：开出本票

　　贷：活期存款——收款人户（或贷：现金）

步骤 3. 后续处理。银行经办人员在相关记账凭证上加盖转讫章及经办人员名章，作为办理业务的凭证与其他凭证一起装订保管。

特殊情况处理：

（一）银行本票退款

步骤 1. 提示申请人提交进账单及身份证明。申请人因本票超过提示付款期限或其他原因要求出票行退款时，应填制一式两联进账单连同本票交给出票行，并提交有关证明或身份证件。

步骤 2. 审核无误，办理转账。出票行经与原专夹保管的银行本票卡片核对相符后，即在本票上注明“未用退回”字样，超过提示付款期的，则在银行本票上注明“逾期付款”字样。第二联进账单作贷方凭证（如系退付现金，本联作借方凭证附件），本票作借方凭证，本票卡片或存根联作附件。

1. 持票人在出票行开户的，应填制两联进账单，第二联进账单作贷方凭证，本票作借方凭证。会计分录为

借：开出本票

　　贷：活期存款——持票人户

2. 持票人未在出票行开户的，填制两联进账单，本票作借方凭证。会计分录为

借：开出本票

　　贷：存放中央银行准备金（或清算资金往来）

第一联进账单加盖“转讫”章作回单交给持票人。第二联进账单按票据交换规定提出交换。

持票人开户行收到票据交换提入的进账单时，第二联进账单作贷方凭证。会计分录为

借：存放中央银行准备金（或清算资金往来）

　　贷：活期存款——持票人户

步骤3. 交付回单。第一联进账单加盖“转讫”章作收账通知交给申请人。

（二）银行本票挂失的处理

确系填明“现金”字样的本票丧失，方可申请办理挂失手续。失票人填写“挂失止付通知书”并签章后，向出票行挂失止付。出票行接到失票人提交的挂失止付通知书后，应审查挂失止付通知书填写是否符合要求，并抽出原专夹保管的本票卡片核对，确属本行签发并确未注销时方可受理。出票行受理失票人挂失止付申请后，在计算机系统中登记挂失止付信息，凭以控制付款或退款。

五、考核

1. 收到市农业银行票据交换来的银行本票解付信息。经核对，本票系在本行开户的美达电器有限公司（8310120101086）3天前申请签发，收款人为在本市农行虹桥支行开户的福德家电批发市场（3186320108052），本票金额34 800.00元。审核无误后予以结清。

2. 开户单位汇源电子有限公司（83101201010096）提交银行本票与进账单，金额48 700.00元，银行本票系本行开户单位海德集团有限公司（8310120105006）3天前申请签发用于支付货款。经办人员审核后予以结清。

要求：以模拟银行辽金支行柜员的身份完成凭证审核、业务数据录入、凭证盖章与凭证处理。

六、分析思考题

简述银行支票与银行本票的区别。

任务三　银行汇票业务处理

【技能目标】

熟悉银行汇票业务的基本规定，熟悉银行汇票委托书、银行汇票的凭证格式，掌握相关业务凭证具体的填写要求和审核要求，能按银行汇票业务的具体规定规范完成银行汇票签发、兑付、结清等环节的操作处理。

【知识准备】

银行汇票是出票银行签发的，由其在见票时按照实际结算金额无条件支付给收款人或持票人的票据。

一、银行汇票的基本规定

1. 单位和个人的各种款项结算，均可以使用银行汇票。

2. 签发银行汇票必须记载下列事项：表明“银行汇票”的字样；无条件支付的承诺；出票金额；付款人名称；收款人名称；出票日期；出票人签章。欠缺要素事项之一的，银行汇票无效。

3. 银行汇票的出票和付款，全国范围内只限于中国人民银行和参加“全国联行往来”的各商业银行机构办理。跨系统银行签发的转账银行汇票的付款，应通过同城票据交换将银行汇票和解讫通知提交给同城的有关银行审核支付后抵用。代理付款人不得受理未在本行开立存款账户的、持票人为单位的直接提交的银行汇票。

4. 银行汇票的付款人为出票银行。银行汇票的代理付款人是代理本系统出票银行或跨系统签约银行审核支付汇票款项的银行。

5. 银行汇票可以用于转账；填明“现金”字样的银行汇票可以用于支取现金，但申请人和收款人必须均为个人，而且银行汇票上必须注明代理付款人名称。出票行不得为单位签发现金银行汇票。

6. 银行汇票一律记名。银行汇票背书转让时，以不超过出票金额的实际结算金额为准。但填明“现金”字样的银行汇票不得背书转让。

7. 银行汇票的提示付款期限自出票日起一个月。持票人超过付款期限提示付款的，代理付款人不予受理。

8. 银行汇票的出票金额（含实际结算金额）、出票日期和收款人名称不得更改，更改的票据无效。

9. 出票行为个人签发的填明“现金”字样并填明代理付款银行的银行汇票丧失，可以由失票人通知签发行或代理付款行挂失止付。

10. 银行汇票出票行在票据上的签章，应为该行的汇票专用章和法定代表人或其授权经办人的名章，不符合该规定的，票据无效。

11. 持票人向银行提示付款时，必须同时提交银行汇票和解讫通知，缺少任何一联，银行不予受理。

12. 在银行开立存款账户的持票人向开户银行提示付款时，应在汇票背面签章。银行审查无误后办理转账。

13. 未在银行开立存款账户的个人持票人，可以向选择的任何一家银行机构提示付款。

14. 提示付款时，应在汇票背面签章，并提交身份证件及复印件备查。银行审查无误后，以持票人的姓名开立应解汇款及临时存款账户，该账户只付不收，付完清户，不计付利息。

15. 银行汇票的实际结算金额低于出票金额的，其多余金额由出票银行退交申请人。

16. 持票人或者申请人因汇票超过付款提示期限或者其他原因要求退款时，应将银行汇票和解讫通知同时提交到出票银行，并出具单位证明或个人身份证件，经审核无误后才能办理。如果缺少解讫通知要求退款的，出票银行应于银行汇票提示付款期满一个月后才能办理。

二、银行汇票的活动流程

银行汇票的活动流程包括出票、付款和结清三个阶段，如图 3－3－1 所示。

三、银行汇票的特点

与其他银行结算方式相比，银行汇票结算方式具有如下特点。

1. 适用范围广。银行汇票是目前异地结算中较为广泛采用的一种结算方式。这种结

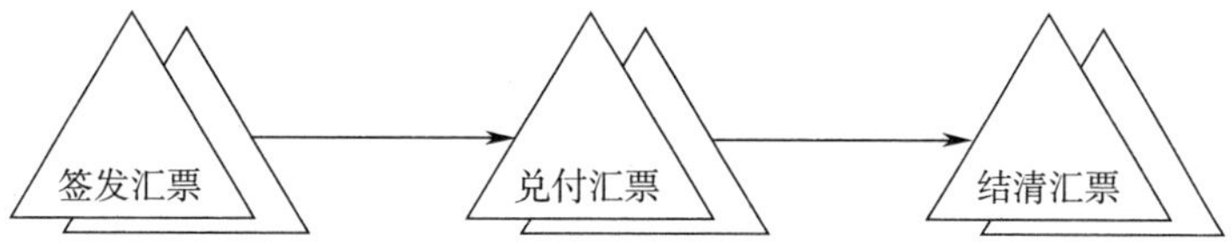

图 3－3－1　银行汇票活动流程图

算方式不仅适用于在银行开户的单位、个体经营户和个人，而且适用于未在银行开立账户的个体经营户和个人；银行汇票既可以用于转账结算，也可以支取现金。

2. 票随人走，钱货两清。实行银行汇票结算，购货单位交款，银行开票，票随人走；购货单位购货给票，销售单位验票发货，一手交票，一手交钱；银行见票付款。这样可以减少结算环节，缩短结算资金在途时间，方便购销活动。

3. 信用度高，安全可靠。银行汇票是银行在收到汇款人款项后签发的支付凭证，因而具有较高的信誉，银行保证支付，收款人持有票据可以安全及时地到银行支取款项。

4. 使用灵活，适应性强。实行银行汇票结算，持票人可以将汇票背书转让给销货单位，也可以通过银行办理分次支取或转让，另外还可以使用电子汇兑、电汇或重新办理汇票转汇款项，有利于购货单位在市场上灵活地采购物资。

5. 结算准确，余款自动退回。单位持银行汇票购货，凡在汇票汇款金额之内的，可根据实际采购金额办理支付，多余款项将由银行自动退回，可以有效地防止交易尾欠的发生。

子任务 1　签发银行汇票

一、活动目标

掌握出票银行签发单位银行汇票的活动流程，能按照银行汇票的活动流程和基本规定规范完成签发银行汇票的操作处理。

二、活动流程

出票银行签发单位银行汇票的活动流程如图 3－3－2 所示。

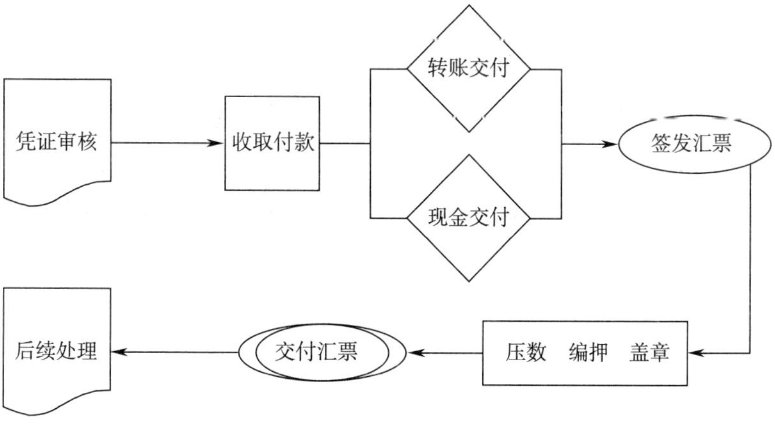

图 3－3－2　出票银行签发银行汇票活动流程图

三、案例引入

模拟银行辽金支行开户单位金龙集团（8310120102069）2018 年 6 月 22 日提交银行汇票委托书申请签发银行汇票，金额 325 000.00 元，收款人为南海市支行开户的三友纺织机械厂（8113620101033）。经办人员按规定为其办理银行汇票签发业务。

申请人填写“银行汇票委托书”提交签发银行。委托书一式三联（如表 3－3－1 至表 3－3－3 所示），第一联回单，申请人留存；第二联出票银行作借方凭证；第三联出票银行作贷方凭证。

表 3－3－1

模拟银行银行汇票委托书（存根）1　　第　号

申请日期　2018 年　6 月　22 日

申请人	金龙集团		收款人	三友纺织机械厂									
账号或住址	8310120102069		账号或住址	8113620101033									
用途	货款		兑付银行	南海市支行									
汇票金额	人民币（大写）	叁拾贰万伍仟元整	千	百	十	万	千	百	十	元	角	分	
				¥	3	2	5	0	0	0	0	0	

此联申请人留存

备注

科目

对方科目

财务主管　　复核　　经办

表 3－3－2

模拟银行银行汇票委托书（借方凭证）2　　第　号

委托日期　2018 年　6 月　22 日

申请人	金龙集团		收款人	三友纺织机械厂									
账号或住址	8310120102069		账号或住址	8313620101033									
用途	货款		兑付银行	南海市支行									
汇票金额	人民币（大写）	叁拾贰万伍仟元整	千	百	十	万	千	百	十	元	角	分	
				¥	3	2	5	0	0	0	0	0	

此联出票行作借方凭证

金龙集团 财务专用章　双孟印庆

上列款项请从我账户内支付

申请人盖章

科　目（借方）

对方科目（贷方）

转账日期　年　月　日

复核　　记账

表 3-3-3

模拟银行银行汇票委托书（贷方凭证）3　　　　第　　号

委托日期 2018 年 6 月 22 日

申请人	金龙集团	收款人	三友纺织机械厂
账号或住址	8310120102069	账号或住址	8313620101033
用途	货款	兑付银行	南海市支行
汇票金额	人民币（大写）叁拾贰万伍仟元整		千百十万千百十元角分 ¥32500000

备注

科目（贷）________

对方科目（借）________

转账日期　年　月　日

复核　　记账　　出纳

此联出票行作汇出汇款贷方凭证

四、学习步骤

步骤 1. 审核凭证。出票银行经办人员受理开户单位提交的三联银行汇票委托书，应认真审查以下内容：

1. 委托书填写的各项内容是否符合要求；
2. 委托书要素填写是否齐备；
3. 委托日期、收款人账号、户名及出票金额等重要事项是否有涂改；
4. 金额填写是否规范，大小写是否一致，是否超过存款余额；
5. 加盖的印鉴章与该单位预留印鉴是否一致等。

步骤 2. 收取款项交易处理。

1. 申请人转账交付款项的，出票银行经办人员以委托书第二联（如表 3-3-4 所示）作借方凭证，第三联（如表 3-3-5 所示）作贷方凭证，将相关信息录入业务处理系统办理转账。会计分录为

借：活期存款——金龙集团　　　　325 000.00

　贷：汇出汇款　　　　325 000.00

2. 申请人交付现金的，委托书第二联注销作附件，第三联作现金收入传票。会计分录为

借：现金　　　　325 500.00

　贷：汇出汇款　　　　325 000.00

步骤 3. 签发银行汇票。出票行经办人员转账完毕后，签发银行汇票。银行汇票一式四联，第一联卡片，第二联汇票，第三联解讫通知，第四联多余款收账通知。

出票银行签发银行汇票时，出票日期和金额必须大写；签发转账银行汇票的，一律不得填写代理付款行名称，委托书注明“不得转让”字样的，应在银行汇票备注栏内注

表 3－3－4

模拟银行银行汇票委托书（借方凭证）2　　　　第　号

委托日期 2018 年 6 月 22 日

申请人	金龙集团		收款人	三友纺织机械厂
账号或住址	8310120102069		账号或住址	8313620101033
用途	货款		兑付银行	南海市支行
汇票金额	人民币（大写）	叁拾贰万伍仟元整		¥325000.00

千	百	十	万	千	百	十	元	角	分
	¥	3	2	5	0	0	0	0	0

此联出票行作借方凭证

上列款项请从我账户内支付

申请人盖章（金龙集团财务专用章；双孟印庆）

模拟银行辽金支行 (06) 转讫 2018.06.22

科目（借方）——活期存款——

对方科目（贷方）——汇出汇款——

转账日期 2018 年 6 月 22 日

复核 杨一明　　记账 马漫娇

表 3－3－5

模拟银行银行汇票委托书（贷方凭证）3　　　　第　号

委托日期 2018 年 6 月 22 日

申请人	金龙集团		收款人	三友纺织机械厂
账号或住址	8310120102069		账号或住址	8313620101033
用途	货款		兑付银行	南海市支行
汇票金额	人民币（大写）	叁拾贰万伍仟元整		¥325000.00

千	百	十	万	千	百	十	元	角	分
	¥	3	2	5	0	0	0	0	0

此联出票行作汇出汇款贷方凭证

备注

模拟银行辽金支行 (06) 转讫 2018.06.22

科目（贷）——汇出汇款——

对方科目（借）——活期存款——

转账日期 2018 年 6 月 22 日

复核 朱玥瑶　记账 谷欣　出纳

明。如果申请人和收款人均为个人，要求签发现金银行汇票时，需要在汇入银行支取现金的，要在汇票上的“汇款金额”大写栏先填写“现金”字样，后填写汇款金额，并在银行汇票上填明代理付款人名称。

步骤 4. 压数、编押、盖章。签发的银行汇票经复核无误，银行经办人员在银行汇票实际结算金额栏的小写金额上方用压数机压印出票金额（随着实践发展，部分银行已取消压数机压印出票小写金额的规定，改用计算机打印出票小写金额），根据相关业务规定编制密押，在银行汇票第二联（如表 3－3－6 所示）上加盖银行汇票专用章并由授权的经办人签名或盖章后，连同第三联（如表 3－3－7 所示）银行汇票一并交申请人。

表 3－3－6

付款期
壹个月

银行汇票　　2

GS 01　1586　第　号

出票日期（大写）：贰零壹捌年零陆月贰拾贰日

代理付款行：　　　　　　行号：

收款人：三友纺织机械厂			账号：8113620101033
出票金额	人民币（大写）	叁拾贰万伍仟元整	¥325 000.00
实际结算金额	人民币（大写）		千 百 十 万 千 百 十 元 角 分

汇款人：金龙集团　　　　　　账号或住址：8310120102069

汇款用途：货款

签发行：模拟银行辽金支行　　　　行号：83101

签发行盖章：模拟银行 83101 汇票专用章　玲于印江

831014526	科目（借）________
多余金额	对方科目（贷）________
千 百 十 万 千 百 十 元 角 分	兑付日期　　年　　月　　日
	复核　　　　记账

此联代理付款行付款后作联行往来账借方凭证附件

表 3－3－7

付款期
壹个月

银行汇票（解讫通知）　　3

GS 01　1586　第　号

出票日期（大写）：贰零壹捌年零陆月贰拾贰日

代理付款行：　　　　　　行号：

收款人：三友纺织机械厂			账号：8113620101033
出票金额	人民币（大写）	叁拾贰万伍仟元整	¥325 000.00
实际结算金额	人民币（大写）		千 百 十 万 千 百 十 元 角 分

汇款人：金龙集团　　　　　　账号或住址：8310120102069

汇款用途：货款

签发行：模拟银行辽金支行

兑付行盖章：

多余金额	科目（借）________
千 百 十 万 千 百 十 元 角 分	对方科目（贷）________
	销账日期　　年　　月　　日
	复核　　　　记账

复核：　　　　经办：

此联代理付款行付款后随报单寄回签发行

由签发行作多余款贷方传票

步骤5. 交付汇票。将手续齐全的银行汇票第二联和第三联一并交申请人。

步骤6. 后续处理。银行经办人员在相关记账凭证上加盖转讫章及经办人员名章，作为办理业务的凭证与其他凭证一起装订保管。银行汇票第一联（如表3－3－8所示）卡片加盖经办、复核名章，逐笔登记汇出汇款明细账后与银行汇票第四联（如表3－3－9所示）一并专夹保管，同时销记重要空白凭证登记簿并进行表外账务处理。会计分录：

付出：银行汇票

表3－3－8

付款期 壹个月

银行汇票（卡片） 1

GS 01 1586 第 号

出票日期（大写）：贰零壹捌年零陆月贰拾贰日　　代理付款行：　　行号：

收款人：三友纺织机械厂		账号：8113620101033
出票金额	人民币（大写）	叁拾贰万伍仟元整　¥325 000.00
实际结算金额	人民币（大写）	千 百 十 万 千 百 十 元 角 分

汇款人：金龙集团　　账号或住址：8310120102069

汇款用途：货款

签发行：模拟银行辽金支行

科目(借)

对方科目(贷)

销账日期　年　月　日

复核　记账

复核：杨一明　经办：马漫婷

此联签发行结清汇票时作汇出汇款借方传票

表3－3－9

付款期 壹个月

银行汇票（多余款收账通知） 4

GS 01 1586 第 号

出票日期（大写）：贰零壹捌年零陆月贰拾贰日　　代理付款行：　　行号：

收款人：三友纺织机械厂		账号：8113620101033
出票金额	人民币（大写）	叁拾贰万伍仟元整　¥325 000.00
实际结算金额	人民币（大写）	千 百 十 万 千 百 十 元 角 分

汇款人：金龙集团　　账号或住址：8310120102069

汇款用途：货款

签发行：模拟银行辽金支行

签发行盖章：

多余金额									
千	百	十	万	千	百	十	元	角	分

年　月　日

左联退回多余金额已收入你账户内。

财务主管：　复核：　经办：

此联签发行结清后交申请人

五、考核

模拟银行辽金支行当日发生下列业务：

1. 开户单位汇源电子有限公司（8310120101096）提交银行汇票委托书申请签发银行汇票，金额 372 300.00 元，用于支付货款，收款人为在厦门站前支行开户的新阳纺织机械厂（8360120101046），本行审核后予以签发。

2. 开户单位顺飞贸易有限公司（8310120105078）提交银行汇票委托书申请签发银行汇票，金额 83 000.00 元，收款人为在模拟银行兴州市支行开户的如意贸易公司（8320620105041），本行审核后予以签发。

要求：以模拟银行辽金支行柜员的身份完成凭证填制、审核、业务数据录入、凭证盖章与凭证处理。

六、拓展

（一）银行汇票的种类

目前，银行汇票主要包括全国银行汇票、华东三省一市银行汇票和省辖银行汇票三大类。

其基本的核算流程相似，主要区别在于：

全国银行汇票在全国范围内仅在各商业银行系统内通用，跨系统不能直接使用，需要通过出票行在持票人所在地的同系统银行代为审核后才能收妥款项，具体的使用规定由各商业银行总行负责制定。

华东三省一市银行汇票只能在浙江、江苏、安徽、上海范围内使用，背书转让也不能超出此范围，如果跨系统使用可见票即付，即在此范围内的各商业银行可以互签互兑，具体的使用规定由中国人民银行负责制定。

省辖银行汇票只能在本省范围内使用。与华东三省一市银行汇票相比，省辖银行汇票使用范围缩小，具体规定各省自定。

（二）银行汇票在流通中的注意事项

1. 单位和个人接收银行汇票应审查的内容。单位和个人接到购货单位或债务人交来的银行汇票时，应审查下列内容：（1）必须记载的事项是否齐全、汇票号码和记载的内容是否一致；（2）收款人是否确为本单位或本人；（3）银行汇票在提示付款期限内，出票日期、出票金额、收款人名称是否更改，更改的其他记载事项是否由原记载人签章证明；（4）出票人签章是否符合规定，是否有压数机压印的出票金额，并与大写出票金额一致；（5）银行汇票和解讫通知是否齐全；（6）背书是否连续。收款人为被背书人的，受理银行汇票时，除按照上述的规定审查外，还应审查下列事项：（1）银行汇票是否记载实际结算金额，有无更改，其金额是否超过出票金额；（2）背书是否连续，背书人签章是否符合规定，背书使用粘单的是否按规定签章；（3）背书人为个人的身份证件。

单位和个人受理银行汇票时，应在出票金额以内，根据实际需要的款项办理结算，并将实际结算金额和多余金额准确、清晰地填入银行汇票和解讫通知的有关栏内。

银行汇票的背书转让以实际结算金额为准。

应当注意：银行汇票的实际结算金额不得更改，更改实际结算金额的银行汇票无效。

银行汇票的实际结算金额超过票面金额的，被背书人或代理付款人（银行）不予受理，实际上也是无效。银行汇票未填明实际结算金额和多余金额的银行不予受理也不得转让。

2. 单位和个人向银行提示付款。单位和个人持银行汇票向银行提示付款时，必须同时提交银行汇票和解讫通知，缺少任何一联，银行不予受理。

在银行开立账户的收款人或持票人向银行提示付款时，应在汇票背面签章，签章须与预留银行签章相同，连同解讫通知、进账单送交开户银行，银行审查无误后办理转账。

未在银行开立账户的收款人或持票人向银行提示付款时，应在汇票背面签章，注明本人身份证件名称、号码及发证机关，并交验本人身份证件，留下身份证件复印件，留存备查。

收款人或持票人需委托他人向银行提示付款的，应在汇票背面签章，注明身份证件名称、号码、发证机关和“代理”字样以及代理人姓名。代理人向银行提示付款时，也应在汇票背面签章、注明证件名称、号码及发证机关，并同时交验代理人、被代理人的身份证件，留下身份证件复印件，留存备查。

分次支取的，应以收款人或持票人的姓名开立应解汇款及临时存款账户。收款人或持票人支取款项时，应填制支款凭证，由本人签章并由本人交验其身份证件。应解汇款及临时存款户只付不收，付完清户，不计付利息。

子任务2　兑付银行汇票

一、活动目标

掌握单位银行汇票代理付款行兑付业务的活动流程与基本操作要领，能按照业务活动流程规范完成银行汇票兑付业务的操作处理。

二、活动流程

代理付款行兑付银行汇票活动流程如图 3－3－3 所示。

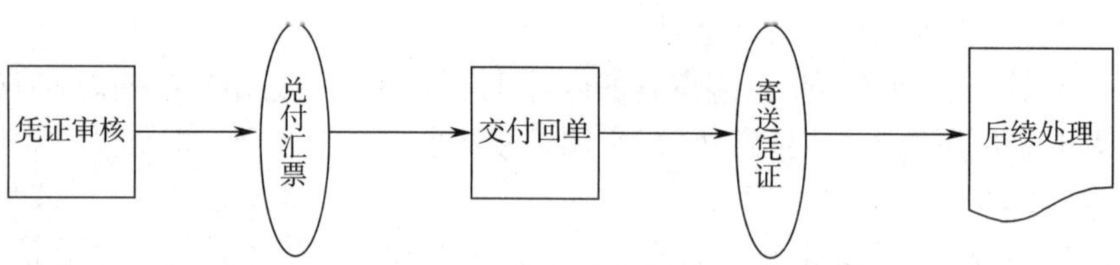

图 3－3－3　代理付款行兑付银行汇票活动流程图

三、案例引入

开户单位盛雅集团股份有限公司（8310120109077）2018 年 6 月 22 日提交进账单和 7671 号两联银行汇票，汇票金额为 300 000.00 元，进账单及实际结算金额为 278 000.00元，汇票系模拟银行南海市支行 2018 年 6 月 5 日签发，汇票申请人为在南海市支行开户的三友纺织机械厂（8113620101033）。模拟银行辽金支行经办人员按规定为其办理兑付手续。

四、学习步骤

（一）对在本行开户的持票人办理汇票兑付

持票人应根据银行汇票内容填写三联进账单连同银行汇票、解讫通知（如表 3－3－10、表 3－3－11、表 3－3－12 所示）一并提交其开户银行。

表 3－3－10

付款期 壹个月

银行汇票　2

GS 01　7671　第　号

出票日期（大写）　贰零壹捌年零陆月零伍日

代理付款行：　　行号：

收款人：盛雅集团股份有限公司		账号：8310120109077
出票金额	人民币（大写）	叁拾万元整　¥300 000.00
实际结算金额	人民币（大写）	贰拾柒万捌仟元整　¥278000.00

汇款人：三友纺织机械厂　　账号或住址：8113620101033

汇款用途：货款

签发行：模拟银行南海市支行　　行号：81136

签发行盖章：模拟银行 81136 汇票专用章　杰牛印立

8113647S8	
多余金额	科目(借)
¥2200000	对方科目(贷)
	兑付日期　年　月　日
	复核　　记账

此联代理付款行付款后作联行往来账借方凭证附件

表 3－3－11

付款期 壹个月

银行汇票（解讫通知）　3

GS 01　7671　第　号

出票日期（大写）　贰零壹捌年零陆月零伍日

代理付款行：　　行号：

收款人：盛雅集团股份有限公司		账号：8310120109077
出票金额	人民币（大写）	叁拾万元整　¥300 000.00
实际结算金额	人民币（大写）	贰拾柒万捌仟元整　¥278000.00

汇款人：三友纺织机械厂　　账号或住址：8113620101033

汇款用途：货款

签发行：模拟银行南海市支行　　行号：81136

兑付行盖章：

多余金额	科目(借)
¥2200000	对方科目(贷)
	销账日期　年　月　日
	复核　　记账

复核：　　经办：

此联代理付款行付款后随报单寄回签发行

由签发行作多余款贷方传票

表 3－3－12

模拟银行辽金支行**进账单**（贷方凭证）　**2**　　　第　　号

2018年　6 月　22 日

申请人	全　称	三友纺织机械厂	收款人	全　称	盛雅集团股份有限公司
	账　号	8113620101033		账　号	8310120109077
	开户银行	模拟银行南海市支行		开户银行	模拟银行辽金支行

人民币（大写）	千	百	十	万	千	百	十	元	角	分
贰拾柒万捌仟元整		¥	2	7	8	0	0	0	0	0

票据种类	银行汇票	科目（贷）　活期存款
票据张数	1	对方科目（借）　清算资金往来
备注：	财务专用章　超李印文	转账日期　2018 年　6 月　22 日
		复核　　记账

此联由收款人开户银行作贷方凭证

步骤 1. 凭证审核。代理付款行经办人员收到凭证后应认真审核以下有关内容：

1. 汇票和解讫通知是否齐全，汇票号码和记载的内容是否一致，有无涂改。

2. 汇票是否是统一规定印刷的凭证，汇票是否真实，是否超过提示付款期限。

3. 汇票填明的持票人是否在本行开户，持票人名称是否为该持票人，与进账单上的名称是否一致。

4. 出票行的签章是否符合规定，加盖的汇票专用章是否与印模相符。

5. 使用密押的，密押是否正确；压数机压印的出票金额是否由统一制作的压数机压印，与大写的出票金额是否一致；若采用计算机打印小写出票金额的，也应审核大小写出票金额是否一致。

6. 汇票的实际结算金额大小写是否一致，是否在出票金额以内。与进账单填写的金额是否一致，多余金额结计是否正确。如果全额进账，必须在汇票和解讫通知的实际结算金额栏内填入全部金额，多余金额栏填写“—0—”。

7. 汇票必须记载的事项是否齐全，出票金额、实际结算金额、出票日期、收款人名称等是否更改，其他记载事项的更改是否由原记载人签章证明。

8. 持票人是否在背面“持票人向银行提示付款签章”处签章，背书转让的汇票是否按规定的范围转让，其背书是否连续，签章是否符合规定，背书使用粘单的是否按规定在粘接处签章。

步骤 2. 兑付银行汇票。银行经办人员将审核无误的进账单第二联作贷方凭证（如表 3－3－13 所示），银行汇票第二联作借方凭证（如表 3－3－14 所示），将相关信息录入业务处理系统办理转账。会计分录为

借：清算资金往来　　278 000.00

　贷：活期存款——盛雅集团股份有限公司　　278 000.00

步骤 3. 交付回单。经审查无误后，银行经办人员将进账单第三联加盖业务转讫章（如表 3－3－15 所示）作收账通知交持票人，送别客户。

表 3－3－13

模拟银行辽金支行进账单（贷方凭证）　2　　第　号

2018年　6 月　22 日

申请人	全　称	三友纺织机械厂	收款人	全　称	盛雅集团股份有限公司
	账　号	8113620101033		账　号	8310120109077
	开户银行	模拟银行南海市支行		开户银行	模拟银行辽金支行
人民币（大写）		贰拾柒万捌仟元整		千百十万千百十元角分	¥27800000
票据种类		银行汇票	科目（贷）		活期存款
票据张数		1	对方科目（借）		清算资金往来
备注：			转账日期		2018 年　6 月　22 日
			复核 杨一明		记账 马漫婷

（印章：盛雅集团股份有限公司 财务专用章；超李印文；（06）转讫 2018.06.22 模拟银行辽金支行）

此联由收款人开户银行作贷方凭证

表 3－3－14

付款期
壹个月

银行汇票　2　　GS 01　7671　第　号

出票日期（大写）　贰零壹捌年零陆月零伍日　　代理付款行：　　行号：

收款人：盛雅集团股份有限公司			账号：8310120109077
出票金额	人民币（大写）	叁拾万元整	¥300 000.00
实际结算金额	人民币（大写）	贰拾柒万捌仟元整	千百十万千百十元角分 ¥27800000

汇款人：三友纺织机械厂　　账号或住址：8113620101033

汇款用途：货款

签发行：模拟银行南海市支行　　行号：81136

签发行盖章：（模拟银行 81136 汇票专用章）　杰牛印立

多余金额	科目(借) 清算资金往来
千百十万千百十元角分	对方科目(贷) 活期存款
¥2200000	兑付日期 2018年 6 月 22 日
	复核 朱玥颖　记账 谷欣

（印章：（06）转讫 2018.06.22 模拟银行辽金支行）

此联代理付款行付款后作联行往来账借方凭证附件

步骤 4. 寄送凭证。按规定将汇票解付解讫通知（如表 3－3－16 所示）加盖“转讫”章随联行借方报单寄给出票行（开办电子汇兑系统业务的银行，按电子汇兑系统业务操作程序办理，即规定将汇票解付信息通知出票行）。

表 3－3－15

模拟银行辽金支行进账单（收账通知）　3

2018年　6 月　22 日　　　　第　　号

出票人	全　称	三友纺织机械厂	收款人	全　称	盛雅集团股份有限公司
	账　号	8113620101033		账　号	8310120109077
	开户银行	模拟银行南海市支行		开户银行	模拟银行辽金支行
人民币（大写）	贰拾柒万捌仟整			千百十万千百十元角分	¥27800000
票据种类	银行汇票				
票据张数	1				
单位主管　会计　复核　记账			收款人开户行盖章		

（06）
转讫
2018.06.22
模拟银行
辽金支行

此联是收款人开户行交给收款人的收账通知

表 3－3－16

付款期
壹个月

银行汇票（解讫通知）　3　　$\frac{GS}{01}$ 7671 第　　号

出票日期（大写）　贰零壹捌年零陆月零伍日　　代理付款行：　　行号：

收款人：盛雅集团股份有限公司			账号：8310120109077
出票金额	人民币（大写）	叁拾万元整	¥300 000.00
实际结算金额	人民币（大写）	贰拾柒万捌仟元整	千百十万千百十元角分 ¥27800000

汇款人：三友纺织机械厂　　账号或住址：8113620101033

汇款用途：货款

签发行：模拟银行南海市支行　　行号：87136

兑付行盖章：

多余金额	科目（借）______
千百十万千百十元角分	对方科目（贷）______
¥2200000	销账日期　年　月　日
	复核　　记账

复核：朱玥甄　经办：谷欣

（06）
转讫
2018.06.22
模拟银行
辽金支行

此联代理付款行付款后随报单寄回签发行

由签发行作多余款贷方传票

步骤 5. 后续处理。银行经办人员在相关记账凭证上加盖转讫章及经办人员名章，作为办理业务的凭证与其他凭证一起装订保管。

（二）对未在本行开户的持票人办理汇票兑付

步骤 1. 审核凭证。接到未在本行开立账户的持票人交来汇票和解讫通知及三联进账单时，除按上述（一）中的步骤 1 有关要求认真审查外，还须认真审查持票人的身份证件，在汇票背面“持票人向银行提示付款签章”处是否有持票人的签章并注明身份证件名称、号码及发证机关，要求提交持票人身份证件复印件留存备查。

步骤 2. 办理转账。审核无误后，以持票人姓名开立“应解汇款”账户，并在该分户账上填明汇票号码以备查考，以第二联进账单作贷方传票。会计分录为

借：清算资金往来

　贷：应解汇款——持票人户

1. 持票人需一次或分次办理转账支付的，由其填制支付凭证，并向银行交验本人身份证件。会计分录为

借：应解汇款——持票人户

　贷：活期存款——××户

2. 持票人需要支取现金的，代理付款行经审查汇票为现金汇票以及代理付款行确为本行，可办理现金支付手续；非现金汇票需要支取现金的，按照现金管理规定审查支付，另填一联现金借方传票。会计分录为

借：应解汇款——持票人户

　贷：现金

步骤 3. 解讫通知加盖“转讫”章随邮划借方报单通知出票行。

步骤 4. 后续处理。

五、拓展

银行接到在本行或未在本行开户的持票人（或为个人）交来的跨系统银行签发的银行汇票的付款，应按上述审查内容进行审查和按规定办理，无误后应通过同城票据交换将汇票和解讫通知提交给同城有关的代理付款行审核支付后抵用；省、自治区、直辖市内和跨省、市的经济区域内，按照有关的规定办理。

代理付款行收到未在银行开户的收款人或持票人提交的汇票、解讫通知，除按上述要求认真审查外，还必须认真审查收款人或持票人的身份证件，收款人或持票人在汇票上的背书以及证件名称、号码、发证单位，并要求提交持票人身份证件复印件留存备查。审查无误后办理付款手续，一律通过应解汇款及临时存款科目核算，并在该科目分户账上填明汇票号码，以备查考。

收款人或持票人需要一次或分次办理支付的，另填制一联特种转账贷方凭证办理转账。

银行对收款人或持票人要求支取现金时，除按要求必须认真审查汇票各项内容外，还须审查汇票上是否有出票银行按规定填明的“现金”字样，查验持票人和被委托人的身份证件，在汇票背面是否作委托收款背书及填写身份证件号码、发证机关，并要求提交身份证件复印件留存备查，审查无误后才能办理。未填明“现金”字样，需要支取现金的，由兑付银行按照现金管理规定审查支付。

六、考核

模拟银行辽金支行当日发生下列业务：

1. 虹桥机电设备公司（8310120101047）提交进账单和两联银行汇票，汇票金额为

257 000 00 元，进账单及实际结算金额为 256 800 .00 元，汇票系南海市支行 6 日前签发，汇票申请人是在南海市支行开户的宜佳装饰公司（8113620106067），审核无误予以兑付。

2. 模拟银行辽金支行为汇源电子有限公司（8310120101096）办理一笔银行汇票解付，汇票金额 78 000 . 00 元，实际结算金额为 78 000 00 元。银行汇票系在泰州市新华路支行开户的美达电器有限公司（8320720101086）申请签发，用于支付货款。

要求：以模拟银行辽金支行柜员的身份完成凭证审核、业务数据录入、凭证盖章与凭证处理。

子任务 3　结清银行汇票

一、活动目标

掌握单位银行汇票出票银行结清业务的活动流程与基本要领，能按照业务活动流程规范完成结清银行汇票业务的操作处理。

二、活动流程

出票银行结清银行汇票活动流程如图 3－3－4 所示。

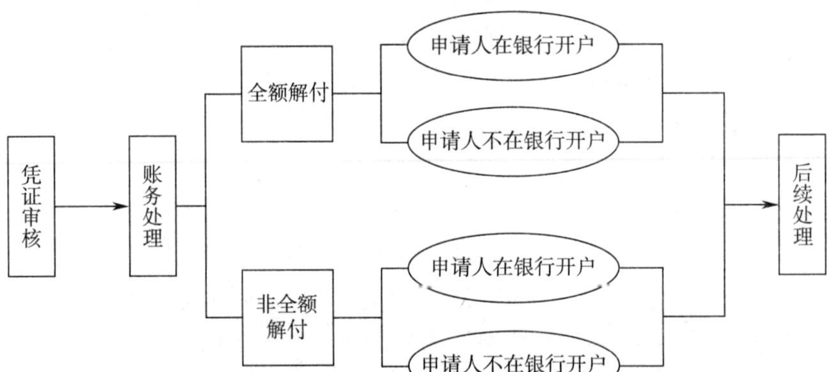

图 3－3－4　出票银行结清银行汇票活动流程图

三、案例引入

2018 年 7 月 12 日模拟银行辽金支行经办人员收到南海市支行发来的汇票解付借报信息，汇票系开户单位金龙集团（8310120102069）2018 年 6 月 22 日申请签发，支付在南海市支行开户的三友纺织机械厂（8113620101033）货款，汇票金额 325 000 .00 元，报单金额 312 400 .00 元，经办人员按规定办理银行汇票结清手续。

四、学习步骤

步骤 1. 凭证审核。出票行收到代理付款行邮寄来的汇款解讫通知（如表 3－3－17

所示）和联行报单（或通过行内系统或人民银行支付清算系统发来的付款信息，审核无误后打印资金汇划补充凭证），抽出专夹保管的汇票卡片（如表 3－3－18、表 3－3－19 所示），经核对确属本行签发，报单金额与实际结算金额相符，多余金额结计正确无误后，分别情况处理。

表 3－3－17

付款期　壹个月

银行汇票（解讫通知）　3

GS 01　1586　第　号

出票日期（大写）　贰零壹捌年零柒月贰拾贰日

代理付款行：　行号：

收款人：三友纺织机械厂		账号：8113620101033
出票金额	人民币（大写）	叁拾贰万伍仟元整　¥325 000.00
实际结算金额	人民币（大写）	叁拾壹万贰仟肆佰元整

千	百	十	万	千	百	十	元	角	分
	¥	3	1	2	4	0	0	0	0

汇款人：金龙集团　账号或住址：8310120102069

汇款用途：货款

签发行：模拟银行辽金支行

兑付行盖章：

（06）转讫 2018.07.09 模拟银行辽金支行

多余金额

千	百	十	万	千	百	十	元	角	分
		¥	1	2	6	0	0	0	0

科目（借）

对方科目（贷）

销账日期　年　月　日

复核　记账

复核：杨一明　经办：马海蛟

此联代理付款行付款后随报单寄回签发行

由签发行作多余款贷方传票

步骤 2. 账务处理。

1. 全额付款。出票行经办人员应在汇票卡片的实际结算金额栏填入全部金额，在多余款收账通知的多余金额栏填写“—0—”，汇票卡片作借方凭证，解讫通知（或资金汇划补充凭证）与多余款收账通知作借方凭证附件，将相关信息录入业务处理系统办理转账。会计分录为

借：汇出汇款　325 000.00

　贷：清算资金往来　325 000.00

同时销记“汇出汇款登记簿”。

2. 非全额付款。出票行经办人员应在汇票卡片的实际结算金额栏填写实际结算金额，将多余金额填写在多余款收账通知的多余金额栏内，汇票卡片作借方凭证（如表 3－3－18 所示）；银行汇票第三联（如表 3－3－19 所示）（或资金汇划补充凭证）解讫通知作多余款转账贷方凭证；将相关信息录入业务处理系统办理转账。会计分录为：

借：汇出汇款　325 000.00

　贷：清算资金往来　312 400.00

　　　活期存款——申请人户　12 600.00

在多余款收账通知的多余金额栏填写多余金额，并加盖转讫章（如表 3－3－20 所示），通知申请人。

同时销记"汇出汇款登记簿"。

表 3-3-18

付款期 壹个月

银行汇票（卡片） **1**

GS 01 1586 第 号

出票日期（大写） 贰零壹捌年零陆月贰拾贰日

代理付款行： 行号：

收款人：三友纺织机械厂		账号：8113620101033
出票金额	人民币（大写）	叁拾贰万伍仟元整 ¥325 000 00
实际结算金额	人民币（大写）	叁拾壹万贰仟肆佰元整

千	百	十	万	千	百	十	元	角	分
	¥	3	1	2	4	0	0	0	0

汇款人：金龙集团 账号或住址：8310120102069

汇款用途：货款

签发行：模拟银行辽金支行

（06）转讫 2018.07.12 模拟银行辽金支行

科目(借)——汇出汇款

对方科目(贷)——清算资金往来

销账日期 2018年 7月 12日

复核 朱玥颖 记账 谷欣

复核：杨一明 经办：马漫婷

此联签发行结清汇票时作汇出汇款借方传票

表 3-3-19

付款期 壹个月

银行汇票（解讫通知） **3**

GS 01 1586 第 号

出票日期（大写） 贰零壹捌年零陆月贰拾贰日

代理付款行： 行号：

收款人：三友纺织机械厂		账号：8113620101033
出票金额	人民币（大写）	叁拾贰万伍仟元整 ¥325 000 00
实际结算金额	人民币（大写）	叁拾壹万贰仟肆佰元整

千	百	十	万	千	百	十	元	角	分
	¥	3	1	2	4	0	0	0	0

汇款人：金龙集团 账号或住址：8310120102069

汇款用途：货款

签发行：模拟银行辽金支行

兑付行盖章：

（05）转讫 2018.07.09 模拟银行南海支行

（06）转讫 2018.07.12 模拟银行辽金支行

多余金额

千	百	十	万	千	百	十	元	角	分
		¥	1	2	6	0	0	0	0

科目(借)——汇出汇款

对方科目(贷)——清算资金往来

销账日期 年 月 日

复核 杨一明 记账 马漫婷

复核：路金萍 经办：张晓晨

此联代理付款行付款后随报单寄回签发行

由签发行作多余款贷方传票

表 3－3－20

付款期 壹个月

银行汇票（多余款收账通知）　4　　GS 01　1586　第　号

出票日期（大写）　贰零壹捌年零陆月贰拾贰日　　代理付款行：　　行号：

收款人：三友纺织机械厂			账号：8113620101033
出票金额	人民币（大写）	叁拾贰万伍仟元整	¥ 325 000.00
实际结算金额	人民币（大写）	叁拾壹万贰仟肆佰元整	千 百 十 万 千 百 十 元 角 分 ¥ 3 1 2 4 0 0 0 0

此联签发行结清后交申请人

汇款人：金龙集团　　账号或住址：8310120102069

汇款用途：货款转讫

签发行：模拟银行辽金支行

签发行盖章：模拟银行辽金支行（06）2018.07.12

2018 年 7 月 12 日

多余金额
千 百 十 万 千 百 十 元 角 分
¥ 1 2 6 0 0 0 0

左联退回多余金额已收入你账户内。

财务主管：　复核：　经办：

3. 申请人未在银行开立账户，多余金额应先转入“其他应付款”科目，以解讫通知代“其他应付款”科目贷方传票，办理转账。会计分录为

借：汇出汇款　　325 000.00

　贷：清算资金往来　　312 400.00

　　其他应付款——申请人户　　12 600.00

同时销记汇出汇款账，并通知申请人持委托书存根及本人身份证件来行办理取款手续。银行付款时，以多余款收账通知代“其他应付款”科目借方传票，办理转账。会计分录为

借：其他应付款——申请人户　　12 600.00

　贷：现金　　12 600.00

步骤 3. 后续处理。银行经办人员在相关记账凭证上加盖转讫章及经办人员名章，作为办理业务的凭证与其他凭证一起装订保管，将第四联多余款收账通知加盖转讫章作收账通知交申请人，同时销记“汇出汇款登记簿”。

五、拓展

特殊情况处理

（一）银行汇票未用退回

申请人由于汇票超过付款期限或其他原因要求退款时，出票行操作过程如下。

步骤 1. 提请申请人交回汇票和解讫通知，并提交证明或身份证件。

步骤 2. 审核凭证与证件。出票行经与原专夹保管的汇票卡片核对无误，在汇票和

解讫通知的实际结算金额大写栏填写“未用退回”字样。多余款收账通知的多余金额栏填入原出票金额。

步骤3. 办理转账。汇票卡片作借方传票，汇票作附件；解讫通知作贷方传票（如系退付现金，即作为借方传票的附件），办理转账。会计分录为

借：汇出汇款

贷：活期存款——申请人户

（或贷：现金）

同时销记汇出汇款账。在多余款收账通知上加盖“转讫”章作收账通知，交给申请人。

注意：申请人由于汇票和解讫通知短缺了一联而不能在代理付款地办理结算时，需备函向出票行说明短缺原因，并交回持有的一联凭证，出票行可比照退款操作程序办理退款。

（二）银行汇票超过提示付款期限

步骤1. 向出票行作出说明。银行汇票的提示付款期限是自出票日起一个月。持票人超过提示付款期限提示付款的，代理付款人不予受理；但持票人在票据权利时效内（自出票日起两年）向出票行作出说明，提供本人身份证件或单位证明，并提交汇票和解讫通知的除外。持票人为个人的，还应交验本人身份证件。

步骤2. 出票行审核。出票行经与原专夹保管的汇票卡片核对无误，多余金额结计正确后，即在汇票和解讫通知的备注栏填写“逾期付款”字样，并一律通过“应解汇款”科目核算。

具体处理如下：

1. 汇票全额付款。出票行应在汇票卡片的实际结算金额栏填入全部金额，在多余款收账通知的多余金额栏填写“—0—”，汇票卡片作借方凭证，解讫通知作贷方凭证，多余款收账通知作贷方凭证附件，办理转账。会计分录为

借：汇出汇款

贷：应解汇款——持票人户

同时销记“汇出汇款登记簿”，并根据持票人填写的汇款凭证或汇票委托书，将款项划转持票人开户行。会计分录为

借：应解汇款——持票人户

贷：清算资金往来

（或贷：汇出汇款）

2. 汇票有多余款的。出票行应在汇票卡片的实际结算金额栏填写实际结算金额，将多余金额填写在多余款收账通知的多余金额栏内，汇票卡片作借方凭证，解讫通知作多余款转账贷方凭证，另填制一联特种转账贷方传票办理转账。会计分录为

借：汇出汇款

贷：应解汇款——持票人户

活期存款——原申请人户

同时销记“汇出汇款登记簿”，将第四联多余款收账通知加盖转讫章作收账通知交

原申请人。向持票人付款的手续同前。

（三）挂失止付规范操作

《票据法》第十五条规定：票据丧失，失票人可以及时通知票据的付款人挂失止付，但是，未记载付款人或者无法确定付款人及其代理付款人的票据除外。收到挂失止付的付款人，应当暂停支付。

失票人应当在通知止付后 3 日内，也可以在票据丧失后，依法向人民法院申请公示催告，或者向人民法院提出诉讼。

以下介绍的挂失止付操作程序适用于各类票据，请比照执行。

从《票据法》规定可以看出银行汇票挂失的范围：没有在汇票上确定具体代理行（兑付行）的汇票不能挂失，也不可以向人民法院申请公示催告。《票据法》《支付结算会计核算手续》规定，确系填明“现金”字样和代理付款行的汇票丧失，之所以要通知止付人到代理付款行或签发行挂失，是因为填明“现金”字样的汇票必须有指定的兑付行、付款行和已确定的代理付款行，可以直接挂失，法院也方便直接发出止付通知书。否则，具有“满天飞”性质的汇票。是无法挂失和发出通知的。

票据法律、法规规定，持票人丧失票据后可以按照《票据法》的规定及时通知付款人或者代理付款人挂失止付。但应填写挂失止付通知书并签章。挂失止付通知书应记载下列事项：一是票据丧失的时间、地点、原因；二是票据种类、号码、金额、出票日期、付款日期、付款人名称、收款人名称；三是挂失止付人的名称、营业场所或者住所以及联系方法。欠缺上述记载事项之一的，银行不予受理。

因此失票人在票据丧失后，应当提交三联挂失止付通知书，到代理付款行或出票行办理挂失。《票据管理实施办法》规定，付款人或代理付款人收到挂失止付通知书后，应当立即暂停支付。但自收到挂失止付通知书之日起 12 日内没有收到人民法院的止付通知书的，自第 13 日起，失票人的挂失止付通知书失效。因此代理行或出票行应分别作如下处理：

1. 付款人或者代理付款人接到挂失止付通知书，应审查是否属本行付款的票据，并查对确未付款的，方可受理。在第一联挂失止付通知书上加盖业务公章作为受理回单；第二、三联于登记票据挂失登记簿后专夹保管，凭以掌握止付，如通知止付人委托代理付款行通知出票行挂失的，应即向出票行发出挂失通知手续，采用报文通知的凭第三联拍发报文。

出票行接到代理付款行发来的挂失止付通知，应抽出原专夹保管的汇票卡片和多余款收账通知核对无误后，一并另行保管，凭以控制付款或退款。

2. 出票行接到挂失止付通知书，应查对汇出汇款账和汇票卡片系属指定付款银行支取现金的汇票，并确未注销时方可受理。在第一联挂失止付通知书上加盖业务公章作为受理回单；第二、三联于登记汇票挂失登记簿后，与原汇票卡片和多余款收账通知一并另行保管，凭以控制付款或退款；如通知止付人委托出票行通知代理付款行挂失的，应立即向代理付款行发出挂失通知，采取报文通知的凭第三联拍发报文。

代理付款行接到出票行发来的挂失通知，并查对确未付款后，将挂失止付通知专夹保管，凭以掌握止付。

3. 付款行或代理付款行自收到失票人挂失止付通知书之日起 12 日内没有收到付款

地人民法院发来的止付通知书时，自第 13 日起挂失止付通知书自动失效，以后收到被挂失的票据，可照付无误。

（四）丧失银行汇票付款或退款及有缺陷银行汇票的规范操作

丧失的银行汇票在提示付款期限届满后 1 个月，确未支付的，失票人可凭人民法院出具的其享有该汇票权利以及实际结算金额的证明，向出票行请求付款或退款，银行经审查确未支付的，分别作如下处理：

1. 出票行向收款人或持票人付款时，应根据人民法院证明的实际结算金额抽出原专夹保管的汇票卡片，经核对无误，按银行汇票结清的操作程序办理，并将款项付给失票人。

2. 出票行向申请人退款时，抽出原专夹保管的银行汇票卡片核对无误后，办理退款手续。

银行发现收款人或持票人已经收受了有缺陷的银行汇票，在保证资金安全的情况下，可根据具体情况，适当处理。

如银行汇票上漏盖、错盖规定印章、漏压压数机金额或印章、压印的金额模糊不清、密押不符的，代理付款行应将银行汇票暂时收存不予付款。对于跨系统的应填制一式三联查询查复书及时查询出票行，并填制退票理由书附一联查询书通过票据交换提交持票人开户行，俟出票行补来正确、清晰印章和压数机压印金额或正确密押的查复书后才能办理付款手续，于当日，至迟不得超过次日上午通过同城票据交换提交给持票人开户行。

六、考核

模拟银行辽金支行 2018 年 6 月 22 日发生下列业务：

1. 收到上海宝地支行（83575）的银行汇票解付借报信息，汇票系开户单位虹桥机电设备公司（8310120101047）6 天前申请签发，汇票金额92 300 .00元，报单金额92 300. 00元。支付在上海宝地支行开户的衣荣公司（8357520105047）货款，经抽卡核对无误，经办人员按规定办理银行汇票结清手续。

2. 收到厦门站前支行（83601）的银行汇票解付借报信息，汇票系开户单位海德集团有限公司（83101201050006）6 天前申请签发，汇票金额 66 000 .00 元，报单金额 53 300 .00元。支付在厦门站前支行开户的新阳纺织机械厂（8360120101046）的货款。经抽卡核对无误，经办人员按规定办理银行汇票结清手续。

要求：以模拟银行辽金支行柜员的身份完成凭证审核、业务数据录入、凭证盖章与凭证处理。

任务四　商业汇票业务处理

子任务 1　商业承兑汇票业务处理

【技能目标】

熟悉商业承兑汇票业务的基本规定，熟悉商业承兑汇票的凭证格式，掌握具体的填写要求；能按商业承兑汇票业务的基本规定和活动流程正确规范完成各环节的操作处理；同时注意对比与其他票据业务的差异。

【知识准备】

商业汇票是由出票人签发，委托付款人在指定日期无条件支付确定的金额给收款人或持票人的票据。

一、商业汇票的基本规定

1. 签发商业汇票必须以合法的商品交易为基础，禁止签发无商品交易的商业汇票。

2. 商业汇票按照承兑人的不同可以分为商业承兑汇票和银行承兑汇票。商业承兑汇票由银行以外的付款人承兑；银行承兑汇票由银行承兑。商业汇票的付款人为承兑人。

3. 商业汇票的使用范围为在银行开立存款账户的法人以及其他组织之间，必须具有真实的交易关系和债权债务关系。向银行申请办理汇票承兑的商业汇票的出票人必须与付款人具有真实的委托付款关系，而且在承兑银行开立存款账户，资信状况良好，并具有支付汇票金额的可靠资金来源。不得签发无对价的商业汇票用于骗取银行或者其他票据当事人的资金。

4. 商业承兑汇票可以由付款人签发并承兑，也可以由收款人签发交由付款人承兑。银行承兑汇票应由在承兑银行开立存款账户的存款人签发，出票人不准在银行承兑汇票上用压数机压印金额。

5. 签发商业汇票必须记载下列内容：表明“商业承兑汇票”的字样或“银行承兑汇票”的字样；无条件支付的承诺；确定的金额；付款人名称；收款人名称；出票日期；出票人签章。欠缺记载上列事项之一的，商业汇票无效。

6. 商业汇票一律记名，允许背书转让。

7. 商业汇票承兑期限，由交易双方商定，但最长不得超过 6 个月。

8. 商业汇票可以背书转让。商业汇票的提示付款期限，自汇票到期日起 10 日。持票人应在提示付款期内通过开户银行委托收款或直接向付款人提示付款。

9. 商业汇票的持票人在汇票未到期前需用资金，可持未到期的商业汇票向开户银行申请贴现，贴现银行也可继续进行再贴现和转贴现。

10. 商业汇票可以在签发时向付款人提示承兑后使用，也可以在汇票出票后先使用再向付款人提示承兑。定日付款或者出票后定期付款的汇票，持票人应当在汇票到期日前向付款人提示承兑；见票后定期付款的汇票，持票人应当自出票日起 1 个月内向付款人提示承兑。未按规定期限提示承兑的，持票人丧失对其前手的追索权。商业汇票的付款人接到出票人或持票人向其提示承兑的汇票时，应当向出票人或持票人签发收到汇票的回单，记明汇票提示承兑日期并签章。付款人应当自收到提示承兑的汇票之日起 3 日内承兑或拒绝承兑。付款人拒绝承兑的，必须出具拒绝承兑的证明。付款人承兑商业汇票，不得附有条件，承兑附有条件的，视为拒绝承兑。

二、核算流程

商业承兑汇票业务核算流程如图 3－4－1 所示。

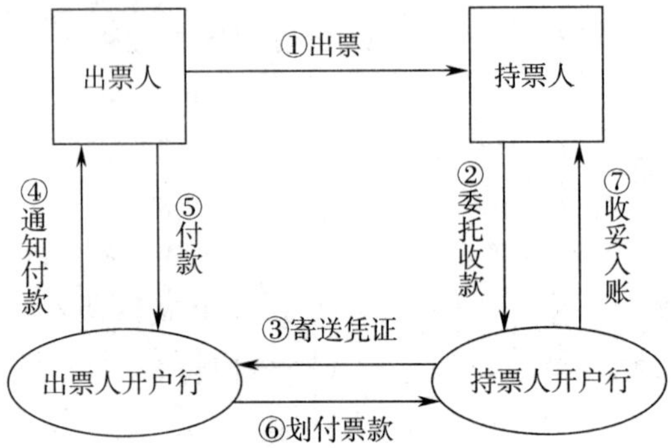

图 3－4－1　商业承兑汇票业务核算活动流程图

子任务 1.1　商业承兑汇票托收的处理

一、活动目标

掌握商业承兑汇票到期托收业务的活动流程与基本操作要领，能按照业务活动流程规范完成商业承兑汇票托收业务的操作处理。

二、活动流程

商业承兑汇票到期委托收款活动流程如图 3－4－2 所示。

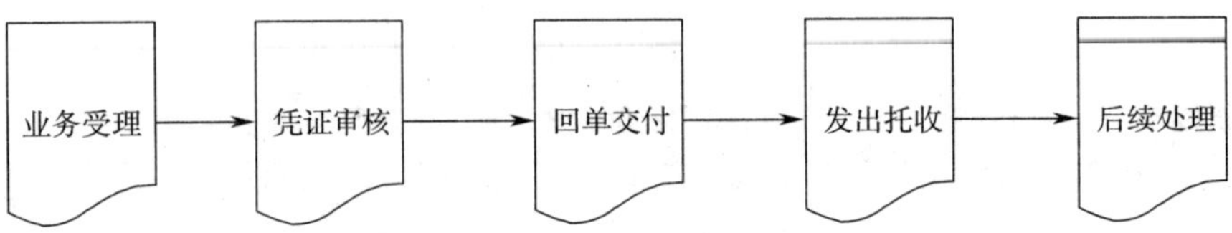

图 3－4－2　商业承兑汇票到期委托收款活动流程图

三、案例引入

模拟银行辽金支行开户单位虹桥机电设备公司（8310120161047）2018 年 6 月 22 日提交委托收款凭证和在模拟银行南市支行开户的田晴纺织机械厂（8310620161053）2018 年 4 月 5 日签发承兑的商业承兑汇票，金额 2 000 000．00 元，申请办理托收。经办人员按规定为其办理托收手续。

使用商业承兑汇票的交易双方按约定由虹桥机电设备公司签发商业承兑汇票，由承兑人田晴纺织机械厂办理承兑。商业承兑汇票一式三联，格式如表 3－4－1 所示。

表 3－4－1

模拟银行商业承兑汇票　2　　AL 01　3649

出票日期贰零壹捌 年零肆月零伍日　　第　　号

付款人	全　称	田晴纺织机械厂		收款人	全　称	虹桥机电设备公司	
	账　号	8310620101053			账　号	8310120101047	
	开户银行	南市支行	行号 83106		开户银行	辽金支行	行号 83101
出票金额	人民币（大写）	贰佰万元整				千百十万千百十元角分	¥200000000
汇票到期日	20180704			交易合同号码	20181532		
本汇票已经承兑，到期无条件支付票款		承兑人签章（田晴纺织机械厂财务专用章，鹏井印亚）				出票人签章（虹桥机电设备公司财务专用章，文刘印佳）	
承兑日期　年　月　日							

此联持票人开户行随委托收款凭证寄付款人开户行作借方凭证附件

第一联存根，由承兑人（付款人）留存。

第二联汇票，由收款人开户行于票款即将到期时随结算凭证寄付款人开户行，并作借方传票附件。

第三联存根，由签发人留存。

商业承兑汇票无论是收款人还是付款人签发，最后都要由付款人承兑。付款人对本人或收款人签发的商业承兑汇票应认真核对交易合同或协议书，确认无误后，在汇票正面的有关栏内签署“承兑”字样，并加盖预留银行印章后，将商业承兑汇票交给收款人。

持票人委托银行收款时，应填制委托收款凭证，在“委托收款凭证名称”栏内注明“商业承兑汇票”及其号码（如表 3－4－2 所示），连同商业承兑汇票一并提交开户行。

表 3－4－2

委邮　**委托银行收款** 凭证（贷方凭证）　2　委托号码：3756　第　　号

委托日期 2018　年 6月　22日

付款人	全　称	田晴纺织机械厂		收款人	全　称	虹桥机电设备公司	
	账号或地址	8310620101053			账　号	8310120101047	
	开户银行	南市支行			开户银行	辽金支行	行号 83101
委收金额	人民币：贰佰万元整					千百十万千百十元角分	¥200000000
款项内容	货款	委托收款凭据名称	商业承兑汇票			附寄单证张数	1
备注：		上列委托收款附有关单证请予办理收款。 收款人签章（虹桥机电设备公司财务专用章，文刘印佳）				科目（贷） 对方科目（借） 转账　年　月　日 复核　记账	

收款人开户银行收到日期　　年　　月　　日

此联收款人开户银行作贷方凭证

四、学习步骤

步骤 1. 审核凭证。收款人开户行经办人员收到委托收款凭证及所附商业承兑汇票后，应认真审核：

1. 汇票是否是统一印制的凭证；
2. 是否超过提示付款期限；
3. 汇票上填明的持票人是否在本行开户；
4. 出票人、承兑人的签章是否符合规定；
5. 汇票必须记载的事项是否齐全，出票日期、出票金额、收款人名称是否更改，其他记载事项的更改是否有记载人签章证明；
6. 是否作成委托收款背书，背书转让的汇票其背书是否连续，签章是否符合规定；
7. 委托收款凭证的记载事项是否与汇票记载的事项相符，第二联上是否加盖收款单位印章，所附单证是否与凭证所填一致。

步骤 2. 回单交付。各项内容审核无误，委托收款凭证第一联加盖业务受理章（如表 3 –4 –3 所示）后退给收款人，送别客户。

表 3 –4 –3

委邮　**委托银行收款** 凭证（回　单）　1　委托号码：3756　第　号

委托日期 2018 年 6 月 22日

付款人	全　称	田晴纺织机械厂	收款人	全　称	虹桥机电设备公司	
	账　号 或地址	8310620101053		账　号	8310120101047	
	开户银行	南市支行		开户银行	辽金支行	行号 83101
委收 金额	人民币 （大写）	贰佰万元整				千百十万千百十元角分 ¥ 2 7 8 0 0 0 0 0 0
款项 内容	货款	委托收款 凭据名称	商业承兑汇票		附寄单 证张数	1
备注：			款项收妥日期 年　月　日		收款人开户银行盖章　月　日	

单位主管　　会计　　复核　　记账

此联收款人开户银行给收款人的回单

（印章：模拟银行辽金支行 20180622 业务受理章 83101）

步骤 3. 发出托收。凭证审核无误，经办人员在委托收款凭证各联上加盖“商业承兑汇票”戳记，第三联委托收款凭证（如表 3 –4 –4 所示）加盖带有联行行号的结算专用章后，连同第四、第五联委托收款凭证及有关收款依据一并寄付款人开户行。

步骤 4. 后续处理。经办人员将第二联委托收款凭证单独保管，并登记“发出委托收款结算凭证登记簿”。

表 3 -4 -4

委邮　**委托银行收款** 凭证（借方凭证）　3　委托号码：3756　第　号

委托日期 2018年 6月 22日　　付款期限　年　月　日

付款人	全　称	田晴纺织机械厂	收款人	全　称	虹桥机电设备公司		
	账　号或地址	8310620101053		账　号	8310120101047		
	开户银行	南市支行		开户银行	辽金支行	行号	83101
委收金额	人民币（大写）贰佰万元整				千百十万千百十元角分	¥ 2 7 8 0 0 0 0 0 0	
款项内容	货款	委托收款凭据名称	商业承兑汇票		附寄单证张数	1	
备注：			模拟银行辽金支行 83101 结算专用章　收款人开户银行盖章		科目（借） 对方科目（贷） 转账　年　月 复核　记账		

此联付款人开户银行作借方凭证

付款人开户银行收到日期　年　月　日

五、考核

模拟银行辽金支行 2018 年 6 月 22 日发生下列业务：收到开户单位汇源电子有限公司（8310120161096）提交的委托收款凭证和在模拟银行南海市支行开户的宜佳装饰公司（8113620166067）签发并承兑的商业承兑汇票，金额 700 000 .00 元，系 5 个月前签发，今日到期，申请办理托收。

要求：以模拟银行辽金支行柜员的身份规范完成凭证审核、业务数据录入、凭证盖章与凭证处理。

子任务 1. 2　承兑人开户银行收到持票人开户行寄来托收凭证及汇票的处理

一、活动目标

掌握商业承兑汇票到期付款行划付款项的活动流程与基本操作要领，能按照业务流程规范完成商业承兑汇票到期付款业务的操作处理。

二、活动流程

商业承兑汇票到期付款行划付款项的活动流程如图 3 -4 -3 所示。

三、案例引入

2018 年 6 月 22 日模拟银行辽金支行为开户单位虹桥机电设备公司（8310120161047）办理一笔商业承兑汇票到期划款（出票日为 2018 年 3 月 6 日）业务，

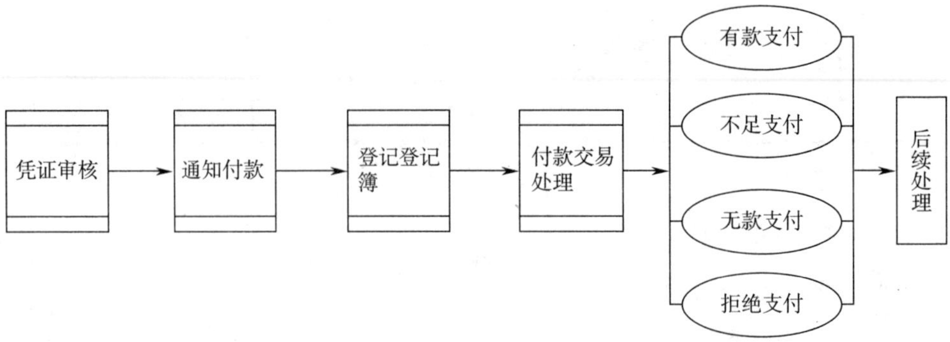

图 3－4－3　商业承兑汇票到期付款行划付款项活动流程图

金额 1 500 000.00 元，该笔款项为厦门站前支行开户单位新阳纺织机械厂（8360120161046）申请办理的商业承兑汇票款项托收。经办人员按规定为其办理相关业务手续。

四、学习步骤

步骤 1. 凭证审核。承兑人开户行经办人员接到持票人开户行寄来的委托收款凭证的第三、第四、第五联及商业承兑汇票时，应按照有关规定认真审核：

1. 承兑人是否在本行开户，是否属于本行受理的业务凭证；
2. 委托收款凭证第三联上是否加盖收款行结算专用章；
3. 所附单证张数与委托收款凭证上所填的是否相符；
4. 承兑人在商业承兑汇票上的签章与预留银行的签章是否相符等。

步骤 2. 通知付款。经办人员将汇票留存，将第五联委托收款凭证加盖业务公章后交给付款人并签收。

步骤 3. 登记登记簿。依据第三、第四联委托收款凭证登记“收到委托收款结算凭证登记簿”后，专夹保管，以便考核汇票款的支付或退回情况。

步骤 4. 付款交易处理。付款行经办人员接到承兑人的付款通知，或在承兑人接到开户行的付款通知的次日起 3 日内仍未接到承兑人的付款通知的，应按照支付结算办法规定的划款日期进行处理：

1. 承兑人的银行账户有足够票款支付的处理。经办人员以第三联委托收款凭证作借方凭证（如表 3－4－5 所示），商业承兑汇票加盖转讫章作附件（如表 3－4－6 所示），按委托收款付款手续处理，将相关信息录入业务处理系统办理转账。会计分录为

借：活期存款——虹桥机电设备公司　　1 500 000.00

　　贷：清算资金往来（或存放中央银行准备金）　　1 500 000.00

2. 承兑人账户无款或到期日账户存款不足支付的处理。承兑人账户无款或到期日账户存款不足支付，均按无款支付处理，即在委托收款凭证上注明“无款支付”字样，加盖银行业务章后，连同汇票退回收款人开户行，同时按照汇票票面金额的 5% 但不低于 50 元向付款人收取罚款。

表 3－4－5

委邮　**委托银行收款** 凭证（借方凭证）　3　委托号码：2562　第　号

委托日期 2018年 6月 12日　　付款期限2018 年6月21 日

付款人	全称	虹桥机电设备公司	收款人	全称	新阳纺织机械厂		
	账号或地址	8310120101047		账号	8360120161046		
	开户银行	辽金支行		开户银行	厦门站前支行	行号	83601
委收金额	人民币（大写）壹佰伍拾万元整				千百十万千百十元角分	¥ 1 5 0 0 0 0 0 0 0	
款项内容	货款	委托收款凭据名称 商业承兑汇票			附寄单证张数	1	
备注：	（02）转讫 2018.06.22 模拟银行辽金支行		模拟银行厦门站前支行 83601 结算专用章 收款人开户银行盖章		科目（借）活期存款 科目（贷）清算资金往来 转账 2018 年 6月 22 日 复核 杨一明 记账 马凝婷		

此联付款人开户银行作借方凭证

付款人开户银行收到日期 2018年 6 月 18 日

表 3－4－6

模拟银行商业承兑汇票　2　AL 01　2461

出票日期贰零壹捌 年零叁月零陆日　　第　号

付款人	全称	虹桥机电设备公司			收款人	全称	新阳纺织机械厂		
	账号	8310120101047				账号	8360120161046		
	开户银行	辽金支行	行号	83101		开户银行	厦门站前支行	行号	83601
出票金额	人民币（大写）壹佰伍拾万元整				作附件		千百十万千百十元角分	¥ 1 5 0 0 0 0 0 0 0	
汇票到期日	20180622				交易合同号码		20187216		
本汇票已经承兑，到期无条件支付票款	虹桥机电设备公司 财务专用章	刘佳 文印	承兑人签章	（02）转讫 2018.06.22 模拟银行辽金支行	新阳纺织机械厂 财务专用章	韩玉 静印	出票人签章		
承兑日期 2018 年 3 月 22 日									

此联持票人开户行随委托收款凭证寄付款人开户行作借方凭证附件

3. 承兑人拒绝支付的处理。付款银行在付款人接到通知的次日起 3 日内收到付款人的拒绝付款理由书（如表 3－4－7 所示）时，经核对无误后，在托收凭证和"收到委托收款凭证登记簿"备注栏注明"拒绝付款"字样；将拒绝付款证明连同托收凭证及汇票一起寄至持票人开户行转交持票人，其余手续参照委托收款处理。如上例，假设虹桥机电设备公司部分拒付 500 000. 00 元。

表 3－4－7

托收承付 / 委托收款 结算 全部 / 部分 拒绝付款理由书（回单或付款通知）2

拒付日期 2018 年 6 月 21 日　　原托收号码：2562

付款人	全称	虹桥机电设备公司			收款人	全称	新阳纺织机械厂		
	账号	8310120101047				账号	8360120161046		
	开户银行	辽金支行	行号	83101		开户银行	厦门站前支行	行号	83601
托收金额	1 500 000.00	拒付金额	500 000.00			部分付款金额	¥1 000 000.00		
附寄单证	1张	部分付款金额（大写）	★壹佰万元整						
拒付理由：货物种类规格与合同不符						科目(借)—活期存款 对方科目(贷)—资金清算往来 转账日期2018年6月22日			
					付款人签章	复核 杨一明 记账 马漫婷			

此联银行作借方凭证或存查

步骤 5. 后续处理。转账后，付款行经办人员在相关记账凭证上加盖转讫章及经办人员名章，作为办理业务的凭证与其他凭证一起装订保管，同时，在登记簿上填明转账日期，依据第四联委托收款凭证编制联行报单寄往持票人开户行（或按规定依据第四联委托收款凭证将款项划转信息通知收款行。异地银行通过行内或大额小额系统进行款项划转）。同城情况下通过票据交换业务办理。

五、考核

模拟银行辽金支行 2018 年 6 月 22 日发生下列业务：模拟银行辽金支行为海德集团有限公司（8310120165006）办理一笔商业承兑汇票到期划款，划款金额 650 000.00 元，收款人为在模拟银行兴州市支行开户的如意贸易公司（8320620165041）。

要求：以模拟银行辽金支行柜员的身份规范完成凭证审核、业务数据录入、凭证盖章与凭证处理。

子任务 1.3　持票人开户行接到承兑人开户行划回款或退回凭证的处理

一、活动目标

掌握商业承兑汇票到期收款的活动流程与基本操作要领，能按照业务流程规范完成商业承兑汇票到期收款业务的操作处理。

二、活动流程

商业承兑汇票到期收款业务活动流程如图 3－4－4 所示。

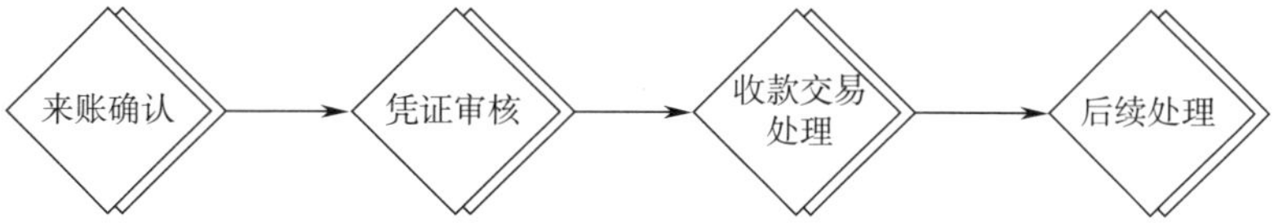

图 3－4－4　商业承兑汇票到期收款业务活动流程图

三、案例引入

2018 年 7 月 6 日模拟银行辽金支行收到模拟银行南市支行（83106）的贷报信息，系开户单位虹桥机电设备公司（8310120161047）2018 年 6 月 22 日申请办理的商业承兑汇票托收款项划回。该汇票为模拟银行南市支行开户的田晴纺织机械厂（8310620161053）2018 年 4 月 5 日签发承兑，金额 2 000 000.00 元。经办人员按规定为其办理收款手续。

四、学习步骤

步骤 1. 来账确认，凭证审核。收款人开户行经办人员收到联行报单及第四联委托收款（或付款人开户行通过网内系统或大额小额系统发来的划款信息，审核无误后打印资金汇划补充凭证）。如为同城业务，则将第四联委托收款凭证提回，并抽出留存的第二联托收凭证，认真进行核对。

步骤 2. 收款交易处理。相关凭证经核对无误后，经办人员在第二联委托收款凭证上填注转账日期，委托收款第二联作转账贷方传票（如表 3－4－8 所示），将相关信息录入业务处理系统办理转账。会计分录为

借：清算资金往来（或存放中央银行准备金）　　2 000 000.00

　贷：活期存款——虹桥机电设备公司　　2 000 000.00

表 3－4－8

委邮　**委托银行收款** 凭证（贷方凭证）　2　委托号码：3756　第　号

委托日期 2018 年 6月 22日

付款人	全称	田晴纺织机械厂	收款人	全称	虹桥机电设备公司		
	账号或地址	8310620101053		账号	8310120161047		
	开户银行	南市支行		开户银行	辽金支行	行号	83101
委收金额	人民币：贰佰万元整					千百十万千百十元角分	¥200000000
款项内容		委托收款凭据名称	商业承兑汇票			附寄单证张数	1
备注：			上列委托收款附有关单证请予办理收款		收款人签章	科目（贷）活期存款 对方科目（借）清算资金往来 转账 2018 年 7 月 6日 复核 杨一明 记账 马漫婷	

收款人开户银行收到日期 2018年 7月 6日

此联收款人开户银行作贷方凭证

（印章：虹桥机电设备公司 财务专用章；刘文佳印；模拟银行辽金支行 (02) 转讫 2018.07.06）

转账后，将委托收款凭证第四联（如表 3 – 4 – 9 所示）加盖转讫章作收账通知送交收款人。

表 3 – 4 – 9

委邮　**委托银行收款** 凭证（收账通知）　4　委托号码：4507　第　号

委托日期 2018年 6月22日　　付款期限 2018 年 6 月 28 日

付款人	全　称	田晴纺织机械厂	收款人	全　称	虹桥机电设备公司		
	账　号或地址	8310620101053		账　号	8310120161047		
	开户银行	南市支行		开户银行	辽金支行	行号	83101
委收金额	人民币（大写）贰佰万元整					千百十万千百十元角分	¥ 2 0 0 0 0 0 0 0 0
款项内容	货款	委托收款凭据名称	商业承兑汇票		附寄单证张数	1	
备注：			上列款项： 1. 已全部划回收入你方账户。 2. 已收回部分款项收入你方账户。 3. 全部未收到。 收款人开户行盖章 2018 年 7 月 6 日				

（印章：(02) 转讫 2018.07.06 模拟银行 辽金支行）

单位主管　　会计　　复核　　记账　　付款人开户银行收到日期 2018 年 6 月 25 日

支付日期 2018 年 6 月 29 日

此联是收款人开户行在款项收妥后给收款人的收账通知

步骤 3. 后续处理。银行经办人员在相关记账凭证上加盖转讫章及经办人员名章，作为办理业务的凭证与其他凭证一起装订保管，同时销记“发出委托收款凭证登记簿”。

特殊情况处理（凭证退回的处理）：

持票人开户行接到付款人开户行寄来的付款人未付票款通知书或付款人的拒绝付款证明和汇票以及托收凭证，经核对无误，应在原专夹保管的第二联委托收款凭证和“发出委托收款凭证登记簿”上作相应记载后，将委托收款凭证、未付票款通知书或拒绝付款证明及汇票退给持票人并由持票人签收。

五、考核

模拟银行辽金支行 2018 年 6 月 22 日发生下列业务：收到泰州市新华路支行（83207）转来的贷报信息，金额 450 000.00 元，系开户单位汇源电子有限公司（8310120161096）8 天前提交的托收凭证向泰州市新华路支行开户的美达电器有限公司（8320720161086）发出的商业承兑汇票托收款项划回。

要求：以模拟银行辽金支行柜员的身份规范完成凭证审核、业务数据录入、凭证盖章与凭证处理。

子任务2　银行承兑汇票业务处理

【技能目标】

熟悉银行承兑汇票业务的规定，熟悉银行承兑汇票的凭证格式，掌握具体的填写要求；能按银行承兑汇票业务规定和活动流程规范完成各环节的操作处理；同时注意对比与商业承兑汇票的差异。

【知识准备】

一、了解银行承兑汇票的签发及承兑要求

银行承兑汇票是指由收款人或承兑申请人签发，并由承兑申请人向其开户银行申请，经银行审查同意承兑的票据。银行承兑汇票经银行同意承兑，银行就要承担绝对付款的责任，从而加强了票据的信用，具有银行向单位融通资金的性质。

银行承兑汇票结算凭证一式四联：

第一联卡片，承兑行支付票款时作借方传票。

第二联承兑汇票，收款人开户行向承兑行收取款项时，作联行凭证附件。

第三联解讫通知。

第四联存根，由签发人保管。

二、核算流程

银行承兑汇票业务核算流程如图3－4－5所示。

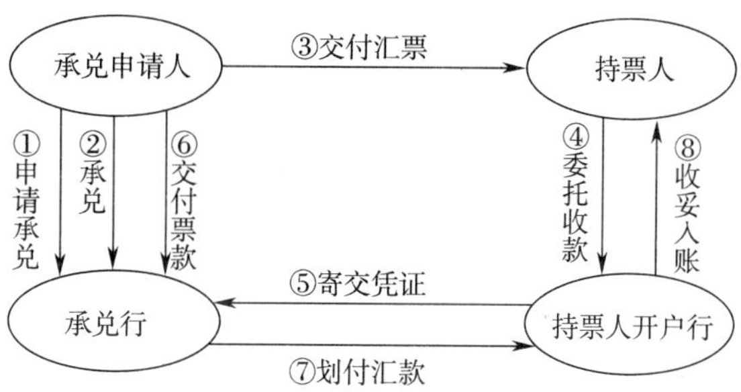

图3－4－5　银行承兑汇票业务核算流程图

子任务2.1　银行承兑汇票承兑

一、活动目标

掌握银行承兑汇票承兑业务承兑的活动流程与基本操作要领，能按照业务流程规范完成银行承兑汇票承兑业务的操作处理。

二、活动流程

银行承兑汇票承兑业务的活动流程如图3－4－6所示。

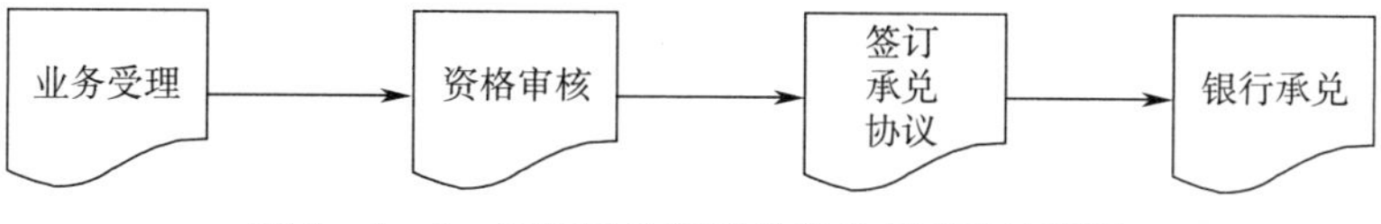

图3－4－6　银行承兑汇票承兑业务活动流程图

三、案例引入

2018 年 6 月 22 日模拟银行辽金支行开户单位虹桥机电设备公司（8310120161047）签发银行承兑汇票（如表 3－4－10 所示）1 张，申请承兑。金额 1 000 000. 00 元，到期日为 2018 年 9 月 21 日，收款人为本市农行虹桥支行开户的昌盛集团有限公司（31863120169063）。银行承兑汇票手续费为 0. 5‰。经办人员按规定为其办理承兑手续。

表 3－4－10

模拟银行银行承兑汇票　2　　CL 01　3896

出票日期（大写）　贰零壹捌 年零陆月贰拾贰日　　　　第　　号

出票人全称	虹桥机电设备公司			收款人全称	昌盛集团有限公司		
出票人账号	8310120161047			收款人账号	3186320109063		
付款行全称	辽金支行	行号	83101	收款人开户行	农行虹桥支行	行号	31863
出票金额	人民币（大写）壹佰万元整				千百十万千百十元角分 ¥100000000		
汇票到期日	20180921				承兑协议编号	20180089	
本汇票请你行承兑，到期请予以支付。 虹桥机电设备公司财务专用章　刘文佳印 出票人签章 2018年 6月22日		本汇票已经承兑，到期日由本行付款。 模拟银行 汇票专用章 8301 承兑行签章 承兑日期2018年 6月22日 备注：			复核　　记账		

此联收款人开户行随委托收款凭证寄付款行作借方凭证附件

四、学习步骤

步骤 1. 信贷部门业务受理与资格审核。信贷部门工作人员受理业务后应按照规定对申请企业进行资格审核：企业营业执照是否合规，是否具有真实、有效、合法的商品购销合同；购销合同中是否约定使用银行承兑汇票结算方式等。

步骤 2. 签订承兑协议。承兑银行的信贷部门经办人员受理由承兑申请人或持票人提示承兑的银行承兑汇票时，按照支付结算办法和有关规定审查出票人的资信状况，同意后即可与承兑申请人签署银行承兑协议。

步骤 3. 会计部门的审核与盖章。承兑行会计部门经办人员接到银行承兑汇票和承兑协议审核无误后，在第一、第二联汇票上注明承兑协议编号，同时在银行承兑汇票协议上加盖银行承兑汇票专用章并由授权的经办人签名或盖章（如表 3－4－11 所示）。

步骤 4. 收取承兑手续费。会计部门经办人员按照承兑金额的万分之五向承兑申请人收取承兑手续费，编制业务收费凭证（如表 3－4－12 所示），将相关信息录入业务处理系统办理转账。会计分录为

借：活期存款——虹桥机电设备公司　　　　500 . 00

　　贷：手续费收入　　　　500 . 00

表 3－4－11

银行承兑汇票协议

编号：20180089

银行承兑汇票内容：

出票人全称　虹桥机电设备公司　　　　收款人全称　晶鑫集团有限公司

开户银行　模拟银行辽金支行　　　　开户银行　农行虹桥支行

账　　号　8310120161047　　　　账　　号　31843201890063

汇票号码　3896　　　　汇票金额（大写）壹佰万元整

出票日期　2018年06月22日到期日期2018年09月22日

以上汇票经银行承兑，出票人及承兑银行愿遵守《支付结算办法》的规定及下列条款：

一、出票人于汇票到期日前将应付票款足额交存承兑银行，到期由银行直接划付收款人或持票人。

二、承兑手续费按票面金额万分之5计算，在银行承兑时一次付清。

三、出票人与持票人如发生任何交易纠纷，均由其双方自行处理，不影响本协议的履行。

四、承兑汇票到期日，承兑银行凭票无条件支付票款。汇票到期日时出票人不能足额交付票款导致银行发生垫款的，承兑银行对不足支付部分的票款，按照有关规定计收罚息。

五、对于本协议项下的承兑金额及费用，由出票人向承兑银行于2018年06月22日，交付币种为人民币，金额为30万元的保证金，承兑期间出票人不得支用保证金，汇票到期后出票人不能足额交存票款的，承兑银行有权直接从保证金账户或从出票人在本行开立的任何账户中扣款用于充抵票款；由＿＿作为保证人，并出具《保证书》作为本协议的从合同；由＿＿提供的财产作为抵押担保，并另行签订《抵押合同》作为本协议的从合同；由＿＿提供的质物作为质押担保，并另行签订《质押合同》作为本协议的从合同。

六、出票人足额付清承兑汇票票款后或出票人还清承兑银行垫款本息后，本协议自动失效。

七、其他条款：

1. ＿＿＿＿＿＿＿＿

2. ＿＿＿＿＿＿＿＿

出票人（公章）虹桥机电设备公司　　　　承兑银行（公章）模拟银行辽金支行

法定代表人（签字）：＿＿刘佳印　　　　法定代表人（签字）：＿＿于江玲印

（或授权代理人）＿＿＿＿　　　　（或授权代理人）＿＿＿＿

订立承兑协议日期2018年06月22日

表 3－4－12

模拟银行辽金支行

No 0224377

业务收费凭证　2

币别：人民币　　　　2018 年 6 月 22 日　　　　流水号：

付款人	虹桥机电设备公司			账号	8310120161047
工本费金额	手续费金额	电子汇划费金额			合 计 金 额
	¥500.00				¥500.00
金额（大写）：伍佰元整					
付款方式	现金				
备注：1 000 000 00×0.5‰＝500.00					

（02）转讫 2018.06.22 模拟银行辽金支行

银行作借方记账凭证

凭证代码：1034　　　　会计主管：杨一明　　复核：朱玥颖　　录入：马漫婷

步骤5. 回单交付。经办人员账务处理完毕，由出票人申请承兑的，将第二联汇票连同一联承兑协议交给出票人；由持票人提示承兑的，将第二联汇票交给持票人，一联承兑协议交给出票人。

步骤6. 后续处理。经办人员在有关记账凭证上加盖转讫章及经办人员名章，作为办理业务的凭证与其他凭证一起装订保管，同时根据第一联银行承兑汇票卡片填制银行承兑汇票表外科目收入凭证（如表3-4-13所示），登记表外科目登记簿。

收入：银行承兑汇票　1 000 000.00

表3-4-13

模拟银行辽金支行　　表外科目收入传票

总字第　　号

银行承兑汇票 科目　　2018 年 6 月 22 日

户名或账号	摘要	十	亿	千	百	十	万	千	百	十	元	角	分	附件　张
虹桥机电设备公司	3896号银行承兑汇票承兑			¥	1	0	0	0	0	0	0	0	0	
合计				¥	1	0	0	0	0	0	0	0	0	

(02) 转讫 2018.06.22 模拟银行辽金支行

会计 杨一明　复核 朱玥澜　记账 马漫婷　制票 马漫婷

五、考核

模拟银行辽金支行2018年6月22日发生下列业务：

1. 开户单位汇源电子有限公司（8310120161096）签发银行承兑汇票1张申请承兑，金额180万元，收款人为市建行东四支行开户的福特电器商贸公司（4021820165028），银行承兑汇票手续费率为0.5‰。

2. 开户单位海德集团有限公司（8310120165006）签发银行承兑汇票1张申请承兑，金额450万元，收款人为南海市支行开户的宜佳装饰公司（8113620166067），银行承兑汇票手续费率为0.5‰。

要求：以模拟银行辽金支行柜员的身份规范完成凭证审核、业务数据录入、凭证盖章与凭证处理。

六、分析思考题

承兑银行对银行承兑汇票进行承兑时，为什么要与出票人签订承兑协议？

子任务2.2　银行承兑汇票托收

一、活动目标

掌握银行承兑汇票到期托收业务的活动流程与基本操作要领，能按照业务流程规范完成银行承兑汇票到期托收业务的操作处理。

二、知识准备

银行承兑汇票到期委托收取票款业务活动流程与商业承兑汇票到期委托收取票款业务活动流程基本相同。

三、案例引入

2018年6月22日模拟银行辽金支行开户单位盛雅集团股份有限公司（8310120169077）提交委托收款凭证和模拟银行南海市支行（81136）开户单位三友纺织机械厂（8113620161033）2018年3月27日签发并经模拟银行南海市支行承兑的期限为三个月的银行承兑汇票，金额3 000 000.00元，申请办理托收。经办人员按规定为其办理托收手续。

步骤1. 审核凭证。收款人开户行经办人员受理持票人提交的托收凭证以及所附的银行承兑汇票，应认真审核以下内容：

1. 汇票是否是统一印制的凭证；
2. 是否超过提示付款期限；
3. 汇票上填明的持票人是否在本行开户；
4. 出票人、承兑人的签章是否符合规定；
5. 汇票必须记载的事项是否齐全，出票日期、出票金额、收款人名称是否更改，其他记载事项的更改是否有记载人签章证明；
6. 是否作成委托收款背书，背书转让的汇票其背书是否连续，签章是否符合规定；
7. 委托收款凭证的记载事项是否与汇票记载的事项相符，第二联上是否加盖收款单位印章，所附单证是否与凭证所填一致。

步骤2. 交付回单。经办人员在委托收款凭证第一联加盖业务公章后退给收款人，送别客户。

步骤3. 发出托收。经办人员在委托收款凭证各联上加盖“银行承兑汇票”戳记，第三联委托收款凭证加盖带有联行行号的结算专用章后，连同第四、第五联委托收款凭证及有关银行承兑汇票一并寄承兑申请人开户行。

步骤4. 后续处理。经办人员将第二联托收凭证单独保管，并登记“发出委托收款结算凭证登记簿”。

四、考核

模拟银行辽金支行2018年6月22日发生下列业务：

1. 开户单位利达机械制造公司（8310120161089）提交银行承兑汇票托收凭证，金额560万元，承兑汇票系大连宏大贸易公司（8346520163165）五个月前签发，由模拟银行黄海市新湖支行（83465）承兑，6月28日到期。申请办理托收。

2. 开户单位海德集团有限公司（8310120165006）提交一笔银行承兑汇票托收凭证，金额为700万元，承兑行为农业银行重庆友谊支行（31692），出票人为其开户单位旺角汽贸公司（3169220165485）三个月前签发，6月29日到期。申请办理托收。

要求：以模拟银行辽金支行柜员的身份规范完成凭证审核、业务数据录入、凭证盖章与凭证处理。

子任务2.3 银行承兑汇票到期扣款与款项划付

一、活动目标

掌握银行承兑汇票到期承兑行扣收款项与划付款项的活动流程与基本操作要领，能按照业务流程规范完成银行承兑汇票到期扣款与款项划付业务的操作处理。

二、活动流程

银行承兑汇票到期承兑行扣收款项与划付款项的活动流程如图3－4－7所示。

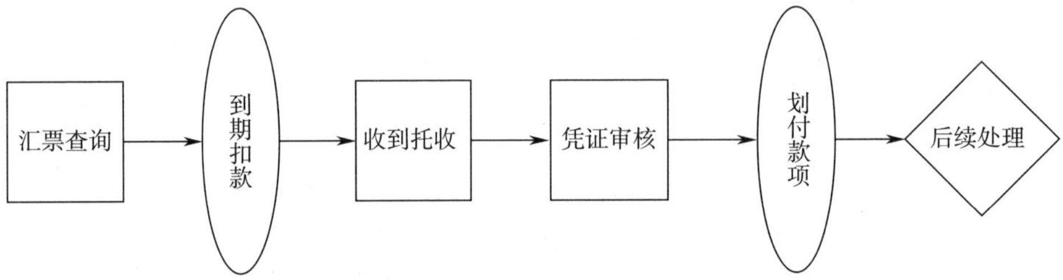

图3－4－7 银行承兑汇票到期承兑行扣收款项与划付款项的活动流程图

三、案例引入

2018年9月21日模拟银行辽金支行根据20180089号承兑协议到期收取开户单位虹桥机电设备公司（8310120161047）2018年6月22日签发并申请承兑的3896号银行承兑汇票款项，到期日为2018年9月21日，金额1 000 000.00元，收款人为本市农业银行虹桥支行开户单位昌盛集团有限公司（31863120169063）。2018年9月22日收到收款行寄来的托收凭证，经办人员按规定办理承兑汇票款项收取与款项划付手续。

四、学习步骤

步骤1. 汇票查询与到期扣款。承兑银行经办人员应每天查看汇票的到期情况，对到期汇票，应于到期日（法定休假日顺延）向承兑申请人收取票款，专户存储。

经办人员办理转账时应填制两联特种转账借方传票（如表3－4－14所示），一联特种转账贷方传票，并在“转账原因”栏注明“根据××号汇票划转票款”。将相关信息录入业务处理系统办理转账。会计分录为

借：活期存款——虹桥机电设备公司　　1 000 000 00

　贷：应解汇款——虹桥机电设备公司　　1 000 000 00

表 3－4－14

模拟银行 辽金支行 特种转账借方传票

总字第　　号

2018年　9月　21　日

<table>
<tr><td rowspan="3">付款单位</td><td>全　称</td><td colspan="3">虹桥机电设备公司</td><td rowspan="3">收款单位</td><td>全　称</td><td colspan="3">昌盛集团有限公司</td><td rowspan="2"></td></tr>
<tr><td>账号或地址</td><td colspan="3">8310120161047</td><td>账号或地址</td><td colspan="3">31863120169063</td></tr>
<tr><td>开户银行</td><td>辽金支行</td><td>行号</td><td>83101</td><td>开户银行</td><td>农行虹桥支行</td><td>行号</td><td>31863</td><td></td></tr>
<tr><td rowspan="2">金额</td><td rowspan="2">人民币（大写）</td><td colspan="6" rowspan="2">壹佰万元整</td><td colspan="2">十 亿 千 百 十 万 千 百 十 元 角 分</td><td rowspan="3">附件</td></tr>
<tr><td colspan="2">¥ 1 0 0 0 0 0 0 0 0</td></tr>
<tr><td colspan="2">原凭证金额</td><td colspan="2"></td><td>赔偿金</td><td colspan="5"></td></tr>
<tr><td colspan="2">原凭证名称</td><td colspan="2"></td><td>号码</td><td colspan="5"></td><td>张</td></tr>
<tr><td>转账原因</td><td colspan="6">根据20180089号承兑协议和3896号银行承兑汇票划转票款。</td><td colspan="3">科目（借）…活期存款…
对方科目（贷）…应解汇款……
会计 杨一明 复核 朱玥颖 记账 马漫妍</td><td></td></tr>
</table>

（印章：(02) 转讫 2018.09.21 模拟银行 辽金支行）

步骤 2. 收到托收、凭证审核与款项划付。承兑银行经办人员接到持票人开户行寄来的托收凭证及汇票，抽出专夹保管的汇票卡片和承兑协议副本，审查以下各项内容：

1. 银行承兑汇票是否是统一印制的凭证，是否有规定的防伪标记；
2. 银行承兑汇票上的汇票专用章与印模是否一致；
3. 该承兑汇票是否为本行承兑，与留存的第一联卡片的号码、记载事项是否相符；
4. 承兑汇票是否作成委托背书，背书转让的汇票其背书是否连续，签章是否符合规定；
5. 托收凭证的记载事项是否与汇票的记载事项相符，第三联上是否加盖收款行结算专用章等。

凭证审核无误后，经办人员于汇票到期日或到期日之后的见票 2018 年 9 月 21 日，按照委托收款的付款手续，将相关信息录入业务处理系统办理转账。会计分录为

借：应解汇款——虹桥机电设备公司　　　　1 000 000. 00

　贷：存放中央银行准备金　　　　1 000 000. 00

同时编制表外科目付出传票（如表 3－4－15 所示），销记表外科目登记簿。

付出：银行承兑汇票　1 000 000. 00

步骤 3. 后续处理。转账后，承兑银行经办人员在相关记账凭证上加盖转讫章及经办人员名章，作为办理业务的凭证与其他凭证一起装订保管。同时按规定依据第四联托收凭证将款项划转信息通知收款行。

提示： 如果承兑银行存在合法抗辩事由拒绝支付的，应自接到银行承兑汇票的次日起 3 日内，作成拒绝付款证明连同银行承兑汇票邮寄持票人开户银行转交持票人。

表 3-4-15

模拟银行辽金支行　　表外科目付出传票

总字第　　号

银行承兑汇票 科目　　　　2018 年 9 月 21 日

户名或账号	摘要	十	亿	千	百	十	万	千	百	十	元	角	分
	3896号银行承兑汇票款			¥	1	0	0	0	0	0	0	0	0
合计				¥	1	0	0	0	0	0	0	0	0

附件　张

（印章：(02) 转讫 2018.09.21 模拟银行辽金支行）

会计 杨一明　　复核 朱玥颖　　记账 马漫婷　　制票 马漫婷

特殊情况处理：

出票人账户无款或不足支付的处理

银行承兑汇票到期，如果承兑申请人账户无款的，应按规定将扣收款项转入该承兑申请人的逾期贷款户，按规定的逾期贷款罚息率计收利息。

银行经办人员应填制两联特种转账借方传票，一联特种转账贷方传票，在“转账原因”栏注明“××号汇票无款支付转入逾期贷款户”。会计分录为

借：逾期贷款——出票人户

　贷：应解汇款——出票人户

一联特种转账借方传票加盖业务公章交给承兑申请人。

账户不足支付的，除按照上述办法处理外，加填两联特种转账借方传票，在“转账原因”栏注明“××号汇票划转部分票款”。会计分录为

借：活期存款——承兑申请户

　　逾期贷款——承兑申请人户

　贷：应解汇款——承兑申请人户

一联特种转账借方传票加盖转讫章作支款通知交承兑申请人。

五、考核

模拟银行辽金支行 2018 年 6 月 22 日发生下列业务：

1. 开户单位汇源电子有限公司（8310120161096）3 个月前签发并申请承兑的银行承兑汇票一张今日到期，金额 160 万元，收款人为在模拟银行泰州市新华路支行开户的美达电器有限公司（8320720161086），按规定收取汇票款项，该单位存款足以支付。2018 年 6 月 22 日下午收到托收凭证，审核无误办理划款手续。

2. 开户单位海德集团有限公司（8310120165006）3 个月前签发并申请承兑的银行承兑汇票 1 张今日到期，金额 350 万元，收款人为在模拟银行兴州市支行开户的如意贸

易公司（8320620165041），按规定收取汇票款项，该单位存款只有230万元。2018年6月22日下午收到委托收款凭证，审核无误办理划款手续。

要求：以模拟银行辽金支行柜员的身份规范完成凭证审核、业务数据录入、凭证盖章与凭证处理。

子任务2.4　银行承兑汇票款项划回

一、活动目标

掌握银行承兑汇票到期款项划回的活动流程与基本操作要领，能按照业务流程规范完成银行承兑汇票款项划回业务的操作处理。

二、知识准备

银行承兑汇票到期款项划回收款业务活动流程与商业承兑汇票到期款项划回业务活动流程基本相同。

三、案例引入

2018年6月30日模拟银行辽金支行收到模拟银行南海市支行（81136）的贷报信息，系开户单位盛雅集团股份有限公司（8310120169077）2017年6月22日提交的银行承兑汇票托收款项划回。该汇票2018年3月27日签发，期限为三个月，金额3 000 000.00元，由模拟银行南海市支行承兑，申请人为在模拟银行南海市支行开户的三友纺织机械厂（8113620161033），经办人员按规定办理收款手续。

四、学习步骤

步骤1. 审核凭证。收款人开户行经办人员收到承兑申请人开户行寄来的联行报单及银行承兑汇票（或通过网内系统或大额小额系统发来的划款信息，审核无误后打印资金汇划补充凭证），将留存的第二联委托收款凭证抽出，认真进行核对。

步骤2. 收款交易处理。凭证经核对无误后，经办人员在第二联委托收款凭证上填注转账日期（或以资金汇划补充凭证作转账贷方传票，托收凭证作为附件），将相关信息录入业务处理系统办理转账。会计分录为

借：清算资金往来　　3 000 000.00

　贷：活期存款——盛雅集团股份有限公司　　3 000 000.00

步骤3. 交付回单。转账后，将委托收款凭证第四联（或一联资金汇划补充凭证）加盖转讫章作收账通知送交收款人。

步骤4. 后续处理。银行经办人员在相关记账凭证上加盖转讫章及经办人员名章，作为办理业务的凭证与其他凭证一起装订保管，同时销记发出委托收款凭证登记簿。

特殊情况处理（银行承兑汇票挂失的处理）：

持票人丧失已承兑的银行承兑汇票，向承兑行申请挂失止付时，应当提交三联挂失止付通知书。承兑行接到挂失止付通知书后，应从专夹中抽出第一联汇票卡片和承兑协议副本，核对相符确未付款的，方可受理。在第一联挂失止付通知书上加盖业务公章作

为受理回单，第二、第三联于登记汇票挂失登记簿后，与第一联汇票一并另行保管，凭以控制付款。商业承兑汇票丧失，由失票人向承兑人挂失。

已承兑的银行承兑汇票丧失，失票人凭人民法院出具的其享有票据权利的证明向承兑行请求付款。承兑行应审查确未支付的，根据人民法院出具的证明抽出原专夹保管的第一联汇票卡片，核对无误后，将款项支付给失票人。

五、考核

1. 收到模拟银行东海市新湖支行（83465）的贷报信息，系开户单位利达机械制造公司（8310120161089）8 天前申请办理的银行承兑汇票托收款项划回，金额为 720 万元，承兑汇票系大连宏大贸易公司（8346520163165）签发，模拟银行东海市新湖支行承兑。

2. 收到农业银行武汉滨江支行（86304）的贷报信息，系开户单位英华门集团（8310120169027）8 天前申请办理的银行承兑汇票托收款项划回，金额为 300 万元，承兑汇票系武汉龙口港机电公司（8630420165034）签发，农业银行武汉滨江支行承兑。

要求：以模拟银行辽金支行柜员的身份规范完成凭证审核、业务数据录入、凭证盖章与凭证处理。

六、分析思考题

商业承兑汇票与银行承兑汇票之间有何区别？

任务五　汇兑业务处理

【技能目标】

熟悉汇兑业务中使用凭证的格式，掌握其具体的填写要求；熟悉汇兑业务中汇出款项与汇入款项的基本规定，能按汇兑业务活动流程规范完成汇出汇款业务与汇入款项业务各环节的操作处理，了解退汇业务环节的处理手续。

【知识准备】

汇兑是汇款人委托银行将其款项支付给收款人的结算方式。

（一）汇兑业务的基本规定

1. 单位和个人异地结算各种款项，均可使用汇兑结算方式。

2. 汇款人填制汇兑凭证必须记载下列事项：

（1）表明“信汇”或“电汇”字样；

（2）无条件支付的委托；

（3）确定的金额；

（4）收款人名称；

（5）汇款人名称；

（6）汇入地点、汇入行名称；

（7）汇出地点、汇出行名称；

（8）委托日期；

（9）汇款人签章。

汇兑凭证上欠缺记载上列事项之一的，银行不予受理。汇兑凭证记载的汇款人名称、收款人名称，其在银行开立存款账户的，必须记载其账号；欠缺记载的，银行不予受理。

3. 汇兑凭证上记载收款人为个人的，收款人需要到汇入银行领取汇款，汇款人应在汇兑凭证上注明“留行待取”字样；留行待取的汇款，需要指定单位的收款人领取汇款的，应注明收款人的单位名称；信汇凭证凭收款人签章支取的，应在信汇凭证上预留其签章。汇款人确定不得转汇的，应在汇兑凭证备注栏注明“不得转汇”字样。

4. 汇款人和收款人均为个人、需要在汇入银行支取现金的，应在信汇、电汇凭证的“汇款金额”大写栏先填写“现金”字样，后填写汇款金额。

5. 未在银行开立存款账户的收款人，凭信汇、电汇的取款通知或“留行待取”的，向汇入银行支取款项时，必须交验本人的身份证件，在信汇、电汇凭证上注明证件名称、号码及发证机关，并在“收款人签章”处签章；信汇凭签章支取的，收款人的签章须与预留信汇凭证上的签章相符。银行审核无误后，以收款人名义开立应解汇款及临时存款账户，该账户只付不收，付完清户，不计利息。

6. 汇入银行对于收款人拒绝接受的汇款，应及时办理退汇。汇入银行向收款人发出取款通知后两个月无法交付的汇款，应主动办理退汇。

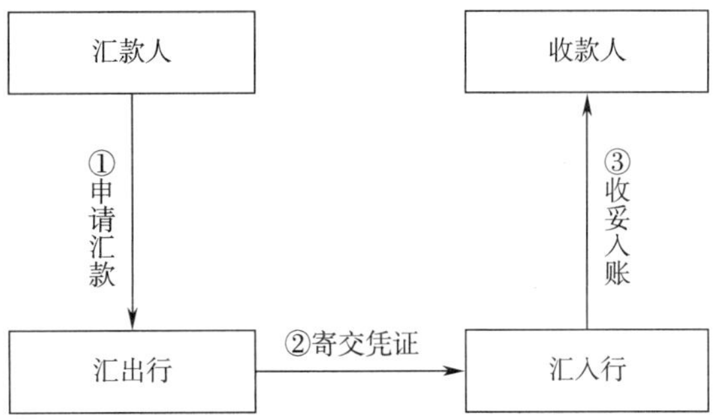

图 3－5－1　汇兑业务活动流程图

（二）汇兑业务的核算手续

汇兑业务涉及汇款人、汇出行、汇入行和收款人。汇出行、汇入行为同系统银行的汇兑结算流程如图 3－5－1 所示。

子任务 1　汇出行汇出款项

一、活动目标

掌握汇兑汇出业务的活动流程与基本要领，能按汇兑汇出业务活动流程规范完成汇兑汇出业务的操作处理。

二、流动流程

汇出行汇出款项的活动流程如图 3－5－2 所示。

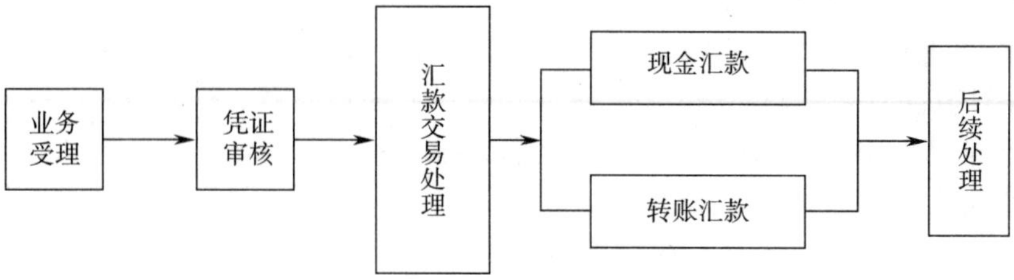

图 3－5－2　汇出行汇出款项的活动流程图

三、案例引入

2018 年 6 月 22 日模拟银行辽金支行开户单位黎明电器有限公司（8310120101028）来行申请将 500 000.00 元货款汇给在模拟银行厦门站前支行开户的厦门华府公司（8360120105033）。模拟银行辽金支行工作人员按规定为其办理汇款手续。

汇款人委托银行办理汇兑时，应向开户银行填交一式三联电子汇兑委托书（如表 3－5－1 所示）：第一联为借方联；第二联为贷方联；第三联为银行客户的回单。

表 3－5－1

模拟银行辽金支行 **电子汇兑** 委托书（借方凭证） 1

委托日期　2018 年 6 月 22 日　　第　号

汇款人	全称	黎明电器有限公司				收款人	全称	厦门华府公司											
汇款人	账号或住址	8310120101028				收款人	账号或住址	8360120105033											
汇款人	汇出地点	辽宁省	沈阳市县	汇出行名称	辽金支行	收款人	汇入地点	福建省	厦门市县	汇入行名称	站前支行								
金额	人民币（大写）	伍拾万元整								千	百	十	万	千	百	十	元	角	分
											¥	5	0	0	0	0	0	0	0
汇款用途：货款																			
黎明电器有限公司 财务专用章			哲张 印文		汇款人盖章		汇出行汇出日期　年　月　日			复核			记账						

此联汇出行作借方凭证

四、学习步骤

步骤 1. 业务受理与凭证审核。汇出行受理汇款人提交的一式三联电子汇兑委托书后，应认真审查：委托书记载的各项内容是否齐全、正确；汇款人账户内是否有足够支付的余额；汇款人的印章是否与预留银行印鉴相符；个人汇款签章是否与汇款人一致；填明“现金”字样的，还应审查汇款人和收款人是否均为个人；其他事项按规定审查。

步骤 2. 汇款交易处理。

1. 转账汇款的，经办人员以第一联电子汇兑委托书作借方传票，将相关信息录入业务处理系统办理转账。会计分录为

借：活期存款——黎明电器有限公司　　500 000.00

　贷：清算资金往来　　500 000.00

2. 现金汇款。填制一联现金收入传票，通过“应解汇款”科目汇出，第一联电子汇兑凭证作借方传票，另编转账贷方传票。会计分录为

借：现金

　贷：应解汇款——汇款人户

借：应解汇款——汇款人户

　贷：清算资金往来

转账或收妥现金后，汇出行根据第二联业务委托书生成电子汇兑资金汇划往账信息通知汇入行。第三联回单上加盖转讫章或受理凭证专用章退给汇款人。

步骤3. 后续处理。银行经办人员在相关记账凭证上加盖转讫章及经办人员名章（如表3－5－2所示），作为办理业务的凭证与其他凭证一起装订保管。

表3－5－2

模拟银行辽金支行 **电子汇兑** 委托书（借方凭证） **1**

委托日期　2018　年　6　月　22　日　　　　第　　号

汇款人	全　称	黎明电器有限公司			收款人	全　称	厦门华府公司			
	账　号 或住址	8310120101028				账　号 或住址	8360120101028			
	汇　出 地　点	辽宁省	沈阳市 县	汇出行 名　称　辽金支行		汇　入 地　点	福建省	厦门市 县	汇入行 名　称	站前支行
金额	人民币 （大写）	伍拾万元整						千百十万千百十元角分		¥50000000
汇款用途：货款										
黎明电器有限公司 财务专用章　哲张印文　汇款人盖章						(02) 转讫 2018.06.22 模拟银行辽金支行	汇出行汇出日期　2018　年　6　月22　日 复核 杨一明　记账 马湘婷			

此联汇出行作借方凭证

五、考核

模拟银行辽金支行当日发生下列业务：

1. 开户单位汇源电子有限公司（8310120101096）提交电子汇兑委托书申请办理汇兑业务，金额为153 000.00元，向在长安市模拟银行开户的远洋进出口贸易有限公司（8610320107011）支付货款，本行审核后予以办理。

2. 开户单位顾飞贸易有限公司（8310120106072）提交电子汇兑委托书申请办理汇兑业务，金额为45 000.00元，向在兴州市模拟银行开户的兴州市如意工贸公司（8320620105041）支付货款，本行审核后予以办理。

要求：以模拟银行辽金支行柜员的身份完成凭证审核（如表3－5－3、表3－5－4所示）、业务数据录入、凭证盖章与凭证处理。

表 3-5-3

模拟银行辽金支行 **电子汇兑** 委托书（借方凭证） 1

委托日期 2018 年 6 月 22 日　　　　第　　号

汇款人	全　称	汇源电子有限公司				收款人	全　称	远洋进出口贸易公司			
	账　号 或住址	8310120101096					账　号 或住址	8610320107011			
	汇　出 地　点	辽宁省	沈阳市县	汇出行名称	辽金支行		汇　入 地　点	陕西省	长安市县	汇入行名称	长安支行
金额	人民币（大写）	壹拾伍万叁仟元整								千百十万千百十元角分	¥15300000
汇款用途：货款											
远洋进出口贸易有限公司 财务专用章　晶杨印晶					汇款人盖章	汇出行汇出日期　年　月　日		复核		记账	

此联汇出行作借方凭证

表 3-5-4

模拟银行辽金支行 **电子汇兑** 委托书（借方凭证） 1

委托日期 2018 年 6 月 22 日　　　　第　　号

汇款人	全　称	顾飞贸易有限公司				收款人	全　称	兴州市如意工贸公司			
	账　号 或住址	8310120106072					账　号 或住址	8320620105041			
	汇　出 地　点	辽宁省	沈阳市县	汇出行名称	辽金支行		汇　入 地　点	浙江省	兴州市县	汇入行名称	兴州支行
金额	人民币（大写）	肆万伍仟元整								千百十万千百十元角分	¥4500000
汇款用途：货款											
兴州市如意工贸公司 财务专用章　文徐印乃					汇款人盖章	汇出行汇出日期　年　月　日		复核		记账	

此联汇出行作借方凭证

六、分析思考题

1. 简述汇兑业务的基本规定。
2. 简述柜员受理汇款人提交的电子汇兑凭证应审查的内容。
3. 简述汇出行办理空头汇款的后果。

子任务 2　汇入行汇入款项

一、活动目标

掌握汇兑汇入业务的活动流程与基本要领，能按汇兑汇入业务的规定完成汇兑汇入业务的操作处理。

二、活动流程

汇入行汇入款项的活动流程如图 3 –5 –3 所示。

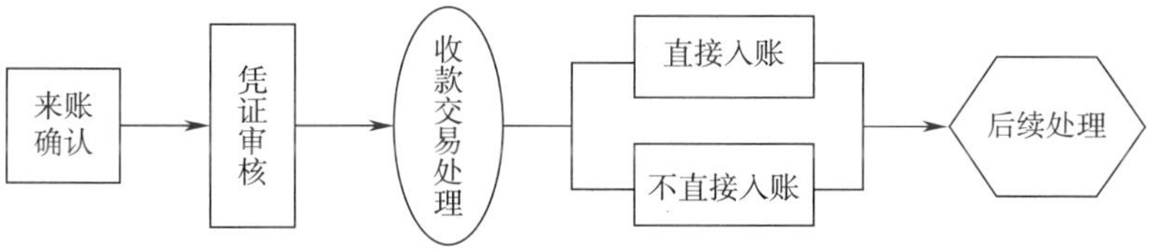

图 3 –5 –3　汇入行汇入款项的活动流程图

三、案例引入

2018 年 6 月 22 日模拟银行辽金支行收到一笔汇入款项，金额 320 000.00 元，汇款人长春华茂公司（8332120105017），汇出行是模拟银行长春友谊支行，收款人黎明电器有限公司（8310120101028）。模拟银行辽金支行工作人员审核无误后进行账务处理。

四、学习步骤

步骤 1. 来账确认与凭证审核。汇入行收到汇出行的汇款信息审核无误后打印资金汇划补充凭证（如表 3 –5 –5 所示），审核相关信息内容。

表 3 –5 –5

模拟银行资金汇划补充凭证

2018年6月22日

发报日期	20180617	业务种类	电子汇兑
发报流水号	320065	收报流水号	563271
发报行行号	83321	发报行名称	模拟银行长春友谊支行
收报行行号	83101	收报行名称	模拟银行辽金支行
收款人账号	8310120101028	收款人名称	黎明电器有限公司
收款人地址			
付款人账号	8332120105017	付款人名称	长春华茂公司
付款人地址			
货币种类金额	RMB320 000 00　人民币叁拾贰万元整		
摘要：货款			
网点号：002　交易码 4242		流水号12402	柜员号10107

（印章：(03) 转讫 2018.06.22 模拟银行 辽金支行）

授权：于江玲　　复核：杨一明　　记账：马海婷

步骤 2. 收款交易处理。

1. 直接入账。收款人在汇入行开有存款账户的，经办人员以一联资金汇划补充凭证作贷方传票，另填转账借方传票，将相关信息录入业务处理系统办理转账。会计分录为

借：清算资金往来　　320 000.00

　贷：活期存款——黎明电器有限公司户　　320 000.00

一联资金汇划补充凭证加盖转讫章作收账通知交收款人。

2. 不直接收账。不能直接入账的汇款，以一联资金汇划补充凭证作贷方传票，另填转账借方传票办理转账。会计分录为

借：清算资金往来

　贷：应解汇款——收款人户

同时登记"应解汇款登记簿"，并在汇兑凭证上编列应解汇款顺序号，一联资金汇划补充凭证留存专夹保管，另以便条通知收款人来银行办理取款手续。

收款人持便条来行办理取款时，汇入行应按规定认真审查，无误后，按下列手续处理：

（1）需要支取现金的，由汇入行按照现金管理规定审查支付。另填制一联现金借方凭证，一联资金汇划补充凭证作附件。会计分录为

借：应解汇款——收款人户

　贷：现金

同时销记"应解汇款登记簿"。

（2）需要转账的，由客户按规定填制进账单或电子汇兑凭证，一联资金汇划补充凭证作附件。会计分录为

借：应解汇款——收款人户

　贷：××存款科目——××收款人账户（或清算资金往来等科目）

同时销记"应解汇款登记簿"。

步骤3. 后续处理。经办人员在相关记账凭证上加盖转讫章或付讫章及经办人员名章，作为办理业务的凭证与其他凭证一起装订保管。

五、考核

模拟银行辽金支行2018年6月22日发生下列业务：

1. 收到南海市支行的汇兑业务资金汇划贷方报单信息，金额为565 000.00元。汇款人为在南海市支行开户的三友纺织机械厂（8113620101033），系支付本行开户的虹桥机电设备公司（8310120101047）货款，审查无误立即办理。

2. 收到厦门站前支行的汇兑业务资金汇划贷方报单信息，金额为320 000.00元。汇款人为在厦门站前支行开户的新阳纺织机械厂（8360120101046），系支付本行开户的汇源电子有限公司（8310120101096）货款，审查无误立即办理。

要求：以模拟银行辽金支行柜员的身份完成凭证（如表3－5－6、表3－5－7所示）审核、业务数据录入、凭证盖章与凭证处理。

表 3－5－6

模拟银行资金汇划补充凭证

2018年6月22日

发报日期	20180617	业务种类	电子汇兑
发报流水号	201089	收报流水号	563283
发报行行号	81136	发报行名称	模拟银行南海市支行
收报行行号	83101	收报行名称	模拟银行辽金支行
收款人账号	8310120101047	收款人名称	虹桥机电设备公司
收款人地址			
付款人账号	8113620101033	付款人名称	三友纺织机械厂
付款人地址			
货币种类金额	RMB565 000.00　人民币伍拾陆万伍仟元整		
摘要：货款			
网点号：002	交易码	流水号	柜员号

授权：　　复核：　　记账：

表 3－5－7

模拟银行资金汇划补充凭证

2018年6月22日

发报日期	20180618	业务种类	电子汇兑
发报流水号	5301078	收报流水号	563296
发报行行号	83601	发报行名称	模拟银行厦门站前支行
收报行行号	83101	收报行名称	模拟银行辽金支行
收款人账号	8310120101096	收款人名称	汇源电子有限公司
收款人地址			
付款人账号	8360120101046	付款人名称	新阳纺织机械厂
付款人地址			
货币种类金额	RMB320 000.00　人民币叁拾贰万元整		
摘要：货款			
网点号：002	交易码	流水号	柜员号

授权：　　复核：　　记账：

六、分析思考题

简述“清算资金往来”科目的性质。

七、补充阅读

（一）汇款人要求退款及收款人拒收汇款退汇的规定

1. 汇款人要求退款的操作程序。汇款人对汇出款项要求退汇时，应备正式函件或本人身份证件连同原汇款回单向汇出银行申请退汇，由汇出银行通知汇入银行。经汇入银行证实汇款确未支付，并将款项汇回汇出银行，方可退汇。

2. 收款人拒收汇款退汇的操作程序。汇入银行对于收款人拒绝接受的汇款，应立即办理退汇；汇入银行对于发出取款通知，经过两个月无法交付的汇款，可主动办理退汇。

（二）退汇的规范操作

1. 汇款人申请退汇的规范操作

（1）汇出行的规范操作

①汇款人要求退汇时，对收款人在汇入行开立账户的，由汇款人与收款人自行联系退汇；对收款人未在汇入行开立账户的，应由汇款人备函或本人身份证件连同原汇款回单交汇出行办理退汇。

②汇出行接到退汇函件或身份证件以及回单，应填制四联“退汇通知书”（用异地结算通知书代替），在第一联上批注“×月×日申请退汇，俟款项退回后再办理退款手续”字样，交给汇款人，第二、第三联寄交汇入行，第四联与函件和回单一起保管。

③如汇款人要求用报文通知退汇时，只需填制两联退汇通知书，比照上述退汇通知书第一、四联的操作程序办理，并凭退汇通知书拍发报文通知汇入行。

（2）汇入行的规范操作

①汇入行接到汇出行寄来的第二、第三联退汇通知书或通知退汇的报文，如该笔汇款已转入应解汇款及临时存款科目，尚未解付的，应向收款人联系索回便条，以第二联退汇通知书代借方凭证，办理转账。

第三联退汇通知书随同邮划贷方报单寄原汇出行。如报文通知退汇的，应另填一联特种转账借方凭证，并编制电划贷方报单，凭以拍发报文。

开办电子汇兑系统业务的银行，按电子汇兑系统业务的操作程序办理。

②如该笔汇款业已解付，应在第二、第三联退汇通知书或报文上注明解付情况及日期后，将第二联退汇通知书或报文留存，以第三联退汇通知书（或拍发报文）通知汇出行。

（3）汇出行收到的规范操作

①汇出行接到汇入行寄来的邮划贷方报单及第三联退汇通知书或退汇报文时，应以第三联退汇通知书或第二联电划贷方补充报单代贷方凭证（第二联电划补充报单作贷方凭证附件），办理转账。

如汇款人未在银行开立账户，应另填制一联现金借方凭证，办理转账。并在原第二联汇款凭证上注明“此款已于×月×日退汇”字样，以备查考。以留存的第四联退汇通知书注明“退汇款汇回已代进账”字样，加盖转讫章后作为收账通知交给原汇款人。

②如接到汇入行寄回的第三联退汇通知书或发来的报文注明汇款业已解付时，应在留存的第四联退汇通知书上批准解付情况，然后通知原汇款人。

2. 汇入行主动退汇的规范操作

（1）汇入行的规范操作。汇款超过两个月，收款人尚未来行办理取款手续或在规定期限内汇入行已寄出通知，但因收款人住址迁移或其他原因，以致该笔汇款无人受领时，汇入行可以主动办理退汇。退汇时应填制两联特种转账贷方凭证，一联特种转账借方凭证，并在凭证上注明“退汇”字样，办理转账。

两联特种转账贷方凭证随同邮划贷方报单寄原汇出行。

开办电子汇兑系统业务的银行，按电子汇兑系统业务的操作程序办理。

（2）原汇出行规范操作。原汇出行接到汇入行寄来的邮划报单及所附两联特种转账凭证，以一联特种转账凭证代贷方凭证，办理转账。另一联特种转账贷方凭证加盖转讫章后代收账通知交给原汇款人。

如汇款人未在银行开立账户，其操作程序比照汇款人要求退汇的操作程序办理。

（三）未在银行开立账户的收款人取款的规定

未在银行开立账户的收款人，凭信汇、电汇或“留行待取”的取款通知向汇入银行支取款项，必须交验本人身份证件，在信汇、电汇凭证上注明证件名称、号码及发证机关，并在“收款人盖章”处签章。电子汇兑凭证签章支取的，收款人的签章必须与预留签章相符，才能办理支取手续。

收款人需要委托他人向汇入银行支取款项的，应在取款通知上签章，注明本人身份证件名称、号码、发证机关和“代理”字样以及代理人姓名。代理人代理取款时，也应在取款通知上签章，注明其身份证件名称、号码及发证机关，并同时交验代理人和被代理人的身份证件。

转账支付的，应由原收款人向银行填制支款凭证，并由本人交验其身份证件办理支付款项。该账户的款项只能转入单位或个体工商户的存款账户，严禁转入储蓄和银行卡账户。

支取现金的，信汇、电汇凭证上必须有汇出银行按规定填明的“现金”字样，才能办理。未填明“现金”字样，需要支取现金的，由汇入银行按照现金管理规定审查支付。

分次支取的，应以收款人的姓名开立应解汇款及临时存款户，收款人支取款项时，应填制支款凭证，由本人签章，并交验收款人本人身份证件。应解汇款及临时存款户只付不收，付完清户，不计付利息。

转汇的，办理解付后，应委托汇入行重新办理信汇、电汇结算。转汇的收款人必须是原收款人，汇入银行必须在信汇、电汇凭证上加盖“转汇”戳记。

任务六　委托收款业务处理

【技能目标】

熟悉委托收款业务的基本规定，熟悉委托收款业务的凭证格式，掌握具体的填写要求，能按照委托收款业务规定规范完成各环节的操作处理。

【知识准备】

委托收款是收款人委托银行向付款人收取款项的结算方式。单位和个人凭债券、存单、已承兑的商业汇票等付款人的债务证明办理款项的结算，均可以使用委托收款结算方式。

一、委托收款业务的适用范围及条件

1. 单位和个人凭已承兑的商业汇票、债券、存单等付款人债务证明办理款项的结算，均可以使用委托收款结算方式。城镇公用企事业单位向用户收取的水费、电费、电

话费、邮费、煤气费等也都可以采用委托收款结算方式。

2. 委托收款在同城、异地均可使用。

3. 委托收款结算款项的划回方式分邮寄和电寄两种，由收款人选用。

4. 委托收款结算没有金额起点，也没有最高限额。凡是收款单位发生的各种应收款项，不论金额大小，只要委托银行就可以办理。

5. 银行不负责审查付款单位拒付理由。

二、委托收款业务的活动流程

委托收款结算涉及收款人、委托行（收款人开户行）、付款人和付款人开户行。受托行、付款人开户行为同系统银行机构的委托收款业务活动流程如图 3 –6 –1 所示。

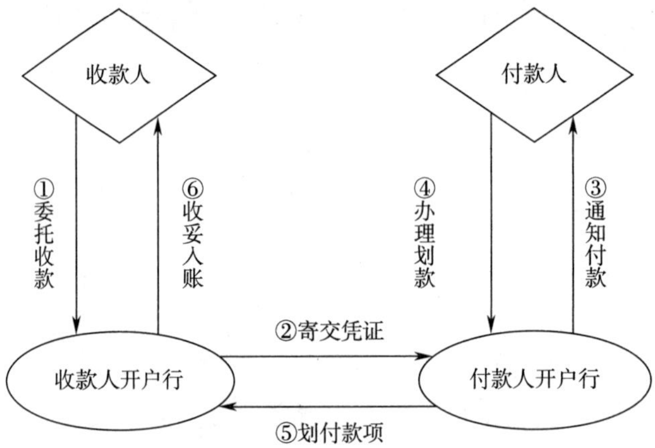

图 3 –6 –1　受托行、付款人开户行为同系统银行机构委托收款业务活动流程图

子任务 1　委托收款阶段的处理

一、活动目标

掌握收款人开户行受理委托收款的活动流程与基本要领，能按收款人开户行受理委托收款业务的规定规范完成收款人开户行受理委托收款业务的操作步骤。

二、活动流程

收款人开户行受理委托收款业务活动流程如图 3 –6 –2 所示。

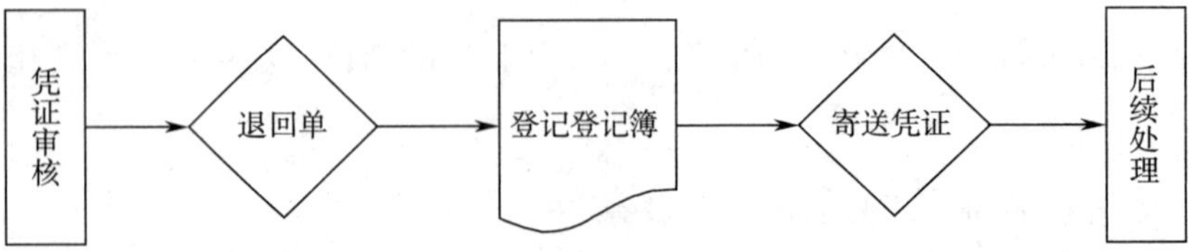

图 3 –6 –2　收款人开户行受理委托收款业务活动流程图

三、案例引入

2018 年 6 月 22 日模拟银行辽金支行开户单位黎明电器有限公司（8310120101028）来行申请将向在模拟银行武汉滨江支行开户的武汉福田公司（8630420101011）办理委托收款 350 000.00 元，模拟银行辽金支行工作人员按规定为其办理委托收款手续。

存款人委托银行办理委托收款时，应填写一式五联委托收款凭证（如表 3－6－1 所示）；第一联受理回单；第二联收款凭证，收款人开户行作贷方传票；第三联支款凭证，付款人开户行作借方凭证；第四联收账通知，收款人开户行在款项收妥后给收款人的收账通知（电划的作付款人开户行的发电依据）；第五联付款通知。

同时提供足以证明委托收款的依据，在第二联委托收款凭证上加盖单位印章后一并送交开户银行审查。

表 3－6－1

委邮　　**委托银行收款** 凭证（贷方凭证）　　2　　委托号码：4507　　第　　号

委托日期　2018　年 6 月 22日

付款人	全　称	武汉福田公司	收款人	全　称	黎明电器有限公司
	账　号 或地址	8630420101011		账　号	8310120101028
	开户银行	武汉滨江支行		开户银行	辽金支行　行号　83101
委收金额	人民币：叁拾伍万元整			千百十万千百十元角分	¥ 3 5 0 0 0 0 0 0
款项内容	货款	委托收款凭据名称	运单、发货票	附寄单证张数	2
备注： 黎明电器有限公司 财务专用章	哲张印文	上列委托收款附有关单证请予办理收款。 收款人签章		科目（贷） 对方科目（借） 转账　　年　　月　　日	复核　　记账

收款人开户银行收到日期　　年　月　日

此联收款人开户银行作贷方凭证

四、学习步骤

步骤 1. 凭证审核。收款人开户行收到收款人提交的委托收款凭证及其所附的托收依据后，应审查委托收款凭证各栏是否按规定填写清楚、齐全、正确；第二联上是否加盖收款单位印章，其签章是否符合规定；所附单证是否与凭证所填一致。

步骤 2. 退回单。凭证审查无误后，委托收款凭证第一联加盖业务受理后退给收款人（如表 3－6－2 所示）。

步骤 3. 登记登记簿。根据委托收款凭证第二联，登记“发出托收凭证登记簿”并进行表外账务处理，会计分录为：

表 3－6－2

委邮　**委托银行收款** 凭证（回　单）　1　委托号码：4507　第　号

委托日期 2018 年 6 月 22 日

付款人	全　称	武汉福田公司	收款人	全　称	黎明电器有限公司		
	账　号 或地址	8630420101011		账　号	8310120101028		
	开户银行	武汉滨江支行		开户银行	辽金支行	行号	83101
委收金额	人民币（大写）叁拾伍万元整					千百十万千百十元角分	¥ 3 5 0 0 0 0 0 0
款项内容	货款	委托收款凭据名称	运单、发货票			附寄单证张数	2
备注：			款项收妥日期 年　月　日			收款人开户银行盖章　月　日	

模拟银行辽金支行　2018.06.22　业务受理章　83101

此联收款人开户银行给收款人的回单

单位主管　　会计　　复核　　记账

收入：发出委托收款结算凭证　350 000.00

步骤 4. 寄送凭证。凭证审核无误后，经办人员在第三联（如表 3－6－3 所示）委托收款凭证上加盖结算专用章后，连同第四、第五联委托收款凭证及有关收款依据一并寄付款人开户行。收款人开户行如不办理全国或省辖资金汇划业务，款项划回时需通过有关行处划转，因此在委托收款凭证的备注栏应加盖“款项收妥请划收××行（行号）转划我行（社）”戳记，以便付款人开户行向指定的划转行划转资金。

表 3－6－3

委邮　**委托银行收款** 凭证（借方凭证）　3　委托号码：4507　第　号

委托日期 2018 年　6 月　22 日　　付款期限　年　月　日

付款人	全　称	武汉福田公司	收款人	全　称	黎明电器有限公司		
	账　号 或地址	8630420101011		账　号	8310120101028		
	开户银行	武汉滨江支行		开户银行	辽金支行	行号	83101
委收金额	人民币（大写）叁拾伍万元整					千百十万千百十元角分	¥ 3 5 0 0 0 0 0 0
款项内容	货款	委托收款凭据名称	运单、发货票			附寄单证张数	2
备注：			收款人开户银行盖章			科目（借） 对方科目（贷） 转账　年　月 复核　记账	

模拟银行辽金支行　83101　结算专用章

此联付款人开户银行作借方凭证

付款人开户银行收到日期　年　月　日

步骤 5. 后续处理。经办人员将第二联委托收款凭证单独保管。

五、考核

模拟银行辽金支行当日发生下列业务：

1. 开户单位盛雅集团股份有限公司（8310120109077）持商业承兑汇票来行申请办理托收，向承兑人在南海市支行开户的三友纺织机械厂（8113620101033）办理委托收款 700 000. 00 元，模拟银行辽金支行工作人员按规定为其办理委托收款手续。

2. 开户单位汇源电子有限公司（8310120101096）持银行承兑汇票来行申请办理托收，向承兑行兴州市支行办理委托收款 560 000. 00 元，出票人为在模拟银行兴州市支行开户的如意贸易公司（8320620105041），模拟银行辽金支行工作人员按规定为其办理委托收款手续。

要求：以模拟银行辽金支行柜员的身份完成凭证（如表 3 -6 -4、表 3 -6 -5 所示）填制、审核、业务数据录入、凭证盖章与凭证处理。

表 3 -6 -4

委邮　**委托银行收款** 凭证（贷方凭证）　2　委托号码：　第　号

委托日期　年　月　日

付款人	全称		收款人	全称			
	账号或地址			账号			
	开户银行			开户银行		行号	
委收金额	人民币：					千 百 十 万 千 百 十 元 角 分	
款项内容		委托收款凭据名称				附寄单证张数	
备注：			上列委托收款附有关单证请予办理收款。 收款人签章			科目（贷） 对方科目（借） 转账　年　月 复核　记账	

此联收款人开户银行作贷方凭证

收款人开户银行收到日期　年　月　日

表 3 -6 -5

委邮　**委托银行收款** 凭证（贷方凭证）　2　委托号码：　第　号

委托日期　年　月　日

付款人	全称		收款人	全称			
	账号或地址			账号			
	开户银行			开户银行		行号	
委收金额	人民币：					千 百 十 万 千 百 十 元 角 分	
款项内容		委托收款凭据名称				附寄单证张数	
备注：			上列委托收款附有关单证请予办理收款。 收款人签章			科目（贷） 对方科目（借） 转账　年　月 复核　记账	

此联收款人开户银行作贷方凭证

收款人开户银行收到日期　年　月　日

六、分析思考题

委托收款凭证中委邮凭证是一式五联，说说每一联的用途。

子任务 2　通知付款阶段的处理

一、活动目标

掌握付款人开户行处理委托收款业务的活动流程与基本要领，能按付款人开户行处理委托收款业务的规定通知付款人付款的操作。

二、活动流程

付款人开户行处理通知付款业务活动流程如图 3－6－3 所示。

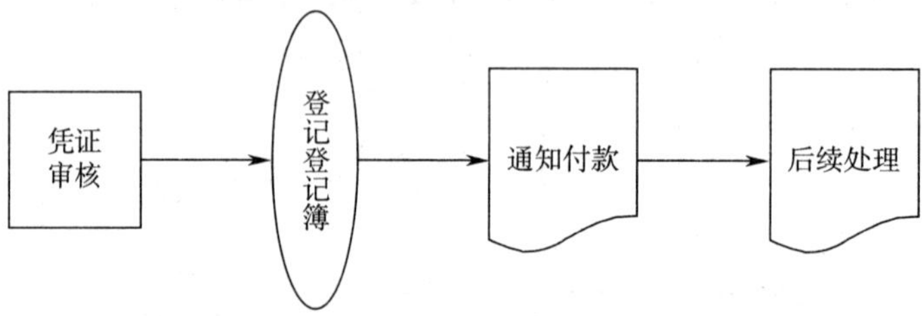

图 3－6－3　付款人开户行处理通知付款业务活动流程图

三、案例引入

2018 年 6 月 22 日模拟银行辽金支行收到模拟银行上海宝地支行寄来的委托收款凭证，收款人为宝地支行开户的上海衣荣公司（8357520105047），金额为7 500 000.00元，系向本行办理商业承兑汇票到期托收，商业承兑汇票出票人为本行开户的黎明电器有限公司（8310120101028），经办人员对凭证审核无误，办理通知付款手续。

四、学习步骤

步骤 1. 凭证审核。付款人开户行经办人员接到收款人开户行寄来的邮划或电划托收凭证第三、第四、第五联（如表 3－6－6、表 3－6－7、表 3－6－8 所示）以及有关单证后，应审查是否属于本行的凭证，所附单证张数与托收凭证上所填的是否相符。

步骤 2. 登记登记簿。审查无误后，在凭证上填注收到日期。依据委托收款凭证第三、第四联逐笔登记“收到托收凭证登记簿”，同时进行表外账务处理，会计分录为

收入：收到委托收款结算凭证　7 500 000.00

步骤 3. 通知付款。第五联加盖业务公章交付款人签收。

步骤 4. 后续处理。将第三、第四联委托收款凭证专夹保管。

表 3－6－6

委邮　**委托银行收款** 凭证（借方凭证）　3　委托号码：3526　第　号

委托日期 2018 年 6月 17日　付款期限 2018年 6 月27日

付款人	全 称	黎明电器有限公司	收款人	全 称	上海衣荣公司	
	账 号或地址	8310120101028		账 号	8357520105047	
	开户银行	辽金支行		开户银行	上海宝地支行	行号 83575
委收金额	人民币（大写）	柒佰伍拾万元整			千百十万千百十元角分	¥ 7 5 0 0 0 0 0 0 0
款项内容	货款	委托收款凭据名称	商业承兑汇票	附寄单证张数	1	
备注：			收款人开户银行盖章	科目（借） 对方科目（贷） 转账 年 月 日 复核 记账		

上海宝地支行 83575 结算专用章

此联付款人开户银行作借方凭证

付款人开户银行收到日期 2018年 6月 22日

表 3－6－7

委邮　**委托银行收款** 凭证（收账通知）　4　委托号码：3526　第　号

委托日期 2018 年 6月17 日　付款期限 2018 年 6月27日

付款人	全 称	黎明电器有限公司	收款人	全 称	上海衣荣公司	
	账 号或地址	8310120101028		账 号	8357520105047	
	开户银行	辽金支行		开户银行	上海宝地支行	行号 83575
委收金额	人民币（大写）	柒佰伍拾万元整			千百十万千百十元角分	¥ 7 5 0 0 0 0 0 0 0
款项内容	货款	委托收款凭据名称	商业承兑汇票	附寄单证张数	1	
备注：			上列款项： 1．已全部划回收入你方账户。 2．已收回部分款项收入你方账户。 3．全部未收到。 收款人开户行盖章 年 月 日			

此联是收款人开户行在款项收妥后给收款人的收账通知

单位主管　会计　复核　记账　付款人开户银行收到日期2018年 6月22日

支付日期　年　月　日

表 3－6－8

委邮　**委托银行收款** 凭证（收账通知）　5　委托号码：3526　第　号

委托日期　2018年　6月 17日　　付款期限　2018年 6月 27日

付款人	全　称	黎明电器有限公司	收款人	全　称	上海衣莱公司		
	账　号 或地址	8310120101028		账　号	8357520105047		
	开户银行	辽金支行		开户银行	上海宝地支行	行号	83575
委收金额	人民币 （大写）柒佰伍拾万元整				千百十万千百十元角分 ¥ 7 5 0 0 0 0 0 0 0		
款项内容	货款	委托收款凭据名称	商业承兑汇票		附寄单证张数	1	
备注：			付款人注意： 1.如在付款期内未拒付时，即视同全部同意付款， 以此联代支款通知。 2．如需提前付款或多付少付款时，应另写书面通知送银行办理。 3.如需拒付时，应在付款期限另填拒绝付款理由书送银行办理。				

此联付款人开户银行给付款人按期付款的通知

单位主管　　会计　　复核　　记账　　付款人开户银行盖章

五、考核

模拟银行辽金支行当日发生下列业务：

收到厦门站前支行寄来的第三、第四、第五联委托收款凭证及商业承兑汇票，金额 240 000. 00 元，收款人是在厦门站前支行开户的厦门华府公司（8360120105033）。付款人是在本行开户的汇源电子有限公司（8310120101096），经审查无误通知付款人。

要求：以模拟银行辽金支行柜员的身份完成凭证填制（如表 3－6－9 至表 3－6－11 所示）、审核、业务数据录入、凭证盖章与凭证处理。

表 3－6－9

委邮　**委托银行收款** 凭证（借方凭证）　3　委托号码：　第　号

委托日期　年　月　日　　付款期限　年　月　日

付款人	全　称		收款人	全　称			
	账　号 或地址			账　号			
	开户银行			开户银行		行号	83575
委收金额	人民币 （大写）				千百十万千百十元角分		
款项内容		委托收款凭据名称			附寄单证张数		
备注：			收款人开户银行盖章		科目（借） 对方科目（贷） 转账　年　月　日 复核　记账		

此联付款人开户银行作借方凭证

付款人开户银行收到日期　年　月　日

表 3－6－10

委邮　**委托银行收款** 凭证（收账通知）　4　委托号码：　第　号

委托日期　年　月　日　　付款期限　年　月　日

<table>
<tr><td rowspan="3">付款人</td><td>全　称</td><td></td><td rowspan="3">收款人</td><td>全　称</td><td colspan="3"></td></tr>
<tr><td>账　号
或地址</td><td></td><td>账　号</td><td colspan="3"></td></tr>
<tr><td>开户银行</td><td></td><td>开户银行</td><td></td><td>行号</td><td></td></tr>
<tr><td>委收
金额</td><td colspan="5">人民币
（大写）</td><td colspan="2">千 百 十 万 千 百 十 元 角 分</td></tr>
<tr><td>款项
内容</td><td></td><td colspan="2">委托收款
凭据名称</td><td></td><td>附寄单
证张数</td><td colspan="2"></td></tr>
<tr><td colspan="3">备注：</td><td colspan="5">上列款项：
1. 已全部划回收入你方账户。
2. 已收回部分款项收入你方账户。
3. 全部未收到。
收款人开户行盖章
年　月　日</td></tr>
</table>

此联是收款人开户行在款项收妥后给收款人的收账通知

单位主管　会计　复核　记账　付款人开户银行收到日期2012年 6月22日

支付日期　年　月　日

表 3－6－11

委邮　**委托银行收款** 凭证（收账通知）　5　委托号码：　第　号

委托日期　年　月　日　　付款期限　年　月　日

<table>
<tr><td rowspan="3">付款人</td><td>全　称</td><td></td><td rowspan="3">收款人</td><td>全　称</td><td colspan="3"></td></tr>
<tr><td>账　号
或地址</td><td></td><td>账　号</td><td colspan="3"></td></tr>
<tr><td>开户银行</td><td></td><td>开户银行</td><td></td><td>行号</td><td></td></tr>
<tr><td>委收
金额</td><td colspan="5">人民币
（大写）</td><td colspan="2">千 百 十 万 千 百 十 元 角 分</td></tr>
<tr><td>款项
内容</td><td></td><td colspan="2">委托收款
凭据名称</td><td></td><td>附寄单
证张数</td><td colspan="2"></td></tr>
<tr><td colspan="3">备注：</td><td colspan="5">付款人注意：
1. 如在付款期内未拒付时，即视同全部同意付款，
以此联代支款通知。
2. 如需提前付款或多付少付款时，应另写书面通知送银行办理。
3. 如需拒付时，应在付款期限另填拒绝付款理由书送银行办理。</td></tr>
</table>

此联付款人开户银行给付款人按期付款的通知

单位主管　会计　复核　记账　付款人开户银行盖章

六、分析思考题

付款人开户行接到收款人开户行寄来的邮划或电划委托托收凭证第三、第四、第五联以及有关单证后，应重点审查哪些项目？

子任务3 办理划款阶段的处理

一、活动目标

掌握付款人开户行处理委托收款的活动流程与基本要领，能按付款人开户行处理委托收款业务的规定规范完成办理划款业务的操作。

二、活动流程

付款人开户行处理委托收款业务活动流程如图3－6－4所示。

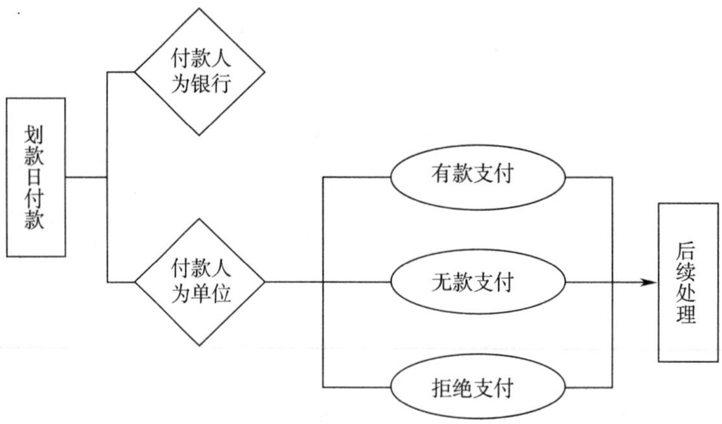

图3－6－4 付款人开户行处理委托收款业务活动流程图

三、案例引入

2018年6月22日模拟银行辽金支行收到模拟银行上海宝地支行寄来的委托收款凭证，收款人为宝地支行开户的上海衣荣公司（8357520105047），金额为7 500 000.00元，系向本行办理商业承兑汇票到期托收，商业承兑汇票出票人为本行开户的黎明电器有限公司（8310120101028），经办人员凭证审核无误，于划款日办理划款。

四、学习步骤

步骤1. 划款日付款的处理。

1. 付款人为银行的，银行经办人员按规定付款时，以第三联委托收款凭证作借方凭证，有关债务证明作借方凭证附件，将相关信息录入业务处理系统办理转账。会计分录为

借：应解汇款——黎明电器有限公司　　　　7 500 000.00

　　贷：清算资金往来　　　　　　　　　　　　　　　　　　　　　7 500 000.00

2. 付款人为单位的，银行在接到托收凭证和有关债务证明时，应及时通知付款人。

付款人收到有关单证经审查后，应及时通知银行付款。银行接到付款人通知付款或未接到付款人通知付款的，在发出通知的次日起第四天上午开始营业时（遇法定节假日顺延），将款项主动划给收款人。

（1）付款人账户足够支付全部款项的处理。以第三联委托收款凭证（如表3－6－12所示）作借方凭证，有关债务证明作借方凭证附件，将相关信息录入业务处理系统办理转账。会计分录为

借：活期存款——黎明电器有限公司　　　　　　　　　　7 500 000.00

　　贷：清算资金往来　　　　　　　　　　　　　　　　　　　　　7 500 000.00

表3－6－12

委邮　　**委托银行收款** 凭证（借方凭证）3　　委托号码：3526　　第　号

委托日期 2018 年 6月 17日　　付款期限 2018年 6月27日

付款人		收款人	
全称	黎明电器有限公司	全称	上海衣荣公司
账号或地址	8310120101028	账号	8357520105047
开户银行	辽金支行	开户银行	上海宝地支行　行号 83575
委收金额	人民币（大写）柒佰伍拾万元整	千百十万千百十元角分	¥ 7 5 0 0 0 0 0 0 0
款项内容	货款	委托收款凭据名称 商业承兑汇票	附寄单证张数 1
备注：		收款人开户银行盖章	科目（借） 对方科目（贷） 转账 2018 年 6 月 28 日 复核 杨一明 记账 马漫婷

（02）转讫 2018.06.28 辽金支行

上海宝地支行 83575 结算专用章

此联付款人开户银行作借方凭证

付款人开户银行收到日期 2018年 6月 22日

（2）付款人账户不足支付的处理。若付款人账户不足支付，则在委托收款凭证和登记簿上注明退回日期和“无款支付”字样，填制三联未付款项通知书，第一联通知书和第三联委托收款凭证留存备查，第二、第三联通知书和第四联委托收款凭证及债务证明一并寄收款人开户行。

（3）付款人拒绝付款的处理。若付款人拒绝付款，应由付款人在规定时间内提交拒绝付款理由书以及债务证明和第五联委托收款凭证，经核对无误后，在委托收款凭证和“收到托收凭证登记簿”备注栏注明“拒绝付款”字样，然后将第一联拒付理由书加盖业务公章作为回单退还付款人，将第二联拒付理由书连同第三联委托收款凭证一并留存备查，将第三、第四联拒付理由书连同付款人提交的本行留存的债务证明和第四联委托收款凭证一并寄收款人开户行。

步骤2. 后续处理。转账后，付款银行经办人员在登记簿上填明转账日期，并按规定依据第四联托收凭证将款划转信息通知收款行。同时进行表外账务处理，会计分录为

付出：收到委托收款结算凭证　7 500 000.00

异地银行通过网内或大额小额系统进行款项划转，同城情况下通过票据交换业务办理。最后在相关记账凭证上加盖转讫章及经办人员名章，作为办理业务的凭证与其他凭证一起装订保管。

五、考核

模拟银行辽金支行当日发生下列业务：收到南海市支行寄来的第三、第四、第五联托收凭证及商业承兑汇票，金额为240 000.00元，收款人是在模拟银行南海市支行开户的三友纺织机械厂（8113620101033），付款人是在本行开户的汇源电子有限公司（8310120101096），经审查无误通知付款人。

要求：以模拟银行辽金支行柜员的身份于划款日完成凭证审核、业务数据录入、凭证盖章与凭证处理。

六、分析思考题

委托收款付款日期的有关规定有哪些？

子任务4　收妥入账阶段的处理

一、活动目标

掌握收款人开户行收到划回款项的活动流程与基本要领，能按收款人开户行收到划回款项业务的规定规范完成收款人开户行收到划回款项业务的操作处理。

二、活动流程

收款人开户行处理收妥入账业务活动流程如图3-6-5所示。

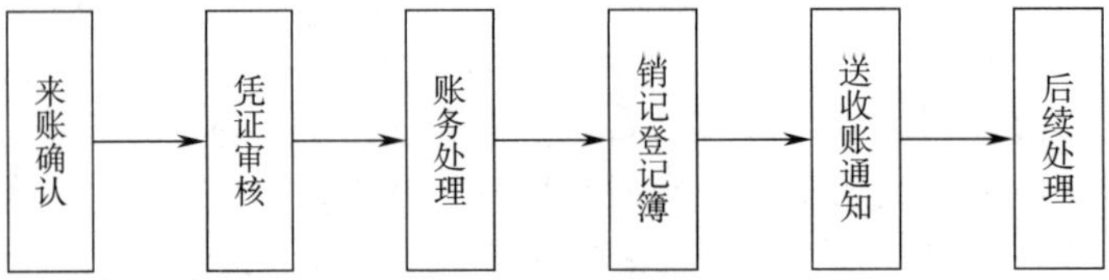

图3-6-5　收款人开户行处理收妥入账业务活动流程图

三、案例引入

模拟银行辽金支行开户单位黎明电器有限公司（8310120101028）于2018年6月22日来行申请向在模拟银行武汉滨江支行开户的武汉福田公司（8630420101011）办理委托收款350 000.00元，今日划回，模拟银行辽银支行工作人员按规定为其办理入账手续。

四、学习步骤

步骤1. 来账确认与凭证审核。收款人开户行经办人员于2018年7月2日收到付款人开户行寄来的委托收款凭证第四联（通过网内系统或大额小额系统发来的划款信息，审核无误后打印资金汇划补充凭证），将留存的第二联委托收款凭证抽出，认真进行核对。

步骤2. 收款交易处理。凭证经核对无误后，经办人员在第二联委托收款托收凭证上填注转账日期，以委托收款凭证第二联（或资金汇划补充凭证）作转账贷方传票的记账凭证（如表3-6-13所示），办理转账。会计分录为

借：清算资金往来　　350 000.00

　贷：活期存款——黎明电器有限公司　　350 000.00

表3-6-13

委邮　**委托银行收款** 凭证（贷方凭证）　2　委托号码：4507　第　号

委托日期　2018年6月22日

付款人	全　称	武汉福田公司	收款人	全　称	黎明电器有限公司	
	账　号或地址	8630420101011		账　号	8310120101028	
	开户银行	武汉滨江支行		开户银行	辽金支行	行号 83101
委收金额	人民币：叁拾伍万元整				千百十万千百十元角分	¥35000000
款项内容	货款	委托收款凭据名称	运单、发货票		附寄单证张数	2
备注：		上列委托收款附有关单证请予办理收款。 收款人签章			科目（贷）201 对方科目（借）402 转账 2018年 7月 2日 复核 杨一明 记账 马晓婷	

此联收款人开户银行作贷方凭证

收款人开户银行收到日期　2018年　7月　2日

（印章：黎明电器有限公司 财务专用章；哲张印文；(02) 转讫 2018.07.02 模拟银行 辽金支行）

步骤3. 销记“发出托收凭证登记簿”。根据委托收款凭证第二联销记“发出托收凭证登记簿”，同时进行表外账务处理，会计分录为

付出：发出委托收款结算凭证　350 000.00

步骤4. 送收账通知。转账后，将委托收款凭证第四联（如表3-6-14所示）加盖“转讫”章作收账通知送交收款人。

步骤5. 后续处理。银行经办人员在相关记账凭证上加盖转讫章及经办人员名章，作为办理业务的凭证与其他凭证一起装订保管。

表 3－6－14

委邮　**委托银行收款** 凭证（收账通知）　4　委托号码：4507　第　号

委托日期 2018年 6月22日　　付款期限 2018年6月28日

付款人	全　称	武汉福田公司	收款人	全　称	黎明电器有限公司	
	账　号或地址	8630420101011		账　号	8310120101028	
	开户银行	武汉滨江支行		开户银行	辽金支行	行号 83101
委收金额	人民币（大写）叁拾伍万元整				千百十万千百十元角分	¥350000000
款项内容	货款	委托收款凭据名称	运单、发货票		附寄单证张数	2
备注：			上列款项： 1. 已全部划回收入你方账户。 2. 已收回部分款项收入你方账户。 3. 全部未收到。 收款人开户行盖章 2018 年　7月　2日			

（02）转讫 2018.07.02 模拟银行辽金支行

单位主管　　会计　　复核　　记账　　付款人开户银行收到日期2018年 6月25日

支付日期 2018年 6月 29日

此联是收款人开户行在款项收妥后给收款人的收账通知

五、考核

模拟银行辽金支行当日发生下列业务：

1. 收到南海市支行发来的委托收款贷报信息，金额为 1 500 000. 00 元，是在本行开户的盛雅集团股份有限公司（8310120109077）委托本行向在模拟银行南海市支行开户的宜佳装饰公司（8113620106067）收取的商业承兑汇款划回，经审查无误，立即处理。

2. 收到兴州市发来的委托收款贷报信息，金额为 1700 000. 00 元，是在本行开户的汇源电子有限公司（8310120101096）向承兑行泰州市新华路支行托收的银行承兑汇票款划回，经审查无误，立即处理。

要求：以模拟银行辽金支行柜员的身份完成凭证审核、业务数据录入、凭证盖章与凭证处理。

六、分析思考题

1. 付款人无款支付时如何处理？
2. 付款人拒绝付款时是否审查拒付理由？

七、拓展

特殊情况处理

（一）付款人无款支付的处理

付款人为单位的，付款行办理划款时，付款人银行存款账户不足支付全部款项的，付款行在委托凭证和收到委托收款凭证登记簿上注明退回日期和“无款支付”字样，并填制三联付款人未付款通知书（用异地结算通知书代），将一联通知书和第三联委托收款凭证留存备查，将第二、第三联通知书连同第四联委托收款凭证邮寄收款人开户行。留存债务证明的，其债务证明一并邮寄收款人开户行。如系报文划款的，不另拍发报文。

收款人开户行若收到无款支付而退回的委托收款凭证及有关单据时，应抽出第二联委托收款凭证，注明“无款支付”字样，销记“发出委托收款凭证登记簿”，将第四、第五联委托收款凭证及债务证明退交收款人。收款人在未付款项通知书上签收后，收款人开户行将二联到期未付款通知书连同第三联委托收款凭证一并保管备查。

（二）付款人拒绝付款的处理

付款人若拒绝付款的，应在规定的时间内向开户行提交四联拒绝付款理由书以及债务证明和第五联委托收款凭证。付款人开户行经核对无误后，在委托收款凭证和“收到委托收款凭证登记簿”备注栏注明“拒绝付款”字样，然后将第一联拒绝付款理由书加盖业务公章作为回单退还付款人，将第二联拒绝付款理由书连同第三联委托收款凭证一并留存备查，将第三、第四联拒绝付款人理由书连同付款人债务证明和第四、五联委托收款凭证一并寄收款人开户行，如系报文划款的，不另拍发报文。

收款人开户行接到第四、五联委托收款凭证及有关债务证明和第三、四联拒绝付款理由书，经核对无误后，抽出第二联委托收款凭证，并在该凭证备注栏注明“拒绝付款”字样，与第三联拒绝付款理由书一并存查，销记“发出委托收款凭证登记簿”。然后将第四、五联委托收款凭证及有关债务证明和第四联拒绝付款理由书一并退给收款人。

任务七　托收承付业务处理

【技能目标】

熟悉托收承付业务的基本规定，熟悉托收承付业务的凭证格式，掌握具体的填写要求，能按照托收承付业务活动流程和基本规定规范完成各环节的操作处理。

【知识准备】

托收承付是根据购销合同由收款人发货后，委托银行向异地付款人收取款项，由付款人向银行承认付款的一种结算方式。

一、托收承付结算的适用范围及条件

1. 使用托收承付结算方式的收款单位和付款单位，必须是国有企业、供销合作社以及经营管理较好，并经开户银行审核同意的城乡集体所有制工业企业。

2. 办理托收承付结算的款项，必须是商品交易，以及因商品交易而产生的劳务供应的款项。代销、寄销、赊销商品的款项，不得办理托收承付结算。

3. 购销双方使用托收承付结算必须签有符合《合同法》的购销合同，并在合同上订明使用托收承付结算方式。

4. 托收承付结算方式只能用于异地间商品交易款项的结算。

5. 托收承付结算每笔的金额起点为 10 000. 00 元。新华书店系统每笔的金额起点为 1 000. 00元。

6. 购销双方办理托收承付结算，必须重合同、守信用。收款人对同一付款人发出托收累计 3 次收不回货款的，收款人开户行应暂停收款人向该付款人办理托收；付款人累计 3 次提出无理拒付的，付款人开户行应暂停其向外办理托收。

7. 托收承付结算款项的划回方法分邮寄和电寄两种，由收款人选择使用。

8. 收款人办理托收，除另有规定外，必须具有商品确已发运的证明（包括铁路、航运、公路等运输部门签发的运单、运单副本和邮局包裹回执）。

9. 签发托收承付凭证必须记载下列事项：表明“托收承付”的字样；确定的金额；付款人名称及账号；收款人名称及账号；付款人开户行和收款人开户行名称；托收附寄单证张数或册数；合同名称、号码；委托日期；收款人签章。欠缺记载上列事项之一的，银行不予受理。

10. 付款人货款的承付方式有验单付款和验货付款两种，由收付款双方协商选用，并在合同中明确规定。验单付款的承付期为 3 天，从付款人开户银行向付款人发出承付通知的次日算起（承付期内遇法定节假日顺延）。验货付款的承付期为 10 天，从运输部门向付款人发出提货通知的次日算起（承付期内遇法定节假日不顺延）。

11. 付款人在承付期内，未向银行表示拒绝付款，银行即视作承付，并在承付期满的次日（法定节假日顺延）上午银行开始营业时，将款项主动从付款人的账户内付出，按照收款人指定的划款方式，划给收款人。

12. 付款人在承付期满日银行营业终了时，如无足够资金支付货款，其不足部分，即为逾期未付款项，按逾期付款处理。付款人开户银行对付款人逾期支付的款项，应当根据逾期付款金额和逾期天数，按每天 0. 5‰ 计算逾期付款赔偿金。

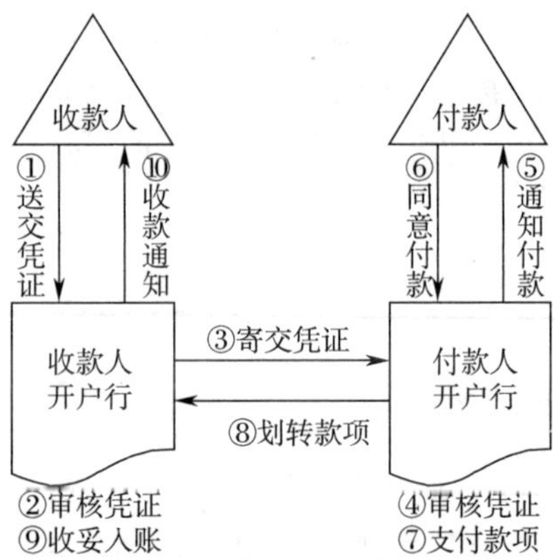

图 3－7－1 办理托收承付业务的活动流程图

二、托收承付业务的活动流程

办理托收承付业务的活动流程如图 3－7－1 所示。

子任务 1 受理阶段的处理

一、活动目标

掌握收款人开户行受理托收承付的活动流程与基本要领，能按收款人开户行受理托收承付业务的活动流程规范完成收款人开户行受理托收承付业务的操作处理。

二、活动流程

收款人开户行受理托收承付业务的活动流程如图 3－7－2 所示。

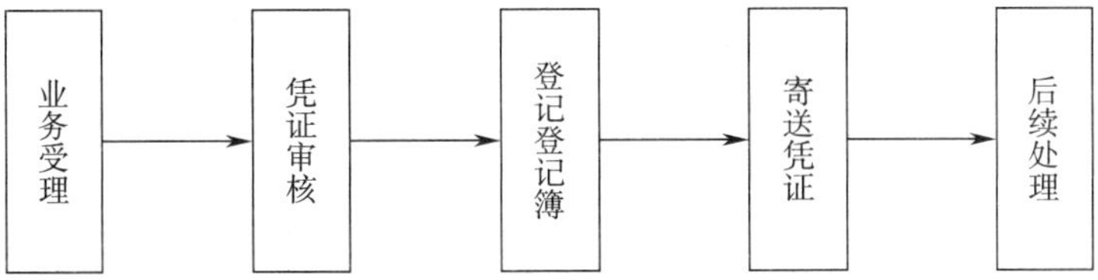

图 3－7－2　收款人开户行受理托收承付业务的活动流程图

三、案例引入

2018 年 6 月 22 日模拟银行辽金支行开户单位黎明电器有限公司（8310120101028）来行申请将向在模拟银行武汉滨江支行开户的武汉福田公司（8630420101011）办理托收承付 900 000.00 元，模拟银行辽金支行工作人员按规定为其办理托收承付手续。

收款人委托银行办理托收承付时，应填写一式五联托收承付凭证（如表 3－7－1 所示），第一联受理回单；第二联收款凭证，收款人开户行作贷方传票；第三联支款凭证，付款人开户行作借方凭证，付款人开户银行作借方传票；第四联收账通知，收款人开户行在款项收妥后给收款人的收账通知（电划的作付款人开户行的发电依据）；第五联付款通知。

同时提供足以证明托收承付的依据，在第二联托收凭证上加盖单位预留印鉴后一并送交开户银行审查。

表 3－7－1

邮　　**托收承付凭证（贷方凭证）　2**　　　第　　号

委托日期　2018 年　6 月　22　日　　　　托收号码　0189

<table>
<tr><td rowspan="3">付款人</td><td>全　称</td><td>武汉福田公司</td><td rowspan="3">收款人</td><td>全　称</td><td colspan="3">黎明电器有限公司</td></tr>
<tr><td>账号或地址</td><td>8630420101011</td><td>账　号</td><td colspan="3">8310120101028</td></tr>
<tr><td>开户银行</td><td>武汉滨江支行</td><td>开户银行</td><td>辽金支行</td><td>行号</td><td>83101</td></tr>
<tr><td>托收金额</td><td>人民币（大写）</td><td colspan="3">玖拾万元整</td><td colspan="3">千 百 十 万 千 百 十 元 角 分
　 ¥ 9 0 0 0 0 0 0 0</td></tr>
<tr><td colspan="2">附　件</td><td colspan="3">商品发运情况</td><td colspan="3">合同名称号码</td></tr>
<tr><td>附寄单证张数或册数</td><td>2</td><td colspan="3">已发运</td><td colspan="3">商品购销合同#3577</td></tr>
<tr><td colspan="2">备注：</td><td colspan="3">本托收款项随附有关凭证等件，请予办理托收。
黎明电器有限公司 财务专用章　哲张印文
收款人签章</td><td colspan="3">科目（贷）
对方科目（借）
转帐　　年　月　日
复核　　记账</td></tr>
</table>

此联是收款人委托开户银行办理托收款项后的贷方凭证

收款人开户银行收到日期　　年　　月　　日

四、学习步骤

步骤 1. 业务受理与凭证审核。收款人开户行经办人员收到收款人提交的托收凭证及其托收依据，除按规定审查凭证的完整性、正确性以外，还应审查所办托收款项是否符合结算办法规定的范围和条件；凭证是否注明合同号码、发运日期和发运证件号码，有无发运证件；托收凭证与所附单证的张数是否相符；第二联托收凭证上是否有收款人签章，其签章是否符合规定，必要时还应查验收付款人签订的购销合同；属于验货付款的，是否已加盖了“验货付款”戳记等。如单位交验发运证件后需取回的，银行应在托收凭证上加盖“已验发运证件”戳记后退交收款单位。

步骤2. 登记“发出托收凭证登记簿”。根据托收承付凭证第二联登记“发出托收结算凭证登记簿”，并专夹保管，同时进行表外账务处理，会计分录为

收入：发出托收结算凭证　900 000. 00

步骤3. 寄送凭证。凭证审核无误后，经办人员在第三联托收承付凭证加盖结算专用章后，连同第四、五联托收承付凭证及有关收款依据一并寄付款人开户行。收款人开户行如不办理全国或省辖资金汇划业务，款项划回时需通过有关行处划转，因此在托收承付凭证的备注栏应加盖“款项收妥请划收××行（行号）转划我行（社）”戳记，以便付款人开户行向指定的划转行划转资金。

步骤4. 后续处理。经办人员将托收承付凭证第一联加盖业务公章后退给收款人。

五、考核

模拟银行辽金支行当日发生下列业务：

1. 开户单位海德集团有限公司（8310120105006）持发货票和铁路运单来行申请办理托收，向在模拟银行南海市支行开户的宜佳装饰公司（8113620106067）办理托收承付600 000. 00元，模拟银行辽金支行工作人员按规定为其办理托收承付手续。

2. 开户单位汇源电子有限公司（8310120101096）根据经济合同发货后来行申请办理托收，向兴州市模拟银行办理托收承付3 000 000. 00元，付款人为在模拟银行兴州市支行开户的如意贸易公司（8320620105041），模拟银行辽金支行工作人员按规定为其办理托收承付手续。

要求：以模拟银行辽金支行柜员的身份完成凭证审核、业务数据录入、凭证盖章与凭证处理。

六、分析思考题

1. 托收承付凭证中邮划凭证是一式五联，说说每一联的用途。
2. 简述托收承付业务的适用范围。
3. 简述银行收到办理托收承付的托收凭证后，应重点审查的内容。

子任务2　按期全额承付的处理

一、活动目标

掌握托收承付全额承付处理的活动流程与基本要领，能按托收承付全额承付业务的活动流程和基本规定规范完成托收承付全额承付业务的操作处理。

二、活动流程

付款人开户行处理承付款项业务活动流程如图 3－7－3 所示。

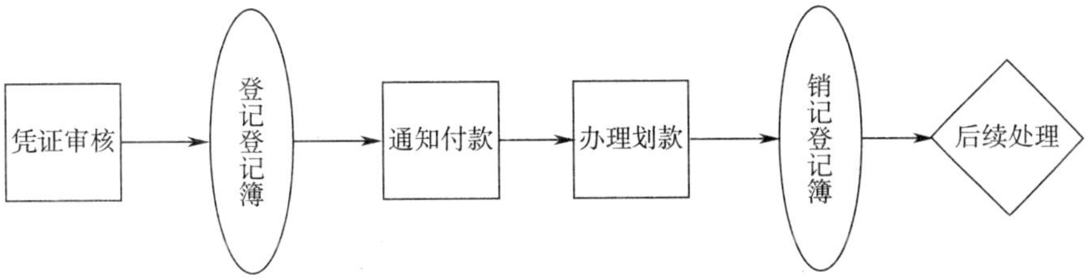

图 3－7－3　付款人开户行处理承付款项业务活动流程图

三、案例引入

2018 年 6 月 22 日模拟银行辽金支行开户单位黎明电器有限公司（8310120101028）来行申请办理托收承付，付款人为在模拟银行厦门站前支行开户的厦门华府公司（836012015033），金额为 700 000.00 元。2018 年 6 月 27 日承付期满，于承付期满次日银行经办人员按规定为其办理承付手续。

四、学习步骤

步骤 1. 审核凭证。付款人开户行收到收款人开户行寄来的邮划或电划第三、第四、第五联托收凭证及交易单证后，应认真审查以下内容：

1. 付款人是否在本行开户（对于误寄本行的托收凭证应代为转寄，并将情况通知原收款人开户行）；
2. 所附单证张数与凭证是否相符；
3. 第三联凭证上是否盖收款人开户行结算专用章。

步骤 2. 登记登记簿。银行对收到的托收凭证，应逐笔登记“收到托收凭证登记簿”。登记后，将第三、第四联托收凭证（电寄第三联）按凭证到达日期顺序排列，专夹保管，并进行表外账务处理，会计分录为

收入：定期代收结算凭证　700 000.00

步骤 3. 通知付款人付款。付款单位开户行收到收款单位开户行寄来的托收凭证及有关交易单证经审查无误后，应在各联托收凭证上注明承付期限。验单付款的承付期限为 3 天，从银行发出承付通知的次日算起（中间遇节假日顺延）；验货付款的承付期限为 10 天，从运输部门向付款人发出提货通知的次日算起。将第五联托收凭证加盖业务用公章，连同交易单证一并及时通知付款人（根据双方协议，可由付款人来行自取或派人送达，对距离较远的付款人也可邮寄）。

步骤 4. 办理划款。在承付期内，付款单位未提出异议，其账户内又有足够的资金支付，付款单位开户行则视其同意支付，银行应在承付期满次日上午开始营业时主动将款项从付款人账户内付出，按照收款单位指定的划款方式办理划款。属于邮寄划回的，以第三联托收凭证作借方传票；报文划回的，则以第三联托收凭证作借方传票。会计分录为

借：活期存款——厦门华府公司　　700 000.00

　贷：清算资金往来　　700 000.00

步骤5. 销记“收到托收凭证登记簿”。转账后，在“收到托收凭证登记簿”填注转账日期并进行表外账务处理，会计分录为

付出：定期代收结算凭证　700 000.00

步骤6. 后续处理。转账后，填写联行报单（或资金汇划凭证），在第四联托收凭证上注明支付日期，然后随邮划贷方报单寄收款人开户行（报文划回的，则据第三联托收凭证编制联行电划报单，凭以拍发报文）。

五、考核

模拟银行辽金支行当日发生下列业务：收到模拟银行广州市天河支行发来的托收承付贷报信息，金额为780 000.00元，收款人是在本行开户的海德集团有限公司（8310120105006）。付款人为在模拟银行厦门站前支行开户的新阳纺织机械厂（8360120101046），审核无误予以收款入账。

要求：以模拟银行辽金支行柜员的身份完成凭证审核、业务数据录入、凭证盖章与凭证处理。

六、分析思考题

按期付款的付款日为哪天？

子任务3　收款人开户行收妥入账的处理

一、活动目标

掌握托收承付收款人开户行收妥入账业务处理的活动流程与基本要领，能按托收承付收款人开户行收妥入账业务的活动流程和基本规定完成具体业务的操作。

二、活动流程

收款人开户行收妥入账业务活动流程如图3－7－4所示。

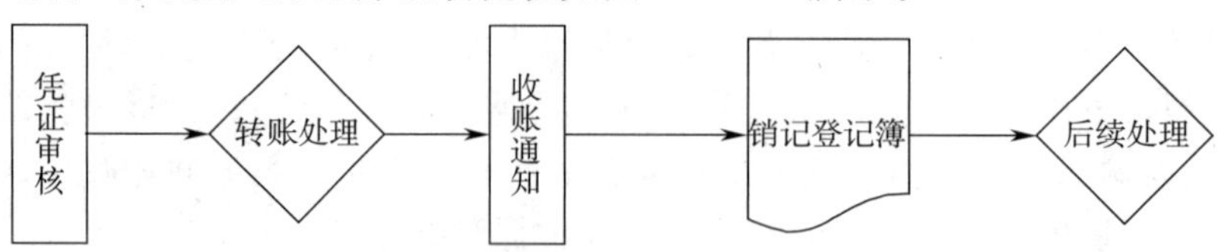

图3－7－4　收款人开户行收妥入账业务活动流程图

三、案例引入

2018年6月22日模拟银行辽金支行开户单位黎明电器有限公司（8310120101028）来行申请办理托收承付，付款人为在模拟银行武汉滨江支行开户的福田公司

（8630420101011），金额900 000.00元，2018年7月2日，该款项划回。银行工作人员按规定为其办理托收承付手续。

四、学习步骤

步骤1. 审核凭证。收款人开户行接到模拟银行武汉滨江支行通过网内系统或小额系统发来的划款信息，审核无误后打印资金汇划补充凭证，将留存的第二联托收凭证抽出并认真进行核对。

步骤2. 转账处理。核对相符后，在两联托收凭证上填注转账日期，以第二联作贷方传票，办理转账。如系报文划回的，应编制三联联行电划补充报单，以第二联作贷方凭证（托收凭证第二联作传票附件），第三联作收账通知。会计分录为

借：清算资金往来　　900 000.00

　贷：活期存款——黎明电器有限公司　　900 000.00

步骤3. 将收账通知交收款人。转账后，将托收凭证第四联加盖“转讫”章作收账通知交收款人。

步骤4. 销记“发出托收凭证登记簿”。根据托收承付凭证第二联销记“发出托收凭证登记簿”，并进行表外账务处理，会计分录为

付出：定期代收结算凭证　900 000.00

步骤5. 后续处理。

五、拓展

在托收承付结算中，承付期满，付款人账上无足够资金支付或因种种原因拒绝付款，使得结算款项不能顺利清偿，这些都属于托收承付结算中出现的特殊情况，有部分支付、延期支付、部分拒付、全部拒付等。

（一）提前承付

付款人在承付期满前通知银行提前付款，银行划款的手续与全额付款的手续相同，但应在托收凭证和登记簿备注栏分别注明“提前承付”字样。

（二）多承付

步骤1. 付款人填制四联“多承付理由书”，提交开户行。付款人如因商品的价格、数量或金额变动等原因，可以要求对本笔托收多承付款项且一并划回时，付款人应填制四联“多承付理由书”（以托收承付拒绝付款理由书改用），并提交开户行。

步骤2. 办理转账。银行审查后，在托收凭证和登记簿备注栏注明多承付的金额，以多承付理由书第二联作借方传票（托收凭证第三联作附件），办理转账。会计分录为

借：活期存款——付款人户

　贷：清算资金往来

同时根据托收承付凭证第二联销记“发出托收凭证登记簿”，并进行表外账务处理，会计分录为

付出：定期代收结算凭证

步骤3. 交付款通知给付款人。转账后，将多承付理由书第一联加盖“转讫”章，作付款通知交给付款人。

步骤4. 寄报单及相关单证给收款人开户行。多承付理由书第三、第四联和邮划托收凭证第四联随同联行邮划报单一并寄收款人开户行。如属报文划款，除按规定格式拍发报文外，另将多承付理由书第三、第四联邮寄收款人开户行。

步骤5. 收款人开户行办理多承付款划回的处理。收款人开户行接到联行邮划报单及所附托收凭证第四联和多承付理由书第三、第四联后，抽出留存的托收凭证第二联，在备注栏注明多承付的金额。以多承付理由书第三联作贷方传票，托收凭证第二联作贷方传票附件，办理转账。转账后，按原金额销记登记簿并进行表外账务处理，托收凭证第四联和多承付理由书第四联一并交收款人。如系报文划回的，在电划补充报单备注栏注明多承付金额，托收凭证第二联作贷方传票的附件，待收到邮寄来的多承付理由书第三、第四联后，第三联留存备查，第四联交收款人。

（三）部分付款

步骤1. 办理转账。在承付期满次日银行划款时，如果付款人账户只能支付部分款项，银行应在托收凭证上注明当天可以扣收的金额；邮划款项的，应填制特种转账借方、贷方传票各两联，电划款项的，填制两联特种转账借方传票，并注明原托收号码及金额。以一联特种转账借方传票办理转账。会计分录为

借：活期存款——付款人户

　贷：清算资金往来

步骤2. 交付款通知给付款人。转账后，另一联特种转账借方传票加盖“转讫”章作付款通知交付款人。

步骤3. 在登记簿备注栏注明已承付金额和未承付金额及“部分付款”字样，托收凭证第三、第四联按付款人及先后日期单独保管，作为继续扣款的依据。

步骤4. 寄报单及相关单证给收款人开户行。邮划款项的，在一联特种转账贷方传票上加盖联行专用章，连同另一联随联行邮划报单寄交收款人开户行。电划款项的，根据电划报单向收款人开户行拍发报文。

步骤5. 以后陆续扣收托收款项的处理。付款人开户行要随时掌握付款人账户余额，以便将未承付的款项及早划转收款人开户行，同时应扣收逾期付款赔偿金，俟最后付清款项时，应在托收凭证上注明“扣清”字样，托收凭证第三联作借方传票附件。邮划款项的，将托收凭证第四联连同特种转账贷方传票随联行邮划报单一并寄收款人开户行；电划款项的，依据电划报单向收款人开户行拍发报文，并销记登记簿。会计处理同步骤1，同时进行表外账务处理，会计分录为

付出：定期代收结算凭证

步骤6. 收款人开户行办理部分划回的处理。收款人开户行接到部分划回的邮划报单及两联特种转账贷方传票，以一联特种转账贷方传票代转账贷方传票，办理转账。会计分录为

借：清算资金往来

　贷：活期存款——收款人户

转账后，将另一联特种转账贷方传票加盖“转讫”章作收账通知交收款人，并在托收凭证第二联和登记簿上注明部分划回的金额。如系报文部分划回的，应比照报文全额划回的有关手续处理。

（四）逾期付款

步骤 1. 付款人在承付期满日银行营业终了前账户无款支付的，付款人开户行应在托收凭证和登记簿备注栏分别注明“逾期付款”字样。

步骤 2. 填制三联“托收承付结算到期未收通知书”，将通知书第一、第二联寄收款人开户行，通知书第三联与托收凭证第三、第四联一并保管。

步骤 3. 账务处理。待付款人账户有款可以一次或分次扣款时，比照部分付款的有关手续办理，将逾期付款的款项和赔偿金一并划给收款人。

步骤 4. 对逾期付款的部分，付款人开户行应根据逾期付款的金额，按每天万分之五的比例，在每个月的月底向付款人扣收逾期付款赔偿金，并于次月 3 日内划转收款单位开户行。在月内部分支付货款的，应计收当月 1 日至部分支付日的逾期付款赔偿金，连同部分支付款一并划转收款人开户行。在特种转账传票上应注明赔偿金额和部分支付金额。对付款人无款支付逾期付款赔偿金的，开户行对该付款人实行“只收不付”的支付限制措施，等一次足够扣付逾期付款赔偿金后，才准予办理其他款项的支付。

赔偿金的计算方法是：承付期满日银行营业终了前，付款人账户如无足够资金支付的，其不足部分应计赔偿金一天，在承付期满次日（如遇节假日，逾期付款赔偿金的天数计算相应顺延，但在以后遇到节假日应照算逾期付款天数）银行营业终了前仍无足够资金支付的，其不足部分，应计赔偿金两天，依此类推。计算公式为

$$赔偿金 = 逾期付款金额 \times 逾期付款天数 \times 万分之五$$

付款人开户行只承担 3 个月的逾期付款扣款期及扣收赔偿金的责任。逾期付款期满三个月的，开户行应向付款人发出索回单证的通知，付款人于银行发出通知的次日起两日内（到期日遇节假日顺延，邮寄的加邮程）必须将全部单证退回银行。付款人逾期未退回有关单证的，银行应按规定自发出通知单的第三天起每天按托收金额处以万分之五但不低于 50 元的罚款，并暂停其委托银行对外办理结算业务，直到退回有关单证为止。

例如，一笔托收款项 80 000.00 元，7 月 3 日承付期满，7 月 4 日上午银行开始营业时办理划款，因付款单位账户资金不足，只能支付 20 000.00 元。7 月 13 日上午营业开始，又扣清延付的 60 000.00 元，计算赔偿金额为：60 000.00 ×9 天 ×0.5‰ = 270.00（元）。

六、考核

模拟银行辽金支行当日发生下列业务：收到模拟银行南京市玄武分理处寄来的托收承付结算凭证 1 份（验单付款），金额 400 000.00 元，付款人为模拟银行辽金支行开户的永信电子有限公司（8310120101096），6 月 22 日发出承付通知（6 月 23 日、24 日为双休日，其余类推）。承付期满日营业终了。永信电子有限公司存款账户只能支付 170 000.00元，款项于次日划出，余款于 6 月 30 日付清。

要求：以模拟银行辽金支行柜员的身份完成凭证审核、业务数据录入、凭证盖章与凭证处理。

七、分析思考题

赔偿金的逾期付款天数如何计算?

子任务4　拒绝付款的处理

一、活动目标

掌握托收承付拒绝付款处理的活动流程与基本要领，能按托收承付拒绝付款业务的活动流程和基本规定规范完成托收承付拒绝付款业务的操作处理。

二、活动流程

托收承付拒绝付款业务活动流程如图3－7－5所示。

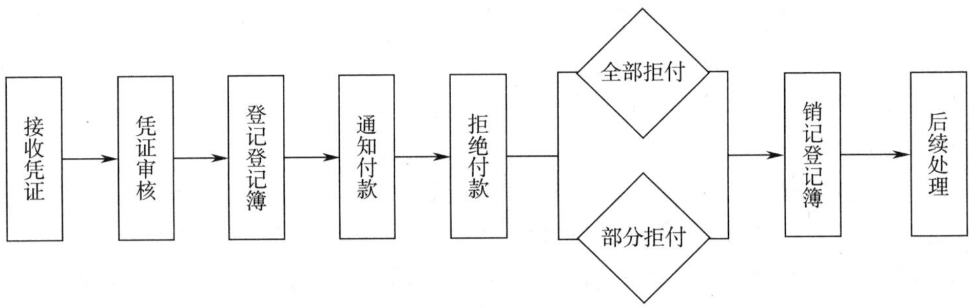

图3－7－5　托收承付拒绝付款业务活动流程图

三、案例引入

2018年6月22日在模拟银行厦门站前支行开户的厦门华府公司（8360120105033）向模拟银行辽金支行开户单位黎明电器有限公司（8310120101028）办理托收承付，金额700 000.00元。由于货物种类、规格与合同不符，黎明电器有限公司部分拒付200 000.00元。模拟银行辽金支行工作人员经审查，其理由合规，按规定为其办理托收承付部分拒付手续。

四、学习步骤

步骤1. 收款人开户行办理托收。收款人开户行受理业务、审核凭证、寄送凭证的相关处理与前面相同。

步骤2. 付款人开户行通知付款。付款人开户行接收托收凭证、通知付款单位付款的相关处理与前面相同。

步骤3. 付款人开户行受理拒绝付款。付款人收到其开户行的付款通知，如果提出拒付，应在规定的承付期内填制一式四联拒绝付款理由书（如表3－7－2所示），连同原托收凭证及拒付部分的债务证明一并送交开户银行。

表 3－7－2

托收承付 / 委托收款 结算 全部 / 部分 拒绝付款理由书（回单或付款通知）2

拒付日期　2018　年　6 月　27　日　　　　原托收号码：　3254

付款人	全　称	黎明电器有限公司			收款人	全　称	厦门华府公司		
	账　号	8310120101028				账　号	8360120105033		
	开户银行	辽金支行	行号	83101		开户银行	厦门站前支行	行号	83601

托收金额	700 000.00	拒付金额	200 000.00	部分付款金额	千	百	十	万	千	百	十	元	角	分
						¥	5	0	0	0	0	0	0	0
附寄单证	1张	部分付款金额（大写）	伍拾万元整											

拒付理由：货物种类规格与合同不符

黎明电器有限公司 财务专用章　　哲张印文

付款人签章

（02）转讫 2018.06.28 模拟银行辽金支行

科目(借)—201——

对方科目(贷)—401——

转账日期2018年 6 月28日

复核 杨一明　记账 马淑婷

此联银行作借方凭证或存查

付款人开户行经办人员收到付款人提交的拒绝付款理由书后，应认真审查拒付理由是否符合结算办法的规定。经审查同意拒付的，银行经办人员应在拒绝付款理由书上签批意见，在托收凭证和登记簿备注栏分别注明“全部拒付”或“部分拒付”字样。付款人开户行应严格审查拒付理由，无理拒付的，应强制扣款，并按延期付款的天数扣收逾期付款赔偿金。

部分拒绝付款的，经办人员将第一联拒绝付款理由书加盖转讫章后退还付款人作部分付款的支付通知，以第二联拒绝付款理由书作借方凭证，第三托收凭证作借方凭证附件，将相关信息录入业务处理系统办理支付。会计分录为

借：活期存款——黎明电器有限公司　　　　500 000.00

　贷：清算资金往来　　　　500 000.00

支付部分的款项通过资金汇划系统划转收款人开户行。另将第三、第四联拒绝付款理由书连同原托收凭证第四联、拒付部分的商品清单和有关证明一并寄还收款人开户行。

全部拒绝付款的，付款人开户行经办人员将第一联拒绝付款理由书加盖业务公章后退还付款人，第二联拒绝付款理由书连同第三联托收凭证一并保管备查，第三、第四联拒绝付款理由书加盖业务公章后连同原托收凭证第四、第五联及其债务证明一并退还收款人开户行。

同时进行表外账务处理。

步骤 4. 收款人开户行后续处理。收款人开户行接到部分划回的资金汇划贷报信息，打印资金汇划补充凭证，抽出原保管的第二联托收凭证，在该联备注栏注明“部分拒付”字样并批注部分支付的金额及划回的日期，然后以一联资金汇划补充凭证作贷方传票，原第二联托收凭证作贷方记账凭证附件，将相关信息录入业务处理系统办理入账。会计分录为

借：清算资金往来　　500 000.00

　　贷：活期存款——厦门华府公司　　500 000.00

另一联资金汇划补充凭证加盖收讫章作收账通知交收款人。

收款人开户行收到第三、第四联拒绝付款理由书、原托收凭证第四联、拒付部分的商品清单和有关证明后，第三联拒绝付款理由书备查，第四联拒绝付款理由书连同原托收凭证第四联、拒付部分的商品清单和有关证明一并退给收款人。

全部拒绝付款情况下，经办人员收到第三、第四联拒绝付款理由书、原托收凭证第四、第五联及其债务证明后，抽出原保管的第二联托收凭证，在该联备注栏注明“全部拒付”字样，将第四联拒绝付款理由书连同托收凭证第四、第五联及所附单证一并退给收款人。收款人在第三联拒绝付款理由书上签收后连同第二联托收凭证一并由银行保管备查。

同时进行表外账务处理。

五、拓展

（一）关于拒绝付款的有关规定

付款人在承付期内经过验单或验货，对下列情况可向银行提出全部或部分拒付：托收款项不是双方签订的合同所规定的款项；未经双方事先达成协议，收款单位逾期交货，付款单位不再需要该货物，或收款单位提前交货，提前收款，未按合同规定的到货地址发货；验单发现所列货物的品种、质量、规格、数量、价格与合同规定不符，或货物已到，经查验货物与合同规定或发货清单不符；验货付款，经查验货物与合同规定或发货清单不符；款项已经支付，或计算有误。

（二）多付款和提前付款的处理

付款单位因商品价格、数量或金额变动等原因，要求多付款时，也应填制一式四联“多付款理由书”提交开户行，开户行比照前述部分划款手续处理。

承付期未满，付款人通知开户行提前承付的，银行应立即办理划款，在有关凭证上注明“提前承付”字样，除将通知书作为借方传票附件外，其余手续比照全额承付处理。

六、考核

模拟银行辽金支行当日发生下列业务：模拟银行南海市支行开户单位三友纺织机械厂（8113620101033）向本行开户单位盛雅集团股份有限公司（8310120109077）办理托收承付，金额1 000 000 .00元。由于货物数量不足，盛雅集团股份有限公司部分拒付300 000 .00元。模拟银行辽金支行工作人员经审查，其理由符合规定，按规定为其办理托收承付部分拒付手续。

要求：以模拟银行辽金支行柜员的身份完成凭证审核、业务数据录入、凭证盖章与凭证处理。

七、分析思考题

付款人在承付期内经过验单或验货后，在何种情况下可向银行提出全部或部分拒付?

任务八　银行卡业务处理

【技能目标】

熟悉银行卡的基本规定和活动流程，能按银行卡的活动流程规范完成银行卡的开卡、存款、取款、挂失、销卡等业务的操作处理。

【知识准备】

一、银行卡的概念

银行卡是指商业银行向个人和单位发行的，凭以向特约单位购物、消费和向银行存取现金，且具有消费信用的特制载体卡片。

二、银行卡的种类

银行卡按其是否具有消费信贷（透支）功能可分为信用卡和借记卡；按使用对象分为单位卡和个人卡；按信誉等级分为金卡和普通卡。按其信息载体不同可分为芯片（IC）卡和磁条卡；按使用范围和结算币种不同可分为国际卡和国内卡。

三、银行卡的基本规定

1. 信用卡。信用卡按其是否向发卡银行交存备用金分为贷记卡和准贷记卡。贷记卡是发卡银行给予持卡人一定信用额度，持卡人可以在信用额度内先消费、后还款的银行卡；准贷记卡是指持卡人先按发卡银行要求交存一定金额的备用金，当备用金账户余额不足支付时，可在发卡银行规定的信用额度内透支的银行卡。

2. 信用卡允许善意透支，根据各家银行的银行卡管理规定以及持卡人的资信状况不同来确定透支额度，透支期限最长为60天。

3. 银行卡丧失，持卡人应按银行规定提供有关情况并申请挂失。

4. 单位卡账户的资金一律从其基本存款账户转账存入，不得交存现金，不得将销货收入直接存入单位卡账户。个人卡账户的资金以其持有的现金存入或以其工资性款项及属于个人的劳务报酬收入转账存入。严禁将单位的款项存入个人卡账户。

子任务1　银行卡开卡的处理

一、活动目标

掌握银行卡申请开卡业务的操作方法与基本要领，能按照业务规程规范完成银行卡开卡业务的操作。

二、活动流程

银行卡申请开卡业务活动流程如图3－8－1所示。

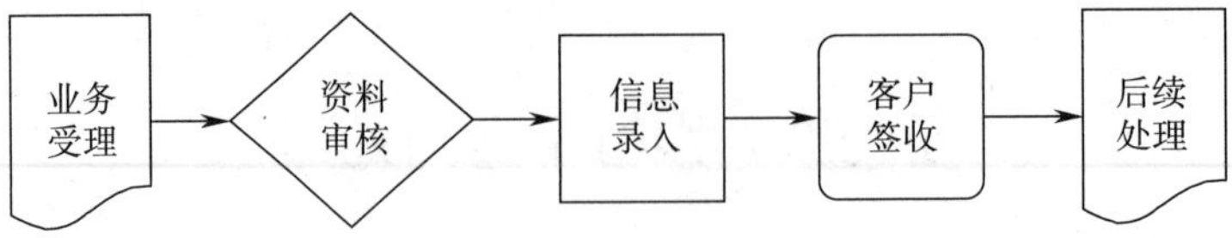

图 3－8－1　银行卡申请开卡业务活动流程图

三、案例引入

2018 年 5 月 11 日，客户高鑫持本人身份证件（证件号码：210112199805160221）来模拟银行辽金支行申领借记卡，银行经办人员按规定为其办理相关手续。

四、学习步骤

步骤 1. 业务受理。高鑫需要申请开立银行卡时，大堂经理田鑫赫向客户介绍相关银行卡产品，提醒客户高鑫认真阅读领用合约或者银行卡/信用卡章程，并指导客户填写银行卡申请书。

申请人申请办理借记卡时需要提供身份证及其复印件，申请办理贷记卡时根据需要还应提供工作证明、收入证明、居住证明等资料，如条件不符合，还需要提供与担保相关的证明文件等。

步骤 2. 资料审核。银行经办人员收到申请人提交的有关资料后，应认真审核以下内容：

（1）申请人填写的申请表内容是否真实、完整，签名、印章是否齐全；

（2）申请人是否符合条件，提供的有关材料及其有关附件是真实、齐全。

此外，柜员对于申请贷记卡的客户，还需要审核以下内容：

（1）担保是否符合条件，提供的有关材料、证明性文件及其有关附件是否真实、齐全；

（2）担保人的签字是否真实、有效，原件与复印件是否一致。

经办人员进行初审后，在申请表上签署初审意见，将申请表、领用协议及有关材料报审核人员进行复核。

步骤 3. 配卡与信息录入。柜员进行审核后，对于符合借记卡开卡条件的客户，柜台可以直接办理开卡，即时进行配卡与信息录入。在进行配卡时，柜员需要检验借记卡是否完好，磁条是否存在问题等细节。然后使用“借记卡开户”交易进行信息录入处理，建立客户信息，进行开户处理。在申请表上记录银行卡卡号，加盖经办员名章，登记“开销户登记簿”。

申请贷记卡的，需要银行卡部及信用卡中心的审核审批，柜员应将相应客户资料转交银行卡部及信用卡中心。

步骤 4. 客户签收和送别客户。银行柜员将已经开好的借记卡和申请书客户联交与客户签收，送别客户。

步骤 5. 后续处理。经办柜员编制表外科目付出传票，销记重要空白凭证登记簿。

贷记卡申请在获得批准后，银行一般会将制好的卡片直接邮寄给客户。

五、考核

模拟银行辽金支行当日发生下列业务：客户邓紫萍于2018年6月18日来行申领借记卡，存现5 000元。

邓紫萍的个人资料：

身份证号码：210114198705120318；性别：女；文化程度：大学本科；婚姻状况：已婚；职务：部门经理；年收入：7万元左右；职称：中级；住宅性质：按揭购房；住宅面积：120平方米；编码：110122；电话：62034567；工作单位：绿地贸易有限公司；单位性质：企业；单位地址：沈北新区；现居住地详细地址：沈阳市皇姑区韶山路5—303；邮政编码：100037；电话：62236891；配偶姓名：高富帅；配偶的身份证号码：210116197905230457；配偶的工作单位：凯旋进出口贸易公司；配偶电话：83128516；距离最近的亲友姓名：尚新；关系：兄弟；亲友电话：62235417。

要求：以模拟银行辽金支行柜员的身份完成相应业务处理。

六、分析思考题

1. 简述银行卡的种类。
2. 简述个人申请借记卡和贷记卡提交资料时的区别。

子任务2　银行卡存现的处理

一、活动目标

掌握银行卡存现业务的操作方法与基本要领，能按照业务规程规范完成银行卡存现业务操作。

二、活动流程

银行卡存现业务活动流程如图3-8-2所示。

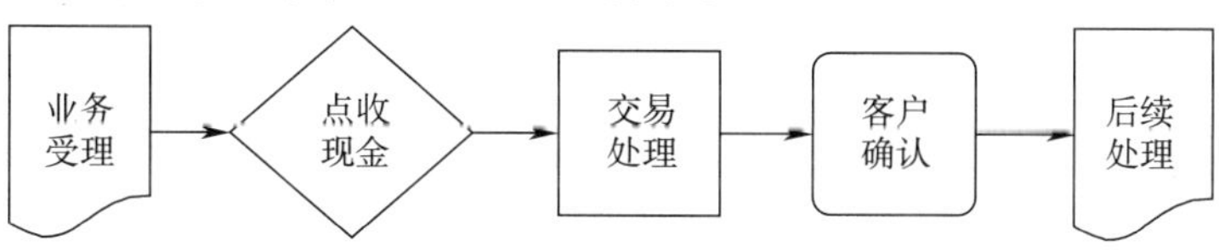

图3-8-2　银行卡存现业务活动流程

三、案例引入

2018年6月15日，客户高鑫持借记卡（卡号：4033918000256301）来行办理存现业务，金额为8 500元，银行经办人员按规定为其办理相关手续。

四、学习步骤

步骤1. 业务受理。客户将现金与银行卡一起交银行经办柜员。如果委托其他人代为办理的，需要代理人提交有效身份证件。

步骤 2. 凭证审核、点收现金。银行经办柜员认真核对银行卡、资料是否真实有效。同时核对现金数量与真伪。

步骤 3. 交易处理。柜员审核无误后，登录到借记卡/信用卡交易系统，输入卡号、存现币种、存现金额、对账科目等要素，在系统自动授权后，打印存现传票，并进行相应的账务处理。会计分录为

借：现金　　8 500.00

　贷：活期储蓄存款——高鑫户　　8 500.00

步骤 4. 凭证打印签字，送别客户。

步骤 5. 后续处理。柜员将存现传票交与客户签字确认，然后在存款凭条上加盖现金收讫章或业务清讫章与经办人员名章，作为办理业务的凭证与其他凭证一起装订保管。将银行卡连同存款凭条回单一并交客户。

五、考核

模拟银行辽金支行当日发生下列业务：客户邓紫萍于 2018 年 6 月 29 日来行办理借记卡存现业务，金额为 20 000 元。

要求：以模拟银行辽金支行柜员的身份完成凭证审核、业务数据录入、凭证盖章与凭证处理。

六、分析思考题

简述客户持银行卡在柜台存现时银行柜员的处理步骤。

子任务 3　银行卡取现的处理

一、活动目标

掌握银行卡取现业务的操作方法与基本要领，能按照业务规程规范完成银行卡取现业务操作。

二、活动流程

银行卡取现业务活动流程如图 3－8－3 所示。

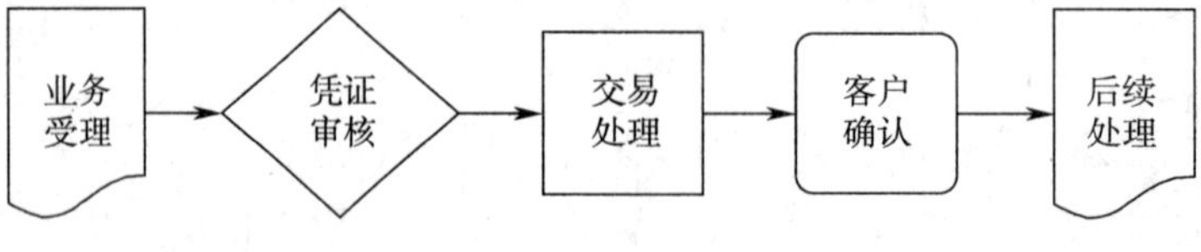

图 3－8－3　银行卡取现业务活动流程

三、案例引入

2018 年 6 月 19 日，客户高鑫持借记卡（卡号：4033918000256301）来行办理取现业务，金额为 2 000 元，银行经办人员按规定为其办理相关手续。

四、学习步骤

步骤 1. 业务受理。客户将银行卡交柜员，柜员口头确认取现金额。

借记卡大额取现需要提交持卡人有效身份证件；信用卡取现要求提交持卡人有效身份证件，照片卡免验身份证，超过支付限额的，代理银行应向发卡银行索权，并在取现单上填写授权号码。

步骤 2. 凭证审核。银行柜员认真核对取款人身份证件与取款本人是否相符。若客户为持卡人本人，根据持卡人要求进行相应的临柜操作；若客户并非持卡人本人，持银行卡取现的，按照规定，拒绝办理相应业务；若通过观察，发现有异常情况，可以联系持卡人本人，及时冻结相应银行卡账户，特殊情况下，也可以采用报警等非常手段保护持卡人利益。

银行柜员审核卡片时应重点查看以下内容：

（1）审查来卡是否为本行规定的受理卡，只有本行受理卡种才能进行相应操作。

（2）审核卡片的真伪。辨别银行卡真伪时，首先触摸银行卡材质，是否 PVC 或 PVCA 的材质；其次，观察银行卡外观的主要要素是否齐全，特别要注意银行卡的主要防伪安全标志。

（3）审核卡片的细节。审核银行卡细节方面，主要包括：卡片签名条上是否有“样卡”字样，卡片是否有打洞、剪角、毁坏或涂改的痕迹，卡是否在有效期内，卡片正面的拼音姓名与卡片背面持卡人的签名是否相符，标明的性别与持卡人性别是否一致，等等。

步骤 3. 取现交易处理。柜员在进行审核后，读取银行卡磁卡信息，登录到借记卡/信用卡交易系统，输入卡号、取现币种代码、取现金额、对账科目、摘要、有效期、授权号码等要素，等待客户输入交易密码，在系统自动授权后，打印取现传票，并进行相应的账务处理。会计分录为

借：活期储蓄存款——高鑫户　　2 000. 00

　贷：现金　　2 000. 00

步骤 4. 凭证打印、签字，款项支付，送别客户。银行柜员将取现传票交与客户签字确认，根据客户的取款金额进行配款，将现金连同身份证件、银行卡、取款凭条回单一并交与客户点收。最后，送别客户。

步骤 5. 后续处理。银行柜员在银行卡取款凭条上加盖现金付讫章或业务清讫章与经办人员名章，作为办理业务的凭证与其他凭证一起装订保管。

五、考核

模拟银行辽金支行当日发生下列业务：客户邓紫萍于 2018 年 6 月 18 日来行办理借记卡取现业务，金额为 3 000 元。

要求：以模拟银行辽金支行柜员的身份完成凭证审核、业务数据录入、凭证盖章与

凭证处理。

六、分析思考题

1. 简述客户持银行卡在柜台取现时银行柜员的审核要点。
2. 简述客户持银行卡在柜台取现时银行柜员的处理步骤。

子任务4　银行卡挂失的处理

一、活动目标

掌握银行卡挂失业务的操作方法与基本要领，能按照业务规程规范完成银行卡挂失业务操作。

二、活动流程

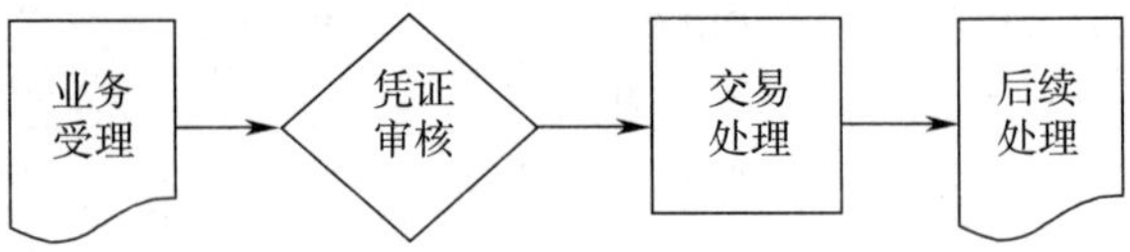

图3－8－4　银行卡挂失业务活动流程

银行卡挂失业务活动流程如图3－8－4所示。

三、案例引入

2018年6月22日，客户高鑫持身份证件来行办理银行卡的挂失，银行经办人员按规定为其办理相关手续。

四、学习步骤

步骤1. 业务受理。客户填写银行卡挂失申请书（一式两联，客户存根联，银行凭证联，见表3－8－1），连同身份证件一起交柜员。

步骤2. 凭证审核。银行经办柜员收到申请人提交的有关资料后，应认真审核相关资料的内容是否准确、完整。如客户本人不能前往办理，可以委托他人代为办理挂失手续，被委托人需要出示其有效身份证明，柜员审核委托人的身份证件。

步骤3. 挂失交易。柜员使用"客户信息查询"交易，确认账户是否存在，存款是否未被支取，核对存款账户的所有信息与挂失申请书的一致性。

信用卡如有透支则要求客户先归还透支本金和利息。

若委托他人代为办理挂失手续，柜员需输入委托人相关信息。

客户输入交易密码，柜员获得授权，并经过复核后，打印挂失交易记录。

步骤4. 送别客户，后续处理。银行经办人员在银行卡挂失申请书上加盖业务公章与经办人员名章，在手续费收款凭证上加盖业务清讫章与经办人员名章，将挂失申请书、客户回单联和手续费收款凭证回单联交客户并送别客户。其余凭证作为办理业务的凭证与其他凭证一起装订保管。

表 3－8－1　　　　　　　　　　挂失申请书

模拟银行辽金支行个人业务挂失申请书

<table>
<tr><td colspan="3">兹有下列[□账户（卡）　□密码　□　]申请挂失支付，办理[□临时口头挂失　□ 永久口头挂失　□书面挂失手续。申请人同意按照模拟银行辽金支行个人挂失业务规则办理，并对因此引发的相关后果负责。申请人同意模拟银行辽金支行不承担挂失生效前或挂失失效后发生的经济损失。</td></tr>
<tr><td colspan="3">户主姓名：　　　　申请挂失账（卡）号</td></tr>
<tr><td colspan="3">户主联系电话或地址：</td></tr>
<tr><td colspan="3">代理人姓名：　　　　代理人身份证件号码：</td></tr>
<tr><td colspan="3">代理人联系电话或地址：　　　　代理理由及关系：</td></tr>
<tr><td colspan="3">申请人签字：</td></tr>
<tr><td>银行记录</td><td colspan="2">交易时间：　　　　（银行盖章）</td></tr>
<tr><td colspan="3">经办人：</td></tr>
<tr><td rowspan="2">挂失后续处理申请及银行记录</td><td>申请人现申请办理以下所选业务：
□挂失撤销
□补发新存折（存单、银行卡）
□挂失结清　□挂失销户
□密码重置　□</td><td>申请人签字</td></tr>
<tr><td colspan="2">交易时间　　　　（银行盖章）</td></tr>
</table>

一、银行留存联

授权人：　　　　经办人：

五、考核

模拟银行辽金支行当日发生下列业务：客户邓紫萍于 2018 年 7 月 12 日来行办理借

记卡挂失业务。

要求：以模拟银行辽金支行柜员的身份完成相应业务处理，包括凭证审核、业务数据录入、凭证盖章与凭证处理。

六、分析思考题

简述银行柜员办理银行卡挂失的操作步骤。

子任务5　银行卡销卡的处理

一、活动目标

掌握银行卡销户业务的操作方法与基本要领，能按照其业务规程规范完成银行卡销户业务操作。

二、活动流程

银行卡销户业务活动流程如图3-8-5所示。

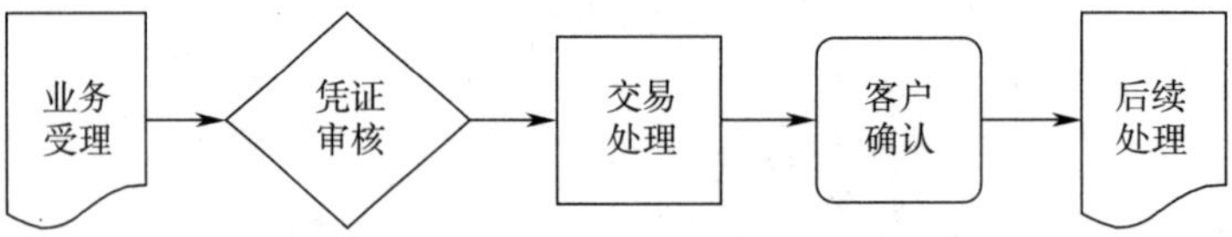

图3-8-5　银行卡销户业务活动流程

三、案例引入

2018年8月2日，客户高鑫持本人身份证件（证件号码：210112197405160221）来行办理借记卡（卡号：4033918000256301）销户业务，银行经办人员按规定为其办理相关手续。

四、学习步骤

步骤1. 业务受理。客户填写银行卡销户申请书，连同身份证件、银行卡一起交柜员。

步骤2. 凭证审核。银行柜员收到申请人提交的有关资料后，应认真审核相关资料的内容是否准确、完整。凭证审核要求同挂失操作。

步骤3. 销户交易处理。柜员审核银行卡的合法性，使用“客户信息查询”交易查询户名、卡号等账户信息，核对余额，信用卡如有欠款则要求客户先归还透支本金和利息。柜员进入操作界面，进行销户交易系统录入。要求客户输入交易密码，在系统确认正确后，等待授权。授权成功后，打印销户结清凭证，按照余额打印取款凭条，打印利息清单，经核对无误后进行账务处理。会计分录为

借：活期储蓄存款——高鑫户

　　利息支出

贷：现金

步骤 4. 凭证打印、签字，支付现金，送别客户。有关凭证交客户签字确认后，柜员根据余额与利息清单，按照现金付款流程配款并自复平衡，将现金连同一联销户申请书、取款凭证回单、利息清单、证件等一并交客户并送别客户。

步骤 5. 后续处理。银行柜员在银行卡销户申请书上加盖业务公章与经办人员名章，在取款凭证和利息清单上加盖业务清讫章与经办人员名章，作为办理业务的凭证与其他凭证一起装订保管。

五、考核

模拟银行辽金支行当日发生下列业务：客户邓紫萍于 2018 年 8 月 16 日来行办理借记卡销户手续业务。

要求：以模拟银行辽金支行柜员的身份完成凭证审核、业务数据录入、凭证盖章与凭证处理。

六、分析思考题

简述银行柜员办理银行卡销户的操作步骤。

项目四
外汇业务处理

【知识结构图】

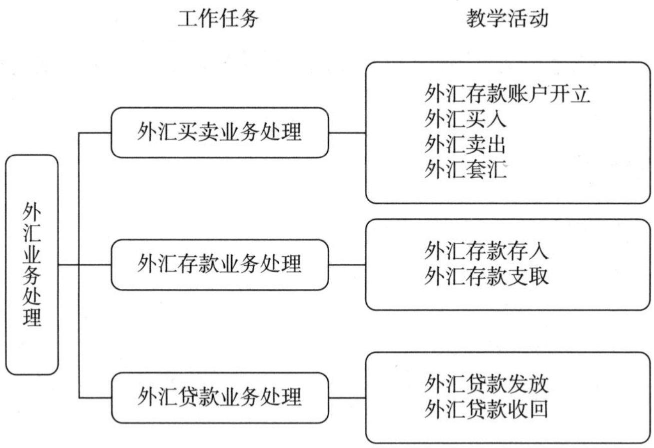

【能力目标】

能按结售汇业务操作流程规范办理外汇买入业务、外汇卖出业务及套汇业务；能按外币存款业务操作流程规范办理外币存款业务；能按外币贷款业务操作流程规范办理外币贷款业务。

【知识目标】

了解外汇的含义及组成内容；了解外汇存款的种类及基本规定；了解外汇贷款的种类及基本规定。

【素质目标】

具有良好的职业操守及道德品质；积极主动、踏实、认真细致，有韧性；具有良好的服务意识、富有责任感；具有执行能力、应变能力、团队协作与承压能力；具备一定语言表达和沟通能力；具有一定独立处理问题能力。

任务一　外汇买卖业务处理

一、技能目标

熟悉外汇买卖业务的基本规定，熟悉外汇买卖业务的凭证格式，掌握具体的填写要求，能按外汇买卖业务基本规定和活动流程规范完成外汇存款账户开立业务、外汇买入业务、外汇卖出业务以及套汇业务等各环节的操作处理。

二、知识准备

外汇（Foreign Exchange）一词，通常是指以外币表示的，用于国际清偿的支付手段和资产。包括外国货币（含纸币、铸币）；外币支付凭证（含票据、银行存款凭证、邮政储蓄凭证等）；外币有价证券（含政府债券、公司债券、股票）；特别提款权、欧洲货币单位；其他外汇资产。

商业银行依法开展外汇业务要执行有关外汇管理的法律、法规，同时也应遵守外汇业务经营国际惯例。商业银行从事外汇业务从开业到自身经营运作要服从外汇管理的规定，要按规定为客户办理国际业务，定期向国家外汇管理局报送报表，严格执行外汇监管的规定。

（一）外汇存款账户的概述

1. 企业外汇结算账户。外商投资企业与境内从事对外承包，对外代理，国际海洋运输、保险等企业可以开立现汇账户。

企业开立现汇账户要到当地外汇管理局申请，外汇管理局审批合格后核发“国家外汇管理局开立外汇账户批准书”（以下简称“批准书”，境内机构使用）和“外商投资企业外汇账户开户通知书”（以下简称“开户通知书”，外商投资企业使用），境内机构开户后，凭银行的开户回执向外汇管理局领取“外汇账户使用证”。外汇管理局在“外汇账户使用证”和“外商投资企业外汇登记证”中注明外汇账户用途、收支范围、使用期限及核定最高金额。

商业银行凭企业提供的“批准书”和“开户通知书”及其他有效证明文件为企业开立外汇结算账户，用于企业办理经常项目下的外汇收支。

企业只能保留一定限额的外汇存款，超限额部分要办理结汇。商业银行要对企业的存款余额进行监督，超限额部分要通知企业办理结汇。

企业定期存款账户余额要纳入企业存款限额管理。

2. 资本金账户。外商投资企业可到外汇管理局申请开立资本金账户，商业银行凭企业的开户通知书为企业开立资本金账户。

资本金账户用于核算企业投资资本金，资本金一般用于企业设备投资等项目。资本金转换成人民币或者用于资本项目外汇支出，需经外汇管理局的批准。

3. 临时存款账户。临时存款账户用于核算处于筹建时期的外商投资企业的开办费用及其他相关费用。企业开立临时外汇存款账户需经外汇管理局批准，而且每笔收支都需经外汇管理局的审批。

4. 外汇贷款专户。外汇贷款专户用于核算企业引入的外债、外债转贷款或者外汇贷款的合同款及其使用。企业可以根据贷款协议中规定的用途使用贷款专户资金，不需经外汇管理局批准。

5. 外汇还贷专户。外汇还贷专户用于核算企业经批准用人民币购买的外汇，经批准的贷款专户转入的资金及经批准保留的外汇收入，以及偿还债务本息及相关费用。

（二）外汇买卖业务的概述

1. 外汇之间的买卖业务。外汇业务是指在外汇市场上进行货币兑换，即外汇买卖的业务活动。外汇买卖又称外汇交易，在国际金融市场上，是指银行买进一种货币，卖出另一种货币的业务。根据会计人员在银行需要操作的外汇买卖业务分类，银行的外汇买卖业务主要涉及买入外汇（结汇）、卖出外汇（售汇）、套汇等几个方面。按照现行国家外汇管理结售汇制度的规定，国内客户通过外汇指定银行办理人民币与外币的兑换按银行挂牌人民币汇率直接计算，不同币种之间的外汇买卖则通过人民币汇率来套汇。银行在国际市场上进行外汇交易，按境外交易汇率直接计算。

商业银行可进行自营外汇买卖业务与代理外汇买卖业务，现介绍代理外汇买卖业务。

企业存入一种外汇要求买入另外一种外汇，商业银行首先把企业的外汇转入外汇买卖保证金账户。再由企业填写外汇买卖申请书，外汇买卖申请书要注明卖出与买入外汇币别、金额、注明限制价格条款与成交、交割日等内容。

商业银行根据客户的要求完成外汇交易，直接进行国际间外汇交易的商业银行可以直接进入国际金融市场交易，不能直接进入国际金融市场的商业银行可以再委托其他机构进行交易。如果商业银行不能达到企业价格限制条款的要求，此笔外汇买卖不能成交，要退还企业外汇买卖保证金。

2. 外汇对人民币的买卖。我国外汇交易中心设在上海，是以金融机构为会员的外汇与人民币之间的交易市场。目前开立的交易币种为美元、港元与日元三个币种，在全国一些大中城市设立分中心。

外汇交易中心主要服务于商业银行结售汇业务形成的外汇买卖头寸平仓买卖，外商投资企业可以委托有会员资格的商业银行进入外汇交易中心进行外汇买卖，商业银行代理客户进入外汇交易中心进行外汇买卖以前称为外汇调剂，实际上是一种代理买卖。客户也可以进行价格限制，现已取消外汇调剂。

美元、港元及日元以外的外汇要通过外汇之间的买卖套换成以上三个币种的外汇进入外汇交易的市场。

（三）外汇买卖的相关规定

1. 买入外汇即结汇，是指客户将外汇卖给外汇指定银行，外汇指定银行根据交易行为发生之日的人民币汇率付给等值人民币的行为。卖出外汇即售汇，是指外汇指定银行将外汇卖给客户，并根据交易行为发生之日的人民币汇率收取等值人民币的行为。套汇是指外汇指定银行按挂牌人民币汇率，把一种外汇通过人民币折算，兑换成另一种外汇的业务活动。套汇包括两种外汇之间的兑换，也包括同种外币的现钞与现汇互相兑换。

2. 外汇汇率是指一国货币与另一国货币兑换的比率，是用一种货币表示另一种货币的价格，也称为外汇汇价。根据国际惯例，外汇汇价有两种表示方法，一种是直接标价法，是以一定单位的外国货币为标准来计算应付多少单位的本国货币；另一种是间接标价法，与直接标价法相反，是以一定单位的本国货币为标准来计算应付多少单位的外国货币。

3. 外汇的买卖和兑换须按一定的牌价计算，汇率就是牌价的基础。我国人民币同外国货币的汇价由国家外汇管理局制定，并在经营外汇业务的银行挂牌公布。现行各种外汇的牌价，按规定有下列五种：（1）外汇买入价，又称汇买价，是指银行买入外币现汇的价格；（2）外钞买入价，又称钞买价，是指银行买入外币现钞的价格；（3）外汇卖出价，又称汇卖价，是指银行卖出外币现汇的价格；（4）外钞卖出价，又称钞卖价，是指银行卖出外币现钞的价格；（5）外汇中间价，又称中间价，是指汇买价与汇卖价的平均价格，银行相互之间外汇买卖一般采用中间价。银行在外汇买卖时，需要垫付资金并承担汇率涨跌的风险，所以银行在买卖外汇时要收取一定的费用，外汇买价与卖价之间的差价，即为银行买卖外汇的收益或收取的费用。

4. 外汇账户是指境内机构、驻华机构、个人按照有关账户管理规定在经批准经营外汇存款业务的银行和非银行金融机构以可自由兑换货币开立的账户。

5. “外汇买卖”科目的相关规定。

（1）采用分账制核算的金融企业发生的外币交易涉及不同币种时可以设置本科目进行核算。

（2）“外汇买卖”科目属资产负债共同科目，在账务上起到联系和平衡作用，是外币与人民币科目之间的桥梁。

当银行买入外汇时，外汇买卖科目外币金额记贷方，人民币金额记借方。

当银行卖出外汇时，外汇买卖科目外币金额记借方，人民币金额记贷方。

（3）“外汇买卖”科目应当按照币种进行明细核算。

（4）外汇买卖的主要账务处理如下：①企业发生的外币交易涉及货币性项目和非货币性项目的，按相应外币金额同时记入货币性项目和本科目，同时，按当日即期汇率折算的记账本位币金额，记入非货币性项目和本科目（记账本位币）。②企业发生的外币交易仅涉及货币性项目的，按相应外币金额记入货币性项目，不需要通过本科目核算；如果涉及两种以上外币，按相同币种金额记入相应货币性项目和本科目。③期末，应将所有以外币表示的本科目余额按期末汇率折算为记账本位币金额，并与本科目（记账本位币）余额相比较，其差额转入“汇兑损益”科目：如为借方差额，借记“汇兑损益”科目，贷记本科目（记账本位币）；如为贷方差额，借记本科目（记账本位币），贷记“汇兑损益”科目。

6. 假设银行外汇汇率表如表 4－1－1 所示。

表 4－1－1　　　　中国银行 2018 年 12 月 1 日外汇牌价表

货币名称	现汇买入价	现钞买入价	现汇卖出价	现钞卖出价	人民币汇率中间价	中行折算价
英镑	994.54	963.83	1002.52	1002.52	994.64	994.64
港元	81.75	81.09	82.06	82.06	81.5	81.5
美元	635.56	630.46	638.11	638.11	633.53	633.53
瑞士法郎	695.86	674.37	701.45	701.45		696.25

续表

货币名称	现汇买入价	现钞买入价	现汇卖出价	现钞卖出价	人民币汇率中间价	中行折算价
新加坡元	493.4	478.17	497.36	497.36		495.64
瑞典克朗	93.53	90.64	94.28	94.28		94.19
丹麦克朗	114.77	111.22	115.69	115.69		115.07
挪威克朗	109.79	106.4	110.67	110.67		110.35
日元	8.167	7.9149	8.2326	8.2326	8.1609	8.1609
加拿大元	621.33	602.15	626.32	626.32	622.14	622.14
澳大利亚元	654.42	625.49	650.6	650.6	647.63	647.63

（1）以上表格中的外汇标价方法为“直接标价法”，即以一定整数单位（通常是100个）的外国货币为标准折算若干单位的本国货币。如第一行英镑，现汇买入价为994.54，即表示需要994.54元人民币才能兑换100英镑。

（2）表格中第一栏“现汇买入价”“现汇卖出价”是以银行为当事人角度叫价。如英镑现汇买入价为994.54，即表示银行愿意以这个价格向客户支付人民币，买入客户手中的英镑。

（3）“现汇买入价”和“现钞买入价”中的现汇和现钞是根据该笔外汇的来源区分。

（4）发生外汇买卖业务时，根据表中“买入”和“卖出”的兑换价格核算交易价格。最终统计时银行手上持有的外汇则按照“中行折算价”换算成人民币计价并入总账。

（四）外汇买卖账簿

外汇买卖账簿包括分户账和总账两种。外汇买卖分户账是一种特定格式的账簿，以外币币种分别立账。该分户账包括买入、卖出和结余三栏，它把外币金额和人民币金额同时、分栏填列在同一张账页上。买汇时，外币记贷方，人民币记借方，两者都记入买入栏；卖出时，外币记借方，人民币记贷方，两者都记入卖出栏。外汇买卖总账分外币和人民币分别填列。每日营业终了根据科目日结单登记总账发生额，根据上日余额结出本日余额。

三、分析思考题

现在经常看到电视的财经报道中提到人民币兑美元下降到6.30，那是否意味着客户到银行用人民币兑换美元或者美元兑换人民币都是按1:6.30换算呢？

子任务1　外汇存款账户开立的处理

一、活动目标

掌握外汇存款账户开立的活动流程与基本要领，能按外汇存款业务的基本规定和活动流程完成外汇存款账户开立业务的操作处理。

二、知识准备

企业外币账户一般可以分为结算账户、资本金账户和辅助账户。结算账户是反映企业日常外币收支等活动的账户；资本金账户是反映核算外商投资企业资本金收支情况的账户；辅助账户则是指用于专门用途的账户。例如，用于开立信用证的“保证金账户”。用于贷款的贷款专户和用于偿还贷款本息的还贷专户等。根据我国现行外币的管理规定，国内涉外企业、境外驻华机构、国外法人或自然人均可在经营外汇业务的银行申请开户。

1. 境内中资机构申请开立经常项目的外汇账户时，需向开户银行提交外汇管理局核发的“开立外汇账户批准书”，开户银行审查批准后，开立外汇账户，并在开户回执上批注，加盖银行公章后交开户单位。开户单位于开户后 5 日内，凭此向外汇管理局领取“外汇账户使用证”，凭“外汇账户使用证”在银行办理日常收支。

2. 外商投资企业申请开立外汇结算账户时，需向开户银行提交外汇管理局核发的“开户通知书”和“外商投资企业外汇登记证”，开户银行审查批准后，开立外汇账户。开户单位凭“外商投资企业外汇登记证”在银行办理日常收支。

3. 驻华机构申请开立外汇账户时，需向开户银行提交外汇管理局核发的“驻华机构外汇账户备案表”，开户银行审查批准后，开立外汇账户。驻华机构不允许到非银行金融机构开立外汇账户。

4. 境内中资机构、外商投资企业、驻华机构可以凭注册地和开户地外汇管理局核发的有关文件开立异地外汇账户。

5. 境内机构可以在金融机构开立外汇开证保证金账户。外汇开证保证金账户不得用于其他任何用途。

外汇存款账户开立活动流程如图 4－1－1 所示。

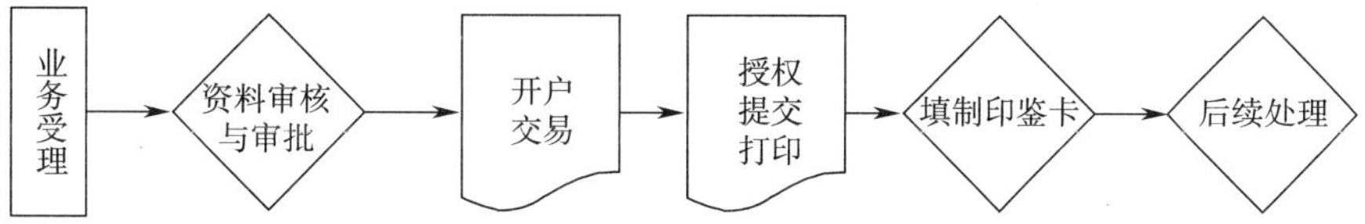

图 4－1－1　外汇存款账户开立活动流程图

三、案例引入

2018 年 12 月 1 日模拟银行辽金支行收到虹桥机电设备公司（8310120101047）开立经常项目外汇账户的开户申请，经办人员按规定为其开立美元存款账户（831012011010001）和港元存款账户（831012011020002）。

四、学习步骤

步骤 1. 业务受理。境内单位客户申请开立经常项目外汇账户时，应填写“外汇账户开户申请书”一式三联，提交“工商营业执照”正本、“企业代码证”、“开立外汇账户批准书”和预留银行印鉴卡，并提交相应的开户资料。

经办人员收到客户的开户申请后，要登录当地外汇管理局的外汇账户交互平台上查询企业的基本信息，并打印所查询的信息。

步骤2. 资料审核与审批。受理客户申请的柜员按照外汇账户管理和开户要求对开户单位提交的开户申请书、开户资料和交互平台查询并打印的信息进行初审，确认上述材料相互衔接一致。初审通过后连同印鉴卡一起加盖名章后送交会计主管审批。会计主管按照外汇账户管理和开户要求进行审核：开户是否符合要求，资料是否齐全，手续是否完备，审核无误后在开户申请书上加盖名章及银行开户审批专用章，注明业务代码及归属科目，并在预留印鉴卡会计主管栏签章，将所有开户资料交柜员在系统中开户。

步骤3. 开户交易处理。经办柜员收到会计主管审批后的相关资料，登录系统，根据账户信息录入开户相关内容，生成外汇存款户账号，系统自动记录开销户登记簿。

步骤4. 授权、提交和打印。经办人员输入完成后，由会计主管审核经办人员输入的相关信息，无误后进行授权。提交后交易完成，并根据系统提示在开户申请书上打印开户记录。

步骤5. 填制印鉴卡。上述步骤完成后，柜员在预留印鉴卡及外汇登记证等资料上填写账号、开户核准号码等信息，并在相关开户资料上加盖业务章并复印留存后，将客户提交的正本资料连同开户申请书第一联、“工商营业执照正本”、外汇账户使用证及大小印鉴一并退还客户。然后按外汇管理要求进入相应的开销户系统进行信息录入及申报工作。

步骤6. 后续处理。开户的相关手续完成后送别客户，然后将印鉴卡盖齐会计人员签章后交相关保管人员，并将开户申请书银行留存联、各项开户留存资料复印件整理后交专人保管。

五、拓展

1. 外资企业开户的操作程序。外资企业包括独资企业和合资企业。外资企业的开户活动流程基本上与办理境内机构的开户过程相同，其不同点为：

（1）要审查申请人提交的“外商投资企业外汇登记证”，而非“外汇账户使用证”；

（2）同意开户后要在“外商投资企业外汇登记证”上相应栏目中注明账户币种、账号及开户日期，并加盖银行公章；

（3）外商投资企业可开立“资本金”账户。

2. 驻华机构开户的操作程序。驻华机构开户与上述的境内机构和外商投资企业开户的操作程序基本相同，不同之处有：

（1）对驻华机构只需审查外汇管理局核发的“驻华机构外汇账户备案表”；

（2）驻华机构不得到非银行金融机构开立外汇现汇账户。

子任务2　外汇买入业务的处理

一、活动目标

掌握外汇买入业务的活动流程与基本要领，能按业务流程规范完成外汇买入业务的操作处理。

二、活动流程

外汇买入业务活动流程如图4－1－2所示。

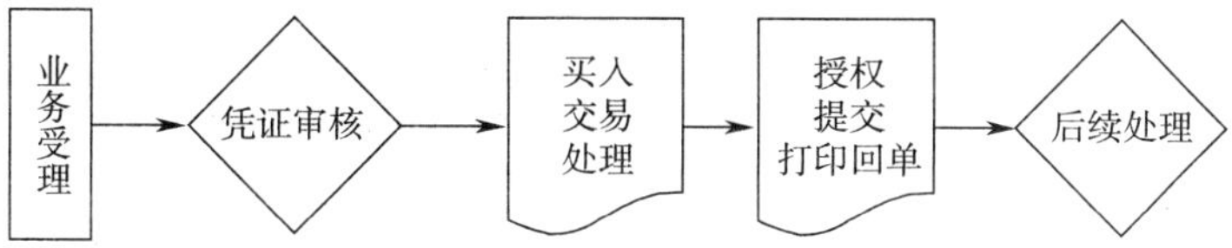

图4－1－2　外汇买入业务活动流程图

三、案例引入

虹桥机电设备公司（8310120110110001）向美国休斯公司出口一批机电设备，收到对方汇给虹桥机电设备公司货款20 000.00美元，当日买入价CNY630.46/USD100。经办人员按规定为其办理结汇手续。

四、学习步骤

步骤1. 业务受理。客户申请办理结汇，应填写并提交“结汇申请书”一式两联，并在申请书第一联上加盖预留银行印鉴（按外汇管理规定可以直接结汇入账的汇入款，客户无须另行提供资料）。对于须经外汇管理局审批结汇的，还应同时提交结汇核准件。

步骤2. 凭证审核。银行经办人员收到结汇申请书和相关文件后，应审核客户的结汇申请是否符合国家外汇管理规定，申请书内容填写是否正确；如需提供核准件的，还应审核结汇核准件内容是否符合规定；申请书上加盖的印章与预留银行印鉴是否相符。

步骤3. 买入交易处理。审核无误后，经办人员通过系统输入相关数据信息，系统将采取实时逐笔自动平盘办理结汇业务。会计分录为

借：活期存款——虹桥机电设备公司　　USD 20 000.00

（或：现金或其他科目）

贷：外汇买卖　　USD 20 000.00

借：外汇买卖　　CNY 126 092.00

贷：活期存款——虹桥机电设备公司　　CNY126 092.00

步骤4. 授权、提交和打印回单。经办人员输入完成后，由会计主管审核已输入的相关信息，无误后进行授权并提交。交易完成后，根据系统提示打印结汇水单和系统自动生成的结汇凭证（如表4－1－2所示）、系统自动生成的分户账（如表4－1－3所示），并根据需要打印出口收汇核销专用单。

步骤5. 后续处理。经办人员在结汇水单、结汇凭证通知联上加盖转讫章后交给客户。如出具核销联的，加盖出口收汇核销专用章并请客户在银行留存联上当面签收并送别客户。同时在处理后的相关凭证上加盖转讫章和经办人员名章后与其他凭证一并保管。

表 4－1－2

辽金支行外汇会计凭证（结售汇、套汇）

机构号：83101　　日期：20181201

业务编号			业务类型	结汇	起息日	
借方或付款单位	名称	美国休斯公司	贷方或收款单位	名称	虹桥机电设备公司	第二联 贷方凭证
	账号	8500101003325		账号	831012011011001	
	币种与金额	美元：20 000		币种与金额	人民币：126 092	
	汇率/利率	开户行		汇率/利率	630.46	
收汇金额		发票号		挂销单号		
交易摘要						

（04）转讫 2018.12.01 模拟银行辽金支行

交易代码　　授权　　复核 李明青　　经办 赵雅琦

表 4－1－3　　外汇买卖科目分户账　　货币：美元

2018 年		摘要	买入			卖出			余额			
月	日		外币（贷）	汇率	人民币（借）	外币（借）	汇率	人民币（贷）	借或贷	外币	借或贷	人民币
12	1	买汇	20 000.00	630.46	126 092.00				贷	20 000.00	借	126 092.00

五、考核

2018 年 6 月 22 日远洋进出口贸易有限公司（831012011010043）收到美国美联银行汇入销货款 80 000.00 美元。假设当日美元的汇买价是 CNY635/USD100。

要求：以模拟银行辽金支行柜员的身份规范完成相应业务的处理，包括凭证审核、业务数据录入、凭证盖章与凭证处理。

六、分析思考题

1. 什么是外汇？它由哪些内容组成？
2. 什么是外汇汇率？

子任务 3　外汇卖出业务的处理

一、活动目标

掌握外汇卖出业务的活动流程与基本要领，能按外汇卖出业务的活动流程规范完成外汇卖出业务的操作处理。

二、知识准备

银行向客户卖出外汇，也称“售汇”业务，即客户根据银行挂牌的汇率，用人民币向银行买入外汇。售汇和结汇最大的不同在于价格的区分。留意中国银行 2018 年 12 月 1 日外汇牌价（如表 4－1－1 所示），银行买入外汇分“现钞买入价”和“现汇买入价”两个兑换汇率。而银行卖出外汇则只有一个价格“卖出价”。这里指银行无论是“现钞卖出”还是“现汇卖出”，价格都是一样的。一般情况下银行卖给公司客户的外汇将默认为外汇现汇，卖给个人客户的外汇则由客户自由选择作为现钞或者现汇存入客户外汇账户。

公司客户的售汇：与结汇相同，银行对各单位经营项目下的外汇收入和外汇支出实行结汇、售汇制，单位需要结汇或者售汇，都需要根据本单位实际业务需要报外汇管理局进行审批备案。

个人客户的售汇：我国现行的外汇管理体制规定，境内居民每人每年可以购买不高于 5 万美元的等额外汇，超出部分应向相关部门提供证明文件，如出国留学录取通知书等，经审批后即可购买相应金额的外汇。

外汇卖出业务活动流程如图 4－1－3 所示。

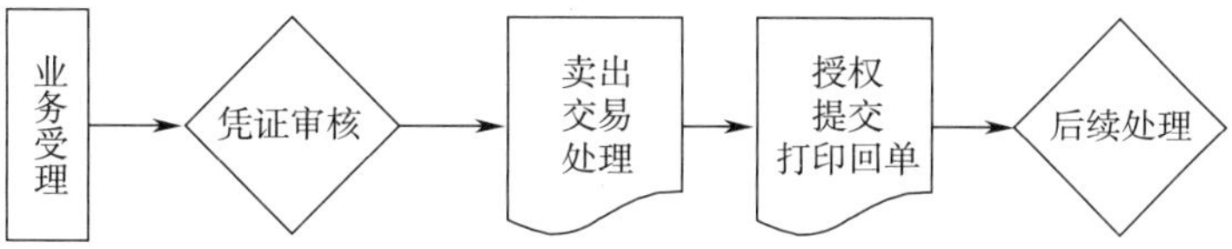

图 4－1－3　外汇卖出业务活动流程图

三、案例引入

2018 年 12 月 1 日虹桥机电设备公司（831012011010001）经外汇管理局批准用汇，向银行兑换 2 000.00 美元汇往美国通用动力公司，当日卖出价为 CNY638.11/USD100。经办人员按规定为其办理售汇手续。

四、学习步骤

步骤 1. 业务受理。客户申请购汇，应填写“购汇申请书”一式三联并在第一联上加盖单位预留银行印鉴（除购汇用于还本付息和收取信用证、保函保证金等业务外，客户不得提前购汇），连同规定的有效凭证和商业单据或外汇管理局核准件一并提交银行。

步骤 2. 审核凭证。银行受理客户提交的资料后，应实行审售分离制度。经办人员负责审核客户资料的完整性，即按外汇管理规定审核客户提交的有效凭证及商业单据或批件是否齐全；购汇申请书的金额与相关凭证是否一致；购汇申请书上加盖的印章与预留银行印鉴是否一致等。经办人员初审无误后将相关资料交业务主管进行复审。业务主管人员负责审核资料的有效性和真实性，即审核客户提交的有效凭证及商业单据的内容是否真实反映了资金划付的业务背景，单据之间对业务的描述是否一致。审核后，审核人应在购汇申请书和相关凭证上签章。

步骤 3. 卖出交易处理。审核无误后，经办人员通过系统输入相关数据信息，办理

售汇业务。会计分录为

借：活期存款——虹桥机电设备公司　　CNY12 762.20

　贷：外汇买卖　　CNY12 762.20

借：外汇买卖　　USD2 000.00

　贷：活期存款——虹桥机电设备公司　　USD2 000.00

　　（或：现金或其他科目）

步骤4. 授权、提交和打印回单。经办人员输入完成后，由会计主管审核已输入的相关信息，无误后进行授权并提交。交易完成后，根据系统提示打印售汇水单和系统自动生成的售汇凭证（如表4－1－4所示）、系统自动生成的分户账（如表4－1－5所示）。

步骤5. 后续处理。经办人员在售汇水单、售汇凭证通知联上加盖转讫章后与购汇申请书客户回单联一并交给客户并送别客户。

售汇后根据客户填写的有关凭证进行汇款处理。一联购汇申请书与外汇管理局售汇核准件作机制传票的附件，另一联购汇申请书与有效商业单据另行专夹保管。

表4－1－4

辽金支行外汇会计凭证（结售汇、套汇）

机构号：83101　　　　日期：20181201

业务编号			业务类型	售汇	起息日	
借方或付款单位 名称	虹桥机电设备公司			贷方或收款单位 名称	美国通用动力公司	
账号	831012011011001			账号	8600101003138	
币种与金额	人民币：12 762.20			币种与金额	美元：2 000	
汇率/利率	638.11	开户行		汇率/利率		
收汇金额		发票号		挂销单号		
交易摘要						

（印章：(04) 转讫 2018.12.01 模拟银行 辽金支行）

第一联 借方凭证

交易代码　　授权　　复核　　经办

表4－1－5　　外汇买卖科目分户账　　货币：美元

2018年			买入			卖出			余额			
月	日	摘要	外币（贷）	汇率	人民币（借）	外币（借）	汇率	人民币（贷）	借或贷	外币	借或贷	人民币
12	1	卖汇				2 000.00	638.11	12 762.20	贷	2 000.00	借	12 762.20

五、考核

模拟银行辽金支行发生下列业务：2018 年 12 月 1 日远洋进出口贸易有限公司（831012011020036）经外汇管理局批准用汇，向银行兑换 10 000.00 港元汇往香港。假设当日港元汇卖价是 CNY82.06/HKD100 00。

要求：以模拟银行辽金支行柜员的身份规范完成相应业务的处理，包括凭证审核、业务数据录入、凭证盖章与凭证处理。

子任务 4　外汇套汇业务的处理

一、活动目标

掌握套汇业务的活动流程与基本要领，能按套汇业务活动流程规范完成套汇业务的操作处理。

二、知识准备

套汇是两种外币之间的兑换，是客户将手头持有的一种外币兑换成另一种外币的业务。如客户想把现在手头持有的美元换成英镑，就需要到银行进行套汇业务。在部分银行的交易平台上有美元兑英镑的直接兑换汇率，但按现时我国的相关规定，银行应先将美元兑换成本币（人民币），然后再兑换成客户希望持有的英镑。

外汇业务会计核算中的套汇实际上是套算，是以一种外汇兑换另一种外汇的兑换。

这种套算原则上通过人民币进行，即买入一种外币时，按该种外币的买入价折合成人民币，然后将折合的人民币金额按另一种外币的卖出价套成另一种外币。

套汇相关规定：套汇与结汇、售汇不同，国家对套汇并没有金额上的限制，境内单位和个人都可以到银行办理套汇业务，而且没有金额上限。

套汇业务活动流程如图 4－1－4 所示。

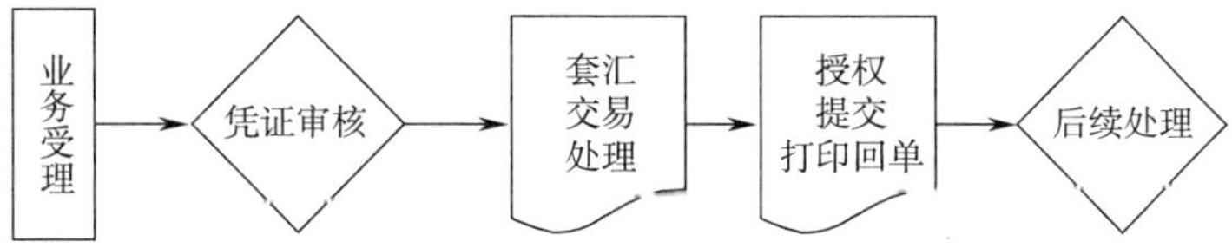

图 4－1－4　套汇业务活动流程图

三、案例引入

2018 年 12 月 1 日虹桥机电设备公司（人民币账户 8310120101047，港元账户 831012011020002）经外汇管理局批准用汇，向银行兑换 100 000.00 美元汇往美国江森自控有限公司，从其港元存款户支付港元，购买美元对外付汇。港元汇买价 CNY81.75/HKD100，美元汇卖价为 CNY638.11/USD100。模拟银行辽金支行经办人员按规定为其办理套汇手续，虹桥机电设备公司的美元存款账户为 831012011010001。

四、学习步骤

步骤 1. 业务受理。银行收到汇入或划入外汇款项时，若收款币种与客户入账的币种不一致时，由银行主动办理代客套汇业务。客户因业务需要向银行办理套汇时，应首先经有关部门的合法性和合规性审核方能申请办理。客户申请套汇时应向银行提交外汇套汇凭证（如表 4 –1 –6 所示）、系统自动生成的分户账（如表 4 –1 –7、表 4 –1 –8 所示）。

表 4 –1 –6

辽金支行外汇会计凭证（结售汇、套汇）

机构号：83101　　日期：20181201

业务编号			业务类型	售汇		起息日	
借方或付款单位	名　称	虹桥机电设备公司		贷方或收款单位	名　称	美国江森自控有限公司	
	账　号	8310120110110001			账　号	8900101003871	
	币种与金额	港元：780 563.69			币种与金额	美元：100 000	
	汇率/利率	81.75	开户行		汇率/利率	638.11	
收汇金额			发票号		挂销单号		
交易摘要							

交易代码　　授权　　复核 [illegible]　　经办 [illegible]

（印章：(04) 转讫 2018.12.01 模拟银行 辽金支行）

第一联 借方凭证

表 4 –1 –7　　　外汇买卖科目分户账　　　货币：美元

2018 年		摘要	买入			卖出			余额			
月	日		外币（贷）	汇率	人民币（借）	外币（借）	汇率	人民币（贷）	借或贷	外币	借或贷	人民币
12	1	买汇	100 000.00	638.11	638 110.00				贷	100 000.00	借	638 110.00

表 4 –1 –8　　　外汇买卖科目分户账　　　货币：港元

2018 年		摘要	买入			卖出			余额			
月	日		外币（贷）	汇率	人民币（借）	外币（借）	汇率	人民币（贷）	借或贷	外币	借或贷	人民币
12	1	卖汇				78 053.69	81.75	638 110.00	贷	780 563.69	借	638 110.00

步骤2. 审核凭证。经办人员收到套汇凭证及相关资料后，应审核客户提交的套汇凭证相关内容填写是否正确，买卖货币填写是否清楚，凭证上加盖的印章与预留银行印鉴是否一致。

步骤3. 套汇交易处理。经办人员审核无误后，进入业务操作系统选择外汇买卖类型中的代客套汇交易，并根据凭证输入相关数据信息。系统采取实时逐笔自动平盘的账务处理。会计分录为

借：活期存款——虹桥机电设备公司 HKD780 563. 69

　贷：外汇买卖 HKD780 563. 69

借：外汇买卖 CNY638. 11

　贷：外汇买卖 CNY638. 11

借：外汇买卖 USD100 000. 00

　贷：活期存款——虹桥机电设备公司 USD100 000. 00

步骤4. 授权、提交、打印回单。经办人员输入完成后，由会计主管审核已输入的相关信息，无误后进行授权并提交。交易完成后，经办人员可以根据系统提示打印外汇买卖水单和借、贷记通知。

一般银行办理代客套汇业务后还需要进行外汇资金汇划等业务，柜员根据客户的需要通过相关的交易为客户进行汇划等处理。

步骤5. 后续处理。经办人员在借记通知回单上加盖业务章后交给客户并送别客户。机制凭证打印好后，客户提交的相关凭证作机制传票的附件，相关有效凭证和有效商业单据加盖转讫章和经办人员名章后另行专夹保管。

五、拓展

银行在结束当天营业时，需要根据外汇买卖科目的凭证，编制各种货币的科目日结单，再根据各个科目日结单登记总账。

银行的外汇头寸管理实行外汇买卖平仓的方式，凡按规定平仓的外汇买卖账户，在平仓前需计算提取外汇买卖损益。

（一）“汇兑损益”科目的基本规定

1. 本科目核算金融企业外币货币性项目因汇率变动而形成的收益或损失。

2. 本科目一般无明细科目。

3. 汇兑损益的主要账务处理：本科目借方反映因汇率变动而产生的汇兑损失，贷方反映因汇率变动而产生的汇兑收益。

期末，“外汇买卖”各外币明细科目的期末余额，应按照期末汇率折合为记账本位币。按照期末汇率折合的记账本位币金额与“外汇买卖——记账本位币”科目余额之间的差额，如为贷方余额，借记“外汇买卖——记账本位币”科目，贷记本科目；如为借方余额，借记本科目，贷记“外汇买卖——记账本位币”科目。

4. 期末，应将本科目的余额转入“本年利润”科目，结转后本科目应无余额。

5. 汇兑损益的计算方法

（1）外汇买卖科目外币余额在贷方：

外币贷方余额×该种外币中间价－该种外币的人民币借方余额

得出结果为正数，即为贷方差额，该差额为汇兑收益。

得出结果为负数，即为借方差额，该差额为汇兑损失。

（2）外汇买卖科目外币余额在借方：

外币借方余额×该种外币中间价－该种外币的人民币贷方余额

得出结果为正数，即为借方差额，该差额为汇兑损失。

得出结果为负数，即为贷方差额，该差额为汇兑收益。

（二）核算外汇损益业务

步骤1. 汇总外汇买卖科目明细账。为了方便计算，我们先把当天同一货币的全部业务汇总到明细账，以便进行外汇损益金额的结计。假设银行在当天只发生上述三个例子里的美元买卖，如表4－1－9所示。

表4－1－9　　外汇买卖科目分户账　　货币：美元

2018年		摘要	买入			卖出			余额			
月	日		外币（贷）	汇率	人民币（借）	外币（借）	汇率	人民币（贷）	借或贷	外币	借或贷	人民币
12	1	买汇	20 000.00	630.46	126 092.00				贷	20 000.00	借	126 092.00
12	1	卖汇				2 000.00	638.11	12 762.20	贷	18 000.00	借	113 329.80

为什么会有损益发生？这个是外汇业务所特有的现象。我们留意汇总后，上述三个例子里面，美元兑人民币的汇率都是不同的，在这中间就会产生一个汇差，也就是不同汇率间的差价。

计算损益时所用的汇率外币中间价，即中国银行2018年12月1日外汇牌价（见表4－1－1)中的“中行折算价”633.53。

首先我们看到美元汇总后，外汇买卖科目外币是贷方余额，所以适用第一种情况：外汇买卖科目外币余额在贷方。

18 000.00×633.53÷100－113 329.80＝705.60（元）

得出结果是正数，即为贷方差额，该差额为汇兑收益。

计提损益后，下一步就是平仓。平仓是指反方结平外汇买卖科目的外币和人民币余额，分支行按中间价（中行折算价）与总行成交。

步骤2. 作结计外汇损益会计分录。如上述美元得出汇兑收益，计提损益的会计分录为

借：外汇买卖　　CNY705.60

　贷：汇兑收益——外汇买卖收入户　　CNY705.60

结转损失的会计分录为

借：汇兑损失——外汇买卖支出户

　贷：外汇买卖

步骤3. 作平仓会计分录。如上述美元外汇买卖科目外币余额在贷方，人民币余额在借方，作平仓时的会计分录为

借：外汇买卖　　USD18 000.00

贷：内部往来　　USD18 000.00

借：内部往来　　CNY114 035.40

贷：外汇买卖　　CNY114 035.40

六、考核

2018 年 12 月 1 日经外汇管理局批准，模拟银行辽金支行从如意贸易公司（美元存款账号 831012011010027、港元存款账号 831012011020019）港元存款账户中支付 30 000.00美元，汇给美国 HCA 公司，当日港元汇买价为 CNY81.75/HKD100、美元汇卖价为 CNY638.11/USD100。

七、分析思考题

1. 什么是套汇？
2. 套汇业务的活动流程有哪几步？

任务二　外汇存款业务处理

【技能目标】

熟悉外汇存款业务的基本规定，熟悉外汇存款业务的凭证格式，掌握具体的填写要求，能按外汇存款业务规定正确规范完成外汇存款业务各环节的操作处理。

【知识准备】

外汇存款是单位或个人将其所有的外汇资金存入银行，随时或约期支取，银行按照规定的利率支付利息的一种信用活动。

外汇存款是银行组织吸收外汇资金的主要渠道，是银行外汇资金来源的重要组成部分。经国家外汇管理局核准开立外汇账户的企（事）业法人和其他经济组织，当需要将境外资金汇入境内或将境内资金汇出以及办理其他存款、转账业务时，可持外汇管理局核准的“批准书”和营业执照等相关材料，到银行开立外汇账户后办理存款及转账等结算业务。单位外汇存款按账户性质分为经常项目外汇存款和资本项目外汇存款。单位外汇存款的主要对象是境内机构，包括中资机构和外商投资企业。

根据存款期限的不同，单位外汇存款分成外币活期存款和外币定期存款。外币定期存款按照存款金额的大小分为外币小额存款和外币大额存款。目前，外币小额存款是指存款金额在等值 300 万美元以下的外币定期存款，外币大额存款是指存款金额在等值 300 万美元以上（含 300 万美元）的外币定期存款。小额外币定期存款起存金额为 1 万美元（含）的等值外汇，存期为 1 个月、3 个月、半年、1 年、2 年五个档次；大额外币定期存款起存金额为 300 万美元（含）的等值外汇，存期为 1 个月、3 个月、半年、1 年四个档次。

外汇存款之所以需要区别于普通人民币存款，原因在于不同种类的外汇存款，核算方式有着很大的区别。首先，外汇币种不同，其定期和活期存款利率就有很大不同。银行工作人员需根据不同的外币币种，查找当天外汇存款利率表，按照表中相应的利率计算利息（如表4－2－1所示）。

表4－2－1　　假设2018年12月1日外币存款利率表　　单位：年利率%

货币名称	活期	七天通知	一个月	三个月	六个月	一年	二年
港元	0.0200	0.0200	0.1000	0.2500	0.5000	0.7000	0.7500
英镑	0.1250	0.1750	0.2180	0.3500	0.5500	0.7500	0.7500
加拿大元	0.0100	0.0500	0.0500	0.0500	0.3000	0.4000	0.4000
美元	0.1000	0.1000	0.2500	0.4000	0.7500	0.0000	0.2000
瑞士法郎	0.0001	0.0005	0.0100	0.0100	0.0100	0.0100	0.0100
澳大利亚元	0.2500	0.3000	1.2500	1.3150	1.3275	1.5000	1.500
欧元	0.1000	0.3750	0.4500	0.6500	0.9500	0.1000	0.1500
日元	0.0001	0.0005	0.0100	0.0100	0.0100	0.0100	0.0100
新加坡元	0.0001	0.0005	0.0100	0.0100	0.0100	0.0100	0.0100

外汇活期存款，有原币存入、现钞存入和以不同货币存入三种情况。

子任务1　外汇存款存入的处理

一、活动目标

掌握外汇存款存入业务的活动流程与基本要领，能按业务活动流程规范完成外汇存款存入业务的操作处理。

二、活动流程

外汇存款现汇存入活动流程如图4－2－1所示。

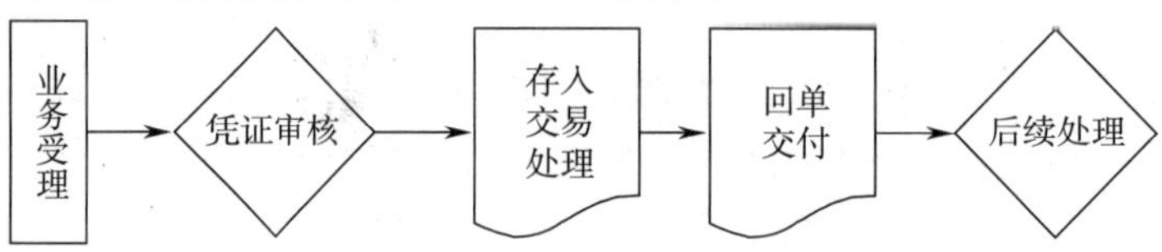

图4－2－1　外汇存款现汇存入活动流程图

三、案例引入

虹桥机电设备公司（831012011010001）收到一笔国外客户支付的货款，金额为70 000.00美元，要求存入其外汇活期存款美元现汇户。模拟银行辽金支行经办人员按规定为其办理外汇存款存入手续。

四、学习步骤

步骤1. 业务受理与凭证审核。经办人员收到国外划入并由上级行转来的贷报信息，应认真核对来账信息。

如果是交存外币现钞的，经办人员应认真审核：客户提交的缴款单日期是否正确；单位名称、账号、开户行名称、款项来源、券别登记是否填写完全清楚；大小写金额填写是否准确相符；凭证联次有无缺少、是否套写。同时还要清点现钞。

步骤2. 存入交易处理。经审查凭证或清点现钞无误后，经办人员在业务系统中录入相关信息，贷记收款人账户，系统自动结计余额，并自动生成相关记载。会计分录为

借：清算资金往来或其他往来科目　　USD70 000.00

　贷：活期存款——虹桥机电设备公司　　USD70 000.00

步骤3. 回单交付和后续处理。账务记载完毕后，经办人员在相关凭证的回单联上加盖收讫章和经办人员名章后作为回单交付客户。其他已记账处理的凭证加盖收讫章、经办及复核人员名章后与其他凭证一并保管。

五、考核

模拟银行辽金支行当日发生下列业务：如意贸易公司（港元账号831012011020019）持现钞30 000.00港元，当日汇率为CNY88/HKD100和CNY633/USD100，要求存入其外汇活期存款港元现汇户。

要求：以模拟银行辽金支行柜员的身份规范完成相应业务的处理，包括凭证填制、审核、业务数据录入、凭证盖章和凭证处理。

六、分析思考题

简述外汇存款存入的步骤。

子任务2　外汇存款支取的处理

一、活动目标

掌握外汇存款支取业务的活动流程与基本要领，能按业务活动流程规范完成外汇存款支取业务的操作处理。

二、活动流程

外汇存款现汇支取活动流程如图4－2－2所示。

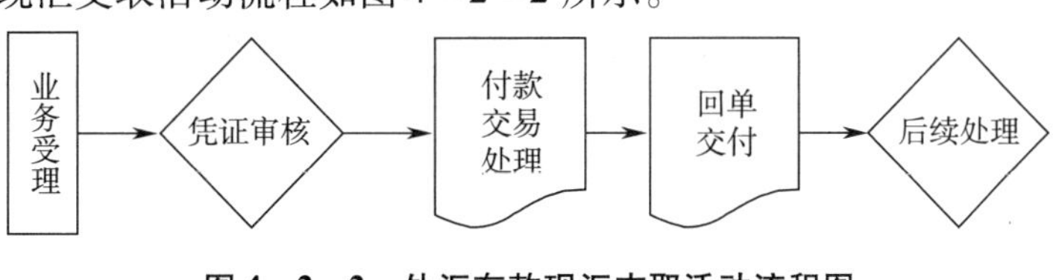

图4－2－2　外汇存款现汇支取活动流程图

三、案例引入

虹桥机电设备公司在模拟银行辽金支行开有美元现汇存款账户

(831012011010001)，现要求汇付佣金4 000.00美元给美国普华公司。经办人员按规定为其办理外汇存款支取手续。

四、学习步骤

步骤1. 业务受理与凭证审核。开户单位办理外汇存款支取时，应根据需要在账户存款余额内签发支付凭证，凭证上应注明款项用途和支取金额，并在支付凭证上加盖预留银行印鉴后交银行。

经办人员接到客户提交的支付凭证后，应认真审核：凭证是否真实，提示付款期限是否超过；签章是否符合规定，并折角核对其签章与预留银行签章是否相符，使用支付密码的，其密码是否正确；大小写金额是否一致；必须记载的事项是否齐全；账户是否有足够支付的款项；所附单证是否完整。若支取现钞，还应审查是否符合国家现金管理的规定等。

步骤2. 付款交易处理。会计分录为

借：活期存款——虹桥机电设备公司　　　　USD4 000.00

　贷：清算资金往来或其他科目　　　　USD4 000.00

步骤3. 后续处理。账务记载完毕后，经办人员在相关凭证的回单联上加盖收讫章和经办人员名章后作为回单交付客户。其他已记账处理的凭证加盖收讫章、经办及复核人员名章后与其他凭证一并保管。

提示：外汇存款的现钞户或现汇户支取外币现钞以及支付外币存款利息时，单位货币以下的辅币均支付人民币。

五、考核

模拟银行辽金支行当日发生下列业务：远洋进出口贸易有限公司委托银行汇3 000.00美元货款给美国太阳石油公司，远洋进出口贸易有限公司在银行开有美元现汇存款账户（831012011010043）。

要求：以模拟银行辽金支行柜员的身份规范完成相应业务的处理，包括凭证审核、业务数据录入、凭证盖章与凭证处理。

六、分析思考题

简述外汇存款支取业务的活动步骤。

任务三　外汇贷款业务处理

【技能目标】

熟悉外汇贷款业务的基本规定，熟悉外汇贷款业务的凭证格式，掌握具体的填写、审核的要求，能按外汇贷款业务规定和活动流程规范完成外汇贷款业务各环节的操作处理。了解进出口押汇的业务知识，能基本掌握进出口押汇业务的活动流程。

【知识准备】

外汇贷款是外汇指定银行在国家政策指导下，运用外汇银行组织吸收的外汇资金，以贷款的方式将外汇资金贷给企业单位，用于支持出口生产，促进出口创汇，并以外汇收入归还的一种信贷业务。外汇贷款是银行外汇资金运用的主要形式。外汇贷款的种类按不同的分类方法可分为短期外汇贷款、中期外汇贷款、长期外汇贷款；政府贷款、混合贷款；现汇贷款、买方信贷外汇贷款、进出口押汇、票据贴现、银团贷款等。

外汇贷款实行借外汇还外汇，借什么货币还什么货币的原则。如还款货币与借款货币非同一种货币，应通过外汇买卖的方式转换成借款货币后再还款入账。

外汇贷款的利率分为固定利率和浮动利率两种。使用固定利率计算利息的贷款，不管贷款期间利率如何变动，贷款始终以一个固定的利率来计收利息。浮动利率是按照浮动期进行变动的，贷款在不同的利率浮动期内按不同的利率计收利息，应按约定的浮动利率档次根据计息期内浮动利率变动情况，分段计算利息。

押汇，又称买单结汇，是指议付行在审单无误的情况下，按信用证条款买入受益人（外贸公司）的汇票和单据，从票面金额中扣除自议付日到估计收到票款之日的利息，将余款按议付日外汇牌价折成人民币，支付给受益人。押汇分为出口押汇和进口押汇。出口押汇是对出口商提供的一种出口融资。出口押汇是指在出口商发运货物之后，将单据提交银行，银行在审核单证无误后，在开证行对未付单据付款之前，先向出口商付款，再凭全部单据向进口商收回贷款本息的融资行为。进口押汇指进口地银行接受包括货运单据在内的全套进口单据作为抵押，为进口商垫付货款的融资行为。进口商必须在规定的时间内付款赎单，或出具信托收据（T/R）借出货运单提货，出售后以所得货款归还银行垫款本息。

子任务1　外汇贷款发放的处理

一、活动目标

掌握外汇贷款的活动流程与基本要领，能按业务活动流程规范完成外汇贷款业务发放的操作处理。

二、活动流程

外汇贷款发放活动流程如图4－3－1所示。

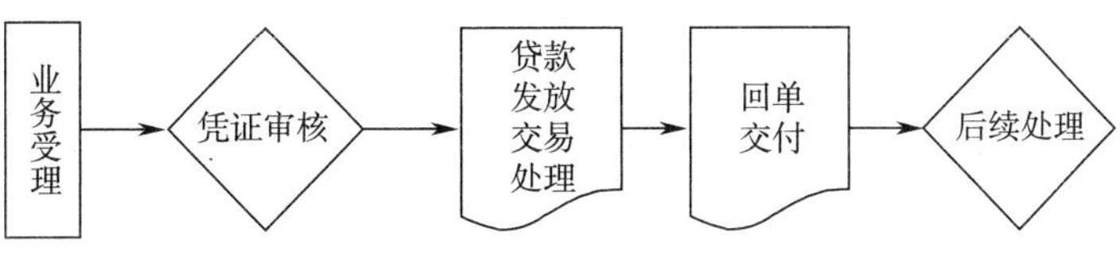

图4－3－1　外汇贷款发放活动流程图

三、案例引入

2018 年 9 月 22 日虹桥机电设备公司（831012011010001）向模拟银行辽金支行申请 500 000.00 美元半年期浮动利率贷款。模拟银行辽金支行经办人员审核无误后办理贷款发放手续。

四、学习步骤

步骤 1. 业务受理。借款人向银行申请外汇贷款，必须填写“借款申请书”并向银行信贷部门提供有关资料。信贷部门按照审贷分离、分级审批的要求进行贷款的审批。审批通过后由信贷部门与借款人签订借款合同，并由信贷部门填写“外汇贷款借款借据”一式六联，该凭证经有权人签章并加盖贷款审批专用章后，信贷部门录入员进入信贷系统，通过“贷款发放”交易录入相关信息，提交确认后由借款人在外汇贷款借款借据第一联上加盖预留银行印鉴后连同贷款合同交会计部门处理。

步骤 2. 凭证审核。会计核算部门收到信贷部门交来的外汇贷款借款借据后，应审核：贷款凭证的各项要素是否填写完整，与贷款合同是否一致；有权人签章是否齐全及是否在权限范围之内；借款凭证上加盖的印鉴与预留银行印鉴是否一致。

步骤 3. 贷款发放交易处理。审核无误后，经办人员进入系统通过“贷款入账”交易将贷款的各项信息输入系统。输入完成提交确认后系统自动进行账务处理。会计分录为

借：短期外汇贷款——虹桥机电设备公司外汇贷款户　　USD500 000.00

　贷：活期存款——虹桥机电设备公司外汇存款户　　USD500 000.00

步骤 4. 回单交付。第四联借款凭证上加盖转讫章和经办人员名章后交借款人，通知贷款入账。

步骤 5. 后续处理。经办人员录入交易完成后，在六联外汇贷款借款借据上分别加盖转讫章和经办人员名章。机制凭证打印好后，外汇贷款借款借据第一、第二联借贷方传票作机制传票附件，第三联卡片留底专夹保管，第五联交信贷部门留存，第六联送外汇管理局备案。

五、考核

2018 年 6 月 22 日向如意贸易公司（港元存款账号 831012011020019）发放半年期 200 万港元浮动利率贷款。

要求：以模拟银行辽金支行柜员的身份规范完成相应业务的处理，包括凭证审核、业务数据录入、凭证盖章等。

六、分析思考题

外汇贷款发放的活动流程是怎样的？

子任务2　外汇贷款收回的处理

一、活动目标

掌握外汇贷款收回的活动流程与基本要领，能按业务流程进行外汇贷款收回的操作处理。

二、活动流程

外汇贷款收回活动流程如图4－3－2所示。

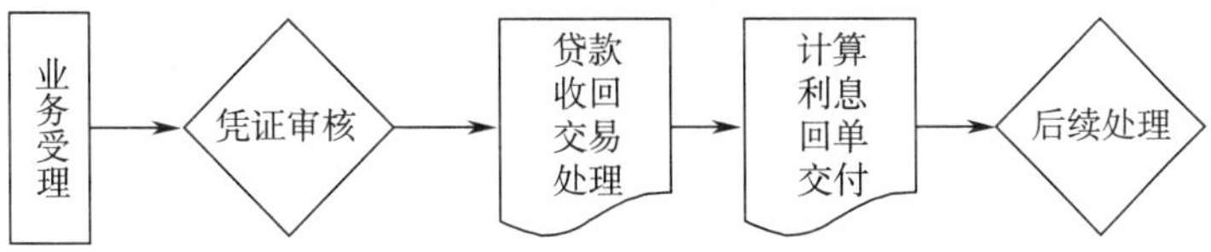

图4－3－2　外汇贷款收回活动流程图

三、案例引入

2018年6月22日虹桥机电设备公司（831012011010001）到期归还半年期500 000.00美元贷款，利率2.875%。模拟银行辽金支行经办人员审核无误后办理贷款收回手续。

四、学习步骤

步骤1. 业务受理。借款人向银行申请归还全部或部分外汇贷款时应填写“外汇贷款还款凭证”一式六联并加盖预留银行印鉴提交信贷部门。信贷部门抽出保存的外汇贷款借款借据第五联，经审查核对相关内容无误后，在还款凭证上签章并由借款人在还款凭证上加盖印鉴。然后将外汇贷款还款凭证交会计部门。如需售汇归还贷款本息的，还应经售汇审核。

步骤2. 凭证审核。会计经办人员收到信贷部门交来的外汇贷款还款凭证后，应抽出外汇贷款借款借据第三联到期卡片核对，并审核外汇贷款还款凭证的各项要素是否完整正确，还款凭证上加盖的印鉴及贷款收回专用章与预留印鉴是否一致。

步骤3. 贷款还款交易处理。审核无误后，经办人员进入业务操作系统通过“贷款还款”交易将相关信息输入系统。复核完成提交确认后系统自动进行账务处理。会计分录为

借：活期存款——虹桥机电设备公司外汇存款户　　USD500 000.00

　贷：短期外汇贷款——虹桥机电设备公司外汇贷款户　　USD500 000.00

步骤4. 计收利息及交付回单。外汇贷款一般按季结息，每季末月20日为收息日，计息由系统自动完成。在收到信贷部门交来的外汇贷款还款凭证后，会计人员复查利息无误，根据系统提示打印“计收利息清单”。在计收利息凭证和全部六联还款凭证上加盖转讫章，并将还款凭证第四联回单联和计收利息回单送交客户。其中按季收息账务处理的会计分录为

借：活期存款——××公司外汇存款户

　　贷：利息收入

或：借：应收利息

　　贷：利息收入

步骤5. 后续处理。上述处理完成后，打印机制凭证，外汇贷款还款凭证第一、第二联和外汇贷款借款借据的卡片联作机制传票附件；外汇贷款还款凭证第三联会计部门销卡存查；第五联送交信贷部门保管；第六联报送外汇管理局备案。如为部分还款，在外汇贷款借款借据底卡上登记还款记录，全部还清时卡片联作还款机制凭证附件。

五、考核

2018年12月22日如意贸易公司（港元存款账号831012011020019）归还到期的半年期200万港元贷款。

要求：以模拟银行辽金支行柜员的身份规范完成凭证填制、审核、业务数据录入、凭证盖章等。

六、分析思考题

简述外汇贷款发放的活动流程。

子任务3　进出口押汇发放的处理

一、活动目标

了解进出口押汇业务的活动流程与基本要领，基本掌握进出口押汇业务规定和进出口押汇发放业务的操作。

二、活动流程

进出口押汇发放业务活动流程如图4-3-3所示。

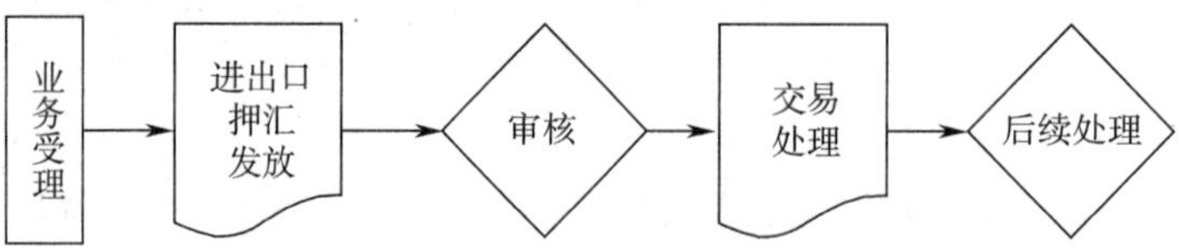

图4-3-3　进出口押汇发放业务活动流程图

三、案例引入

2018年6月22日虹桥机电设备公司（831012011010001）在向国外发运货物之后将单据提交银行，向银行申请300 000.00美元的出口押汇，利率3%。模拟银行辽金支行经办人员审核无误后办理出口押汇发放手续。

四、学习步骤

步骤1. 业务受理。押汇申请人向银行申请进出口押汇，必须提交进出口押汇申请书和全套单证。信贷部门受理后按照规定审核审批，与客户签订进出口押汇合同后向申请人发放进出口押汇。发放时信贷部门应填写外汇贷款支付凭证一式六联，该凭证经有权人签章并加盖贷款审批专用章后，在信贷系统中进行录入。

步骤2. 进出口押汇发放。信贷部门录入员进入信贷系统，通过“进出口押汇发放”交易进行录入，提交确认并由申请人在外汇贷款支付凭证第一联上加盖预留银行印鉴后连同进出口押汇合同交会计部门进行入账处理。

步骤3. 审核并交易处理。会计核算部门收到信贷部门交来的外汇贷款支付凭证后，应审核：外汇贷款支付凭证的各项要素是否填写完整；内容与进出口押汇合同是否一致；有权人签章是否齐全及是否在权限范围之内；是否加盖贷款审批专用章；外汇贷款支付凭证上的印鉴与预留印鉴是否一致等。审核无误后，经办人员进入系统通过“进出口押汇入账”交易以二次录入方式将进出口押汇的各项要素输入系统进行复核。复核完成提交确认后系统自动进行账务处理（押汇金额按单据或信用证金额的80%处理）。会计分录为

借：进口押汇　　USD240 000.00

（或：出口押汇）

贷：活期存款——虹桥机电设备公司外汇存款　　USD240 000.00

（或：其他有关科目外币）

步骤4. 交付回单及后续处理。经办人员录入交易完成后，在六联凭证上加盖转讫章后，第四联回单联送交客户。机制凭证打印好后，押汇凭证第一、二联作机制传票附件，第三联卡片留底专夹保管，第五联交信贷部门留存，第六联送外汇管理局备案。

子任务4　进出口押汇还款的处理

一、活动目标

了解进出口押汇业务的活动流程与基本要领，基本掌握进出口押汇业务规定和进出口押汇还款业务的操作处理。

二、活动流程

进出口押汇还款业务活动流程如图4－3－4所示。

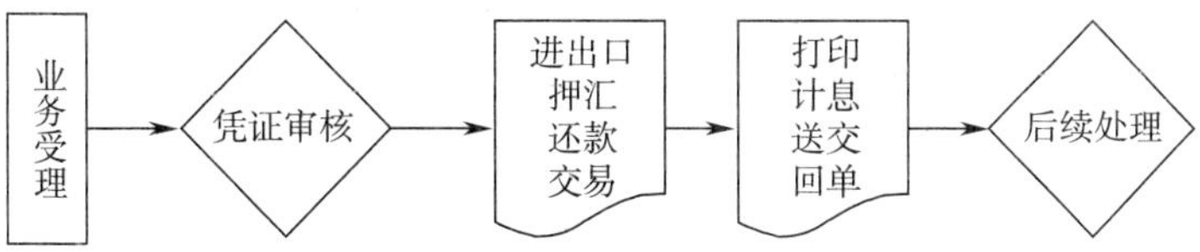

图4－3－4　进出口押汇还款业务活动流程图

三、案例引入

2018 年 9 月 22 日模拟银行辽金支行收到国外联行或代理行的划款报单，金额为 300 000. 00美元，收回虹桥机电设备公司（831012011010001）出口押汇。

四、学习步骤

步骤 1. 业务受理。进出口押汇到期或款项收妥后，信贷部门应填写外汇贷款还款凭证一式六联，并由单位在第一联加盖预留银行印鉴。该凭证经有权人签章并加盖贷款收回专用章后交会计部门办理账务处理。

若出口押汇到期日尚未收回，如属于正常延期，由信贷部门出具部门联系单交会计部门用于转逾期依据。

步骤 2. 凭证审核。会计核算部门收到信贷部门交来的还款凭证后，经办人员应抽出原保留的支付凭证留存联，审核还款凭证的各项要素是否完整正确，有权人签章是否齐全，并核对贷款收回专用章与预留印鉴是否一致。

步骤 3. 进出口押汇还款交易。审核无误后，经办人员进入系统通过“进出口押汇还款”交易将各项要素输入系统进行还款。复核完成后提交确认后系统自动进行账务处理。会计分录为

借：活期存款——虹桥机电设备公司外汇存款户　　USD300 000. 00
　（或：其他有关科目）
　贷：进口押汇　　USD300 000. 00

若收汇款项不足偿还押汇款，经办人员主动从单位账户中扣还。若单位账户余额不足归还押汇本息的，则该笔押汇本息不足部分转作逾期贷款和应收利息处理。

步骤 4. 打印、计息及交付回单。还款交易完成后，根据系统提示打印计收利息凭证。在计收利息凭证和全部六联还款凭证上加盖业务章，将第四联回单联和计收利息回单交付给客户。收息账务处理的会计分录为

借：活期存款——虹桥机电设备公司外汇存款户　　外币
　（或：其他有关科目）
　贷：押汇利息收入　　外币
（或：借：应收利息）　　外币
　贷：押汇利息收入　　外币

上述处理完成后，打印机制凭证，出口押汇还款凭证第一、第二联和外汇贷款支付凭证的卡片联作机制传票附件；出口押汇还款凭证第三联会计部门销卡存查；第五联送交信贷部门保管；第六联报送外汇管理局备案。如为部分还款，在进出口押汇支付凭证底卡上登记还款记录，全部还清时卡片联作还款机制凭证附件。

五、分析思考题

简述进出口押汇发放和还款业务的步骤。

项目五
代理业务处理

【知识结构图】

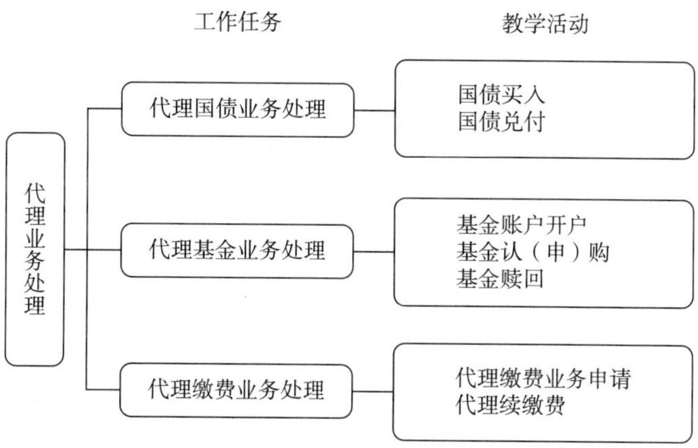

【能力目标】

能按代理国债业务活动流程规范办理代理国债业务；能按代理基金业务活动流程规范办理代理基金业务；能按代理缴费业务活动流程规范办理代理缴费业务，能解答客户关于银行各项代理业务的相关咨询。

【知识目标】

了解银行代理业务的种类以及基本规定，熟悉凭证式国债买入与卖出的基本规定；熟悉基金开户、认购/申购、赎回等基本业务规范；掌握银行代理缴费申请与交费、续费的基本规范。

【素质目标】

具有良好的职业操守及道德品质；积极主动、踏实、认真细致，有韧性；具有良好的服务意识、富有责任感；具有执行能力、应变能力、团队协作与承压能力；具备一定语言表达和沟通能力；具有一定独立处理问题能力。

任务一　代理国债业务处理

【技能目标】

掌握凭证式国债买入业务的操作方法和基本要领，能按照业务流程规范完成凭证式国债买入业务操作处理。

【知识准备】

一、代理业务的种类

1. 代收代付业务。比如代发工资业务、代收煤气费、电话费、水费、电费等。

2. 代理保险业务。是指银行接受保险公司的委托代其办理保险业务。

3. 代理政策性银行业务。主要是代为办理政策性银行因服务功能和网点设置等方面的限制而无法办理的业务，比如代理贷款项目管理等。

4. 代理中央银行业务。主要包括代理财政性存款业务、代理国库业务等。

5. 代理商业银行业务。是指商业银行之间相互代理业务，主要指代理清算资金业务。

二、凭证式国债的基本规定

1. 凭证式国债是指不印制实物债券，采用填制“中华人民共和国凭证式国债收款凭证”的方式，通过商业银行和邮政储蓄柜台，面向各类投资者和城乡居民个人发行的国债。

2. 凭证式国债的最低购买金额为 100 元（含 100 元），并且购买的金额必须是 100 的整数倍。

3. 凭证式国债的利率按发行日公布的利率计算，中间如遇利率调整则随之变动。

4. 凭证式国债为记名国债，发行期结束后，投资人可记名、可挂失，但不可上市转让。可以提前兑取，可以办理质押贷款、出具资产证明书等业务并从购买之日开始计息，到期一次性还本付息，不计复息。凭证式国债免征利息税。

5. 提前支取时不能部分支取，并且提前支取时银行要按照凭证式国债金额的 1‰收取手续费。提前支取的，半年之内无利息，超过半年的按实际持有天数及发行时公布的同档次利率计算，遇利率调整则按相同期限储蓄存款利率调整的百分点相应作同向调整，分段计息，逾期不计算利息。

6. 国债买卖期。对于提前兑付的凭证式国债，经办行可在控制发行额度内继续由居民买入，其持券期限从购买之日起计算，但利息只计算到该券规定到期日止。

7. 凭证式国债通存通兑，利随本清。

子任务 1　买入国债的处理

一、活动目标

掌握凭证式国债买入业务的操作方法和基本要领，能按照业务规程规范完成凭证式国债买入的业务操作。

二、活动流程

国债买入业务活动流程如图 5－1－1 所示。

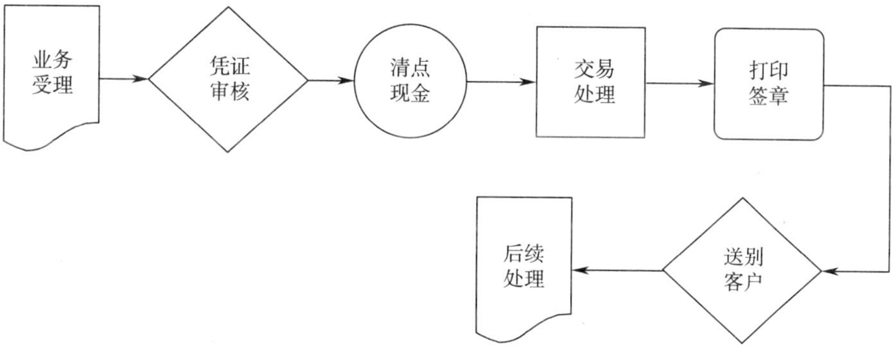

图 5－1－1　国债买入业务活动流程

三、案例引入

2018 年 3 月 1 日，张佳悦持现金与本人身份证件（证件号码：210102199804057123）来行购买凭证式国债 50 000 元，期限为 3 年。银行柜员按规定为其办理国债购买手续。

步骤 1. 业务受理。客户来银行办理凭证式国债买入业务时，需提交身份证件，还应向银行填交凭证式国债购买申请表。

步骤 2. 凭证审核。接到客户填交的凭证式国债购买申请表时，应认真审查以下内容：

（1）客户是否提供有效身份证件，如为代理还需要出示代理人的有效身份证件；

（2）国债购买申请表的内容是否正确、齐全、清晰。

步骤 3. 清点现金。如果客户是用现金购买凭证式国债的，柜员要清点现金；如果客户是通过转账来购买凭证式国债的，柜员要先办理转账业务。

步骤 4. 交易处理。柜员启动“债券发行”交易，按照凭证式国债购买申请表填写的内容录入户名、购买金额、凭证号码等相关要素，需要授权的则需要请示主办柜员或业务主管授权。

步骤 5. 打印、签章。打印凭证式国债收款凭证和凭证式国债购买申请表；审核打印好的凭证，在凭证式国债购买申请表上加盖现金收讫章、名章，在凭证式国债收款凭证上加盖业务公章和名章。会计分录为

借：现金　　50 000. 00

　贷：国债存款——张佳悦户　　50 000. 00

（或借：活期存款——××户）

　贷：国债存款——××户

步骤6. 送别客户。柜员把凭证式国库券存单、客户身份证件交付给客户，送别客户。

步骤7. 后续处理。凭证式国债认购凭条留存整理，随当日传票上交管辖行。

四、考核

模拟银行辽金支行当日发生下列业务：

1. 客户赵梓池于2018年3月3日持现金20 000元购买3年期凭证式国债，其身份证号码：210116198102040369。

2. 客户王艺蒙于2018年4月10日持活期储蓄存折办理凭证式国债的开户，欲从活期存折中支取30 000元购买5年期凭证式国债，其身份证号码：210116197805080258。

要求以模拟银行辽金支行柜员的身份完成凭证审核、业务数据录入、凭证盖章与凭证处理。

五、分析思考题

简述凭证式国债的特点。

子任务2　国债兑付

一、活动目标

掌握凭证式国债兑付业务的操作方法与基本要领，能按照业务规程正确完成凭证式国债兑付业务操作。

二、活动流程

凭证式国债兑付业务活动流程如图5－1－2所示。

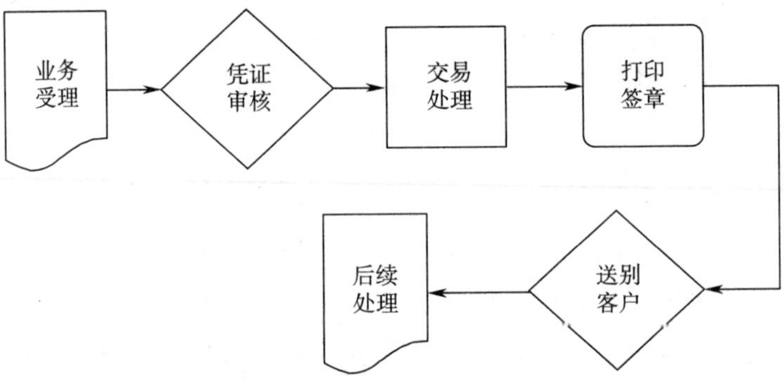

图5－1－2　凭证式国债兑付业务活动流程

三、案例引入

2018年6月18日，邓紫萍持本人身份证件及2018年3月1日购买的30 000元1年期凭证式国债来银行提出兑付申请。银行柜员按规定为其办理国债兑付手续。

步骤1. 业务受理。客户来银行办理凭证式国债兑付业务时，应向银行递交凭证式国债收款凭证；如果是大额或提前支取的还需要提供存款人本人身份证件；如果是代理兑付的，需要提供本人及代理人的身份证件。

步骤2. 凭证审核。柜员需审核下列内容：

（1）是否为同城或分行辖区营业网点发行的凭证式国债；

（2）凭证式国债是否到期，需要出具身份证件的，还要审核客户的身份证件是否有效，并把客户的身份证件相关信息记录在凭证式国债收款凭证背面。

步骤3. 交易处理。启动“凭证式国债兑付”交易，根据提示录入账号、金额等要素，如客户开户时留有密码的，则需要客户输入密码，如果超过5万元（含）则需要授权，确认交易并进行电子钱箱的配款。会计分录为

借：国债存款——邓紫萍户　　30 000.00

　贷：现金　　30 000.00

（或借：国债存款——××户）

　贷：活期存款——××户

特别提示：持有期不满半年的国债没有利息。

步骤4. 打印、签章。打印凭证式国债收款凭证和一式两联债券兑付清单，债券兑付清单交客户签字；在凭证式国债收款凭证和兑付清单上加盖现金付讫章、结清章和名章，有授权的还需要加盖授权人名章。

步骤5. 送别客户。将客户身份证件、需要支付的现金本息和兑付清单第二联交给客户，送别客户。

步骤6. 后续处理。将凭证式国债收款凭证、第一联兑付清单留存，随当日传票上交管辖行。

四、拓展

凭证式国债发行期间，根据包销合同规定的缴款日期和比例，由商业银行总行按照各行分销额度的一定比例划收发行资金，一并按时足额划缴财政部。凭证式国债到期兑付时，财政部将兑付本息资金划付各承销银行，承销银行根据发行期各行实际缴款情况逐级下拨。

五、考核

模拟银行辽金支行当日发生下列业务：

1. 客户赵梓池2018年4月6日来支取2015年3月3日开户的3年期凭证式国债，金额为20 000元，请办理相关的支取事项并计算利息。

2. 客户王艺蒙2018年3月28日来支取2015年4月10日开户的5年期凭证式国债，金额为30 000元，请办理相关的支取事项并计算利息。

要求：以模拟银行辽金支行柜员的身份完成凭证审核、业务数据录入、凭证盖章等处理。

六、分析思考题

1. 简述同样期限的凭证式国债和整存整取定期储蓄存款在提前支取时，办理程序的不同点。

2. 简述同样期限的凭证式国债和整存整取定期储蓄存款在提前支取时利息计算的不同点。

任务二　代理基金业务处理

【技能目标】

掌握基金账户开户申请业务的操作方法与基本要领，能按照业务规程规范完成基金

账户开户申请的业务操作。

【知识准备】

1. 目前银行营业网点办理的基金一般为开放式基金。开放式基金是指基金发行总额不固定，基金单位总数可以根据市场供求情况增加或减少，投资人可以按基金的净值在规定的营业场所申购或者赎回基金单位的一种基金。

2. 与封闭式基金相比，开放式基金的优势主要是市场选择性强、流动性好、透明度高、方便投资等。

3. 基金的认（申）购与赎回的概念及地点。金额认（申）购是指投资人以投资金额为单位提交认（申）购申请。数量赎回是指投资人以基金单位数量为单位提交赎回申请。

认（申）购与赎回同地点：是指投资人赎回的基金单位必须是其在同一银行同一直辖市分行、直属分行或二级分行所辖范围内认（申）购的基金单位，如果投资人要求跨行赎回基金单位，则必须通过转托管将现有的基金转入该行，才能实现跨行赎回。

4. 基金发行期间，投资人应在发行期内办理认购手续；发行期结束，营业网点立即停止接收认购申请。基金续存期内，投资人应在规定的基金开放日内提交基金交易申请。

5. 投资人在基金发行期结束一段时间后才可办理基金申购、赎回业务，间隔时间依据“基金招募说明书”中的规定执行。

6. 投资人买卖开放式基金要承担以下费用：

（1）认购费。有前端收费和后端收费两种方式，前端收费是在投资人认购款中一次性扣除，后端收费即在赎回时从赎回金额中扣除。目前国内的开放式股票基金的认购费率一般为认购金额的1% ~2%，复制型基金的认购费率全部为2%，是收费标准中最高的一种。

（2）申购费。我国法律规定，申购费率一般为申购金额的1% ~2%，并且适用的费率一般随申购金额的增加而降低，或者随持有时间的增加而降低。

（3）赎回费。我国法律规定，基金赎回费率不得超过赎回金额的5%，赎回费收入在扣除基本手续费后，余额应该归还基金所有者。

（4）基金管理费。基金管理费是指支付给实际运用基金资产、为基金提供专业服务的基金管理人的费用。管理费逐日计提，月底由托管人从基金资产中一次性支付给基金管理人，不需另向投资人收取。

（5）基金托管费。基金托管费是指基金托管人为基金提供服务而向基金投资人收取的费用。托管费逐日计提，按月从基金资产中一次性收取，不需另向投资人收取。

（6）其他费用。

（7）基金份数 = 申购金额/［（1 + 费率）×基金单位净值］。

（8）开放式基金的收益分配形式主要有现金分配和再投资等形式。

子任务1　基金账户开户申请

一、活动目标

掌握基金账户开户申请业务的操作方法与基本要领，能按照业务规程正确完成基金账户开户申请业务操作。

二、活动流程

基金账户开户申请业务活动流程如图 5－2－1 所示。

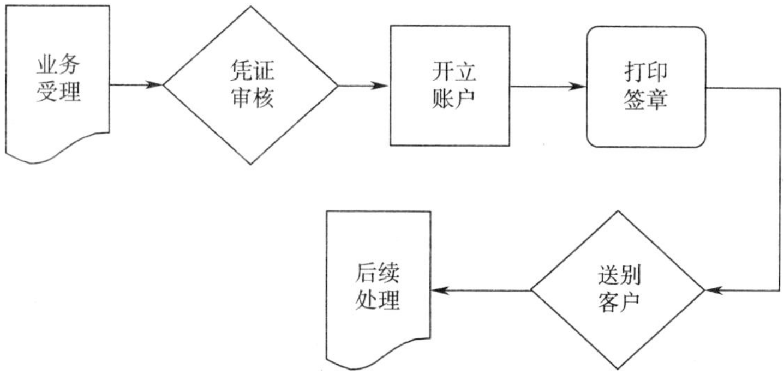

图 5－2－1　基金账户开户申请业务活动流程

三、案例引入

2018 年 5 月 12 日，田鑫赫持本人身份证件（身份证件号码：210117199806080143）申请开立个人基金账户。银行柜员按规定为其办理开立基金账户手续。

步骤 1. 业务受理。客户来银行办理基金账户申请业务时，除提供本人有效身份证件外还应填写代理基金开/销户申请书。

步骤 2. 凭证审核。银行经办柜员受理客户申请后，应按规定对相关证件资料进行审核。

1. 审核客户的有效身份证件原件和复印件是否齐全；基金业务只能由客户本人办理。

2. 审核客户填写的代理基金开/销户申请书的客户信息栏内容是否完整、清晰、正确。如果客户还没有银行资金账号的，还应填交储蓄开户申请表，开立与基金交易卡（基金账户）捆绑的银行资金账号。

步骤 3. 开立基金账户。柜员审核相关证件无误后，确定符合办理基金开户条件的，开立基金交易卡（基金账户），输入客户的详细个人信息，同时开通转账业务，使新开办的基金账户与客户指定的银行资金账户建立捆绑。

步骤 4. 打印签章。柜员打印代理基金开/销户申请书和证券业务回单一式两联，交客户签字，并在代理基金开/销户申请书与证券业务回单上加盖业务公章和柜员名章。

步骤 5. 送别客户。柜员把代理基金开/销户申请书与证券业务回单的第二联与客户身份证件、银行资金账户、基金账户一并交客户，送别客户。

步骤 6. 后续处理。柜员把代理基金开/销户申请书与证券业务回单的第一联留存，整理相关的凭证，日终上缴业务部门统一归档保管。

四、考核

模拟银行辽金支行当日发生下列业务：

1. 客户庄鑫持本人有效身份证于2017年5月12日来银行要求开办一个基金账户，身份证号码为210103198711208357，学历为本科，个人年收入为2万~5万元，职业类型为企业，联系电话为18708132405。

2. 要求每一位学生亲自在模拟银行柜台为自己开立一个基金账户，通过基金账户的开立进一步了解此业务的办理规程和相关事宜。

要求：学生两人一组分别以模拟银行辽金支行柜员和客户的身份完成相应业务处理。

五、分析思考题

简述基金的认购与赎回的特殊规定。

子任务2　基金认购

一、活动目标

掌握基金认（申）购业务的操作方法与基本要领，能按照业务规程正确完成基金认（申）购业务操作。

二、活动流程

基金认（申）购业务活动流程如图5－2－2所示。

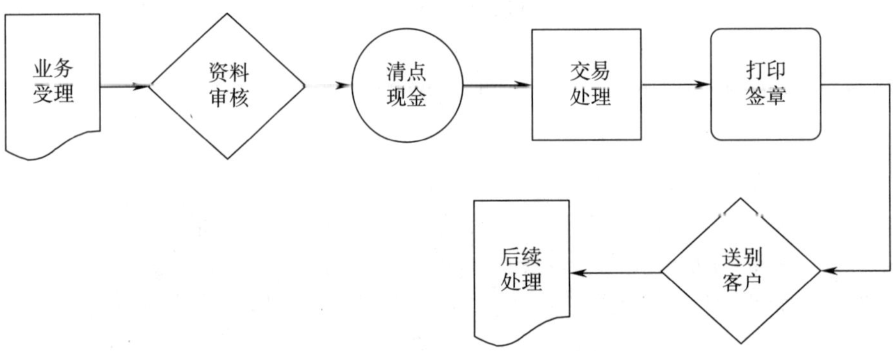

图5－2－2　基金认（申）购业务活动流程

三、案例引入

2018年5月15日，田鑫赫持本人身份证件、已开立的个人基金账户和银行资金账户要求申购50 000元农银研究所驱动混合基金（基金代码：005492），银行柜员按规定为其办理该基金的申购手续。

四、学习步骤

步骤1. 业务受理。客户办理基金的认（申）购业务时，应提供本人有效身份证件及复印件、基金交易卡（基金账户）、与交易卡相对应的银行资金账户，填写基金认购/申购委托单。如果银行资金账户金额不足，也可以持现金办理认（申）购业务。

步骤2. 资料审核。银行经办柜员按规定对客户提交的证件资料进行审核。

（1）审核客户本人的有效身份证件及复印件。

（2）审核客户填写的基金认购/申购委托单内容是否完整、清晰、正确。如果客户是第一次申购某基金时，柜员还需要审核增开基金账户的相关手续是否填写完整，即客户需再次填写开放式基金账户业务申请表，在“增开交易账户”栏内注明要认购/申购的基金名称或代码。

步骤3. 清点现金。客户银行资金账户余额不足时，可持现金办理基金的认（申）购业务，柜员清点现金无误后，应把该款项先存入客户的银行资金账户。

步骤4. 交易处理。输入基金认购/申购委托单交易代码，录入客户填写的基金认（申）购信息，输入与客户基金账户捆绑的银行资金账户，确认后将客户银行资金账户内的资金划入基金账户，同时基金认购/申购交易成功。

步骤5. 打印、签字。柜员打印基金认购/申购委托单和证券业务回单，交易手续费直接从客户银行资金账户中扣除，交客户签字，并在基金认购/申购委托单和证券业务回单上加盖公章和名章。

步骤6. 送别客户。柜员把基金认购/申购委托单和证券业务回单的第二联与客户身份证件、基金账户、银行资金账户等一并交给客户，送别客户。

步骤7. 后续处理。柜员留存基金认购/申购委托单和证券业务回单的第一联，整理相关的凭证，日终上缴业务部门统一归档保管。

五、拓展

1. 代销银行按“未知价格”原则和“金额申购”原则办理基金的申购，申购价格以开放日当天基金单位资产净值加按一定比例收取的申购费计算。

2. 当认购数额不符合基金公司规定的首次最低投资额，或者客户的认购申请没有得到基金公司的验证时，基金认购交易会被确认失败。

3. 客户可以办理开放式基金认购/申购的撤销手续，填写基金申购/赎回委托撤销单，撤销当天办理的委托交易，隔天业务不予受理。

4. 客户认购基金后，应在T+2日到柜台办理认购基金的第一次确认手续，打印清算交割单（该交割单中只有清算金额而无确认份额），确认认购申请是否被基金公司接受，避免延误再次认购时机。

六、考核

模拟银行辽金支行当日发生下列业务：

1. 客户庄鑫于2018年9月2日持本人身份证、基金账户（基金交易卡）、银行资金账户等到银行办理基金的申购，欲申购60 000元广发资源优选股票基金，该基金的基金代码为005402，客户填写基金认购/申购委托单后，到柜台办理此业务。

2. 客户庄鑫于2018年4月15日持本人身份证、基金账户（基金交易卡）、银行资金账户等到银行办理基金的申购，欲申购150 000元鹏华养老专业基金，该基金的基金代码为000854，客户填写基金认购/申购委托单后，到柜台办理此业务。

要求：以模拟银行辽金支行柜员的身份完成相应业务处理。

子任务3　基金赎回

一、活动目标

掌握基金赎回业务的操作方法与基本要领，能按照业务规程正确完成基金赎回业务操作。

二、活动流程

基金赎回业务活动流程如图5－2－3所示。

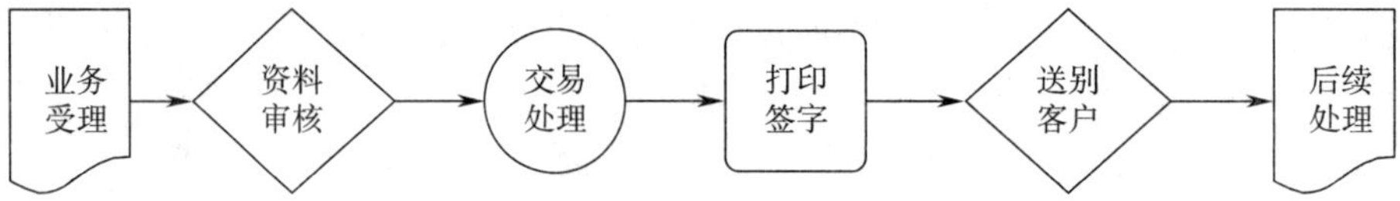

图5－2－3　基金赎回业务活动流程

三、案例引入

2018年7月21日，田鑫赫持本人身份证件、已开立的个人基金账户和银行资金账户要求赎回农银研究所驱动混合基金（基金代码：005492）。银行柜员按规定为其办理该基金的赎回。

四、学习步骤

步骤1. 业务受理。客户办理基金赎回业务时，应向柜员提供本人有效身份证件、基金交易卡、与交易卡相捆绑的银行资金账户，填写基金赎回/预约赎回委托单。

步骤2. 资料审核。银行经办柜员按规定审核客户提交的证件资料。

1. 审核客户本人的有效身份证件原件及复印件；

2. 审核客户填写的基金赎回/预约赎回委托单内容是否完整、清晰、正确；

3. 查询客户基金账户，应无余额、无权益、无挂失、无冻结、无未完成的交易委托等。

步骤3. 赎回交易处理。柜员输入基金赎回交易代码，录入客户赎回基金的交易信息，确认后交易成功。日终确认赎回交易价格后，赎回资金将划入与客户基金账户捆绑的银行资金账户。

步骤4. 打印、签字。柜员打印基金赎回/预约赎回委托单和证券业务回单，交客户签字，并在基金赎回/预约赎回委托单和证券业务回单上加盖业务公章和名章。交易手续费直接从客户的银行资金账户中扣除。

步骤5. 送别客户。柜员把客户签好的基金赎回/预约赎回委托单和证券业务回单第二联与客户身份证件、基金卡、银行资金账户等一并交给客户，送别客户。

步骤6. 后续处理。柜员把客户签好的基金赎回/预约赎回委托单和证券业务回单第一联留存，整理相关的凭证，日终上缴业务部门统一归档保管。

提示：各种基金收取的开户费、认购费、申购费、赎回费以及转托管费等都不相同。

五、考核

模拟银行辽金支行当日发生下列业务：

1. 客户庄鑫于2017年11月23日持本人身份证、基金账户（基金交易卡）、银行资金账户等到银行办理基金的赎回，欲赎回10 000份广发资源优选股票基金，该基金的基金代码为005402，客户填写基金赎回/预约赎回委托单后，到柜台办理此业务。

2. 客户庄鑫于2018年5月28日持本人身份证、基金账户（基金交易卡）、银行资金账户等到银行办理基金的赎回，欲赎回20 000份鹏华养老专业基金，该基金的基金代码为000854，客户填写基金赎回/预约赎回委托单后，到柜台办理此业务。

要求：以模拟银行辽金支行柜员的身份完成相应业务处理。

任务三　代理缴费业务处理

【技能目标】

熟悉代理缴费业务的种类、基本规定等，掌握办理各类代理缴费业务的活动流程。

【知识准备】

1. 代理缴费业务是指银行与代理业务单位签订相关协议，又与客户建立相应的委托支付关系，根据委托单位提供的代收清单，代理客户缴纳某项费用（如水电费、固定电话费、移动电话费等），并通过转账或现金缴费的方式将款项划转委托单位的一种服务方式。

2. 客户有两种途径缴纳各项费用，一是与银行签订转账付款协议，委托银行定期从客户指定的银行账户划拨相应的资金给公用事业单位；二是客户定期持公用事业单位的各项费用清单来银行办理现金缴纳业务。

3. 代理缴费业务主要涉及通信、物业管理、社会保障、交通、税费、行政事业等九大类近百个品种。具体可办理的业务有：

（1）通信类：固定电话费、电子银行服务费等；

（2）生活缴费：水费、电费、有线电视费、燃气费、物业管理费等；

（3）社会保障费：医疗保险金、养老保险金、失业保险金等；

（4）税务类：国税、地税等；

（5）交通类：出租车管理费、交通罚款、养路费、汽油费等；

（6）行政事业类：公共事业费、各种行政罚款、工商管理费等；

（7）报刊订阅类：报刊订阅费等；

（8）代理股票交易业务：主要包括银证转账业务；

（9）其他：代企业清收欠款、单位集资款、学生学杂费、咨询费等。

子任务1　代理缴费业务申请

一、活动目标

掌握代理缴费申请业务的操作方法与基本要领，能按照业务规程正确完成代理缴费申请业务操作。

二、活动流程

代理缴费申请业务活动流程如图 5－3－1 所示。

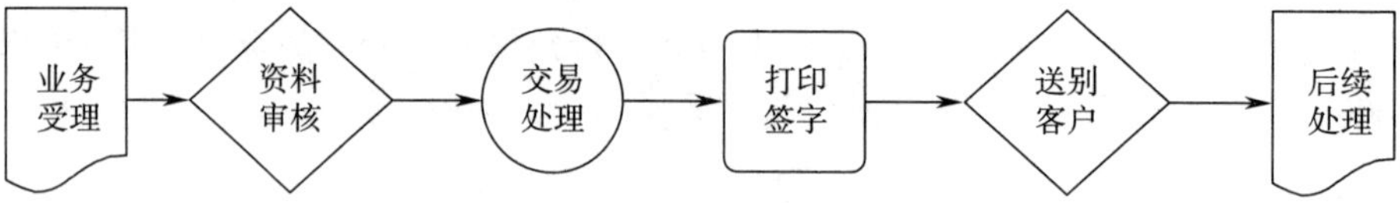

图 5－3－1　代理缴费申请业务活动流程

三、案例引入

2018 年 4 月 17 日，高鑫持本人身份证件来银行申请开办代理缴纳电费业务。银行柜员按规定为其办理该业务的申请手续。

四、学习步骤

步骤 1. 业务受理。客户办理代理缴费业务申请时，应向柜员提供本人的有效身份证件，填写公共事业费自动转账付款授权书。

步骤 2. 资料审核。柜员受理后按规定审核客户提交的相关证件资料。

1. 审核客户的有效身份证件；

2. 审核客户填写的公共事业费自动转账付款授权书内容是否完整、清晰、正确；

3. 如果客户没有银行的账户，需要求客户开立账户，如果客户有银行的账户，要审核该账户是否为本行所受理的账户，是否为客户本人的账户。

步骤 3. 交易处理。柜员输入代理缴费申请交易代码，录入客户信息，确认后交易成功。

步骤 4. 打印、签字。柜员打印业务受理单，交客户签字，并在公共事业费自动转账付款授权书和业务受理单上加盖业务公章和名章。

步骤 5. 送别客户。柜员把公共事业费自动转账付款授权书和业务受理单的第二联与客户银行账户、身份证件等一并交给客户，送别客户。

步骤 6. 后续处理。柜员把公共事业费自动转账付款授权书和业务受理单的第一联留存，整理相关的凭证，日终上缴业务部门统一归档保管。

五、拓展

1. 客户办理代理缴费业务的申请时，可以持他人的身份证件，替他人缴纳款项，但委托扣款的银行账户必须是授权人本人的账户。

2. 若本人终止授权时，必须立书面终止授权书，送受理银行，银行在接到终止授权书的一个月后执行。

3. 立授权书日即授权生效日。

六、考核

模拟银行辽金支行当日发生下列业务：

1. 客户高振琪持本人身份证、本人银行卡，委托银行代理其缴纳水费，客户银行卡卡号为30142820200155408，身份证号码为210117199806151223，客户居住地址为沈阳市沈北新区建设南一路，邮编为110122，客户填写公共事业费自动转账付款授权书后，到柜台办理此业务。

2. 客户张霁月持本人身份证、本人银行卡，委托银行代理授权人缴纳煤气费，客户银行卡卡号为6225763260032227，身份证号码为210117199805070258，授权人为张洋，居住地址为沈阳市沈北新区建设南一路，邮编为110122，联系电话为18708883126，客户填写公共事业费自动转账付款授权书后，到柜台办理此业务。

要求：以模拟银行辽金支行柜员的身份完成相应业务处理。

子任务2　代理续缴费

一、活动目标

掌握代理续缴费业务的操作方法与基本要领，能按照业务规程规范完成代理续缴费业务操作。

二、活动流程

代理续缴费业务活动流程如图5－3－2所示。

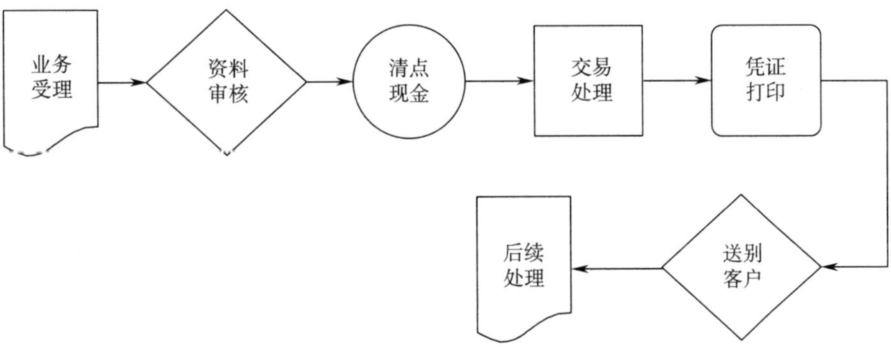

图5－3－2　代理续缴费业务活动流程

三、学习步骤

步骤1. 业务受理。柜员受理客户的代理续缴费业务时，如果客户已经与银行签订了自动扣款授权协议，银行会定期从客户指定的银行账户扣除相应的缴费金额。如果客户对扣款金额有疑问，银行可协助客户查询扣款明细账，不需要做重复扣款交易；如果客户是办理现金缴款业务的，柜员要求客户填写现金收费凭条。

步骤2. 资料审核。柜员审核客户填写的现金收费凭条内容是否正确、完整、清晰；审核客户所持的催缴通知单，确定是否为本行受理的业务。

步骤3. 清点现金。清点客户续缴费的现金，在监控下和客户视线内的柜台上清点，清点后与客户填写的现金收费凭条上的金额核对，无误后将现金放置于桌面上，待该业务办理结束后再予以收存。

步骤4. 交易处理。柜员输入代理续缴费业务代码，录入缴费相关内容，确认后交易成功。会计分录为

借：现金

　贷：其他应付款——代缴电费户

步骤5. 凭证打印。柜员打印现金收费凭条和代缴费收据，并加盖业务收讫章和名章。

步骤6. 送别客户。柜员把代缴费收据交付客户作付款凭证，送别客户。

步骤7. 后续处理。现金收费凭条留存，日终上缴业务部门统一归档保管。

四、考核

模拟银行辽金支行当日发生下列业务：

1. 客户杨刚持煤气费催缴通知单来柜台缴纳煤气费200.00元，客户住址：沈阳市和平区天津街12－3252。

2. 客户丛畅持水费催缴通知单来柜台缴纳水费157.00元，客户住址：沈阳市皇姑区韶山路15－1323。

要求：以模拟银行辽金支行柜员的身份完成相应业务处理。

项目六
电子银行业务处理

【知识结构图】

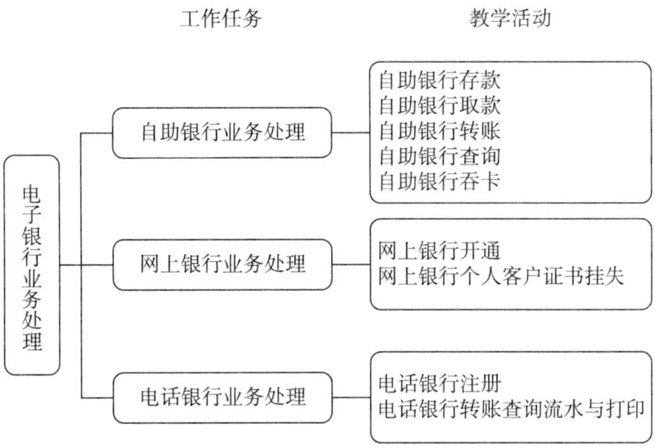

【能力目标】

能规范引导客户完成自助银行账户查询、转账、现金存取等业务操作；能规范引导客户完成网上银行账户注册、查询、转账、挂失等业务操作；能规范引导客户完成电话银行账户注册、注册密码修改、转账、流水查询、打印等操作，能解答客户关于电子银行各项代理业务的相关咨询；能根据业务要求完成银行柜员日初操作、日终操作、日常银行业务记账的处理以及日常账务记载差错的冲正处理。

【知识目标】

熟悉自助银行、网上银行业务种类，熟悉自助银行账户查询、转账、现金存取等金融服务的业务内容与服务规范；熟悉网上银行客户分类与客户证书的基本内容，熟悉网上银行账户注册、查询、转账、挂失等金融服务的业务内容与服务规范；熟悉电话银行账户注册、注册密码修改、转账流水查询、打印等金融服务的业务内容与服务规范。

【素质目标】

具有良好的职业操守及道德品质；积极主动、踏实、认真细致，有韧性；具有良好的服务意识、富有责任感；具有执行能力、应变能力、团队协作与承压能力；具备一定语言表达和沟通能力；具有一定独立处理问题能力。

任务一　自助银行业务处理

【技能目标】

熟悉自助银行账户查询、转账、现金存取等金融服务的业务内容与服务规范，能按有关业务规定规范完成自助银行账户查询、转账、现金存取等业务的操作处理，能妥善受理并处理该类业务的咨询与投诉。

【知识准备】

1. 自助银行是商业银行为客户提供24小时自助服务的营业场所。客户可以通过自助银行提供的各种设备，自行办理存款、取款、转账、证券买卖、外汇买卖、自助贷款、自助缴费、账务查询、补登存折、打印对账单，修改密码，查询存贷款利率、外汇牌价和商业银行综合信息。

2. 自助银行包括：自动柜员机（ATM）、自动存款机（ADM）、自助查询终端、自助服务电话等。

3. 自助银行运行管理受银行主控制台控制，其日终处理并入储蓄应用系统日志，执行日终账务处理。银行主机对自助银行客户账户的管理主要是联机查询客户账户信息、日终批处理客户信息以及客户信息管理等。每台ATM/ADM均应设立现金账户，现金账户对应设立储蓄柜员号，储蓄柜员号对应设立现金库存簿。柜员对每台ATM/ADM的每只钱箱必须事前进行登记编号，避免各ATM/ADM的钱箱互换使用。

4. 自助柜员是指专门管理自助银行每台ATM/ADM所对应的现金账户及完成清机装钞账务处理的人员。

5. 凡办理现金领用及清机业务必须实行钱账分管，做到双人清机、双人复核、双人押运。

6. 自助查询终端可以办理存折、银行卡、投资服务、对公交易、公共信息等业务的查询。

7. 客户在自助银行发生异常情况时，应及时向银行的相应机构反映，要求银行在尽可能短的时间内给予解决。

8. 当ATM钱箱钞券总量在30 000元以下或发生客户取款扣账未吐钞、现金账户不平等情况时，必须进行装钞清机。自助柜员根据现金移交单，在总库账户柜员号通过现金移交交易，将款项划入所需装钞ATM对应现金账户柜员号，同时登记ATM装钞登记簿，并双人签名。会计分录为

借：101（ATM现金柜员号）

　贷：101（总库账户柜员号）

9. 当ATM/ADM钱箱钞券总量在100 000元以上或发生客户存款未入账、卡钞、现金账户不平等情况时，必须进行清机。清机时，柜员将每台ATM/ADM钞箱内钞券整箱带回，由出纳柜员逐个清点，将余额分别登记在清机登记簿的“钞箱余额”栏中，结出每台ATM/ADM清机账面余额与实物相核对。

10. 各项余额核对完毕后，柜员对各个ATM/ADM钞箱的钞券按出纳收款标准进行汇总，根据每个ATM/ADM钞箱的余额分别填制现金移交单，并登记现金库存簿。自助

柜员根据现金移交单，分别在每个 ATM/ADM 对应柜员号通过现金移交交易，将款项划入总库账户。会计分录为

借：101（总库账户柜员号）

　贷：101（ATM/ADM 各对应柜员号）

11. 自动柜员机交易流程

（1）设备启动、设备自检，并初始化自动柜员机状态；

（2）设备自检成功，显示循环广告画面，若不成功，则进入暂停服务状态；

（3）循环显示广告画面时，如果检测到有操作员触发的动作（如插入操作员卡、按维护按钮等），则进入操作员维护状态；

（4）循环中还检测是不是有客户卡插入，如果客户卡插入，则进入交易状态；

（5）在循环中还检测是否有监控管理，如果接收到后台软件的管理命令，则进入监控管理状态；

（6）交易状态：限时等待用户输入密码，发送特色服务交易；

（7）如果特色服务交易成功，则显示交易菜单，等待用户选择交易；

（8）自动柜员机处理交易（如取款、查询、改密码、存款等交易）；

（9）自动柜员机处理交易结束，客户退卡，进入循环广告画面。

子任务 1　自助银行存款

一、活动目标

掌握自助银行存款业务的操作方法与基本要领，能按照业务规程规范完成自助银行存款业务操作。

二、活动流程

自助银行存取款业务操作流程如图 6－1－1 所示。

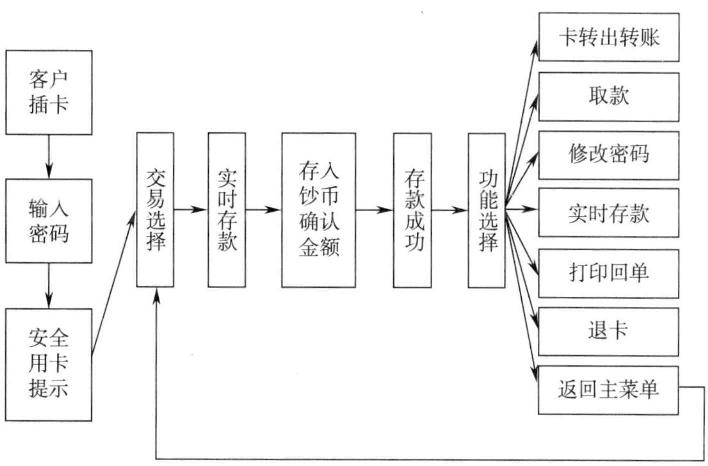

图 6－1－1　自助银行存取款业务操作流程

三、案例引入

2018 年 9 月 12 日，客户王志超在自助银行办理一笔存款业务。

四、学习步骤

步骤 1. 客户插卡。客户在 ATM/ADM 操作，插入银行卡。

步骤 2. 客户输入银行卡密码。

步骤 3. 交易选择，实时存款。在选择栏中选择“存款”，ATM/ADM 操作界面会跳跃到存款界面，并打开存款箱入口。

步骤 4. 存入钞币、确认金额。客户整理好钱款，整齐平放在存款箱入口内，按“确认”键，存款箱入口自动关闭后系统内部开始清点现金，并在屏幕上显示存款的金额，若正确请确认，若不正确请取消；如果有退回的残缺人民币，请更换后重新放进存款箱入口。

步骤 5. 打印回单。待存款交易成功后，可以循环操作。最终结束存款时可选择打印回单，ATM/ADM 会打印出存款明细，以备日后查考；如果不选择打印，屏幕界面会返回到退出系统的选项界面。

步骤 6. 退卡。选择退卡，画面会回到原始状态，机器会吐出银行卡。

五、拓展

1. 自助银行规定只能存入 50 元或 100 元面额的钞票，一次存入金额不能超过 100 张，日存金额不限；客户需要按照屏幕提示放入想要存入的钞票。

2. 自动存款机具备自动柜员机除取款以外的全部功能，还具有验钞功能，遇到假币或残币当即拒收，退给存款人；自动柜员机兼具存款机和取款机的所有功能。

六、考核

请学生以模拟银行辽金支行自助银行客户的身份，办理一笔自助银行的小额存款业务，并把办埋的过程以文字和图表的形式表述出来，作为本次考核的作业。

子任务 2　自助银行取款

一、活动目标

掌握自助银行取款业务的操作方法与基本要领，能按照业务规程规范完成自助银行取款业务操作。

二、活动流程

自助银行取款业务活动流程如图 6－1－2 所示。

三、案例引入

2018 年 12 月 28 日，客户王志超在自助银行办理一笔取款业务。

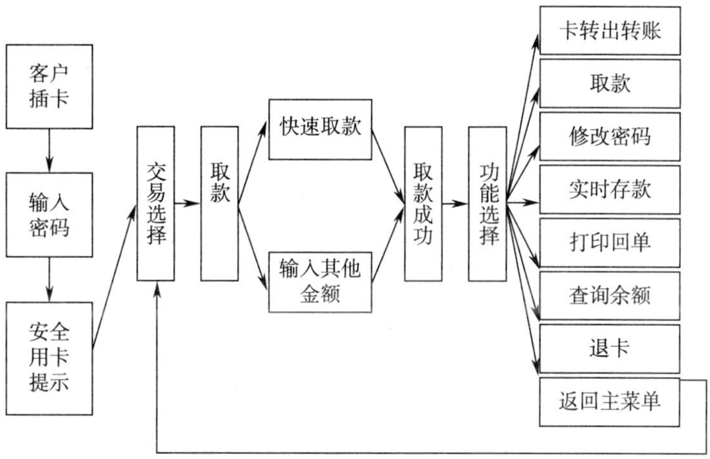

图 6－1－2　自助银行取款业务活动流程

四、学习步骤

步骤 1. 客户插卡。客户在 ATM/ADM 操作，插入银行卡。

步骤 2. 客户输入银行卡密码。

步骤 3. 交易选择，取款。在选择栏中选择“取款”，ATM/ADM 操作界面会跳跃到取款界面，选择快速取款或输入取款金额按下“确认”键后系统开始进行操作。

步骤 4. 打印回单和冠字号。待取款金额从出钞口吐出时客户可以清点金额，并选择“继续”进行重复选项操作，直至业务结束按“结束”键。最终结束取款时可选择打印回单、打印冠字号，ATM/ADM 会打印出存款明细和冠字号，以备日后查考；如果不选择打印，屏幕界面会返回到退出系统的选项界面。

步骤 5. 退卡。选择退卡，画面会回到初始状态，机器会吐出银行卡。

五、拓展

客户来自助银行办理取款业务时，每次取款金额设有限额，各家银行限额额度不同，一般日取款金额不得超过 2 万元。

六、考核

请学生以模拟银行辽金支行自助银行客户的身份，办理一笔自助银行的小额取款业务，并把办理的过程以文字和图表的形式表述出来，作为本次考核的作业。

子任务 3　自助银行转账

一、活动目标

掌握自助银行转账业务的操作方法与基本要领，能按照业务规程规范完成自助银行转账业务操作。

二、活动流程

自助银行转账业务活动流程如图 6－1－3 所示。

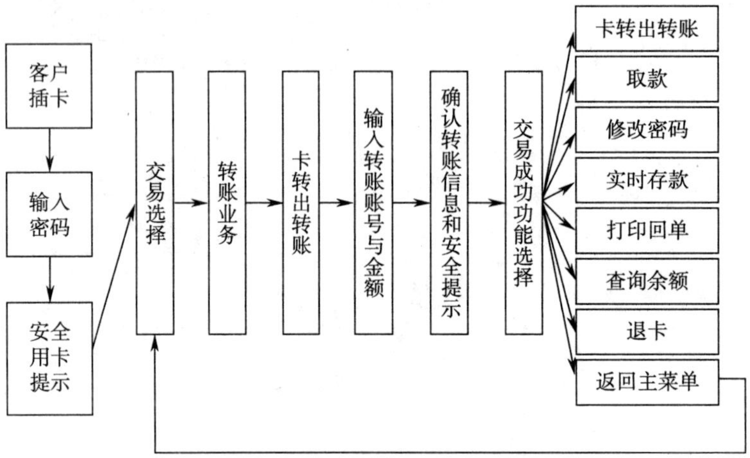

图 6－1－3　自助银行转账业务活动流程

三、案例引入

高鑫到模拟银行辽金支行自动柜员机办理转账业务。

四、学习步骤

步骤 1. 客户在银行 ATM/ADM 上插入银行卡，输入账户密码。在选择界面上选择“转账”，机器上的操作界面会跳到转账界面。

步骤 2. 客户输入需要转入的银行账号、金额并审核无误，按下“确认”键后，操作屏幕会显示转入账户的户名，核对无误后再次按下“确认”键，交易成功。

步骤 3. 交易成功后选择打印凭条，如果不打印凭条，屏幕界面会返回到退出系统的选项界面。

步骤 4. 选择“退卡”，屏幕画面将返回到初始界面，机器会吐出银行卡。

五、考核

请学生以模拟银行辽金支行自助银行客户的身份，办理一笔自助银行的小额转账业务，并把办理的过程以文字和图表的形式表述出来，作为本次考核的作业。

子任务 4　自助银行业务查询

一、活动目标

掌握自助银行查询业务的操作方法与基本要领，能按照业务规程规范完成自助银行查询业务操作。

二、活动流程

自助银行查询业务活动流程如图 6－1－4 所示。

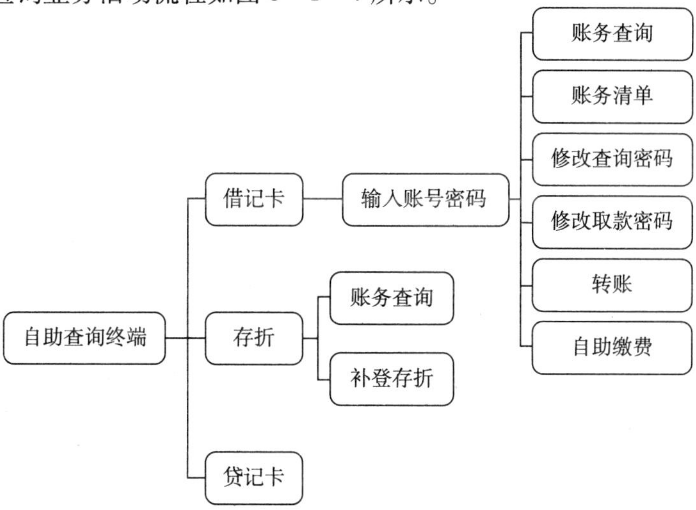

图 6－1－4　自助银行查询业务活动流程

三、案例引入

2018 年 10 月 30 日，丛畅在自助银行办理补登存折业务。

四、学习步骤

步骤 1. 客户在银行自助服务终端上插入存折（银行卡或一卡通），输入账户密码。根据需要选择界面上显示查询的业务内容。

步骤 2. 查询结束后客户可选择“打印”查询结果，还可打印未曾打印过的存折的交易等。

步骤 3. 选择“退出”，屏幕画面将返回到初始界面，机器会吐出银行卡。

五、拓展

商业银行自助服务终端提供查询、转账、自助发卡、代理缴费、理财、补登存折、打印对账单、网上挂失和查询金融信息等业务。

六、考核

请学生以模拟银行辽金支行自助银行客户的身份，办理一笔自助银行查询业务，能够熟练掌握各种自助银行产品的查询操作处理，并把办理的过程以文字和图表的形式表述出来，作为本次考核的作业。

子任务 5　自助银行吞卡处理

一、活动目标

掌握自助银行吞卡处理业务的操作方法与基本要领，能按照业务规程规范完成自助银行吞卡处理业务操作。

二、活动流程

自助银行吞卡处理业务活动流程如图 6－1－5 所示。

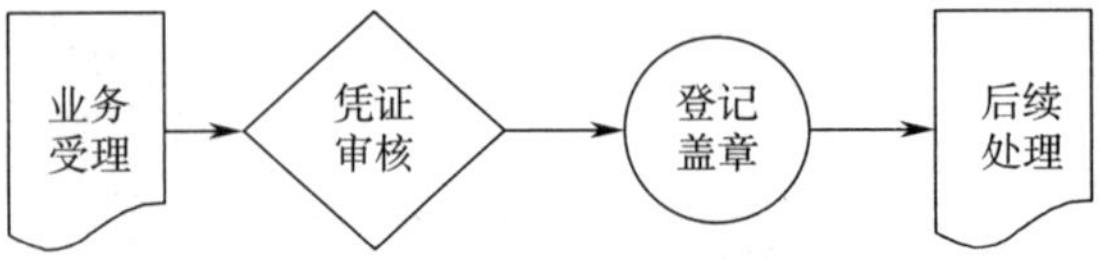

图 6－1－5　自助银行吞卡处理业务活动流程

三、案例引入

2018 年 9 月 11 日，王嘉琦持本人身份证件（身份证件号码：210114199908071258）来行领取被吞的银行卡。模拟银行辽金支行柜员按规定为其办理该手续。

四、学习步骤

步骤 1. 业务受理。银行经办柜员受理客户银行卡吞卡处理业务时，支行网点或自助银行运营中心管理员可及时将被吞卡取出（双人取卡），查明吞卡原因是否是因为客户延时未取卡，或使用挂失、过期卡或伪卡，或者是其他系统原因所造成的。

步骤 2. 审核。柜员审核客户有效身份证件的真伪和有效期、吞卡凭证是否属实，并针对吞卡信息进行确认。

步骤 3. 登记登记簿。柜员确认客户身份和吞卡事实后，要求客户填写自助设备异常情况受理表一式两联，柜员根据真实情况登记吞卡登记簿，并在自助设备异常情况受理表两联上加盖银行业务公章和名章。

步骤 4. 归还银行卡，送别客户。柜员把自助设备异常情况受理表第一联与客户银行卡、身份证件一并交付客户，并要求客户在吞卡登记簿上签收；送别客户。

步骤 5. 后续处理。柜员整理吞卡登记簿，并把自助设备异常情况受理表第二联作为该笔吞卡处理业务的处理凭证保管。

五、拓展

以下几种情况可能造成自动柜员机吞卡：

（1）交易完成后没有及时取回的卡或忘记取回的卡；

（2）挂失卡、被窃卡，有舞弊嫌疑的卡；

（3）卡的所有人存在资信劣迹，已被银行记录的卡；

（4）通信、系统突然中断或故障；

（5）自动柜员机发生机械故障；

（6）客户操作错误，如卡片未完全退出又强行插入；

（7）犯罪分子破坏自助设备，堵塞读卡器。

六、考核

模拟银行辽金支行当日发生下列业务：

1. 客户李鑫鑫在自动柜员机存款时发生异常，存款3 000元结束后因机器突发事故其银行卡被吞，李鑫鑫于当日来自动柜员机管辖行办理吞卡领卡手续，本人身份证号码为210119199905313027。

2. 客户李思琪在自动柜员机取款1 000元时发生异常情况，所取的现金吐出后，因忘记取卡致使银行卡又被机器吞回。查询余额账，取款交易已经进账，本人于当日到自动柜员机管辖行办理吞卡领卡手续，本人身份证号码为210118199002181369。

要求：以模拟银行辽金支行柜员的身份完成相应业务处理。

任务二　网上银行业务处理

【技能目标】

熟悉网上银行账户注册、查询、转账、挂失等金融服务的业务内容与服务规范，能按有关业务规定指导客户规范完成网上银行账户查询、转账、挂失等业务的操作处理。

【知识准备】

1. 网上银行系统主要包括银行管理系统和客户交易系统。

2. 网上银行客户分为注册客户和非注册客户；注册客户是指办理了客户注册手续，与银行签订了网上银行服务协议，并从银行取得客户证书的个人；非注册客户是指未办理客户注册手续而登录网上银行系统的个人客户，也称为公共客户。

3. 网上银行的注册客户在网上银行系统中被设置有唯一的客户号，在该客户号下可关联若干个账户。

4. 网上银行证书是指由金融认证中心向证书申请人发放的含有申请人特征信息等有关要素，能够确认申请人唯一身份的一组电子信息。

5. 个人客户证书可以存放在IC卡或USB Key中，也可以存放在IE浏览器中。

6. 网上银行个人注册客户业务包括：业务申请、基本业务、网上缴费、网上漫游汇款、网上贷记卡还款、网上记账式国债业务、网上开放式基金业务、开放式基金网上直销、网上银证通、网上银证转账、网上外汇业务、电子银行交易回单、工资单明细查询、网上支付等。

7. 网上银行错账处理是指对由于系统故障（网络通信中断、软件差错、设备故障）、银行人员操作失误或客户自助操作失误等原因造成的错记、重记、漏记或少记客户账务进行的处理。

8. 网上银行的种类

（1）账户服务，24小时转账汇款，信用卡网上还款；

（2）在线缴费，可进行网费、手机话费、市话费等网上缴费；

（3）网上支付，设有最高金额限制，防范资金风险；

（4）外汇、证券和保险信息及交易服务，网上贷款以及理财服务；

（5）网上修改密码、网上挂失账务信息通知提醒等业务。

子任务1　个人网上银行业务申请的处理

一、活动目标

掌握个人网上银行申请业务的操作方法与基本要领，能按照业务规程指导客户规范完成网上银行申请业务操作。

二、活动流程

个人网上银行业务申请活动流程如图 6 –2 –1 所示。

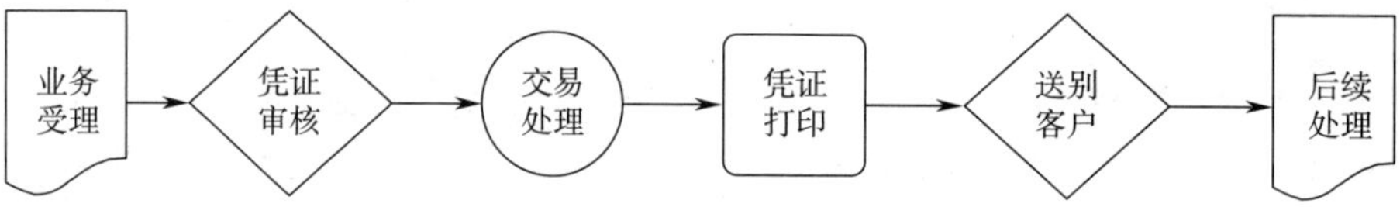

图 6 –2 –1　个人网上银行业务申请活动流程

三、案例引入

2018 年 12 月 16 日，臧新宇持本人身份证件（证件号码：210115199902071012）来行申请网上银行业务。模拟银行辽金支行柜员按规定为其办理网上银行申请手续。

四、学习步骤

步骤 1. 业务受理。柜员受理客户网上银行开通业务申请时，要求客户提供本人的有效身份证件，并填写网上个人银行证书申请表。

步骤 2. 凭证审核。柜员审核客户网上个人银行证书申请表内容是否完整、正确，有效身份证件是否真实、有效，申请表填写的注册账户信息（账号/卡号、户名、账户性质等）必须与客户提供的账户凭证相符；客户必须本人当场与银行签订《电子银行服务协议》，并填写协议签订日期。

步骤 3. 交易处理。柜员登录“网点客户登记系统”，进入“个人客户信息设置”选择“个人客户注册”交易；录入客户相关信息后提交，显示“交易成功”；进入“客户证书管理”选择“申请证书”，对使用 USB Key 的，空白 USB Key 保管柜员需要在 ABIS 系统中进行“个人网上银行空白 USB Key”表外账务处理，并收取“个人网上银行空白 USB Key”工本费。

步骤 4. 凭证打印。柜员打印网上个人银行注册信息表一式两份，交客户确认签字；并在网上个人银行注册信息表和《电子银行服务协议》上加盖经办人名章及受理行业务公章。

步骤 5. 送别客户。柜员把网上个人银行注册信息表和《电子银行服务协议》的其中一联与客户相关资料一并交付客户，送别客户；另一联银行留存。

步骤 6. 后续处理。柜员整理网上个人银行注册信息表和《电子银行服务协议》的银行留存联。

五、拓展

1. 网上银行以个人客户证书作为确认个人注册客户登录网上银行的依据。

2. 个人注册客户办理业务申请的有效身份证件包括身份证、户口簿、军人身份证件及符合人民银行开立存款账户有关规定的有效证件。

3. 受理客户网上银行业务申请的银行必须是该客户任一账户的开户行。

4. 个人注册客户可以在网上自助进行部分基本信息的修改，如客户需要变更账户信息，应要求客户提供本人的有效身份证件及复印件、需变更的账户凭证原件，填写业务申请表，向账户所在地的任意网点提出变更申请。

5. 网银的功能

（1）账户管理功能。为客户提供账户的信息查询，包括开户机构、账户余额、活期子账户的明细。

（2）转账汇款功能。包括行内转账、跨行转账、卡内定活互转、预约转账、批量转账等，客户可以设置网上银行单笔转账交易金额和日累计转账交易金额的上限。

（3）缴费支付功能。个人网上银行客户可通过网上银行进行市话费、手机费、水电费、交通违章罚款的查询和缴费等。

（4）投资理财功能。包括理财产品的查询、认购和撤销资金存管和银证转账等。

（5）贷款功能。个人网上银行客户可通过网上银行申请个人贷款，包括自动放款、自动还款、提前还款、逾期还款等。

六、考核

模拟银行辽金支行当日发生下列业务：

1. 客户张妍来银行开办网上银行申请业务，性别女，电话号码为139041189217、86242123，身份证件号码为212104196708191035，银行卡账户为6225103222895038，通信地址为沈阳市沈北新区建设南一路，申请银行USB Key个人客户证书。

2. 客户张思域来银行开办网上银行申请业务，性别男，电话号码为13084890677、62259612，身份证件号码为210325198006178201，活期存折号码为22033024088759052，通信地址为沈阳市沈北新区建设南一路，申请办理普通个人客户证书。

要求：以模拟银行辽金支行柜员的身份完成凭证审核、业务数据录入、凭证盖章与凭证处理。

七、分析思考题

简述个人网银的功能。

子任务2 网上银行客户证书挂失的处理

一、活动目标

掌握网上银行个人证书挂失业务的操作方法与基本要领，能按照业务规程规范完成网上银行个人证书挂失业务操作。

二、活动流程

网上银行个人客户证书挂失业务活动流程如图 6－2－2 所示。

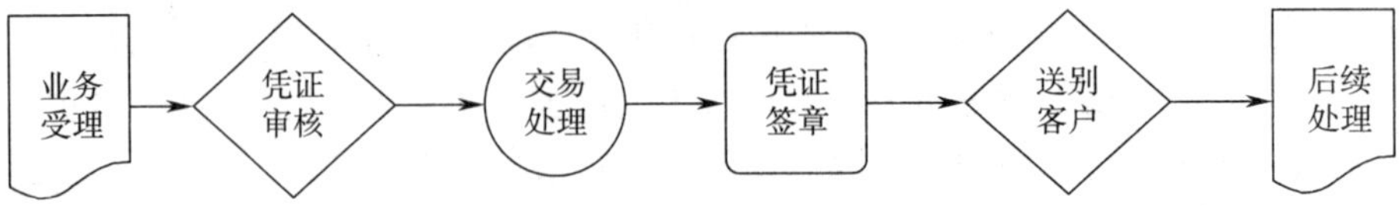

图 6－2－2 网上银行客户证书挂失业务活动流程

三、案例引入

2018 年 5 月 8 日，徐小琪持本人身份证件（证件号码：210112196308092147）来行办理网上银行个人客户证书挂失业务。模拟银行辽金支行柜员按规定为其办理该挂失手续。

四、学习步骤

步骤 1. 业务受理。柜员受理客户网上个人银行证书挂失申请，需要客户提供本人有效身份证件，填写网上个人银行证书申请表，提供一个已注册账户的存折和银行卡的原件。

步骤 2. 凭证审核。柜员审核客户填写的网上个人银行证书申请表（操作类型选择挂失）内容是否完整、准确、清晰，客户本人有效身份证原件及复印件是否真实、齐全，是否在有效期内；客户提供已注册账户的存折或银行卡的原件是否属于本行网上银行的账户。

步骤 3. 交易处理。审核无误后，登记网上银行客户管理登记簿。若是客户网上银行个人证书 USB Key 丢失的，柜员审核客户资料无误后，登录“网点客户登记系统”进入“个人客户信息设置”，先对客户丢失的个人证书进行撤销的处理，然后重新为客户办理一个新的 USB Key 个人证书（手续同第一次办理个人证书相同）；如果客户遗忘 USB Key 等个人证书的密码，柜员登录“网点客户登记系统”，对客户信息先进行初始化，然后让客户对个人证书设置新的密码。

步骤 4. 凭证签章。柜员在客户填写好的网上个人银行证书申请表上加盖经办人名章及业务公章。

步骤 5. 送别客户。柜员把签章的网上个人银行证书申请表中的一联交给客户作为挂失业务受理回单；送别客户。

步骤 6. 后续处理。柜员把签章的网上个人银行证书申请表的另一联专夹保管。

五、拓展

1. 个人注册客户证书的种类有证书挂失、证书撤销挂失、证书补办、证书更新；

2. 个人客户出现证书遗失、损坏、锁住或密码遗忘等情况，允许其先办理挂失再办理证书补办，或者直接办理证书补办；如果客户原证书介质仍可使用，客户需在办理证书补办时一并提供。

六、考核

模拟银行辽金支行当日发生下列业务：

1. 客户李玟来银行办理网上银行个人客户证书挂失业务，性别女，电话号码为13989310716、67019123，身份证件号码为210118198909303061，其中一个注册账户为28100320000156023，通信地址为沈阳市沈北新区建设南一路。

2. 客户佟广来银行办理网上银行个人客户证书密码挂失业务，性别男，电话号码为13988386111、88126407，身份证件号码为211010198211222051，其中一个注册活期存折账号为31021000340000505，通信地址为沈阳市沈北新区建设南一路。

要求：以模拟银行辽金支行柜员的身份完成相应业务处理。

任务三　电话银行业务处理

【技能目标】

熟悉电话银行注册、注册密码修改、转账流水查询与打印等金融服务的业务内容与服务规范，能按有关业务规定规范完成电话银行注册、注册密码修改、转账流水查询与打印等业务的操作处理。

【知识准备】

1. 电话银行个人客户是指拨打银行服务热线，进行信息查询或办理转账结算等业务的个人。电话银行客户按客户是否注册，分为注册客户和非注册客户。

2. 注册客户是指办理了客户注册手续，与银行签订了电子银行服务协议，并从银行取得注册客户号与注册密码的客户；非注册客户是指未办理客户注册手续而使用电话银行系统的个人银行卡客户，也称为公共客户。

3. 注册客户号，是指注册客户进入电话银行注册客户服务所使用的编号，在该客户号下可关联多个账户，被关联的多个账户必须在同一家银行开立。

4. 注册客户密码，是指注册客户进入电话银行注册客户服务所使用的密码。

子任务1　电话银行注册

一、活动目标

掌握电话银行注册业务的操作方法与基本要领，能按照业务规程规范完成电话银行注册业务操作。

二、活动流程

电话银行注册业务活动流程如图6－3－1所示。

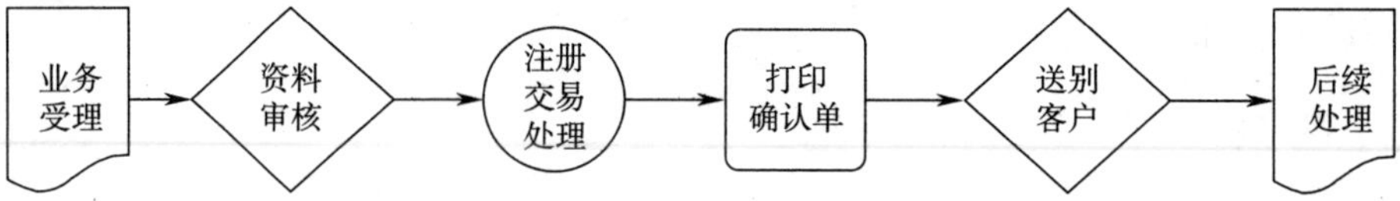

图 6－3－1　电话银行注册业务活动流程

三、案例引入

2018 年 12 月 26 日，高鑫持本人身份证件（证件号码：2121060198011223025）来行办理电话银行注册业务。模拟银行辽金支行柜员按规定为其办理该手续。

四、学习步骤

步骤 1. 业务受理。柜员受理客户提出的电话银行注册业务申请，并要求客户提供本人有效身份证件及复印件并填写电子银行业务申请表（个人）。

步骤 2. 资料审核。柜员审核客户填写的电子银行业务申请表（个人）内容是否完整、准确、清晰，审核客户本人身份证件及复印件是否有效、齐全；客户本人注册账户的银行卡或活期存折原件是否为本行所受理的账户；客户所申请注册的账户信息（账号/卡号、户名、账户性质等）是否与客户提供的存折或银行卡相符。

步骤 3. 注册交易处理。在审核的基础上，柜员要求客户必须本人当场签订《电子银行服务协议》一式两份，并填写协议签订日期；柜员进入 ABIS 综合业务处理系统后进入渠道签约子系统选择“客户信息注册”交易，根据界面提示信息录入相关要素后提交；交易成功。

步骤 4. 打印确认单。柜员打印一式两份业务确认单，确认单交客户确认签字后加盖经办人名章与银行业务公章，同时登记电话银行开销户登记簿。

步骤 5. 送别客户。柜员把确认单的第二联交客户作为业务回单与客户所提供的其他相关证明一并交给客户，送别客户。

步骤 6. 后续整理。柜员把确认单的第一联留作本次业务操作的凭证，用专夹保管。

五、考核

模拟银行辽金支行当日发生下列业务：

1. 客户张敏来银行注册电话银行业务，性别女，手机号码为 13801257325、86804078，身份证件号码为 210213198412033029，注册银行卡账号为 2010028000286912，通信地址为沈阳市沈北新区建设南一路。

2. 客户楼丽月来银行开办电话银行业务，性别男，手机号码为 13489064236、62570206，身份证件号码为 210106198101062033，注册活期存折账号为 710200082100517，通信地址为沈阳市沈北新区建设南一路。

要求：以模拟银行辽金支行柜员的身份完成凭证审核、业务数据录入、凭证盖章与凭证处理。

子任务2　电话银行转账流水查询与打印

一、活动目标

掌握电话银行转账流水查询与打印业务的活动方法与基本要领，能按照业务规程正确完成电话银行转账流水查询与打印业务活动。

二、活动流程

电话银行转账流水查询与打印业务活动流程如图6－3－2所示。

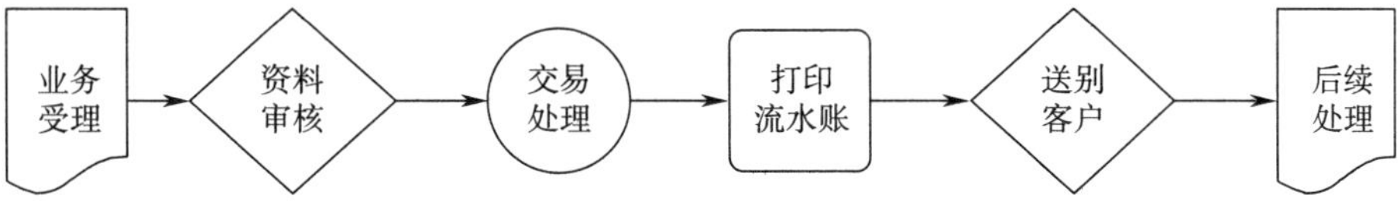

图6－3－2　电话银行转账流水查询与打印业务活动流程

三、案例引入

2018年6月29日，杨文明持本人身份证件（证件号码：210212198001122302）来行办理电话银行转账查询与打印业务。模拟银行辽金支行柜员按规定为其办理该手续。

四、学习步骤

步骤1. 业务受理。柜员受理客户提出的打印电话银行流水账的申请，并要求客户提供本人身份证件及复印件，提供打印回单的存折或银行卡原件；如能提供注册客户号的，需要客户提供注册客户号。

步骤2. 资料审核。柜员审核客户提供的资料：客户本人的身份证原件及复印件是否有效、齐全；需要打印回单的存折或银行卡原件是否为本行所能受理的；如果提供注册客户号，还要审核客户号的真实性。

步骤3. 交易处理。柜员进入业务处理系统，根据界面显示录入相关要素后，系统显示查询期限内的客户电话银行转账交易流水，选中需要打印的流水，按回车后，界面提示是否打印，确认后交易成功。

步骤4. 打印流水账。柜员打印客户回单一份并加盖业务受理章和名章；同一账户同一笔交易只能打印两次，第二次打印需加盖补打字样。

步骤5. 送别客户，后续处理。柜员把客户回单及相关证件交给客户，送别客户，并完成相应后续处理。

五、考核

模拟银行辽金支行当日发生下列业务：

1. 客户王浩来银行要求打印电话转账流水账，手机号码为13901257879，身份证件号码为210208197912033029，注册银行卡账号为5010028000286912，通信地址为沈阳市和平区天津街 12 –3。

2. 客户杨刚来银行要求打印电话转账流水账，手机号码为 13989064236，身份证件号码为 330106198101062033，注册活期存折账号为 910200082100516，通信地址为沈阳市皇姑区韶山路 6 –5。

要求：以模拟银行辽金支行柜员的身份完成相应业务处理。

项目七
资金汇划与资金清算业务处理

【知识结构图】

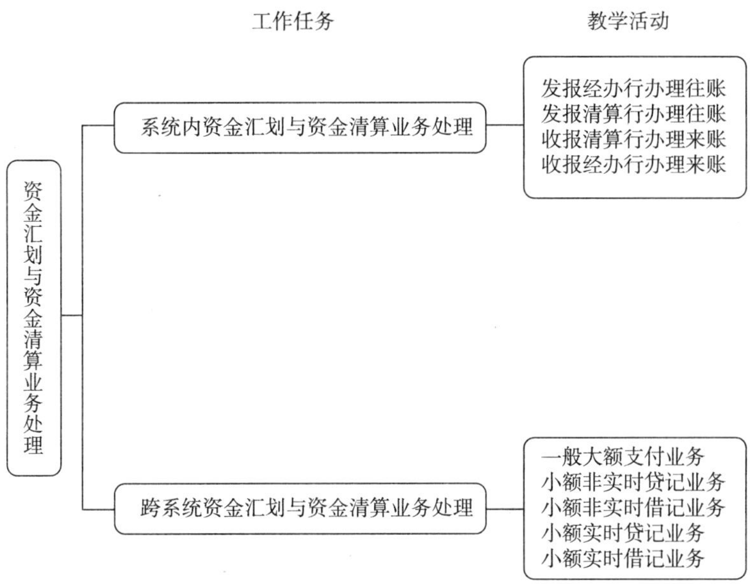

【能力目标】

能按业务操作流程规范办理商业银行系统内资金汇划清算业务；能按业务操作流程规范办理商业银行跨系统资金汇划清算业务。

【知识目标】

了解商业银行系统内资金汇划清算业务的含义和有关规定，了解商业银行系统内资金汇划清算的基本做法；了解商业银行跨系统资金汇划清算业务的含义和有关规定，了解大额、小额支付系统的含义和有关规定，了解大额、小额支付系统的操作流程。

【素质目标】

具有良好的职业操守及道德品质；积极主动、踏实、认真细致，有韧性；具有良好的服务意识、富有责任感；具有执行能力、应变能力、团队协作与承压能力；具备一定语言表达和沟通能力；具有一定独立处理问题能力。

任务一 系统内资金汇划与资金清算业务处理

【技能目标】

了解商业银行资金汇划系统的含义与一般规定，了解商业银行系统内资金汇划与资金清算的基本做法，熟悉商业银行系统内资金汇划与资金清算所使用的科目和凭证，能按照商业银行系统内资金汇划清算业务的活动流程正确规范完成操作处理。

【知识准备】

为适应经济金融体制改革，进一步提高资金汇划速度和优质服务水平，加强资金管理，提高集约化经营水平和资金使用效益，各系统商业银行相继开通了资金汇划清算系统，实现了系统内结算款项、清算资金的电子划拨。以资金汇划清算系统取代联行往来制度，是联行体制的一次重大改革。

资金汇划清算系统各行操作处理略有所不同，现以工商银行为例进行介绍。

一、资金汇划清算系统

资金汇划清算系统是办理结算资金和内部资金汇划与清算，通过电子计算机网络采用逐级传输方式来完成的划拨过程。该系统既承担汇兑、托收承付、委托收款（含商业汇票等）、银行汇票、银行卡、储蓄旅行支票、内部资金划拨、其他经总行批准的款项汇划及其资金清算，又承担对公、储蓄、银行卡异地通存通兑业务的资金清算，同时也办理有关的查询查复业务。

二、资金汇划系统的构成

资金汇划系统由汇划业务经办行、清算行、总行清算中心通过计算机网络组成。

1. 经办行是具体办理结算资金和内部资金汇划业务的行处。汇划业务的发生行是发报经办行；汇划业务的接收行是收报经办行。

2. 清算行是在总行清算中心开立备付金存款账户，办理其辖属行处汇划款项清算的分行，包括直辖市分行、总行直属分行及二级分行（含省分行营业部）。省分行在总行开立备付金户，只办理系统内资金调拨和内部资金利息汇划。

3. 总行清算中心是办理系统内各经办行之间的资金汇划、各清算行之间的资金清算及资金拆借、账户对账等账务的核算和管理的部门。

三、资金汇划清算系统的基本做法

资金汇划清算系统的基本做法是：实存资金，同步清算，头寸控制，集中监督。

1. 实存资金是指以清算行为单位在总行清算中心开立备付金存款账户，用于汇划款项时资金清算。经办行与清算行之间的资金清算比照处理。

2. 同步清算是指发报经办行通过其清算行经总行清算中心将款项汇划至收报经办行，同时，总行清算中心办理清算行之间的资金清算，清算行办理经办行之间的资金清算。

3. 头寸控制是指各清算行在总行清算中心开立的备付金存款账户，必须保证有足够的存款，总行清算中心对各行汇划资金实行逐笔即时清算。清算行备付金存款不足时，可向总行借款。

4. 集中监督是指总行清算中心对汇划往来数据发送、资金清算、备付金存款账户资信情况和行际间查询查复情况进行管理和监督。

四．资金汇划清算业务设置的科目

1. “清算资金往来”科目。该科目核算各经办行通过电子汇划系统发出报单和收到报单时的资金汇划往来与清算情况。本科目属于资产负债共同类。汇划业务结束，该科目余额结转“系统内上存款项”，进行资金实时清算。

2. “系统内上存款项”科目。该科目反映各清算行存放在总行以及各经办行存放在清算行的清算备付金。该科目由省区分行、直辖市分行、总行直属分行、二级分行使用，属资产类科目，余额反映在借方。

3. “系统内款项存放”科目。该科目反映总行收到的各清算行上存以及各清算行收到各经办行上存的清算备付金存款。该科目该科目由总行、省区分行使用，属负债类科目，余额反映在贷方。

五、资金汇划清算业务使用的凭证

资金汇划清算业务的基本凭证是资金汇划补充凭证，由收报行接收来账数据后打印，是账务记载的依据和款项已入账的通知。资金汇划补充凭证是重要空白凭证，必须按规定领用和保管，并纳入表外科目核算，该凭证分为“资金汇划（借方）补充凭证”和“资金汇划（贷方）补充凭证”。

1. 资金汇划（借方）补充凭证一式两联：一联作有关科目借方凭证；另一联作有关科目的凭证或附件。

2. 资金汇划（贷方）补充凭证一式两联：一联作有关科目贷方凭证；另一联作收款通知。

3. 资金清算往来汇总记账凭证。资金清算往来汇总记账凭证是各经办行与清算行处理往来款项及清算所使用的凭证。

【活动流程图】

系统内资金汇划与清算业务活动流程如图7－1－1所示。

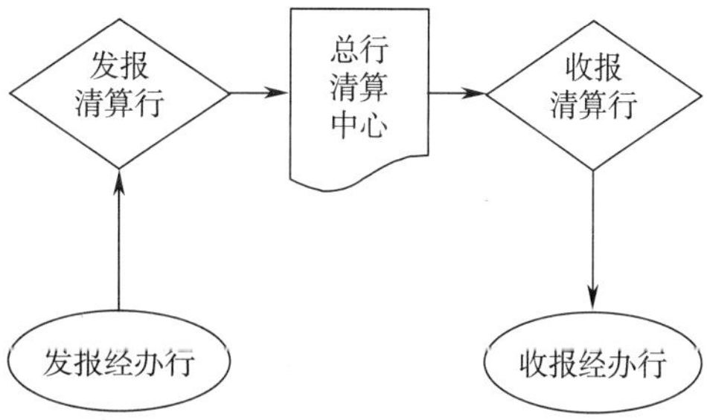

图7－1－1　系统内资金汇划与清算活动流程图

子任务1　发报经办行办理往账

一、活动目标

掌握经办行办理往账的活动流程，能按照业务活动流程规范完成往账业务的操作处理。

二、活动流程

发报经办行办理往账业务活动流程如图 7－1－2 所示。

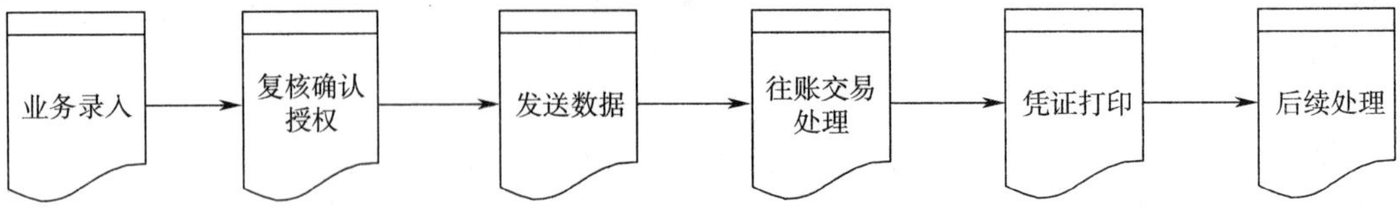

图 7－1－2　发报经办行办理往账业务活动流程图

三、案例引入

2018 年 6 月 22 日模拟银行辽金支行开户单位虹桥机电设备公司（8310120101047）来行申请将 300 000.00 元货款汇给模拟银行南海市支行（81136）开户的三友纺织机械厂（8113620101033）。模拟银行辽金支行办理往账手续。

四、学习步骤

步骤 1. 业务录入。经办人员根据确已记账的汇划凭证，分别实时、批量的汇划方式，按业务种类输入相关信息，用途栏和客户附言应按客户填写的内容录入，不得省略。录入完成后打印往账录入清单。

步骤 2. 复核确认和授权。复核人员根据录入清单和原始汇划凭证，进行全面审查、复核确认。实时业务全部授权；批量业务、大额业务须经各经办行会计主管人员授权。

步骤 3. 数据发送。业务数据经过录入、复核、授权无误后，产生有效汇划数据，由系统发送至清算行。实时业务由系统实时发送至清算行，批量业务日终处理。

步骤 4. 往账交易处理。辽金支行贷报业务会计分录为

借：活期存款——虹桥机电设备公司　　　　300 000.00
　　（或：应解汇款）
　贷：清算资金往来　　　　　　　　　　　　300 000.00

借报业务则相反。

每日营业终了，将“清算资金往来”科目结转“系统内上存款项”，进行资金的实时清算，如为贷报业务，会计分录为

借：清算资金往来
　贷：系统内上存款项

如为借报业务，会计分录相反。

步骤 5. 凭证打印。日终时打印“电子清算专用记账凭证”和“系统内上存款项记账凭证”；打印“资金汇划业务清单”，连同业务委托书第三联，托收承付第四联，银行卡凭证，托收凭证第四联，银行汇票第二、第三联，银行承兑汇票第二联等结算支付凭证，一起作“电子清算专用记账凭证”的附件。

步骤 6. 后续处理。手工核对当天原始汇划凭证的笔数、金额合计与“资金汇划业务清单”发送借贷报笔数、合计数及“清算资金往来”科目发报汇总借贷方凭证笔数及

发生额核对一致。

子任务2　发报清算行办理往账和收报清算行办理来账

一、活动目标

熟悉发报清算行办理往账、收报清算行办理来账的步骤和活动流程，能按业务的活动流程规范完成业务的操作处理。

二、学习步骤

（一）发报清算行处理

步骤1. 接收数据。清算行接收发报经办行传输来的汇划业务。

步骤2. 账务处理。计算机自动记载“系统内上存款项”科目和“系统内款项存放”科目有关账户。收到贷报业务的会计分录为

借：系统内款项存放——××经办行备付金户

　　贷：系统内上存款项——上存总行备付金户

借报业务则相反。

如遇清算行在总行清算中心备付金存款不足时，“上存总行备付金”账户余额可暂时在贷方反映，但清算行要迅速筹措资金补充备付金头寸。

步骤3. 数据传送。汇划数据经过按规定权限授权、编押及账务处理后由计算机自动传输至总行。

（二）总行清算中心处理

总行清算中心收到各发报清算行汇划款项，由计算机自动登记后，将款项传送至收报清算行。每日营业终了更新各清算行在总行开立的备付金存款账户。

（三）收报清算行处理

收报清算行收到总行清算中心传来的汇划业务数据，计算机自动检测收报经办行是否为辖属行处，并经系统自动核押无误后，自动进行账务处理。实时业务即时处理并传至收报经办行，批量业务处理后次日传至收报经办行。

1. 实时汇划贷报业务，会计分录为

借：系统内上存款项——上存总行备付金户

　　贷：系统内款项存放——××经办行备付金户

借报业务则相反。

2. 批量汇划贷报业务，会计分录为

借：系统内上存款项——上存总行备付金户

　　贷：其他应付款——待处理汇划款项户

次日传给收报经办行时的会计分录为

借：其他应付款——待处理汇划款项户

　　贷：系统内款项存放——××经办行备付金户

借报业务则相反。

子任务 3　收报经办行办理来账

一、活动目标

掌握收报经办行办理来账的活动流程，能按照业务的活动流程规范完成来账业务的操作处理。

二、活动流程

收报经办行办理来账业务的活动流程如图 7－1－3 所示。

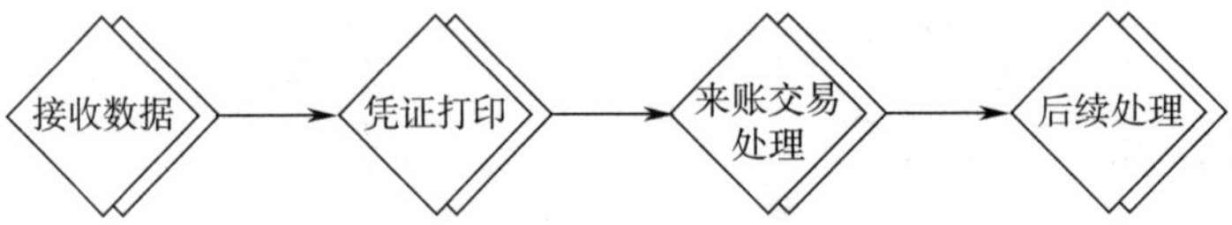

图 7－1－3　收报经办行办理来账业务活动流程图

三、案例引入

【例 1】　2018 年 6 月 22 日模拟银行辽金支行（83101）收到上海宝地支行（83575）的借报信息和银行汇票解讫通知，收款人上海衣荣公司（8357520105047）在该行开户。经审核汇票系本行签发，申请人为开户单位宝丽电子有限公司（8310120105036），出票金额为 265 800. 00 元，无多余款。

【例 2】　2018 年 6 月 22 日模拟银行辽金支行（83101）开户单位宝丽电子有限公司（8310120105036）的一笔托收款划回，付款人系模拟银行南海市支行（81136）的开户单位宜佳装饰公司（8113620106067），金额为 680 000. 00 元。

模拟银行辽金支行办理来账手续。

四、学习步骤

步骤 1. 接收数据。接收清算行传来的批量、实时汇划业务。

步骤 2. 打印凭证。经审核无误后，打印“资金汇划（借方）补充凭证”（如表 7－1－1 所示）或“资金汇划（贷方）补充凭证”（如表 7－1－2 所示）一式两份。

表 7－1－1

模拟银行资金汇划补充凭证

2018年6月22日

发报日期	20180622	业务种类	银行汇票
发报流水号	320075	收报流水号	564562
发报行行号	83575	发报行名称	模拟银行上海宝地支行
收报行行号	83101	收报行名称	模拟银行辽金支行
收款人账号	8357520105047	收款人名称	上海衣荣公司
收款人地址			
付款人账号	8310120105036	付款人名称	宝丽电子有限公司
付款人地址			
货币种类金额	RMB265 800.00	人民币贰拾陆万伍仟捌佰元整	
摘要：货款			
网点号：001	交易码 4243	流水号12410	柜员号10107

（印章：(06) 转讫 2018.06.22 模拟银行辽金支行）

授权：于江玲　　复核：杨一明　　记账：马漫媛

表 7－1－2

模拟银行资金汇划补充凭证

2018年6月22日

发报日期	20180617	业务种类	委托收款
发报流水号	320089	收报流水号	583277
发报行行号	81136	发报行名称	模拟银行南海市支行
收报行行号	83101	收报行名称	模拟银行辽金支行
收款人账号	8310120105036	收款人名称	宝丽电子有限公司
收款人地址			
付款人账号	8113620106067	付款人名称	宜佳装饰公司
付款人地址			
货币种类金额	RMB680 000.00	人民币陆拾捌万元整	
摘要：货款			
网点号：001	交易码 4247	流水号12584	柜员号10107

（06）转讫 2018.06.22 模拟银行辽金支行

授权：于江玲　　复核：杨一明　　记账：马海娇

步骤 3. 来账交易处理。

贷报业务：

收到模拟银行南海市支行的贷报信息和托收划回款项，会计分录为

借：清算资金往来　　680 000.00

　贷：活期存款——宝丽电子有限公司　　680 000.00

借报业务：

收到上海宝地支行的借报信息和银行汇票解讫通知，会计分录为

借：活期存款——宝丽电子有限公司　　265 800.00

　贷：清算资金往来　　265 800.00

步骤 4. 划转资金。每日营业终了，将“清算资金往来”科目结转到“系统内上存款项”，进行资金的清算。会计分录为

借：系统内上存款项

　贷：清算资金往来

步骤 5. 后续处理。每日营业终了，收报经办行应分别借报、贷报打印“资金汇划业务清单”，与借方或贷方“资金汇划接收处理清单”、“资金汇划借方（贷方）补充凭证”及“清算资金往来”科目来报汇总借贷方凭证笔数、发生额核对一致。每天打印的“资金汇划借方（贷方）补充凭证”要与“重要空白凭证保管使用登记簿”中使用、结存数量、号码核对一致，并进行销号。

五、考核

模拟银行辽金支行某日发生下列借（贷）报业务：

1. 开户单位汇源电子有限公司（8310120101096）提交电子汇兑委托书申请办理汇兑业务。金额为 326 000.00 元，向在长安市支行（86103）开户的德盛实业有限公司（8610320107046）支付货款。

2. 为开户单位汇源电子有限公司（8310120101096）办理一笔银行汇票解付，汇票

金额为 79 000.00 元，实际结算金额为 63 000.00 元。银行汇票系在兴州市支行（83206）开户的如意贸易公司（8310120105041）申请签发，用于支付货款。

3. 收到长安市支行（86103）寄来的第三、第四、第五联委托收款凭证及商业承兑汇票。金额为 370 000.00 元，收款人是在长安市支行（86103）开户的德盛实业有限公司（8610320107046），付款人是在本行开户的汇源电子有限公司（8310120101096），经审查无误通知付款人，且商业汇票已到期，付款人同意付款，予以划款。

4. 收到厦门站前支行（83601）的电子汇兑业务资金汇划贷方报单信息，金额为 59 300.00 元，汇款人为在厦门站前支行（83601）开户的新阳纺织机械厂（8360120101046），系支付本行开户的盛雅集团股份有限公司（8310120109077）货款。

5. 收到厦门站前支行（83601）发来的委托收款贷报信息，金额为 3 500 000.00 元，是在本行开户的宝丽电子有限公司（8310120105036）委托本行向在厦门站前支行开户的新阳纺织机械厂（8360120101046）收取的商业承兑汇票款划回，经审查无误，立即处理。

6. 收到兴州市支行（83206）发来的委托收款贷报信息，金额为 1 800 000.00 元，是在本行开户的汇源电子有限公司（8310120101096）委托本行向承兑行兴州市支行办理的 1 800 000.00 元银行承兑汇票款到期收回，经审查无误，立即处理。

7. 收到兴州市支行（83206）的银行汇票解付借报信息，汇票系开户单位盛雅集团股份有限公司（8310120109077）6 天前申请签发，汇票金额为 75 000.00 元，报单金额为 64 500.00 元，支付在兴州市支行开户的新益工贸公司（231200102007412）货款，经抽卡核对无误，予以结清。

要求：编制相应的会计分录。

六、拓展

（一）资金清算

系统内备付金存款系指清算行和省区分行因办理客户结算业务和内部资金汇划以及正常资金调拨需要而在总行清算中心开设的备付金账户中的存款。不包括分行缴存总行的法定存款准备金、二级存款准备金、定期存款和总行规定缴存的其他资金。

1. 清算行向总行清算中心上存备付金。可通过人民银行将款项直接存入总行清算中心。上存时填制特种转账凭证进行账务处理，会计分录如下：

借：其他应收款——待处理汇划款项户

　贷：存放中央银行准备金

待接到总行清算中心借记信息后，进行账务处理，会计分录如下：

借：系统内上存款项——上存总行备付金户

　贷：其他应收款——待处理汇划款项户

总行清算中心账务处理，其会计分录如下：

借：存放中央银行准备金

　贷：系统内款项存放——××清算行备付金存款户

2. 二级分行向管辖省区分行上存用于调拨的资金。上存时填制特种转账凭证进行账务处理，会计分录如下：

借：其他应收款——待处理汇划款项户

贷：存放中央银行准备金

待接到省区分行借记信息后，进行账务处理，会计分录如下：

借：系统内上存款项——上存省区分行调拨资金户

贷：其他应收款——待处理汇划款项户

省区分行收到二级分行上存准备金，会计分录如下：

借：存放中央银行准备金

贷：系统内款项存放——××二级分行调拨资金存款户

（二）对账

对账是保证总行、清算行、经办行之间资金汇划及时、准确、安全的主要手段，是会计监督体系的重要组成部分。

各清算行每日营业终了自动将汇划业务及资金清算明细数据逐级上传进行明细对账；省区分行收到上传的明细数据后与辖属各清算行汇划业务明细数据及清算信息配对对账；总行收到传来的明细数据后，与各行在总行的“系统内款项存放”科目有关账户汇划业务明细数据及清算信息配对对账，并将对账结果逐级下传，发现疑问要发出对账差错信息，同时登记“对账差错登记簿”；各行每日接收总行发出的对账差错信息后，打印差错清单，在5个工作日内必须查清原因，并按规定处理完毕，保证满足上日明细账务在5个工作日内查清的要求；如发出对账差错信息5个工作日后尚未查清，总行要重新发出第二次对账差错信息。

七、分析思考题

1. 什么是系统内资金汇划清算业务？
2. 简述商业银行系统内贷（借）报业务的活动流程。
3. 简述资金汇划清算业务中商业银行经办行使用的会计科目及使用方法。

任务二　跨系统资金汇划与清算业务处理

【技能目标】

了解商业银行跨系统资金汇划清算业务的含义与一般规定，了解商业银行大额支付系统、小额支付系统的活动流程，掌握大（小）额支付中发报行和收报行的会计处理方法。

【知识准备】

一、跨系统资金汇划清算的含义和有关规定

跨系统资金汇划清算是指各商业银行之间依托现代化支付系统（CNAPS）实现资金汇划清算。现代化支付系统主要包括大额实时支付系统（HVPS）和小额批量支付系统（BEPS），建立有两级处理中心，即国家处理中心（NPC）和城市处理中心（CCPC），国家处理中心分别与各城市处理中心相连，其通信网络采用专用网络，以地面通信为主，卫星通信备份。

现代化支付系统的参与者包括直接参与者、间接参与者以及特许参与者。

1. 直接参与者：包括人民银行地市以上中心支行（库）以及在人民银行开设清算账户的银行和非银行金融机构。与城市处理中心直接连接，通过城市处理中心处理其支付清算业务。人民银行地市以上分支行会计部门和国库部门作为直接参与者，在城市处理中心开设大、小额支付往来账户和支付清算往来账户。

2. 间接参与者：包括人民银行县（市）支行（库）和未在人民银行开设清算账户而委托直接参与者办理资金清算的银行以及经人民银行批准经营支付结算业务的非银行金融机构。间接参与者不与城市处理中心直接连接，其支付业务通过各银行内部系统或其他方式提交给其清算资金的直接参与者，由该直接参与者提交支付系统处理。

3. 特许参与者：经中国人民银行批准通过支付系统办理特定业务的机构。外汇交易中心、债券一级交易商等特许参与者在人民银行当地分支行开设特许账户，与当地城市处理中心连接，通过连接的城市处理中心办理支付业务；公开市场操作室等特许参与者与支付系统国家处理中心连接，办理支付交易的即时转账。

现代化支付系统的基本程序是由发起行发起业务后，经发起清算行、发报中心、国家处理中心、收报中心，最后至接收行止。在该程序参与者中，发起行和接收行为间接参与者；发起清算行、发报中心、收报中心、接收清算行均为直接参与者。

直接参与者与支付系统的连接方式有直连方式和间连方式两种。

直连方式是商业银行系统内各机构网点发起和接收支付业务均通过直接参与者，由其通过行内业务处理系统与支付系统前置机相连处理业务。

间连方式是直接在支付系统前置机及其终端上录入发起和接收支付业务，不与行内系统相连接。适合于城市内机构网点较少的银行。

个别商业银行由于不具备内部资金汇划系统，其系统内的资金汇划清算业务也依托大额、小额支付系统来办理。

二、大额实时支付系统处理的业务及科目设置

大额实时支付系统处理同城或异地的金额在规定起点以上的大额贷记支付业务和紧急的小额贷记支付业务。它包括一般大额支付业务、即时转账业务和城市商业银行银行汇票业务。具有实时转账、逐笔处理业务、全额清算资金、实时到账的特点。

一般大额支付业务处理汇兑业务、委托收款、托收承付划回业务、中央银行和国库资金汇划（贷记）、银行间同业拆借等业务。

大额实时支付系统的科目设置包括：

1. “大额支付往来”科目。本科目核算支付系统发起清算行和接收清算行通过大额实时支付系统办理的支付结算往来款项，余额轧差反映。年终，本科目余额全额转入“支付清算资金往来”科目，余额为零。

2. “支付清算资金往来”科目。本科目核算支付系统发起清算行和接收清算行通过大额实时支付系统办理的支付结算汇差款项。年终，“大额支付往来”科目余额对清后，结转至本科目，余额轧差反映。

3. “汇总平衡”科目（国家处理中心专用）。本科目用于平衡国家处理中心代理人民银行分支行（库）账务处理，不纳入人民银行（库）的核算。

三、小额批量支付系统处理的业务、科目设置及活动流程

小额批量支付系统主要处理跨系统同城、异地电子和异地纸张截留的借记以及每笔金额在规定起点（20 000. 00 元）以下的贷记业务。该系统批量传送支付指令，定时轧差清算，可以处理大业务量、小金额的支付业务。小额批量支付系统是以国家处理中心为核心，以城市处理中心为接入节点的两层星形结构，并与大额实时支付系统在同一支付平台上运行。小额批量支付系统业务包括下列内容。

1. 非实时贷记业务：包括普通贷记业务和定期贷记业务。普通贷记业务主要指规定金额以下的汇兑、委托收款（划回）、托收承付（划回）、行间转账以及国库汇划款项等主动汇款业务；定期贷记业务是指当事各方按照事先签订的协议，定期发生的批量付款业务，如代付工资、保险金等，其业务特点是单个付款人同时付款给多个收款人。

2. 非实时借记业务：包括普通借记业务和定期借记业务。普通借记业务为收款人发起的借记付款人账户的业务，如代理银行完成财政授权支付后向国库申请清算资金、人民银行银行内部之间的划付业务；定期借记业务是指当事各方按照事先签订的协议，定期发生的批量扣款业务，如收款单位委托其开户银行收取的水、电、煤气等公用事业费用，其业务特点是单个收款人向多个付款人同时收款。

3. 实时贷记业务：是付款人发起的实时贷记收款人账户的业务，包括跨行通存业务、柜台实时缴税等。

4. 实时借记业务：是收款人发起的实时借记付款人账户的业务，包括跨行通兑业务、税务机关实时扣税业务等。

5. 清算组织发起的代收付业务：支付系统允许清算组织作为特许参与者，接入城市处理中心办理代收代付业务。清算组织负责将代收付清单通过小额批量支付系统转发至代理行，由代理行负责发起定期借贷记业务。清算组织不在支付系统开立清算账户，代收付业务的资金清算仍通过收付款单位的开户行进行处理。

6. 同城轧差净额清算业务：城市处理中心收到同城清算系统的同城轧差净额后，转发到同城清算系统所在城市的中央银行会计集中核算系统（ABS）处理。中央银行会计集中核算系统将涉及支付系统直接参与者的同城轧差净额提交支付系统清算；对非直接参与者的同城轧差净额在中央银行会计集中核算系统内部完成资金清算；国家金库会计核算系统（TBS）的同城轧差净额按照付方启动的原则通过大额实时支付系统与中央银行会计集中核算系统进行清算。

7. 国库相关业务：主要包括一般的税款缴纳、实时扣税、批量扣税、预算收入上划、预算收入退库等预算收入类业务，财政拨款、财政直接支付、财政授权支付等预算支出类业务以及国债兑付、国债发行的资金清算等其他业务。国库相关业务统一通过国家金库会计核算系统与支付系统的接口，采用发送和接收各类贷记业务、借记业务完成处理。

8. 通存通兑业务：跨行储蓄通存通兑业务是指依托小额批量支付系统，实现不同银行营业网点的资源共享，储户可以通过任何一家银行的柜台办理跨行存取款业务。

9. 支票圈存业务：支票圈存业务是指借助于支付密码技术，由收款人在收受支票时，通过 POS、网络、电话等受理终端，经由小额系统向出票人开户行发出圈存指令，预先从出票人账户上圈存支票金额，以保证支票的及时足额支付。

10. 支票截留业务：支票截留业务是指持票人开户行收到客户提交的纸质支票后，不再将支票交换至出票人开户行，而是通过小额系统向出票人开户行发起一笔借记业务，出票人开户行根据借记业务指令中提供的支票信息、支付密码、支票影像等确认支票的真实性，并通过小额系统完成跨行资金清算。

11. 信息服务业务：指支付系统参与者间相互发起和接收的，不需要支付系统提供清算服务的信息数据，主要包括支票“圈存”信息等非支付类信息。支付系统接收参与者发送的各类信息，经由所在城市处理中心（同城业务）或国家处理中心（异地业务）实时转发接收参与者。

小额批量支付系统设置下列会计科目：

1. “小额支付往来”科目。本科目核算支付系统发起清算行和接收清算行通过小额批量支付系统办理的支付结算往来款项，余额轧差反映。年终，本科目余额全额转入“支付清算资金往来”科目，余额为零。

2. “支付清算资金往来”科目。本科目核算支付系统发起清算行和接收清算行通过小额批量支付系统和大额实时支付系统办理的支付结算汇差款项。年终，“小额支付往来”科目余额对清后，结转至本科目，余额轧差反映。

3. “汇总平衡”科目（国家处理中心专用）。本科目用于平衡国家处理中心代理人民银行分支行（库）账务处理，不纳入人民银行（库）的核算。

小额批量支付系统的基本业务处理流程是“24 小时连续运行，逐笔发起，组包发送，实时传输，双边轧差，定时清算”。小额系统实行 7×24 小时连续运行，系统每一工作日运行时间为前一自然日 16：00 至本自然日 16：00；发起行逐笔发起小额业务，组包后经城市处理中心或国家处理中心实时传输至接收行；同城业务在城市处理中心、异地业务在国家处理中心逐包按收款清算行和付款清算行双边轧差，并在规定时点提交清算账户管理系统（SAPS）清算。城市处理中心、国家处理中心每日 16：00 小额批量支付系统日切后进行当日最后一场轧差清算，日切后的业务则纳入次日第一场轧差清算处理。小额批量支付系统轧差净额的清算日为国家法定工作日，清算时间为 8：30～17：00，如遇节假日，小额批量支付系统仍可继续轧差和转发业务，但所有轧差净额暂不进行资金清算，统一在节假日后的第一个法定工作日进行清算。

子任务1　一般大额支付业务

一、活动目标

了解一般大额支付业务的活动流程，能够按照该流程规范完成业务发起（清算）行、业务接受（清算）行业务的操作处理。

二、活动流程

一般大额支付业务活动流程如图 7－2－1 所示。

图 7－2－1　一般大额支付业务活动流程图

三、学习步骤

1. 发起（清算）行处理。发起（清算）行处理过程如图 7－2－2 所示。

图 7－2－2　发起（清算）行处理过程流程图

步骤 1. 发起准备。发起清算行根据发起人的要求确定支付业务的优先支付级次：发起人要求的救灾、战备款项为特急支付；发起人要求的紧急款项为紧急支付；其他支付为普通支付。

步骤 2. 各行内处理。根据发起人提交的原始凭证和要求，如为直连模式，各行内业务处理系统将规定格式标准的支付报文发送前置机系统（MBFE）。

步骤 3. 往账交易处理。在直连模式下，发起行的贷记业务会计分录为

借：活期存款

　贷：清算资金往来

发起清算行的贷记业务会计分录为

借：清算资金往来

　贷：存放中央银行准备金

在间连模式下不再通过清算资金往来。

步骤 4. 信息发送。前置机系统自动逐笔加编地方密押后发送发报中心。

2. 发报中心处理 。发报中心收到发起清算行发来的支付信息，经确认无误后，加编全国密押，实时发送国家处理中心。

3. 国家处理中心处理。国家处理中心收到发报中心发来的支付报文，逐笔确认无误后，进行清算资金，并将支付信息发往收报中心。

4. 收报中心处理。收报中心接收国家处理中心的支付信息，确认无误后，逐笔加编地方密押实时发送接收清算行。

5. 接收（清算）行处理。接收（清算）行处理过程如图 7－2－3 所示。

图 7－2－3　接收（清算）行处理过程流程图

（1）在直连模式下，商业银行前置机收到收报中心发来的贷记支付信息，逐笔核对确认后发送至行内业务处理系统进行账务处理，并打印支付信息。会计分录为

借：存放中央银行准备金

　贷：清算资金往来

信息接收行收到相关贷记信息后的会计分录为

借：清算资金往来

贷：活期存款

（2）在间连模式下，商业银行前置机收到收报中心发来的支付信息，逐笔确认后，打印支付系统专用凭证，再在行内业务处理系统进行账务处理。会计分录为

借：存放中央银行准备金

贷：活期存款

四、拓展

大额支付系统快速通道的利与弊

大额支付系统提供快速通道和普通通道两种转账方式，快速通道 60 秒以内即可到账，对于资金流动性要求很高的人来说很适合。但美中不足的是，如果异地跨行转账超过 10 万元，只能走普通汇款通道，这也是大额支付系统的一大不便。此外，大额支付系统的快速通道收费标准比较高。例如，消费者在北京异地跨行使用该系统，将 10 万元打往上海的招商银行账户，若走快速汇款通道，按照 5%、上不封顶的收费标准，必须缴纳 500 元的手续费。如果走普通汇款通道，按照 10 万元以内 10.5 元/笔的标准、10 万元到 50 万元按照 15.5 元/笔的标准收费，但到账时间要 1 ~ 3 个工作日，如果是周五汇款，很可能下周三才能到账，耗费的时间将近 5 天，时间成本大。

五、分析思考题

1. 简述大额支付系统的业务范围。
2. 简述大额支付系统的会计科目及使用方法。

子任务 2　小额非实时贷记业务

一、活动目标

了解小额非实时贷记业务的活动流程，熟悉该活动流程中收付款清算行的操作处理程序。

二、活动流程

小额支付系统接收付款清算行提交的贷记业务指令后，根据指令内容对收、付款清算行进行双边轧差处理，然后转发至收款清算行。

三、学习步骤

1. 付款清算行处理。

步骤 1. 组贷记业务包。

步骤 2. 编地方密押，发送至 CCPC—BEPS。

2. CCPC—BEPS 处理。

步骤 1. CCPC—BEPS 接收到付款清算行发来的信息审查其合法性并核对地方密押。

步骤 2. 检查付款方净借记限额。

步骤 3. 限额检查通过，则进行双边轧差，增加付款清算行的借方发生额和收缴清算行的贷方发生额，并转发至收款清算行；限额检查未通过，则进入排队处理。

3. 收款清算行处理。

步骤 1. 接收 CCPC—BEPS 发来信息并核对地方密押；

步骤 2. 分拆贷记业务包。

4. SAPS/ NPC—BEPS 处理。

步骤 1. 在规定时间，生成本场轧差清算报文，编全国密押后送交 SAPS 进行资金清算。

步骤 2. 核对全国密押；

步骤 3. 根据轧差清算报文进行资金清算，并返回轧差净额清算回执报文。

5. CCPC—BEPS 处理。

根据轧差净额清算回执报文，向各清算行下发清算通知。

提示：本地 CCPC 即同城业务，是指同一城市处理中心的参与者相互间发生的支付业务；跨 CCPC 即异地业务，是指不同城市处理中心的参与者相互间发生的支付业务。

四、分析思考题

简述小额支付非实时贷记业务的活动流程。

子任务 3　小额非实时借记业务

一、活动目标

了解小额非实时借记业务的活动流程，熟悉该活动流程中收付款清算行的操作处理程序。

二、活动流程

小额支付系统接收收款清算行提交的借记业务，转发至付款清算行；付款清算行在规定时间内向支付系统返回借记业务处理情况的回执信息，小额支付系统将回执信息纳入双边轧差处理后，将回执信息转发收款清算行。

三、学习步骤

（一）本地 CCPC 非实时借记业务（发起阶段）活动流程

1. 收款清算行处理。

步骤 1. 组借记业务包；

步骤 2. 编地方密押，发送至 CCPC；

步骤 3. 登记“借记业务登记簿”。

2. CCPC 处理。

步骤 1. CCPC 接收到收款清算行发来的信息审查其合法性并核对地方密押。

步骤 2. 将业务包转发至付款清算行。

步骤 3. 登记“借记业务登记簿”。

3. 付款清算行处理。

步骤 1. 接收 CCPC 信息并核对地方密押。

步骤 2. 分拆借记业务包。

步骤 3. 登记“借记业务登记簿”。

（二）本地 CCPC 非实时借记业务（回执处理阶段）活动流程

1. 收款清算行处理。

步骤 1. 核对地方密押。

步骤 2. 分拆借记回执业务包。

2. 付款清算行处理。

步骤 1. 组借记回执业务包。

步骤 2. 检查合法性并编地方密押。

步骤 3. 销记“借记业务登记簿”。

3. CCPC—BEPS 处理。

步骤 1. CCPC—BEPS 接收到付款清算行发来的信息审查其合法性并核对地方密押。

步骤 2. 进行付款方净借记限额检查。

步骤 3. 限额检查通过，则进行双边轧差并转发至收款清算行；限额检查未通过，则进入排队处理。

步骤 4. 销记“借记业务登记簿”。

4. SAPS \ NPC—BEPS 处理。

步骤 1. 在规定时间，生成本场轧差清算报文，编全国密押后送交 SAPS 进行资金清算。

步骤 2. 核对全国密押。

步骤 3. 根据轧差清算报文进行资金清算，并返回轧差净额清算回执报文。

5. CCPC—BEPS 处理。

根据轧差净额清算回执报文，向各清算行下发清算通知。

四、分析思考题

简述小额支付非实时贷记业务的活动流程。

子任务 4　小额实时贷记业务

一、活动目标

了解小额实时贷记业务的活动流程，熟悉该活动流程中收付款清算行的操作处理程序。

二、活动流程

小额支付系统接收付款清算行提交的贷记业务指令后，首先转发至收款清算行进行行内处理，待收到收款清算行返回的回执后再对收、付款清算行进行双边轧差处理。

三、学习步骤

（一）本地 CCPC 实时贷记业务（发起阶段）活动流程

1. 付款清算行处理。

步骤 1. 组实时贷记业务包。

步骤 2. 编地方密押，发送至 CCPC。

步骤 3. 登记“实时贷记业务登记簿”。

2. CCPC 处理。

步骤 1. CCPC 接收到付款清算行发来的信息审查其合法性并核对地方密押。

步骤 2. 将业务包转发至收款清算行。

步骤 3. 登记“实时贷记业务登记簿”。

3. 收款清算行处理。

步骤 1. 接收 CCPC 信息并核对地方密押。

步骤 2. 分拆实时贷记业务包。

步骤 3. 登记“实时贷记业务登记簿”。

（二）本地 CCPC 实时贷记业务（回执处理阶段）活动流程

1. 收款清算行处理。

步骤 1. 组实时贷记回执业务包。

步骤 2. 检查合法性并编地方密押。

步骤 3. 销记“实时贷记业务登记簿”。

2. CCPC—BEPS 处理。

步骤 1. CCPC—BEPS 接收到收款清算行发来的信息审查其合法性并核对地方密押。

步骤 2. 进行付款方净借记限额检查。

步骤 3. 限额检查通过，则进行双边轧差并转发至付款清算行；限额检查未通过，则进入排队处理。

3. 付款清算行处理。

步骤 1. 核对地方密押。

步骤 2. 分拆实时贷记回执业务包。

步骤 3. 销记“实时贷记业务登记簿”。

4. SAPS 与 NPC—BEPS 处理。

步骤 1. 在规定时间，生成本场轧差清算报文，编全国密押后送交 SAPS 进行资金清算。

步骤 2. 核对全国密押。

步骤 3. 根据轧差清算报文进行资金清算，并返回轧差净额清算回执报文。

5. CCPC—BEPS 处理。

根据轧差净额清算回执报文，向各清算行下发清算通知。

四、分析思考题

简述小额支付实时贷记业务的活动流程。

子任务5　小额实时借记业务

一、活动目标

了解小额实时借记业务的活动流程，熟悉该流程中收付款清算行的操作处理。

二、活动流程

小额实时借记业务与非实时借记业务具有相同的业务活动流程，但在时效性方面存在差异，实时借记业务要求付款行实时返回借记业务回执信息。

三、学习步骤

（一）本地 CCPC 实时借记业务（发起阶段）活动流程

1. 收款清算行处理。

步骤1. 组实时借记业务包。

步骤2. 编地方密押，发送至 CCPC。

步骤3. 登记“实时借记业务登记簿”。

2. CCPC 处理。

步骤1. CCPC 接收到收款清算行发来的信息审查其合法性并核对地方密押。

步骤2. 将业务包转发至付款清算行。

步骤3. 登记“实时借记业务登记簿”。

3. 付款清算行处理。

步骤1. 接收 CCPC 信息并核对地方密押。

步骤2. 分拆实时借记业务包。

步骤3. 登记“实时借记业务登记簿”。

（二）本地 CCPC 实时借记业务（回执处理阶段）活动流程

1. 付款清算行处理。

步骤1. 组实时借记回执业务包。

步骤2. 检查合法性并编地方密押。

步骤3. 销记“实时借记业务登记簿”。

2. CCPC 处理。

步骤1. CCPC 接收到收款清算行发来的信息审查其合法性并核对地方密押。

步骤2. 进行付款方净借记限额检查。

步骤3. 限额检查通过，则进行双边轧差并转发至付款清算行；限额检查未通过，则进入排队处理。

步骤 4. 销记“实时借记业务登记簿”。

3. 收款清算行处理。

步骤 1. 核对地方密押。

步骤 2. 分拆实时借记回执业务包。

步骤 3. 销记“实时借记业务登记簿”。

4. SAPS 与 NPC—BEPS 处理。

步骤 1. 在规定时间，生成本场轧差清算报文，编全国密押后送交 SAPS 进行资金清算。

步骤 2. 根据轧差清算报文进行资金清算，并返回轧差净额清算回执报文。

步骤 3. 根据轧差净额清算回执报文，向各清算行下发清算通知。

四、分析思考题

简述小额支付实时借记业务的活动流程。

项目八 金融机构往来业务处理

【知识结构图】

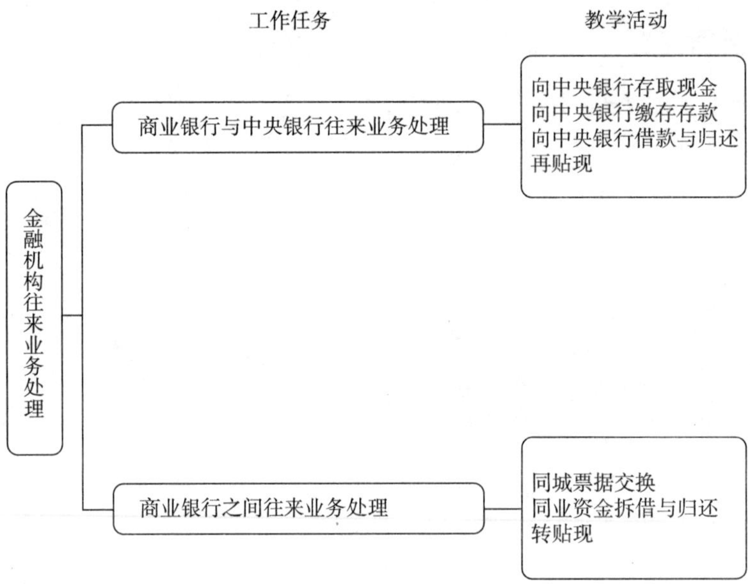

【能力目标】

能按业务操作流程规范办理商业银行向中央银行存取现金、缴存存款业务、再贷款和再贴现业务；能按业务操作流程规范办理商业银行之间同城票据交换业务、同业拆借业务和转贴现业务。

【知识目标】

熟悉商业银行与中央银行往来业务的基本规定和业务内容；熟悉商业银行之间往来业务的基本规定和业务内容。

【素质目标】

具有良好的职业操守及道德品质；积极主动、踏实、认真细致，有韧性；具有良好的服务意识、富有责任感；具有执行能力、应变能力、团队协作与承压能力；具备一定语言表达和沟通能力；具有一定独立处理问题能力。

任务一　商业银行与中央银行往来业务处理

【技能目标】

熟悉商业银行与中央银行往来业务的种类与基本规定；熟悉商业银行与中央银行往来使用的凭证格式，掌握具体的填写要求；能够规范完成商业银行向中央银行存取现金、缴存存款、再贷款以及再贴现等业务的操作处理。

【知识准备】

商业银行与中央银行往来是指商业银行与中央银行之间因缴存存款、融通资金、汇划款项、领缴现金和通过人民银行存款账户进行资金清算等业务而引起的资金账务往来。其内容包括：向中央银行存取现金、缴存存款准备金、向中央银行再贷款、向中央银行办理再贴现、通过中央银行办理款项转汇、同城票据交换等。

一般商业银行营业机构符合规定要求的，可以在当地人民银行开立一个备付金账户。商业银行在日常经营过程中需要根据业务量保留一定数量的现金以满足客户的现金存取需要。当商业银行库存现金超过规定限额或库存现金不足支付时，需要向中央银行办理现金缴存与现金支取业务。

缴存存款是人民银行行使中央银行职能，实施货币政策的具体体现。具体含义是指商业银行和其他金融机构将吸收的各种存款按规定的比例上缴人民银行。商业银行吸收的存款主要有财政性存款和一般性存款。所以，缴存存款的范围包括缴存财政性存款和缴存一般性存款。

财政性存款主要有中央预算收入、地方财政金库存款和代理发行国债款项等。所以，财政性存款的缴存范围是：国家金库款轧减中央经费限额支出数；待结算财政款项轧减借方数；财政发行期票轧减应收期票款项；财政发行的国库券及各项债券款项，轧减已兑付国库券及各项债券款项数。财政性存款属于人民银行的资金，商业银行不得占用，应全额缴存人民银行。

一般性存款主要有企业存款、储蓄存款、农村存款、部队存款、基建单位存款、机关团体存款、财政预算外存款和其他一般存款等。一般性存款属于商业银行组织的，构成商业银行自身的信贷资金来源，应按规定比例缴存存款准备金。

商业银行在日常经营过程中营运资金发生困难，导致在中央银行的存款账户资金清算头寸不足时，可以向中央银行申请借款，从中央银行的角度又称再贷款，或者将已办理过贴现的商业汇票转让给中央银行，申请办理再贴现业务，通过上述方式进行资金融通。

子任务1　商业银行向中央银行存入现金与支取现金

一、活动目标

掌握商业银行向中央银行存入现金、支取现金的活动流程，能按照业务活动流程规范完成商业银行存入现金、支取现金业务的操作处理。

二、活动流程

商业银行向中央银行缴存现金（如图 8－1－1 所示）与支取现金的活动流程（如图 8－1－2 所示）。

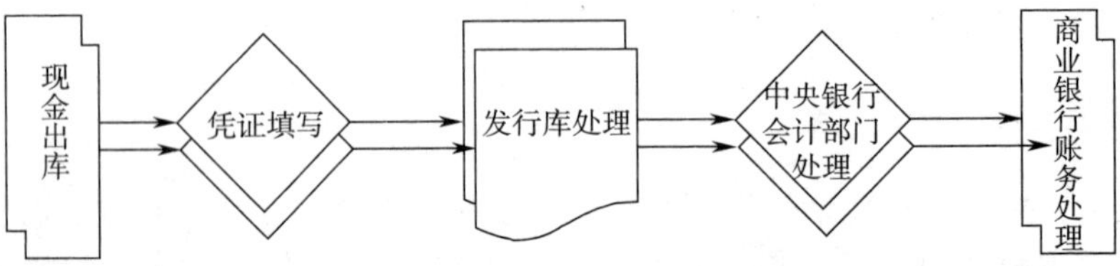

图 8－1－1　商业银行向中央银行存入现金活动流程图

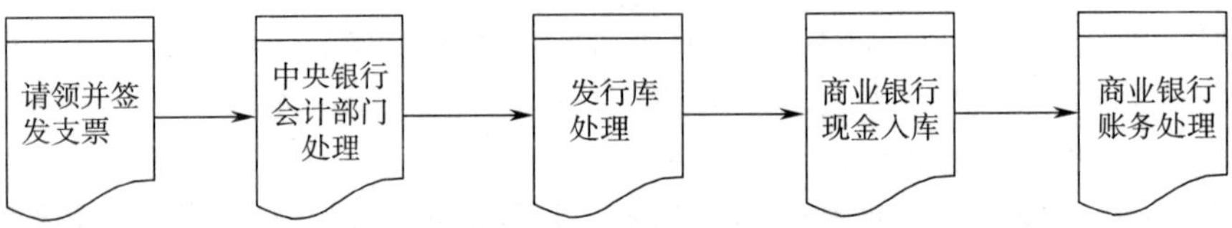

图 8－1－2　商业银行向中央银行支取现金活动流程图

三、案例引入

【例 1】　2018 年 6 月 22 日模拟银行辽金支行填写现金缴款单，向中央银行缴存人民币现金 8 000 000.00 元。中央银行经审核无误后，办理现金收款手续。

【例 2】　2018 年 6 月 25 日模拟银行辽金支行填制现金支票，向中央银行申请支取现金 5 000 000.00 元。中央银行经审核无误后，办理现金支取手续。

四、学习步骤

（一）商业银行向中央银行缴存现金

步骤 1. 现金出库、凭证填写。商业银行在办理缴存现金时，应先办理出库手续，并填制“现金缴款单”连同现金一并送交中央银行发行库。

步骤 2. 发行库处理。发行库审核“现金缴款单”无误并收妥款项后，在“现金缴款单”上加盖“现金收讫”章及经办人员名章后，将回单（如表 8－1－1 所示）退给缴款的商业银行。记账如下：

收入：发行基金——本身库户　　　　8 000 000.00

同时，将发行基金入库凭证有关联次连同“现金缴款单”（如表 8－1－2 所示）送交会计部门。

每日营业终了，应将当天货币回笼数额电告上级库。

表 8－1－1

券种明细

券种	金额
壹佰元	5 000 000
伍拾元	2 800 000
贰拾元	
拾元	
伍元	150 000
贰元	
壹元	50 000
伍角	
贰角	
壹角	
合计	8 000 000

现　金　缴　款　单

本次交款情况记录	
多款	已退回
少款	已补收

缴款日期　2018　年　6　月 22 日

缴款单位	全　称	模拟银行辽金支行	账　号	1000010409901
	开户银行	人民银行	款项来源	存款
人民币（大写）	捌佰万元整		百 十 万 千 百 十 元 角 分	8 0 0 0 0 0 0 0 0
现金收讫	(01) 收讫 2018.06.22 锦凌市人民银行		出纳复核员 谷欣　出纳收款 张泽	会计复核员 杨一明　记账员 马漫婷

第一联人行盖章后退回单位

表 8－1－2

券种明细

券种	金额
壹佰元	5 000 000
伍拾元	2 800 000
贰拾元	
拾元	
伍元	150 000
贰元	
壹元	50 000
伍角	
贰角	
壹角	
合计	8 000 000

现　金　缴　款　单

本次交款情况记录	
多款	已退回
少款	已补收

缴款日期　2018　年　6　月 22 日

缴款单位	全　称	模拟银行辽金支行	账　号	1000010409901
	开户银行	人民银行	款项来源	存款
人民币（大写）	捌佰万元整		百 十 万 千 百 十 元 角 分	8 0 0 0 0 0 0 0 0
现金收讫	(01) 收讫 2018.06.22 锦凌市人民银行		出纳复核员 谷欣　出纳收款 张泽	会计复核员 杨一明　记账员 马漫婷

第二联　代现金收入传票

步骤 3. 中央银行会计部门处理。中央银行会计部门收到发行库转来的“现金缴款单”及“发行库入库凭证”，经审核无误后，以“现金缴款单”作为现金收入传票，填制“发行基金往来”科目借方传票进行账务处理。会计分录为

借：发行基金往来　　8 000 000.00

　　贷：模拟银行准备金存款——模拟银行辽金支行　　8 000 000.00

步骤 4. 商业银行账务处理。商业银行依据中央银行退回的“现金缴款单”回单联（如表 8－1－1 所示），填制现金付出传票（如表 8－1－3 所示），加盖了“作附件”章的“现金缴款单”回单联（如表 8－1－4 所示）作附件，进行账务处理。会计分录为

借：存放中央银行准备金　　8 000 000.00

　　贷：现金　　8 000 000.00

表 8－1－3

模拟银行辽金支行　　现金付出传票

（借）存放中央银行准备金

（贷）现金　　　　2018 年　6 月　22 日　　　　总字第　　号

户名或账号	摘要	十	亿	千	百	十	万	千	百	十	元	角	分
存放中央银行准备金	向中央银行缴存现金			¥	8	0	0	0	0	0	0	0	0
合　　计				¥	8	0	0	0	0	0	0	0	0

附件 1 张

（印章：(01) 付讫 2018.06.22 模拟银行辽金支行）

会计 朱玥璐　　复核 杨一明　　记账 马漫婷　　出纳 张泽

表 8－1－4

券种明细

券种	金额
壹佰元	5 000 000
伍拾元	2 800 000
贰拾元	
拾元	
伍元	150 000
贰元	
壹元	50 000
伍角	
贰角	
壹角	
合计	8 000 000

现　金　缴　款　单

本次交款情况记录	
多款	已退回
少款	已补收

缴款日期　2018　年　6　月 22 日

缴款单位	全称	模拟银行辽金支行	账号	1000010409901
	开户银行	人民银行	款项来源	存款
人民币（大写）	捌佰万元整		百十万千百十元角分	8 0 0 0 0 0 0 0 0
现金收讫			出纳复核员 谷欣	出纳收款员 张泽
			会计复核员 杨一明	记账员 马漫婷

（印章：(01) 收讫 2018.06.22 锦凌市人民银行；作附件）

第一联人行盖章后退回单位

（二）商业银行向中央银行支取现金

步骤 1. 请领、签发支票。商业银行到中央银行申请支取现金，应先填写“现金支票请领单”，经审批后到财务部门领取支票。商业银行按照要求填制现金支票（如表 8－1－5 所示），交中央银行会计部门。

步骤 2. 中央银行会计部门处理。中央银行会计部门收到商业银行交来的现金支票，经审查无误后，以现金支票作为现金付出传票，另填制发行基金往来科目贷方传票处理账务。会计分录为

借：模拟银行准备金存款——模拟银行辽金支行　　　　5 000 000.00

　贷：发行基金往来　　　　5 000 000.00

同时，在记账传票上加盖记账、复核和有关人员名章后交发行库办理付款。

步骤 3. 发行库处理。发行库收到会计部门转来的现金支票和发行基金往来科目贷方传票，经对商业银行取款人员工作证及预留印鉴核对无误后，填制“发行库出库凭证”。

表 8－1－5

锦凌市人民银行**现金支票(辽)**　AL 01　3756

出票日期(大写) 贰零壹捌 年 零陆 月 贰拾伍 日 付款行名称：锦凌市人民银行

收款人：模拟银行辽金支行　出票人账号：100001040990１

本支票付款期限十天

人民币(大写)：伍佰万元整	千	百	十	万	千	百	十	元	角	分
	¥	5	0	0	0	0	0	0	0	0

用途：支付存款

上列款项请从 1000010409901 我账户内支付

出票人签章　（财务专用章 83101）（玲于印江）

科目(借)

对方科目(贷)

付讫日期　年　月　日

出纳　复核　记帐

贴对号单处　3756

发行库在商业银行的现金支票上加盖“现金付讫”章及经办人员章，配款并付出现金。记账如下：

付出：发行基金——本身库户　5 000 000. 00

每日营业终了，应将当天货币发行数额电告上级库。

步骤 4. 现金入库。商业银行将从人民银行领入的现金，经查验无误，填写入库单，办理入库手续。

步骤 5. 商业银行账务处理。商业银行领入现金入库后，填制现金收入传票（如表 8－1－6所示），以现金支票存根联（如表 8－1－7 所示）作附件进行账务处理。会计分录为

借：现金　5 000 000. 00

贷：存放中央银行准备金　5 000 000. 00

表 8－1－6

模拟银行辽金支行　**现金收入传票**

（贷）存放中央银行准备金

（借）现金　2018 年 6 月 25 日

总字第　号

字第　号

户名或账号	摘要	亿	千	百	十	万	千	百	十	元	角	分
存放中央银行准备金	向人民银行取款		¥	5	0	0	0	0	0	0	0	0
合计			¥	5	0	0	0	0	0	0	0	0

附件 1 张

（(03) 收讫 2018. 06. 25 模拟银行辽金支行）

会计 于江玲　复核 杨一明　记账 马漫婷　出纳 张洋

表 8-1-7

锦凌市人民银行现金支票存根
支票号码：14323756
科目
对方科目
出票日期 2018 年 06 月 日
作附件
收款人：辽金支行
金　额：5 000 000.00
用　途：支付存款
单位主管 朱玥颖 会计 杨一明

五、拓展

商业银行向中央银行缴存现金又称为货币回笼，是指商业银行（或本行业务库）将超过库存限额的货币缴入发行库，使其退出流通领域，转作发行基金。商业银行向中央银行支取现金又称为货币发行，是指发行库将发行基金支付给商业银行（或本行业务库），使其进入流通领域，成为流通中的货币。商业银行向中央银行存取现金必须遵守现金管理的规定，及时提取和缴存现金。

1. 商业银行的现金业务库存根据自身业务需要，投放行核定 3 ~5 天业务周转保留的最低库存；回笼行核定合理的库存，并报中央银行发行库备案。

2. 商业银行应在中央银行开立存款户，商业银行向发行库取款，要严格控制在中央银行的存款余额之内，不准透支。

3. 商业银行根据核定的年度现金计划在前 5 日向开户行发行库报送按月分券别的用款计划和最高投放额。

4. 商业银行对超业务库存限额的现金，可以缴存开户的人民银行。

5. 发行库与商业银行间办理现金收付时，收到款行必须当面清点捆数、把数，检查封签是否填写清楚齐全。收取的现金发现差错，双方配合查找，查找本着由责任行负责，查找无着又难以肯定责任者，由收取款行收益或报损。

六、考核

1. 模拟银行辽金支行填交现金缴款单向当地人民银行缴存现金 3 000 000. 00 元。请根据相关业务规定办理缴款手续。

2. 模拟银行辽金支行填制现金支票，向当地人民银行要求支取现金 2 000 000. 00 元，请根据相关业务规定办理支款手续。

七、分析思考题

1. 简述商业银行与中央银行往来包括的内容。
2. 什么叫货币回笼？它的活动流程包括哪些环节？
3. 什么叫货币发行？它的活动流程包括哪些环节？

子任务 2　缴存财政性存款

一、活动目标

掌握商业银行缴存财政性存款的活动流程，能够按照业务活动流程规范完成财政性存款缴存和调整业务的操作处理。

二、活动流程

商业银行缴存财政性存款的活动流程如图 8－1－3 所示。

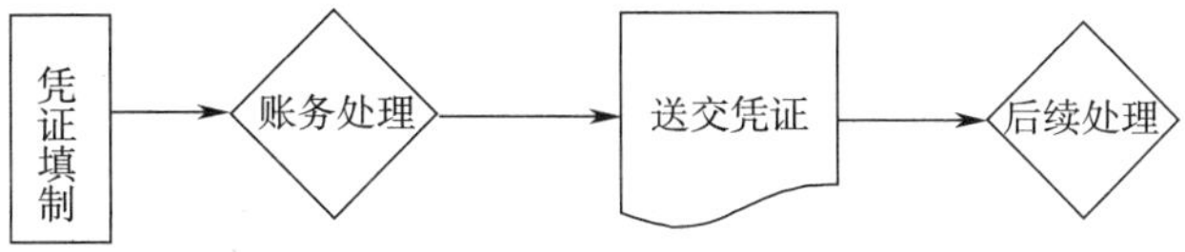

图 8－1－3　商业银行缴存财政性存款活动流程图

三、案例引入

【例 1】　2018 年 6 月 20 日模拟银行辽金支行财政性存款各科目余额为 100 万元，6 月 25 日初次向人民银行办理缴存款。

【例 2】　该支行 6 月 30 日财政性存款各科目余额为 123 万元。7 月 5 日填制划拨凭证向人民银行办理调整缴存款。

【例 3】　该支行 7 月 10 日财政性存款各科目余额为 93 万元。7 月 15 日填制划拨凭证向人民银行办理调整缴存款。

四、学习步骤

（一）商业银行初次缴存

步骤 1. 填制凭证。商业银行初次向人民银行缴存财政性存款时，应根据有关存款科目余额，填制“缴存财政性存款科目余额表”一式两份，并按规定比例计算出应缴存的金额，填制“缴存（或调整）财政性存款划拨凭证”（如表 8－1－8 所示）一式四联。

表 8－1－8

缴存（或调整）财政性存款划拨凭证（借方凭证）

2018 年 6月 25 日　　　　总字第　　号

缴存银行	名称	模拟银行辽金支行	收受账号	名称	市人民银行
	账号	1000010409901		账号	1000010509901
存款类别		2018年 06月 20日余额（亿千百十万千百十元角分）	缴存比例	应缴存款金额（亿千百十万千百十元角分）	
财政性存款		¥100000000	100%	¥100000000	
1. 合　计				¥100000000	
2. 已缴存金额					
3. 本次应补缴金额（1--2）				¥100000000	
4. 本次应退回金额（2--1）					
上列缴存金额或应补缴和应退回的金额，请从本行备付金存款账户转账。缴存银行盖章 2018年 06月 25日		备　注：		会计分录：科目借：缴存中央银行财政性存款　对方科目贷：存放中央银行准备金　会计 吝欣　复核 赵一明　记账 马澄蔚	

第二联　缴存银行（商业银行）代转账借方传票

步骤 2. 账务处理。以缴存财政性存款划拨凭证第一、第二联作转账借、贷方传票，会计分录为

借：缴存中央银行财政性存款　　1 000 000. 00

　贷：存放中央银行准备金　　1 000 000. 00

步骤 3. 送交凭证。将划拨凭证第三、第四两联随附一份缴存财政性存款科目余额表送交开户人民银行，另一份余额表留存。

（二）人民银行受理缴存款

步骤 1. 审核凭证。人民银行接到商业银行送来的缴存财政性存款科目余额表和缴存财政性存款划拨凭证第三、第四联，按照业务规定进行审核。

步骤 2. 账务处理。以缴存财政性存款划拨凭证第三、第四联分别作借、贷方传票办理转账，会计分录为

借：模拟银行准备金存款——辽金支行　　1 000 000. 00

　贷：模拟银行划来财政性存款　　1 000 000. 00

（三）商业银行调整缴存款项

商业银行在规定日期（按旬或按月）调整缴存款时，仍应填制缴存财政性存款科目余额表和缴存财政性存款划拨凭证，以本旬末（或月末）各科目余额总数与上次已办理缴存款的同类各科目旬末（或月末）的余额总数进行比较，若为调增补缴，填制调整财政性存款划拨凭证（如表 8 - 1 - 9 所示）。2018 年 7 月 5 日调整缴存款的会计分录为

借：缴存中央银行财政性存款　　230 000. 00

　贷：存放中央银行准备金　　230 000. 00

表 8 - 1 - 9

划转（或调整）财政性存款划拨凭证（借方凭证）

2018 年 7月 05 日　　　　总字第　　号　字第　　号

缴存银行	名称	模拟银行辽金支行	收受账号	名称	市人民银行
	账号	1000010409901		账号	1000010509901

存款类别	2018年 06月 30日余额（亿千百十万千百十元角分）	缴存比例	应缴存款金额（亿千百十万千百十元角分）
财政性存款	¥123000000	100%	¥123000000
1. 合　计			¥123000000
2. 已缴存金额			¥100000000
3. 本次应补缴金额（1--2）			
4. 本次应退回金额（2--1）			¥ 23000000

上列缴存金额或应补缴和应退回的金额，请从本行备付金存款账户转账。 缴存银行盖章 2018年7月05日	备　注：	会计分录： 科目借：存放中央银行准备金 对方科目贷：缴存中央银行财政性存款 会计 朱羽丽　复核 新一明　记账 马漫婷

（印章：模拟银行 (06) 转讫）

第二联　缴存银行（商业银行）代转账借方传票

若为调减退回，则会计分录相反，如表 8 –1 –10 所示。

2018 年 7 月 15 日调整缴存款的会计分录为

借：存放中央银行准备金　　　　　　　　　　　　　　　　　　300 000. 00

　贷：缴存中央银行财政性存款　　　　　　　　　　　　　　　　　300 000. 00

缴存财政性存款科目余额表和缴存财政性存款划拨凭证的处理与前述相同。

表 8 –1 –10

划转（或调整）财政性存款划拨凭证（借方凭证）

2018 年 7月 15 日　　　　总字第　　号

缴存银行	名称	模拟银行辽金支行	收受账号	名称	市人民银行
	账号	1000010409901		账号	1000010509901

存款类别	2018年 07月 10日余额（亿千百十万千百十元角分）	缴存比例	应缴存款金额（亿千百十万千百十元角分）
财政性存款	¥93000000	100%	¥93000000
1. 合　计			¥93000000
2. 已缴存金额			¥123000000
3. 本次应补缴金额（1－2）			
4. 本次应退回金额（2－1）			¥30000000

上列缴存金额或应补缴和应退回的金额，请从本行备付金存款账户转账。 缴存银行盖章 2018年 07月 15日	备　注：	会计分录： 科目借：存放中央银行准备金 对方科目贷：缴存中央银行财政性存款 会计 [illegible]　复核 [illegible]　记账 [illegible]

（印章：模拟银行辽金支行 (06) 转讫 2018.07.15）

第二联　缴存银行（商业银行）代转账借方传票

（四）人民银行受理缴存款调整

人民银行接到商业银行送来的缴存财政性存款科目余额表和缴存财政性存款划拨凭证第三、第四联，经审核无误后办理转账。若为调增补缴，其会计分录与初缴时相同；若为调减退回，则会计分录相反。缴存财政性存款科目余额表和缴存财政性存款划拨凭证的处理与前述相同。

五、拓展

财政性存款缴存的一般规定

1. 缴存款的比例：财政性存款属于中央银行信贷资金，应全额（缴存比例为 100%）缴存人民银行。

2. 调整缴存款的时间：商业银行向人民银行缴存财政性存款的时间，除第一次按规定缴存外，城市分支行（包括所属部、处）每旬调整一次，于旬后 5 日内办理；县支行及其所属处所，每月调整一次，于月后 8 天内办理，如遇调整日最后一天为节假日，则可顺延。

3. 调整缴存款的计算方法：商业银行划缴或调整财政性存款时，应按本旬（月）末各科目余额总数与上期同类各科目旬（月）末余额总数对比，按实际增加或减少数进行调整，计算应缴存金额。实际调整缴存金额以千元为单位，千元以下四舍五入。为了减少调整次数，规定余额增减达到10万元以上时再进行调整，不足10万元并入下次调整。

4. 计算公式

本次应调整数（正数为补缴数，负数为退回数）＝本次应缴存数－已缴存数

本次应缴存数＝现行缴存范围中各种存款科目余额之和×缴存比例

缴存存款准备金时，首先应填制“应缴存存款科目余额表”，计算出本期应缴存的余额后，与上期已缴存的余额进行比较，如果大于上期已缴存数时，应调增；如果少于上期已缴存数时，应调减。初次上缴时以应缴存的全部余额作为调增金额。

5. 商业银行发生欠缴的处理。商业银行在规定的缴存存款时间内调整应缴存款时，如果在人民银行开立的存款账户余额扣除必要的周转金后不足，不能足额缴存，必须在规定的时间内及时筹集资金，办理缴存手续，否则即构成欠缴存款。

商业银行发生欠缴时，仍需要填制“缴存财政性存款科目余额表”，并根据本次能够实际缴纳的金额填制“缴存财政性存款划拨凭证”，将划拨凭证内的“本次应补缴金额”栏改为“本次实缴金额”，并在凭证的备注栏内注明本次应补缴金额和本次欠缴的金额。经审核无误后，据划拨凭证的第一、第二联办理转账手续，其实缴部分的会计分录与调增补缴时相同。另根据欠缴金额填制欠缴凭证一式四联，各联用途与划拨凭证相同。同时填制待清算凭证表外科目收入传票，凭以记载表外科目登记簿。

同时，对于欠缴金额，人民银行每日按规定比例扣收罚款，随同扣收存款一并收取。对于欠缴的财政性存款，每天处以3‱的罚款；对于欠缴的一般性存款，每天处以6‱的罚款。商业银行对欠缴存款的罚款计入营业外支出。

六、考核

1. 模拟银行辽金支行7月20日财政性存款各科目的余额共计135万元，上旬调整缴存款后，“缴存中央银行财政性存款”科目的余额为112万元，7月25日办理调整。请分别作出模拟银行辽金支行和人民银行有关的会计分录。

2. 模拟银行辽金支行7月31日财政性存款各科目的余额共计75万元，上旬调整缴存款后，“缴存中央银行财政性存款”科目的余额为135万元，8月5日办理调整。请分别作出模拟银行辽金支行和人民银行有关的会计分录。

七、分析思考题

1. 简述商业银行缴存财政性存款的范围。
2. 简述商业银行欠缴存款的办理。

子任务3　缴存一般性存款的处理

一、活动目标

掌握商业银行缴存一般性存款的活动流程，能够按照业务活动流程进行一般性存款缴存业务的操作处理。

二、活动流程

商业银行缴存一般性存款的活动流程如图8－1－4所示。

图 8－1－4　商业银行缴存一般性存款活动流程图

三、案例引入

【例 1】　2018 年 6 月 20 日模拟银行辽金支行企业存款科目余额为 8 500 万元、储蓄存款科目余额为 4 700 万元、农村存款为 3 200 万元，6 月 25 日初次向人民银行办理缴存款。

【例 2】 该支行 6 月 30 日企业存款科目余额为 8 800 万元、储蓄存款科目余额为 5 200万元、农村存款为 3 500 万元。7 月 5 日填制划拨凭证向人民银行办理调整缴存款。

【例 3】 该支行 7 月 10 日企业存款科目余额为 7 800 万元、储蓄存款科目余额为4 300 万元、农村存款为 2 700 万元。7 月 15 日填制划拨凭证向人民银行办理调整缴存款。

四、学习步骤

（一）商业银行初次缴存

步骤 1. 基层行编制账表。商业银行基层行于旬末应根据有关存款科目余额，编制"一般性存款科目余额表"报上级行，并按规定的比例计算出应缴存的金额。

步骤 2. 上报系统内总行。商业银行基层行通过内部汇划将存款逐级划至本系统总行。

步骤 3. 报送人民银行。总行将汇总全行旬末"一般存款科目余额表"报所在地人民银行，根据余额表的合计数按规定的比例计算出应缴存的金额。填制"缴存一般性存款划拨凭证"如表 8－1－11 所示。

表 8－1－11

缴存（或调整）一般存款划拨凭证（借方凭证）

总字第　　号

2018年　6 月　25 日

缴存银行	名称	模拟银行辽金支行	收受账号	名称	市人民银行
	账号	1000010409901		账号	1000010409902

存款类别	2018年 06月 20日余额（亿千百十万千百十元角分）	缴存比例	应缴存款金额（亿千百十万千百十元角分）
企业存款	¥8500000000	18%	¥1530000000
储蓄存款	¥4700000000	18%	¥846000000
农村存款	¥3200000000	18%	¥576000000
1. 合　　计			¥2952000000
2. 已缴存金额			
3. 本次应补缴金额（1－－2）			¥2952000000
4. 本次应退回金额（2－1）			
上次缴存金额或应补缴和应退回的金额，请从本行备付金存款账户转账。 缴存银行盖章 2018年 06月 25 日		会计分录： 科目借：存放中央银行准备金－准备金 对方科目贷：存放中央银行准备金－备付金 会计 [illegible]　复核 [illegible]　记账 [illegible]	

（06）转讫 2018.06.25 模拟银行

第二联　缴存银行（商业银行）代转账借方传票

步骤 4. 账务处理。以缴存一般性存款划拨凭证第一、第二联作转账借贷方传票，会计分录为

借：存放中央银行准备金——准备金户（或同城清算科目或其他有关科目）

29 520 000. 00

贷：存放中央银行准备金——备付金户 29 520 000. 00

步骤 5. 送交凭证。将划拨凭证第三、第四两联随附一份缴存一般性存款科目余额表送交开户人民银行，另一份余额表留存。

（二）人民银行受理缴存款

步骤 1. 审核凭证。人民银行接到商业银行送来的缴存一般性存款科目余额表和缴存一般性存款划拨凭证第三、第四联，按照业务规定进行审核。

步骤 2. 账务处理。以缴存一般性存款划拨凭证第三、第四联分别作借、贷方传票办理转账，会计分录为

借：模拟银行准备金存款——辽金支行 29 520 000

贷：同城清算科目（或其他有关科目） 29 520 000

（三）商业银行调整缴存款项

商业银行在规定日期（按旬或按月）调整缴存款时，仍应填制缴存一般性存款科目余额表和缴存一般性存款划拨凭证，以本旬末（或月末）各科目余额总数与上次已办理缴存款的同类各科目旬末（或月末）的余额总数进行比较，若为调减退回，填制调整一般性存款划拨凭证（如表 8 -1 -12 所示）。2018 年 7 月 5 日调整缴存款的会计分录为

借：存放中央银行准备金——准备金户（或同城清算科目或其他有关科目）

1 980 000. 00

贷：存放中央银行准备金——备付金户 1 980 000. 00

表 8 -1 -12

缴存（或调整）一般存款划拨凭证（借方凭证）

总字第　　号

2018年　7 月　05 日

缴存银行	名称	模拟银行辽金支行	收受账号	名称	市人民银行
	账号	1000010409901		账号	1000010409902

存款类别	2018年 06月 30日余额（亿千百十万千百十元角分）	缴存比例	应缴存款金额（亿千百十万千百十元角分）
企业存款	¥8800000000	18%	¥1584000000
储蓄存款	¥5200000000	18%	¥936000000
农村存款	¥3500000000	18%	¥630000000
1. 合　　计			¥3150000000
2. 已缴存金额			¥2952000000
3. 本次应补缴金额（1--2）			¥198000000
4. 本次应退回金额（2--1）			

上次缴存金额或应补缴和应退回的金额，请从本行备付金存款账户转账。

缴存银行盖章 2018年 07月 05

（印章：模拟银行辽金支行 (06) 转讫）

会计分录：

科目借：存放中央银行准备金—准备金

对方科目贷：存放中央银行准备金—备付金

会计［签章］　复核［签章］　记账［签章］

第二联　缴存银行（商业银行）代转账借方传票

若为调减退回，则会计分录相反（如表 8－1－13 所示）。

2018 年 7 月 15 日调整缴存款的会计分录为

借：存放中央银行准备金——备付金户　　　　　　　　　　　4 860 000. 00

　贷：存放中央银行准备金——准备金户（或同城清算科目或其他有关科目）

4 860 000. 00

表 8－1－13

缴存（或调整）一般存款划拨凭证（借方凭证）

总字第　　号

2018年　7月　15 日

<table>
<tr><td rowspan="2">缴存银行</td><td>名称</td><td colspan="11">模拟银行辽金支行</td><td rowspan="2">收受账号</td><td>名称</td><td colspan="11">市人民银行</td></tr>
<tr><td>账号</td><td colspan="11">1000010409901</td><td>账号</td><td colspan="11">1000010409902</td></tr>
<tr><td colspan="2" rowspan="2">存款类别</td><td colspan="11">2018年 07月 10日余额</td><td rowspan="2">缴存比例</td><td colspan="12">应缴存款金额</td></tr>
<tr><td>亿</td><td>千</td><td>百</td><td>十</td><td>万</td><td>千</td><td>百</td><td>十</td><td>元</td><td>角</td><td>分</td><td>亿</td><td>千</td><td>百</td><td>十</td><td>万</td><td>千</td><td>百</td><td>十</td><td>元</td><td>角</td><td colspan="2">分</td></tr>
<tr><td colspan="2">企业存款</td><td>¥</td><td>7</td><td>8</td><td>0</td><td>0</td><td>0</td><td>0</td><td>0</td><td>0</td><td>0</td><td>0</td><td>18%</td><td>¥</td><td>1</td><td>4</td><td>0</td><td>4</td><td>0</td><td>0</td><td>0</td><td>0</td><td>0</td><td colspan="2">0</td></tr>
<tr><td colspan="2">储蓄存款</td><td>¥</td><td>4</td><td>3</td><td>0</td><td>0</td><td>0</td><td>0</td><td>0</td><td>0</td><td>0</td><td>0</td><td>18%</td><td></td><td>¥</td><td>7</td><td>7</td><td>4</td><td>0</td><td>0</td><td>0</td><td>0</td><td>0</td><td colspan="2">0</td></tr>
<tr><td colspan="2">农村存款</td><td>¥</td><td>2</td><td>7</td><td>0</td><td>0</td><td>0</td><td>0</td><td>0</td><td>0</td><td>0</td><td>0</td><td>18%</td><td></td><td>¥</td><td>4</td><td>8</td><td>6</td><td>0</td><td>0</td><td>0</td><td>0</td><td>0</td><td colspan="2">0</td></tr>
<tr><td colspan="2">1.合　　计</td><td></td><td></td><td></td><td></td><td></td><td></td><td></td><td></td><td></td><td></td><td></td><td></td><td>¥</td><td>2</td><td>6</td><td>6</td><td>4</td><td>0</td><td>0</td><td>0</td><td>0</td><td>0</td><td colspan="2">0</td></tr>
<tr><td colspan="2">2.已缴存金额</td><td></td><td></td><td></td><td></td><td></td><td></td><td></td><td></td><td></td><td></td><td></td><td></td><td>¥</td><td>3</td><td>1</td><td>5</td><td>0</td><td>0</td><td>0</td><td>0</td><td>0</td><td>0</td><td colspan="2">0</td></tr>
<tr><td colspan="2">3.本次应补缴金额（1--2）</td><td></td><td></td><td></td><td></td><td></td><td></td><td></td><td></td><td></td><td></td><td></td><td></td><td></td><td></td><td></td><td></td><td></td><td></td><td></td><td></td><td></td><td></td><td colspan="2"></td></tr>
<tr><td colspan="2">4.本次应退回金额（2--1）</td><td></td><td></td><td></td><td></td><td></td><td></td><td></td><td></td><td></td><td></td><td></td><td></td><td></td><td>¥</td><td>4</td><td>8</td><td>6</td><td>0</td><td>0</td><td>0</td><td>0</td><td>0</td><td colspan="2">0</td></tr>
<tr><td colspan="2">上次缴存金额或应补缴和应退回的金额，请从本行备付金存款账户转账。
缴存银行盖章 2018年07月15
（模拟银行辽金支行（06）转讫）</td><td colspan="11"></td><td colspan="13">会计分录：
科目借：存放中央银行准备金－备付金
对方科目贷：存放中央银行准备金－准备金
会计 张羽薇　复核 翁一明　记账 马雅静</td></tr>
</table>

第二联　缴存银行（商业银行）代转账借方传票

（四）人民银行受理缴存款调整

人民银行接到商业银行送来的缴存一般性存款科目余额表和缴存一般性存款划拨凭证第三、第四联，经审核无误后办理转账。若为调增补缴，其会计分录与初缴时相同；若为调减退回，则会计分录相反。缴存一般性存款科目余额表和缴存一般性存款划拨凭证的处理与前述相同。

五、拓展

一般性存款的缴存规定

1. 缴存的比例。各商业银行一般性存款的准备金率由中央银行根据货币政策执行的需要调整。

2. 调整缴存的时间。各商业银行每旬调整一次，于旬后 5 日内办理。

3. 调整缴存款的计算方法。各商业银行应按旬根据一般性存款增加（或减少）的实际数额，按规定缴存比例计算调整增加（或减少）的准备金存款。

4. 其他规定

（1）现行制度规定，准备金存款由各金融机构法人统一向当地的人民银行缴存。

（2）人民银行对金融机构法人的准备金存款，于每日日终考核其存款准备金率，日间只控制其存款账户的透支行为。

（3）人民银行对金融机构分支机构的存款，不考核存款准备金率，只控制其存款账户的透支行为。

（4）金融机构的法人存款账户日终、旬后未按规定比率存入准备金和金融机构未及时向人民银行报送有关报表时，人民银行按有关规定予以处罚。

5. 罚款规定及账务处理。每日日终、旬后五天内，商业银行未按有关规定比率存入准备金和未及时向人民银行报送有关报表的，人民银行会计部门将填制特种转账借、贷方传票，办理罚款的处理手续。

（1）人民银行账务处理的会计分录为

借：××银行准备金存款

　贷：业务收入——罚款净收入户

（2）商业银行总行账务处理的会计分录为

借：利润分配——未分配利润（属少交、迟交的）

　　［或借：营业外支出（属于欠交存款准备金的罚金）］

　贷：存放中央银行准备金

子任务4　向中央银行借款与还款

一、活动目标

熟悉向中央银行借款与还款的活动流程，能按照业务活动流程规范完成商业银行借入款项和归还贷款业务的操作处理。

二、活动流程

向中央银行借款与还款的活动流程如图8－1－5所示。

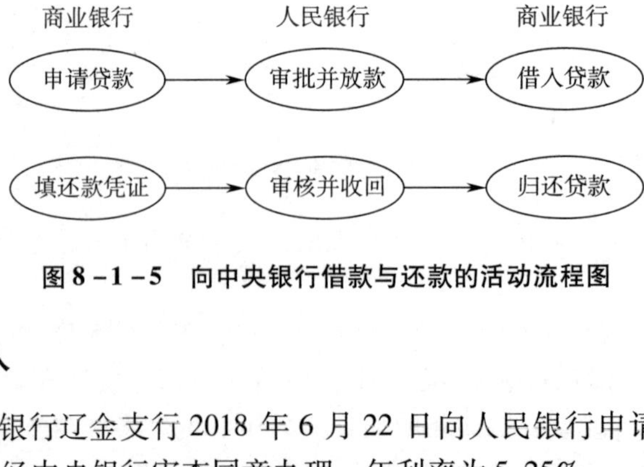

图8－1－5　向中央银行借款与还款的活动流程图

三、案例引入

【例1】　模拟银行辽金支行2018年6月22日向人民银行申请日拆性贷款700万元，期限为10天，经中央银行审查同意办理，年利率为5.25%。

【例2】　模拟银行辽金支行2018年6月22日向人民银行申请日拆性贷款700万元，期限为10天，年利率为5.25%，于2018年7月2日归还。

四、学习步骤

（一）向中央银行借入款项

步骤1. 凭证填制。商业银行申请贷款。商业银行向人民银行申请再贷款时，应填制一式五联的借款借据送交人民银行。

步骤2. 人民银行审批并发放贷款。借款借据经审查批准后，第四联留存作贷款记录卡，其余四联送交会计部门。

人民银行会计部门收到借款借据并审查无误后，以借款借据的第一、第二联分别作转账借方和贷方传票办理转账。其会计分录为

借：模拟银行贷款——辽金支行　　7 000 000.00

　贷：模拟银行准备金存款——辽金支行　　7 000 000.00

第三联借款借据加盖转讫章后退还借款的商业银行；第五联借款借据按到期日顺序排列妥善保管，并定期与贷款分户账核对，以保证账据一致。

步骤3. 商业银行借入贷款。商业银行收到人民银行退回的第三联借款借据后，凭以编制转账借、贷方传票办理转账。会计分录为

借：存放中央银行准备金　　7 000 000.00

　贷：向中央银行借款　　7 000 000.00

（二）向中央银行归还贷款

步骤1. 商业银行填交还款凭证。贷款到期，商业银行应主动办理贷款归还手续。由会计部门填制一式四联再贷款还款凭证提交人民银行。

步骤2. 人民银行审核并收回贷款。人民银行收到商业银行提交的再贷款还款凭证，经审查无误后，以第一、第二联还款凭证分别代转账借方、贷方传票，原借款借据第五联作贷方传票附件，办理转账。同时计算利息，填制两联特种转账借、贷方传票收取利息。会计分录为

借：模拟银行准备金存款——辽金支行　　7 010 208.33

　贷：模拟银行贷款——辽金支行　　7 000 000.00

　　　利息收入——金融机构利息收入户　　10 208.33

转账后，将还款凭证第三联送有关部门保管，还款凭证第四联支款通知和一联特种转账借方传票加盖转讫章后退还借款的商业银行。

步骤3. 商业银行归还贷款。商业银行收到人民银行退回的还款凭证第四联作贷方传票，特种转账借方传票作利息支出传票，同时填制转账借方传票办理转账。会计分录为

借：向中央银行借款　　7 000 000.00

　　金融企业往来支出——中央银行往来支出户　　10 208.33

　贷：存放中央银行准备金　　7 010 208.33

五、拓展

向中央银行借款的种类

商业银行从人民银行取得的借款，主要有以下几种类型。

1. 年度性贷款。它是各商业银行因经济合理增长，引起年度性信贷资金不足，而向人民银行申请的贷款。年度性贷款期限一般为一年。

2. 季节性贷款。它是各商业银行因信贷资金先支后收或存款季节性下降，贷款季节性上升等原因引起资金不足，而向人民银行申请的贷款。季节性贷款期限一般为 2 个月，最长不超过 4 个月。

3. 日拆性贷款。它是各商业银行因汇划款项未达和清算资金不足等原因发生临时性资金短缺，而向人民银行申请的贷款。日拆性贷款一般期限为 10 天，最长不超过 20 天。

4. 再贴现。它是商业银行因办理票据贴现占用资金，引起资金暂时不足，以已贴现尚未到期的商业汇票向人民银行申请的贷款。

六、考核

模拟银行辽金支行当日发生以下业务：

1. 向人民银行申请季节性贷款 8 000 000.00 元，期限为 3 个月，经人民银行审查同意办理，年利率为 6.10%。

2. 向人民银行提交转账支票，归还本日到期的年利率为 5.25%、期限为 20 天的再贷款 2 000 000.00 元。

要求：分别作出人民银行和模拟银行辽金支行有关的会计分录。

子任务 5 再贴现业务贴现款发放与收回

一、活动目标

掌握再贴现业务贴现款发放与收回的活动流程，能按照业务的活动流程规范完成商业银行申请和收到再贴现款项的操作处理。

二、活动流程

再贴现业务贴现与收回的活动流程如图 8-1-6 所示。

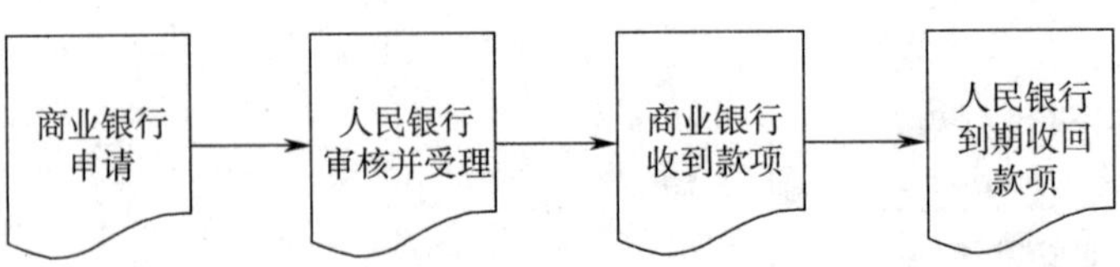

图 8-1-6 再贴现业务贴现与收回的活动流程图

三、学习步骤

步骤1. 商业银行申请再贴现。再贴现是指商业银行持已经办理贴现，但尚未到期的商业汇票向人民银行融通资金的行为。它主要解决商业银行因办理票据贴现而引起的资金不足。

商业银行持未到期的商业汇票向人民银行申请再贴现时，应根据汇票填制再贴现申请书和一式五联再贴现凭证，在第一联再贴现凭证上签章后，连同汇票一并送交人民银行。

步骤2. 人民银行审核凭证并办理再贴现。人民银行的会计部门接到有关部门转来审批同意的再贴现凭证和作成背书转让的商业汇票，经审核确认无误后，按规定的贴现率计算出再贴现利息和实付再贴现金额（计算方法与一般贴现的计算方法相同）并填入再贴现凭证中，以第一、第二、第三联再贴现凭证代传票办理转账。会计分录为

借：再贴现——××银行汇票户

　贷：××银行准备金存款

　贷：利息收入——再贴现利息收入户

人民银行将再贴现凭证第四联作收账通知退还商业银行，第五联到期检查卡按到期日顺序排列妥善保管。

步骤3. 商业银行收到再贴现款项。商业银行收到人民银行交给的再贴现收账通知后，应填制两联特种转账借方传票、一联特种转账贷方传票，收账通知作存放中央银行准备金借方传票的附件。会计分录为

借：存放中央银行准备金

借：金融企业往来支出——再贴现利息支出户

　贷：贴现——汇票户或汇票转贴现户

步骤4. 人民银行到期收回再贴现款项。再贴现到期，由人民银行作为持票人填制委托收款凭证连同再贴现的票据向付款人办理收款。在收到款项划回时，会计分录为

借：清算资金往来（或其他有关科目）

　贷：再贴现——××银行汇票户

人民银行收到付款人开户行或承兑银行退回的委托收款凭证、汇票和拒绝付款理由书或未付票款通知书后，追索票款时，可向再贴现的申请银行收取。

四、考核

1. 3月21日，模拟银行辽金支行持一份已办理贴现的银行承兑汇票向人民银行申请再贴现。该汇票金额为2 000 000.00元，3月10日出票，8月10日到期，经异地某农业银行承兑。人民银行经审查同意，当天办理贴现手续，再贴现率为年利率4.32%。

要求：计算再贴现利息和实付贴现金额，并分别作出人民银行和模拟银行辽金支行有关的会计分录。

2. 人民银行通过电子联行收到该行托收的一份银行承兑汇票再贴现票款600 000.00元。请作出中央银行收回再贴现款的会计分录。

3. 人民银行办理再贴现的一份金额为800 000.00元的商业承兑汇票到期，经向付款

人托收，未获付款。本日向申请再贴现的模拟银行辽金支行收回票款。请分别作出人民银行和模拟银行辽金支行有关的会计分录。

任务二　商业银行之间往来业务处理

【技能目标】

熟悉商业银行之间往来业务的基本规定，熟悉商业银行之间往来业务的凭证格式，掌握具体的填写要求；能按有关业务活动流程规范完成商业银行同城票据交换、同业拆借、转贴现以及票据回购等业务。

【知识准备】

商业银行往来是指商业银行之间由于办理跨系统结算、相互拆借及代理业务等引起的资金账务往来，具体包括同城票据交换、同业拆借、转贴现等业务。

1. 同城票据交换是指在同一票据交换区域内的各银行，按照规定的时间，集中到指定的场所，相互交换代收、代付票据，轧计差额，清算应收应付资金的办法。同城票据清算通常由各地人民银行组织。

2. 同业拆借是指商业银行与其他金融机构之间进行的短期资金借贷行为。

3. 转贴现是指商业银行持已贴现的未到期的商业汇票向其他商业银行融通资金的行为。它是解决商业银行因办理票据贴现而引起资金不足的又一条途径。转贴现收入属于金融机构往来收入，不征营业税。

子任务1　同城票据交换与资金清算业务处理

一、活动目标

掌握同城票据交换的活动流程，能按照活动流程规范完成票据交换业务的操作处理。

二、活动流程

同城票据交换的活动流程如图 8－2－1 所示。

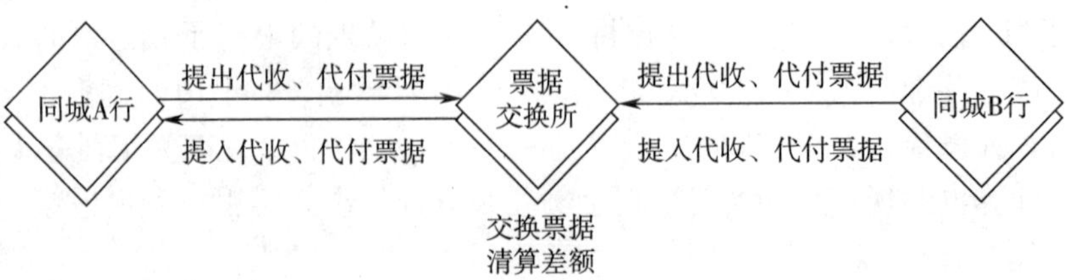

图 8－2－1　同城票据交换活动流程图

三、案例引入

2018年6月22日，模拟银行辽金支行（行号83101）第一次票据交换情况如下：提出支票12张（合计金额33万元）、进账单10张（合计金额22万元）；提入支票8张（合计金额30万元）、进账单15张（合计金额42万元）。

四、学习步骤

（一）提出行处理

步骤1. 使用打码机处理提出票据。

步骤2. 根据打码机自动打印的提出票据汇总单，核对本行账务系统中核算的提出票据总额无误后，打印记账凭证和“同城票据提出签收单”（如表8－2－1所示）。

步骤3. 对提出交换的提出票据，逐张加盖“票据交换专用章”。

步骤4. 提出票据汇总单、明细清单以及本次交换提出的全部票据一并装入交换专用袋并加封后，提交票据交换所。

表8－2－1

提出行名：模拟银行辽金支行　2018年06月22日　第1场				
交换号	笔　数	代收金额	笔　数	代付金额
	10	220 000	12	330 000
合计	10	220 000	12	330 000
总计	10	220 000	12	330 000

步骤5. 账务处理。提出代付票据的会计分录为

借：其他应收款——提出交换票据应收款　　330 000.00

　贷：其他应付款——托收票据　　330 000.00

在下一场票据交换没有退票后，为客户办理入账。会计分录为

借：其他应付款——托收票据　　330 000.00

　贷：活期存款——收款人户　　330 000.00

提出代收票据的会计分录为

借：活期存款——付款人户　　220 000.00

　贷：其他应付款——提出交换票据应付款　　220 000.00

（二）票据交换所处理

步骤1. 票据交换所的工作人员在收到各提出行的提出票据后，在检查确认提出票据汇总单和明细清单的汇总金额、批次和票据份数无误后，在“同城票据提出签收单”上签章，办妥交接手续。

步骤2. 由票据清分机在自动识别票据磁码、在票据背后打印过票记录后按提入行进行清分，把提回票据放入各提入行的箱夹。并对通过票据清分机的票据进行数据清算，平衡后产生“同城票据交换资金差额报告单”（如表8－2－2所示），打印出各交换行的提回明细清单。票据交换所的工作人员则将清分处理后在各提入行箱夹中的票据连同“同城票据交换资金差额报告单”和提回明细清单按提入行整理复查，装入交换专用

袋后封包，待交换行在规定时间派员取回。

表 8-2-2

交换号：	2018 年 06 月 22 日			
摘要	张数	借方（代收票据）金额	张数	贷方（代付票据）金额
提出	10	220 000	12	330 000
提入	8	300 000	15	420 000
总金额	18	520 000	27	750 000
差额				230 000
		应付差额		应收差额

步骤 3. 账务处理。人民银行根据“同城票据交换资金差额报告单”，办理各交换行的清算。会计分录为

借：××银行准备金存款（应付差额行）

　贷：××银行准备金存款（应收差额行）

（三）提入行处理

步骤 1. 审查核对提入票据。提入行在规定时间派员到票据交换所取回封包的提回票据后，核对“同城票据交换资金差额报告单”的提出、提入金额，检查其提入票据金额与提入清单金额是否相符。然后，按支付结算办法对票据有关内容进行审验。

步骤 2. 经审核无误后进行相关账务处理。提入借方票据的会计分录为

借：活期存款——付款人户　　300 000.00

　贷：其他应付款——提入交换票据应付款　　300 000.00

提入贷方票据的会计分录为

借：其他应收款——提入交换票据应收款　　420 000.00

　贷：活期存款——收款人户　　420 000.00

步骤 3. 交换终了，轧算交换差额为 230 000.00 元，是应收差额。其转账的会计分录为

如果上述借方金额合计大于贷方金额合计，其差额表示为应付差额，即减少在人民银行的存款，其差额作如下处理：

　贷：存放中央银行准备金　　230 000.00

反之，如果借方金额合计小于贷方金额合计，其差额则表示为应收差额，即增加在人民银行的存款，其差额作如下处理：

借：存放中央银行准备金　　230 000.00

五、拓展

（一）同城票据清算相关规定

1. 由人民银行对参加交换的行处核定交换号码。交换号码是参加票据交换行处的代号。欲参加票据交换的银行营业机构，必须事先向人民银行交换清算部门提出申请，经其批准并核发该行处的交换号码后，方可参加票据交换。

2. 须确定交换场次与交换时间。

3. 票据交换分为提出行和提入行两个系统。向他行提出票据的是提出行，从他行收回票据的是提入行。而参加票据交换的银行既是提出行又是提入行。

4. 凡属于同一交换区域内所结算的票据和结算凭证都可以参加同城票据交换。在此这些结算凭证统称为票据。提出交换的票据分借方票据（代付票据）和贷方票据（代收票据）两种：提出的借方票据和提入的贷方票据是指付款人在他行开户、收款人在本行开户的票据；提出的贷方票据和提入的借方票据是指付款人在本行开户、收款人在他行开户的票据。对提出的借方票据，必须在下一场交换没有退票后，方可为客户办理入账，以确保收妥抵用和银行不垫款原则的执行。

（二）打码机如何处理提出票据

票据清分机使用统一印制的票据，票据的正下方预留了空白的磁码打印区。所有票据必须经过逐笔打码处理才能提出交换。打码即指使用打码机在每份提出票据的预留磁码打印区域，用磁性油墨打印一行数码，这些数码包含票据号码、交换行号、单位账号、借（贷）方代码、金额等内容，以供票据清分机识别。对一些不符合规定格式的票据，则可通过加套专用的打码信封，来进行打码。为便于对同城票据交换提出的控制，打码机上还开发有专用的程序，以区分票据交换的场次，实现提出交换票据的分批处理。在完成对所有批次提出票据的打码后，由打码机自动打印提出票据的汇总单和提出票据的明细清单。

六、考核

2018 年 6 月 22 日，第一次票据交换情况如下：

1. 中国工商银行提出借方票据金额 30 万元、贷方票据金额 18 万元；提入借方票据 20 万元、贷方票据金额 15 万元。

2. 中国银行提出借方票据金额 6 万元、贷方票据金额 5 万元；提入借方票据金额 12 万元、贷方票据金额 7 万元。

3. 中国农业银行提出借方票据金额 5 万元、贷方票据金额 1 万元；提入借方票据金额 18 万元、贷方票据金额 11 万元。

要求：请根据上述资料作出各交换行处（即中国工商银行、中国银行、中国农业银行）与中央银行清算资金时的会计分录。

七、分析思考题

1. 简述商业银行往来业务包括的内容。
2. 简述同城票据交换的基本规定。

子任务 2　同业资金拆借与归还的业务处理

一、活动目标

熟悉同业资金拆借与归还的活动流程，能按照业务活动流程规范完成同业资金拆借与归还业务的操作处理。

二、活动流程

同城同业资金拆借与归还的活动流程如图 8－2－2 所示。

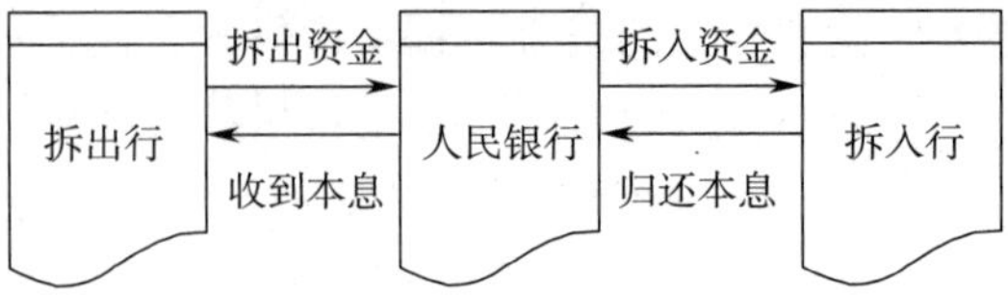

图 8－2－2　同城同业资金拆借与归还的活动流程图

三、案例引入

【例 1】　模拟银行辽金支行因季节性资金需要于 6 月 7 日从同城建设银行拆入资金 200 万元，经中国人民银行批准，确定拆借期限为 15 天，利率为 8.4%。

【例 2】　模拟银行辽金支行于 6 月 22 日归还拆入资金本息。

四、学习步骤

（一）同城同业资金拆借

步骤 1. 拆出行拆放资金。拆出行会计部门根据资金计划部门签发的资金调拨单和拆借合同签发人民银行转账支票并填制进账单，经业务主管签字和授权后办理资金拆放手续。会计分录为

借：拆放同业——辽金支行户　　2 000 000.00

　贷：存放中央银行准备金　　2 000 000.00

步骤 2. 人民银行办理转账。人民银行收到拆出行签发的转账支票和进账单，据此办理转账。会计分录为

借：××银行准备金存款——建设银行户　　2 000 000.00

　贷：××银行准备金存款——辽金支行户　　2 000 000.00

步骤 3. 拆入行收到资金。拆入行会计部门收到进账单回单联，经资金计划部门确认后并经业务主管授权据此办理入账。会计分录为

借：存放中央银行准备金　　2 000 000.00

　贷：同业拆入——建设银行户　　2 000 000.00

（二）同城同业拆借资金归还

步骤 1. 拆入行归还本息。拆借资金到期后，拆入行会计部门经审核资金计划部门签发的资金到期通知书无误后，计算利息；签发人民银行转账支票并填制进账单，经业务主管授权后办理本息归还手续。会计分录为

借：同业拆入——建设银行户　　2 000 000.00

借：金融企业往来支出——拆借利息支出户　　7 000.00

　贷：存放中央银行准备金　　2 007 000.00

步骤 2. 人民银行办理转账。人民银行收到拆入行签发的转账支票和进账单，据此

办理转账。会计分录为

借：××银行准备金存款——辽金支行户　　2 007 000.00

　贷：××银行准备金存款——建设银行户　　2 007 000.00

步骤3. 拆出行收到本息。拆出行收到进账单回单联，经资金计划部门确认并经业务主管授权据此办理入账手续。会计分录为

借：存放中央银行准备金　　2 007 000.00

　贷：金融企业往来收入——拆借利息收入户　　7 000.00

　贷：拆放同业——辽金支行户　　2 007 000.00

五、拓展

异地同业拆借的核算手续与同城同业拆借基本相同。所不同的是：拆出资金时，拆出行填制人民银行的电汇凭证，通过人民银行将款项电汇拆入行；拆借到期，拆入行应主动签发人民银行电汇凭证，通过人民银行电汇归还拆借资金本息。

六、考核

农业银行汇通支行发生临时性资金困难，向同城模拟银行辽金支行拆借资金700万元，经商定拆借期限为10天，利率为7.5%。请根据上述资料作出拆放资金时模拟银行辽金支行和农业银行汇通支行的有关会计分录。

七、分析思考题

简述同业资金拆出的活动流程所包括的环节。

子任务3　转贴现业务贴现款发放与收回的处理

一、活动目标

熟悉再贴现业务贴现款发放与收回的活动流程，能按照业务活动流程进行转贴现业务贴现款发放与收回的操作处理。

二、活动流程

转贴现业务贴现款发放与收回的活动流程如图8－2－3所示。

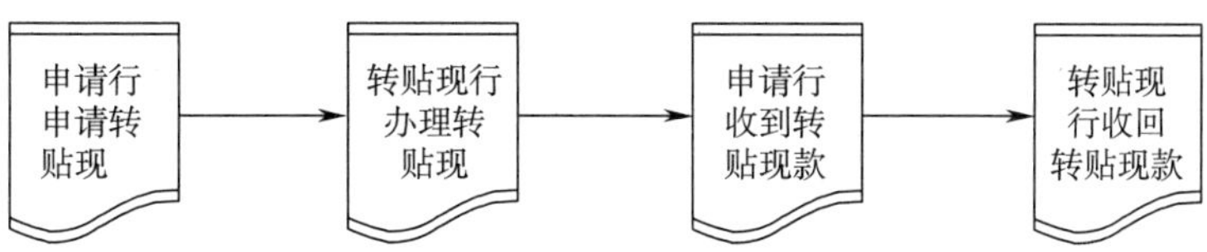

图8－2－3　转贴现业务贴现款发放与收回的活动流程图

三、案例引入

模拟银行辽金支行6月8日持未到期的银行承兑汇票向同城工商银行申请转贴现，汇票面额500万元，汇票于6月22日到期，经工商银行审查同意办理。转贴现利率为7.2%。

四、学习步骤

步骤1. 申请行申请转贴现。模拟银行辽金支行持未到期的商业汇票向工商银行申请转贴现时，应根据汇票填制一式五联转贴现凭证（用贴现凭证代），在第一联上签章后，连同汇票一并送交转贴现银行信贷部门。

步骤2. 转贴现行办理转贴现。转贴现银行会计部门接到信贷部门转来审批同意的转贴现凭证和作成背书转让的商业汇票，经审核确认无误后，其余手续比照一般贴现办理。会计分录为

借：贴现——银行承兑汇票转贴现户　　5 000 000.00
　贷：存放中央银行准备金　　4 986 000.00
　贷：金融企业往来收入——转贴现利息收入户　　14 000.00

步骤3. 申请行收到转贴现款项。申请行收到转贴现银行交给的转贴现收账通知后，应填制二借一贷的特种转账传票，收账通知作存放中央银行准备金借方传票的附件办理转账。会计分录为

借：存放中央银行准备金　　4 986 000.00
借：金融企业往来支出——转贴现利息支出户　　14 000.00
　贷：贴现——银行承兑汇票户　　5 000 000.00

步骤4. 转贴现行收回转贴现款项。转贴现银行作为持票人向付款人办理收款，可比照贴现到期收回贴现票款的处理。在收到款项划回时，会计分录为

借：清算资金往来（或其他有关科目）　　5 000 000.00
　贷：贴现——汇票转贴现户　　5 000 000.00

对未收回的，按照《票据法》的规定向其前手进行追索。

五、考核

农业银行6月10日持未到期的商业承兑汇票向当地建设银行申请转贴现，汇票面额700万元，汇票于6月23日到期，转贴现利率为6.3%。请根据上述资料作出农业银行和建设银行的会计分录。

六、分析思考题

转贴现业务的活动流程与再贴现业务相比有什么区别？

项目九
损益业务处理

【知识结构图】

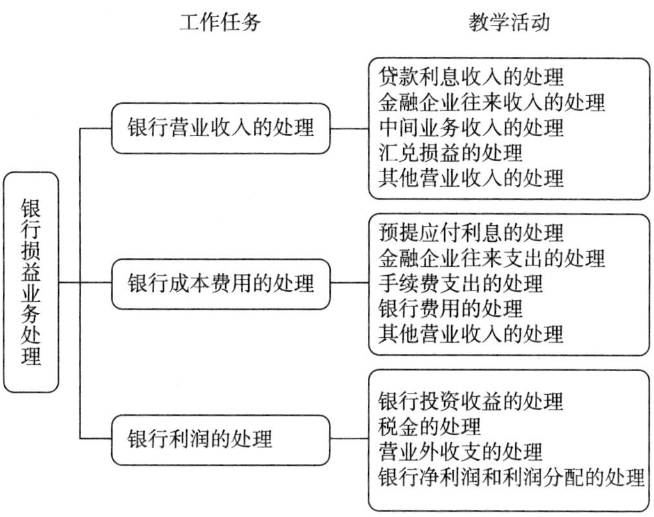

【能力目标】

能按业务操作流程规范处理银行的各项收入业务；能按业务操作流程规范处理银行发生的各项成本费用业务；能按业务操作流程规范计算所得税并办理损益结转；能按业务操作流程规范办理利润分配业务。

【知识目标】

熟悉银行各项收入的种类及主要内容；熟悉银行各项成本费用的种类及主要内容；熟悉所得税的计算方法与损益结转和利润分配的账务处理。

【素质目标】

具有良好的职业操守及道德品质；积极主动、踏实、认真细致，有韧性；具有良好的服务意识、富有责任感；具有执行能力、应变能力、团队协作与承压能力；具备一定语言表达和沟通能力；具有一定独立处理问题能力。

任务一　银行营业收入的处理

【技能目标】

根据收入的性质，按照确认条件，合理地确认收入；能够根据《企业会计准则》准确规范地进行核算。

【知识准备】

《企业会计准则》规定，收入是指企业在日常活动中形成的、会导致所有者权益增加的、与所有者投入资本无关的经济利益的总流入。收入只有在经济利益很可能流入从而导致企业资产增加或者负债减少，且经济利益的流入额能够可靠计量时才能予以确认。

商业银行的收入主要是指营业收入，是银行在销售商品、提供劳务及让渡资产使用权等日常活动中所形成的经济利益的总流入。

一、营业收入的主要内容

营业收入是指商业银行在其业务经营中取得的收入。具体包括：贷款利息收入、金融企业往来利息收入、系统内往来收入、中间业务收入、证券买卖收入、外汇买卖收入、其他营业收入。

1. 贷款利息收入，是指商业银行各项贷款（含贴现、押汇、透支、垫款、转贷款等）的利息收入。包括信贷资金贷款利息收入、贴现利息收入、信用卡透支利息收入、承兑垫款利息收入、担保垫款利息收入、信用证垫款利息收入、买入外币票据利息收入、进（出）口押汇利息收入、转贷款利息收入等。

2. 金融企业往来利息收入，是指商业银行与人民银行、同业及其他金融企业之间资金往来而产生的利息收入。包括存放中央银行存款利息收入、存放境内同业款项利息收入、存放海外同业款项利息收入、拆放境内非外资银行款项利息收入、拆放境内非外资非银行金融机构款项利息收入、拆放境内外资金融机构款项利息收入、拆放海外同业款项利息收入、转贴现利息收入等。

3. 系统内往来收入，是指商业银行系统内资金往来而产生的利息收入及按规定向下级行收取的管理费。包括存放系统内活期款项利息收入、存放系统内定期款项利息收入、存放上级行存款准备金利息收入、存放上级行经营调节基金利息收入、系统内借出资金利息收入、存放系统境外分行款项利息收入、内部收支调整等。

4. 中间业务收入，是指商业银行办理各项中间业务所取得的收入。包括办理人民币结算业务、个人电子汇划业务、外汇结算业务、承兑业务、担保业务、国库券买卖业务所收取的手续费，办理信用卡业务所取得的年费收入，办理各种代理业务（代理结算业务、代理收费业务、代理保险业务、代理税务业务、代理贷款业务、代理政策性房改业务、代客外汇买卖、代客买卖衍生金融工具业务等）所取得的收入，外汇结售业务所取得的手续费，办理基金托管业务、审价业务、评估业务、代客户保管财物、从事咨询服务所取得的收入等。

5. 证券业务收入，是指商业银行从事证券买卖业务所取得的差价收入和买入返售债券业务所取得的收入。

6. 外汇买卖收入，是指商业银行进行套汇、外汇买卖、结售汇等业务所取得的收益。包括自营套汇收益、经营套汇收益、外汇调整收益、外汇结售收益、代客外汇买卖业务收益等。

7. 其他营业收入，是指商业银行取得的除上述业务收入等以外的营业收入，如原用呆账准备金核销的呆账准备收入、无形资产转让收入、出租固定资产所取得的租金收入等。

二、营业收入的确认原则

营业收入的确认应坚持权责发生制的会计原则：各项业务合同签订以后，在规定的计算期内，按应计收入的数额确认营业收入；或在劳务已经提供，同时收讫价款或取得收取价款权利的凭证时确认营业收入。

银行应当根据收入的性质，按照收入确认的条件，合理地确认和计量各项收入。银行提供金融产品服务取得的收入，应当在以下条件均能满足时予以确认。

1. 与交易相关的经济利益能够流入企业。经济利益是指直接或间接流入企业的现金或现金等价物。如商业银行向企业借出资金，形成贷款。该笔贷款的利息收入就是与该项交易相关的经济利益。

2. 收入的金额能够可靠地计量。能够可靠地计量金额，是商业银行确定收入的基本前提。如金融企业发放的贷款，应按期计提利息并确认收入。发放贷款到期（含展期）90 天后尚未收回的，其应计利息停止计入当期利息收入，纳入表外核算；已计提的贷款应收利息，在贷款到期 90 天后仍未收回的，或在应收利息逾期 90 天后仍未收到的，冲减原已计入损益的利息收入，转作表外核算。手续费收入，应当在向客户提供相关服务时确认。利息收入、金融企业往来收入等，应按让渡资金使用权的时间和适用利率计算确定。

三、正确地理解收入概念

正确地理解收入概念是做好收入核算的重要前提。在理解收入概念时，要注意以下几点。

1. 日常活动的含义。日常活动是指商业银行为完成其经营目标而从事的所有活动，以及与之相关的其他活动。如商业银行提供贷款服务、办理支付结算等。

2. 收入、收益和利得的关系。收益和利得与收入密切相关。收益是指会计期间内经济利益的增加，表现为能导致所有者权益增加的资产流入、资产增值或负债减少。“能导致所有者权益增加”是收益的重要特征。但要注意的是，能导致所有者权益增加并不说明它就一定是收益。投资者投入也能导致银行所有者权益增加，但它不是收益。

收益的形成可能源于商业银行的日常活动，也可能源于日常活动以外的活动。由银行日常活动形成的收益，即为收入；而源于日常活动以外的活动所形成的收益，通常称作利得。

在对收入、利得两者作出区分时，应注意以下几点：（1）利得是商业银行边缘性或偶发性交易或事项的结果，比如，罚款净收入等。（2）利得是不经过经营过程就能取得或不曾期望获得的收益。比如银行因其他企业违约收取的违约金、资产价值的变动等。（3）利得在利润表中通常以净额反映。

由此判断，通过“营业外收入”科目核算的固定资产盘盈、处置固定资产净收益、非货币性交易收益、出售无形资产收益、罚款净收入等，属于利得的范畴；通过“补贴收入”科目核算的按国家规定的补助定额计算并按期给予的定额补贴，也属于利得的范畴。

子任务1　贷款利息收入的处理

一、活动目标

掌握银行贷款利息收入的步骤与处理程序。

二、知识准备

利息收入是银行办理各种贷款、票据贴现而取得的利息，它在银行营业收入中占有较大的比重，在银行财务成果中也占有重要的地位。在核算时，必须设置“利息收入”科目进行核算。

应收利息是指应列为当期损益，而未实际收到的利息。银行计算应收利息是根据权责发生制原则的要求，凡属银行本期应收取的利息，应确认收入的实现，并按季度计提应收利息，计入当期损益。

计提应收利息时，应按照当季报表填制转账借方传票、贷方传票各一联办理转账，会计分录为

借：应收利息——××户

　贷：利息收入

上述的应收利息实际收回时，编制如下会计分录：

借：活期存款——××户

　贷：应收利息——××户

三、案例引入

模拟银行辽金支行2018年6月发生下列业务：6月20日共结计宝丽电子有限公司（8310120105036）贷款利息38 700.00元（其中8 400元单位无款归还），应收利息复利3 981.00元（单位无款归还）（辽金支行贷款及应收利息逾期未超过90天）。

步骤1. 填制催收通知书（作附件）、编制当季报表，确定应收利息。

步骤2. 根据催收通知书（作附件）、当季报表填制借、贷方凭证转账入账（如表9-1-1至表9-1-4所示）。会计分录为

借：活期存款——宝丽电子有限公司　　30 300.00

　贷：利息收入　　30 300.00

借：应收利息　　　　　　　　　　　　　　　8 400.00
　贷：利息收入　　　　　　　　　　　　　　　　8 400.00
借：应收利息　　　　　　　　　　　　　　　3 981.00
　贷：利息收入　　　　　　　　　　　　　　　　3 981.00

表 9-1-1

模拟银行 辽金支行 特种转账借方传票

2018年 6月 21日

总字第　　号
字第　　号

付款单位	全　称	宝丽电子有限公司	收款单位	全　称	利息收入	
	账号或地址	83101205036		账号或地址	贷款利息收入	
	开户银行	辽金支行　行号 83101		开户银行	辽金支行　行号 83101	
金额	人民币（大写）	叁万零叁佰元整			十亿千百十万千百十元角分：￥3030000	
原凭证金额		赔偿金				附件　张
原凭证名称		号码				
转账原因	第二季度的贷款利息为38 700.00元，其中，宝丽电子有限公司存款余额不足，只能支付30 300.00元，其余列作应收利息。				科目（借）…活期存款……… 对方科目（贷）…利息收入…	
		银行盖章			会计 朱玥颖　复核 杨一明　记账 马漫婷	

(02) 转讫 2018.06.21 模拟银行 辽金支行

表 9-1-2

模拟银行 辽金支行 特种转账贷方传票

2018年 6月 21日

总字第　　号
字第　　号

付款单位	全　称	宝丽电子有限公司	收款单位	全　称	利息收入	
	账号或地址	83101205036		账号或地址	贷款利息收入	
	开户银行	辽金支行　行号 83101		开户银行	辽金支行　行号 83101	
金额	人民币（大写）	叁万零叁佰元整			十亿千百十万千百十元角分：￥3030000	
原凭证金额		赔偿金				附件　张
原凭证名称		号码				
转账原因	第二季度的贷款利息为38 700.00元，其中，宝丽电子有限公司存款余额不足，只能支付30 300.00元，其余列作应收利息。				科目（贷）…利息收入……… 对方科目（借）…活期存款…	
		银行盖章			会计 朱玥颖　复核 杨一明　记账 马漫婷	

(02) 转讫 2018.06.21 模拟银行 辽金支行

表 9－1－3

模拟银行 辽金支行 特种转账贷方传票

2018年 6月 21日

总字第	号
字第	号

付款单位	全称	应收利息			收款单位	全称	利息收入		
	账号或地址	应收贷款利息				账号或地址	贷款利息收入		
	开户银行	辽金支行	行号	83101		开户银行	辽金支行	行号	83101
金额	人民币（大写）	捌仟肆佰元整					十亿千百十万千百十元角分	¥840000	
原凭证金额			赔偿金						
原凭证名称			号码						
转账原因	第二季度的贷款利息为38 700.00元，其中，宝丽电子有限公司存款余额不足，只能支付30 300.00元，其余8 400.00元列作应收利息。						科目（贷）…利息收入……… 对方科目（借）…应收利息…		
	银行盖章						会计 朱丽丽 复核 杨一明 记账 马漫涛		

附件 张

(02) 转讫 2018.06.21 模拟银行 辽金支行

表 9－1－4

模拟银行 辽金支行 特种转账贷方传票

2018年 6月 21日

总字第	号
字第	号

付款单位	全称	应收利息			收款单位	全称	利息收入		
	账号或地址	应收利息复息				账号或地址	贷款利息收入		
	开户银行	辽金支行	行号	83101		开户银行	辽金支行	行号	83101
金额	人民币（大写）	叁仟玖佰捌拾壹元整					十亿千百十万千百十元角分	¥398100	
原凭证金额			赔偿金						
原凭证名称			号码						
转账原因	宝丽电子有限公司第二季度的应收利息复息3 981.00元						科目（贷）…利息收入……… 对方科目（借）…应收利息…		
	银行盖章						会计 朱丽丽 复核 杨一明 记账 马漫涛		

附件 张

(02) 转讫 2018.06.21 模拟银行 辽金支行

四、考核

模拟银行辽金支行2018年6月发生下列会计业务：6月20日共结计贷款本金利息89 400.00元（其中3 400.00元单位无款归还），应收利息复利2 542.00元（单位无款归还）（辽金支行贷款及应收利息逾期未超过90天）。请办理银行利息计提业务。

子任务2　金融机构往来收入的处理

一、活动目标

掌握金融机构往来收入的步骤与处理程序。

二、知识准备

金融企业往来收入是指商业银行与其他金融企业发生业务往来而形成的利息收入，即指在同一银行系统内部的联行之间以及与中央银行或其他金融机构之间的资金往来所发生的利息收入、存贷款利差补贴收入等。与利息收入相比，金融企业往来收入一般数额较大，利率较低。它在营业收入中占较大份额，应设置“金融企业往来收入”科目予以反映，并按往来单位设明细账入账。

商业银行于本期实际收到金融企业往来收入，则银行应将收到的利息记入“金融企业往来收入”科目的贷方，同时按利息来源渠道，借记有关科目。

例如，2018年6月21日收到人民银行划来本季度辽金支行存入中央银行备付金存款利息收入9 748.00元，根据收到的报单编制转账借方传票、贷方传票各一联办理转账（如表9－1－5、表9－1－6所示）。

表9－1－5

模拟银行辽金支行　　转账借方传票

总字第　　号
字第　　号

存放中央银行准备金科目　　2018年 6 月 21 日

户名或账号	摘要	对方科目	十亿	千	百	十	万	千	百	十	元	角	分
存放中央银行准备金	存放中央银行准备金的利息收入						¥	9	7	4	8	0	0
合计							¥	9	7	4	8	0	0

附件　张

（12）转讫 2018.06.21 模拟银行辽金支行

会计 朱玥颖　复核 杨一明　记账 马漫婷　制票 马漫婷

表 9－1－6

模拟银行辽金支行　　转账贷方传票

总字第　　号
字第　　号

金融企业往来收入科目　　2018年 6 月 21 日

户名或账号	摘要	对方科目	十亿	亿	千	百	十	万	千	百	十	元	角	分
金融企业往来收入	存放中央银行准备金的利息收入							¥	9	7	4	8	0	0
合计								¥	9	7	4	8	0	0

(02) 转讫 2018.06.21 模拟银行辽金支行

附件　　张

会计 朱玥灏　　复核 杨一明　　记账 马漫婷　　制票 马漫婷

子任务 3　中间业务收入的处理

一、活动目标

掌握银行中间业务收入的步骤与处理程序。

二、知识准备

中间业务收入是指银行在办理结算、咨询、担保、代保管等提供金融服务时向客户收取的营业外支出所取得的收入。应当在向客户提供相关服务时确认收入，对于其核算，银行应设置“中间业务收入”账户，并按其种类分设明细账。

例如：6 月 20 日收到承兑手续费 500.00 元、委托贷款利息收入 8 930.00 元，并按规定从利息分得手续费 297.00 元。根据收到的利息清单、手续费收入等相关凭证填制借、贷方凭证转账入账（如表 9－1－7 至表 9－1－10 所示）。

表 9－1－7

模拟银行辽金支行　　转账贷方传票

总字第　　号
字第　　号

手续费收入科目　　2018年 6 月 20 日

户名或账号	摘要	对方科目	十亿	亿	千	百	十	万	千	百	十	元	角	分
手续费收入	收取承兑手续费	活期存款							¥	5	0	0	0	0
合计									¥	5	0	0	0	0

(02) 转讫 2018.06.20 模拟银行辽金支行

附件　　张

会计 朱玥灏　　复核 杨一明　　记账 马漫婷　　制票 马漫婷

表 9-1-8

模拟银行辽金支行　　转账贷方传票

总字第　　号
字第　　号

其他应付款科目　　　2018年 6 月 20 日

户名或账号	摘要	对方科目	金额
其他应付款	代收委托贷款利息	活期存款	¥8930.00
	合计		¥8930.00

附件　张

（02）转讫 2018.06.20 模拟银行辽金支行

会计 朱玥颖　复核 杨一明　记账 马漫婷　制票 马漫婷

表 9-1-9

模拟银行辽金支行　　转账贷方传票

总字第　　号
字第　　号

手续费收入科目　　　2018年 6 月 20 日

户名或账号	摘要	对方科目	金额
手续费收入	支付委托贷款手续费	活期存款	¥297.00
	合计		¥297.00

附件　张

（02）转讫 2018.06.20 模拟银行辽金支行

会计 朱玥颖　复核 杨一明　记账 马漫婷　制票 马漫婷

表 9-1-10

模拟银行辽金支行　　转账借方传票

总字第　　号
字第　　号

活期存款　科目　　　2018年 6 月　20　日

户名或账号	摘要	对方科目	金额
活期存款	委托贷款利息收入	其他应付款	¥8930.00
	支付委托贷款手续费	手续费收入	¥297.00
	合计		¥9227.00

附件　张

（02）转讫 2018.06.20 模拟银行辽金支行

会计 朱玥颖　复核 杨一明　记账 马漫婷　制票 马漫婷

子任务4　汇兑损益的处理

一、活动目标

掌握银行汇兑损益的步骤与处理程序。

二、知识准备

汇兑损益是银行进行外汇买卖和外币兑换等业务而产生的损益。银行的外汇买卖及兑换通过“汇兑损益”科目进行核算，同时按外汇买卖外币种分设明细账。其买卖及兑换业务发生时，兑入的货币，借记有关科目，贷记本科目；同时兑出的货币借记本科目，贷记有关科目。期末按外汇买卖细目余额确认损益，如果外汇买卖科目人民币余额在贷方，则表明是汇兑收益。

确认汇兑收益时，编制转账借方传票、贷方传票各一联办理转账，会计分录为

借：外汇买卖

　贷：汇兑损益——××币种

子任务5　其他营业收入的处理

一、活动目标

掌握银行汇兑损益的步骤与处理程序。

二、知识准备

其他营业收入是指银行除经营存款、贷款、中间业务、投资、外汇买卖、结售、代理业务以及金融企业往来以外的其他营业性收入，主要包括：咨询服务收入、无形资产转让收入等。银行应设置“其他营业收入”科目进行核算，并按其种类设置明细账。

取得其他营业收入时，编制转账借方传票、贷方传票各一联办理转账，借记“现金”“活期存款”或其他科目，贷记“其他营业收入”科目。

任务二　银行成本费用的处理

【技能目标】

理解成本、费用的含义，办理成本、费用支出的相关核算业务。

【知识准备】

一、成本与费用概述

成本与费用都代表了银行资源的耗费，是银行为了获取收入而发生的各种支出。商业银行在从事业务经营活动中，不仅因吸收存款而支付利息，而且还需支付管理人员工资等其他支出，并耗费一定的物品，所有这些耗费的费用都以货币价值形式表现出来，这就构成了银行的成本和费用。

只有与业务经营活动有关的各项支出才能计入成本，同时计入成本的各项开支必须符合财务制度规定的成本开支范围和标准。与业务经营活动无关的支出不能计入成本。

二、核算成本费用时应注意的问题

1. 商业银行应该严格区分收益性支出和资本性支出的范围，不得在收益性支出项目列支资本性支出的内容。

2. 商业银行在进行成本核算时，需对以下项目按季根据权责发生制原则确认支出：各项存款（含转贷款资金）、向中央银行借款、同业存放款项、拆入款项、发行债券资金、卖出回购债券的利息支出；呆账准备金、营业税金及附加、职工福利费、职工教育经费、工会经费、固定资产折旧等。

3. 各项财务收支核算内容不得混淆：（1）对需要按比例控制的支出必须按规定比例和批准的预算严格控制。（2）对需要计提的支出必须按规定比例和期限足额提取。（3）对费用开支等有关指标控制的支出项目，必须严格控制在上级行下达指标之内。（4）各级行发生实行授权管理的财务收支事项，必须事前报经有权审批行批准，严禁未经批准或者超过批准金额对外捐赠和列支营业外支出项目等。

子任务1　预提应付利息的处理

一、活动目标

掌握预提应付利息的步骤与处理程序。

二、知识准备

商业银行的营业成本是指在业务经营过程中发生的与业务经营有关的支出，在核算过程中应注意区分各项支出的内容及账务处理。

利息支出是指银行向社会、个人、其他企事业单位，以负债形式筹集的各类资金。

金融企业往来支出是指商业银行与中央银行、商业银行系统内联行往来、同业往来之间因资金往来而发生的利息支出。

手续费支出是银行支付给其他受托单位代办业务的费用，如代办储蓄手续费、其他银行代办业务手续费等。

核算利息支出。按国家规定支付的利息，核算时应设置“利息支出”会计科目，并按负债的种类设置明细账户。

按照权责发生制原则，属于本期的利息支出，虽然款项尚未付出，仍应作本期费用处理：本期发生的存款利息，要在下期付出，则本期预提应付利息时，填制借、贷方凭证办理转账，会计分录为

借：利息支出——××利息支出户

　贷：应付利息——应付××利息户

三、案例引入

辽金支行2018年末根据单位定期存款和定期储蓄存款月平均余额，按利率档次计提利息38万元。计提利息及实际支付。

步骤1. 计提利息填制的会计凭证如表9－2－1所示，会计分录为

借：利息支出——定期存款利息支出户　　380 000.00

　贷：应付利息——应付定期存款利息户　　380 000.00

表9－2－1

模拟银行辽金支行　　转账借方传票

总字第　　号
字第　　号

利息支出 科目　　2018年 12 月 31 日

户名或账号	摘要	对方科目	十	亿	千	百	十	万	千	百	十	元	角	分
利息支出	计提利息	应付利息				¥	3	8	0	0	0	0	0	0
	合计					¥	3	8	0	0	0	0	0	0

附件　　张

（02）转讫 2018.12.31 模拟银行辽金支行

会计 [illegible]　复核 [illegible]　记账 [illegible]　制票 [illegible]

步骤2. 实际支付利息的处理。实际支付利息时填制的会计凭证如表9－2－2所示，会计分录为

借：应付利息——应付定期存款利息户　　380 000.00

　贷：活期存款——××户　　380 000.00

表 9－2－2

模拟银行辽金支行　　转账贷方传票

总字第　　号
字第　　号

应付利息科目　　2018年 12 月 31 日

户名或账号	摘要	对方科目	十	亿	千	百	十	万	千	百	十	元	角	分
应付利息	计提利息	利息支出				¥	3	8	0	0	0	0	0	0
合计						¥	3	8	0	0	0	0	0	0

（B2）转讫 2018.12.31 模拟银行辽金支行

附件　　张

会计 朱朋源　　复核 杨一明　　记账 马秀艳　　制票 马秀艳

子任务 2　金融企业往来支出的处理

一、活动目标

掌握金融企业往来支出的步骤与处理程序。

二、知识准备

金融企业往来支出是指商业银行与中央银行、商业银行系统内联行往来、同业往来之间因资金往来而发生的利息支出。

1. 预提金融企业往来应付利息的核算。金融企业往来支出可按实际情况进行预提，预提时的会计分录为

借：金融企业往来支出——××利息支出户

　贷：应付利息——应付××利息户

2. 实际发生金融企业往来利息支付的核算。

（1）本期发生本期支付利息的处理，即该笔业务是本期发生的，利息也是本期支付的，则银行应作会计分录为

借：金融企业往来支出

　贷：存放中央银行准备金（或其他有关科目）

（2）上期发生本期支付利息的核算，即该笔业务利息是上期发生的，但实际支付的利息是在本期办理的，则银行应作会计分录为

借：应付利息

　贷：存放中央银行准备金（或其他有关科目）

3. 期末结转金融企业往来支出的核算。期末银行应将“金融企业往来支出”科目的借方余额结转到“本年利润”科目中，结转时的会计分录为

借：本年利润

　贷：金融企业往来支出

三、案例引入

辽金支行向中央银行借款100万元，第二季度结息日次日（2018年6月21日），收到借款利息通知回单，借款利息50 000.00元已扣，模拟银行辽金支行工作人员按规定办理。

步骤1. 审核利息通知回单，确认应付利息支出。

步骤2. 根据利息清单，填制借、贷方凭证转账入账（如表9－2－3、表9－2－4所示）。会计分录为

借：金融企业往来支出——与中央银行往来支出　　50 000.00

　贷：存放中央银行准备金　　50 000.00

表9－2－3

模拟银行辽金支行　　转账借方传票

总字第　　号
字第　　号

金融企业往来支出 科目　　2018年 6 月 21 日

户名或账号	摘要	对方科目	十	亿	千	百	十	万	千	百	十	元	角	分
金融企业往来支出	向中央银行借款利息支出	存放央行准备金					¥	5	0	0	0	0	0	0
	合计						¥	5	0	0	0	0	0	0

附件　张

(02) 转讫 2018.06.21 模拟银行 辽金支行

会计 [illegible]　复核 杨一明　记账 [illegible]　制票 [illegible]

表9－2－4

模拟银行辽金支行　　转账贷方传票

总字第　　号
字第　　号

存放央行准备金科目　　2018年 6 月 21 日

户名或账号	摘要	对方科目	十	亿	千	百	十	万	千	百	十	元	角	分
存放央行准备金	向央行借款利息支出	金融企业往来支出					¥	5	0	0	0	0	0	0
	合计						¥	5	0	0	0	0	0	0

附件　张

(02) 转讫 2018.06.21 模拟银行 辽金支行

会计 [illegible]　复核 杨一明　记账 [illegible]　制票 [illegible]

子任务3　手续费支出的处理

一、活动目标

掌握手续费支出的步骤与处理程序。

二、知识准备

手续费支出是银行支付给其他受托单位代办业务的费用，如代办储蓄手续费、其他银行代办业务手续费等。

三、学习步骤

步骤1. 发生手续费支出的核算。手续费支出一般有现金和转账两种方式，支付时填制借、贷方凭证转账，会计分录为

借：手续费支出

　贷：现金（或活期存款等科目）

步骤2. 期末结转手续费支出的核算。期末应将“手续费支出”科目的借方余额结转到“本年利润”科目中，填制借、贷方凭证转账，结转后“手续费支出”科目无余额，会计分录为

借：本年利润

　贷：手续费支出

子任务4　银行费用的处理

一、活动目标

掌握银行费用核算的步骤与处理程序。

二、知识准备

营业费用是银行在业务经营及管理工作中发生的各种费用，包括业务招待费、业务宣传费、业务管理费等。

1. 核算业务宣传费。业务宣传费是指银行开展业务宣传活动所支付的费用。《金融保险企业财务制度》规定：业务宣传费在营业收入（扣除金融机构往来利息收入）的规定比例内掌握使用，银行为2‰，保险及其他非银行金融企业为5‰，业务宣传费应一律据实列支，不得预提。

发生业务宣传费时，填制借、贷方凭证转账。编制会计分录为

借：营业费用——业务宣传费

　贷：现金（或其他有关科目）

案例1：模拟银行辽金支行2018年全年营业收入为1 500万元（不包括金融企业往

来收入），按2‰掌握，则辽金支行全年业务宣传费不得超过3万元。如该行实际发生宣传费支出为2 000.00元。

步骤1. 审核支付费用的发票及相关单据。

步骤2. 根据原始凭证填制借、贷方记账凭证（如表9－2－5、表9－2－6所示）。

借：管理费用——业务宣传费　　2 000.00

　贷：现金（或其他有关科目）　　2 000.00

表9－2－5

模拟银行辽金支行　　转账借方传票

总字第　　号
字第　　号

管理费用科目　　　　2018年 12 月 31 日

户名或账号	摘要	对方科目	十	亿	千	百	十	万	千	百	十	元	角	分
管理费用	业务宣传费	现金							¥2	0	0	0	0	0
合计									¥2	0	0	0	0	0

附件　张

（02）转讫 2018.12.31 模拟银行辽金支行

会计 宋朋[illegible]　复核 杨一明　记账 马[illegible]　制票 马[illegible]

表9－2－6

模拟银行辽金支行　　转账贷方传票

总字第　　号
字第　　号

现金科目　　　　2018年 12 月 31 日

户名或账号	摘要	对方科目	十	亿	千	百	十	万	千	百	十	元	角	分
现金	业务宣传费	管理费用							¥2	0	0	0	0	0
合计									¥2	0	0	0	0	0

附件　张

（02）转讫 2018.12.31 模拟银行辽金支行

会计 宋朋[illegible]　复核 杨一明　记账 马[illegible]　制票 马[illegible]

2. 核算业务招待费。业务招待费是指银行为业务经营的合理需要而支付的业务交际营业外支出。《金融保险企业财务制度》规定，业务招待费应按全年营业收入（扣除金融机构往来利息收入）的一定比例，分以下4个档次控制最高限额掌握：（1）全年营业收入在1 500万元（含）以内的，业务招待费不超过5‰。（2）全年营业收入超过1 500万元，不足5 000万元的，不超过该部分的3‰。（3）全年营业收入超过5 000万元，不足1亿元的，不超过该部分的2‰。（4）全年营业收入超过1亿元的，不超过该部分的1‰。

与业务宣传费一样，业务招待费也一律据实列支，不得预提。

案例2：模拟银行辽金支行2018年业务招待费实际支出为2万元。

步骤1. 审核支付费用的发票及相关单据。

步骤2. 根据原始凭证填制借、贷方记账凭证，会计分录为

借：管理费用——业务宣传费 20 000.00

贷：现金（或其他有关科目） 20 000.00

3. 核算业务及管理费。业务及管理费是指银行因开办各项业务而发生的管理费用。它包括：电子设备运转费、钞币运送费、安全防卫费、保险费、邮电费、劳动保护费、外事费、印刷费、公杂费、低值易耗品摊销、理赔勘查费、职工工资、差旅费、水电费、租赁费（不包括融资租赁费）、修理费、职工福利费、职工教育经费、工会经费、税金、会议费、诉讼费、公证费、咨询费、无形资产摊销（不包括自行开发的无形资产摊销）、递延资产摊销、其他资产摊销、待业保险费、劳动保险费、取暖费、审计费、技术转让费、研究开发费、绿化费、董事会费等。

（1）核算职工工资。职工工资是指在职职工的工资、奖金、津贴和补贴。每月初，银行应按照规定的开支渠道，将本月应发放的工资按不同的开支项目或来源进行分配，通过“应付职工薪酬”科目进行核算，该科目属负债性质，根据工资表填制借、贷方记账凭证办理转账，会计分录为

借：管理费用——职工工资

贷：应付职工薪酬——工资

根据工资表发放工资时，填制借、贷方记账凭证，会计分录为

借：应付职工薪酬——工资

贷：现金

（2）核算职工福利费。职工福利费是按照工资总额的14%提取的，用于银行职工集体福利方面的开支。其核算设置“应付职工薪酬”科目，该科目属负债性质。职工福利费主要用途为：职工的医药费（包括参加医疗保险缴纳的医疗保险费），医护人员的工资，医务经费，职工工伤赴外地就医路费，职工生活困难补助费，职工浴室、理发室、幼儿园、托儿所人员的工资等。

提取职工福利费时，填制借、贷方记账凭证办理转账，会计分录为

借：管理费用——职工福利费

贷：应付职工薪酬——职工福利

案例3：模拟银行辽金支行2018年8月发生如下经济业务：分配职工工资10万元，并按上述工资总额的14%提取职工福利费；银行办理账务处理。

步骤1. 编制当月工资表和福利费计算表，确定工资总额和应计提福利费。

步骤2. 根据当月工资表和福利费计算表，填写借、贷方凭证转账入账（如表9-2-7、表9-2-8、表9-2-9所示）。

表 9－2－7

模拟银行辽金支行　　转账借方传票

总字第	号
字第	号

管理费用科目　　　　2018年 8 月 1 日

户名或账号	摘要	对方科目	十	亿	千	百	十	万	千	百	十	元	角	分
管理费用	分配职工工资	应付职工薪酬				¥	1	0	0	0	0	0	0	0
	提取职工福利费	应付福利费					¥	1	4	0	0	0	0	0
合计						¥	1	1	4	0	0	0	0	0

附件　张

(02) 转讫 2018.08.01 模拟银行辽金支行

会计 宋朋灏　　复核 杨一明　　记账 马浮彬　　制票 马浮彬

表 9－2－8

模拟银行辽金支行　　转账贷方传票

总字第	号
字第	号

应付职工薪酬科目　　　　2018年 8 月 1 日

户名或账号	摘要	对方科目	十	亿	千	百	十	万	千	百	十	元	角	分
应付职工薪酬	分配职工工资	管理费用				¥	1	0	0	0	0	0	0	0
合计						¥	1	0	0	0	0	0	0	0

附件　张

(02) 转讫 2018.08.01 模拟银行辽金支行

会计 宋朋灏　　复核 杨一明　　记账 马浮彬　　制票 马浮彬

表 9－2－9

模拟银行辽金支行　　转账贷方传票

总字第	号
字第	号

应付福利费科目　　　　2018年 8 月 1 日

户名或账号	摘要	对方科目	十	亿	千	百	十	万	千	百	十	元	角	分
应付福利费	计提职工福利费	管理费用					¥	1	4	0	0	0	0	0
合计							¥	1	4	0	0	0	0	0

附件　张

(02) 转讫 2018.08.01 模拟银行辽金支行

会计 宋朋灏　　复核 杨一明　　记账 马浮彬　　制票 马浮彬

（3）核算工会经费。工会经费是银行按职工工资总额的2%计提的，拨交工会使用的经费。计提工会经费，通过“其他应付款”科目核算。填制借、贷方记账凭证办理转账。

计提工会经费的会计分录为

借：管理费用——工会经费

　贷：其他应付款——工会经费户

工会实际支付经费时，会计分录为

借：其他应付款——工会经费户

　贷：现金（或其他有关科目）

（4）核算职工教育经费。职工教育经费是银行按照职工工资总额的1.5%计提的，用于职工教育方面开支的营业外支出。计提职工教育经费，通过“其他应付款”科目核算。填制借、贷方记账凭证办理转账。

计提职工教育经费的会计分录为

借：管理费用——职工教育经费

　贷：其他应付款——职工教育经费户

实际支用职工教育经费时，会计分录为

借：其他应付款——职工教育经费

　贷：现金（或其他有关科目）

（5）核算劳动保险费。劳动保险费是指离退休职工的退休金、价格补贴、医药费（含离退休人员参加医疗保险的医疗保险基金）、易地安家补助费、职工退职金、6个月以上病假人员工资、职工死亡丧葬补助费、抚恤费、按规定支付给离休干部的各项经费以及实行社会统筹办法的企业按规定提取的退休统筹基金。

发生劳动保险费支出时，根据有关原始单证填制“经费记账凭证”办理转账。银行应编制如下会计分录

借：管理费用——劳动保险费

　贷：存放中央银行准备金（或其他有关科目）

（6）核算税金。营业费用中的税金是指房产税、车船使用税、土地使用税、印花税等应在成本中列支的税金。计提时，应通过“应交税费”科目进行核算。

车船使用税、土地使用税、印花税在期末计提时，填制借、贷方记账凭证办理转账，会计分录为

借：管理费用——税金

　贷：应交税费——应交××税

实际缴纳上述各种税金时，会计分录为

借：应交税费——应交××税

　贷：存放中央银行准备金（或其他有关科目）

对于印花税核算，可以不通过“应交税费”科目。因为银行缴纳的印花税，是由纳税人根据规定自行计算应纳税额，以购买并一次贴足印花税票的方法缴纳税款。由于缴纳印花税，既不存在应付未付税款的情况，不需预计应纳税额；又不存在与税务机关结算或清算问题，所以不用通过“应交税费”科目核算，银行缴纳印花税票款时，应编制

会计分录为

借：管理费用——××税金

　贷：库存现金（或其他有关科目）

如金额较大，可先计入“待摊费用”，在以后各期摊销。

除上列项目之外，业务管理费还包括无形资产摊销、递延资产摊销、差旅费、会议费、水电费、邮电费、印刷费、钞币运送费、劳动保护费、保险费、咨询费等。

期末应将“管理费用”科目的借方余额结转到“本年利润”科目中，结转后“管理费用”科目无余额。

任务三　银行利润的处理

【技能目标】

核算投资收益、税金的计算及上缴、营业外收支、利润的计算及结转业务。

【知识准备】

利润是指银行在一定会计期间的经营成果，包括营业利润、利润总额和净利润。其中，营业利润是指营业收入减去营业成本和营业费用加上投资净收益后的净额。利润总额是指营业利润减去营业税金及附加，加上营业外收入，减去营业外支出后的金额。净利润是指扣除资产损失后利润总额减去所得税后的金额。

子任务1　银行投资收益的处理

一、活动目标

掌握银行投资收益处理的步骤与内容。

二、学习步骤

（一）取得短期债券投资收益的处理

步骤1. 到期兑付或提前处置短期债券投资时，按实际取得的价款与短期债券投资账面余额的差额确认为投资损益；如果在处置时已计入应收项目的利息尚未收回的，应按扣除该部分利息后的金额确认为投资损益。

取得投资收益时，根据有关原始凭证填制借、贷方记账凭证办理转账，会计分录为

借：存放中央银行准备金（或其他有关科目）

　贷：短期债券投资——××户

　　　应收利息

　　　投资收益

步骤2. 发生投资损失时，根据有关原始凭证填制借、贷方记账凭证办理转账，会计分录为

借：存放中央银行准备金（或其他有关科目）

贷：短期债券投资——××户

（二）取得长期债券投资收益的处理

规定计提投资收益时，对于分期付息到期还本的债券，在“应收债券利息”科目核算；对于到期还本付息的债券，在“长期投资债券应计利息”科目核算。

步骤1. 按面值取得的长期债券投资，在债券持有期间按期计提投资收益，根据计提金额填制借、贷方记账凭证办理转账，会计分录为

借：长期债券投资——应计利息

　贷：投资收益

步骤2. 按溢价取得的长期债券投资，在债券持有期间按期计提投资收益并摊销溢价，根据计提金额填制借、贷方记账凭证办理转账，会计分录为

借：长期债券投资——应计利息

　贷：长期债券投资——溢折价

　　投资收益

步骤3. 按折价取得的长期债券投资，在债券持有期间按期计提投资收益并摊销折价，根据计提金额填制借、贷方记账凭证办理转账，会计分录为

借：长期债券投资——应计利息

　长期债券投资——溢折价

　贷：投资收益

步骤4. 到期兑付或提前处置长期债券投资时，按实际取得的价款扣除其账面余额及已计入应收项目的利息后的差额，确认为当期损益。发生投资收益时，根据计提金额填制借、贷方记账凭证办理转账，会计分录为

借：存放中央银行准备金（或其他有关科目）

　贷：长期债券投资——面值

　　长期债券投资——应计利息

　　投资收益

步骤5. 发生投资损失时，根据计提金额填制借、贷方记账凭证办理转账，会计分录为

借：存放中央银行准备金（或其他有关科目）

　投资收益

　贷：长期债券投资——面值

　　长期债券投资——应计利息

（三）核算股权投资收益

步骤1. 确认或收到股权投资收益。确认或收到股权投资收益时，填制借、贷方记账凭证办理转账，会计分录为

借：存放中央银行准备金

　应收股利——××被投资单位户（或其他有关科目）

　贷：投资收益

步骤2. 处置股权投资。处置股权投资时，填制借、贷方记账凭证办理转账，会计分录为

借：存放中央银行准备金
　　应收股利——××被投资单位户（或其他有关科目）
　　投资收益——××户（若为损失）
　贷：股权投资——××户
　　　投资收益——××户（若为收益）

子任务2　税金的处理

一、活动目标

掌握税金的计算与上缴。

二、步骤

（一）核算增值税。

步骤1．核算销项税。根据《财政部、国家税务总局关于全面推开营业税改征增值税试点的通知》（财税〔2017〕36号）附件1的相关规定，提供金融业应税行为，税率为6%。一般计税方法的销售额不包括销项税额，纳税人采用销售额和销项税额合并定价方法的，按照下列公式计算销售额：销售额＝含税销售额÷（1＋税率），销项税额＝销售额×税率。另外，根据财税〔2017〕36号文件附件2的规定，贷款服务以取得的全部利息及利息性质的收入为销售额。会计分录为

借：吸收存款或应收利息
　贷：利息收入
　贷：应交税费——应交增值税（销项税额）

根据《财政部、国家税务总局关于全面推开营业税改征增值税试点的通知》（财税〔2017〕36号）附件2的相关规定，直接收费金融服务，以提供直接收费金融服务收取的手续费、佣金、酬金、管理费、服务费、经手费、开户费、过户费、结算费、转托管费等各类费用为销售额。会计分录为

借：吸收存款
　贷：手续费收入
　贷：应交税费——应交增值税（销项税额）

步骤2．核算进项税。银行支付办公用品及电费，取得增值税专用发票，会计分录为

借：业务及管理费
借：应交税费——应交增值税（进项税额）
　贷：银行存款

购进汽车等用于银行经营活动，应确认为用于应税项目，增值税进项税额准予从当期销项税额中抵扣，会计分录为

借：固定资产
借：应交税费——应交增值税（进项税额）

贷：银行存款

根据财税〔2017〕36 号文件附件 2 的相关规定，贷款利息费用的进项税额不得从销项税额中扣除。

步骤 3．核算实际缴纳增值税。

应缴纳增值税 = 销项税额 - 进项税额，会计分录为

借：应交税费——应交增值税

贷：应交增值税——未交增值税

实际上缴时，会计分录为

借：应交税费——未交增值税

贷：存放中央银行准备金

（二）核算营业税金及附加。

按照国家税法规定，银行应向国家税务机关缴纳附加税费及其他税金，包括城市维护建设税和教育费附加、房产税、车船税、土地使用税等。

步骤 1．核算计提营业税金及附加。银行在季（月）末，应当按照当期实现的计税收入计算出应交增值税并计算应交附加税，计提城市维护建设税时，填制借、贷方记账凭证办理转账，会计分录为

借：营业税金及附加

贷：应交税费——应交城市维护建设税

计提教育费附加时，编制会计分录为

借：营业税金及附加

贷：应交税费——应交教育费附加

计提房产税、车船税、土地使用税时，编制会计分录为

借：业务及管理费

贷：应交税费——应交房产税、土地用税、车船税

步骤 2．核算实际缴纳营业税金及附加。在实际缴纳上述税款时，按照相应税票填制借、贷方记账凭证办理转账，会计分录为

借：应交税费——应交城市维护建设税

借：应交税费——应交教育费附加

借：应交税费——应交房产税、土地用税、车船税

贷：存放中央银行准备金

步骤 3．期末结转营业税金及附加的处理。期末银行应将附加税费结转到“本年利润”科目，按照报表显示数据，填制转账借、贷方记账凭证办理转账，会计分录为

借：本年利润

贷：营业税金及附加

贷：业务及管理费

（三）核算所得税

按照《企业会计准则——所得税》的规定，银行应采用资产负债表债务法核算所得税。通过对银行资产负债表中列示的资产、负债按照会计准则规定确定的账面价值与按照税法规定的计税基础进行对比，计算出两者之间的差异，并分为应纳税暂时性差异和

可抵扣暂时性差异，相应确认递延所得税负债与递延所得税资产，并在此基础上确定所得税费用。

设置“所得税费用——当期所得税费用”、“所得税费用——递延所得税费用”科目进行核算，用公式可表示为：

所得税费用 = 当期所得税费用 + 递延所得税费用

当期所得税费用根据银行当期发生的交易或事项，按照适用的税法规定计算出当期应纳税所得额，并乘以适用的所得税税率计算确认。

递延所得税费用根据银行资产及负债的账面价值与其用于计算应纳税所得额时的计税基础之间的暂时性差异所产生的预期应付或可收回税额计算确认。

银行所得税核算流程具体如下：

步骤1. 根据《企业会计准则》规定确定辖内资产、负债账面价值。

步骤2. 根据《税法》规定确定辖内资产、负债计税基础。资产的计税基础，是指企业收回资产账面价值过程中，计算应纳税所得额时，按照《税法》规定可以自应税经济利益中抵扣的金额。如：一般情况下，库存现金、银行存款、存放中央银行准备金等资产的计税基础等于其账面价值；对交易性金融资产、可供出售金融资产等以公允价值计量的资产，按《税法》规定在持有期间公允价值变动不计入应纳税所得额，因此其计税基础一般为初始取得成本。存货、长期股权投资、贷款、持有至到期投资等资产发生减值时，按《企业会计准则》应计提资产减值损失的，其计税基础一般为账面余额（不扣除减值准备）减去按《税法》规定可以在税前扣除的减值损失。固定资产、无形资产等应计提折旧或摊销的资产，其计税基础为原始成本减去按《税法》规定已计提的折旧或摊销。如发生减值准备，按《税法》规定扣除。

负债的计税基础，是指负债的账面价值减去未来期间计算应纳税所得额时按照《税法》规定可予抵扣的金额。如：一般情况下，吸收存款、拆入资金等负债其计税基础为账面价值；交易性金融负债、衍生金融负债等以公允价值计量的负债，以初始取得金额为计税基础；按《税法》规定只能在实际发生时才可税前扣除的预计负债的计税基础为零。

步骤3. 比较资产、负债的账面价值与计税基础的差异，确定资产、负债产生的应纳税暂时性差异、可抵扣暂时性差异。

应纳税暂时性差异，是指在确定未来收回资产或清偿负债期间的应纳税所得额时，将导致产生应税金额的暂时性差异。

可抵扣暂时性差异，是指在确定未来收回资产或清偿负债期间的应纳税所得额时，将导致产生可抵扣金额的暂时性差异。

步骤4. 除《企业会计准则》规定的特殊情况外，分别将应纳税暂时性差异、可抵扣暂时性差异乘以适用的所得税税率，确定每季度末递延所得税资产、递延所得税负债的应有金额。在不考虑税款抵减和可抵扣亏损情况下，计算公式如下：

递延所得税负债应有金额 = 应纳税暂时性差异 × 所得税税率

递延所得税资产应有金额 = 可抵扣暂时性差异 × 所得税税率

步骤5. 资产负债表日，银行应将递延所得税资产、递延所得税负债的应有金额与该科目余额进行比较，差额即为当期产生或转回的递延所得税。根据当期产生或转回的递延所得税确认递延所得税资产、递延所得税负债。

1. 如果递延所得税资产的应有余额 > 递延所得税资产科目余额，按其差额作会计分录如下：

借：递延所得税资产

　贷：所得税费用——递延所得税费用或资本公积——其他资本公积

2. 如果递延所得税资产的应有余额 < 递延所得税资产科目余额，按其差额作会计分录如下：

借：所得税费用——递延所得税费用或资本公积——其他资本公积

　贷：递延所得税资产

3. 如果递延所得税负债的应有余额 > 递延所得税负债科目余额，按其差额作会计分录如下：

借：所得税费用——递延所得税费用或资本公积——其他资本公积

　贷：递延所得税负债

4. 如果递延所得税负债的应有余额 < 递延所得税负债科目余额，按其差额作会计分录如下：

借：递延所得税负债

　贷：所得税费用——递延所得税费用或资本公积——其他资本公积

步骤6. 根据所得税相关法规计算确定当期应纳税所得额，将纳税所得额与适用的所得税税率计算的结果确认为当期应交所得税。会计分录为

借：所得税费用——当期所得税费用

　贷：应交税费——应交所得税

实际缴纳时，会计分录为

借：应交税费——应交所得税

　贷：银行存款

步骤7. 年末，将所得税费用余额转至“本年利润”，会计分录为

借：本年利润

　贷：所得税费用

案例

模拟银行辽金支行2018年持有交易性金融资产1 000万元，期末公允价值为1 200万元，并预提工作服费用50万元。本年按《税法》规定计算应交所得税为500万元，假设未发生其他暂时性差异，也不存在可抵扣亏损和税款抵减，所得税率为25%，计算本年递延所得税资产、递延所得税负债、递延所得税费用、应交所得税。

步骤1. 计算。

递延所得税资产 = 50 × 25% = 12.5（万元）

递延所得税负债 = 200 × 25% = 50（万元）

递延所得税费用 = 50 − 12.5 = 37.5（万元）

当期所得税费用 = 500（万元）

所得税费用 = 500 + 37.5 = 537.5（万元）

步骤2. 作会计分录。

借：所得税费用——当期所得税费用 5 000 000.00

贷：应交税费——应交所得税 5 000 000.00

借：递延所得税资产 125 000.00

贷：所得税费用——递延所得税费用 125 000.00

借：所得税费用——递延所得税费用 500 000.00

贷：递延所得税负债 500 000.00

（四）代扣代缴税金的核算

步骤1. 核算代扣税金。按规定代扣税金时，根据计算的实扣金额填制特种转账借、贷方凭证办理转账，会计分录为

借：应付工资或其他科目

贷：应交税费——应交代扣代缴税金——××户

步骤2. 核算代缴税金。按规定代缴税金时，根据有关缴款凭证办理转账，并编制会计分录为

借：应交税费——应交代扣代缴税金——××户

贷：存放中央银行准备金（或其他有关科目）

子任务3 营业外收支的处理

一、活动目标

掌握银行营业外收支的内容和核算的处理程序。

二、知识准备

（一）核算营业外收入

营业外收入是指商业银行取得的与所经营的业务无直接关系的各项业务收入，具体内容包括：（1）固定资产盘盈；（2）固定资产清理净收益；（3）罚款收入；（4）出纳长短款及结算长款收入；（5）上报有权审批行批准后进行清理睡眠户所得的收入；（6）商业银行因占有抵债资产形成溢价而获得的收入；（7）出租相关设备而获得的收入；（8）收到返还的教育附加费；（9）其他营业外收入。

当商业银行取得营业外收入时，根据相关凭证填制借、贷方记账凭证办理转账，会计分录为

借：待处理财产损溢——待处理固定资产损溢——××户

（或：固定资产清理——××项目户）

（或：银行存款——××机构户）

贷：营业外收入——××户

（二）核算营业外支出

营业外支出是指商业银行发生的与所经营的业务无直接关系的各项支出。主要包括固定资产盘亏、固定资产清理净损失、赔偿金违约金罚款支出、出纳短款结算赔款、证

券交易差错损失、睡眠户返还支出、抵债资产折价损失、其他营业外支出等。

发生营业外支出时，根据有关原始单证及批文填制借方凭证和贷方凭证办理转账，会计分录为

借：营业外支出

　贷：待处理财产损溢（或固定资产清理、银行存款）

子任务4　银行净利润和利润分配的处理

一、活动目标

掌握银行损益的结转、净利润和利润分配核算的处理程序。

二、知识准备

（一）核算损益结转

每个会计年度终了，银行都要结转利润，将各损益类账户余额全部结转到“本年利润”账户中去，即将收益类账户余额结转到“本年利润”的贷方，而成本营业外支出类账户余额结转到“本年利润”的借方。“本年利润”科目如为贷方余额，即为本期利润总额。“本年利润”科目如为借方余额，则为本期亏损总额。任务一和任务二为了说明每一收入和支出账户核算的全过程，对每个损益类账户期末结转的会计分录都分别列示，但在实际工作中，银行对损益类账户是于年末结转的，编制会计分录如下：

借：利息收入

　　手续费收入

　　金融企业往来收入

　　汇兑损益

　　投资收益

　　其他业务收入

　　营业外收入等

　贷：本年利润

借：本年利润

　贷：利息支出

　　　手续费支出

　　　金融企业往来支出

　　　营业外支出

　　　营业税金及附加

　　　其他业务成本

　　　营业外支出等

（二）核算本年利润结转

年度终了时，将“本年利润”科目结平，转到“利润分配——未分配利润”科目。

盈利时，会计分录为

借：本年利润

　　贷：利润分配——未分配利润

亏损时，会计分录为

借：利润分配——未分配利润

　　贷：本年利润

（三）核算分配利润

银行董事会或类似机构决议提请股东大会或类似机构批准的年度利润分配方案，在股东大会或类似机构召开会议前，应当将其列入报告年度的利润分配表。股东大会或类似机构批准的利润分配方案，与董事会或类似机构提请批准的报告年度利润分配方案不一致时，其差额应当调整报告年度会计报表有关项目的年初数。

1. 可供分配的利润及其分配。银行当期实现的净利润，加上年初未分配利润（或减去年初未弥补亏损）和其他转入后的余额，为可供分配的利润，并作下列分配。

（1）提取法定盈余公积，提取比例一般为当年实现净利润的10%，但以前年度累计的法定盈余公积达到注册资本的50%时，可以不再提取。

（2）提取法定公益金，提取比例一般为当年实现净利润的5%～10%。

从事存贷款业务的金融企业，按规定提取的一般准备也应作为利润分配处理。

2. 可供投资者分配的利润及其分配。可供分配的利润减去提取的法定盈余公积、法定公益金等后，为可供投资者分配的利润。可供投资者分配的利润，按下列顺序分配：

（1）应付优先股股利，是指银行按照利润分配方案分配给优先股股东的现金股利。

（2）提取任意盈余公积，是指银行按规定提取的任意盈余公积。

（3）应付普通股股利，是指银行按照利润分配方案分配给普通股股东的现金股利。银行分配给投资者的利润，也在本项目核算。

（4）转作资本（或股本）的普通股股利，是指银行按照利润分配方案以分派股票股利的形式转作的资本（或股本）。银行以利润转增的资本，也在本项目核算。

3. 未分配利润。可供投资者分配的利润经过上述分配后，为未分配利润（或未弥补亏损）。未分配利润可留待以后年度进行分配。银行如发生亏损，可以按规定由以后年度利润进行弥补。

4. 利润分配的核算。金融企业未分配的利润（或未弥补的亏损）应当在资产负债表的所有者权益项目中单独反映。

金融企业实现的利润和利润分配应当分别核算，利润构成及利润分配各项目应当设置明细账，进行明细核算。金融企业提取的法定盈余公积、法定公益金、分配的优先股股利、提取的任意盈余公积、分配的普通股股利、转作资本（或股本）的普通股股利，以及年初未分配利润（或未弥补亏损）、期末未分配利润（或未弥补亏损）等，均应当在利润分配表中分别列项予以反映。

为了加强利润分配的核算，银行应设置“利润分配”科目。该科目属于权益类账户，借方登记各种利润分配事项，贷方登记抵减利润分配的事项，年末借方余额表示未弥补的亏损总额，贷方余额表示累计未分配总额。本科目设置“提取盈余公积”“盈余公积补亏”“应付利润”“未分配利润”等明细科目。结转时，根据“本年利润”科目余额填制借、贷方凭证转账。

步骤1. 盈余公积金提取、补亏。银行从税后利润提取盈余公积，会计分录为

借：利润分配——提取盈余公积

　贷：盈余公积——一般盈余公积

银行用盈余公积弥补亏损时，会计分录为

借：盈余公积——一般盈余公积

　贷：利润分配——盈余公积补亏

银行在按规定提取公益金时，会计分录为

借：利润分配——提取盈余公积

　贷：盈余公积——公益金

步骤2. 核算向投资者分配利润。当银行计算应付投资者或其他单位个人的利润时，会计分录为

借：利润分配——应付利润

　贷：应付利润

步骤3. 核算未分配利润。年度终了将“利润分配”科目下所有明细科目的余额转到“未分配利润”明细科目中，作会计分录如下：

借：利润分配——未分配利润

　贷：利润分配——提取盈余公积

　　　利润分配——应付利润

借：利润分配——盈余公积补亏

　贷：利润分配——未分配利润

经过利润分配后，如“利润分配”科目还有贷方余额，即为当年未分配利润；借方余额，表示当年未弥补的亏损。

三、案例引入

模拟银行辽金支行2018年实现利润总额150万元，无纳税调整项目和暂时性差异，所得税税率为25%，法定盈余公积金、法定公益金的提取比例分别为10%、5%，分配给投资者利润27万元。

四、学习步骤

核算利润的形成及分配的步骤如下：

步骤1. 计算2018年度的净利润及未分配利润。

（1）2018年度的净利润 = 1 500 000.00 − 1 500 000.00 × 25% = 1 125 000.00（元）

（2）2018年末的未分配利润：

提取法定盈余公积金 = 1 125 000.00 × 10% = 112 500.00（元）

提取法定公益金 = 1 125 000.00 × 5% = 56 250.00（元）

未分配利润 = 1 125 000.00 − 112 500.00 − 56 250.00 − 270 000.00 = 686 250.00（元）

步骤2. 填制相关的转账借、贷方凭证。会计分录如下：

（1）应交所得税 = 1 500 000.00 × 25% = 375 000.00（元）

借：所得税费用——当期所得税费用　　375 000.00
　贷：应交税费——应交所得税　　375 000.00
借：本年利润　　375 000.00
　贷：所得税费用　　375 000.00
（2）结转本年利润：
借：本年利润　　1 125 000.00
　贷：利润分配——未分配利润　　1 125 000.00
（3）提取法定盈余公积金和公益金：
借：利润分配——提取盈余公积　　168 750.00
　贷：盈余公积　　168 750.00
（4）分配给投资者利润：
借：利润分配——应付利润　　270 000.00
　贷：应付利润　　270 000.00
（5）结转利润分配科目中的明细科目：
借：利润分配——未分配利润　　438 750.00
　贷：利润分配——提取盈余公积　　168 750.00
　　　利润分配——应付利润　　270 000.00

项目十
年度决算业务处理

【知识结构图】

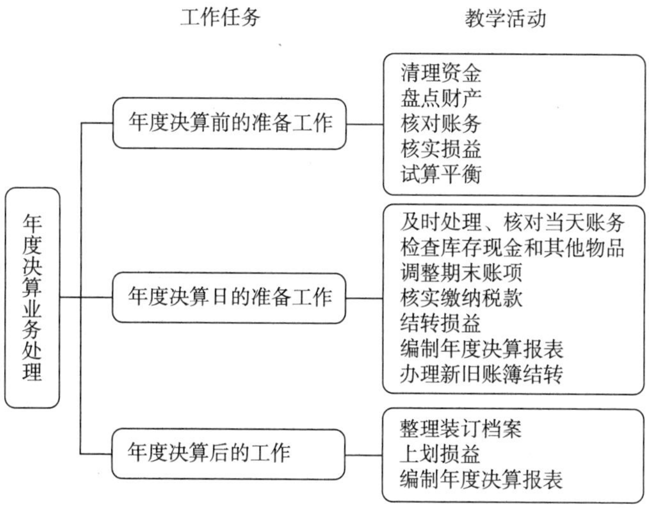

【能力目标】

能按业务操作流程规范完成年度决算前的各项准备工作内容；能按业务操作流程规范完成年度决算日的工作；能按业务操作流程规范完成年度决算后的各项工作内容。

【知识目标】

了解银行会计年度的划分，掌握银行年度决算前各项准备工作内容；掌握银行年度决算日的各项工作内容；熟悉银行年度决算后的各项工作内容。

【素质目标】

具有良好的职业操守及道德品质；积极主动、踏实、认真细致，有韧性；具有良好的服务意识、富有责任感；具有执行能力、应变能力、团队协作与承压能力；具备一定语言表达和沟通能力；具有一定独立处理问题能力。

任务一 年度决算前的准备工作

【技能目标】

掌握年度决算前准备工作的基本内容与活动流程，能够做好年度决算前的准备工作。

【知识准备】

商业银行的年度决算是根据日常会计核算资料，通过会计报表等形式，对全年商业银行业务活动和财务成果进行数字总结和文字说明的一项综合性的工作，它是商业银行会计工作的重要组成部分。商业银行应当定期向主管财政机关等政府部门以及其他与企业有关的报表使用者提供财务报告。虽然，在日常会计工作中，通过编制凭证和登记账簿，对企业的经济业务已经进行了连续、系统的记录，但会计凭证与账簿还不能高度概括会计信息。为了取得总括的会计信息，以便集中反映企业的资产、负债和所有者权益情况及一定期间的经营成果和财务状况变动信息，会计人员必须提供满足多类使用者需求的会计报告，即会计报表。

根据《企业会计制度》规定，银行的会计年度为每年的 1 月 1 日至 12 月 31 日，以每年的 12 月 31 日为年度决算日办理年度决算，不得顺延或提前。非独立核算单位的处、所，则通过并账或并表方式，由其管辖行负责合并办理年度决算。各独立核算单位决算完毕后，要逐级汇总上级行，最后由总行汇总，办理全行的汇总年度决算。

一、年度决算的意义

1. 有利于综合考核全年业务和财务活动情况，提高商业银行经营管理水平。年度决算是对一年的商业银行业务活动和财务成果的总结和说明，根据它可以了解商业银行经营活动的全貌，掌握银行资产、负债及所有者权益的状况，检查各项工作的执行情况和结果，分析资金的运用效益，考核银行经济指标的完成情况，从而衡量银行工作取得的成绩和存在的问题，以便总结经验，吸取教训，提出改进的措施，更好地提高经营管理水平。

2. 会计报表还具有平衡账户，检查与监督日常核算的作用。编制会计报表的过程，就是对日常的会计核算资料系统地归纳、整理的过程。通过会计报表的编制，可以检查监督日常会计核算的正确性、完整性。如果通过编制报表发现有关账户不平衡，则说明其账务处理有误，应加以检查和纠正。

3. 有利于加强金融宏观调控。商业银行是国民经济活动的中心，是社会资金活动的枢纽。商业银行会计通过货币形式对日常各种经济往来所作的记录、计算，是对国民经济各部门、各单位经济活动的表述和价值数量上的确定。所以，通过年度决算，将一年来记录在账簿中的详细资料加以核实整理，以报表的形式予以汇总，就能够更加集中、系统、全面地反映整个国民经济资金活动情况，为国家对国民经济的宏观调控提供系统的信息数据。同时通过对数据的分析，了解商业银行资金的供求变化情况，研究货币供应与需求的一般规律，使商业银行资金更好地适应国民经济发展的需要，充分发挥商业银行调节社会经济生活、控制经济运行的作用。

4. 会计报表所提供的各项信息，是投资者进行投资决策的重要依据。通过阅读和分析会计报表，有利于投资者了解银行的财务状况，监督银行的经营管理，以保护自身的合法权益。

二、年度决算的要求

为了确保会计报表的质量，使报表阅读者能清楚地了解商业银行的财务状况、经营业绩和财务状况的变动情况，商业银行编制的会计报表应符合以下几项要求。

1. 会计资料的数字必须真实、准确。编制会计报表必须以调查核实后的账簿记录作为依据，不得使用估计或推算数字，更不能弄虚作假，隐瞒谎报，以保证如实地反映商业银行经济活动情况。在会计报表编制完成以后，还应检查账簿记录与报表数字、报表与报表之间的有关数字是否衔接一致，以确保会计报表资料真实、客观。

2. 会计资料的内容必须完整。对会计制度规定的在不同会计期间应该报送的各种会计报表，必须编制齐全，不得缺表或漏表；对每种会计报表本身所包含的各个项目，除未发生者外，无论是表内资料还是表外资料，都必须填列齐全，不得遗漏。报表的表首应当清晰明了，应标明商业银行的确切名称、报表的标题以及日期或报表所属时间等。某些重要资料，如果不便列入报表的主体部分，应以附注等形式予以说明。

3. 会计报表的编制和报送必须及时。为了使会计信息使用者及时利用会计信息作出正确的决策，商业银行必须在规定的期限内编制和报送会计报表，以免时过境迁，失去会计信息的应有效能。《金融企业会计制度》规定：月份会计报表应于月份终了后六天内报出；年度报表应于年度终了后三个月内报出。

三、年度决算前的准备工作任务

商业银行，尤其是全国性商业银行，基层机构较多，为确保年度决算工作顺利进行，进入第四季度，总行要根据当年业务工作的新情况，结合以往的经验和教训，及时下发办理当年决算工作的通知，明确提出注意事项、处理原则及要求。如果当年在会计制度和财务管理体制方面发生变更，则要在通知中详细指出处理办法，以便统一口径。

各管辖分行应根据总行通知的精神，结合辖内具体情况，提出具体要求和补充办法，对某些力量薄弱的基层机构还要给予必要的帮助和指导，以保证各基层行处统一遵循，上下一致，做好年度决算工作。

年度决算前准备工作内容与活动流程如图 10－1－1 所示。

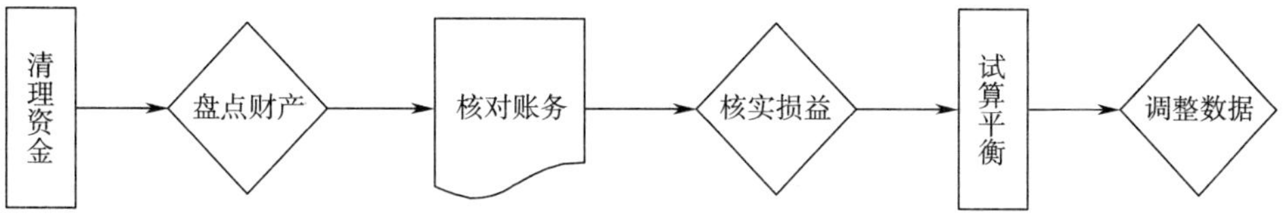

图 10－1－1　年度决算前准备工作内容与活动流程图

四、学习步骤

步骤 1. 清理核实资金。

1. 清理存款资金。在各类存款中，由于多种原因，有的存款户长期不发生收付活动。对一年（含）以上未发生业务的存款户，应逐户进行清理，如确实无法联系的，要视情况分别转入“长期不动户冻结登记簿”或“待处理应付款——待处理久悬未取款项”科目。原久悬未取账户中，经联系仍无着落的，可按照规定手续转作损益处理。

2. 清理贷款资金。会计部门要与信贷部门密切配合，逐笔对各项贷款进行全面核对，包括：贷款的计息范围、适用利率、计息积数是否正确；押汇手续费收入是否落实；检查各项借据、合同及审批手续是否齐全。如发现错误，应在 12 月 20 日计息前进行调整。对到期贷款，应按期收回。对符合展期条件的到期贷款，按规定办理转期手续；如有逾期的，要通知信贷员下户催收；对无法收回的呆滞贷款，应按上级行有关规定办理。

3. 清理结算资金。年度决算前，对发出委托收款和定期代收的结算凭证要逐笔查清，对未能及时划收的款项和逾期无款支付的代收款，应及时查询查复，积极催办清理。对各项超过正常结算周期的结算占款，要逐笔查清原因，非正常占款要限期收回。待处理汇划款项和待处理紧急款项的异地汇划挂账款项要抓紧查询，及时处理。认真检查批量挂账账户，如有余额，必须查明原因后及时进行相关的账务处理。对长期（通常为 2 个月）未解付的汇入款，应积极联系解付，对查无着落，或超过规定期限的，应按规定办理退汇。

4. 清理内部资金。清理内部资金主要是指清理其他应收款、其他应付款、待摊费用、固定资产清理、待处理财产损溢等。要逐户、逐笔进行审查，该上交的上交，该收回的收回，该报损的报损，该转收益的转收益，该摊销的摊销。其他应收款项不得发生代单位垫款和不合理的非营业垫款，保证内部资金占用压缩到最低程度。经过清理，暂时无法解决的，要注明原因，以备日后查考和清理。

步骤 2. 清理、盘点各项资产。

1. 清查现金、有价单证和重要空白凭证。对现金、贵金属、有价单证、重要空白凭证、代保管的有价值品及贷款抵押品等，必须进行一次全面清查，库存余额与实际库存要保持一致。如发现不符，应查明原因，按规定程序调整账目，做到账实相符。

2. 清理固定资产、在建工程和低值易耗品。对房屋、器具、设备等固定资产、在建工程和低值易耗品进行一次全面、彻底的清查核实，做到账款、账表、账实、账账、账据、账卡相符。盘点固定资产，固定资产卡的原值、折旧金额应与有关科目余额一致。对于盘盈、盘亏和其他损失以及提前报废的固定资产，应查明原因，分清责任，及时处理。

步骤 3. 核对和处理账务。

1. 全面检查会计科目的使用情况。正确使用会计科目，才能保证会计信息的质量，才能正确、真实地反映银行业务活动和财务收支状况，为领导和经济管理工作者提供切实可靠的数据。因此，会计部门必须根据会计科目的核算内容，对会计科目，特别是年内有变更的会计科目使用情况进行检查；新启用的会计科目，应无年初余额。若发现科目使用错误，应按规定调整和处理。

2. 全面核对内外账务。为了保证决算质量，真实地反映各项业务和财务活动情况，银行的内外账务必须做到真实、准确，切实做到账账、账款、账据、账实、账表、账卡、账折、内外账务和表表九相符。为此，年度决算前，要对银行所有的账、簿、卡、据进行一次全面检查和核对，检查核对各科目总账与分户账、登记簿的金额是否相等，贷款余额与借款借据金额是否相符，金、银、外币等账面记载与库存实物是否相符，各存、贷款科目余额与单位账余额是否相符，库存现金账面结存数与实际库存现金结存数是否相符。对不符的账务，还要做到内外账见面，逐笔勾对，发现问题，在决算前予以更正。

3. 核对清算账务。与上级行清算中心及时核对账务，包括本外币各项借款、备付金、定期存款、法定及二级存款准备金、应付利息余额、呆账准备金等账户余额是否与上级行保持一致。

4. 核对金融机构往来账务。各行要与人民银行核对存、贷款账户余额，与其他银行核对同业往来账户余额，并确保一致。

步骤 4. 核实损益。

1. 复查利息计算是否正确。利息是银行账务收支的重要内容，它关系到国家的方针政策，涉及银行、企业单位的经济效益和群众的切身利益。因此，计息必须正确无误。对各结算期已结计的利息，应按计息范围、利率使用（特别是利率有过调整的）、计息积数累计、利息计算逐一进行全面复查。发现差错，要补收或补付。

2. 检查各项费用。在年度决算前，要对各项费用进行一次全面清查。核实有无违反财经纪律及本行制度的不合理开支；有无计算差错；有无超标准、超指标乱挤业务支出等情况。发现不符合规定的费用开支，应及时纠正。对应计入当年损益的，应按权责发生制原则予以计入，不应计入的应予以调整。

步骤 5. 试算平衡。为保证年度决算工作顺利进行，各基层行处根据 11 月份总账各科目的累计发生额和借贷方余额，编制试算表与同年 11 个月的月计表发生额合计数进行核对，确保账账、账表、表表数字相符一致。对试算中发现的问题要及时调整更改，发现不符必须在决算前查明更正，从而为正确编制年度决算表奠定可靠的基础。

五、分析思考题

年度决算准备工作包括哪些工作内容？具体如何进行？

任务二　年度决算日的工作

一、活动目标

熟悉年度决算日工作的基本内容与步骤，能够完成年度决算日的工作。

二、活动流程

年度决算日工作内容与活动流程如图 10 - 2 - 1 所示。

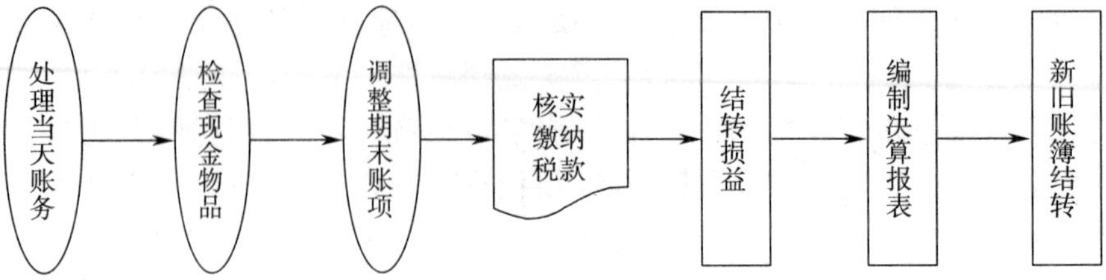

图 10－2－1　年度决算日工作内容与活动流程图

三、学习步骤

步骤 1. 及时处理、全面核对当天账务。

1. 决算日应加强账务的组织管理，决算日收到的汇划报单、内部往来凭证、金融企业往来凭证都必须当日转账。

2. 决算日，应对提出、提入交换票据加强复核，及时全部处理完毕，不得甩账。对各场次提入票据中发生的退票应严格按有关规定通知提出行，说明票据退回的时间、场次，并须在当日解决。

3. 决算日营业终了，当天全部账务轧平后，各科目总账余额与对应科目分户账余额合计必须核对相符，金融企业往来款项必须核对一致，保证账务的绝对正确。

步骤 2. 检查库存现金与其他物品。决算日营业终了，由行长会同会计、出纳等主要人员组织有关人员对当日库存现金、贵金属、外币、代保管有价值品及其他有价单证进行实地盘点核实，并与有关账簿核对，无误后在有关账簿上签章。

步骤 3. 调整期末账项。决算日，黄金和各外汇账户的期末余额，应按照当日牌价、汇率进行调整，其差额转入有关损益类账户。

步骤 4. 核实缴纳税款。决算日银行应根据国家税法的规定，核实本行缴纳税款的情况，将本年度最后一段时期应缴纳的税款，如实缴纳并在决算日当日办理转账，加计之前实交税款的总额，应与当年有关科目年末余额及规定的税率计算的应交总额核对相符。

步骤 5. 结转损益。

1. 结转利润。决算日当天账务处理完毕，应将损益类科目总账与分户账余额合计核对相符后，根据分户账余额，分别编制转账借方凭证和转账贷方凭证，逐一反方转销，转至“本年利润”科目。转账后，损益类各科目应无余额；“本年利润”科目的余额在贷方表示全年盈利，反之为亏损。

2. “本年利润”科目与“利润分配”科目的结转。年度终了结转利润后，应将全部实现的利润或亏损总额转入“利润分配”科目的“未分配利润”账户中去。结转后，“本年利润”科目应无余额。次年将实现的利润逐级上划。

步骤 6. 编制年度决算报表。决算日全部账务核对相符并结出全年损益后，应编制年度决算报表。年度决算报表由报表、附注和决算说明书构成。报表有资产负债表、利润表、现金流量表、业务状况报告表和利润分配表等。

步骤 7. 办理新旧账簿结转。12 月 31 日全部账务试算平衡后，应办理新旧账簿结转，建立新账。办理新旧账簿结转时，除卡片账不办结转，储蓄、农贷等分户账可继续沿用外，其余分户账、登记簿，以及总账等均应办理结转，更换新账页。

1. 分户账的结转。分户账按照上年度账户的余额过入下年度新账页，并在新账页日期栏写明新年度1月1日，在摘要栏注明“上年结转”字样，在旧账页最后一行摘要栏注明“结转下年”字样。结转新账后，各分户账余额合计必须与对应总账科目余额相等。

2. 总账的结转。总账的结转通过会计科目结转对照表办理。登记新账时，记账日期为1月1日，摘要栏注明“上年结转”字样，结转旧账时，在摘要栏注明“结转下年”字样。旧年度各科目的余额，应与年度试算平衡表相符，借、贷方余额总计应相等；新年度的会计科目及余额，是建立下年度总账的依据，借、贷方余额总计应相等。

3. 各种登记簿（卡）的结转。根据不同情况办理各种登记簿（卡）的结转。按年度建立的登记簿（卡），年终需办理结转；不按年度建立的，登记簿（卡）延续下年继续使用。

结转完毕，应加计新账页余额与各该科目总账余额核对，以确保准确无误。

决算日账务全部处理完毕，应结转损益类科目。

（1）年终决算结转损益收入科目的会计分录为

借：各收入科目

　贷：本年利润

（2）年终决算结转损益支出科目的会计分录为

借：本年利润

　贷：各支出科目

（3）年终决算结转本年利润的会计分录为

借：本年利润

　贷：利润分配——未分配利润户

（4）年终决算结转本年亏损的会计分录为

借：利润分配——未分配利润户

　贷：本年利润

下级行应将当年实现的损益于次年按规定上划管辖行。划转损益的会计分录如下：

（1）各行上划利润的会计分录：

借：利润分配——未分配利润户

　贷：辖内往来或系统内上划款项

（2）管辖行收到辖属行处上划利润的会计分录：

借：辖内往来或系统内存放款项

　贷：利润分配——未分配利润户

管辖行上划和收到亏损的会计分录则相反。

四、分析思考题

年度决算日工作包括哪些内容？具体如何进行？

任务三　年度决算后工作

一、活动目标

熟悉年度决算后工作的基本内容与步骤，能够进行年度决算后各项具体工作。

二、活动流程

年度决算后工作内容与活动流程如图 10－3－1 所示。

图 10－3－1　年度决算后工作内容与活动流程图

三、学习步骤

步骤 1. 做好档案整理装订工作。决算后，应将上年度各科目分户账账页、凭证及会计报表按档案管理的有关规定进行整理、装订成册，登记“会计档案保管登记簿”，核对无误后，入库妥善保管。

步骤 2. 上划损益。下级行应将当年实现的损益于次年按规定上划管辖行。划转损益的会计分录如下：

（1）各行上划利润的会计分录为

借：利润分配——未分配利润户

　贷：辖内往来或系统内上划款项

（2）管辖行收到辖属行处上划利润的会计分录为

借：辖内往来或系统内款项存放

　贷：利润分配——未分配利润户

管辖行上划和收到亏损的会计分录则相反。

步骤 3. 做好年度决算报表的编制、审查、汇总工作。决算日工作完成后，各辖属行处要按照上级行报表编制要求认真编制、汇总上报，管辖行要组织力量认真对辖属行处上报的报表进行审查汇总，审查汇总无误后总行要按照信息披露的要求对外发布报表信息。

四、拓展

财务会计报告

（一）财务会计报告的概念

财务会计报告是指企业对外提供的反映企业某一特定日期财务状况和某一会计期间经营成果、现金流量的文件。

（二）财务会计报告的内容

商业银行财务会计报告由会计报表、会计报表附注和财务情况说明书组成。

1. 商业银行对外会计报表包括资产负债表、利润表、现金流量表、利润分配表、所有者权益增减变动表及其他有关附表。

2. 会计报表附注包括不符合会计核算基本前提的说明、重要会计政策和会计估计的说明、重要会计政策和会计估计变更的说明、或有事项和资产负债表日后事项的说明、关联方关系及其交易的披露、重要资产转让及其出售的说明、商业银行合并、分立的说明、会计报表中重要项目的明细资料以及有助于理解和分析会计报表需要说明的其他事项。

3. 财务情况说明书至少应当说明商业银行经营的基本情况、利润实现和分配情况、资金增减和周转情况以及对商业银行财务情况、经营成果和现金流量有重大影响的其他事项。

（三）财务会计报告分类

商业银行的财务会计报告分为中期财务会计报告和年度财务会计报告。

中期财务会计报告包括月度、季度和半年度财务会计报告。

资产负债表

（一）资产负债表的概念

资产负债表是总括反映商业银行某一特定日期（月末、季末和年末）资产、负债和所有者权益及其构成情况的会计报表。

（二）资产负债表的作用

资产负债表，是根据“资产 = 负债 + 所有者权益”的基本公式，按照一定的分类标准和次序，把银行在一定时期的资产、负债、所有者权益的各个项目予以适当排列后编制而成。其作用在于向有关利益关系单位、部门提供编报行各项资产、负债和所有者权益的增减变动以及各项目之间的相互关系，据此检查资产、负债和所有者权益的构成是否合理，考核各项资金计划的执行结果，并为分析银行各项业务，预测未来财务状况和发展前景提供数据和信息。

（三）资产负债表项目分类及排列

在编制资产负债表时，首先要按一定的标准把资产、负债、所有者权益中的各个项目进行分类，并以适当的顺序排列。

资产负债表是将资产所包含的各个项目，按其流动性或变现能力的大小自上而下列在表的左方，对于负债及所有者权益类的项目，因为在法律上负债有优先于所有者权益的清偿权，因而将负债列示在所有者权益之前。负债则按期限的长短上下排列。将负债和所有者权益所包含的各个项目，自上而下列在表的右方，从而使左方的资产总额等于右方负债与所有者权益之和，达到双方平衡。这种账户式资产负债表反映资产、负债及所有者权益之间的关系比较直观，资产等于负债加所有者权益这个恒等公式，在表中一目了然。

（四）资产负债表的格式

资产负债表的格式有两种：报告式和账户式。我国银行采用账户式资产负债表，也称为“平衡式资产负债表”。其格式如表 10-3-1 所示。

表10－3－1 资产负债表

编制单位： 年 月 日 单位：元

资产	行次	期末余额	年初余额	负债和所有者权益	行次	期末余额	期初余额
资产				负债			
现金及存放同业款项				同业存放款项			
存放中央银行准备金				向中央银行借款			
贵金属				拆入资金			
拆出资金				交易性金融负债			
交易性金融资产				衍生金融负债			
衍生金融资产				卖出回购金融资产款			
买入返售金融资产				吸收存款			
应收利息				应付职工薪酬			
发放贷款及垫款				应交税费			
代理业务资产				应付利息			
可供出售金融资产				代理业务负债			
持有至到期投资				应付债券			
长期股权投资				递延所得税负债			
固定资产				其他负债			
无形资产				负债合计			
递延所得税资产				所有者权益（或股东权益）			
其他资产				实收资本（或股本）			
				资本公积			
				减：库存股			
				盈余公积			
				一般风险准备			
				未分配利润			
				所有者权益（或股东权益）合计			
资产总计				负债和所有者权益总计			

填表说明：

1. 本表反映商业银行一定日期全部资产、负债和所有者权益的情况。本表“年初余额”栏内各项数字，应根据上年年末资产负债表“期末余额”栏内所列数字填列。

2. 如上年度资产负债表规定的各个项目的名称和内容同本年度不相一致，应对上年年末资产负债表各项目的名称和数字按照本年度的规定进行调整，填入本表“年初余额”栏内。

3. 本表“期末余额”栏内各项数字，一般应根据资产、负债和所有者权益期末情况分析填列。

（1）“现金及存放同业款项”项目，根据“现金”和“存放同业款项”科目总账期末余额加总填列。

（2）“存放中央银行准备金”“交易性金融资产”“买入返售金融资产”“可供出售金融资产”“递延所得税资产”等资产项目，根据相应科目总账的期末余额填列。

买入返售金融资产计提坏账准备的，还应以扣减计提的坏账准备后的金额列示。

（3）“贵金属”项目，根据“贵金属”科目总账的期末余额填列。

（4）“衍生金融资产”项目，反映企业期末持有的衍生工具、套期工具、被套期项目中属于衍生金融资产的金额，根据“衍生金融资产”科目总账的期末余额填列。

（5）“发放贷款及垫款”项目，根据“贷款”科目和“贴现资产”科目总账的期末余额减去“贷款损失准备”科目总账余额后填列。

（6）“拆出资金”“应收利息”“持有至到期投资”“长期股权投资”等资产项目，反映企业持有的相应资产的实际价值，以扣减对应的资产减值准备后的金额列示。

“拆出资金”“应收利息”分别根据“拆出资金”“应收利息”科目总账的期末余额填列。

“持有至到期投资”根据“持有至到期投资”科目总账的余额减去“持有至到期投资减值准备”科目期末总账余额后填列。

“长期股权投资”根据“长期股权投资”科目期末总账余额减去“长期股权投资减值准备”科目期末总账余额后填列。

（7）“代理业务资产”项目，反映企业代理业务形成的资产所属承担风险的情况。

（8）“固定资产”“无形资产”等资产项目，反映相应资产在期末的实际价值，以扣减“累计折旧”“累计摊销”和对应的资产减值准备后的金额填列。

“固定资产”以“固定资产”科目总账期末余额扣减“累计折旧”和“固定资产减值准备”总账期末余额后的金额列示。

“无形资产”以“无形资产”科目总账期末余额扣减“累计摊销”和对应的“无形资产减值准备”总账期末余额后的金额填列。

（9）“其他资产”项目，根据“存出保证金”“应收股利”“其他应收款”“长期应收款”“未实现融资收益”“抵债资产”“商誉”“代理兑付证券”“代理兑付证券款”“坏账准备”等科目总账余额分析加总后填列。

（10）“同业存放款项”“向中央银行借款”“拆入资金”“交易性金融负债”“卖出回购金融资产款”“吸收存款”“应付职工薪酬”“应交税费”“应付利息”“应付债券”“递延所得税负债”等项目，分别根据相应科目总账的期末余额填列。

（11）“衍生金融负债”项目，反映衍生工具、套期项目、被套期项目中属于衍生金融负债的金额。根据“衍生金融负债”科目总账的期末余额填列。

（12）“代理业务负债”项目，反映代理业务负债所属承担风险的情况。根据“代理业务负债”科目总账的期末余额填列。

（13）“其他负债”项目，根据“存入保证金”“应付股利”“其他应付款”“预提费用”预计负债“递延收益”“长期应付款”“未确认融资费用”“代理兑付证券”“代理兑付证券款”等科目总账的期末余额进行分析加总后填列。

（14）“实收资本（或股本）”“资本公积”“盈余公积”“一般风险准备”“未分配利润”“库存股”等项目，分别根据“实收资本（或股本）”“资本公积”“盈余公积”“一般风险准备”“库存股”等科目总账的期末余额和“利润分配”科目中的“未分配利润”明细账户的期末余额分析填列。

（五）编制资产负债表

资产负债表是以资产账户、负债账户和所有者权益账户的期末余额为主要依据，按月编制。资产负债表的“年初数”依据上年末资产负债表的“期末数”栏填列。如果本年度资产负债表规定的各个项目的名称和内容与上年度不一致，应对上年末资产负债表中相关项目的名称和数字按本年度规定进行调整，然后填入本表“年初数”栏内，这样便于前后期相关的资产、负债和所有者权益指标的对比。资产负债表各项目的期末数，有的根据有关账户的期末余额直接填列，有的则需根据相关账户的期末余额经分析、调整、计算后填列。

利润表

（一）利润表的概念

利润表也称“损益表”。利润表是反映银行在一定期间内利润（或亏损）实现情况的报表。通过利润表，可以反映银行一定时期内通过收支配比原则计算出来的营业收入、成本、费用和利润。

（二）利润表的作用

利润表的作用，主要有以下几方面。

1. 利润表是评价、考核银行管理水平和经济效益的依据。

2. 利润表是银行依法缴纳各项税金的依据。

3. 通过利润表的分析，可以了解银行的盈利水平，并对银行未来的经营情况及获利能力进行科学的预测。

（三）利润表的内容

利润表的内容分为以下五大部分。

1. 营业收入类。该类反映商业银行各种经营业务收入的数额及总额情况，包括“利息收入”“金融企业往来收入”“手续费收入”“证券销售差价收入”“证券发行差价收入”“租赁收益”“汇兑收益”和“其他营业收入”八个项目的内容。

2. 营业支出类。该类反映商业银行各项营业支出的数额及总额情况，包括“利息支出”“金融企业往来支出”“手续费支出”“营业费用”“汇兑损失”和“其他营业支出”六个项目的内容。

3. 营业利润类。该类项目主要由一定的项目相加减来显示商业银行当期利润或亏损情况及最终数额。

4. 利润总额类。反映商业银行当期实现的全部成果总额情况。

5. 净利润。用利润总额减去所得税后的数额为商业银行的净利润。

（四）利润表的格式

利润表一般有两种格式：一种是单步式利润表，另一种是多步式利润表。它们分别以不同的方式，反映银行利润的形成过程。我国银行采用的是多步式利润表。其列示方法，是按照会计期间的营业收入、营业支出、营业税金及附加、营业外收支等项目分别列示。利润总额的计算，分为两步：第一步，先计算出营业利润，即营业收入减去营业支出、减去营业税金及附加，求出营业利润；第二步，计算出银行的利润总额，即营业利润加上投资收益、营业外收入减去营业外支出，求出银行的利润（或亏损）总额，再减去所得税，即为净利润。

多步式利润表的格式，如表 10－3－2 所示。

（五）利润表的编制

利润表按月编制。在利润表中，金额分别以“本期数”和“本年累计数”列示。“本期数”栏反映各项目的本月实际发生数，在编制年度利润表时，“本期数”栏就应改为“上年数”栏，填列上年全年累计实际发生数。如果上年度利润表与本年度利润表的项目名称和内容不一致，应对上年度报表的项目名称和内容按本年度的规定进行调整，转填入利润表“上年数”栏。

表 10－3－2　　**利润表**

编制单位：　　　　年　月　日　　　　单位：元

项目	行次	本年金额	上年金额
一、利息净收入			
利息收入			
利息支出			
二、手续费净收入			
手续费收入			
手续费支出			
三、其他经营净收益			
公允价值变动净收益（净损失以“－”号填列）			
投资净收益（净损失以“－”号填列）			
汇兑净收益（净损失以“－”号填列）			
其他业务净收益（净损失以“－”号填列）			
四、营业支出及损失			
营业税费			
业务及管理费			
资产减值损失			
五、营业利润（亏损以“－”号填列）			
加：营业外收入			
减：营业外支出			
六、利润总额（亏损总额以“－”号填列）			
减：所得税			
七、净利润（净亏损以“－”号填列）			
八、每股收益			
（一）基本每股收益			
（二）稀释每股收益			

填表说明：

1. 本表反映商业银行在一定会计期间内利润（亏损）的实现情况。

2. 本表“上年金额”栏内各项数字，应根据上年度利润表“本年金额”栏内所列数字填列。如上年度利润表规定的各个项目的名称和内容同本年度不相一致，应对上年度利润表各项目的名称和数字按照本年度的规定进行调整，填入本表“上年金额”栏内。

3. 本表“本年金额”栏内各项数字，一般应当反映以下内容：

（1）“利息净收入”项目，应根据“利息收入”项目金额，减去“利息支出”项目金额后的余额计算填列。

（2）“利息收入”“利息支出”等项目，应当反映企业经营存贷款业务等根据收入准则确认的利息收入和发生的利息支出。

“手续费净收入”项目，应根据“手续费收入”项目金额，减去“手续费支出”项目金额后的余额计算填列。

“手续费收入”“手续费支出”等项目，应当反映根据收入准则确认的包括办理结算业务等在内的手续费收入和各项手续费、佣金等。

（3）“其他经营净收益”项目，应根据“公允价值变动净收益”“投资净收益”“汇兑净收益”“其他业务净收益”等项目金额计算填列。

“公允价值变动净收益”“投资净收益”“汇兑净收益”“其他业务净收益”等项目，反映企业按照相关准则规定应当计入当期损益的资产或负债公允价值变动净收益，以各种方式对外投资取得的净收益、汇率变动形成的净收益、除主要经营业务以外的其他业务收支净收益等。如为净损失，以“－”号列示。

（4）“营业支出及损失”项目，反映企业生产经营过程中缴纳的营业税等营业税费、业务及管理费、发生的资产减值损失等项目总额。

（5）“营业外收入”“营业外支出”“所得税”等项目，反映企业发生的与其经营活动无直接关系的各项收入和支出，以及根据所得税准则确认的应从当期利润总额中扣除的所得税费用。

现金流量表

（一）现金流量表的概念

现金流量表是反映商业银行在一定会计期间内经营活动、投资活动和筹资活动等所产生的现金收入和支出情况的会计报表。

（二）现金流量表的作用

编制现金流量表的目的，是为会计报表使用者提供企业一定会计期间内现金和现金等价物流入和流出信息，以便于报表使用者了解和评价企业获取现金和现金等价物的能力，并据此预测企业未来现金流量。

（三）现金流量表内容及格式

现金流量表要求按照不同的业务分别反映现金的流入、流出和净流量。一般分为经营业务、投资业务和筹资业务三大类业务来反映每一类业务的现金流量。现金流量表的正表要求用直接法编制，同时要求在附表中用间接法来反映现金的变动。

（四）现金流量表的编制

现金流量表如表 10－3－3 所示，在编制时一般应分别按现金流入和流出的总额反映。但代客户收取或支付的现金以及周转快、金额大、期限短的项目的现金收入和现金支出，应以净额列示。

表 10－3－3　　现金流量表

编制单位：　　年　月　日　　单位：元

项目	本期金额	上期金额
一、经营活动产生的现金流量		
客户存款和同业存放款项净增加额		
向中央银行借款净增加额		
向其他金融机构拆入资金净增加额		
收取利息、手续费及佣金的现金		
收到其他与经营活动有关的现金		
经营活动现金流入小计		
客户贷款及垫款净增加额		
存放中央银行和同业款项净增加额		
支付手续费及佣金的现金		
支付给职工以及为职工支付的现金		
支付的各项税费		
支付其他与经营活动有关的现金		
经营活动现金流出小计		
经营活动产生的现金流量净额		
二、投资活动产生的现金流量		
收回投资收到的现金		
投资收益收到的现金		
取得收到其他与投资活动有关的现金		
投资活动现金流入小计		
投资支付的现金		
购建固定资产、无形资产和其他长期资产支付的现金		
支付其他与投资活动有关的现金		
投资活动现金流出小计		
投资活动产生的现金流量净额		
三、筹资活动产生的现金流量		
吸收投资收到的现金		
发行债券收到的现金		
收到其他与筹资活动有关的现金		
偿还债务支付的现金		
分配股利、利润或偿付利息支付的现金		
支付其他与筹资活动有关的现金		
筹资活动现金流出小计		
筹资活动产生的现金流量净额		
四、汇率变动对现金及现金等价物的影响		
五、现金及现金等价物净增加额		
加：期初现金及现金等价物余额		
六、期末现金及现金等价物余额		

1. 经营活动产生的现金流量

（1）贷款利息收入，反映金融企业在各类贷款业务中实际收到的利息收入，包括收到本期贷款利息收入、收到前期贷款利息以及预收以后期间的贷款利息。

（2）金融机构往来收入，反映金融企业在与其他金融企业往来业务中实际收到的利息收入，包括存放中央银行准备金利息收入、存放同业利息收入、拆放同业利息收入、拆放金融性公司利息收入、系统内往来利息收入（减利息支出，如为负数，列入“金融机构往来支出”）、系统内拆借利息收入、转贴现利息收入等。

（3）其他营业收入，反映金融企业除利息收入和金融企业往来收入以外的经营收入实际收到的现金，包括手续费收入、证券买卖差价收入、证券发行差价收入、租赁收入、汇兑收益、其他营业收入等。

（4）活期存款吸收与支付净额，反映金融企业吸收的单位和个人活期存款及信用卡存款等业务实际现金收付的差额。如实际收入的现金小于支付的现金，列为现金流出。

（5）吸收的定期存款，反映金融企业吸收的单位和个人定期存款等业务实际收入的现金。

（6）收回的中长期贷款，反映金融企业收回的期限在一年以上（含一年）的各种中长期贷款收入的现金。收回的逾期贷款，不论在逾期前是作为短期贷款还是中长期贷款，均在此项目反映。

（7）收回已核销的贷款，反映金融企业已作为呆账损失核销的贷款本期重新收回而收入的现金。

（8）与中央银行往来现金净额，反映金融企业与中央银行发生资金往来实际收付现金的差额，如实际收入的现金小于支付的现金，列为现金流出。

（9）与金融机构往来现金净额，反映金融企业与其他银行、金融性公司之间拆入拆出、同业存放与存放同业以及其他资金往来实际收付现金的差额，如差额为负数，列为现金流出。

（10）收到其他与经营活动有关的现金，反映金融企业除上述项目外与经营活动有关的其他现金流入。

其他现金流入如果数额较大，应单列项目反映。

（11）存款利息支出，反映金融企业在各类存款业务中实际支付的利息，包括支付本期存款利息、支付前期存款利息以及预付以后期间存款利息。

（12）金融机构往来支出，反映金融企业与其他金融企业往来业务中实际支付的利息，包括向中央银行贷款利息支出、同业存放利息支出、同业拆入利息支出、金融性公司拆入利息支出、系统内往来利息支出（减利息收入，如为负数，列入“金融机构往来收入”）、系统内拆借利息支出、转贴现利息支出、再贴现利息支出等。

（13）其他营业支出，反映金融企业除利息支出和金融企业往来支出以外的经营活动实际支付的现金，包括手续费支出、汇兑损失以及除工资、福利性支出以外的用现金支付的各种营业费用等。

（14）支付给职工以及为职工支付的现金，反映金融企业以现金支付给职工的工资和为职工支付的其他现金，包括支付给职工的工资、奖金、各种补贴以及为职工缴纳的养老、失业等社会保险基金和各种商业保险金等。

（15）支付定期存款本金，反映金融企业在吸收单位和个人定期存款等业务中实际支付的定期存款本金。

（16）短期贷款发放与收回净额，反映金融企业发放与收回期限在一年以内的各种贷款本金的差额。

（17）中长期贷款，反映金融企业发放期限在一年以上（含一年）的各种中长期贷款。

（18）支付营业税金及附加，反映金融企业实际缴纳的营业税金及附加。

（19）支付所得税，反映金融企业实际缴纳的所得税款。因年终汇缴或享受税收优惠政策等原因退回或返还的所得税，抵减实际缴纳的所得税。

（20）支付除营业税金及附加、所得税以外的其他税费，反映金融企业按国家有关规定实际缴纳的除营业税金及附加、所得税以外的其他各种税费。与投资有关的税金支出，在投资项目中反映。

（21）支付其他与营业活动有关的现金，反映金融企业除上述项目外与经营活动有关的其他现金流出。

2. 投资活动产生的现金流量

（1）收回投资所收到的现金，反映金融企业出售、转让或收回除现金等价物以外的各种股权投资、债权投资和其他投资实际收到的现金，包括投资本金（账面价值）的收回和因收回款项大于（或小于）投资本金而确认的投资收益（或损失）。与债券投资本金同时收回的利息收入，列入“取得债券利息收入所收到的现金”。

（2）分得股利或利润所收到的现金，反映金融企业因股权投资而分得的现金股利，以及因股权投资和其他投资以现金方式实际分得的利润。

（3）取得债券利息收入所收到的现金，反映金融企业因债权性投资而收到的现金利息收入。包括现金等价物范围内的债券投资，其利息收入应在本项目反映。

（4）处置固定资产、无形资产和其他长期资产所收到的现金净额，反映金融企业出售固定资产、无形资产和其他长期资产而收到的现金，扣除为出售这些资产而支付的有关费用后的净额。固定资产和其他长期资产报废、毁损的变卖现金净收入，也在本项目反映。

处置固定资产、无形资产和其他长期资产而收到的现金净额若为负数，应作为投资活动现金流出项目反映。

（5）收到其他与投资活动有关的现金，反映金融企业除上述项目外与投资活动有关的其他现金流入。

其他现金流入如果数额较大，应单列项目反映。

（6）购建固定资产、无形资产和其他长期资产所支付的现金，反映金融企业因购买或建造固定资产、无形资产和其他长期资产而支付的现金。

（7）权益性投资所支付的现金，反映金融企业从事股票投资和其他权益性投资而支付的现金，包括支付的投资价款和佣金、手续费、税金等各项附加费用。

（8）债权性投资所支付的现金，反映金融企业购买除现金等价物以外的债券而支付的现金。债券价格中含有应收债券利息的，以及溢价或折价购入债券的，均按实际支付的金额反映。购买债券发生的佣金、手续费等附加费用，也在本项目反映。

（9）支付其他与投资活动有关的现金，反映金融企业除上述项目外与投资活动有关的现金流出。

其他现金流出如果数额较大，应单列项目反映。

3. 筹资活动产生的现金流量

（1）吸收权益性投资所收到的现金，反映金融企业收到投资者作为资本金投入的现金。其中，委托证券机构代理公开发行股票筹集资金的，由证券机构直接支付的手续费、宣传费、咨询费、印刷费等费用，从发行股票取得的现金收入中扣除，以净额列示。

（2）发行债券所收到的现金，反映金融企业发行债券筹集资金收到的现金。委托证券机构代理发行债券的，由债券机构直接支付的手续费、宣传费、咨询费、印刷费等费用，从发行债券取得的现金收入中扣除，以净额列示。

（3）收到其他与筹资活动有关的现金，反映金融企业除上述项目外与筹资活动有关的其他现金流入。

其他现金流入如果数额较大，应单列项目反映。

（4）偿还债务所支付的现金，反映金融企业偿还到期债券等筹资债务本金所支付的本金。支付债务利息所支付的现金，列入“偿还利息所支付的现金”。

（5）发生筹资费用所支付的现金，反映金融企业除发行股票、债券以外的筹资活动发生的各种费用，如咨询费、公证费、印刷费等。

（6）分配股利或利润所支付的现金，反映金融企业实际支付的现金股利，以及分配利润所支付的现金。

（7）偿还利息所支付的现金，反映金融企业实际偿还债券利息等筹资债务利息所支付的现金。

（8）减少注册资本所支付的现金，反映金融企业经批准减少注册资本，投资者抽回投资所发生的现金支出。

（9）支付其他与筹资活动有关的现金，反映金融企业除上述项目外与筹资活动有关的其他现金流出。

其他现金流出如果数额较大，应单列项目反映。

4. 非常项目产生的现金流量净额

非常项目产生的现金流量净额，反映非常性、偶发生的项目对现金流量的影响，按现金流入与现金流出的差额在本项目列示。非常项目包括自然灾害损失、保险索赔收入、捐赠、接受捐赠、罚没收入、罚没支出等。

5. 汇率变动对现金及现金等价物的影响

金融企业发生的外币现金流量及境外机构的现金流量，按现金流量发生日的汇率或平均汇率折算成人民币，而编制现金流量表时，按期末汇率对外币现金流量进行调整，本项目反映此项调整对现金流量的影响。

6. 现金及现金等价物净增加额

现金及现金等价物净增加额，反映金融企业在本期内现金及现金等价物的变动情况，即现金及现金等价物期末余额与期初余额之差。如果期末余额大于期初余额，以正数表示；如果期末余额小于期初余额，以负数表示。

本项目应等于经营活动、投资活动、筹资活动和非常项目产生的现金流量以及汇率变动对现会流量影响之和。

所有者权益变动表

1. 所有者权益变动表的概念。反映构成所有者权益的各组成部分当期的增减变动情况的会计报表。

2. 所有者权益变动表的格式。所有者权益变动表的格式如表 10 – 3 – 4 所示。

表 10 -3 -4

所有者权益变动表

单位：元

项目	本年金额							上年金额						
	实收资本（或股本）	资本公积	减：库存股	盈余公积	一般风险准备	未分配利润	所有者权益合计	实收资本（或股本）	资本公积	减：库存股	盈余公积	一般风险准备	未分配利润	所有者权益合计
一、上年年末余额														
加：会计政策变更														
前期差错更正														
二、本年年初余额														
三、本年利润（减少以“－”号填列）														
（一）净利润														
（二）直接计入所有者权益的利得和损失														
1. 可供出售金融资产公允价值变动净额														
（1）计入所有者权益的金额														
（2）转入当期损益的金额														
（3）计入被套期项目初始确认金额中的金额														
2. 权益法下被投资单位其他所有者权益变动的影响														

续表

项目	本年金额							上年金额						
	实收资本（或股本）	资本公积	减：库存股	盈余公积	一般风险准备	未分配利润	所有者权益合计	实收资本（或股本）	资本公积	减：库存股	盈余公积	一般风险准备	未分配利润	所有者权益合计
3. 与计入所有者权益项目相关的所得税影响														
4. 其他														
上述（一）和（二）小计														
（三）所有者投入和减少资本														
1. 所有者投入资本														
2. 股份支付计入所有者权益的金额														
3. 其他														
（四）利润分配														
1. 提取盈余公积														
2. 提取一般风险准备														
3. 对所有者（或股东）的分配														
4. 其他														
（五）所有者权益内部结转														
1. 资本公积转增资本（或股本） 2. 盈余公积转增资本（或股本） 3. 盈余公积弥补亏损														

3. 所有者权益变动表各项目应当根据商业银行当期净利润、直接计入所有者权益的利得和损失、所有者投入资本和向所有者分配利润、从利润中提取盈余公积、一般风险准备金等情况分析填列。直接计入当期损益的利得和损失应包括在净利润中；直接计入所有者权益的利得和损失，主要包括可供出售金融资产公允价值变动净额、现金流量套期工具公允价值变动净额等，单列项目反映。

商业银行会计报表附注

1. 商业银行会计报表附注的概念。商业银行会计报表附注，是对在会计报表中列示项目所作的进一步说明，以及未能在这些报表中列示项目的说明等。

2. 商业银行会计报表附注的作用。商业银行会计报表附注是会计报表的重要组成部分，主要对会计报表不能包括的内容，或者披露不详尽的内容，作进一步的解释和说明，从而有助于会计报表使用者理解和使用会计信息。

3. 商业银行会计报表附注的内容：

（1）商业银行的基本情况；

（2）财务报表的编制基础；

（3）遵循企业会计准则的声明；

（4）重要会计政策和会计估计的说明；

（5）会计政策和会计估计变更以及差错更正的说明；

（6）报表重要项目的说明；

（7）或有事项；

（8）资产负债表日后事项；

（9）关联方关系及其交易的说明；

（10）风险管理。

附录1　　**模拟银行辽金支行部分会计科目**

资产类							
101		现金		149		待处理抵债资产	
	10101		库存现金		14901		一年内抵债资产
	10102		运送中外币现金		14902		逾期抵债资产
	10103		库存外币	151		固定资产	
103		贵金属			15101		经营用固定资产
110		存放央行准备金存款			15102		非经营用固定资产
111		存放中央银行特种存款			15103		未使用固定资产
113		划缴中央银行财政存款		152		累计折旧	
114		存放同业清算款项		153		固定资产清理	
115		存放同业一般款项		154		在建工程	
116		存放境外同业款项			15401		在建营业用房工程

续表

资产类							
120		拆放同业			15402		其他在建工程
121		拆放境外同业		161		无形资产	
122		个人消费贷款		162		长期待摊费用	
	12201		短期个人消费贷款		16201		开办费
	12202		中长期个人消费贷款		16202		装修费
123		短期信用贷款			16203		不良贷款
	12301		工业短期信用贷款		16204		其他待摊费用
	12302		商业短期信用贷款	163		待处理财产损失	
	12303		建筑业短期信用贷款		16301		待处理出纳短款
	12304		农业短期信用贷款		16302		待处理固定资产损失
	12305		乡镇企业短期信用贷款		16303		待处理其他损失
	12306		三资企业短期信用贷款	190		其他资产	
	12307		私营企业及个体短期信用贷款	负债类			
	12308		其他短期信用贷款	201		活期存款	
	12312		个人短期信用贷款		20101		工业存款
124		短期保证贷款			20102		商业存款
	12401		工业短期保证贷款		20103		建筑企业存款
	12402		商业短期保证贷款		20104		农业存款
	12403		建筑业短期保证贷款		20105		城镇集体企业存款
	12404		农业短期保证贷款		20106		乡镇企业存款
	12405		乡镇企业短期保证贷款		20107		三资企业存款
133		应收利息			20108		私营企业及个体户存款
	13301		贷款应收利息		20109		其他企业存款
	13302		其他应收利息		20110		保险公司存款
134		坏账准备			20111		行政事业单位存款
135		待摊费用			20120		单位其他存款
136		垫款		202		通知存款	
	13601		担保垫款		20201		单位通知存款
	13602		承兑垫款		20202		个人通知存款
	13603		信用证垫款	205		定期存款	
	13610		其他垫款		20501		一般定期存款
137		议付信用证款项			20502		单位大额可转让定期存单

续表

资产类							
138		买入外币票据		211		活期储蓄存款	
139		其他应收款			21101		活期储蓄存款
	13901		业务周转金		21102		定活两便储蓄存款
	13902		存出保证金		21103		个人支票存款
	13903		其他应收款		21104		其他储蓄存款
140		证券回购协议借出款		215		定期储蓄存款	
	14001		国家证券回购协议借出款		21501		整存整取储蓄存款
	14002		中央银行债券协议借出款		21502		零存整取储蓄存款
	14003		其他证券回购协议借出款		21503		存本取息储蓄存款
141		短期债券投资			21504		整存零取储蓄存款
	14101		短期国家债券		21505		大额可转让定期储蓄存单
	14102		短期金融债券		21506		教育储蓄存款
	14103		其他短期债券		21510		其他定期储蓄存款
142		长期债券投资		217		信用卡存款	
	14201		投资债券面值		21701		单位信用卡存款
	14202		投资债券议价		21702		个人信用卡存款
	14203		投资债券折价	221		财政存款	
	14204		应计债券利息		22101		财政预算存款
143		长期债券投资减值准备			22102		财政预算外存款
145		其他投资		222		地方财政库款	
223		待结算财政款项			30202		资本溢价
231		向中央银行借款			30203		接受捐赠
232		再贴现			30204		其他资本公积
233		转贴现		303		盈余公积	
234		同业清算存款			30301		法定盈余公积
235		同业一般存款			30302		任意盈余公积
236		境外同业存放款项			30303		公益金
241		同业拆入		311		本年利润	
242		境外同业拆入		312		利润分配	
243		应解汇款及临时存款			31201		盈余公积补亏
	24301		应解汇款		31202		提取盈余公积
	24302		临时存款		31203		公益金
244		汇出汇款			31204		应付利润

续表

资产类							
251		保证金			31205		未分配利润
	25101		承兑保证金			资产负债共同类	
	25102		担保保证金	401		代理证券业务	
	25103		信用证保证金		40101		代理发行国库券
	25104		信用卡保证金		40102		代理兑付国库券
	25110		其他保证金		40103		代购证券
					40104		代售证券
252		开出本票			40105		代理发行其他证券
255		证券回购协议借入款			40106		代理兑付其他证券
	25501		国家证券回购协议借入款		40110		其他代理证券业务
	25502		中央银行债券回购协议借入款	402		代理外汇买卖	
	25503		其他证券回购协议借入款	403		其他代理业务	
260		应付利息		406		委托业务	
	26001		应付定期存款利息		40601		委托存款
	26002		应付定期储蓄存款利息		40602		委托贷款
	26003		应付活期存款利息		40603		委托投资
	26004		应付活期储蓄存款利息	407		系统内往来	
	26010		其他应付利息		40701		市行系统内往来
261		资金清算应付款			40702		支行系统内往来
	26101		待抵用票据款		40703		其他系统内往来
	26102		待划转款项	408		同城交换清算	
262		其他应付款		411		异地通汇往账	
	26201		久悬未取款项	412		异地通汇来账	
	26202		冻结存款	413		异地通汇汇差	
	26203		其他应付款项	414		汇差资金划拨	
263		应付工资		416		辖内往来	
264		应付福利费			41601		一级准备金
265		应交税金			41602		二级准备金
	26501		营业税金及附加		41603		备付金
	26502		费用性税金		41604		支行上存款
	26503		所得税		41605		其他往来
266		应付利润		420		营运资金	
	26601		应付股利		42001		拨出营运资金
	26602		其他应付利润		42002		拨入营运资金
267		预提费用		425		外汇买卖	

续表

资产类							
268		应付利息税			42501		外币兑换
272		发行债券			42502		外币套汇
	27201		发行债券面值		42503		结售汇
	27202		发行债券折价			损益类	
	27203		发行债券议价	501		利息收入	
	27204		发行债券应计利息		50101		短期信用贷款利息收入
277		待处理财产溢余			50102		短期保证贷款利息收入
	27701		待处理出纳长款		50103		短期抵押贷款利息收入
	27702		待处理固定资产溢余		50104		中长期信用贷款利息收入
	27703		待处理其他溢余		50105		中长期保证贷款利息收入
280		住房周转金			50106		中长期抵押贷款利息收入
		所有者权益			50107		贴现利息收入
301		实收资本			50108		押汇利息收入
	30101		国家资本金		50109		个人消费贷款利息收入
	30102		法人资本金		50110		垫款利息收入
	30103		个人资本金		50115		其他利息收入
	30110		其他资本金	502		金融机构往来利息收入	
302		资本公积			50201		存放中央银行准备金利息收入
	30201		资产重估增值		50202		存放同业利息收入
	50203		拆放同业利息收入		5290311		技术转让费
	50204		系统内往来利息收入		5290312		研究开发费
	50205		境外往来利息收入		5290313		外事费
	50206		转贴现利息收入		5290314		职工工资
	50210		其他利息收入		5290315		职工福利费
511		手续费收入			5290316		职工教育经费
	51101		结算手续费收入		5290317		工会会费
	51102		委托业务手续费收入		5290318		劳动保护费
	51103		代理业务手续费收入		5290319		劳动保险费
	51104		证券买卖手续费收入		5290320		待业保险费

续表

资产类							
	51105		银行卡手续费收入		5290321		住房公积金
	51110		其他手续费收入		5290322		公杂费
512		外汇业务收入			5290323		差旅费
	51201		外汇兑换收入		5290324		水电费
	51202		经营套汇收入		5290325		会议费
	51203		结售汇收入		5290326		低值易耗品摊销
	51204		其他外汇业务收入		5290327		递延资产摊销
513		其他营业收入			5290328		无形资产摊销
	51301		证券买卖收入		5290329		租赁费
	51302		其他营业收入		5290330		修理费
514		投资收益			5290331		取暖费及降温费
	51401		国债利息收入		5290332		绿化费
	51402		其他债券利息收入		5290333		董事会和理事会费
	51403		其他投资收益		5290334		税金
515		营业外收入			5290335		其他业务及管理费
	51501		罚没款收入		52904		上交管理费
	51502		固定资产盘盈及清理收入	530		固定资产折旧费	
	51503		出纳长款收入	531		提取准备	
	51504		其他营业外收入		53101		提取呆账准备
521		利息支出			53102		提取坏账准备
	52101		活期存款利息支出		53103		提取长期债券投资减值准备
	52102		定期存款利息支出		53110		提取其他准备
	52103		活期储蓄存款利息支出	533		营业税金及附加	
	52104		定期储蓄存款利息支出	534		其他营业支出	
	52105		通知存款利息支出		53401		证券买卖支出
	52110		其他利息支出		53402		其他营业支出
522		金融机构往来利息支出		535		外汇业务支出	
	52201		中央银行借款利息支出		53501		外币兑换损失
	52202		再贴现利息支出		53502		经营套汇损失
	52203		同业存放利息支出		53503		结售汇汇兑损失
	52204		同业拆入利息支出		53504		其他外汇业务损失
	52205		境外同业往来利息支出				

续表

资产类							
	52206		系统内往来利息支出	536		营业外支出	
	52207		转贴现利息支出		53601		固定资产盘亏及清理损失
	52210		其他利息支出		53602		出纳短款损失
523		发行债券利息支出			53603		其他营业外支出
527		手续费支出		550		所得税	
	52701		代理手续费支出	560		以前年度损益调整	
	52702		结算手续费支出				
	52703		其他手续费支出				
529		营业费用					
	52901		业务宣传费				
	52902		业务招待费				
	52903		业务及管理费用				
	5290301		印刷费				
	5290302		电子设备运转费				
	5290303		钞币运送费				
	5290304		安全防卫费				
	5290305		保险费				
	5290306		邮电费				
	5290307		诉讼费				
	5290308		公证费				
	5290309		咨询费				
	5290310		审计费				

表外科目

601	开出信用证	610	应收卖出外汇期权	701	有价单证	711	低值易耗品
602	承兑汇票	611	应付卖出外汇期权	702	重要空白凭证	715	进口代收款项
603	贷款承诺	612	应收利率掉期	703	代保管有价值品	716	出口托收款项
604	期收即期货币	613	应付利率掉期	704	抵押及质押品	721	国外开来保证凭信
605	期付即期货币	614	应收买入掉期期权	705	应收未收利息	723	应收信用证出口款项
606	期收远期货币	615	应付买入掉期期权	706	未发行债券		
607	期付远期货币	616	应收卖出掉期期权	707	已兑付债券		
608	应收买入外汇期权	617	应付卖出掉期期权	708	代售有价证券		
609	应付买入外汇期权	618	开出保函	709	已核销呆坏账		

参考文献

[1] 姜学堂、宫连昭、姜凤旭、宋卫：《银行业务规范》，大连，东北财经大学出版社，2002。

[2] 董瑞丽：《商业银行综合柜台业务》，北京，高等教育出版社，2014。

[3] 薛立：《银行会计学》，北京，人民日报出版社，2004。

[4] 黎贤强、叶威尚：《商业银行综合柜台业务》，杭州，浙江大学出版社，2005。

[5] 于希文：《银行会计》，上海，立信会计出版社，2007。

[6] 温红梅、刘兴革、梁运吉：《银行会计》，大连，东北财经大学出版社，2007。

[7] 张莲苓：《商业银行会计》，北京，中国财政经济出版社，2009。

[8] 吴胜：《商业银行会计》，北京，高等教育出版社，2008。

[9] 唐宴春：《商业银行会计学》，北京，中国金融出版社，2006。

[10] 韩俊梅：《商业银行会计学》，北京，中国金融出版社，2007。

[11] 陈振婷、朱红军：《银行外汇业务会计》，上海，复旦大学出版社，2006。

[12]《小额支付子系统》中国农业发展银行综合业务会计应用系统操作手册 2006。

[13] 华夏银行总行会计部：《会计核算基本业务操作规程》，2006。

[14] 辽阳银行：《辽阳市商业银行综合业务系统操作手册》，2006。

[15] 中国工商银行总行编：《财务会计基本制度会计基本规范》，2005。

[16] 中国农业银行培训部：《银行业务知识必读试题集》，2006。

[17] 李明：《金融企业会计制度释疑》，北京，中国物价出版社，2002。